echt

Teil II

Mark A. Zöller und Markus Mavany

—

Strafrecht
Besonderer Teil II

Delikte gegen Rechtsgüter der Person
und der Allgemeinheit

2. überarbeitete Auflage

Berliner
Wissenschafts-Verlag

Bibliografische Information der Deutschen Nationalbibliothek:
Die Deutsche Nationalbibliothek verzeichnet diese Publikation in der Deutschen
Nationalbibliografie; detaillierte bibliografische Daten sind im Internet über
http://dnb.d-nb.de abrufbar.

© 2020 BWV | BERLINER WISSENSCHAFTS-VERLAG GmbH,
Behaimstr. 25, 10585 Berlin,
E-Mail: bwv@bwv-verlag.de, Internet: http://www.bwv-verlag.de

Layout und Herstellung durch den Verlag
Satz: DTP + TEXT Eva Burri, Stuttgart
Druck: docupoint, Magdeburg
Gedruckt auf holzfreiem, chlor- und säurefreiem, alterungsbeständigem Papier.
Printed in Germany.

ISBN Print   978-3-8305-5047-1

Inhaltsverzeichnis

Vorwort zur zweiten Auflage

Zwölf Jahre nach Erscheinen der Erstauflage liegt nun endlich auch Band II des Besonderen Teils des Strafrechts zu den Delikten gegen Rechtsgüter der Person und der Allgemeinheit in der Neuauflage vor. Er ergänzt das bereits vorliegende Lern- und Studienbuch von Mark A. Zöller zu den Vermögensdelikten, das unter dem Titel „Strafrecht Besonderer Teil I" ebenfalls in der Reihe „Grundlagen des Strafrechts" erschienen ist. Beide Titel verstehen sich als Versuch einer Antwort auf die zentrale Frage, die Dozenten strafrechtlicher Lehrveranstaltungen immer wieder gestellt wird: Was muss man denn im Strafrecht wirklich wissen? Mit dieser Fragestellung im Hinterkopf folgt es einem didaktischen Konzept, das neben dem Gesetzestext auf eine strukturierte, auf die wesentlichen Grundlinien bezogene Darstellungsweise an der einschlägigen Stelle im Prüfungsaufbau unter Einbeziehung von Definitionen und Schaubildern setzt. Dass viele Leser der Erstauflage damit offenbar einen zumindest etwas leichteren Zugang zu den manchmal uferlos erscheinenden Fragen und Problemen des Besonderen Teils erlangen konnten, war Ansporn dafür, alles endlich einmal grundlegend auf den aktuellen Stand zu bringen.

In der Neuauflage ist *Markus Mavany* als Autor an die Stelle von *Rainer Fornoff* und *Claudia Gries* getreten, die infolge ihrer neuen beruflichen Aufgaben und Verpflichtungen dem erheblichen zeitlichen Aufwand für die Betreuung eines strafrechtlichen Lehrbuchs verständlicherweise nicht mehr gerecht werden konnten. Mit seiner langjährigen didaktischen wie praktischen Erfahrung, insbesondere bei der Leitung universitärer Arbeitsgemeinschaften im Strafrecht, betreut Herr *Mavany*, der bereits an der Vorauflage mitgewirkt hat, nunmehr vor allem die Straftaten gegen Rechtsgüter der Allgemeinheit.

Für die zweite Auflage haben wir das Buch einer umfangreichen Neubearbeitung unterzogen und formal an den Band I zu den Vermögensdelikten angepasst. Auch wenn das Grundkonzept selbstverständlich beibehalten wurde, haben es doch die umfangreichen Aktivitäten in Gesetzgebung und Rechtsprechung der letzten Jahre erforderlich gemacht, zahlreiche neue Gesichtspunkte und Fragestellungen aufzunehmen und damit große Teile des Manuskripts umzuschreiben. Andererseits haben wir Materien, die typischerweise nicht mehr zum strafrechtlichen Pflichtfachstoff gehören, beispielsweise die Regelungen über die Strafbarkeit des Schwangerschaftsabbruchs (§§ 218 ff.), Spezialfragen der Sterbehilfe oder den Tatbestand der Nachstellung (§ 238) im Gegenzug gestrichen. Besonders wichtige Streitstände (sog. Sonderprobleme) sind jetzt noch deutlicher gegliedert und jeweils mit umfassenden Bewertungen versehen, die die für die Fallbearbeitung wichtigsten Argumente pro und contra enthalten. Nunmehr weist auch dieser Band durchgehende Randnummern, ein erweitertes Stichwortverzeichnis und Aufbauschemata zu allen behandelten Delikten auf. Dies alles war ohne einen signifikanten Anstieg von Inhalt und Seitenumfang bedauerlicherweise nicht zu bewerkstelligen.

Für die tatkräftige Unterstützung bei der Bearbeitung der Neuauflage sind wir vor allem dem Team des Trierer Lehrstuhls für Deutsches, Europäisches und Internationales Strafrecht und Strafprozessrecht sowie Wirtschaftsstrafrecht zu großem Dank verpflichtet, das den Text durch intensive Lektüre, zahlreiche Verbesserungsvorschläge, Recherchen und Korrekturen betreut und dadurch erheblich verbessert hat. Neben Frau Ass. jur. *Mirjam Huber*, Frau Ref. jur. *Mareike Neumann* und Herrn Ref. jur. *Philip Zang* haben auch die wissenschaftlichen Hilfskräfte *Julian Brockhues, Dennis Falterbaum, Miriam Gemmel, Selina Hirsch* und *Franziska Terlinden* sowie Frau *Vanessa Frank* als Lehrstuhlsekretärin mit großem Einsatz und vielen Ideen zum Entstehen und Abschluss des Manuskripts beigetragen. Unser herzlicher Dank gilt aber auch dem Berliner Wissenschafts-Verlag, insbesondere Frau *Felicitas Fleck*, für die stets gute Betreuung und die große Geduld beim Warten auf das endgültige Manuskript.

Um dieses Lehr- und Studienbuch weiter verbessern und fortentwickeln zu können, freuen wir uns jederzeit über Anregungen, Hinweise, Kritik und Wünsche (gerne per E-Mail an mark.zoeller@jura.uni-muenchen.de oder markus.mavany@gmx.de). Aber jetzt: genug der Vorrede und viel Erfolg mit den Delikten gegen die Rechtsgüter der Person und der Allgemeinheit!

Trier, im Juni 2020   *Mark A. Zöller* und *Markus Mavany*

Abkürzungsverzeichnis

a. A.	anderer Ansicht
a. E.	am Ende
a. F.	alte Fassung
abl.	ablehnend
Abs.	Absatz
AG	Amtsgericht/Aktiengesellschaft
AL	Ad Legendum
Alt.	Alternative
AnwK-	Anwaltkommentar StGB (-Bearbeiter)
Art.	Artikel
AT	Allgemeiner Teil (des Strafgesetzbuchs)
Aufl.	Auflage
BAK	Blutalkoholkonzentration
BAT	Bundes-Angestelltentarifvertrag
BayObLG	Bayerisches Oberstes Landesgericht
BBG	Bundesbeamtengesetz
Bd.	Band
BeckRS	Beck-Rechtsprechung
BGB	Bürgerliches Gesetzbuch
BGBl.	Bundesgesetzblatt (Teil, Seite)
BGH	Bundesgerichtshof
BGHSt	Entscheidungen des Bundesgerichtshofs in Strafsachen
BT	Besonderer Teil (des Strafgesetzbuchs)
BT-Drs.	Bundestags-Drucksache
BtmG	Betäubungsmittelgesetz
BVerfG	Bundesverfassungsgericht
BVerfGE	Entscheidungen des Bundesverfassungsgerichts
bzw.	beziehungsweise
d.	der/des
d. h.	das heißt
ders.	derselbe
DIN	Deutsches Institut für Normierung
Erg.	Ergebnis
etc.	et cetera
FS	Festschrift
f./ff.	folgende

FGM	Female Genital Mutilation
Fn.	Fußnote
GA	Goltdammer's Archiv für Strafrecht
GG	Grundgesetz
Ggf.	gegebenenfalls
GS	Großer Senat
GVG	Gerichtsverfassungsgesetz
h. L.	herrschende Lehre
h. M.	herrschende Meinung
HGB	Handelsgesetzbuch
HRG	Hochschulrahmengesetz
Hrsg.	Herausgeber
i. Erg.	im Ergebnis
i. e. S.	im engeren Sinn
InsO	Insolvenzordnung
i. S.	im Sinne
i. V. m.	in Verbindung mit
i. w. S.	im weiteren Sinn
JA	Juristische Arbeitsblätter
JGG	Jugendgerichtsgesetz
JR	Juristische Rundschau
Jura	Juristische Ausbildung
JuS	Juristische Schulung
JZ	Juristenzeitung
Kfz	Kraftfahrzeug
KG	Kammergericht/Kommanditgesellschaft
KriPoZ	Kriminalpolitische Zeitschrift
krit.	kritisch
L	Lernbogen
LG	Landgericht
Lit.	Literatur/Litera
LK-	Leipziger Kommentar zum Strafgesetzbuch(-Bearbeiter)
MDR	Monatsschrift für deutsches Recht
m. w. N.	mit weiteren Nachweisen
n. F.	neue Fassung
NJW	Neue Juristische Wochenschrift
NK-	Nomos-Kommentar zum Strafgesetzbuch(-Bearbeiter)
Nr.	Nummer
NStZ	Neue Zeitschrift für Strafrecht

NStZ-RR	NStZ-Rechtsprechungs-Report
NVwZ	Neue Zeitschrift für Verwaltungsrecht
NZV	Neue Zeitschrift für Verkehrsrecht
o.	oben
OLG	Oberlandesgericht
OWiG	Gesetz über Ordnungswidrigkeiten
Pkw	Personenkraftwagen
PStG	Personenstandsgesetz
RG	Reichsgericht
RGBl.	Reichsgesetzblatt
RGSt	Entscheidungen des Reichsgerichts in Strafsachen
RiStBV	Richtlinien für das Strafverfahren und das Bußgeldverfahren
Rn.	Randnummer
Rspr.	Rechtsprechung
RÜ	Rechtsprechungsübersicht
S.	Satz/Seite
s.	siehe
s. o.	siehe oben
s. u.	siehe unten
SK-	Systematischer Kommentar zum Strafgesetzbuch(-Bearbeiter)
sog.	so genannte (-er, -es)
SSW-	Satzger/Schluckebier/Widmaier, Strafgesetzbuch, Kommentar (-Bearbeiter)
StGB	Strafgesetzbuch
StPO	Strafprozessordnung
str.	strittig
StraFo	Strafverteidigerforum
StRR	StrafrechtsReport
StrRG	Gesetz zur Reform des Strafrechts
StV	Strafverteidiger
StVG	Straßenverkehrsgesetz
StVO	Straßenverkehrs-Ordnung
t. A.	teilweise vertretene Auffassung
t. M.	teilweise vertretene Meinung
TPG	Transplantationsgesetz
TÜV	Technischer Überwachungsverein
TVöD	Tarifvertrag für den öffentlichen Dienst
u.	unten
u. a.	unter anderem

u. U.	unter Umständen
VDE	Verband der Elektrotechnik, Elektronik und Informationstechnik
vgl.	vergleiche
VRS	Verkehrsrechts-Sammlung
VwVfG	Verwaltungsverfahrensgesetz
WaffG	Waffengesetz
WHO	World Health Organization
Wistra	Zeitschrift für Wirtschafts- und Steuerstrafrecht
WStG	Wehrstrafgesetz
z. B.	zum Beispiel
ZIS	Zeitschrift für Internationale Strafrechtsdogmatik
ZJS	Zeitschrift für das Juristische Studium
ZPO	Zivilprozessordnung
ZRP	Zeitschrift für Rechtspolitik
ZStW	Zeitschrift für die gesamte Strafrechtswissenschaft
z. T.	zum Teil

Verzeichnis abgekürzt zitierter Literatur

AnwK	Anwaltkommentar StGB, 3. Aufl. (2020)
Eisele, BT I	Eisele, Jörg, Strafrecht, Besonderer Teil I, Straftaten gegen die Person und gegen die Allgemeinheit, 5. Aufl. (2019)
Fischer	Fischer, Thomas, Strafgesetzbuch und Nebengesetze, Kommentar, 67. Aufl. (2020)
Gössel/Dölling, BT 1	Gössel, Karl Heinz/Dölling, Dieter, Strafrecht, Besonderer Teil 1, 2. Aufl. (2004)
Hohmann/Sander, BT II	Hohmann, Olaf/Sander, Günther M., Strafrecht, Besonderer Teil II, Delikte gegen die Person und die Allgemeinheit, 2. Aufl. (2011)
Jäger, BT	Jäger, Christian, Examens-Repetitorium Strafrecht, Besonderer Teil, 8. Aufl. (2019)
Kindhäuser/Schramm, BT I	Kindhäuser, Urs/Schramm, Edward, Strafrecht, Besonderer Teil I, Straftaten gegen Persönlichkeitsrechte, Staat und Gesellschaft, 9. Aufl. (2019)
Krey/Hellmann/Heinrich, BT 1	Krey, Volker/Hellmann, Uwe/Heinrich, Manfred, Strafrecht, Besonderer Teil, Band 1: Besonderer Teil ohne Vermögensdelikte, 17. Aufl. (2020)
Küper/Zopfs, BT	Küper, Wilfried/Zopfs, Jan, Strafrecht Besonderer Teil: Definitionen mit Erläuterungen, 10. Aufl. (2018)
Lackner/Kühl	Lackner, Karl/Kühl, Kristian, Strafgesetzbuch, Kommentar, 29. Aufl. (2018)
LK	Leipziger Kommentar zum Strafgesetzbuch, 12. Aufl. (2007 ff.)

Maurach/Schroeder/Maiwald/ Hoyer/Momsen, BT 1	Maurach, Reinhart/Schroeder, Friedrich-Christian/Maiwald, Manfred/Hoyer, Andreas/ Momsen, Carsten, Strafrecht, Besonderer Teil, Teilband 1: Straftaten gegen Persönlichkeits- und Vermögenswerte, 11. Aufl. (2019)
Maurach/Schroeder/Maiwald, BT 2	Maurach, Reinhart/Schroeder, Friedrich-Christian/Maiwald, Manfred, Strafrecht, Besonderer Teil, Teilband 2: Straftaten gegen Gemeinschaftswerte, 10. Aufl. (2012)
MüKo	Münchener Kommentar zum Strafgesetzbuch, 3. Aufl. (2017 ff.)
NK	Nomos-Kommentar zum Strafgesetzbuch, 5. Aufl. (2017)
Rengier, BT II	Rengier, Rudolf, Strafrecht Besonderer Teil II: Delikte gegen die Person und die Allgemeinheit, 20. Aufl. (2019)
Roxin, AT I	Roxin, Claus, Strafrecht, Allgemeiner Teil, Bd. I: Grundlagen, Der Aufbau der Verbrechenslehre, 4. Aufl. (2006)
Roxin, AT II	Roxin, Claus, Strafrecht, Allgemeiner Teil, Bd. II: Besondere Erscheinungsformen der Straftat, 2003
Schönke/Schröder	Schönke, Adolf/Schröder, Horst, Strafgesetzbuch, Kommentar, 30. Aufl. (2019)
SK	Systematischer Kommentar zum Strafgesetzbuch, 9. Aufl. (2016 ff.)
SSW	Satzger, Helmut/Schluckebier, Wilhelm/ Widmaier, Gunter (Hrsg.), Strafgesetzbuch, Kommentar, 4. Aufl. (2019)
Wessels/Beulke/Satzger, AT	Wessels, Johannes/Beulke, Werner/Satzger, Helmut, Strafrecht Allgemeiner Teil: Die Straftat und ihr Aufbau, 49. Aufl. (2019)

Wessels/Hettinger/Engländer, BT 1	Wessels, Johannes/Hettinger, Michael/Engländer, Armin, Strafrecht Besonderer Teil 1: Straftaten gegen Persönlichkeits- und Gemeinschaftswerte, 43. Aufl. (2019)
Wessels/Hillenkamp/Schuhr, BT 2	Wessels, Johannes/Hillenkamp, Thomas/Schuhr, Jan C., Strafrecht Besonderer Teil 2: Straftaten gegen Vermögenswerte, 42. Aufl. (2019)
Zöller, BT I	Zöller, Mark A., Strafrecht Besonderer Teil I – Vermögensdelikte, 2. Aufl. (2015)

Zur Arbeit mit diesem Buch

Der vorliegende Band ist als Arbeits- und Studienbuch sowohl für Studienanfänger als auch für Prüfungskandidaten konzipiert, soll aber auch dem Rechtspraktiker einen schnellen Zugriff auf die wichtigsten Grundfragen des Besonderen Teils des Strafgesetzbuchs ermöglichen. Er unterscheidet sich in verschiedener Hinsicht von anderer Ausbildungsliteratur. Zu Beginn der einzelnen Abschnitte findet sich vorangestellt der jeweilige Gesetzestext aus dem Strafgesetzbuch, damit das Skript auch ohne umfangreiche Gesetzessammlung, insbesondere unterwegs, benutzbar ist und bleibt. Die verschiedenen Delikte sind im Anschluss daran jeweils in ihre einzelnen Merkmale untergliedert und in genau derjenigen Reihenfolge abgehandelt, wie sie auch in Prüfungsarbeiten sowie in der Praxis zu erörtern bzw. zu durchdenken sind. Soweit an der jeweiligen Stelle keine Spezifika des Besonderen Teils des Strafgesetzbuchs zu beachten sind, wird lediglich die Überschrift als Gliederungshilfe und Merkposten für die allgemeinen strafrechtlichen Grundsätze aufgeführt. Zudem finden sich nunmehr in der aktuellen Neuauflage am Ende der einzelnen Abschnitte auch ausführliche Aufbauschemata, die nicht nur Leitlinien für die Anfertigung von Klausuren und Hausarbeiten geben sollen, sondern gerade kurz vor Prüfungen als Möglichkeit zur schnellen Wiederholung der wichtigsten Grundstrukturen und Aufbaufragen Verwendung finden können. Von kaum zu überschätzender Bedeutung für eine erfolgreiche Bewältigung der Herausforderungen des Besonderen Teils des Strafgesetzbuchs ist die Beherrschung der wichtigsten Definitionen für die zentralen Tatbestandsmerkmale der einzelnen Delikte. Nur mit ihrer Hilfe stößt man auch bei unbekannten Sachverhalten auf die versteckten Probleme, die sich immer dann andeuten, wenn eine Subsumtion unter die jeweilige Definition gerade nicht reibungslos verläuft. Insofern wurden die entscheidenden Definitionen im Text des Skriptums grau hervorgehoben, um ein schnelles Durcharbeiten bzw. Wiederholen zu ermöglichen. Um die Erfassung komplexer Themen zu erleichtern, sind Grafiken eingefügt, die den Vorlesungsskripten der Verfasser entstammen und sich dort bewährt haben. Schließlich wurde versucht, eine typisch juristische „Unart" in Grenzen zu halten, nämlich der Hang zu ausufernden Fußnotenapparaten. Insgesamt beschränken sich die Rechtsprechungs- und Literaturhinweise auf das Allernötigste. Soweit möglich, wurden aus der umfangreichen strafjuristischen Literatur solche Fundstellen ausgewählt, die für Studierende an deutschen Hochschulen möglichst leicht verständlich und noch dazu ohne große Hindernisse zugänglich sind. Dazu zählen neben den im „Verzeichnis abgekürzt zitierter Literatur" aufgeführten, besonders verbreiteten Lehrbüchern und Kommentaren vor allem Aufsätze aus den gängigen Ausbildungszeitschriften JuS, Jura, JA, ZJS und AL.

Teil 1 – Delikte gegen das Leben

Weiterführende Literatur: *Fischer/Gutzeit*, Grundfragen zu § 28 StGB, JA 1998, 41 ff.; *Sternberg-Lieben/Fisch*, Der neue Tatbestand der (Gefahr-) Aussetzung (§ 221 StGB n. F.), Jura 1999, 45 ff.; *Jäger*, Die Delikte gegen Leben und körperliche Unversehrtheit nach dem 6. Strafrechtsreformgesetz, JuS 2000, 31 ff.; *Geppert*, Zur Abgrenzung von Vorsatz und Fahrlässigkeit, insbesondere bei Tötungsdelikten, Jura 2001, 55 ff.; *Achenbach*, Beteiligung am Suizid und Sterbehilfe, Jura 2002, 542 ff.; *Hermanns/Hülsmann*, Die Feststellung des Vorsatzes bei Tötungsdelikten, JA 2002, 140 ff.; *Engländer*, Die Teilnahme an Mord und Totschlag, JA 2004, 410 ff.; *Zöller*, Grausame Tötung oder völkerrechtlich gedeckte Kriegsrepressalie?, Jura 2005, 552 ff.; *Hacker/Lautner*, Der Grundtatbestand der Aussetzung (§ 221 Abs. 1 StGB), Jura 2006, 274 ff.; *Theile*, Verdeckungsabsicht und Tötung durch Unterlassen, JuS 2006, 110 ff.; *Geppert*, Zum Begriff der „heimtückischen" Tötung in § 211 StGB, vornehmlich an Hand neuerer höchstrichterlicher Rechtsprechung, Jura 2007, 270 ff.; *Kaspar*, Das Mordmerkmal der Heimtücke, JA 2007, 699 ff.; *Kett-Straub*, Die Tücken der Heimtücke in der Klausur, JuS 2007, 515 ff.; *Schütz*, „Niedrige Beweggründe" beim Mordtatbestand, JA 2007, 23 ff.; *Geppert*, Die Akzessorietät der Teilnahme (§ 28 StGB) und die Mordmerkmale, Jura 2008, 34 ff.; *Satzger*, Der Schwangerschaftsabbruch (§§ 218 ff. StGB), Jura 2008, 424 ff.; *Kühl*, „Wer einen Menschen tötet" – Der objektive Tatbestand des Totschlags gemäß § 212 StGB, JA 2009, 321 ff.; *Kühl*, Rechtfertigung vorsätzlicher Tötungen im Allgemeinen und speziell bei der Sterbehilfe, Jura 2009, 881 ff.; *Kühl*, Beteiligung an Selbsttötung und verlangte Fremdtötung, Jura 2010, 81 ff.; *Kühl*, Die sonst niedrigen Beweggründe des § 211 II StGB, JuS 2010, 1041 ff.; *Steinhilber*, Streifzug durch zentrale Rechtsfragen der „direkten Sterbehilfe" (§ 216 StGB), JA 2010, 430 ff.; *Grünewald*, Zur Abgrenzung von Mord und Totschlag – Oder: Die vergessene Reform, JA 2012, 401 ff.; *Ladiges*, Die Aussetzung nach § 221 StGB, JuS 2012, 687 ff.; *Wengenroth*, Grundprobleme der Aussetzung, § 221 StGB, JA 2012, 584 ff.; *Kaspar/Broichmann*, Grundprobleme der Tötungsdelikte, ZJS 2013, 249 ff., 346 ff.; *Mitsch*, Heimtückische Tötung von Neugeborenen, Säuglingen und kleinen Kindern, JuS 2013, 783 ff.; *Kaltenhäuser*, Die Bedeutung der strafrechtlichen Fiktion der Menschwerdung für die Fallbearbeitung, JuS 2015, 785 ff.; *Gerhold*, Akzessorietätseinschränkungen und -durchbrechungen nach den §§ 28, 29 StGB in Klausur und Praxis, JA 2019, 81 ff.; *Beer*, § 28 StGB und die Teilnahme am Mord, AL 2020, 173 ff.

Vorbemerkungen

1 Gemäß Art. 2 II 1 GG hat jeder das *Recht auf Leben* und körperliche Unversehrtheit. „Leben" bedeutet körperliches Dasein, das spätestens mit der Geburt beginnt und mit dem Tod endet. Demgegenüber meint „körperliche Unversehrtheit" die Gesundheit des Menschen im biologisch-physiologischen sowie im geistig-seelischen Bereich. Insbesondere das Grundrecht auf Leben wurde vor dem Hintergrund der Verbrechen des nationalsozialistischen Unrechtsstaats in den Katalog des Grundgesetzes aufgenommen. Für den Bereich des Strafrechts folgt daraus der *Grundsatz des absoluten Lebensschutzes*. Dieser führt im Bereich der §§ 211 ff., die als einfachgesetzliche Ausprägung des grundgesetzlich geforderten Lebensschutzes zu verstehen sind, zu folgenden Konsequenzen:

2 Eine *Differenzierung* nach Lebensfähigkeit, Lebenserwartung, Lebensinteresse, Alter, gesellschaftlicher Funktionstüchtigkeit oder Wertschätzung *scheidet von vornherein aus.* Für die Beurteilung strafrechtlicher Sachverhalte macht es somit keinerlei Unterschied, ob es sich bei dem Opfer eines Tötungsdelikts um eine 16-jährige Teenagerin, einen 40-jährigen Firmenmanager, eine 90-jährige Rentnerin oder einen (geistig und/oder körperlich) behinderten Menschen handelt. Auch spielt es keine Rolle, ob das Tatopfer schwer erkrankt war, bereits im Sterben lag oder aus anderen Gründen in absehbarer Zeit zu Tode gekommen wäre. Selbst minimale Lebenszeitverkürzungen (z. B. die Tötung eines Menschen, der eine Stunde später durch natürliche Ursachen oder einen Verkehrsunfall gestorben wäre) sind i. S. der §§ 211 ff. tatbestandsmäßig.

3 Außerdem ist das Leben als schutzwürdiges Rechtsgut selbst *der Dispositionsbefugnis des Rechtsgutsträgers entzogen.* Zwar ist der auf einer freien und eigenverantwortlichen Entscheidung basierende Selbstmord (Suizid) schon deshalb straflos, weil die §§ 211 ff. sämtlich die Tötung *eines anderen Menschen* immanent voraussetzen. Insofern besteht auch für die bloße Teilnahme an einer solchen Selbsttötung oder ihrem Versuch mangels tatbestandsmäßiger und rechtswidriger Haupttat i. S. der §§ 11 I Nr. 5, 26, 27 keine Möglichkeit der strafrechtlichen Ahndung. Die gesetzliche Normierung des § 216 (vgl. Rn. 104 ff.), der die Tötung eines anderen Menschen selbst dann mit Strafe bedroht, wenn das Tatopfer (z. B. ein schwerstkranker Patient) ausdrücklich und ernsthaft danach verlangt hat, macht jedoch deutlich, dass das Rechtsgut Leben für die geltende Rechtsordnung prinzipiell unantastbar ist.

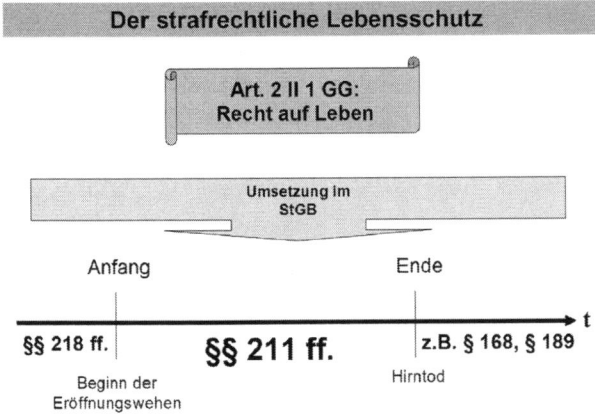

Straftatbestände, die – meist neben anderen Rechtsgütern – dem Schutz des Rechts- **4** guts Leben verpflichtet sind, finden sich nahezu über das gesamte deutsche Strafgesetzbuch verteilt (z. B. §§ 227, 239 IV, 251, 306c), aber auch ausgegliedert in Spezialgesetzen (z. B. der Völkermord gem. § 6 VStGB, der zuvor in § 220 a StGB a. F. geregelt war). Die Straftatbestände des 16. Abschnitts des StGB, insbesondere die §§ 211, 212, 216 und 222, zeichnen sich allerdings dadurch aus, dass sie *ausschließlich* dem Schutz des menschlichen Lebens dienen.

In *zeitlicher Hinsicht* bieten die §§ 211 ff. Schutz vor Angriffshandlungen vom Beginn **5** der Eröffnungswehen bei der Geburt (bei operativer Entbindung – etwa durch einen sog. „Kaiserschnitt" – ist auf den Beginn des ärztlichen Eingriffs zur Öffnung des Unterleibs abzustellen [vgl. Kaltenhäuser JuS 2015, 785, 787]) bis zum Tod des Menschen. Während der *klassische Todesbegriff* noch an einen irreversiblen Stillstand von Kreislauf und Atmung, verbunden mit dem Aufhören der Tätigkeit des zentralen Nervensystems und gefolgt vom Absterben aller Zellen und Gewebe des Organismus anknüpfte, wird nach dem heutigen Stand der medizinisch-biologischen Forschung auf das Kriterium des *Hirntodes* i. S. eines endgültigen Erlöschens aller Hirnfunktionen (vgl. § 3 II Nr. 2 TPG) abgestellt. Danach ist der Todeseintritt durch einen endgültigen, nicht behebbaren Ausfall der Gesamtfunktion des Großhirns, des Kleinhirns und des Hirnstamms gekennzeichnet. Bei Angriffshandlungen vor Beginn der Eröffnungswehen sind im Übrigen die Regelungen der §§ 218 ff. über den Schwangerschaftsabbruch zu beachten (dazu etwa Rengier, BT II, § 11). Eine sauberere Grenzziehung zwischen den §§ 211 ff. und den §§ 218 ff. ist schon deshalb von Bedeutung, weil die Regelungen über den Schwangerschaftsabbruch nur die vorsätzliche, nicht aber die fahrlässige Abtötung der Leibesfrucht unter Strafe stellen. Entscheidendes Abgrenzungsmerkmal ist die Objektsqualität des betroffenen Lebewesens im Zeitpunkt der schädigenden Einwirkung (nicht: des Erfolgseintritts). Erfolgt die Einwirkung des Täters noch auf die Leibesfrucht, so bleibt es bei der alleinigen Anwendbarkeit des § 218 selbst dann, wenn dadurch eine Frühgeburt ausgelöst wird, in deren Folge das lebend geborene Kind stirbt. Demgegenüber kann in Bezug auf Angriffshandlungen nach dem Hirntod lediglich eine Strafbarkeit nach (wenig praxis- und prüfungsrelevanten) Tatbeständen wie der Störung der Totenruhe (§ 168) oder der Verunglimpfung des Andenkens Verstorbener (§ 189) in Betracht kommen.

Sonderproblem: Systematik der Tötungsdelikte

---

6 Für einen konsequenten Prüfungsaufbau im Bereich der Tötungsdelikte ist zwingende Vorbedingung, das systematische Verhältnis der drei zentralen Tatbestände (§§ 211, 212 und 216) zueinander zu bestimmen. Im Rahmen der Fallbearbeitung wirkt sich das dabei gefundene Ergebnis insbesondere beim Prüfungsaufbau für den Haupttäter eines vorsätzlichen Tötungsdelikts sowie über § 28 auf die Strafbarkeit von Teilnehmern aus (vgl. Rn. 90 ff.).

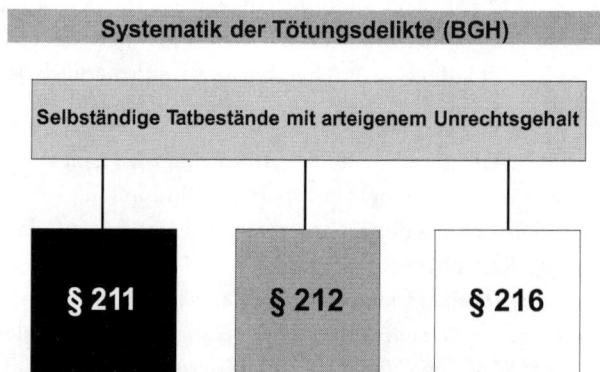

Systematik der Tötungsdelikte (BGH)

Selbständige Tatbestände mit arteigenem Unrechtsgehalt

§ 211 § 212 § 216

Abweichend i.S. der Gegenauffassung: 5. Strafsenat – BGH
NJW 2006, 1008, 1012 f!

7   – Nach traditioneller Ansicht der Rechtsprechung (z.B. BGHSt 1, 368, 370; 6, 329, 330; 22, 375, 377; 50, 1, 5) handelt es sich bei den §§ 211, 212 und 216 um *selbständige*, nicht aufeinander aufbauende *Tatbestände mit arteigenem Unrechtsgehalt*, die sich als solche jeweils schon tatbestandlich ausschließen. Schließt man sich dem an, so ist im Rahmen der Fallbearbeitung nur dann mit der Prüfung des § 212 zu beginnen, wenn nach dem Sachverhalt weder Anhaltspunkte für einen Mord noch für eine Tötung auf Verlangen gegeben sind. Generell ist somit stets die jeweils spezielle Vorschrift des § 211 bzw. § 216 anzusprechen, in die dann

die Voraussetzungen des § 212 (Tötung eines anderen Menschen) mit hineinzu-
lesen sind.

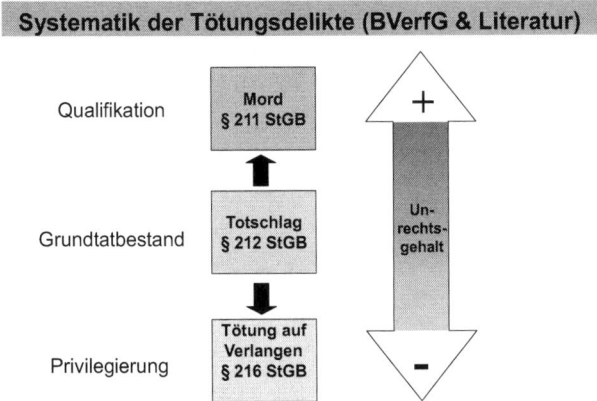

Systematik der Tötungsdelikte (BVerfG & Literatur)

Qualifikation	Mord § 211 StGB	+
Grundtatbestand	Totschlag § 212 StGB	Un-rechts-gehalt
Privilegierung	Tötung auf Verlangen § 216 StGB	−

– Nach der vor allem in der Literatur (z. B. Rengier, BT II, § 4 Rn. 1) vertretenen **8**
Gegenauffassung stellt der *Totschlag (§ 212)* demgegenüber den *Grundtatbe-*
stand der vorsätzlichen Tötungsdelikte dar, mit der Folge, dass der Mordtatbestand
(§ 211) als Qualifikation und die Tötung auf Verlangen (§ 216) als Privilegierung hierzu anzusehen sind. Dieser Auffassung hat sich auch der 5. Strafsenat des
BGH (NJW 2006, 1008, 1012 f.) in einem obiter dictum angenähert. Wer dieser Ansicht folgt, muss im Rahmen der Fallbearbeitung generell zunächst § 212
als Grundtatbestand ansprechen und anschließend zur Prüfung von § 211 oder
§ 216 übergehen.

Bewertung:

Für ein Verständnis der §§ 211, 212, 216 als jeweils eigenständige Tatbestände lässt sich **9**
zunächst die *systematische Stellung des § 211* im Gesetz anführen. Die Tatsache, dass der
Mordtatbestand in § 211 *vor* dem Totschlag in § 212 normiert ist, spricht dagegen, dass
es sich beim Mord um eine Qualifikation des Totschlags handelt, da im Rahmen des
deutschen StGB regelmäßig erst der Grundtatbestand und anschließend die Qualifikation normiert wird (vgl. etwa das Verhältnis § 223/§ 224 oder § 242/§ 244). Zudem
spricht auch die Formulierung „ohne Mörder zu sein" in § 212 I nach dem Gesetzeswortlaut eher für eine qualitative Verschiedenartigkeit von Mord und Totschlag. Außerdem hat der Gesetzgeber die in § 211 II aufgeführten Mordmerkmale nicht als besonders schwere Fälle des Totschlags, sondern als konstituierende Merkmale einer anderen
Straftat, d. h. eines Mordes, gekennzeichnet. Für die Gegenauffassung, die von § 212
als Grundtatbestand der vorsätzlichen Tötungsdelikte ausgeht, lässt sich anführen, dass

die Systematik des 16. Abschnitts des StGB durch den Gesetzgeber bewusst gewählt worden ist. Der Mord steht deshalb systematisch vor dem Totschlag, weil es sich um einen besonderen Tatbestand mit besonderer Rechtsfolge (zwingend lebenslanger Freiheitsstrafe gem. § 211 I) handelt, der insofern eine herausgehobene Stellung verdient. Der Schluss, dass es sich im Verhältnis von § 212 und § 211 nicht um Grundtatbestand und Qualifikation handeln kann, ist damit logisch nicht zwingend. Auch das Wortlautargument der Rechtsprechung („ohne Mörder zu sein") erscheint nur auf den ersten Blick als zwingend. Es nimmt historisch Bezug auf die mittlerweile überholte sog. Lehre vom Tätertypus (dazu Wessels/Hettinger/Engländer, BT 1, Rn. 37 m. w. N.), nach der ein Mörder durch eine mit Überlegung ausgeführte Tötung und ein Totschläger demgegenüber durch eine eher spontane Tatbegehung zu charakterisieren war. Aufgrund der Unschärfe des Merkmals „Überlegung" hat der Gesetzgeber zur Beschreibung des Mordes aber schon durch Gesetz vom 4. September 1941 (RGBl. I, S. 549) den abschließenden Merkmalskatalog des § 211 II eingeführt und lediglich die bereits existierende Formulierung in § 212 beibehalten. Die §§ 211, 212, 216 schützen sämtlich das Rechtsgut Leben gegen dessen (vorsätzliche) Vernichtung. Der Totschlag erfasst eben diese Rechtsgutsverletzung ohne die in den §§ 211 oder 216 genannten, besonderen Modalitäten, was gegen die Annahme ihrer Selbständigkeit spricht. Vor allem aber führt die Ansicht der Rechtsprechung im Bereich der Teilnahme zu widersprüchlichen und ungerechten Ergebnissen (vgl. Rn. 100 ff.).

10 Für die Auffassung der Literatur, die den § 212 als Grundtatbestand der Tötungsdelikte versteht, spricht somit, dass sie die Gegenargumente der Rechtsprechung als nicht stichhaltig widerlegt hat, und noch dazu im Bereich der Teilnahmestrafbarkeit zu widerspruchsfreien Ergebnissen führt, indem sie die Mordmerkmale als strafschärfende besondere persönliche Merkmale i. S. des § 28 II einstuft. Darüber hinaus bringt aber auch die Tatsache, dass die tatbestandlichen Voraussetzungen des Totschlags vollständig in den §§ 211 und 216 enthalten sind und dort nur um weitere Merkmale ergänzt werden, zum Ausdruck, dass man der gesetzlichen Wirklichkeit nur dann in vollem Umfang gerecht wird, wenn man § 212 als Grundtatbestand, § 211 als Qualifikation und § 216 als Privilegierung versteht. Dies bedeutet allerdings nicht zwingend, dass die Prüfung von Grundtatbestand und Qualifikation bzw. von Grundtatbestand und Privilegierung stets nacheinander und getrennt erfolgen muss. Insbesondere wenn die gedankliche Vorprüfung des Bearbeiters zu dem Schluss kommt, dass die Voraussetzungen des § 211 oder des § 216 vorliegen, kann es aus zeitökonomischen Gründen sinnvoll sein, in Überschrift und Obersatz auf die Verbindung zum Grundtatbestand hinzuweisen (z. B. „Strafbarkeit des A gemäß §§ 212, 211") und sodann eine gemeinsame Prüfung von § 212 mit § 211 bzw. § 216 vorzunehmen oder zumindest nach vollständiger Totschlagsprüfung (Tatbestandsmäßigkeit, Rechtswidrigkeit und Schuld) den objektiven und subjektiven Tatbestand von § 211 oder § 216 zu untersuchen. Eine integrierte Prüfung bietet sich aus prüfungstaktischen Erwägungen immer dann an, wenn schon die Strafbarkeit aus dem Grundtatbestand des § 212 (z. B. wegen eines eingreifenden Rechtfertigungs- oder Entschuldigungsgrunds) zu verneinen ist und man sich bei getrennter Prüfung damit Problemstellungen der Mordmerkmale oder der Tatbestandsmerkmale des § 216 „abschneiden" würde.

A. Totschlag (§ 212)

> **Gesetzestext:**
>
> (1) Wer einen Menschen tötet, ohne Mörder zu sein, wird als Totschläger mit Freiheitsstrafe nicht unter fünf Jahren bestraft.
>
> (2) In besonders schweren Fällen ist auf lebenslange Freiheitsstrafe zu erkennen.

11 Der in § 212 geregelte Totschlag schützt das *Rechtsgut Leben* und erfasst den Grund- und Durchschnittsfall der vorsätzlichen Tötung eines anderen Menschen. Er stellt nach vorzugswürdiger Auffassung (vgl. Rn. 8 ff.) das Grunddelikt dar, das durch § 211 qualifiziert und durch § 216 privilegiert wird. Der *versuchte Totschlag* ist infolge des Verbrechenscharakters von § 212 I gem. §§ 23 I, 12 I mit Strafe bedroht.

I. Tatbestand

1. Objektiver Tatbestand

a) Tathandlung

12 In Bezug auf den gesetzlich normierten, objektiven Tatbestand bereitet der Totschlag in der Fallbearbeitung naturgemäß kaum Probleme. Zu prüfen ist lediglich die (kausale und dem Täter objektiv zurechenbare) *Tötung eines anderen*, d.h. vom Täter personenverschiedenen, *Menschen*. Die Tathandlung kann sowohl in einem aktiven Tun als auch – bei bestehender Garantenstellung (§ 13) – in einem Unterlassen bestehen. Auch hinsichtlich der Art und Weise der Tatausführung und der Wahl der Tatmittel finden sich in § 212 I keine spezifizierten Vorgaben. Allerdings ist gedanklich stets zu überprüfen, ob die konkrete Ausführung der Tötung nicht schon eines der (abschließenden) Mordmerkmale des § 211 II erfüllt.

b) Taugliches Tatobjekt = ein anderer Mensch

13 Die §§ 211 ff. erfassen allerdings nur die Tötung eines „anderen" Menschen. Daraus ergibt sich als zwingende Folge der Grundsatz der Straflosigkeit einer *freiverantwortlichen* (auch versuchten) *Selbsttötung*. In diesen Fällen bleibt mangels Vorliegens einer tatbestandsmäßigen Haupttat auch eine *Teilnahme* (Anstiftung oder Beihilfe) *straflos*. Fehlt es demgegenüber an einer freien und eigenverantwortlichen Entscheidung des Suizidenten, so kann eine Strafbarkeit wegen Fremdtötung in mittelbarer Täterschaft (§ 25

I Alt. 2), Unterlassungstäterschaft (§ 13) oder unterlassener Hilfeleistung (§ 323c) in Betracht kommen.

> **Sonderproblem:** Maßstab der eigenverantwortlichen Entscheidung

Die straflose Selbsttötung ist insbesondere von einer Fremdtötung in mittelbarer Täter- **14** schaft (z. B. §§ 212, 211, 25 I Alt. 2) abzugrenzen, in der der Täter das tatbestandsmäßige Tötungsgeschehen aufgrund seiner überlegenen Wissens- und / oder Willensherrschaft maßgeblich steuert und den Suizidenten als Werkzeug gegen sich selbst einsetzt (z. B. indem er ihm wahrheitswidrig eine unheilbare Krankheit vorspiegelt oder ihn bereits über die Tatsache des bevorstehenden Lebensverlustes täuscht). Die Frage, wann von einer eigenverantwortlichen Entscheidung des Lebensmüden ausgegangen werden kann und nach welchen Maßstäben dies zu beurteilen ist, wird jedoch uneinheitlich beantwortet.

– Teilweise (z. B. LK-Schünemann, § 25 Rn. 72; MüKo-Schneider, Vor § 211 **15** Rn. 54 ff.) werden diesbezüglich die *Exkulpationsregeln* (§§ 19, 20, 35 I StGB, § 3 JGG) sinnentsprechend herangezogen. Infolgedessen fehlt bei dem Tatmittler die Freiverantwortlichkeit, wenn es sich bei ihm um einen geistig Erkrankten, seelisch Gestörten, eine Person in einer unter § 35 fallenden Notlage oder einen unreifen Jugendlichen handelt.

– Die Gegenauffassung (z. B. NK-Neumann, Vor § 211 Rn. 65; Lackner/Kühl, Vor **16** § 211 Rn. 13a) orientiert sich an den *Grundsätzen der Einwilligungslehre* und bejaht eine eigenverantwortliche Entscheidung, wenn auch die Voraussetzungen einer wirksamen rechtfertigenden Einwilligung (mit Ausnahme etwa der Disponibilität des Rechtsguts) entsprechend gegeben wären. Dafür werden insbesondere der Strukturunterschied zwischen Selbst- und Fremdschädigung, die Notwendigkeit einer Harmonisierung mit § 216 sowie die Ergebnisse der Suizidforschung angeführt. Erforderlich ist demnach insbesondere eine natürliche Einsichtsfähigkeit des Suizidenten, die Ernstlichkeit seiner Entscheidung sowie deren Freiheit von Wissens- und Willensmängeln.

Eigenverantwortliche Selbsttötung

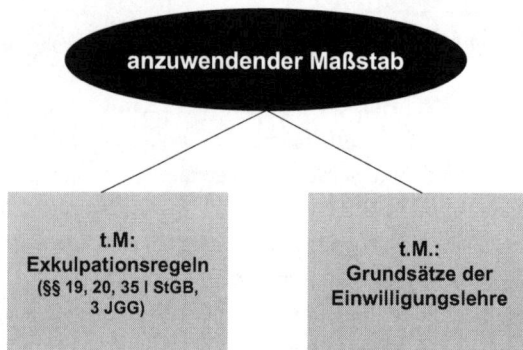

anzuwendender Maßstab

| t.M:
Exkulpationsregeln
(§§ 19, 20, 35 I StGB,
3 JGG) | t.M.:
Grundsätze der
Einwilligungslehre |

Bewertung:

17 Für die letztgenannte Auffassung spricht insbesondere, dass an eine Verfügung über das eigene Leben keine geringeren Anforderungen gestellt werden dürfen als bei der Einwilligung in eine Körperverletzung oder der von § 216 I vorausgesetzten „Ernstlichkeit" des Tötungsverlangens. Zur Beantwortung der Frage, ob der Suizident eine freiverantwortliche Selbsttötungsentscheidung getroffen hat oder lediglich Werkzeug eines mittelbaren Täters war, sind somit die Grundsätze der rechtfertigenden Einwilligung entsprechend heranzuziehen.

> **Sonderproblem:** Unterlassungstäterschaft von Garanten bei Nichthindern einer freiverantwortlichen Selbsttötung

18 Das Nichtverhindern eines *nicht freiverantwortlichen Selbstmords* durch einen Garanten i.S. von § 13 (z.B. Ehegatten, Eltern oder behandelnde Ärzte) ist nach den Grundsätzen des unechten Unterlassungsdelikts unstreitig mit Strafe bedroht. Umstritten ist jedoch die Behandlung derjenigen Fälle, in denen der Garant den *freiverantwortlich* gefassten Tötungsentschluss des Lebensmüden respektiert und ihm evtl. auch Hilfestellungen zu dessen Verwirklichung leistet, aber in den Selbsttötungsvorgang nicht aktiv rettend eingreift (z.B. der Arzt, der seiner schwerstkranken und sterbewilligen Patientin Schlaftabletten besorgt, und nach deren Einnahme durch die Patientin neben ihr sitzen bleibt, bis ihr Tod eintritt).

Nichthindern einer eigenverantwortlichen Selbsttötung

Strafbarkeit gem. §§ 216, 13?

Rspr.: Unterlassungstäterschaft des Garanten nach Tatherrschaftswechsel	**h.L.:** keine Unterlassungstäterschaft des Garanten

– Nach der in sich höchst uneinheitlichen (Überblick bei Hillenkamp, FS Kühl, **19** 2014, S. 521, 522 ff.) Rechtsprechung (vgl. BGHSt 13, 162, 166; 32, 367, 374; 46, 279, 284) ist eine Strafbarkeit des Garanten wegen eines vorsätzlichen unechten Unterlassungsdelikts (§§ 216, 13) grundsätzlich möglich, wenn der Suizident (z.B. infolge von Bewusstlosigkeit) die Herrschaft über das Geschehen verloren hat und der Garant eine noch bestehende Rettungsmöglichkeit nicht wahrnimmt. Mit dem Eintritt eines solchen *Tatherrschaftswechsels* sei von einer Vorrangigkeit der Garantenpflicht gegenüber dem Selbsttötungswillen des Lebensmüden auszugehen. Dabei wird die Bejahung der Erfolgsabwendungspflicht für Garanten vorrangig von der Frage abhängig gemacht, ob der untätig bleibende Garant das vom Lebensmüden in Gang gesetzte Geschehen beherrscht hat und beherrschen wollte oder ob es an einem solchen Täterwillen deshalb fehlt, weil der Garant den freiwillig-ernsthaften Selbsttötungsentschluss des Suizidenten achten wollte und sich diesem mit bloßem Gehilfenvorsatz untergeordnet hat (OLG Düsseldorf NJW 1973, 2215).

– In Befolgung der vor allem im Schrifttum (Schönke/Schröder-Eser/Sternberg- **20** Lieben, Vor § 211 Rn. 41; Fischer, Vor § 211 Rn. 24 f.; Lackner/Kühl, Vor § 211 Rn. 16) sowie jüngst auch vom 5. Strafsenat des BGH (BGHSt 64, 135 m. Bespr. Hecker JuS 2020, 82 ff.; Weißer ZJS 2020, 85 ff.) vertretenen Gegenansicht scheidet in den Fällen des Nichthinderns eines freiverantwortlichen Suizids eine Unterlassungstäterschaft des Garanten aus. Wäre dieser durch die zeitlich frühere aktive Teilnahme am Suizidversuch (mangels teilnahmefähiger tatbestandsmäßiger Haupttat) straflos geblieben, so könne dieses Ergebnis für das anschließende passive Verhalten nicht durch den vermeintlichen Tatherrschaftswechsel durch die Annahme einer Unterlassungstäterschaft unterlaufen werden. Hierfür spreche auch die Neuregelung der Patientenverfügung in § 1901a BGB. Eine Ausnahme gelte lediglich dann, wenn nach der Selbsttötungshandlung der Wille des Suizidenten weiterzuleben erkennbar werde.

Bewertung:

21 Die letztgenannte Auffassung verdient den Vorzug, da nur sie mit der Wertentscheidung des Gesetzgebers zu vereinbaren ist, die Förderung und die Nichtverhinderung einer freiverantwortlich gewählten Selbsttötung aus dem Anwendungsbereich der §§ 211 ff. herausnehmen zu wollen. Die Willkürlichkeit der Rechtsprechungsansicht, die sich immerhin um einen möglichst weitgehenden Lebensschutz bemüht, zeigt sich bereits an folgendem Beispiel: Die mitleidige Ehefrau eines lebensmüden Mannes dürfte für ihren Mann einen Strick kaufen, diesen zur Schlinge knoten, am häuslichen Dachbalken befestigen und ihrem Ehemann um den Hals legen. In dem Moment, indem der Mann das Bewusstsein verliert, müsste sie ihn dann aber wieder losschneiden und medizinische Hilfe leisten oder herbeiholen. Das Geschehen bei nach wie vor bestehender Respektierung der Persönlichkeit des Sterbewilligen in einen straflosen aktiven Beihilfeteil und einen strafbaren passiven Unterlassungstäterschaftsteil (§§ 212, 216, 13) aufzuspalten, kann mithin nicht überzeugen. Hiergegen spricht auch, dass die freiverantwortliche Verwirklichung des Sterbewillens häufig schon als Entlassung des Garanten aus seiner Beschützerstellung gedeutet werden muss. Wer als Garant einen beachtlichen Selbsttötungswillen respektiert, verletzt keine Handlungspflicht, weil der Sterbewillige diese, individuell disponibel, aufgehoben bzw. eingeschränkt hat (Rengier, BT II, § 8 Rn. 14). Auch dass die Garantenstellung, sofern sie danach überhaupt noch besteht, gegenüber dem Sterbewillen vorrangig sei, lässt sich kaum mit dem Selbstbestimmungsrecht des Patienten (Art. 2 I i. V. m. Art. 1 I GG) vereinbaren.

22 Wer lediglich eine eigenverantwortliche Selbsttötung veranlasst, ermöglicht oder fördert, macht sich mithin nicht wegen eines vorsätzlichen Tötungsdelikts i. S. der §§ 211 ff. strafbar. Aber auch wer durch sorgfaltspflichtwidriges Verhalten fahrlässig die freiverantwortliche Selbsttötung eines anderen ermöglicht oder in sonstiger Weise mit verursacht (z. B. der Polizeibeamte, der seine Dienstwaffe zu Hause offen auf seinen Schreibtisch legt, so dass seine seit Jahren depressive Frau sich damit erschießt), kann nicht aus § 222 bestraft werden, wenn sein Verhalten bei vorsätzlichem Handeln als Teilnahme am Suizid nicht strafbar wäre. Für die Abgrenzung zwischen einer sorgfaltswidrigen, aber straflosen Mitwirkung an einer Selbsttötung von einer strafbaren fahrlässigen Fremdtötung i. S. von § 222 kommt es insbesondere darauf an, wer die Tatherrschaft über den unmittelbar lebensbeendenden Akt innehat. Die Trennungslinie ist also nach den Grundsätzen der Abgrenzung von Täterschaft und Teilnahme zu ziehen (vgl.

BGH NStZ 2003, 537, 538; zur Frage der Anwendbarkeit von § 323c im Fall des Suizid-versuchs vgl. nur Rengier, BT II, § 8 Rn. 18 ff.).

2. Subjektiver Tatbestand

Der subjektive Tatbestand des § 212 I erfordert, dass der Täter *vorsätzlich*, d. h. mindes- **23** tens mit dolus eventualis hinsichtlich der Tötung eines anderen Menschen gehandelt hat (vgl. § 15). An dieser Stelle kann insbesondere der bedingte Vorsatz (§ 212) von der bewussten Fahrlässigkeit (§ 222) abzugrenzen sein. Hier gilt die Leitlinie, dass der bewusst fahrlässig Handelnde mit der als möglich erkannten Folge nicht einverstanden ist und auf deren Ausbleiben vertraut, während der bedingt vorsätzlich handelnde Täter den Eintritt des schädlichen Erfolges um des erstrebten Zieles willen billigend in Kauf nimmt oder sich wenigstens mit der Tatbestandsverwirklichung abfindet. Dabei kann schon eine Gleichgültigkeit gegenüber dem zwar nicht angestrebten, wohl aber hinge-nommenen Tod des Opfers die Annahme bedingten Tötungsvorsatzes rechtfertigen. Dazu ist aber stets eine Gesamtschau aller objektiven und subjektiven Tatumstände er-forderlich (BGH NStZ 2019, 608).

Bei der *Feststellung des Tötungsvorsatzes* ist deshalb besondere Vorsicht geboten. We- **24** der in der juristischen Ausbildung noch in der Praxis sollte man den Fehler machen, aus einem objektiv gefährlichen Verhalten (zum ungeschützten Sexualverkehr eines HIV-Infizierten BGHSt 36, 1) vorschnell den Totschlagsvorsatz zu bejahen. Vielmehr kann der Fall (z. B. wenn A dem B mit einem Messer in den Rücken sticht) durchaus so liegen, dass mit Blick auf die konkreten Tatumstände zwar Vorsatz hinsichtlich der *Verletzung*, nicht aber auch hinsichtlich der *Tötung* eines anderen Menschen zu beja-hen ist. Zu Recht weist der BGH in ständiger Rechtsprechung darauf hin, dass es im Hinblick auf die gegenüber einer Tötung bestehende *hohe Hemmschwelle* sorgfältiger Prüfung bedarf, ob aus der objektiven Lebensgefährlichkeit des äußeren Tatverhaltens und des vom Täter angestrebten Ziels geschlossen werden kann, der Täter sei sich der Möglichkeit des Todeseintritts bewusst gewesen und habe diese Folge billigend in Kauf genommen. Denn auch bei objektiv gefährlichem Verhalten kann es im Einzelfall so liegen, dass der Täter die weitergehende Gefahr nicht erkennt oder, wenn er sie erkennt, dennoch ernsthaft darauf vertraut, jener Erfolg werde nicht eintreten. Der Schluss auf den bedingten Tötungsvorsatz ist daher nur dann rechtsfehlerfrei, wenn im Rahmen einer *umfassenden Würdigung der objektiven und subjektiven Tatumstände* (z. B. Tatsitu-ation, Angriffsweise, Lage und Abwehrmöglichkeit des Opfers oder psychische Ver-fassung und Motivation des Täters) auch alle Umstände einbezogen werden, die ein solches Ergebnis in Frage stellen. Diese sog. Hemmschwellentheorie des BGH ist im juristischen Schrifttum teilweise als allgemeine psychologische Theorie (miss-)verstan-den und kritisiert worden (vgl. MüKo-Schneider, § 212 Rn. 58 ff. m. w. N. Geppert Jura

2001, 55, 59). Im Jahr 2012 hat der 4. Strafsenat des BGH jedoch die Gelegenheit genutzt, seinen Standpunkt zu präzisieren (BGHSt 57, 183; dazu Heghmanns ZJS 2012, 826; Jahn JuS 2012, 757). Danach erschöpft sich die Hemmschwellentheorie in einem *Hinweis auf § 261 StPO* und die danach insbesondere bei der Prüfung des Tötungsvorsatzes erforderliche vorsichtige Gesamtwürdigung. Ein bloßer formaler Hinweis auf die Hemmschwellentheorie führt somit argumentativ nicht weiter. Insofern kann man aber entgegen vereinzelten Stimmen (z. B. Fahl JuS 2013, 499) auch nicht von einem „Abschied von der Hemmschwellentheorie" sprechen. Dem BGH geht es nicht um eine Theorie oder einen Begriff, sondern erkennbar um eine Verpflichtung der Sachbearbeiter und Tatrichter zur umfassenden Beweiswürdigung in jedem konkreten Einzelfall (vgl. auch BGH NStZ 2014, 35). In Grenzfällen ist dabei immer auch der Grundsatz in dubio pro reo zu beachten (zum Berliner „Autoraser-Fall" BGH NJW 2018, 1621 m. Bespr. Eisele JuS 2018, 492 sowie Jäger JA 2018, 468 sowie vorausgehend LG Berlin NStZ 2017, 471 m. Bespr. Jahn JuS 2017, 700 sowie Jäger JA 2017, 786).

II. Rechtswidrigkeit

25 Die Rechtswidrigkeit des Totschlags kann auf der Grundlage der allgemein anerkannten (geschriebenen und ungeschriebenen) Rechtfertigungsgründe, beispielsweise der Notwehr und der Nothilfe (§ 32), entfallen. Vorsicht ist bei einer vorschnellen Anwendung von § 34 geboten, da eine Abwägung Leben gegen Leben in diesem Rahmen von vornherein ausscheidet. Aus der Existenz von § 216 folgt, dass die Tötung eines anderen Menschen sogar dann strafbar ist, wenn das Opfer zuvor ausdrücklich und ernsthaft danach verlangt hat. Somit kommt eine rechtfertigende Einwilligung mangels Disponibilität des Rechtsguts Leben von vornherein nicht in Betracht.

III. Schuld

26 Im Rahmen der Schuldprüfung sind die allgemeinen Grundsätze, insbesondere über das Eingreifen von Schuldausschließungs- und Entschuldigungsgründen, anwendbar. Bei Eingriffen in das Recht auf Leben kann insbesondere der Entschuldigungsgrund des § 35 I in Betracht kommen.

IV. Strafzumessung

27 Bei § 212 II und § 213 StGB handelt es sich nicht um eigenständige Deliktstatbestände, sondern um *Strafzumessungsregelungen*, die lediglich auf Totschlagsfälle anwendbar sind und *im Anschluss an die Schuld zu prüfen* sind.

1. Besonders schwerer Fall des Totschlags (§ 212 II)

Bei § 212 II handelt es sich um eine Strafzumessungsregel, die für besonders schwere **28** Fälle des Totschlags die Sanktionierung mit lebenslanger Freiheitsstrafe ermöglicht. Im Vergleich zum „Normalfall" des § 212 I müssen schulderhöhende Merkmale von besonderem Gewicht hinzukommen. Ein besonders schwerer Fall des Totschlags ist in der Praxis immer dann gegeben, wenn die Tat ihrem Unrechts- und Schuldgehalt nach einem Mord entspricht, aber bei ordnungsgemäßer Subsumtion formal kein Mordmerkmal i. S. des § 211 II erfüllt ist.

§ 212 II stellt (ebenso wie § 213 Alt. 2 auf „minder schwere Fälle") lediglich pauschal **29** auf „besonders schwere" Fälle ab und wird deshalb auch *als unbenannte Strafzumessungsregel* bezeichnet. Eine standardmäßige Subsumtion unter einzelne Begriffsmerkmale ist hier infolge des Wertungserfordernisses nicht ohne Weiteres möglich. Vielmehr setzt eine Beurteilung dessen, was ein besonders schwerer (oder minder schwerer) Fall ist, nicht zuletzt Erfahrungswissen und Kenntnis der Akten- und Beweislage im konkret zu entscheidenden Fall voraus. Da Bearbeiter diese Voraussetzungen in Prüfungsarbeiten bis zum 1. Juristischen Staatsexamen aufgrund reiner Sachverhaltslektüre nicht erlangen können, sind unbenannte Strafzumessungsregeln im Gutachten regelmäßig nicht zu prüfen.

2. Minder schwerer Fall des Totschlags (§ 213)

Gesetzestext (§ 213):

War der Totschläger ohne eigene Schuld durch eine ihm oder einem Angehörigen zugefügte Mißhandlung oder schwere Beleidigung von dem getöteten Menschen zum Zorn gereizt und hierdurch auf der Stelle zur Tat hingerissen worden oder liegt sonst ein minder schwerer Fall vor, so ist die Strafe Freiheitsstrafe von einem Jahr bis zu zehn Jahren.

§ 213 enthält ausschließlich für Fälle eines tatbestandsmäßig, rechtswidrig und schuld- **30** haft begangenen Totschlags (nicht für § 211 oder § 216) eine *Strafzumessungsregel*, die es ermöglicht, bei minder schweren Fällen die Strafe auf einen Strafrahmen von einem Jahr bis zu zehn Jahren Freiheitsstrafe zu ermäßigen. Im Rahmen dieser Vorschrift sind zwei eigenständige Alternativen zu unterscheiden („oder"), von denen lediglich § 213 Alt. 1 als sog. benannte, d. h. tatbestandsähnlich ausgestaltete Strafzumessungsvorschrift prüfungsrelevant ist. Sie setzt voraus, dass der Täter ohne eigene Schuld durch eine ihm oder einem Angehörigen zugefügte Misshandlung oder schwere Beleidigung von dem getöteten Menschen zum Zorn gereizt und hierdurch auf der Stelle zur Tat hingerissen worden ist. Über § 213 Alt. 1 soll somit derjenige Täter begünstigt werden, der aus berechtigtem Zorn handelt, weil er vor der Tat seinerseits körperlich oder durch ein ihn – verbal oder in anderer Weise – schwer beleidigendes Verhalten des Opfers angegriffen worden ist (vgl. BGHSt 34, 37 f.; BGH NStZ 1996, 33).

31 **Ohne eigene Schuld** ist ein Totschlag begangen, wenn die Provokation nicht in vorwerfbarer Weise durch den Täter veranlasst worden ist.

Hierbei kommt es auf eine wertende Gesamtbetrachtung von Täter- und Opferverhalten an. Sozialethisch belanglose Regelverstöße, Lästigkeiten oder Ungeschicklichkeiten bleiben dabei außer Betracht. Nicht ohne eigene Schuld handelt derjenige Täter, der das Opfer zu seinem Verhalten herausfordert (BGH NStZ 2019, 471). Das ist nicht schon bei jeder Handlung des Täters der Fall, die ursächlich für die ihm zugefügte Misshandlung gewesen ist. Vielmehr muss er dem Opfer genügende Veranlassung gegeben haben. Dessen Verhalten muss eine verständliche Reaktion auf vorangegangenes Tun des Täters gewesen sein. Dabei ist die Verständlichkeit auch unter dem Gesichtspunkt der Verhältnismäßigkeit zu prüfen.

32 Erforderlich ist darüber hinaus, dass entweder dem Täter selbst oder einem Angehörigen (vgl. § 11 I Nr. 1) eine Misshandlung oder schwere Beleidigung zugefügt wurde. Zum Begriff der *Misshandlung* können grundsätzlich die entsprechenden Ausführungen im Rahmen von § 223 herangezogen werden (vgl. Rn. 152 ff.). Allerdings fehlt nach dem Wortlaut von § 213 Alt. 1 die in § 223 I enthaltene Beschränkung auf „körperliche" Verhaltensweisen, so dass hier auch seelische Beeinträchtigungen, die zu physischen Reaktionen führen, erfasst werden (z. B. bei einem fehlgeschlagenen, aber bedrohlichen Angriff auf das Leben). Ein Körperverletzungserfolg i. S. einer Gesundheitsschädigung ist nicht erforderlich. Unter einer *schweren Beleidigung* sind jedenfalls solche Ehrverletzungen i. S. der §§ 185 ff. zu verstehen, die die Bagatellschwelle oder das im Rahmen der Beziehung zwischen Täter und Opfer bzw. das in ihrem sozialen Umfeld Übliche überschreiten. Auch hier ist eine objektive Gesamtbewertung des Geschehensablaufs unter Einbeziehung von Persönlichkeit und Lebenskreis der Beteiligten geboten.

33 Der Begriff des **Zorns** setzt aufseiten des Totschlägers nicht nur Affekte i. e. S. voraus, sondern umfasst alle sthenischen Antriebe (z. B. Wut oder Empörung).

Der Täter ist **auf der Stelle zur Tat hingerissen**, wenn die Tat noch als maßgeblich durch die Provokation beeinflusst erscheint.

Ein unmittelbares räumlich-zeitliches Näheverhältnis ist hierfür nicht erforderlich. Vielmehr genügt es, dass die Kränkung oder Reizung des Täters zum Tatzeitpunkt noch gegeben war. Es muss sich mithin nicht um eine Spontan- oder Affekthandlung im engeren Sinne handeln, so dass der erforderliche motivationspsychologische Zusammenhang auch noch nach mehreren Stunden bestehen kann. Entscheidend ist vielmehr, dass der durch die Kränkung hervorgerufene Zorn noch angehalten und als nicht durch rationale Abwägung unterbrochene Gefühlsaufwallung fortgewirkt hat (BGH NStZ-RR 2007, 200). An einem solchen Zurechnungszusammenhang fehlt es, wenn der Totschlag nicht auf die vorangegangene Provokation durch das Totschlagsopfer, sondern auf andere Gründe (z.B. „kalte Wut" oder Rache) zurückzuführen ist, der Täter also schon vor der Provokation zur Tat entschlossen war.

In subjektiver Hinsicht muss der Täter die tatsächlichen Umstände kennen, aus denen **34** sich die konkrete Provokation ergibt und diese auch als solche werten. Bei irriger Annahme der Voraussetzungen des § 213 Alt. 1 kommt eine Strafmilderung für den Täter allenfalls nach der unbenannten Strafzumessungsvorschrift des § 213 Alt. 2 in Betracht.

Ein *sonstiger minder schwerer Fall i. S. des § 213 Alt. 2* ist in der Praxis anzunehmen, wenn **35** nach einer Gesamtbewertung schuldmindernde Umstände zugunsten des Täters vorliegen, die in ihrem Gewicht der in § 213 Alt. 1 umschriebenen Affektlage vergleichbar sind. Zu erwägen ist dies beispielsweise in Fällen von Provokationen unterhalb der Schwelle von § 213 Alt. 1, bei der Summierung mehrerer Milderungsgründe, die für sich alleine nicht ausreichen würden oder für Kindstötungen in oder gleich nach der Geburt durch die Mutter (BGH NStZ-RR 2004, 80).

V. Aufbauschema § 212

I.   **Tatbestand**

    1. Objektiver Tatbestand

       a) Tatobjekt: ein anderer Mensch

       b) Tathandlung: Tötung

       c) Taterfolg: Tod des Opfers

       d) Kausalität

       e) Objektive Zurechnung

    2. Subjektiver Tatbestand

       Vorsatz (vgl. § 15), d.h. mindestens dolus eventualis hinsichtlich der Verwirklichung der objektiven Tatbestandsmerkmale

II. **Rechtswidrigkeit**

III. **Schuld**

IV. **Strafzumessung**

    1. Besonders schwerer Fall gem. § 212 II

    2. Minder schwerer Fall gem. § 213

        a) Provozierter Totschlag (§ 213 Alt. 1)

        b) Sonstiger minder schwerer Fall (§ 213 Alt. 2)

B. Mord (§ 211)

> **Gesetzestext:**
>
> (1) Der Mörder wird mit lebenslanger Freiheitsstrafe bestraft.
>
> (2) Mörder ist, wer
>
> aus Mordlust, zur Befriedigung des Geschlechtstriebs, aus Habgier oder sonst aus niedrigen Beweggründen,
>
> heimtückisch oder grausam oder mit gemeingefährlichen Mitteln oder
>
> um eine andere Straftat zu ermöglichen oder zu verdecken,
>
> einen Menschen tötet.

36 Der in § 211 normierte Mordtatbestand ist als *Qualifikation des Totschlags* anzusehen (vgl. Rn. 9 f.) und dient damit ebenfalls dem Schutz des *Rechtsguts Leben*. Insofern sollte man sich immer vor Augen führen, dass die vorsätzliche Tötung eines anderen Menschen regelmäßig schon von § 212 abgedeckt wird. Für den Tatbestand des Mordes muss das vom Täter verwirklichte Unrecht noch darüber hinausgehen. § 211 ist daher für diejenigen Fallkonstellationen reserviert, in denen die vorsätzliche Tötung von Menschen über die reine Lebensverletzung hinaus als besonders *verwerflich* zu bewerten ist. Nur dann lässt sich die lebenslange Freiheitsstrafe als zwingende Sanktion des Mordes (§ 211 I) rechtfertigen, der als einzige Straftat des deutschen StGB nicht der Verjährung unterliegt (§ 78 II). Von einer solchen Verwerflichkeit ist faktisch bei Verwirklichung eines oder mehrerer der in § 211 II abschließend normierten Mordmerkmale auszugehen. Der *Versuch* des § 211 ist infolge des Verbrechenscharakters des Mordes gem. §§ 23 I, 12 I mit Strafe bedroht.

37 Die in § 211 II normierten Mordmerkmale lassen sich systematisch in *drei verschiedene Gruppen* einteilen, deren genaue Kenntnis für einen fehlerfreien Prüfungsaufbau unerlässlich ist:

- Die *erste Gruppe* der Mordmerkmale umfasst die Tötung aus Mordlust, zur Befriedigung des Geschlechtstriebs, aus Habgier oder sonst aus niedrigen Beweggründen. Diesen vier Merkmalen ist mithin die Tötung aus *besonders verwerflichen Beweggründen* gemeinsam. Da sie mit der Motivation des Täters die innere Tatseite betreffen, handelt es sich bei den Mordmerkmalen der ersten Gruppe um *täterbezogene Merkmale*.

- Die *zweite Gruppe* der Mordmerkmale umfasst die heimtückische Tötung, die grausame Tötung sowie die Tötung mit gemeingefährlichen Mitteln. Das verbindende Element besteht hier in einer *besonders verwerflichen Begehungsweise*. Infolge der Bezugnahme auf die konkrete Art und Weise der Tatbegehung sind die Mordmerkmale der zweiten Gruppe somit als *tatbezogene Merkmale* einzustufen.

– Schließlich finden sich in der *dritten Gruppe* der Mordmerkmale die Tötung eines anderen Menschen in der Absicht, eine andere Straftat zu ermöglichen sowie in der Absicht, eine andere Straftat zu verdecken. Insofern geht es hier um *besonders verwerfliche Zwecke* der Tötung. Da mit diesen vom Täter verfolgten Zwecken die innere Tatseite angesprochen ist, stellen auch die Mordmerkmale der dritten Gruppe *täterbezogene Merkmale* dar.

Die Systematik der Mordmerkmale

Gruppe 1: besonders verwerfliche *Beweggründe* (täterbezogene Merkmale)

- Mordlust
- Befriedigung des Geschlechtstriebs
- Habgier
- (sonstige) niedrige Beweggründe

Gruppe 2: besonders verwerfliche *Begehungsweisen* (tatbezogene Merkmale)

- Heimtücke
- Grausamkeit
- gemeingefährliche Mittel

Gruppe 3: besonders verwerfliche *Zwecke* (täterbezogene Merkmale)

- Ermöglichungsabsicht
- Verdeckungsabsicht

38 Bei den tatbezogenen *Mordmerkmalen der zweiten Gruppe* handelt es sich um *Merkmale des objektiven Tatbestands* (Rengier, BT II, § 4 Rn. 7; Wessels/Hettinger/Rengier, BT 1, Rn. 37). Dies bedeutet für den Prüfungsaufbau, dass im Rahmen des objektiven Tatbestands zunächst ihr objektives Vorliegen festgestellt werden muss, bevor im Rahmen des subjektiven Tatbestands der diesbezügliche Vorsatz zu prüfen ist. Anders gestaltet sich der Deliktsaufbau demgegenüber bei den täterbezogenen *Mordmerkmalen der ersten und dritten Gruppe*. Diese stellen *subjektive Unrechtselemente* (für ihre zusätzliche Einstufung als spezielle Schuldmerkmale i. S. des § 29 etwa BGHSt 22, 375, 377; 23, 39; Schönke/Schröder-Lenckner/Eisele, Vor § 13 Rn. 122 m. w. N.) dar und sind daher ausschließlich im Rahmen des subjektiven Tatbestands abzuhandeln.

Nach der Grundsatzentscheidung des BVerfG vom 21.6.1977 (BVerfGE 45, 187) **39**
ist der Vollzug der lebenslangen Freiheitsstrafe grundsätzlich mit der Menschenwürdegarantie des Art. 1 I GG vereinbar. Doch wird diese absolute Strafandrohung nach
Auffassung des Gerichts nur dann dem Rechtsstaatsprinzip und dem Grundsatz der
Verhältnismäßigkeit gerecht, wenn gewährleistet sei, dass sie auf Tötungsfälle von besonders verwerflichem Charakter beschränkt bleibt und dass diese Bestrafung des Täters im Verhältnis zur Schwere sowie zum Schuldgehalt der Tat angemessen ist. Zu den
Voraussetzungen eines menschenwürdigen Strafvollzugs gehöre zudem, dass „dem zu
lebenslanger Freiheitsstrafe Verurteilten grundsätzlich eine Chance verbleibt, je wieder
der Freiheit teilhaftig zu werden". Als Reaktion auf dieses Postulat wurde u. a. § 57a geschaffen, der unter bestimmten Voraussetzungen auch bei lebenslanger Freiheitsstrafe
die Aussetzung des Strafrestes zur Bewährung ermöglicht.

Sonderproblem: Einschränkende Auslegung der Mordmerkmale

Da auch die jüngsten Bestrebungen zur seit Langem geforderten Reform des Mord- **40**
tatbestandes (zur Reformdiskussion MüKo-Schneider, Vor § 211 Rn. 199 ff., 226 ff.
m. w. N.) gescheitert sind, ist die Beantwortung der Frage, auf welche Art und Weise
die vom BVerfG angemahnte, aber in ihrer konkreten Ausgestaltung offen gelassene
Beschränkung der lebenslangen Freiheitsstrafe auf besonders verwerfliche Tötungsfälle praktisch sichergestellt werden soll, nach wie vor umstritten. Diese Frage stellt sich
in Ausbildung und Praxis insbesondere bei den sprachlich besonders weit gefassten
Mordmerkmalen der Heimtücke und der Verdeckungsabsicht.

– Speziell in Bezug auf das Mordmerkmal der Heimtücke wird für die Bejahung des **41**
  Mordmerkmals teilweise (z. B. Hassemer JuS 1971, 626, 629; Schmidhäuser JR
  1978, 265, 270) ein *besonders verwerflicher Vertrauensbruch* gefordert. Auf diese
  Weise soll das Mordmerkmal der Heimtücke durch qualifizierte Anforderungen
  an die vor der Tat bestehende Beziehung zwischen Täter und Opfer derart eingeschränkt werden, dass der bloße „Überraschungsangriff" auf das Leben einer
  arg- und wehrlosen Person für die Annahme des Mordmerkmals nicht ausreicht.

– Demgegenüber verlangen die Vertreter der sog. „Lehre von der Typenkorrek- **42**
  tur" zur Bejahung des Mordvorwurfs neben dem Vorliegen (zumindest) eines
  Mordmerkmals i. S. von § 211 II, dass eine Gesamtwürdigung von Tat und Täter
  das Geschehen als besonders verwerflich erscheinen lässt. In ihrer Ausprägung
  als negative Typenkorrektur (SK-Sinn, § 211 Rn. 8; Schönke/Schröder-Eser/
  Sternberg-Lieben, § 211 Rn. 10) wird der Verwirklichung von Mordmerkmalen lediglich Indizwirkung zugeschrieben. Diese Indizwirkung (und damit der
  Mordvorwurf) soll dann wieder entfallen, wenn sich die Tötung ausnahmsweise

nicht als besonders verwerflich darstellt. Demgegenüber gehen die Befürworter einer *positiven Typenkorrektur* (z. B. Lange, Schröder-GS, 1978, 217, 218 ff.) – sachlich übereinstimmend – davon aus, dass die Erfüllung eines Mordmerkmals zwar eine notwendige, aber keine hinreichende Bedingung für die Bejahung des Mordvorwurfs ist. Eine Bestrafung nach § 211 setze vielmehr neben der Verwirklichung des Mordmerkmals zusätzlich noch eine besondere Verwerflichkeit des Tatgeschehens voraus.

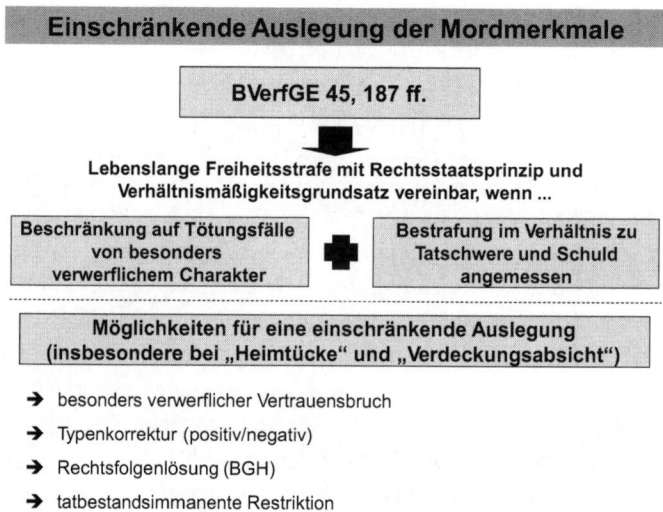

Einschränkende Auslegung der Mordmerkmale

BVerfGE 45, 187 ff.

⬇

Lebenslange Freiheitsstrafe mit Rechtsstaatsprinzip und Verhältnismäßigkeitsgrundsatz vereinbar, wenn ...

Beschränkung auf Tötungsfälle von besonders verwerflichem Charakter	✚	Bestrafung im Verhältnis zu Tatschwere und Schuld angemessen

Möglichkeiten für eine einschränkende Auslegung (insbesondere bei „Heimtücke" und „Verdeckungsabsicht")

→ besonders verwerflicher Vertrauensbruch

→ Typenkorrektur (positiv/negativ)

→ Rechtsfolgenlösung (BGH)

→ tatbestandsimmanente Restriktion

---

43 – Der BGH (BGHSt 30, 105, 121) knüpft mit seiner sog. „Rechtsfolgenlösung" nicht auf der Tatbestandsebene, sondern auf der Rechtsfolgenseite des Mordes (§ 211 I) an. Danach soll an die Stelle lebenslanger Freiheitsstrafe der Strafrahmen des § 49 I Nr. 1 treten, wenn außergewöhnliche Umstände vorliegen, die das Ausmaß der Täterschuld erheblich mindern. Beispiele für solche außergewöhnlichen Umstände, bei deren Vorliegen an die Stelle lebenslanger Freiheitsstrafe eine zeitige Freiheitsstrafe tritt, sind Tötungen aus großer Verzweiflung, tiefem Mitleid, „gerechtem Zorn", infolge einer schweren Provokation oder Kränkung oder in einer notstandsnahen und aus Opfersicht ohne die Tötung ausweglosen Situation. Allerdings hat der BGH selbst vor einem voreiligen Rückgriff auf die Rechtsfolgenlösung gewarnt. Zuvor seien die Mordmerkmale restriktiv auszulegen und alle in Betracht kommenden Rechtfertigungs-, Entschuldigungs- und gesetzlichen Schuldmilderungsgründe erschöpfend abzuhandeln (vgl. BGHSt 48, 207, 212; 255, 257 ff.). Zumindest in den Fällen des Mordes aus Habgier (BGHSt 42, 301), der Befriedigung des Geschlechtstriebs und der Ermöglichungsabsicht (BGH NStZ-RR 2018, 172) könne die lebenslange Freiheitsstrafe nicht wegen außergewöhnlicher Umstände i. S. von BGHSt 30, 105 durch eine zeitige Freiheitsstrafe in analoger Anwendung von § 49 I Nr. 1 ersetzt werden.

Bewertung:

Gegen das Erfordernis des verwerflichen Vertrauensbruchs lässt sich inhaltlich schon **44** dessen Unbestimmtheit ins Feld führen, was im Einzelfall den Unterschied zwischen Mord und Totschlag und damit zwischen lebenslanger und zeitiger Freiheitsstrafe von Zufälligkeiten abhängig machen würde. Vor allem aber bestünde die Gefahr, dass gerade der kriminalpolitisch besonders strafwürdige Fall, in dem der Täter einen ihm völlig Unbekannten tötet, aus dem Anwendungsbereich des Mordmerkmals der Heimtücke herausfiele. Auch die Lehre von der Typenkorrektur, die den Mordmerkmalen nur indizielle Bedeutung zuweist, vermag angesichts des eindeutigen Wortlauts von § 211 StGB nicht recht zu überzeugen. Schließlich werden auf diese Weise unrechtsbestimmende Merkmale de facto in Regelbeispiele verwandelt und damit die Festlegung der Rechtsfolgenvoraussetzungen unter Verstoß gegen das Gewaltenteilungsprinzip vom Gesetzgeber auf den Richter übertragen. Die Rechtsfolgenlösung des BGH sieht sich aus dogmatischer Sicht dem Vorwurf der ungerechtfertigten Verschiebung der Problematik in den Bereich des Strafrahmens sowie der Schaffung eines „minder schweren Falles besonders verwerflicher Tötung" unter Verstoß gegen den Wortlaut der §§ 49, 211 ausgesetzt. Schließlich verlangt § 49 I, dass „eine Milderung nach dieser Vorschrift vorgeschrieben oder zugelassen" ist, was in § 211 gerade nicht der Fall ist. Aus dogmatischer Sicht bleibt angesichts einer nach wie vor ausstehenden Reform des § 211 (zu Vorschlägen aus jüngerer Zeit etwa Kubik/Zimmermann StV 2013, 582 ff.; Deckers/ Fischer/König/Bernsmann NStZ 2014, 9 ff.; Kubiciel ZRP 2015, 194 ff.) somit lediglich die Möglichkeit, die Mordmerkmale des § 211 II unter Beachtung allgemeiner Auslegungsgrundsätze bereits *tatbestandsimmanent restriktiv auszulegen.* Insofern ist dafür Sorge zu tragen, dass nicht jedes Verhalten, das sich vom Wortsinn der Mordmerkmale unter § 211 subsumieren ließe, im Ergebnis auch wirklich tatbestandlich erfasst wird. Ein Beispiel für eine mögliche Vorgehensweise bietet der Vorschlag, bei der Prüfung der Heimtücke das Element der „Tücke" stärker zu betonen und das Mordmerkmal lediglich bei subjektiv tückisch-verschlagener Vorgehensweise des Täters zu bejahen (z. B. Wessels/Hettinger/Engländer, BT 1, Rn. 61; Spendel JR 1983, 269; vgl. auch BGHSt 48, 207, 211).

I. Tatbestand

1. Objektiver Tatbestand

a) Tathandlung = Tötung eines anderen Menschen

45 Unabhängig davon, ob man § 211 systematisch als eigenständigen Tatbestand oder – mit der auch hier befürworteten Auffassung – als Qualifikation des § 212 einstuft, ist auch im Rahmen des objektiven Mordtatbestands stets das Vorliegen einer kausalen und dem Täter objektiv zurechenbaren Tötung eines anderen Menschen festzustellen.

b) Objektive Verwirklichung von Mordmerkmalen der zweiten Gruppe

46 Im Rahmen des objektiven Mordtatbestands ist sodann zu prüfen, ob Mordmerkmale der zweiten Gruppe objektiv verwirklicht sind.

aa) Heimtücke

47 Die besondere Gefährlichkeit bzw. Verwerflichkeit des heimtückisch agierenden *Täters ergibt sich aus der Tatsache, dass dieser die Abwehrmöglichkeiten seiner Opfer beschränkt und auf diese Weise durch Effektuierung der Tathandlung seinen Erfolg sichert* (MüKo-Schneider, § 211 Rn. 149; Geppert Jura 2007, 270, 271). Dies ist grundsätzlich auch durch garantenpflichtwidriges *Unterlassen möglich* (Fischer, § 211 Rn. 44b; Rengier, BT II, § 4 Rn. 31a; a.A. SK-Sinn, § 211 Rn. 51).

> **Heimtücke** erfordert ein bewusstes Ausnutzen der Arg- und Wehrlosigkeit des Opfers.

48 Nach ständiger Rechtsprechung (vgl. BGHSt 9, 385; 11, 139, 143; 32, 382, 383 f.; 39, 353, 368; 50, 16, 28) wird darüber hinaus die gesinnungsethische Einschränkung vorgenommen, dass die Ausnutzung der Arg- und Wehrlosigkeit „in feindlicher Willensrichtung" erfolgen muss. An einer feindlichen Willensrichtung fehlt es, wenn der Täter glaubt, zum Besten des Opfers zu handeln (z. B. bei Mitleidstötungen, in denen der Täter dem Opfer Leiden ersparen will oder dem Selbstmordversuch unter Mitnahme von Familienangehörigen). Mit Hilfe dieser subjektiven Einschränkung können allerdings nur wenige Extremfälle ausgeschlossen werden, da vorsätzliche Tötungen fast immer auf einer feindlichen Willensrichtung beruhen. Das für das Mordmerkmal der Heimtücke erforderliche Element der feindlichen Willensrichtung scheidet deshalb bei einer nur oberflächlichen Mitleidsmotivation noch nicht aus (BGH NStZ 2008, 93). Dies gilt insbesondere, wenn das Tatopfer im Koma liegt und deshalb seinen Zustand nicht realisiert bzw. keine Schmerzen erleidet. Einer heimtückischen Tötung kann die feindselige Willensrichtung grundsätzlich nur dann fehlen, wenn sie dem ausdrücklichen Willen des Getöteten entspricht oder – aufgrund einer objektiv nachvollziehbaren und anzuerkennenden Wertung – mit dem mutmaßlichen Willen des zu einer autonomen Entscheidung nicht fähigen Opfers geschieht (BGHSt 64, 111 m. Bespr. Eisele JuS 2019, 1124 ff.; Jäger JA 2019, 791 ff.; Theile ZJS 2019, 525 ff.).

Arglos ist, wer sich zur Tatzeit eines Angriffs nicht versieht, also die Vorstellung hat, **49** vor einem Angriff durch den Täter sicher zu sein.

Hieran fehlt es von vornherein bei offenen Feindseligkeiten. Notwendige Voraussetzung der Arglosigkeit ist aber die *Fähigkeit des Tatopfers zum Argwohn.* Keine tauglichen Tatopfer sind demnach Kleinkinder bis zu einem Alter von ca. drei Jahren, Schwerstkranke, die ihre Umwelt nicht mehr wahrnehmen oder bewusstlose Personen, die den Eintritt ihres Zustands nicht abwehren können (krit. Mitsch JuS 2013, 783 ff.). Allerdings ist in diesen Fällen zu prüfen, ob auf die Arglosigkeit schutzbereiter Dritter (Beschützergaranten wie Eltern, Babysitter, Ärzte oder Krankenpfleger) abgestellt werden kann (vgl. BGHSt 18, 37, 38; BGH NStZ 2008, 93, 94; 2013, 158). Zudem soll bei Kleinkindern eine heimtückische Tötung auch dann möglich sein, wenn der Täter (z. B. beim Einmischen von Gift in einen süßen Brei) einen natürlichen Abwehrinstinkt des Kindes überlistet (BGHSt 8, 216). Demgegenüber ist die heimtückische Tötung von schlafenden Opfern möglich, da diese ihre Arglosigkeit mit in den Schlaf nehmen (gegen eine Differenzierung zwischen Schlafenden und Bewusstlosen Fahl Jura 1998, 456 ff.; Küper JuS 2000, 740, 745; Geppert Jura 2007, 270, 273).

Maßgeblicher Zeitpunkt für das Vorliegen der Arglosigkeit ist der Beginn des ersten mit **50** Tötungsvorsatz geführten Angriffs, d. h. der *Eintritt der Tötungshandlung in das Versuchsstadium.* Die bloße Arglosigkeit im Vorbereitungsstadium der Tötung genügt grundsätzlich nicht. Etwas anderes gilt lediglich dann, wenn der Täter die Arglosigkeit des Opfers schon im Vorbereitungsstadium ausgenutzt hat, um es mit Tötungsvorsatz planmäßig in einen Hinterhalt zu locken oder ihm eine Falle zu stellen (BGHSt 22, 77; BGH NStZ 2008, 569). Zwar ist das Opfer streng genommen im Zeitpunkt des Angriffs auf sein Leben dann nicht mehr arglos. Für diese Auslegung lässt sich jedoch der Sinn und Zweck des Mordmerkmals der Heimtücke anführen, dessen besondere Verwerflichkeit gerade darin liegt, dass dem Opfer die Möglichkeit genommen wird, sich zu verteidigen, zu fliehen oder Hilfe herbeizurufen. Entsprechendes gilt dann auch für solche Fälle, in denen die Zeit zwischen dem feindseligen Auftreten und dem Angriff generell so kurz bemessen ist, dass dem Opfer keine Möglichkeit mehr bleibt, dem Angriff zu begegnen (BGH NStZ 2009, 29; 2016, 340 m. Bespr. Hecker JuS 2016, 278 ff.).

Umgekehrt lassen dem Beginn des tödlichen Angriffs *vorausgegangene* – verbale oder **51** körperliche – *Auseinandersetzungen* zwischen Täter und Opfer die Arglosigkeit nicht entfallen, wenn das Opfer im Tatzeitpunkt mit keinem weiteren Angriff auf seine körperliche Integrität rechnet (z. B. weil es einen Streit für beigelegt oder abgeschlossen hält). Ein generelles Misstrauen, eine latente Angst des Opfers infolge früherer Aggressionen, das generelle Fürmöglichhalten eines Angriffs oder eine allgemein feindliche Atmosphäre lassen die Arglosigkeit somit noch nicht entfallen. Umgekehrt ist aber derjenige nicht arglos, der tatsächlich einen Angriff erwartet, etwa weil der Täter ihm die Tötung zuvor angekündigt hat (BGH NStZ 2007, 268). Im Übrigen muss sich die Arglosigkeit nur auf die Möglichkeit eines *erheblichen Angriffs auf die körperliche Unversehrtheit* beziehen. Ein entsprechender Argwohn schließt die Arglosigkeit somit auch dann aus, wenn das Opfer keinen tödlichen Angriff, sondern nur eine Verletzung seiner Person erwartet.

52 Der 1. Strafsenat des BGH hat sich zur Gewährleistung eines „Wertungsgleichklangs" mit dem Notwehrrecht für eine normative Auslegung des Heimtückebegriffs ausgesprochen (BGHSt 48, 207, 211; zur Umsetzung in der Fallbearbeitung Kaspar JA 2007, 699, 701 f.). Insofern könne keine Arglosigkeit angenommen werden, wenn das Tötungsopfer wegen seines vorherigen erpresserischen Angriffs mit Gegenwehr des sich objektiv noch in einer Notwehrlage befindlichen Täters rechnen musste. Gegen eine normative Bestimmung der Arglosigkeit, die letztlich darauf abstellt, ob das Opfer berechtigterweise davon ausgegangen ist, vor einem Angriff sicher zu sein, spricht aus dogmatischer Sicht bereits die Tatsache, dass auf diese Weise Fragen der Tatbestands- und der Rechtfertigungsebene vermischt werden. Zudem müsste man eine Einschränkung der Arglosigkeit unter dem Gesichtspunkt des Opfer-Vorverhaltens dann auch auf Situationen des rechtfertigenden Notstands, der Provokation oder des entschuldigenden Notstands ausdehnen. Hinzu kommt, dass der Nachweis der Arglosigkeit des Tatopfers bei einer wertenden Gesamtbetrachtung letztlich zu einer bloßen Fiktion verkümmert. Entscheidend ist dann nicht mehr, ob das Opfer tatsächlich arglos *war*, sondern nur noch, ob es arglos sein *durfte*. Mit einer solchen normativen Betrachtungsweise nähert sich der 1. Strafsenat einer negativen Typenkorrektur an, gegenüber der die bereits dargestellten (vgl Rn. 44), grundsätzlichen Bedenken bestehen. Insofern hat das Votum von BGHSt 48, 207 in Rechtsprechung und Literatur zu Recht überwiegend Ablehnung erfahren (zur Kritik vgl. nur Wessels/Hettinger/Engländer, BT 1, Rn. 65 m. w. N.; für eine Übertragung auf die sog. Familientyrannen-Fälle Kett-Straub JuS 2007, 515, 521).

53 **Wehrlosigkeit** ist gegeben, wenn dem Opfer infolge seiner Arglosigkeit die natürliche Abwehrbereitschaft und -fähigkeit fehlt oder diese stark eingeschränkt ist.

Die Wehrlosigkeit muss mithin nicht nur neben der Arglosigkeit vorliegen, sondern gerade *auf dieser beruhen*. Insofern fehlt es etwa an den notwendigen Voraussetzungen der Heimtücke, wenn dem arglosen Opfer selbst bei frühzeitiger Wahrnehmung keinerlei

Abwehrmöglichkeiten zur Verfügung gestanden hätten (z.B. bei Schwerkranken oder querschnittsgelähmten Personen). Allerdings wird das argwöhnische gegenüber dem arglosen Opfer in der weit überwiegenden Zahl der Fälle einen Verteidigungsvorteil – wenn auch nur durch Flucht oder Ausweichmaßnahmen – besitzen, so dass die Arglosigkeit zu Recht als „Primärbegriff" im Rahmen der Heimtückeprüfung bezeichnet wird (Küper JuS 2000, 740, 741). Die bloße körperliche Unterlegenheit des Opfers rechtfertigt noch nicht die Annahme von Wehrlosigkeit, da diesem möglicherweise noch andere Verteidigungsmöglichkeiten (z.B. Flucht, Herbeirufen von Hilfe oder ein Appell an den Täter) zur Verfügung stehen.

> Von einem **bewussten Ausnutzen** der Arg- und Wehrlosigkeit ist auszugehen, wenn der Täter diese Umstände nicht nur äußerlich wahrgenommen, sondern in ihrer Bedeutung für die hilflose Lage des Angegriffenen erkannt und gezielt zur Tatbegehung eingesetzt hat.

54

Erforderlich ist somit das Bewusstsein, dass die Durchführung der Tat durch die Arg- und Wehrlosigkeit des Opfers erleichtert wird.

bb) Grausamkeit

Auch die grausame Tötung wird vom Gesetzgeber als derart verwerflich eingestuft, dass sie den Mordvorwurf und damit eine lebenslange Freiheitsstrafe auslöst. **55**

> **Grausam** tötet, wer dem Opfer aus gefühlloser unbarmherziger Gesinnung besondere Schmerzen oder Qualen körperlicher oder seelischer Art zufügt, die nach Stärke oder Dauer über das zur Tötung erforderliche Maß hinausgehen.

Aus dieser Definition ergibt sich eine Zweiteilung in objektive und subjektive (vgl. Rn. 38) Kriterien des Mordmerkmals. Die Grausamkeit muss sich in objektiver Hinsicht aus der Tatausführung und den damit verbundenen, besonderen Leiden des Opfers ergeben. Die besondere Verwerflichkeit ergibt sich daraus, dass der grausame Mörder seinem Opfer deutlich mehr Schmerzen oder Qualen zufügt, als es zur reinen Herbeiführung des Todeserfolgs erforderlich wäre. Als Prototypen derartigen unrechtssteigernden Verhaltens lassen sich insbesondere das „Zu-Tode-Foltern" des Opfers oder sein Verhungern- oder Verdurstenlassen anführen. Somit kann das Mordmerkmal auch von einem Garanten (§ 13) durch pflichtwidriges *Unterlassen* erfüllt werden (Grünewald Jura 2005, 519, 521 ff.). In objektiver Hinsicht ist aber stets erforderlich, dass das Opfer im Zeitpunkt der Tatausführung auch körperlich (noch) in der Lage war, die ihm zugefügten besonderen *Schmerzen oder Qualen bewusst zu empfinden*. Insofern scheidet § 211 (nicht aber auch § 212 II) aus, wenn es vorher bewusstlos wird und faktisch keine körperlichen oder seelischen Leiden mehr wahrnimmt.

56 Sofern sich die Grausamkeit nicht schon aus der Art und Weise der Tötungshandlung ergibt, ist zu berücksichtigen, dass sich die besondere Grausamkeit solcher Tötungen nicht nur unter Betrachtung der eigentlichen Ausführungshandlung, sondern nach vorzugswürdiger Auffassung (BGHSt 37, 40, 41) auch aus den *Umständen* ergeben kann, unter denen nach dem Tatplan die Tötung eingeleitet und vollzogen wird. Zwar wird zu Recht darauf hingewiesen, dass es in der Praxis regelmäßig an einem verlässlichen Maßstab für die seelischen Qualen der den eigenen Tod erwartenden Opfer fehlt (Mü-Ko-Schneider, § 211 Rn. 139). Gegen eine Ausklammerung der Zufügung seelischer Leiden aus dem Anwendungsbereich des Mordmerkmals spricht aber zum einen die Tatsache, dass auch seelische Qualen im Rahmen der Tatvorbereitung körperliche Reaktionen (z. B. Angst- und Panikzustände mit physischen Auswirkungen) hervorrufen können, und die Grenzziehung zwischen physischen und psychischen Leiden somit willkürlich erscheint. Zum anderen lässt sich der gesamte Handlungsablauf in solchen Fällen durchaus als ein einheitliches, von gefühllos-grausamer Gesinnung geprägtes Geschehen bewerten (Otto Jura 1994, 141, 150). Jedenfalls bei solchen Tötungsvorbereitungen in Anwesenheit und bei Bewusstsein des späteren Opfers ist das Mordmerkmal daher zu bejahen, bei denen die seelischen Quälereien bis zum Beginn des Tötungsversuchs anhalten (zu dieser Einschränkung MüKo-Schneider, § 211 Rn. 138 f.).

cc) Verwendung gemeingefährlicher Mittel

57 Das im Vergleich zum Totschlag gesteigerte Unrecht, d. h. die besondere Verwerflichkeit, liegt bei dem tatbezogenen Merkmal der Verwendung gemeingefährlicher Mittel in der mangelnden Kontrollierbarkeit und Beherrschbarkeit des vom Täter gewählten Tötungsmittels.

> **Gemeingefährlich** ist ein Tatmittel, wenn es durch seine Anwendung im Einzelfall eine Gefahr für Leib und Leben einer unbestimmten Anzahl anderer Personen mit sich bringt.

Typische Beispiele sind die Verwendung von Sprengsätzen oder sonstigen Explosivmitteln an von Menschen frequentierten Orten, die Vergiftung von Lebensmitteln oder Trinkwasservorräten, der Beschuss einer Menschenmenge mit Dauerfeuer aus einem Maschinengewehr oder die Verwendung von Brandsätzen oder sonstigen Mitteln zur Brandstiftung.

58 Die gleichzeitige Tötung mehrerer Personen „auf einen Schlag" (sog. „schlichte" Mehrfachtötung) genügt für die Annahme des Mordmerkmals noch nicht. Vielmehr ist erforderlich, dass der Täter ein Mittel einsetzt, das über das oder die von ihm anvisierten Opfer hinaus andere unbeteiligte Personen töten kann. Entscheidend ist eine Art und Weise der Tatausführung, in der die Tatbeteiligten nicht sicher abschätzen können, ob und wie viele Menschen im konkreten Fall tatsächlich zu Schaden kommen (können). Ist das eingesetzte Tatmittel unbeherrschbar, so kommt die Annahme von Mord auch dann in Betracht, wenn dadurch im konkreten Fall nur eine einzige Person ums Leben kommt.

Allerdings setzt das Mordmerkmal nicht zwingend voraus, dass das eingesetzte Mittel **59** schon seiner Natur nach gemeingefährlich ist. Eine Tötung mit gemeingefährlichen Mitteln, die auch durch garantenpflichtwidriges *Unterlassen* erfolgen kann (Fischer, § 211 Rn. 61; Rengier, BT II, § 4 Rn. 47d; a. A. BGHSt 34, 13; BGH NStZ 2010, 87), liegt vielmehr auch dann vor, wenn der Täter sie mit einem per se ungefährlichen bzw. sozialadäquaten Gegenstand durchführt (z. B. der Wurf eines Steins oder Gullydeckels von einer Autobahnbrücke oder die „Amokfahrt" mit einem Kfz durch Fußgängerzonen und Straßencafés). Gemeingefährlich ist ein Tötungsmittel somit stets dann, wenn der Täter die Wirkung der von ihm entfesselten Kräfte nicht bestimmen oder in ihrem Gefährdungsbereich nicht begrenzen kann. Die abstrakte Lebensgefährlichkeit des Mittels genügt für diese Annahme allerdings noch nicht. Vielmehr ist auf das Vorliegen einer konkreten Einzelfallgefährdung abzustellen, so dass die Annahme des Mordmerkmals ausscheidet, wenn eine Gefährdung Dritter sicher ausgeschlossen werden kann. Auch wenn die Gemeingefährlichkeit nach dem Kriterium der gewöhnlichen Unbeherrschbarkeit feststeht, kann die Annahme des Mordmerkmals daher im Ergebnis ausscheiden, wenn der Täter im konkreten Einzelfall die Wirkung des Mittels auf bestimmte Menschen beschränkt hat (z. B. wenn der Täter eine Handgranate gezielt in einem erkennbar nur von einem einzigen Soldaten oder Polizisten besetzten Wachposten oder in einem mit einer feststehenden Personenzahl besetzten Zugabteil zündet). Damit wird deutlich, dass über das Vorliegen einer Tötung mit gemeingefährlichen Mitteln in der Praxis oftmals nicht ohne entsprechenden Sachverständigenbeweis entschieden werden kann.

2. Subjektiver Tatbestand

a) Vorsatz

Im Rahmen des subjektiven Mordtatbestands ist, sofern dies nicht bereits im Rahmen **60** von § 212 abgehandelt wurde, zunächst einfacher Vorsatz i. S. von dolus eventualis hinsichtlich der Tötung eines anderen Menschen erforderlich.

b) Subjektive Komponente von Mordmerkmalen der zweiten Gruppe

In Bezug auf die Mordmerkmale der *zweiten Gruppe* sind sodann Vorsatz i. S. von dolus **61** eventualis sowie eventuelle besondere subjektive Anforderungen darzustellen:

– Bei der *heimtückischen Tötung* muss der Täter die Arglosigkeit des Tatopfers bewusst ausnutzen. Dazu muss er die äußeren Umstände der Arg- und Wehrlosigkeit des Opfers nicht nur wahrnehmen, sondern sie ganz bewusst zur Tatbegehung instrumentalisieren (vgl. Rn. 54). Nach der Rechtsprechung ist zudem ein Handeln in feindlicher Willensrichtung erforderlich (vgl. Rn. 48).

– Zur Annahme von Grausamkeit muss die Tat subjektiv von einer gefühllosen, unbarmherzigen Gesinnung getragen sein (krit. Grünewald Jura 2005, 519, 522 m. w. N.). Dies setzt eine umfassende Würdigung der Persönlichkeit des Täters und der Tatsituation voraus. Eine solche Gesinnung braucht allerdings nicht im Wesen des Täters zu wurzeln, sondern muss ihn lediglich bei der Tat beherrschen (BGH NJW 1988, 2682).

– Demgegenüber muss beim Einsatz gemeingefährlicher Mittel der Täter lediglich allgemein die mangelnde Beherrschbarkeit des von ihm gewählten Tatmittels in Bezug auf Lebensverletzungen billigen bzw. billigend in Kauf nehmen.

c) Verwirklichung von Mordmerkmalen der ersten oder dritten Gruppe

62 Bei den Mordmerkmalen *der ersten und dritten Gruppe* handelt es sich um (rein) subjektive, täterbezogene Merkmale, die ausschließlich im Rahmen des subjektiven Tatbestands von § 211 zu prüfen sind.

aa) Mordlust

63 **Mordlust** liegt vor, wenn der Antrieb zur Tat allein dem Wunsch entspringt, einen anderen sterben zu sehen, einziger Zweck des Handelns somit die Tötung des Opfers als solche ist.

Beispiele: Tötung aus Neugier, Angeberei, reinem Mutwillen, zum bloßen Zeitvertreib oder zum „sportlichen Vergnügen".

Charakteristisch für dieses Mordmerkmal ist, dass es dem Täter hier nicht auf die konkrete Person des Opfers, sondern auf den Tötungsvorgang selbst ankommt. In der Praxis scheitert die Annahme von Mordlust – abgesehen von den in diesen Fällen oftmals einschlägigen §§ 20, 21 – meist daran, dass mit der Tötung des Opfers regelmäßig noch andere Zwecke verfolgt werden. Da der Tötungsvorgang als solcher den alleinigen Tatantrieb des Täters bilden muss, ist für die Bejahung der Mordlust *dolus directus 1. Grades* erforderlich.

bb) Zur Befriedigung des Geschlechtstriebs

Zur Befriedigung des Geschlechtstriebs tötet, wer das Töten als Mittel zur ge- 64
schlechtlichen Befriedigung benutzt.

Die besondere Verwerflichkeit folgt hier aus der Tatsache, dass der Täter das Leben
eines anderen Menschen der Befriedigung eigener Geschlechtslust unterordnet (BGH
NStZ-RR 2018, 172). Traditionell sind drei verschiedene *Anwendungsfälle für die Bejahung dieses Mordmerkmals anerkannt:*

- Der Täter sucht in der Tötungshandlung selbst geschlechtliche Befriedigung
  (sog. „Lustmord").

- Der Täter tötet sein Opfer, um sich an der Leiche zu vergehen (sog. Nekrophilie).

- Der Täter nimmt bei einer Vergewaltigung den Tod des Vergewaltigungsopfers
  billigend in Kauf.

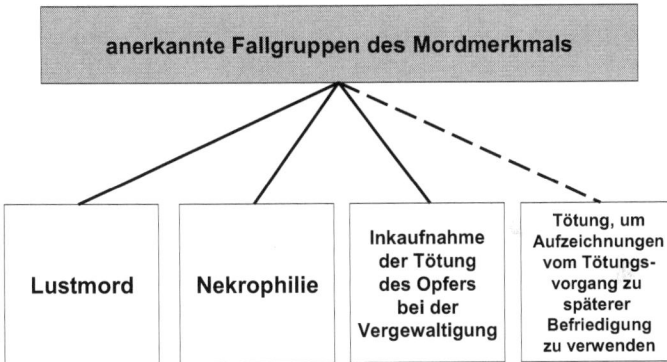

Der Bundesgerichtshof (BGHSt 50, 80 – „Kannibalen-Fall"; vgl. auch BGH NStZ 2016,
469; NStZ-RR 2018, 172) hat das Mordmerkmal aber zu Recht auch dann bejaht, wenn
der Täter die geschlechtliche Befriedigung erst bei einer späteren Betrachtung einer Vi-
deoaufzeichnung des Tötungsakts und des Umgangs mit der Leiche finden will. Ein unmittelbarer zeitlich-räumlicher Zusammenhang zwischen der Tötung und der erstrebten sexuellen Befriedigung wird vom Wortlaut des § 211 II nicht gefordert. Insofern ist
der Anwendungsbereich des Mordmerkmals auf einen vierten Fall zu erweitern:

– Der Täter tötet sein Opfer, um Aufzeichnungen vom Tötungsgeschehen zu einem späteren Zeitpunkt als Anschauungsmaterial für seine sexuelle (Selbst-)Befriedigung zu verwenden.

65 Aus der insoweit eindeutigen Gesetzesformulierung des § 211 II („zur") folgt, dass die Bestrebungen des Täters zur geschlechtlichen Befriedigung bereits zum Tötungszeitpunkt vorliegen müssen. Überkommt ihn dieses Bedürfnis erst nachdem er bereits die maßgeblichen Ursachen für den Tod des Opfers gesetzt hat, genügt ein solcher nachträglicher Vorsatz (dolus subsequens) für die Annahme des Mordmerkmals nicht. Dasselbe gilt für den Fall, dass der Täter bei einer aus anderen Gründen verübten Tötung in sexuelle Erregung gerät (BGH NStZ 2001, 598). Die Person, auf die das sexuelle Begehren gerichtet ist, und die getötete Person müssen identisch sein. Bei der Tötung eines Dritten (z.B. des Ehemannes, um mit dessen Ehefrau ungestört Geschlechtsverkehr ausüben zu können) kommen somit nur das Mordmerkmal der Ermöglichungsabsicht oder ein sonstiger niedriger Beweggrund in Betracht.

cc) Habgier

66 **Habgier** erfordert eine ungewöhnliche, ungesunde und sittlich anstößige Steigerung des Erwerbssinns.

Typische Beispiele hierfür sind der Raubmord, die Tötung gegen Bezahlung oder um an einen Erbteil oder eine Lebensversicherung zu gelangen. Nicht erforderlich ist, dass es dem Täter formal um einen Zuwachs von Vermögenswerten geht. Vielmehr genügt nach h.M. auch ein Streben nach wirtschaftlicher *Entlastung* (z.B. Tötung zur Befreiung des Täters von einer Unterhaltspflicht oder von Geldschulden gegenüber dem Opfer). Keine Habgier liegt vor, wenn der Täter lediglich einen ihm zustehenden *rechtmäßigen Vorteil* (z.B. die Rückgabe eines verliehenen Schmuckstücks) erstrebt. Hierfür spricht neben dem Gebot einer restriktiven Auslegung der Mordmerkmale, dass auch in den §§ 249, 253, 255 Gewalt zur Durchsetzung berechtigter Ansprüche aus dem Tatbestand ausgeklammert wird (Wessels/Hettinger/Engländer, BT 1, Rn. 48; a.A. NK-Neumann/Saliger, § 211 Rn. 23).

67 Die Höhe der durch eine Tötung erlangten Tatbeute ist für die Prüfung des Mordmerkmals grundsätzlich ohne Bedeutung. Gerade die Tatsache, dass ein Täter bereit ist, auch zur Erlangung geringer Vermögenswerte (z.B. den Geldbetrag für eine Dosis Rauschgift) fremdes Leben zu vernichten, kann die besondere Verwerflichkeit zum Ausdruck bringen, die den Strafrahmen des § 211 I rechtfertigt. Allerdings sind stets die Umstände des Einzelfalls zu berücksichtigen, da etwa ein Handeln aus wirtschaftlicher Not regelmäßig der Annahme von Habgier entgegensteht.

Das „Gewinnstreben um jeden Preis" muss nicht das einzige Motiv sein, in Fällen eines **68** Motivbündels aber zumindest erkennbar im Vordergrund stehen, d.h. sich als tatbeherrschend bzw. bewusstseinsdominant darstellen.

dd)   Sonstige niedrige Beweggründe

Das Mordmerkmal der „sonstigen" niedrigen Beweggründe ist nach seinem Wortlaut **69** und seiner systematischen Stellung in § 211 II als Auffangtatbestand für die täterbezogenen Mordmerkmale der ersten Gruppe konzipiert. Faktisch fungiert das Mordmerkmal jedoch als *Auffangtatbestand für alle in § 211 II abschließend aufgeführten Mordmerkmale*, d.h. auch für diejenigen der zweiten und dritten Gruppe. Insofern ist es im Gutachten immer erst nach den näher spezifizierten Mordmerkmalen abzuhandeln und kann in der Strafrechtspraxis lediglich dann zur Anwendung kommen, wenn solche näher spezifizierten Mordmerkmale im Ergebnis nicht einschlägig sind.

> Als **niedrig** sind diejenigen Tötungsmotive einzustufen, die nach allgemeiner sittlicher Anschauung auf tiefster Stufe stehen, durch hemmungslose, triebhafte Eigensucht bestimmt und deshalb besonders verwerflich, ja verächtlich sind.

Entscheidend für eine solche Feststellung ist eine *Gesamtbetrachtung aller Umstände* **70** *des Einzelfalls*, die insbesondere die für die Handlungsantriebe des Täters maßgeblichen Faktoren, die Umstände der Tat, die Lebensverhältnisse des Täters sowie seine Persönlichkeit mit einschließen. Vor diesem Hintergrund setzt die Einstufung eines Beweggrundes als „niedrig" i.S. von § 211 II regelmäßig voraus, dass ein eklatantes („krasses") Missverhältnis zwischen dem Anlass der Tat und der Tötung des Opfers besteht. Schließlich kommt gerade in einer solchen Geringschätzung fremden Lebens die besondere Verwerflichkeit der Tötung als im Vergleich zu § 212 gesteigertes Unrecht zum Vorschein. Beispiele für niedrige Beweggründe sind etwa die Tötung aus Rassenhass, Ausländerfeindlichkeit, Rachsucht, Eifersucht, hemmungsloser Eigensucht, Neid oder Wut. Erforderlich ist aber stets, dass solche Gefühlsregungen ihrerseits auf einer niedrigen Gesinnung beruhen, also nicht menschlich nachvollziehbar sind. Die Rspr. geht auch bei der Tötung in dem Bewusstsein, dafür keinen Grund zu haben oder zu brauchen (BGHSt 47, 128; BGH NStZ 2006, 166), oder Fällen einer außergewöhnlich brutalen, menschenverachtenden Tatbegehung (BGHSt 60, 52) von niedrigen Beweggründen aus.

Niedriger Beweggrund

Gesamtwürdigung

Anlass

Folge =
Tod des
Opfers

Frage:

Unerträgliches Missverhältnis oder Tötung
menschlich nachvollziehbar?

71 Die Frage nach der *menschlichen Nachvollziehbarkeit*, die ein nicht ungefährliches Einfallstor für subjektive Ansichten und Wertvorstellungen der zur Entscheidung berufenen Personen bietet, stellt damit die zwangsläufige Gegenprobe dar, die einer Bejahung des Mordmerkmals entgegensteht. Die Beweggründe des Täters sind z. B. nicht als niedrig, sondern als menschlich nachvollziehbar einzustufen bei begründeter Eifersucht, vorausgegangenen Demütigungen und Kränkungen, schwerer menschlicher Enttäuschung sowie vergleichbaren Konstellationen. Auch die Tötung eines sich von dem Täter abwendenden Ehe- oder Lebenspartners muss nicht zwangsläufig durch niedrige Beweggründe motiviert sein, wenn die Trennung vom Tatopfer ausging (BGH NStZ 2019, 518).

Sonderproblem: Niedrige Beweggründe bei Tätern mit abweichenden soziokulturellen Wertvorstellungen

72 Umstritten ist die Frage nach dem Bewertungsmaßstab für das Mordmerkmal der sonstigen niedrigen Beweggründe in Fällen, bei denen die Tatbeteiligten nicht dem deutschen Rechts- und Kulturkreis entstammen, sondern durch abweichende soziokulturelle Wertvorstellungen geprägt sind (z. B. in Fällen von „Blutrache" oder „Ehrenmorden").

73 – Von einem Teil der Literatur (NK-Neumann/Saliger, § 211 Rn. 30 ff.) wird im Einklang mit der älteren Rechtsprechung des BGH (z. B. BGH GA 1967, 244; BGH NJW 1980, 537; BGH NJW 1983, 55, 56; BGH StV 1997, 565) die Auffassung vertreten, dass bei einer Handlung des Täters, die sich an abweichenden Wertmaßstäben einer anderen, ihn prägenden Kultur orientiert, diese Standards zu seinen Gunsten zu berücksichtigen seien. Sähe man dies anders, so würde man den Täter für seine aus Sicht der nationalen Zivilisation „fehlerhafte" Sozialisation verantwortlich machen, was mit dem strafrechtlichen Schuldprinzip nicht vereinbar wäre. Demnach könnten bei ausländischen Tatbeteiligten, die von den abweichenden Wertvorstellungen ihrer Heimat durchdrungen sind, Tötungen zur Wiederherstellung der Familienehre oder aus Blutrache im Ergebnis nicht zwangsläufig als „niedrig" i. S. von § 211 II eingestuft werden. Die dogmatische Verankerung einer solchen privilegierenden Berücksichtigung kulturell abweichender Moralvorstellungen schwankt dabei von einer Annahme eines Persönlichkeitsmangels von Ausländern, denen die Wertungsfähigkeit fehle, d. h. von einer Berücksichtigung bei den „subjektiven" Voraussetzungen (z. B. BGH GA 1967, 244) bis hin zu einer Verankerung der Problematik bei der objektiven Feststellung der Niedrigkeit des Tötungsmotivs (z. B. Sonnen JA 1980, 747 f.).

– Demgegenüber gehen die neuere Rechtsprechung (z. B. BGH NJW 1995, 602;   **74** NJW 2004, 1466, 1467; 2006, 1008, 1011) und Vertreter der Literatur (z. B. MüKo-Schneider, § 211 Rn. 108 ff.; Otto Jura 2003, 612, 617; Valerius JA 2010, 482 f.; Kaspar/Broichmann ZJS 2013, 255 f.) davon aus, dass der Maßstab für die Bewertung, ob ein Beweggrund als niedrig anzusehen ist, den Vorstellungen der Rechtsgemeinschaft der Bundesrepublik Deutschland zu entnehmen ist, vor deren Gericht sich der Angeklagte zu verantworten hat, und nicht den Anschauungen einer Volksgruppe, die diese sittlichen und rechtlichen Werte nicht anerkennt. Eine Ausnahme wird lediglich dann gemacht, wenn der einem fremden Kulturkreis entstammende Täter noch derart stark von den Vorstellungen und Anschauungen seiner Heimat beherrscht war, dass er sich von ihnen zur Tatzeit aufgrund seiner Persönlichkeit und der gesamten Lebensumstände nicht lösen konnte.

Bewertung:

Maßgeblich für die strafrechtliche Bewertung eines Tötungsmotivs können lediglich **75** die soziokulturellen Wertmaßstäbe derjenigen Rechtsgemeinschaft sein, der die entsprechende Strafnorm entstammt. Zwar ist zu berücksichtigen, dass das Mordmerkmal der niedrigen Beweggründe durch seine Bezugnahme auf moralische Bewertungen bereits für sich genommen problematisch ist, da die Bestimmung einheitlicher sittlich-moralischer Standards für die Rechtsgemeinschaft der Bundesrepublik Deutschland, d. h. die Suche nach einem gemeinsamen Nenner, naturgemäß mit erheblichen praktischen Schwierigkeiten und Unsicherheiten verbunden ist. Bei der Beantwortung der Frage, ob darüber hinaus auch fremdartige Wertvorstellungen in die Überlegungen mit einzubeziehen sind, wirken sich diese systemimmanenten dogmatischen Unsicherheiten jedoch nicht aus. Für den „objektiven" Wertmaßstab des Mordmerkmals ist daher ausschließlich auf die sozialethischen Grundanschauungen der Gemeinschaft der in der Bundesrepublik Deutschland lebenden Personen abzustellen. Sähe man dies anders, so würde man Tätern aus besonders archaischen und gewaltbereiten Kulturordnungen eine tötungsdeliktsspezifische Vorzugsbehandlung gewähren, die sich vor dem Hintergrund des Gleichheitsgrundsatzes (Art. 3 I GG) nur schwerlich rechtfertigen lassen dürfte. Vor allem aber würden bei der Auslegung des Tatbestandsmerkmals der sonstigen niedrigen Beweggründe dem deutschen Gesetzgeber ungewollte und fremdartige Wertvorstellungen „untergeschoben" und somit – jedenfalls in Bezug auf ausländische Täter – eine schleichende „Umprogrammierung" der deutschen Strafnorm von außen herbeigeführt werden. Im Übrigen ist stets genau zu überprüfen, ob die soziokulturellen Wertvorstellungen, die den Täter bei der Ausführung seines Tötungsdelikts geprägt haben, tatsächlich von denen des bundesdeutschen Kulturkreises abweichen. So kann sich etwa ein in der Türkei sozialisierter Täter eines sog. „Ehrenmordes" regelmäßig schon deshalb nicht auf einen abweichenden kulturellen Hintergrund berufen, weil solche Taten auch nach türkischem Recht strafbar sind (vgl. Wessels/Hettinger/Engländer, BT 1, Rn. 50).

76 Bei *politisch motivierten Tötungen* (z.B. wegen der Zugehörigkeit des Opfers zu einer politischen, sozialen oder ethischen Gruppierung) ist regelmäßig vom Vorliegen niedriger Beweggründe auszugehen (BGH NStZ-RR 2018, 245). Das grundlegende Missverhältnis zwischen Anlass und Erfolg der Tat liegt darin, dass das Opfer in entpersönlichter Weise als Repräsentant einer Gruppe und nicht infolge eines ihm individuell zuzuschreibenden Fehlverhaltens getötet wird. Eine andere Bewertung ist lediglich bei Ausübung des verfassungsrechtlich garantierten Widerstandsrechts (Art. 20 IV GG) oder bei Tatopfern möglich, die – aus Sicht des Täters – tatsächlich und unmittelbar Verantwortung für die angeblichen gesellschaftlichen Missstände tragen. Vergleichbares gilt auch für *terroristisch motivierte Tötungen*. Die moderne terroristische Propagandastrategie setzt nicht mehr auf die gezielte Tötung von Repräsentanten des politischen Systems (z.B. von Spitzenpolitikern oder Wirtschaftsführern), sondern auf die Schockwirkung der Tötung und Verletzung einer möglichst großen Zahl von Personen, die an der konkreten politischen, religiösen oder sonstigen ideologischen Auseinandersetzung gerade nicht beteiligt sind. Sie will die Botschaft senden, dass der Einsatz tödlicher Gewalt zur Verwirklichung einer Gesellschaftsordnung nach den eigenen ideologischen Zielvorstellungen jedermann zu jeder Zeit und an jedem Ort treffen kann. Damit soll das Vertrauen der Bürger in den Schutz durch die bestehenden staatlichen Strukturen erschüttert werden. Das für das Mordmerkmal des niedrigen Beweggrundes grundlegende Missverhältnis zwischen Mittel und Zweck zeigt sich im Bereich des Terrorismus also an einer Verschiebung des Bedeutungsgehalts der Tötungshandlungen weg von der Individualität des Opfers und hin zu einer überindividuellen Symbolik des Taterfolgs.

Neben der „objektiven" Bewertung des Täterverhaltens als niedrig erfordert das Vor- **77** liegen des Mordmerkmals der niedrigen Beweggründe als *subjektive Elemente* zum einen die Kenntnis, d.h. das Bewusstsein des Täters vom Vorliegen der tatsächlichen Umstände, die die Niedrigkeit der Beweggründe ausmachen, sowie zum anderen die Fähigkeit zur gedanklichen Beherrschung der bei der Tat möglicherweise aufgetretenen gefühlsmäßigen Regungen. Die als niedrig zu bewertenden Motive dürfen also nicht bloß unbewusste Handlungsantriebe darstellen. Allerdings kommt es nicht darauf an, ob der Täter seine Handlungsmotive selbst rechtlich als niedrig bewertet. Entscheidend ist vielmehr, dass er grundsätzlich zu einer zutreffenden Wertung in der Lage ist. Vergleichbares gilt auch für das zweite „subjektive" Element des Mordmerkmals, wonach der Täter seine gefühlsmäßigen oder triebhaften Regungen gedanklich beherrschen und willensmäßig steuern können muss.

Das menschliche Verhalten wird allerdings nur in den seltensten Fällen von einem ein- **78** zigen Antrieb gesteuert. Die regelmäßig vorliegenden, verschiedenen Motive können sich daher gegenseitig beeinflussen und überlagern. Im Rahmen des § 211 II StGB muss bei einem solchen *Motivbündel* das als niedrig einzustufende Tatmotiv das leitende, die Tat prägende Element sein (a.A. Wessels/Hettinger/Engländer, BT 1, Rn. 51, die es genügen lassen, dass eines der bewusstseinsdominanten Motive als niedrig einzustufen ist). Kann das tatleitende Motiv nicht festgestellt werden, so ist vom Vorliegen eines niedrigen Beweggrunds nur dann auszugehen, wenn sich das Vorhandensein anderer, möglicherweise nicht auf tiefster Stufe stehender Motive mit Sicherheit ausschließen lässt. Sofern dies nicht möglich ist, muss das Vorliegen des Mordmerkmals nach dem Grundsatz in dubio pro reo ausgeschlossen werden. Durch einen *spontan gefassten Tötungsentschluss* wird die Annahme niedriger Beweggründe im Übrigen nicht ausgeschlossen. Allerdings bedarf das Mordmerkmal hier besonders sorgfältiger Prüfung (BGH NStZ 2001, 87).

ee) Ermöglichungsabsicht

Das Mordmerkmal der Ermöglichungsabsicht erfasst – ebenso wie die Verdeckungs- **79** absicht – die finale Verknüpfung der Tötungshandlung mit einer weiteren Straftat. Die Tötung soll hier als Mittel zur Begehung weiteren kriminellen Unrechts dienen, so dass ihre besondere Verwerflichkeit aus der Bereitschaft des Täters folgt, zur Durchsetzung krimineller Ziele notfalls sprichwörtlich *„über Leichen zu gehen"*.

Die „andere Straftat", die nach dem Täterwillen ermöglicht (oder im Rahmen der Ver- **80** deckungsabsicht verdeckt) werden soll, sollte insbesondere im juristischen Gutachten vorweg geprüft werden, damit im Rahmen der Mordmerkmalsprüfung hierauf verwiesen und eine umständliche Inzidentprüfung vermieden werden kann. Bei ihr kann es sich sowohl um eine *eigene Straftat des Täters* als auch um die *Straftat eines Dritten*

i. S. von § 11 I Nr. 5 handeln (bloße Ordnungswidrigkeiten genügen nicht). Allerdings braucht der Tod des Opfers kein notwendiges Mittel zur Tat zu sein. Es genügt vielmehr, dass der Täter sich für die zum Tod führende Handlung entscheidet, um auf diese Weise die andere Straftat schneller oder leichter begehen zu können (BGH NStZ 2015, 693).

81 Die zu ermöglichende andere Straftat muss in keinem unmittelbaren zeitlichen Zusammenhang zur Tötung stehen, so dass ihre Verwirklichung aus Tätersicht auch noch deutlich später erfolgen kann. Andererseits muss die andere Tat nicht i. S. von § 264 StPO selbständig sein. Es genügt bereits die in Tateinheit oder natürlicher Handlungseinheit mit der Tötung stehende Verwirklichung eines gegen ein anderes Rechtsgut (desselben oder eines anderen Opfers) gerichteten anderen materiellen Straftatbestands (MüKo-Schneider, § 211 Rn. 199; Fischer, § 211 Rn. 65). Beispielsfälle sind etwa die Tötung von Wachpersonal zur Ermöglichung einer Gefangenenbefreiung, die Tötung der Schutzperson eines späteren Vergewaltigungsopfers oder die Tötung, um anschließend in betrügerischer Absicht Leistungen aus der Lebensversicherung des Opfers zu erhalten. Beim praktisch relevanten Fall des Raubmords ist eine andere Tat selbst dann anzunehmen, wenn die Tötungshandlung zugleich das qualifizierte Nötigungsmittel i. S. des § 249 I darstellt und damit noch die Wegnahme als weiterer Teilakt ermöglicht werden soll.

82 Hinsichtlich der Tötung eines anderen Menschen genügt grundsätzlich dolus eventualis. Ausnahmsweise ist diesbezüglich sicheres Wissen, d. h. dolus directus 2. Grades erforderlich, wenn die andere Tat nach der Vorstellung des Täters nur durch eine erfolgreiche Tötung des Opfers verwirklicht werden kann. In Bezug auf die Ermöglichung der anderen Straftat muss der Täter darüber hinaus in jedem Fall mit Absicht i. S. von dolus directus 1. Grades handeln.

83 Infolge der Ausgestaltung der Ermöglichungsabsicht als *rein subjektiv zu prüfendes Mordmerkmal* ist es nicht notwendig, dass die zu ermöglichende Straftat tatsächlich begangen wird. § 211 ist vielmehr schon bei Vorliegen der entsprechenden Absicht im Zeitpunkt der Tötung erfüllt. Entsprechendes gilt, wenn die zu ermöglichende Straftat lediglich nach der Vorstellung des Täters als Straftat eingestuft wird, obwohl es sich objektiv überhaupt nicht um ein strafbares Verhalten oder eine bloße Ordnungswidrigkeit handelt. Im umgekehrten Fall, in dem der Täter irrtümlich von der Straflosigkeit seines Verhaltens ausgeht (z. B. weil er sich für gerechtfertigt hält), scheidet das Mordmerkmal der Ermöglichungsabsicht jedoch aus.

ff) Verdeckungsabsicht

84 Ebenso wie die Ermöglichungsabsicht enthält die dritte Gruppe der Mordmerkmale auch die Absicht, eine andere Straftat zu verdecken. Insofern gelten in Bezug auf die „andere Straftat" die Ausführungen zur Ermöglichungsabsicht (vgl. Rn. 80 f.) entsprechend. Zudem ist der im Anschluss an BVerfGE 45, 187 erforderlichen, restriktiven Auslegung der Mordmerkmale – ebenso wie bei der Heimtücke – in Prüfung und Praxis gerade bei der weit gefassten Verdeckungsabsicht in besonderem Maße Rechnung zu tragen.

Charakteristisch für Verdeckungsabsicht ist das *Bestreben, sich der Entdeckung wegen* **85** *einer vorangegangenen Straftat zu entziehen* (z. B. durch Tötung von Opfern oder sonstigen Zeugen der Vortat). Eine Tötung zur Verdeckung einer Straftat scheidet somit aus, wenn die Straftat bereits aufgedeckt ist. Für die Beurteilung dieser Frage kommt es allein darauf an, ob der Täter subjektiv davon ausgeht, dass die Umstände der Tat noch nicht in einem die Strafverfolgung sicherstellenden Umfang bekannt sind (BGH NStZ 2019, 605). Das Mordmerkmal kann allerdings auch durch einen *spontan gefassten Tötungsentschluss* verwirklicht sein (BGHSt 56, 239, 245; BGH NStZ 2018, 93, 94). Auf den ersten Blick erscheint es überraschend, dass der Gesetzgeber bei Vorliegen von Verdeckungsabsicht von einer besonders verwerflichen Tötung ausgeht, da er an anderen Stellen des StGB (z. B. §§ 157 I, 257 III, 258 V) zum Ausdruck bringt, dass er Bestrebungen nach Selbstbegünstigung eher eine entlastende Wirkung zugunsten des Täters zuspricht. Der Grund für die entgegengesetzte Tendenz beim Verdeckungsmord liegt in der Tatsache begründet, dass hier nicht nur die Wiederherstellung des gesetzmäßigen Zustands bzw. der Zugriff der Strafverfolgungsorgane verhindert wird, ohne den bereits entstandenen Schaden weiter zu vertiefen. Vielmehr wird durch die Tötung in Verdeckungsabsicht *neues, weitaus schlimmeres Unrecht* begangen. Hinzu kommt die kriminalpolitische Erwägung, dass das Mordmerkmal der Verdeckungsabsicht schon deshalb erforderlich ist, weil ansonsten Straftäter in die Versuchung kommen könnten, mögliche Tat- und Belastungszeugen (z. B. das vergewaltigte oder beraubte Opfer) durch ihre Tötung ungestraft auszuschalten.

Ziel der Verdeckung ist zunächst die Vermeidung von Strafverfolgung wegen einer vom **86** Täter oder einem Dritten begangenen Straftat. Insofern handelt in Verdeckungsabsicht, wer durch die Tötungshandlung entweder schon die Tatsache verdecken will, dass überhaupt eine Straftat begangen wurde, aber auch derjenige, der Spuren zu verdecken sucht, die bei näherer Untersuchung Aufschluss über bedeutsame Umstände der Tat geben könnten. In Verdeckungsabsicht handelt aber auch, wer – um der Strafverfolgung zu entgehen – das Opfer einer Straftat tötet, selbst wenn dieses die Tat bereits einer anderen Person mitgeteilt hatte, jedoch allein aufgrund der Aussage eines solchen Zeugen vom Hörensagen die Tatumstände noch nicht in einem die Strafverfolgung sicherstellenden Umfang aufgedeckt würden (BGHSt 50, 11, 15 f.; BGH NStZ 2018, 93). Will der Täter einer bereits entdeckten Tat demgegenüber mit der Tötung lediglich seine Ergreifung verhindern (z. B. durch Erschießung eines Polizeibeamten), kommt im Rahmen von § 211 II lediglich die Annahme eines sonstigen niedrigen Beweggrunds in Betracht. Entsprechendes gilt, wenn es dem Täter nicht um die Vermeidung von Strafverfolgung (z. B. weil er weiß, dass ihn das von ihm betrogene Opfer nicht anzeigen wird), sondern lediglich um die *Vermeidung von außerstrafrechtlichen Konsequenzen* (z. B. das Bestreben, im Bekanntenkreis nicht als Betrüger zu gelten) geht (MüKo-Schneider, § 211 Rn. 230 ff.; Rengier, BT II, § 4 Rn. 55; a. A. BGHSt 41, 8). Die Annahme von Verdeckungsabsicht ist aber auch bei einer Fluchtmotivation des Täters möglich, wenn eine befürchtete Ergreifung aus seiner Sicht zugleich die Aufdeckung der eigenen Tatbeteiligung zur Folge haben kann (BGH NStZ 2019, 605, 606).

87 Eine *zeitliche Zäsur* zwischen der zu verdeckenden Vortat und der Tötung ist nicht zwingend erforderlich. Ein Verdeckungsmord scheidet infolgedessen nicht schon dann aus, wenn Vortat und Tötung in der Angriffsrichtung übereinstimmen, beide Taten einer unvorhergesehenen Augenblickssituation entspringen und unmittelbar ineinander übergehen (z. B. wenn der noch auf sein Opfer einschlagende Täter sich spontan entschließt, es zu töten, um nicht wegen Körperverletzungsdelikten bestraft zu werden). Demgegenüber kommt das Mordmerkmal nicht in Betracht, wenn ein Täter, der von Anfang an zumindest mit bedingtem Tötungsvorsatz gehandelt hat, die bereits begonnene Tötung lediglich zu Ende führen will. Hier wird keine „andere", sondern lediglich die gerade begangene Straftat verdeckt. Ein Verdecken ist allerdings möglich, wenn zwischen einer zunächst erfolglosen und einer erneuten, nunmehr mit Verdeckungsabsicht vorgenommenen Tötungshandlung eine erkennbare zeitliche Zäsur besteht.

88 Die Verwirklichung eines Verdeckungsmordes ist grundsätzlich auch durch pflichtwidriges (vgl. § 13) *Unterlassen* (z. B. wenn ein Kraftfahrer aus Angst vor Bestrafung wegen fahrlässiger Körperverletzung für das von ihm versehentlich angefahrene Opfer, das mit an Sicherheit grenzender Wahrscheinlichkeit hätte gerettet werden können, keine ärztliche Hilfe holt, so dass es an seinen Verletzungen verstirbt) möglich (zur Entsprechungsklausel des § 13 I Theile JuS 2006, 110, 111 f.). Allerdings tritt ein begehungsgleiches Unterlassen im Wege der Gesetzeskonkurrenz (Subsidiarität) hinter das vorsätzliche Begehungsdelikt zurück (demgegenüber lehnt BGH NStZ-RR 1996, 131 bereits die Annahme einer Garantenstellung aus Ingerenz bei vorsätzlicher Herbeiführung der Gefahr ab). Zudem kann die Annahme eines Verdeckungsmordes durch Unterlassen schon deshalb entfallen, wenn es dem Täter nicht um die Verdeckung einer – bereits abgeschlossenen – „anderen", sondern um die Fortführung derselben Straftat geht. Derjenige, der von Anfang an zumindest mit bedingtem Tötungsvorsatz handelt und lediglich sein ursprüngliches Tötungsziel weiter verfolgt (z. B. der Vater, der zunächst sein Kind mit bedingtem Tötungsvorsatz misshandelt und nach Abschluss der Misshandlungen die dringend benötigte ärztliche Hilfe nicht anfordert), handelt auch dann nicht in Verdeckungsabsicht, wenn das Bestreben um Vertuschung seines bisherigen Handelns als zusätzliches Motiv hinzutritt.

Der Verdeckungsmord setzt *Absicht i. S. von dolus directus 1. Grades hinsichtlich der Verde-* **89**
ckung einer anderen Straftat voraus. Liegt ein *Motivbündel* vor, muss diese Verdeckungsabsicht die entscheidende Triebfeder des Handelns darstellen (BGH NStZ 2005, 332).
In Bezug auf die Tötung eines anderen Menschen genügt grundsätzlich dolus eventualis. Ebenso wie bei der Ermöglichungsabsicht ist diesbezüglich jedoch dolus directus
2. Grades zu verlangen, wenn das Verdeckungsziel nach der Tätervorstellung lediglich
durch eine erfolgreiche Tötungshandlung zu erreichen ist (z. B. weil der Täter von dem
beraubten oder vergewaltigten Opfer erkannt worden ist).

II. Rechtswidrigkeit

III. Schuld

IV. Probleme der Teilnahme (Mordmerkmale und § 28)

> **Gesetzestext (§ 28):**
>
> (1) Fehlen besondere persönliche Merkmale (§ 14 Abs. 1), welche die Strafbarkeit
> des Täters begründen, beim Teilnehmer (Anstifter oder Gehilfe), so ist dessen
> Strafe nach § 49 Abs. 1 zu mildern.
>
> (2) Bestimmt das Gesetz, daß besondere persönliche Merkmale die Strafe schärfen,
> mildern oder ausschließen, so gilt das nur für den Beteiligten (Täter oder Teil-
> nehmer), bei dem sie vorliegen.

Besonderen Augenmerks bedürfen in der Fallbearbeitung diejenigen Konstellationen, **90**
in denen nicht nur ein täterschaftlich begangener Mord im Raum steht, sondern in denen auch eine Strafbarkeit weiterer Personen wegen Teilnahme (Anstiftung oder Beihilfe) an dieser Tötung in Betracht kommt. Über § 28 kann es in bestimmten Fällen
beim Anstifter oder Gehilfen zu einer *Akzessorietätsverschiebung* kommen, d. h. dasjenige Tötungsdelikt, das beim Haupttäter zur Anwendung gelangt, muss nicht zwangsläufig auch eine teilnahmefähige Haupttat für den Anstifter oder Gehilfen sein. Oder einfacher formuliert: Es gibt Fälle, in denen der Haupttäter wegen Mordes, der Teilnehmer
demgegenüber nur wegen Anstiftung oder Beihilfe zum Totschlag zu bestrafen ist und
umgekehrt. Aufbautechnisch ist *daher immer zunächst das Tötungsdelikt des Haupttäters
durchzuprüfen.* Sodann kann im Rahmen der sich anschließenden Teilnahmeprüfung,
entweder im Tatbestand nach der Prüfung des subjektiven Tatbestands oder nach der
Schuld unter einer zusätzlichen Überschrift „Akzessorietätsverschiebung", das Zusammenspiel zwischen den Mordmerkmalen und § 28 näher dargestellt werden.

91 Zur problemlosen Bewältigung dieser Teilnahmekonstellationen sind im Wesentlichen zwei Grundsatzfragen richtig zu beantworten: „Ist § 28 im konkreten Sachverhalt überhaupt einschlägig?" und (falls diese erste Frage positiv beantwortet wurde) „Welcher Absatz des § 28 ist anwendbar?".

1. Schritt: Ist § 28 im konkreten Sachverhalt überhaupt einschlägig?

92 Der Anwendungsbereich von § 28 ist in beiden Absätzen lediglich dann eröffnet, wenn es um „besondere persönliche Merkmale" geht. Dem liegt der Gedanke zugrunde, dass Umstände, die Unrecht, Schuld oder Strafwürdigkeit bestimmen, aber lediglich die Person charakterisieren, prinzipiell nur demjenigen Beteiligten zugerechnet werden sollen, bei dem sie vorliegen. Die insofern in Bezug genommene Legaldefinition des § 14 I spricht von „besonderen persönlichen Eigenschaften, Verhältnissen oder Umständen" und besitzt wenig Aussagekraft. Gemeint sind täterbezogene Merkmale, d. h. alle Eigenschaften, Verhältnisse und Umstände, die vorwiegend die Person und die Persönlichkeit des Täters, seine besondere Pflichtenstellung und seine Motive und Beweggründe betreffen (Geppert Jura 2008, 34, 35).

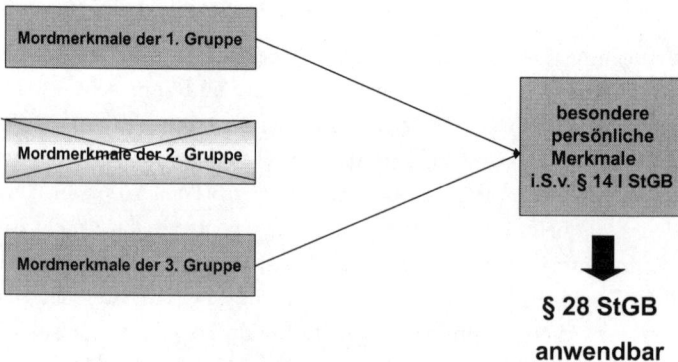

Mordmerkmale und § 28 StGB

Grundgedanke des § 28 StGB:

Umstände, die Unrecht, Schuld oder Strafwürdigkeit bestimmen, aber lediglich die Person charakterisieren, sollen prinzipiell nur demjenigen Beteiligten zugerechnet werden, bei dem sie vorliegen.

Mordmerkmale der 1. Gruppe

Mordmerkmale der 2. Gruppe

Mordmerkmale der 3. Gruppe

besondere persönliche Merkmale i.S.v. § 14 I StGB

§ 28 StGB

anwendbar

Lediglich bei den *Mordmerkmalen der ersten und dritten Gruppe* des § 211 II handelt es sich aber, wie bereits dargestellt (vgl. Rn. 37), um täterbezogene Merkmale. Infolgedessen stellt sich die Problematik einer etwaigen Akzessorietätsverschiebung über § 28 lediglich dann, wenn zumindest bei einem Beteiligten ein Mordmerkmal der ersten oder dritten Gruppe vorliegt, da es nur dann um das Vorliegen besonderer persönlicher Merkmale gehen kann. Umgekehrt bleibt es bei einer regulären Teilnahmeprüfung und § 28 ist nicht anzusprechen, wenn bei sämtlichen Tatbeteiligten allenfalls Mordmerkmale der zweiten Gruppe in Betracht kommen. Bei diesen tatbezogenen Merkmalen ist § 28 von vornherein nicht anwendbar (differenzierend insoweit Roxin, AT II, § 27 Rn. 76; Geppert Jura 2008, 34, 36 f.). Hier bleibt es bei der sich aus den §§ 26, 27 ergebenden, limitierten Akzessorietät der Teilnahme (Beer AL 2020, 173).

2. Schritt: Welcher Absatz des § 28 ist anwendbar?

Kann die Anwendbarkeit des § 28 bejaht werden, weil es zumindest bei einem der Tat- **93** beteiligten um Mordmerkmale der ersten oder dritten Gruppe geht, so ist in einem zweiten Schritt zu klären, *welcher der beiden Absätze des § 28* einschlägig ist. Die Beantwortung dieser Frage hängt entscheidend von der bereits zu Eingang dieses Kapitels (vgl. Rn. 6 ff.) dargestellten Grundsatzfrage ab, wie man das systematische Verhältnis von § 212 zu § 211 bestimmt.

– Geht man mit der von der Rechtsprechung vertretenen Auffassung davon aus, **94** dass es sich bei § 212 und § 211 um *selbständige Tatbestände* handelt, dann sind die Mordmerkmale der ersten und dritten Gruppe *strafbegründende* besondere persönliche Merkmale. Einschlägig ist somit allein *§ 28 I.* Fehlt dem Teilnehmer ein solches Merkmal, so bleibt es zwar bei seiner Bestrafung wegen Teilnahme an dem vom Haupttäter begangenen Mord; seine Strafe ist jedoch nach § 49 I zu mildern. Im Wege der Anwendung des § 28 I kann es daher nicht zu einer Akzessorietätsverschiebung, sondern *lediglich zu einer Strafmilderung* für den Teilnehmer kommen.

– Demgegenüber versteht das Schrifttum den in § 211 normierten Mordtatbe- **95** stand zu Recht als *Qualifikation* des § 212, der damit den Grundtatbestand der vorsätzlichen Tötungsdelikte darstellt. Folgt man dem, dann können Mordmerkmale der ersten und dritten Gruppe nur *strafschärfende* besondere persönliche Merkmale i. S. von *§ 28 II* sein. Dies führt dazu, dass wegen solcher Merkmale nur derjenige Täter oder Teilnehmer bestraft wird, bei dem diese Mordmerkmale auch tatsächlich in seiner Person vorliegen. Die Anwendung von § 28 II kann somit zu Akzessorietätsverschiebungen führen, da jeder Täter, Anstifter oder Gehilfe nur dann wegen Mordes bestraft wird, wenn er *in seiner Person* ein Mordmerkmal verwirklicht hat. Im Vergleich zu § 28 I verschiebt sich mithin bei § 28 II die Blickrichtung vom Haupttäter auf den jeweiligen Beteiligten.

Akzessorietätsverschiebung durch § 28

Mordmerkmale der 1. und 3. Gruppe

BGH	**Literatur**
§ 211 ist eigenständiger Tatbestand gegenüber § 212	§ 211 ist Qualifikation zu § 212
➔ Mordmerkmale sind	➔ Mordmerkmale sind
strafbegründende	*strafschärfende*
besondere persönliche	besondere persönliche
Merkmale	Merkmale
⬇	⬇
Es gilt § 28 I	Es gilt § 28 II

96 Im Rahmen der Fallbearbeitung bietet es sich somit an, das Ergebnis für die Strafbarkeit des Teilnehmers sowohl unter Anwendung von § 28 I (Rechtsprechungslösung) als auch unter Anwendung von § 28 II (Schrifttumslösung) zumindest gedanklich vorab zu überprüfen und einander gegenüberzustellen. Kommt man in beiden Fällen zu einem identischen Ergebnis (z. B. Anstiftung zum Mord oder Beihilfe zum Totschlag), so ist in der gebotenen Kürze auf das umstrittene systematische Verhältnis zwischen § 212 und § 211 hinzuweisen; eine abschließende Streitentscheidung ist dann allerdings nicht erforderlich. Kommt man demgegenüber zu unterschiedlichen Ergebnissen, so ist der Meinungsstreit zwischen Rechtsprechung und Literatur mit den zugehörigen Argumenten ausführlich darzustellen und zu entscheiden. Dabei ist es empfehlenswert, sich der Auffassung des Schrifttums mit der Folge einer möglichen Anwendbarkeit von und Akzessorietätsverschiebung nach § 28 II zu entscheiden, da auf diese Weise widersprüchliche und ungerechte Ergebnisse im Bereich der Teilnahme an Tötungsdelikten vermieden werden können. Dies ist im Folgenden an einigen Beispielen zu demonstrieren:

97 **Konstellation 1:** Der Haupttäter einer Tötung verwirklicht ein Mordmerkmal der zweiten Gruppe (z. B. Heimtücke). Der Gehilfe weiß zwar von der geplanten Tötung, jedoch nichts von der konkreten Art der Tatausführung.

Hier ist der Haupttäter unproblematisch wegen des Heimtückemordes nach § 211 zu bestrafen. § 28 ist nicht anwendbar, da die Mordmerkmale der zweiten Gruppe tatbezogene Merkmale und somit keine besonderen persönlichen Merkmale darstellen. Da der Gehilfe aber von der Heimtücke des Haupttäters nichts gewusst hat, ist er nach allgemeinen Akzessorietäts- und Vorsatzregeln nur zu bestrafen, so weit sein Vorsatz reicht, d. h. wegen Beihilfe zum Totschlag (§§ 212, 27).

Konstellation 2: Der Haupttäter verwirklicht ein Mordmerkmal der ersten Gruppe (z. B. Habgier). Der Gehilfe besitzt zwar Kenntnis vom Beweggrund des Haupttäters, erfüllt aber in seiner Person kein Mordmerkmal.   **98**

Der Haupttäter ist wegen Mordes aus Habgier nach § 211 zu bestrafen. Die Rechtsprechung wendet § 28 I an und bestraft den Gehilfen wegen Beihilfe zum Mord (§§ 211, 27), lässt ihn aber neben der Strafmilderung aus § 27 II 2 auch in den Genuss der zusätzlichen Strafmilderung aus § 28 I kommen. Nach der Literatur ist in Anwendung von § 28 II allein entscheidend, dass bei dem Gehilfen selbst kein besonderes persönliches Mordmerkmal vorliegt, so dass dieser unter Durchbrechung der Akzessorietätsbeziehung zur Haupttat (Mord) lediglich wegen Beihilfe zum Totschlag (§§ 212, 27) zu bestrafen ist.

Konstellation 3: Wie Konstellation 2, jedoch besitzt der Gehilfe hier keine Kenntnis vom Beweggrund des Haupttäters.   **99**

In dieser Konstellation kommt in Bezug auf den Gehilfen auch die Rechtsprechung lediglich zu einer Strafbarkeit wegen Beihilfe zum Totschlag. Auf § 28 I kommt es hier nicht an, da eine Strafbarkeit wegen Teilnahme am Mord nach Ansicht des BGH stets die Kenntnis des Anstifters oder Gehilfen von dem vom Haupttäter verwirklichten Mordmerkmal voraussetzt (vgl. BGH NStZ 1996, 384).

Konstellation 4: Der Haupttäter verwirklicht ein Mordmerkmal der zweiten Gruppe (z. B. Heimtücke). Mit dieser Art der Tatausführung hat der Anstifter, der selbst ein Mordmerkmal der ersten Gruppe (z. B. niedrige Beweggründe) verwirklicht, nicht gerechnet.   **100**

Der Haupttäter ist wegen Heimtückemordes nach § 211 zu bestrafen. Die Rechtsprechung kann den Anstifter – obwohl er selbst ein Mordmerkmal verwirklicht – nur wegen Anstiftung zum Totschlag bestrafen, da er keine Kenntnis von dem vom Haupttäter verwirklichten Mordmerkmal der Heimtücke besitzt. § 28 I kommt daher auch hier nicht zur Anwendung. Für die Literatur ist nach § 28 II auch in solchen Fällen von „gekreuzten Mordmerkmalen" nur von Bedeutung, dass der Anstifter mit den niedrigen Beweggründen selbst ein Mordmerkmal verwirklicht; sie kann daher gem. §§ 212, 211, 26 bestrafen.

101   **Konstellation 5:** Wie Konstellation 4, aber der Haupttäter hat ein Mordmerkmal der dritten Gruppe (z. B. Ermöglichungsabsicht) verwirklicht, was dem Anstifter bekannt war.

Der Haupttäter ist hier unproblematisch wegen Mordes zur Ermöglichung einer anderen Straftat zu bestrafen. In Bezug auf den Anstifter würde die Rechtsprechung wegen Anstiftung zum Mord in Ermöglichungsabsicht des Haupttäters bestrafen (§§ 211, 26). Allerdings verweigert der BGH einem solchen Teilnehmer die in § 28 I vorgesehene Strafmilderung, da das von ihm verwirklichte Mordmerkmal der niedrigen Beweggründe den Mordmerkmalen der dritten Gruppe wertungsmäßig gleichsteht (vgl. BGHSt 23, 39; 50, 1, 5). Aus allgemeinen Gerechtigkeitserwägungen heraus bricht die Rechtsprechung folglich mit ihrer eigenen dogmatischen Konzeption, wenn sowohl der Täter als auch der Teilnehmer zumindest ein Mordmerkmal der ersten oder dritten Gruppe in seiner Person verwirklicht. Demgegenüber kommt die Literatur angesichts der niedrigen Beweggründe des Anstifters über § 28 II unproblematisch zur Strafbarkeit wegen Anstiftung zum Mord (§§ 212, 211, 26). Dass der Haupttäter (Ermöglichungsabsicht) ein anderes Mordmerkmal als der Anstifter (niedrige Beweggründe) verwirklicht („gekreuzte Mordmerkmale") ist somit unbeachtlich, da es im Rahmen von § 28 II immer nur darauf ankommt, welche Mordmerkmale derjenige Beteiligte verwirklicht hat, den man gerade prüft.

102   **Konstellation 6:** Der Haupttäter einer vorsätzlichen Tötung verwirklicht kein Mordmerkmal. Demgegenüber ist beim Gehilfen ein Mordmerkmal der ersten Gruppe (z. B. niedrige Beweggründe) zu bejahen.

Der Haupttäter ist wegen Totschlags nach § 212 zu bestrafen. Die Rechtsprechung gelangt in Bezug auf den Gehilfen – trotz des von ihm verwirklichten Mordmerkmals – infolge allgemeiner Akzessorietätsgrundsätze nur zu einer Beihilfe zum Totschlag (§§ 212, 27). Ein gerechtes Ergebnis vermag man deshalb nur unter Befolgung der Schrifttumsansicht zu erzielen, dessen Vertreter über § 28 II eine Akzessorietätsverschiebung befürworten und den Gehilfen angesichts des von ihm verwirklichten Mordmerkmals der niedrigen Beweggründe zutreffend wegen Beihilfe zum Mord (§§ 212, 211, 27) bestrafen.

V. Konkurrenzen

103   Hinter den vollendeten Mord treten die §§ 212, 221 und 227 zurück. Mit todesqualifizierenden Delikten wie §§ 251 oder 306c besteht jedoch Tateinheit. Zu § 216 besteht überhaupt keine Konkurrenz, da die Sperrwirkung des Privilegierungstatbestands die Anwendung von § 211 von vornherein ausschließt. Allerdings ist Tateinheit zwischen versuchtem Totschlag und vollendetem Mord (z. B. in Verdeckungsabsicht) hinsichtlich desselben Tatopfers möglich. In jedem Tötungsvorsatz ist zugleich ein Körperverletzungsvorsatz als notwendiges Durchgangsstadium enthalten. Hinter ein vollendetes vorsätzliches Tötungsdelikt treten daher die vollendeten vorsätzlichen Körperverletzungsdelikte im Wege der Gesetzeskonkurrenz (Subsidiarität) zurück. Zwischen einem nur versuchten Tötungsdelikt und einer vollendeten Körperverletzung ist demgegenüber aus Klarstellungsgründen Tateinheit anzunehmen (BGHSt 44, 196). Bei der Tötung mehrerer Menschen ist gleichartige Tateinheit nur dann anzunehmen, wenn sie durch eine natürliche Handlung erfolgt (z. B. Werfen einer Handgranate, durch deren Detonation mehrere Personen getötet werden). Im Übrigen ist angesichts der Höchstpersönlichkeit des Rechtsguts Leben die Annahme von Tateinheit aufgrund natürlicher Handlungseinheit nur in Ausnahmefällen möglich. Zwischen unterschiedlichen Mordmerkmalen ist im Übrigen Wahlfeststellung zulässig, wenn sie rechtsethisch und rechtspsychologisch vergleichbar sind, also jedenfalls zwischen den täterbezogenen Merkmalen der ersten und dritten Gruppe sowie innerhalb der tatbezogenen Merkmale der zweiten Gruppe.

VI. Aufbauschema § 211

I. **Tatbestand**

    1. Objektiver Tatbestand

        a) Tatobjekt: ein anderer Mensch

        b) Tathandlung: Tötung

        c) Taterfolg: Tod des Opfers

        d) Kausalität

        e) Objektive Zurechnung

    2. Subjektiver Tatbestand

    Vorsatz (vgl. § 15), d. h. mindestens dolus eventualis hinsichtlich der Verwirklichung der objektiven Tatbestandsmerkmale

II. **Rechtswidrigkeit**

III. **Schuld**

IV. **Verwirklichung von Mordmerkmalen**

1. Objektiver Tatbestand von Mordmerkmalen der zweiten Gruppe des § 211 II (Heimtücke; Grausamkeit; Verwendung gemeingefährlicher Mittel)

2. Subjektiver Tatbestand von Mordmerkmalen der zweiten Gruppe des § 211 II

   a) Vorsatz (vgl. § 15), dolus eventualis genügt

   b) besondere subjektive Komponenten

      aa) „bewusste" Ausnutzung der Arg- und Wehrlosigkeit bei der Heimtücke

      bb) „gefühllose, unbarmherzige Gesinnung" bei der Grausamkeit

3. (Rein subjektive) Verwirklichung von Mordmerkmalen der ersten (Mordlust; Befriedigung des Geschlechtstriebs; Habgier; sonstige niedrige Beweggründe) oder dritten Gruppe (Ermöglichungsabsicht; Verdeckungsabsicht) des § 211 II

C. Tötung auf Verlangen (§ 216)

> **Gesetzestext:**
>
> (1) Ist jemand durch das ausdrückliche und ernstliche Verlangen des Getöteten zur Tötung bestimmt worden, so ist auf Freiheitsstrafe von sechs Monaten bis zu fünf Jahren zu erkennen.
>
> (2) Der Versuch ist strafbar.

§ 216 enthält einen *Privilegierungstatbestand zu § 212* und geht als abschließende Spezialregelung auch dem § 211 vor. Insofern empfiehlt es sich für den Prüfungsaufbau, bei den vorsätzlichen Tötungsdelikten zumindest gedanklich mit der Frage nach Anhaltspunkten für eine Tötung auf Verlangen zu beginnen, um die *Sperrwirkung von § 216 gegenüber § 211* nicht versehentlich zu unterlaufen. Die Kriminalisierung der Tötung auf Verlangen dient dem Schutz des *Rechtsguts Leben,* und zwar auch dann, wenn das Opfer seine Tötung selbst ausdrücklich und ernstlich verlangt hat. Im Umkehrschluss folgt daraus, dass der Einzelne in die Tötung durch andere Menschen nicht wirksam einwilligen kann, das Leben also als Rechtsgut nicht disponibel ist. Zur Rechtfertigung der im Vergleich zum Totschlag erheblich herabgesetzten Strafdrohung von sechs Monaten bis zu fünf Jahren Freiheitsstrafe lässt sich einerseits die infolge des Tötungsverlangens bestehende *Minderung des Unrechts* und andererseits die dadurch bewirkte *schuldmildernde Konfliktlage für den Täter* anführen (Schönke/Schröder-Eser/Sternberg-Lieben, § 216 Rn. 1; Rengier, BT II, § 6 Rn. 1). Eine Strafbarkeit wegen Tötung auf Verlangen durch *Unterlassen* (§§ 216, 13) bei Nichthinderung eines freiverantwortlichen Suizids kommt nach vorzugswürdiger Auffassung (vgl. Rn. 18 ff.) nicht in Betracht, wenn die zeitlich frühere aktive Teilnahme am Selbstmordversuch (mangels teilnahmefähiger tatbestandsmäßiger Haupttat) straflos wäre. Die *Tötung* auf Verlangen ist lediglich ein *Vergehen,* ihr *Versuch* gem. § 216 II (i. V. m. §§ 23 I, 12 II) mit Strafe bedroht. Zu den – regelmäßig über den strafrechtlichen Pflichtfachstoff hinausgehenden – *Sonderfragen der Sterbehilfe* vgl. etwa Rengier, BT II, § 7; Wessels/Hettinger/Engländer, BT 1, Rn. 145 ff., jew. m. w. N.

104

Tötung auf Verlangen (§ 216)

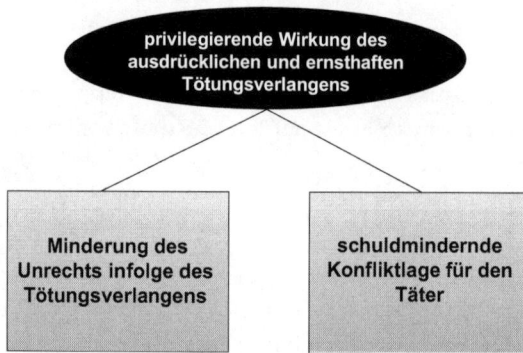

privilegierende Wirkung des
ausdrücklichen und ernsthaften
Tötungsverlangens

| Minderung des Unrechts infolge des Tötungsverlangens | schuldmindernde Konfliktlage für den Täter |

I. Tatbestand

1. Objektiver Tatbestand

105 Der objektive Tatbestand des § 216 I setzt die Tötung eines anderen Menschen infolge eines ausdrücklichen und ernstlichen Verlangens des Getöteten voraus.

a) Taugliches Tatobjekt = ein anderer Mensch

106 Taugliche Tatobjekte des § 216 I sind – ebenso wie bei sämtlichen Tötungsdelikten – *andere lebende Menschen*. Insofern kann es erforderlich sein, die strafbare Fremdtötung auf Verlangen von einer straflosen Beihilfe zur eigenverantwortlichen Selbsttötung abzugrenzen (vgl. Rn. 14 ff.; ausführl. Eisele, BT I, Rn. 170 ff.). Das *Opfer*, von dem das Tötungsverlangen ausgeht, ist als *notwendig Beteiligter* im Übrigen auch dann straflos (keine Anstiftung), wenn die Tötung fehlschlägt und der Täter wegen versuchten Totschlags auf Verlangen (§§ 216, 22) bestraft werden muss.

b) Tathandlung = Tötung

107 Unabhängig davon, ob man § 216 systematisch als eigenständigen Tatbestand oder – mit der auch hier vertretenen Auffassung – als Privilegierung des § 212 einstuft, ist auch im Rahmen des objektiven Tatbestands stets das Vorliegen einer kausalen und dem Täter objektiv zurechenbaren Tötung festzustellen. Bei fehlender Kausalität oder objektiver Zurechnung des Todeserfolgs kommt ein Versuch in Betracht (OLG Hamburg NStZ 2016, 530, 534; LG Berlin NStZ-RR 2018, 246).

c) Besondere Tatsituation = ausdrückliches und ernstliches Verlangen

Als besondere privilegierende Tatsituation setzt eine Strafbarkeit nach § 216 I objektiv **108** voraus, dass der Getötete seine Tötung vom Täter ausdrücklich und ernstlich verlangt hat. Bei diesem Tötungsverlangen handelt es sich um ein *besonderes persönliches Merkmal i. S. von § 28 II*. Bei mehreren Tatbeteiligten kommt es somit nur denjenigen zugute, die selbst durch das Verlangen zur Tat bestimmt worden sind (Eisele, BT I, Rn. 217; Rengier, BT II, § 6 Rn. 12; Steinhilber JA 2010, 430, 432; a.A. NK-Neumann/Saliger, § 216 Rn. 20: tatbezogenes Merkmal).

> **Verlangen** ist eine zielgerichtete Einwirkung des Opfers auf den Willen des Täters.

Ein solches Verlangen setzt mehr als eine bloße Einwilligung voraus, so dass ein rein passives Hinnehmen der Tötung nicht genügt. Es ist vielmehr ein aktives, auf die Tötungsmotivation des Täters gerichtetes Handeln erforderlich. Das (jederzeit zurücknehmbare) Tötungsverlangen muss im Zeitpunkt der Tötungshandlung noch fortbestehen. Es kann auch an einen größeren, bestimmbaren Personenkreis (z. B. alle Ärzte eines Krankenhauses oder alle Pfleger eines Altenheims) gerichtet sein, sofern der Täter diesem angehört.

> **Ausdrücklich** ist das Verlangen, wenn es vom Opfer in eindeutiger, nicht misszuver-   **109** stehender Art und Weise geäußert wird.

Die Ausdrücklichkeit des Tötungsverlangens muss nicht mit Worten, sondern kann auch durch Gesten oder Gebärden kundgetan werden. Es kann formal auch in Gestalt einer Frage (z. B. „Willst Du mich nicht von meinen Schmerzen erlösen?") oder verknüpft mit einer Bedingung (z. B. „Gib´ mir die Spritze, wenn ich es selbst nicht kann") erfolgen. An der Ausdrücklichkeit fehlt es jedoch, wenn das Opfer seinen Sterbewillen gerade verheimlicht, um den Täter ohne dessen Willen zum Werkzeug einer Selbsttötung zu machen (vgl. OLG Nürnberg NJW 2003, 454; BGH NStZ 2003, 537).

> **Ernstlich** ist das Tötungsverlangen, wenn es auf einem freiverantwortlichen Wil-   **110** lensentschluss und einer fehlerfreien Willensbildung beruht.

Das Opfer muss sich mithin der Bedeutung und Tragweite seines Entschlusses bewusst sein. Dies ist lediglich dann der Fall, wenn das Verlangen frei von Zwang, Täuschung, Irrtum und anderen wesentlichen Willensmängeln war und der Lebensmüde die natürliche Einsichts- und Urteilsfähigkeit besitzt, um die Tragweite seiner Entscheidung zu erfassen und sich dementsprechend zu verhalten. Ebenso wie bei der Beurteilung der Eigenverantwortlichkeit einer Selbsttötungsentscheidung hat sich somit auch die Feststellung der Ernstlichkeit des Tötungsverlangens im Rahmen von § 216 I an einer entsprechenden Anwendung der *Voraussetzungen für eine wirksame Einwilligung* zu orientieren. Daran kann es bei einem unreflektierten Tötungsverlangen in einer depressiven Augenblicksstimmung fehlen (BGH NStZ 2011, 340 f.; StV 2012, 90, 91). Dem Tötungsverlangen wird dann nicht entsprochen, wenn der Täter von den vom Sterbewilligen gewünschten Tötungsmodalitäten wesentlich abweicht (z. B. wenn der Täter das schwerkranke Opfer qualvoll erstickt oder erwürgt anstatt es, wie erbeten, mit einem schmerzlosen Tablettencocktail zu „erlösen"). In solchen Konstellationen entfällt die Sperrwirkung des § 216, sodass die §§ 212, 211 zu prüfen sind.

d) Bestimmung zur Tötung durch das Opferverlangen

111 Die Äußerung des Verlangens muss den Täter schließlich *auch zur Tat bestimmt* haben. Dazu muss das Opfer – vergleichbar dem Anstifter nach § 26 – den Tatentschluss des Täters als entscheidenden Tatantrieb hervorgerufen haben. Insofern kann ein schon zur Tat Entschlossener (sog. omnimodo facturus) nicht mehr zur Tat bestimmt werden. Das Verlangen des Opfers muss für den Täter des § 216 stets handlungsleitend sein. Daran fehlt es, wenn der Täter bewusst ein Opfer sucht, das in seine eigene Tötung einwilligt (BGHSt 50, 80, 92; BGH NStZ 2016, 469). Bei einem sog. Motivbündel muss das Tötungsverlangen im Verhältnis zu anderen Motiven (z. B. Streben nach einer Erbschaft) klar bewusstseinsdominant sein (BGH NJW 1987, 1092, 1093).

2. Subjektiver Tatbestand

112 Der subjektive Tatbestand des § 216 I setzt *Vorsatz* (vgl. § 15), d. h. mindestens dolus eventualis, hinsichtlich der Verwirklichung der objektiven Tatbestandsmerkmale voraus. Handelt der Täter in Unkenntnis der privilegierenden Umstände, so scheidet eine Bestrafung wegen Tötung auf Verlangen mangels Vorsatzes aus und es kommt lediglich eine Strafbarkeit nach den §§ 212, 211 in Betracht. Geht er demgegenüber irrtümlich davon aus, dass bei der von ihm begangenen Tötung die privilegierenden Umstände des § 216 I vorliegen (z. B. weil er das Verhalten des Opfers fälschlich als Tötungsverlangen gedeutet hat), so greift § 16 II ein (BGH NStZ 2012, 85, 86). Danach kann ein Täter, der bei Begehung der Tat irrig Umstände annimmt, welche den Tatbestand eines milderen Gesetzes verwirklichen würden, wegen vorsätzlicher Begehung nur nach dem milderen Gesetz, d. h. nach § 216, bestraft werden.

II. Rechtswidrigkeit

III. Schuld

IV. Konkurrenzen

Durch eine Strafbarkeit wegen Tötung auf Verlangen wird zunächst § 212 als Grund- **113** tatbestand zwangsläufig im Wege der Gesetzeskonkurrenz (Spezialität) von § 216 als Privilegierungstatbestand verdrängt. Darüber hinaus verdrängt § 216 als abschließende Sonderregelung aber auch eine mögliche Strafbarkeit nach § 211. Mit den §§ 212, 211 ist lediglich dann Tateinheit möglich, wenn durch dieselbe Handlung eine weitere Person getötet wird, dergegenüber die privilegierenden Voraussetzungen des § 216 nicht vorliegen. Die vorsätzlichen vollendeten Körperverletzungsdelikte (§§ 223 ff.) treten hinter § 216 I im Wege der Gesetzeskonkurrenz zurück. Zwischen einer versuchten Tötung auf Verlangen und einem vollendeten Körperverletzungsdelikt ist demgegenüber aus Klarstellungsgründen Tateinheit anzunehmen. Tritt der Täter von einem Versuch des § 216 wirksam zurück, so ist ein Rückgriff auf den Verbrechenstatbestand des § 226 durch den milderen § 216 gesperrt. Eine Strafbarkeit nach § 224 I bleibt in diesen Fällen möglich. Allerdings wird hier der Regelstrafrahmen der gefährlichen Körperverletzung gesperrt, so dass in diesen Fällen von einem minder schweren Fall einer gefährlichen Körperverletzung auszugehen ist (Rengier, BT II, § 6 Rn. 11).

V. Aufbauschema § 216

I. Tatbestand

1. Objektiver Tatbestand

   a) Taugliches Tatobjekt: ein anderer lebender Mensch

   b) Tathandlung: Tötung

   c) Taterfolg: Tod des Opfers

   d) Kausalität

   e) Objektive Zurechnung

   f) Besondere Tatsituation

      aa) Tötungsverlangen des Tatopfers

         (1) ausdrücklich

         (2) ernsthaft

      bb) Bestimmung (vgl. § 26) des Täters zur Tötung durch das Opferverlangen

2. Subjektiver Tatbestand

Vorsatz (§ 15) hinsichtlich der Verwirklichung der objektiven Tatbestandsmerkmale, wobei dolus eventualis genügt

II. Rechtswidrigkeit

III. Schuld

D. Aussetzung (§ 221)

Gesetzestext:

(1) Wer einen Menschen

    1. in eine hilflose Lage versetzt oder

    2. in einer hilflosen Lage im Stich läßt, obwohl er ihn in seiner Obhut hat oder ihm sonst beizustehen verpflichtet ist,

und ihn dadurch der Gefahr des Todes oder einer schweren Gesundheitsschädigung aussetzt, wird mit Freiheitsstrafe von drei Monaten bis zu fünf Jahren bestraft.

(2) Auf Freiheitsstrafe von einem Jahr bis zu zehn Jahren ist zu erkennen, wenn der Täter

    1. die Tat gegen sein Kind oder eine Person begeht, die ihm zur Erziehung oder zur Betreuung in der Lebensführung anvertraut ist, oder

    2. durch die Tat eine schwere Gesundheitsschädigung des Opfers verursacht.

(3) Verursacht der Täter durch die Tat den Tod des Opfers, so ist die Strafe Freiheitsstrafe nicht unter drei Jahren.

(4) In minder schweren Fällen des Absatzes 2 ist auf Freiheitsstrafe von sechs Monaten bis zu fünf Jahren, in minder schweren Fällen des Absatzes 3 auf Freiheitsstrafe von einem Jahr bis zu zehn Jahren zu erkennen.

In § 221 I findet sich der Grundtatbestand der Aussetzung. Dieser wurde durch das 6. **114** StRG im Jahr 1998 umfassend neugestaltet, so dass ältere Rechtsprechung und Literatur diesbezüglich nur noch eingeschränkte Gültigkeit besitzen. Rechtsgut der Norm ist der Schutz hilfloser Personen vor *konkreten Gefährdungen ihres Lebens und ihrer Gesundheit*. § 221 I ist somit ein konkretes Gefährdungsdelikt. Der Anwendungsbereich ist allerdings auf die Gefahr einer schweren Gesundheitsschädigung und des Todes beschränkt. Prüfungstaktisch empfiehlt es sich, die Aussetzung erst im Anschluss an *Verletzungs*delikte wie z. B. die §§ 212, 211 oder 216 zu erörtern. Speziell Klausuren und Hausarbeiten sollten also im Regelfall nicht mit Ausführungen zu § 221 beginnen, der häufig im Wege der Gesetzeskonkurrenz zurücktritt.

Aus dem Strafrahmen des § 221 I (Freiheitsstrafe von drei Monaten bis zu fünf Jah- **115** ren) ergibt sich dessen Charakter als *Vergehen* (vgl. § 12 II). Der *Versuch* des Grundtatbestands der Aussetzung ist mangels ausdrücklicher gesetzlicher Anordnung nicht strafbar. In § 221 II, III finden sich Verbrechensqualifikationen zum Grundtatbestand des § 221 I. Eine selbständige Qualifikation enthält § 221 II Nr. 1. Demgegenüber handelt es sich bei § 221 II Nr. 2 und § 221 III um erfolgsqualifizierte Delikte. Für minder schwere Fälle des § 221 II, III enthält § 221 IV eine unbenannte Strafzumessungsvorschrift.

I. Tatbestand

1. Objektiver Tatbestand

116 Der objektive Tatbestand des § 221 I setzt voraus, dass der Täter einen anderen Menschen in eine hilflose Lage versetzt oder – bei bestehender Obhuts- oder Beistandspflicht – in einer hilflosen Lage im Stich lässt und ihn dadurch in die konkrete Gefahr des Todes oder einer schweren Gesundheitsschädigung versetzt.

a) Taugliches Tatobjekt

117 Taugliches Tatobjekt des § 221 I ist ein vom Täter verschiedener, anderer Mensch.

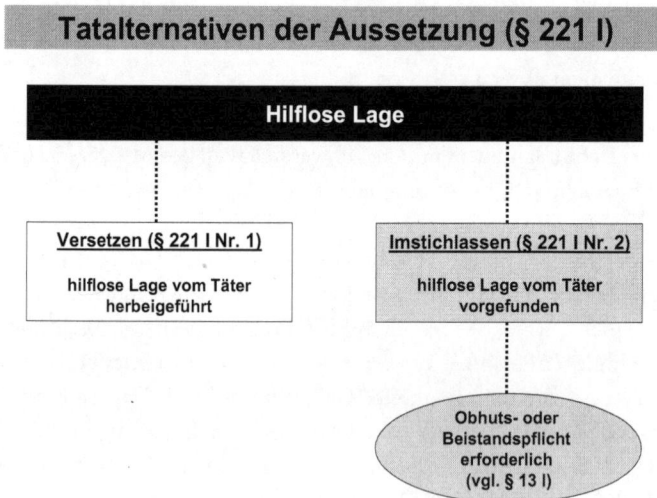

Tatalternativen der Aussetzung (§ 221 I)

b) Tathandlung

118 Taugliche Tathandlungen der Aussetzung sind entweder das Versetzen (§ 221 I Nr. 1) oder das Imstichlassen (§ 221 I Nr. 2) des Tatopfers in einer hilflosen Lage. Beide Tatalternativen unterscheiden sich zum einen dadurch, dass der Täter die hilflose Lage in den Fällen des § 221 I Nr. 1 selbst herbeigeführt haben muss, während er in den Fällen des § 221 I Nr. 2 lediglich eine bereits aus anderen Gründen bestehende, hilflose Lage vorfindet. Zum anderen ist zu berücksichtigen, dass lediglich für § 221 I Nr. 2 eine Obhuts- oder Beistandspflicht des Täters gefordert wird.

> Das Opfer befindet sich in einer **hilflosen Lage**, wenn es nicht fähig ist, sich aus eigener Kraft oder unter Einbeziehung schutzbereiter Dritter vor der Gefahr für Leben und Gesundheit zu schützen.

Da der Gesetzeswortlaut von einer „hilflosen Lage" spricht und nicht etwa auf die Hilflosigkeit des Tatopfers als Person abstellt, ist zur Beurteilung immer auch zu überprüfen, ob nicht die Schutzbereitschaft durch hilfsfähige und hilfswillige Dritte besteht, deren Existenz der Bejahung einer hilflosen Lage entgegensteht (BGHSt 52, 153, 156; BGH NStZ 2018, 209 m. Bespr. Jäger JA 2018, 230 ff.).

aa) Versetzen in eine hilflose Lage (§ 221 I Nr. 1)

> **Versetzen** ist jede Veränderung der Sicherheitslage des Opfers, die vom Täter bestimmt wird.

119

Eine Veränderung des Aufenthaltsortes des Opfers von Seiten des *Täters* ist hierfür nicht zwingend erforderlich. Typische Beispiele sind das Verbringen einer kranken oder verletzten Person in eine unbewohnte Gegend, der Entzug von Nahrung, Medikamenten oder sonstigen Hilfsmitteln, auf die das Opfer angewiesen ist oder falsche Angaben gegenüber den Rettungskräften, um das Auffinden und die ärztliche Versorgung des Opfers zu verhindern. Ausreichend ist somit jedes Täterverhalten, durch das eine hilflose Lage für das Opfer geschaffen wird. Dies kann auch durch Täuschung, Drohung oder Gewalt erfolgen.

Typischerweise führt der Täter des § 221 I Nr. 1 die hilflose Lage erstmals herbei. Befand sich das Tatopfer allerdings schon zuvor in einer (anderen) hilflosen Lage, so ist zu differenzieren: Beeinflusst der Täter eine bereits bestehende hilflose Lage dergestalt, dass die konkrete Gefahr des Todeseintritts oder einer schweren Gesundheitsschädigung erhöht wird, so handelt es sich nicht um ein Versetzen in eine neue, sondern lediglich um eine Intensivierung einer bereits bestehenden Lage durch den Täter. Diesbezüglich kommt allenfalls die Tatalternative des Imstichlassens nach § 221 I Nr. 2 in Betracht. Bringt der Täter demgegenüber das Opfer einer bereits bestehenden hilflosen Lage in eine neue, d.h. aus anderen Gründen, hilflose Lage, so steht der Wortlaut des Gesetzes einer Bejahung des § 221 I Nr. 1 nicht entgegen. Anders wird man angesichts des Schutzzwecks von § 221 lediglich dann entscheiden müssen, wenn das Täterverhalten zu einer Risikoverringerung für das Opfer führt.

120

121 Das Versetzen in eine hilflose Lage kann auch durch garantenpflichtwidriges *Unterlassen* geschehen (z. B. wenn ein Garant das Opfer nicht daran hindert, sich selbst in eine hilflose Lage zu begeben, das Aussetzen durch einen Dritten duldet oder seine bislang geleistete Hilfe einstellt).

bb) Imstichlassen in einer hilflosen Lage (§ 221 I Nr. 2)

122 **Imstichlassen** ist das Unterlassen der dem Täter möglichen und zumutbaren Hilfeleistung.

Charakteristisch ist, dass der Täter die hilflose Lage des Opfers hier nicht selbst herbeigeführt hat. Im Vergleich zur Rechtslage vor dem 6. StrRG, die ein „Verlassen" in hilfloser Lage erforderte, setzt das Imstichlassen eine *räumliche Trennung* von Täter und Opfer nicht mehr zwingend voraus, auch wenn das räumliche Verlassen den typischen Anwendungsfall des § 221 I Nr. 2 darstellt (z. B. der Bergführer, der die von ihm geführte, kletterunkundige Person an einem Steilhang zurücklässt). Das aktive Entfernen vom Tatopfer schließt in diesen Fällen die Tatalternative des § 221 I Nr. 2 nicht aus, da der Schwerpunkt der Vorwerfbarkeit auf dem Unterlassen der gebotenen Hilfeleistung liegt (BGHSt 57, 28, 30). Allerdings fällt nach aktueller Gesetzesfassung auch die bloße untätige Anwesenheit des Täters i. S. eines vorsätzlichen Sichentziehens der Beistandsleistung, obwohl ihm diese möglich und zumutbar wäre, (z. B. die Krankenschwester, die untätig im Krankenzimmer des hilfsbedürftigen Patienten verweilt) in den Anwendungsbereich von § 221 I Nr. 2. Insofern ist auch das garantenpflichtwidrige Nichterscheinen (z. B. des Arztes bei seinem hilfebedürftigen Patienten) erfasst.

123 Eine Strafbarkeit nach § 221 I Nr. 2 kommt aber nur für solche Täter in Betracht, die eine *Obhuts- oder Beistandspflicht* in Bezug auf Leben und Gesundheit des Opfers innehaben. Es handelt sich mithin um ein *echtes Sonderdelikt*, so dass für Beteiligte ohne entsprechende Pflichtenstellung lediglich eine Teilnahmestrafbarkeit, d. h. Anstiftung oder Beihilfe, in Betracht kommt. Die Obhuts- oder Beistandspflicht stellt nach vorzugswürdiger Auffassung zudem ein strafbegründendes besonderes persönliches Merkmal i. S. von § 28 I dar (NK-Neumann, § 221 Rn. 44; Fischer, § 221 Rn. 19; Kindhäuser, LPK-StGB, § 221 Rn. 20; a. A. Schönke/Schröder-Eser, § 221 Rn. 11; Lackner/Kühl, § 221 Rn. 4), dessen Fehlen beim Teilnehmer zu einer Strafmilderung nach § 49 I führt.

124 Für die Entstehung einer solchen Obhuts- oder Beistandspflicht ist der Sache nach auf diejenigen Grundsätze abzustellen, die auch für die Begründung einer *Garantenpflicht* i. S. von § 13 I gelten (vgl. nur Wessels/Hettinger/Engländer, BT 1, Rn. 171; Wengenroth JA 2012, 584, 588). Nicht ausreichend sind Pflichten nach den §§ 138, 323c I. Lediglich in terminologischer Hinsicht sollte man den Begriff der „Garantenstellung" im Rahmen von § 221 vermeiden und – dem Wortlaut des Gesetzes folgend – hier stets von der „Obhuts- oder Beistandspflicht" sprechen.

c) Taterfolg = konkrete Gefahr

Der Täter muss durch eine der beiden Tatmodalitäten des § 221 I einen Menschen der **125** Gefahr des Todes oder einer schweren Gesundheitsschädigung ausgesetzt haben. Vorausgesetzt wird eine *konkrete Gefahr*, die durch die in § 221 I umschriebenen Verhaltensweisen vorsätzlich verursacht und auf deren typische Gefährlichkeit zurückzuführen sein muss.

Eine **schwere Gesundheitsschädigung** erfordert keine schwere Körperverletzung i. S. des § 226 I, sondern liegt bereits bei einschneidenden oder nachhaltigen Beeinträchtigungen der Gesundheit vor, etwa bei ernsthaften Störungen der körperlichen Funktionen, langwierigen ernsthaften Krankheiten oder erheblicher Beeinträchtigung der Arbeitskraft für lange Zeit.

Die **konkrete Gefahr** setzt die Schaffung einer Situation voraus, in der es letztlich vom Zufall abhängt, ob das Opfer den Tod oder eine schwere Gesundheitsschädigung erleidet oder nicht.

Es genügt somit, dass der Täter einen *Gefährdungs*erfolg in Gestalt der konkreten Gefahr des Todes oder einer schweren Gesundheitsschädigung herbeiführt. Hat sich diese Gefahr tatsächlich in einem *Verletzungs*erfolg realisiert, so ist darin allerdings ebenfalls der Gefährdungserfolg als notwendige Zwischenstufe enthalten. Im Rahmen der Aussetzung ist in diesen Fällen zu prüfen, ob nicht auch die Voraussetzungen eines erfolgsqualifizierten Delikts nach § 221 II Nr. 2 oder § 221 III gegeben sind.

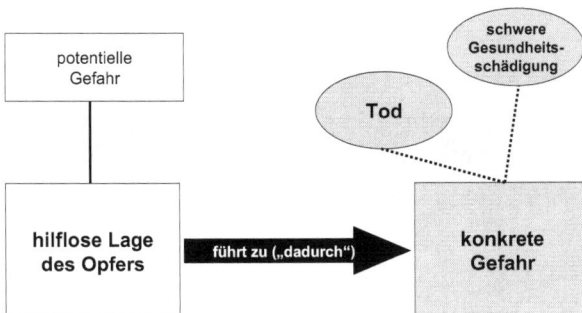

Verhältnis von hilfloser Lage und konkreter Gefahr

126 Nach dem Wortlaut des § 221 I („dadurch") muss die konkrete Gefahr erst durch das Versetzen oder Imstichlassen in einer hilflosen Lage herbeigeführt worden sein. Andererseits wird die Annahme einer konkreten Gefahr für Leib oder Leben des Opfers von seiner Hilflosigkeit regelmäßig zumindest mit beeinflusst sein. Insofern stellt sich das Problem, wie sich die hilflose Lage von der Gefahr begrifflich unterscheiden lässt. Eine sachgerechte Lösung wird sich hierbei nur dadurch erzielen lassen, dass man § 221 I als *zweistufiges Delikt* versteht und die hilflose Lage als „potentielle Gefahr", d. h. als Ausgangssituation der sich aus ihr möglicherweise entwickelnden konkreten Gefahr für Leib oder Leben des Opfers ansieht. Im konkreten Gefahrerfolg muss sich somit das bereits in der hilflosen Lage angelegte Risiko erhöhen. Schließlich führt nicht jede hilflose Lage (z. B. das Einschließen eines Kleinkindes in einer Wohnung) zwangsläufig auch zu einer konkreten Gefahr für das Opfer.

2. Subjektiver Tatbestand

127 Der subjektive Tatbestand des § 221 I erfordert Vorsatz, d. h. mindestens *dolus eventualis* hinsichtlich der Verwirklichung der objektiven Tatbestandsmerkmale, zu denen auch die konkrete Gefährdung zählt. In Bezug auf letztere muss somit ein (zumindest bedingter) Gefährdungsvorsatz vorliegen. Bei § 221 I Nr. 2 muss zudem das Wissen des Täters um die seine Obhuts- oder Beistandspflicht begründenden Umstände sowie die Vorstellung hinzutreten, dass für das schon in hilfloser Lage befindliche Opfer durch das Imstichlassen eine Leibes- oder Lebensgefahr entstehen oder intensiviert werden kann. Handelt der Täter mit Verletzungsvorsatz, so wird § 221 verdrängt.

II. Rechtswidrigkeit

128 Die Rechtswidrigkeit der Aussetzung kann auf der Grundlage der allgemein anerkannten (geschriebenen und ungeschriebenen) Rechtfertigungsgründe, beispielsweise der Notwehr (§ 32), des rechtfertigenden Notstands (§ 34) oder der Einwilligung, entfallen.

III. Schuld

129 Im Rahmen des § 221 gelten im Bereich der Schuldprüfung keine Besonderheiten, so dass insbesondere eine Prüfung der allgemeinen Schuldausschließungs- und Entschuldigungsgründe in Betracht kommt.

IV. Qualifikation (§ 221 II Nr. 1)

In § 221 II Nr. 1 wird die Aussetzung zum Verbrechen qualifiziert, wenn der Täter die **130** Tat gegen sein Kind oder eine Person begeht, die ihm zur Erziehung oder zur Betreuung in der Lebensführung anvertraut ist. Dieses besondere Obhutsverhältnis stellt ein strafschärfendes *besonderes persönliches Merkmal i. S. von § 28 II* dar. Der Versuch ist hier infolge des Verbrechenscharakters gem. §§ 23 I, 12 I mit Strafe bedroht.

Der Begriff des „Kindes" ist personenstandsrechtlich zu verstehen, so dass auch volljäh- **131** rige Kinder taugliche Tatopfer sein können. Neben den leiblichen Kindern werden auch Adoptivkinder erfasst.

> **Zur Erziehung** ist eine Person demjenigen **anvertraut**, der verpflichtet ist, die Lebensführung der Person und damit auch deren geistig-sittliche Entwicklung zu überwachen und zu leiten.

Als Täter des § 221 II Nr. 1 kommen daher auch Stief-, Heim- oder Pflegeeltern in Betracht.

> **Zur Betreuung in der Lebensführung** ist eine Person demjenigen **anvertraut**, der zumindest für eine gewisse Dauer für ihr körperliches und geistiges Wohl Verantwortung trägt.

Beispiele hierfür sind der Leiter eines Jugendheims, der Trainer einer Sportmannschaft, der Bewährungshelfer oder das Kindermädchen.

V. Erfolgsqualifikationen (§ 221 II Nr. 2 und § 221 III)

In § 221 II Nr. 2 und § 221 III finden sich darüber hinaus *erfolgsqualifizierte Delikte*, für **132** die hinsichtlich der Herbeiführung der schweren Folge § 18 gilt. § 221 II Nr. 2 betrifft den Fall, dass sich die in § 221 I angesprochene Gefahr einer schweren Gesundheitsschädigung in Gestalt eines Verletzungserfolgs realisiert hat. Entsprechend wird über § 221 III der tatsächliche Eintritt des Todes des Opfers erfasst. In der schweren Gesundheitsschädigung bzw. im Todeserfolg muss sich dabei das spezifische Risiko einer Aussetzung i. S. von § 221 I realisieren (zu der umstrittenen Frage, ob angesichts der fehlenden Versuchsstrafbarkeit für den Grundtatbestand der Aussetzung ein erfolgsqualifizierter Versuch von § 221 II Nr. 2 oder § 221 III möglich ist vgl. nur SK-Wolters, § 221 Rn. 16; LK-Krüger, § 221 Rn. 84, jew. m. w. N.).

VI. Konkurrenzen

133 Neben § 221 I Nr. 1 ist typischerweise auch § 221 I Nr. 2 verwirklicht, da der Täter durch sein Vorverhalten zum Garanten wird und er regelmäßig in der Lage ist, die dem hilflosen Opfer drohenden Gefahren wieder abzuwenden. Insofern tritt § 221 I Nr. 2 im Wege der Gesetzeskonkurrenz (Konsumption) hinter § 221 I Nr. 1 zurück. Die Aussetzung tritt ihrerseits insgesamt gegenüber den §§ 212, 211 zurück. Mit versuchten Tötungsdelikten ist allerdings aus Klarstellungsgründen Tateinheit anzunehmen (a. A. BGH NStZ 2017, 90); ebenso mit den §§ 223 bis 227 sowie mit § 142 und § 315c. § 323c wird durch den spezielleren § 221 verdrängt. § 229 tritt hinter § 221 II Nr. 2 und § 222 hinter § 221 III zurück.

VII. Aufbauschema § 221

I. **Tatbestand**

  1. Objektiver Tatbestand

    a) Taugliches Tatobjekt: ein anderer lebender Mensch

    b) Tathandlung

      aa) Versetzen in eine hilflose Lage (§ 221 I Alt. 1)

      bb) Imstichlassen in einer hilflosen Lage trotz Obhuts- oder Beistandspflicht (§ 221 I Alt. 2)

    c) Taterfolg: konkrete Gefahr des Todes oder einer schweren Gesundheitsschädigung

  2. Subjektiver Tatbestand

    Vorsatz (vgl. § 15); dolus eventualis genügt

II. **Rechtswidrigkeit**

III. **Schuld**

IV. **Ggf. Qualifikation gem. § 221 II Nr. 1**

  1. Objektiver Tatbestand

    Begehung der Tat (§ 221 I Alt. 1 oder 2) gegen das Kind des Täters oder eine Person, die dem Täter zur Erziehung oder Betreuung in der Lebensführung anvertraut ist

  2. Subjektiver Tatbestand

    Vorsatz (vgl. § 15); dolus eventualis genügt

E. Fahrlässige Tötung (§ 222)

> **Gesetzestext:**
>
> Wer durch Fahrlässigkeit den Tod eines Menschen verursacht, wird mit Freiheitsstrafe bis zu fünf Jahren oder mit Geldstrafe bestraft.

§ 222 normiert vor dem Hintergrund von § 15 einen eigenständigen Straftatbestand für **134** den Fall der fahrlässigen Tötung eines anderen Menschen. Die Vorschrift ist als *Erfolgsdelikt* ausgestaltet und knüpft an einen Sorgfaltspflichtverstoß an, der schon deshalb eine strafrechtliche Sanktion erfordert, weil im Einzelfall die Folge der Vernichtung eines Menschenlebens beträchtlich ins Gewicht fällt. Es ist also die Diskrepanz zwischen einer unter Umständen alltäglichen Tathandlung, die für sich genommen nicht in markanter Weise eine Schuld symbolisiert, und dem Taterfolg, der das *menschliche Leben als geschütztes Rechtsgut* betrifft, die nach § 222 zu strafrechtlichen Reaktionen führt. Im Vergleich zu den vorsätzlichen Tötungsdelikten ist die ungewollte Herbeiführung des Todeserfolgs durch eine pflichtwidrige Vernachlässigung der im Verkehr erforderlichen Sorgfalt kennzeichnend (zu Einzelheiten des Fahrlässigkeitsdelikts vgl. nur Rengier, AT, §§ 52 ff.; Wessels/Beulke/Satzger, AT, Rn. 1101 ff.).

Die fahrlässige Tötung kann sowohl in Gestalt eines *Begehungsdelikts* als auch, bei be- **135** stehender Garantenstellung, als fahrlässiges *unechtes Unterlassungsdelikt* (§§ 222, 13) in Betracht kommen. In letzterem Fall ist zusätzlich zu der nachfolgend dargestellten Prüfungsfolge, die sich auf das fahrlässige Begehungsdelikt bezieht, im Rahmen des Tatbestands noch die Nichtvornahme der zur Erfolgsabwendung objektiv erforderlichen und rechtlich gebotenen Handlung bei physisch-realer Handlungsmöglichkeit sowie das Bestehen einer Garantenstellung des Täters festzustellen. Demgegenüber kommen aufgrund der Struktur als Fahrlässigkeitsdelikt weder ein Versuch (kein Tatentschluss) noch eine Teilnahme (keine vorsätzliche Haupttat) oder die Annahme von Mittäterschaft (kein bewusstes und gewolltes arbeitsteiliges Zusammenwirken) in Betracht. Die Mitwirkung an der fahrlässigen Tat eines anderen ist daher nur als *Nebentäterschaft* oder als *mittelbare Täterschaft* möglich.

I. Tatbestand

1. Eintritt des Todeserfolgs

Im Rahmen des § 222 muss zunächst der Eintritt des tatbestandsmäßigen Erfolgs **136** festgestellt werden. Der Begriff des „Todes" ist hier ebenso zu verstehen wie bei den vorsätzlichen Tötungsdelikten, so dass bei einem vom Täter verschiedenen Menschen zumindest der Hirntod eingetreten sein muss (vgl. Rn. 5). Auf die Art und Weise der Tatbegehung kommt es bei § 222 nicht an.

2. Kausalität

137 Darüber hinaus muss der Täter den Eintritt des Todeserfolgs durch ein vom Willen beherrschtes oder beherrschbares Verhalten (Tun oder Unterlassen) i. S. der Äquivalenztheorie verursacht haben. Seine Handlung darf demnach nicht hinweggedacht bzw. (im Fall des Unterlassens) nicht hinzugedacht werden können, ohne dass der Erfolg in seiner konkreten Gestalt entfiele.

3. Objektive Sorgfaltspflichtverletzung und objektive Vorhersehbarkeit

138 Charakteristisch für alle Fahrlässigkeitsdelikte ist die Prüfung der Frage, ob der Täter im Hinblick auf die Tötung die im Verkehr erforderliche Sorgfalt außer Acht gelassen hat und ob der Eintritt des Todes objektiv vorhersehbar war.

a) Objektive Sorgfaltspflichtverletzung

139 Der Täter einer fahrlässigen Tötung muss die objektiv anzuwendenden Sorgfaltspflichten missachtet haben, deren Einhaltung von einem besonnenen und gewissenhaften Menschen in der konkreten Lage und der sozialen Rolle des Handelnden zu erwarten gewesen wäre. Im Hinblick auf Art und Maß der anzuwendenden Sorgfalt erhöht ein etwaiges Sonder*wissen* des Täters (z. B. über den labilen Gesundheitszustand des Opfers oder über die besondere Gefährlichkeit einer bestimmten Straßenkreuzung) die objektiv an ihn zu stellenden Sorgfaltsanforderungen. Dies gilt nach vorzugswürdiger Auffassung (vgl. nur Schönke/Schröder-Sternberg-Lieben/Schuster, § 15 Rn. 138 ff.) auch im Hinblick auf ein etwaiges Sonder*können* (z. B. medizinische Kenntnisse eines Arztes bzw. einer Krankenschwester oder die Fähigkeiten eines Rettungsschwimmers).

b) Objektive Vorhersehbarkeit

140 Für den Täter müssen auch der Eintritt des Todes beim Opfer und der wesentliche Kausalverlauf *objektiv vorhersehbar* gewesen sein. Der Eintritt des Todes darf dazu nicht so sehr außerhalb der Lebenserfahrung liegen, dass mit ihm vernünftigerweise nicht gerechnet werden musste.

4. Objektive Zurechnung

Zwischen dem Verhalten des Täters bei der Verwirklichung der Tathandlung und dem **141** Eintritt des Todeserfolgs muss ein objektiver Zurechnungszusammenhang bestehen. Da der Adäquanzgedanke regelmäßig schon im Zusammenhang mit der objektiven Vorhersehbarkeit der schweren Folge Anwendung findet, können an dieser Stelle nur noch solche Gesichtspunkte problematisch werden, die im Rahmen der Lehre von der objektiven Zurechnung unter den Oberbegriffen des Schutzzwecks und des Pflichtwidrigkeitszusammenhangs diskutiert werden.

II. Rechtswidrigkeit

Auch die Rechtswidrigkeit der fahrlässigen Tötung kann auf der Grundlage der allge- **142** mein anerkannten Rechtfertigungsgründe (z. B. §§ 32, 34) entfallen. Allerdings kommt die Annahme einer wirksamen Einwilligung grundsätzlich nicht in Betracht, weil das menschliche Leben im Allgemeininteresse (vgl. § 216) geschützt wird und daher auch eine dem § 228 entsprechende Regelung im Rahmen der Tötungsdelikte fehlt (zu den Besonderheiten der einverständlichen Fremdgefährdung etwa Eisele, BT I, Rn. 230). Zu den Besonderheiten der Rechtswidrigkeit einer Fahrlässigkeitstat vgl. z. B. Rengier, AT, § 53 Rn. 73 ff.

III. Schuld

Im Rahmen des § 222 kommt zunächst eine Prüfung der allgemeinen Schuldausschlie- **143** ßungs- und Entschuldigungsgründe in Betracht. Daneben sind – sofern dies nicht bereits im Rahmen einer subjektiven Tatbestandsprüfung erfolgt ist – noch die subjektive Sorgfaltspflichtverletzung und die subjektive Vorhersehbarkeit des Verletzungserfolgs und des wesentlichen Kausalverlaufs festzustellen

1. Subjektive Sorgfaltspflichtverletzung

Der Täter muss nach seinen persönlichen Fähigkeiten und dem Maß seines individu- **144** ellen Könnens in der Lage gewesen sein, die objektive Sorgfaltspflicht einzuhalten und den drohenden Schaden in Gestalt des Todes eines anderen Menschen zu erkennen.

2. Subjektive Vorhersehbarkeit

Schließlich müssen der Todeserfolg und der Kausalverlauf in den wesentlichen Zügen **145** auch nach den individuellen Fähigkeiten des Täters subjektiv vorhersehbar gewesen sein.

IV. Konkurrenzen

146 Hinter vorsätzlichen Tötungsdelikten tritt § 222 im Wege der Gesetzeskonkurrenz (Subsidiarität) zurück. Liegt bei erfolgsqualifizierten Delikten Fahrlässigkeit oder Leichtfertigkeit hinsichtlich der Verursachung der Todesfolge vor (z. B. bei den §§ 221 III, 227, 239 IV, 306c), so tritt § 222 zurück. Mit § 218, § 306d oder den §§ 315 bis 315d ist demgegenüber die Annahme von Tateinheit möglich.

V. Aufbauschema § 222

I. Tatbestand

1. Eintritt des Todeserfolgs

2. Kausalität

3. Objektive Sorgfaltspflichtverletzung und Vorhersehbarkeit

   a) Objektive Sorgfaltspflichtverletzung

   b) Objektive Vorhersehbarkeit

4. Objektive Zurechnung

II. Rechtswidrigkeit

III. Schuld

1. Allgemeine Schuldausschließungs- und Entschuldigungsgründe

2. Subjektive Sorgfaltspflichtverletzung und Vorhersehbarkeit

   a) Subjektive Sorgfaltspflichtverletzung

   b) Subjektive Vorhersehbarkeit

Teil 2 – Körperverletzungsdelikte

Weiterführende Literatur: *Wolters*, Die Neufassung der Körperverletzungsdelikte, JuS 1998, 582 ff.; *Jäger*, Die Delikte gegen Leben und körperliche Unversehrtheit nach dem 6. Strafrechtsreformgesetz, JuS 2000, 31 ff.; *Wallschläger*, Die Körperverletzungsdelikte nach dem 6. Strafrechtsreformgesetz, JA 2002, 390 ff.; *Murmann*, Die „üble, unangemessene Behandlung", Jura 2004, 102 ff.; *Bollacher/Stockburger*, Der ärztliche Heileingriff in der strafrechtlichen Fallbearbeitung, Jura 2006, 908 ff.; *Hardtung*, Die Körperverletzungsdelikte, JuS 2008, 864 ff., 960 ff., 1060 ff.; *Muckel*, Strafbarkeit des Arztes wegen religiös motivierter Knabenbeschneidung, JA 2012, 636; *Rönnau*, Das „mitgeführte" gefährliche Werkzeug, JuS 2012, 117 ff.; *Antomo*, Der Gesetzesentwurf der Bundesregierung über den Umfang der Personensorge bei einer Beschneidung des männlichen Kindes, Jura 2013, 425 ff.; *Zöller/Lorenz*, Sittenwidrigkeit von Körperverletzungen bei verabredeten Auseinandersetzungen rivalisierender Gruppen, ZJS 2013, 429 ff.; *Rittig*, Der neue § 226a StGB, JuS 2014, 499 ff.; *Wengenroth*, Die Verwirklichung der gefährlichen Körperverletzung durch Unterlassen, JA 2014, 428 ff.; *Zöller/Thörnich*, Die Verstümmelung weiblicher Genitalien (§ 226a StGB), JA 2014, 167 ff.; *Satzger*, »Giftiges« im Strafrecht – Überlegungen zur kontextabhängigen Auslegung eines Tatbestandsmerkmals im StGB, Jura 2015, 580 ff.; *Bock*, Beteiligung an einer Schlägerei (oder an einem von mehreren verübten Angriff), § 231 StGB, Jura 2016, 992 ff.; *Bosch*, Gefahrenbetrachtung und Auslegung des Straftatbestands der gefährlichen Körperverletzung, Jura 2017, 909 ff.; *Ransiek*, Körperverletzung mit Todesfolge, JA 2017, 912 ff.; *Rennicke*, Die sittenwidrige Körperverletzung nach § 228 StGB, ZJS 2019, 465 ff.

Vorbemerkungen

147 Geschütztes *Rechtsgut* der in den §§ 223 bis 231 normierten Straftaten ist vor dem Hintergrund von Art. 2 II 1 GG die *körperliche Unversehrtheit und Gesundheit* eines anderen lebenden Menschen. Diese kann sowohl durch körperliche als auch durch seelische Einwirkungen beeinträchtigt werden. Allerdings ist angesichts des Wortlauts und der systematischen Stellung der Straftaten gegen die körperliche Unversehrtheit zu fordern, dass im Hinblick auf den Körperverletzungserfolg stets eine *körperbezogene Verschlechterung* des organischen Status quo ante vorliegen muss (sog. *somatologischer Krankheitsbegriff*). Die (versuchte) *Selbstverletzung* ist im Rahmen der §§ 223 ff. nicht mit Strafe bedroht, so dass mangels tatbestandsmäßiger Haupttat auch eine Teilnahmestrafbarkeit von vornherein nicht in Betracht kommt (vgl. aber § 109 und § 17 WStG). Auch die eigenverantwortlich gewollte und verwirklichte *Selbstgefährdung* unterfällt grundsätzlich nicht den Körperverletzungstatbeständen, wenn sich das mit der Gefährdung vom Opfer bewusst eingegangene Risiko realisiert. Mittelbare Täterschaft, bei der das Opfer vom Hintermann zur Eigenverletzung gebracht wird, ist jedoch möglich. Im Übrigen setzt die Schutzwirkung der §§ 223 ff. mit dem Beginn der Geburt des Menschen ein, so dass *pränatale Schädigungen* der Leibesfrucht lediglich über die Bestimmungen des strafbaren Schwangerschaftsabbruchs (§§ 218 ff.) erfasst werden können. Für die Abgrenzung kommt es auf die *Objektsqualität im Zeitpunkt der schädigenden Handlung* an.

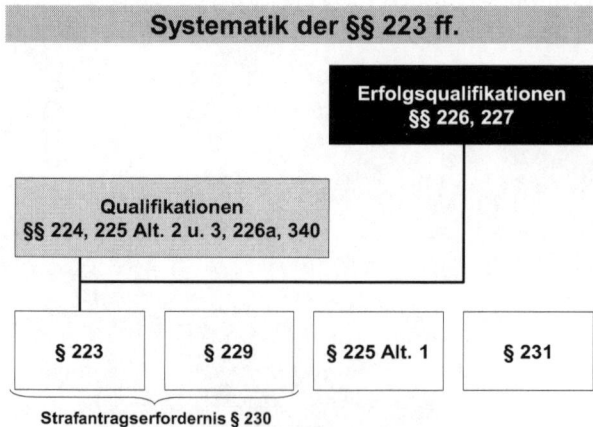

148 Die einfache vorsätzliche Körperverletzung (§ 223) stellt den *Grundtatbestand* der Straftaten gegen die körperliche Unversehrtheit dar, der für besonders gefährliche Begehungsweisen in § 224, besonders schwere Tatfolgen in §§ 226, 226a und 227 und

Amtsträger in § 340 *qualifiziert* wird. Bei den §§ 226, 227 handelt es sich zugleich um *erfolgsqualifizierte Delikte*. Demgegenüber stellt § 225 in der Tatmodalität des Quälens einen eigenständigen Tatbestand und im Übrigen einen qualifizierten Fall der Körperverletzung dar. Die Strafbarkeit der *fahrlässigen Körperverletzung* ist in § 229 normiert. Ein vollkommen eigenständiger Tatbestand findet sich demgegenüber für die Beteiligung an einer Schlägerei in § 231. Bei § 228 handelt es sich nicht um einen Straftatbestand, sondern um eine *Einschränkung des ungeschriebenen Rechtfertigungsgrundes der Einwilligung* für den Bereich der Körperverletzungsdelikte. Aus § 230 ergibt sich zudem, dass es sich bei den §§ 223, 229 um (relative) Strafantragsdelikte handelt. Im Übrigen ist stets zu beachten, dass sich eine Fülle von Strafvorschriften, die zumindest auch dem Schutz der körperlichen Unversehrtheit und/oder der Gesundheit von Menschen dienen, im Nebenstrafrecht findet (z.B. in §§ 13, 95 ff. AMG, 74 f. ISchG, 7 KastrG, 8 TPG).

A. Einfache vorsätzliche Körperverletzung (§ 223)

Gesetzestext:

(1) Wer eine andere Person körperlich mißhandelt oder an der Gesundheit schädigt, wird mit Freiheitsstrafe bis zu fünf Jahren oder mit Geldstrafe bestraft.

(2) Der Versuch ist strafbar.

---

149 Bei der einfachen vorsätzlichen Körperverletzung nach § 223 I handelt es sich um ein *Erfolgsdelikt, das die Beeinträchtigung des körperlichen bzw. gesundheitlichen status quo einer anderen Person* unter Strafe stellt. Infolgedessen können auch bereits Verletzte oder Kranke taugliche Tatobjekte i. S. des § 223 I sein, wenn deren Zustand durch den Täter weiter verschlechtert oder beeinträchtigt wird. *Vollendet* ist die Körperverletzung mit dem Eintritt des Verletzungserfolges. Aber auch der *Versuch* dieses *Vergehens* ist gem. § 223 II (i. V. m. §§ 23 I, 12 II) mit Strafe bedroht.

150 Eine Körperverletzung durch *Unterlassen* kommt in Betracht, wenn trotz bestehender Garantenpflicht (§ 13 I) der Eintritt oder die Intensivierung einer körperlichen Misshandlung und/oder Gesundheitsschädigung beim Opfer durch Passivität auf Täterseite kausal und zurechenbar nicht verhindert wird (z.B. indem ein Garant bei einem behandlungsbedürftigen Zustand einer Person die gebotene ärztliche Versorgung nicht bewirkt).

I. Tatbestand

1. Objektiver Tatbestand

151 Der objektive Tatbestand des § 223 I setzt voraus, dass der Täter eine andere Person körperlich misshandelt oder an der Gesundheit schädigt. Zwar genügt für die Tatbestandsverwirklichung bereits das Vorliegen *einer* dieser beiden Tatmodalitäten. In der Fallbearbeitung empfiehlt es sich aber stets, beide objektiven Tatbestandsmerkmale *nebeneinander* zu prüfen, da nicht jede körperliche Misshandlung zugleich mit einer Gesundheitsschädigung einhergehen muss und umgekehrt. Allerdings überschneidet sich der inhaltliche Anwendungsbereich der beiden Tatmodalitäten in erheblichem Maße. Werden *beide* durch dieselbe Handlung erfüllt, liegt im Ergebnis immer nur *eine Körperverletzungstat* vor.

Tatmodalitäten des § 223 I

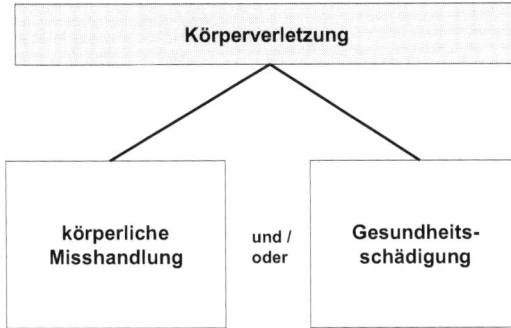

Körperverletzung

körperliche Misshandlung — und / oder — Gesundheitsschädigung

a) Körperliche Misshandlung

Körperliche Misshandlung ist jede üble, unangemessene Behandlung, durch die 152
das körperliche Wohlbefinden oder die körperliche Unversehrtheit nicht nur unerheblich beeinträchtigt wird.

§ 223 I erfasst nach seinem ausdrücklichen Gesetzeswortlaut nur die „körperliche" Misshandlung des Opfers. Eine Beeinträchtigung des seelischen Zustands (z. B. Angst, Schrecken, Aufregung, Ekel) genügt dieser Anforderung somit nur dann, wenn sie sich in irgendeiner Form körperlich auswirkt.

Eine körperliche Misshandlung kann danach zunächst in Gestalt einer *Beeinträchtigung* 153 *der körperlichen Unversehrtheit* des Opfers in Betracht kommen. Um dies festzustellen, ist der Körperzustand vor und nach der Einwirkung durch den Täter zu vergleichen. Eine Beeinträchtigung ist insbesondere bei substanzverletzenden Einwirkungen (z. B. dem Herbeiführen einer Wunde oder dem Verlust von Gliedern, Organen oder Zähnen) anzunehmen. Eine Schmerzempfindung ist dabei nicht erforderlich, so dass auch das Abschneiden von Haaren oder eine Herabsetzung körperlicher Funktionen (z. B. die Beeinträchtigung des Seh- oder Hörvermögens) erfasst wird. Auch lokal und zeitlich begrenzte Substanzbeeinträchtigungen (z. B. Beulen, Schwellungen, Prellungen oder Blutergüsse) reichen aus. Entsprechendes gilt für das Auftragen von Flüssigkeiten oder sonstigen Substanzen auf die Haut, die nicht ohne Substanzverletzungen wieder zu entfernen sind, das Tätowieren oder die Einwirkung durch Röntgenstrahlen. Im Übrigen setzt eine körperliche Misshandlung keine dauerhafte Funktionsbeschränkung oder Entstellung voraus.

154 *Abgetrennte Körper(bestand)teile* (z.B. Organe, Gewebe, Blut oder Eizellen) verlieren durch die Trennung ihre Qualität als Körperteile und damit den Schutz des § 223. In diesen Fällen kann jedoch die Prüfung einer Sachbeschädigung (§ 303) in Betracht kommen. Erst mit der etwaigen Wiedereingliederung in einen (nicht zwingend denselben) menschlichen Körper lebt der Schutz des § 223 wieder auf. Umgekehrt verlieren *Implantate* (z.B. Herzschrittmacher oder künstliche Hüftgelenke) ihre Sacheigenschaft und werden zu Körperteilen, wenn sie dauerhaft und fest mit dem Körper verbunden werden.

155 Unter die Tatmodalität der körperlichen Misshandlung fallen aber auch bloße *Beeinträchtigungen des körperlichen Wohlbefindens*. Mit dem Begriff des „körperlichen Wohlbefindens" ist dabei der Zustand vor der Einwirkung durch den Täter gemeint. Der Erfolg der Tathandlung ist demnach in einer nachteiligen Veränderung dieser Situation zu sehen. Tatbestandsmäßig sind damit jedenfalls alle *Schmerzzustände*.

156 Im Übrigen kommt eine körperliche Misshandlung nur bei Überschreiten einer gewissen *Erheblichkeitsschwelle* („nicht nur unerheblich") in Betracht. Reine Bagatellfälle sollen also nicht in den tatbestandlichen Anwendungsbereich fallen. Dazu zählen etwa kurzzeitige und oberflächliche Beeinträchtigungen wie das Herbeiführen eines geringfügigen Rauschzustandes oder eines kleinen Schocks und ein kurzzeitiges Niederdrücken oder Festhalten. Die Beurteilung hat immer am *Maßstab eines objektiven Betrachters* zu erfolgen.

b) Gesundheitsschädigung

157 **Gesundheitsschädigung** ist das Hervorrufen oder Steigern eines vom Normalzustand der körperlichen Funktionen des Opfers nachteilig abweichenden, krankhaften Zustandes körperlicher oder seelischer Art.

158 Eine Schmerzempfindung auf Seiten des Opfers ist hierbei nicht erforderlich, so dass insbesondere die Ansteckung mit Infektionskrankheiten (z.B. HIV oder Hepatitis), die Betäubung, die Herbeiführung von Volltrunkenheit oder sonstige unkörperliche Einwirkungen (z.B. durch schädliche Emissionen, das Inverkehrbringen schädlicher Produkte, exzessives Röntgen oder gezielten nächtlichen Telefonterror) von dieser Tatmodalität erfasst werden. Auch bei einer späteren, vollständigen Ausheilung einer Wunde, einer Fraktur oder eines Hämatoms kann der Tatbestand erfüllt sein. Auszuscheiden sind aber auch im Rahmen der Gesundheitsschädigung solche Befindlichkeitsstörungen, die unterhalb einer medizinischen Erheblichkeitsschwelle bleiben (z.B. leichte Hautrötungen, Nadelstiche oder Kratzer). Entsprechendes gilt für die Herbeiführung rein seelischer Störungen, sofern diese nicht mittelbar zu einem pathologischen, somatisch objektivierbaren Körperzustand führen (z. B. bei psycho-vegetativen Störungen infolge von Telefonterror, Stalking oder Mobbing).

Sonderproblem: Ärztlicher Heileingriff

Umstritten ist die Frage, ob und unter welchen Voraussetzungen ein sog. *ärztlicher Heil-* **159** *eingriff* die Tatbestandsvoraussetzungen einer Körperverletzung i. S. des § 223 I erfüllt.

Als **ärztlichen Heileingriff** bezeichnet man jede in die Körperintegrität eingreifende Behandlung, die vorgenommen wird, um Krankheiten, Leiden, Körperschäden, körperliche Beschwerden oder seelische Störungen zu verhüten, zu erkennen, zu heilen oder zu lindern.

Typische Maßnahmen von Ärzten oder sonstigem medizinischen Fachpersonal in diesem Sinne, die zwangsläufig mit Eingriffen in die körperliche Unversehrtheit und dem Hervorrufen zunächst einmal nachteiliger pathologischer Zustände einhergehen, sind Operationen, Injektionen, Blutentnahmen oder Bestrahlungen.

– In Teilen der Literatur (z. B. Lackner/Kühl, § 223 Rn. 8; Kindhäuser, BT I, § 8 **160** Rn. 28; Gössel/Dölling, BT 1, § 12 Rn. 73 ff.) überwiegt die sog. *Tatbestandslösung*, wonach jede zu Heilzwecken vorgenommene Behandlung, die nach den Erkenntnissen der medizinischen Wissenschaft angezeigt (indiziert) ist und deren Ausführung den Regeln der ärztlichen Kunst entspricht, schon tatbestandlich keine Körperverletzung darstellt. Nach dieser Ansicht ist nicht auf die einzelnen Akte (z. B. Injektion, Betäubung, Öffnen der Bauchdecke oder Organentnahme), sondern auf den Gesamtakt abzustellen, der gerade das Gegenteil einer Körperverletzung, nämlich eine auf Heilung, Gesundung und Wiedererlangung bzw. Erhaltung der körperlichen Unversehrtheit gerichtete Maßnahme darstelle.
Aus der kaum überschaubaren Vielzahl an Einzelmeinungen lassen sich von diesem grundsätzlichen Ausgangspunkt her zumindest die folgenden Hauptströmungen erkennen (zu weiteren Ansätzen vgl. Wessels/Hettinger/Engländer, BT 1, Rn. 306 ff.):
Nach der sog. *Erfolgstheorie* (z. B. Maurach/Schroeder/Maiwald, BT 1, § 8 Rn. 30; Gössel/Dölling, BT 1, § 12 Rn. 78) kommt es allein auf den rechtsgutsbeeinträchtigenden Erfolg des Eingriffs an, so dass die Einhaltung der Regeln der ärztlichen Kunst einschließlich der medizinischen Indikation bedeutungslos ist. Führt der Arzt durch seinen Eingriff kausal eine Verbesserung der biologischen Gesundheit herbei oder verschlechtert er diese wenigstens nicht, so fehlt es nach dieser Ansicht am objektiven Tatbestand des § 223.

Diesem Ergebnis schließt sich eine weitere Auffassung (Schönke/Schröder-Sternberg-Lieben, § 223 Rn. 31 ff.) nur für den Fall einer gelungenen Heilbehandlung „ohne wesentlichen Substanzverlust" an. Bei wesentlichen Substanzveränderungen (z. B. Amputation von Gliedmaßen, Abtötung oder Änderung von Funktionen, Persönlichkeitsveränderungen durch Psychopharmaka) könne der Tatbestand des § 223 allenfalls dann verneint werden, wenn der Eingriff insgesamt betrachtet zu einer Gesundheitsverbesserung führe und dem Selbstbestimmungsrecht des Patienten durch ein (tatbestandsausschließendes) Einverständnis Rechnung getragen werde.

Von einem anderen Ansatzpunkt her argumentiert die sog. *Lex-Artis-Theorie* (z. B. Engisch ZStW 70 (1958), 566, 581), die danach unterscheidet, ob der Eingriff nach den Regeln der ärztlichen Kunst oder fehlerhaft ausgeführt wurde, und nur in letzterem Fall eine Körperverletzung bejaht.

Problematik des ärztlichen Heileingriffs

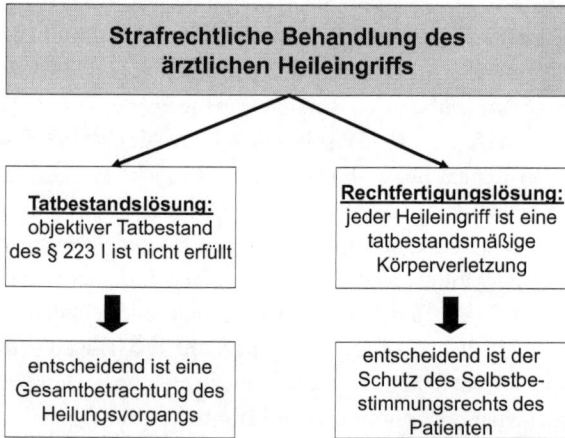

Strafrechtliche Behandlung des ärztlichen Heileingriffs

Tatbestandslösung: objektiver Tatbestand des § 223 I ist nicht erfüllt

Rechtfertigungslösung: jeder Heileingriff ist eine tatbestandsmäßige Körperverletzung

entscheidend ist eine Gesamtbetrachtung des Heilungsvorgangs

entscheidend ist der Schutz des Selbstbestimmungsrechts des Patienten

161 – Demgegenüber geht die auch als *Rechtfertigungslösung* bezeichnete Gegenauffassung (BGHSt 11, 111, 112; 16, 309, 310; 43, 306, 308; 45, 219, 221; NK-Paeffgen/Zabel, § 223 Rn. 58; Fischer, § 223 Rn. 15 ff.; Wessels/Hettinger/Engländer, BT 1, Rn. 361; Rengier, BT II, § 13 Rn. 17) davon aus, dass der ärztliche Heileingriff stets, d. h. auch wenn er medizinisch indiziert ist, lege artis durchgeführt wird und im Ergebnis erfolgreich verläuft, den objektiven Tatbestand einer Körperverletzung i. S. des § 223 I verwirklicht, und die Straflosigkeit des Täters lediglich auf der Rechtfertigungsebene bei Vorliegen einer wirksamen Einwilligung begründet werden kann.

Bewertung:

Für ein Abstellen auf den Gesamtakt der Heilbehandlung spricht zunächst die Erwä- **162** gung, dass der die darin verbundenen Teilakte ausführende Arzt schon auf den ersten Blick nicht mit dem in Verletzungsabsicht handelnden, gewöhnlichen Messerstecher vergleichbar ist. Zudem wird mit der Annahme einer tatbestandsmäßigen Körperverletzung prinzipiell auch der Weg zu den §§ 226, 227 eröffnet, was in Einzelfällen zu unverhältnismäßig hohen Strafen führen kann. Auch birgt die Bejahung einer Körperverletzung die Gefahr einer Vermischung von Körperverletzungs- und Freiheitsdelikten, da der eigenmächtig durchgeführte Heileingriff in Wahrheit ein Angriff auf die Entscheidungs- und Willensfreiheit des Patienten ist, für den sich eine Strafbarkeit lediglich aus den §§ 239, 240 ergibt. Dennoch verdient im Ergebnis die Rechtfertigungslösung den Vorzug. Nur der Patient selbst besitzt das Recht, darüber zu entscheiden, ob eine Behandlungsmaßnahme, unabhängig von ihrer medizinischen Notwendigkeit, durchgeführt werden soll. Insofern umfasst sein Selbstbestimmungsrecht als Ausprägung des allgemeinen Persönlichkeitsrechts (Art. 2 I i. V. m. Art. 1 I GG) auch die Befugnis, sich zu Lasten der eigenen Gesundheit objektiv unvernünftig zu verhalten und zu entscheiden. Lediglich bei einer Einstufung auch des ärztlichen Heileingriffs als tatbestandsmäßige *Körperverletzung* i. S. von § 223 I wird das freie Selbstbestimmungsrecht des Patienten gewahrt, der in Konsequenz der Tatbestandslösung auch ungewollte Eingriffe über sich ergehen lassen müsste, sofern diese nur medizinisch indiziert waren und nach den Regeln der ärztlichen Kunst erfolgreich ausgeführt wurden. Mangels Tatbestandsmäßigkeit des Handelns würde sich die Frage, ob der Patient in rechtfertigender Weise in den Eingriff eingewilligt hatte, dann gar nicht mehr stellen. Der Arzt verringert durch sein Eingreifen auch keine bereits bestehende Gefahr für die körperliche Integrität des Patienten, sondern schafft vielmehr eine eigenständige, neue Gefahr. Hinzu kommt, dass der Gesetzgeber trotz zahlreicher Reformvorstöße in der Vergangenheit die Einführung eines Straftatbestands der eigenmächtigen Heilbehandlung bislang stets abgelehnt und damit inzident die Ansicht bestätigt hat, die von der objektiven Tatbestandsmäßigkeit des ärztlichen Heileingriffs gemäß § 223 I ausgeht. Die Alternative eines *Rückgriffs* auf Freiheitsdelikte wie die §§ 239, 240 vermag dem Schutzbedürfnis des Patienten gegenüber ärztlicher Eigenmacht in weiten Bereichen nicht ausreichend Rechnung zu tragen. Insofern ist nach alledem davon auszugehen, dass der ärztliche Heileingriff eine tatbestandsmäßige Körperverletzung darstellt, die zu ihrer Straflosigkeit regelmäßig einer Rechtfertigung durch eine wirksame Einwilligung des Patienten bedarf. Nur auf diese Weise kann vermieden werden, dass Patienten willkürlich zum Gegenstand gut gemeinter Heilversuche gemacht werden.

Der vorstehend skizzierte Meinungsstreit wirkt sich allerdings von vornherein nur im Zu- **163** sammenhang mit ärztlichen Eingriffen *zum Zwecke der Heilbehandlung* aus. Eingriffe, die nicht medizinisch indiziert sind (z. B. kosmetische und experimentelle Operationen oder Fälle des sog. human enhancement) erfüllen nach allgemeiner Ansicht stets den objektiven Tatbestand des § 223 I. Entsprechendes gilt für Maßnahmen zur Behandlung Dritter (z. B. Blutspenden). Eine Straflosigkeit des Arztes lässt sich hier nur auf der Rechtfertigungsebene, insbesondere durch das Vorliegen einer (wirksamen) Einwilligung begründen.

2. Subjektiver Tatbestand

164 Subjektiv muss zunächst allgemein der Vorsatz (vgl. § 15) des Täters gegeben sein, d. h. *mindestens dolus eventualis* hinsichtlich der Verwirklichung der objektiven Tatbestandsmerkmale. Erforderlich ist also Wissen und Wollen hinsichtlich der körperlichen Misshandlung und/oder Gesundheitsschädigung eines anderen lebenden Menschen. Fehlt ein solcher Vorsatz oder ist er nicht nachweisbar, so kommt lediglich eine Strafbarkeit nach § 229 in Betracht. Sofern der Täter mit Tötungsvorsatz handelt, ist darin der bloße Körperverletzungsvorsatz zwangsläufig enthalten, da die Körperverletzung ein notwendiges Durchgangsstadium zur Tötung darstellt (sog. *Einheitstheorie*).

II. Rechtswidrigkeit

1. Allgemeine Rechtfertigungsgründe

165 Die Rechtswidrigkeit der einfachen vorsätzlichen Körperverletzung kann zunächst auf der Grundlage der *allgemein anerkannten* (geschriebenen und ungeschriebenen) *Rechtfertigungsgründe*, beispielsweise der Notwehr (§ 32) oder des rechtfertigenden Notstands (§ 34), aber auch von staatlichen Zwangsbefugnissen (z. B. §§ 81a, 81c, 127 StPO oder § 372a ZPO) entfallen. Ein rechtfertigendes *Züchtigungsrecht* aus erzieherischen Motiven (z. B. für Eltern, Lehrer oder Erzieher) ist schon mit Blick auf die heute geltende Fassung von § 1631 II BGB, der Kindern ein Recht auf eine gewaltfreie Erziehung gewährt, abzulehnen. Zudem bedürfen Eingriffe in die grundrechtlich geschützte körperliche Unversehrtheit nach Art. 2 II 3 GG stets einer ausdrücklichen gesetzlichen Ermächtigung. Diese klare Wertentscheidung darf auch nicht unter Rückgriff auf § 34 unterlaufen werden.

2. Einwilligung (§ 228)

> **Gesetzestext (§ 228):**
>
> Wer eine Körperverletzung mit Einwilligung der verletzten Person vornimmt, handelt nur dann rechtswidrig, wenn die Tat trotz der Einwilligung gegen die guten Sitten verstößt.

Im Zusammenhang mit der Körperverletzung besitzt die Regelung des § 228 beson- **166** dere Bedeutung. Angesichts des eindeutigen Gesetzeswortlauts handelt es sich hierbei nicht um einen eigenständigen Rechtfertigungsgrund. Vielmehr enthält § 228 *eine geschriebene Einschränkung für den ungeschriebenen, aber gewohnheitsrechtlich anerkannten Rechtfertigungsgrund der Einwilligung.* Schon durch die bloße Existenz einer solchen Regelung wird zum Ausdruck gebracht, dass das Rechtsgut der körperlichen Unversehrtheit – im Gegensatz zum Rechtsgut Leben (vgl. § 216) – grundsätzlich zur Disposition des Rechtsgutsträgers steht, sofern die hingenommene Körperverletzungstat nicht ausnahmsweise gegen die guten Sitten verstößt.

a) Allgemeine Voraussetzungen einer rechtfertigenden Einwilligung

Die Rechtfertigung einer Körperverletzung durch den ungeschriebenen Rechtferti- **167** gungsgrund der Einwilligung setzt zunächst das Vorliegen der allgemeinen Voraussetzungen voraus (vgl. nur Wessels/Beulke/Satzger, AT, Rn. 565 ff.), d. h. Disponibilität des geschützten Rechtsguts der körperlichen Unversehrtheit und Gesundheit, Verfügungsberechtigung des Einwilligenden, Einwilligungsfähigkeit des Zustimmenden, Fehlen von Willensmängeln, ausdrückliche oder konkludente Erklärung vor der Tat und (als subjektives Rechtfertigungselement) Handeln des Täters in Kenntnis oder aufgrund der Einwilligung (zur Einwilligung in die Beschneidung von Jungen, die sog. *Zirkumzision,* vgl. § 1631d BGB; dazu AnwK-Zöller/Petry, § 223 Rn. 22 ff. m. w. N.).

b) Nichtvorliegen eines Sittenverstoßes

Trotz einer Einwilligung des Verletzungsopfers verbleibt es gem. § 228 bei der Einstu- **168** fung der Körperverletzung als rechtswidrig, wenn die Tat gegen die guten Sitten verstößt.

> Eine Körperverletzung **verstößt gegen die guten Sitten**, wenn sie dem Anstandsgefühl aller billig und gerecht Denkenden widerspricht.

Nach dem ausdrücklichen Wortlaut des § 228 kommt es lediglich auf die Sittenwidrigkeit *der Körperverletzungstat,* nicht demgegenüber auf eine mögliche Sittenwidrigkeit der Einwilligung an. Ein Verstoß gegen die Wertvorstellungen einzelner gesellschaftlicher Gruppen oder des mit der Tat befassten Strafgerichts genügt zudem nicht.

In der Fallbearbeitung kommt es häufig entscheidend darauf an, den zutreffenden *Maß-* **169** *stab für die Beurteilung der Sittenwidrigkeit* anzulegen. Insoweit lässt sich insbesondere in der höchstrichterlichen Rechtsprechung eine nicht durchweg stringente Entwicklungslinie beobachten. Während es für die Beurteilung der Sittenwidrigkeit zunächst noch auf die *Ziele und Beweggründe der Beteiligten* und nur ergänzend auch auf Mittel und Art der Verletzung ankommen sollte (RGSt 74, 94), hat sich der Bundesgerichtshof später zu Recht *primär an der Art und dem Gewicht des Körperverletzungserfolgs* orientiert (BGHSt 49, 34, 43 f.; 49, 166, 169). Für eine Anknüpfung an den Umfang der (drohenden) Verletzung beim Opfer spricht, dass § 228 die aus dem individuellen Selbstbestimmungsrecht folgende, freie Dispositionsbefugnis des Einzelnen über die Schutzwirkung der §§ 223 ff. beschränkt. Ein solcher generalpräventiv-fürsorglicher Eingriff des Staates lässt sich nur für den Bereich gravierender Verletzungen rechtfertigen. Ein Abstellen auf Zweck und Beweggründe der Beteiligten bedeutet demgegenüber entgegen dem Gesetzeswortlaut letztlich die Einbeziehung von Gesichtspunkten, die sich nicht auf die Sittenwidrigkeit der Tat, sondern *der Einwilligung* selbst beziehen. Für die Sittenwidrigkeit *der Tat* kann somit nur ausschlaggebend sein, ob die Körperverletzung wegen des besonderen Gewichts des jeweiligen tatbestandlichen Rechtsgutsangriffs unter Abstellen auf Erfolgsumfang, Gefahrengrad, Vorsatz oder Fahrlässigkeit trotz Einwilligung sittenwidrig ist.

170 Diese klare Rechtsprechungslinie ist in neuerer Zeit aus Anlass *verabredeter Schlägereien* im Fanmilieu zwischen rivalisierenden Hooligan-Gruppen (sog. „Dritte Halbzeit") aufgeweicht worden (hierzu Jäger JA 2013, 634; Jahn JuS 2013, 945; Zöller/Lorenz ZJS 2013, 429). In diesen Fällen soll es auf das Bestehen einer sog. *Eskalationsgefahr* bei unkontrollierbaren, gruppendynamischen Prozessen ankommen (BGHSt 58, 140), die etwa beim Fehlen von das Gefährdungspotenzial begrenzenden Absprachen (z. B. keine Waffen und gefährlichen Werkzeuge, keine Schläge und Tritte zum Kopf sowie auf am Boden liegende Personen, Mitwirkung eines von beiden Seiten anerkannten „Schiedsrichters") und eines deren Einhaltung sichernden Regelwerks zu bejahen sei. Auch wenn ein „Freizeitsport Prügeln" sozial in weiten Teilen missbilligt werden mag, erscheint eine solche Gleichstellung von (abstrakter) Eskalationsgefahr und Sittenwidrigkeit problematisch. Sie birgt die Gefahr, faktisch die Sittenwidrigkeit der Einwilligung und nicht – wie vom Gesetz gefordert – der Tat zu prüfen. Zudem ist eine Lösung über § 228 StGB auch nicht geboten, da sich die einschlägigen Fallkonstellationen sachgerecht über die allgemeine Einwilligungsdogmatik, insbesondere durch die sorgfältige Prüfung der vorrangigen Frage lösen lässt, ob die Einwilligungsentscheidungen der Beteiligten möglicherweise mängelbehaftet waren (Zöller/Lorenz ZJS 2013, 429, 435).

Immerhin hat der BGH zwischenzeitlich die Gelegenheit genutzt, seine Argumentation weiter zu präzisieren (BGHSt 60, 166). Dabei geht er zutreffend von der Annahme aus, dass das Merkmal der guten Sitten in § 228 für sich genommen konturenlos ist. Angesichts der Wandelbarkeit moralischer Wertungen kommen als Anknüpfungspunkt des Sittenwidrigkeitsurteils die Vorstellungen einzelner gesellschaftlicher Gruppen oder gar des zur Entscheidung berufenen Gerichts von vornherein nicht in Betracht. Stattdessen sei an die *gesetzliche Wertung des § 231* und die schweren Folgen der dortigen objektiven Strafbarkeitsbedingung anzuknüpfen. Bei der Erfüllung des Tatbestands der

Beteiligung an einer Schlägerei ist zumindest dann von einer Sittenwidrigkeit der Tat i. S. von § 228 auszugehen, wenn der Verletzte durch die Tat zumindest voraussichtlich in die konkrete Gefahr einer schweren Gesundheitsschädigung gebracht wird. Diese Präzisierung ist zu begrüßen, da § 231 als abstraktes Gefährdungsdelikt ausgestaltet ist, das primär ein *kollektives Rechtsgut* schützt, nämlich das *öffentliche Interesse an der Erhaltung von Leben und körperlicher Unversehrtheit von Personen, die durch körperliche Auseinandersetzungen in Gestalt von Schlägereien und Angriffen mehrerer in besonderem Maße gefährdet sind* (vgl. Rn. 284). Insofern kann die Einwilligung eines oder aller an der Schlägerei Beteiligten im Rahmen von § 231 mangels Dispositionsbefugnis über ein Kollektivrechtsgut keine rechtfertigende Wirkung entfalten. Diese Wertung lässt sich auch auf den Kontext der Körperverletzungsdelikte und die Ausfüllung des schillernden Begriffs der Sittenwidrigkeit nach § 228 übertragen (zur Frage der Sittenwidrigkeit des *Dopings* vgl. AnwK-Zöller/Petry, § 223 Rn. 20 f. m. w. N.).

III. Schuld

IV. Prozessvoraussetzungen

1. Strafantragserfordernis (§ 230)

> **Gesetzestext (§ 230):**
>
> (1) Die vorsätzliche Körperverletzung nach § 223 und die fahrlässige Körperverletzung nach § 229 werden nur auf Antrag verfolgt, es sei denn, daß die Strafverfolgungsbehörde wegen des besonderen öffentlichen Interesses an der Strafverfolgung ein Einschreiten von Amts wegen für geboten hält. Stirbt die verletzte Person, so geht bei vorsätzlicher Körperverletzung das Antragsrecht nach § 77 Abs. 2 auf die Angehörigen über.
>
> (2) Ist die Tat gegen einen Amtsträger, einen für den öffentlichen Dienst besonders Verpflichteten oder einen Soldaten der Bundeswehr während der Ausübung seines Dienstes oder in Beziehung auf seinen Dienst begangen, so wird sie auch auf Antrag des Dienstvorgesetzten verfolgt. Dasselbe gilt für Träger von Ämtern der Kirchen und anderen Religionsgesellschaften des öffentlichen Rechts.

Nach § 230 I 1 ist für eine Strafverfolgung ein rechtzeitiger (§ 77b) Strafantrag (§ 158 **171** II StPO) des Verletzten (§ 77 I) oder der nach § 230 I 2 (Angehörige im Fall des Todes des Verletzten vor Antragstellung) bzw. § 230 II (Dienstvorgesetzte, Kirchen und andere Religionsgesellschaften des öffentlichen Rechts) Antragsberechtigten erforderlich. Allerdings stellt § 223 nach dem eindeutigen Wortlaut von § 230 I nur ein *relatives*

Antragsdelikt dar. Insofern bleibt eine Strafverfolgung trotz fehlenden Strafantrags auch dann möglich, wenn die Strafverfolgungsbehörde wegen des *besonderen öffentlichen Interesses* ein Einschreiten für geboten hält. Ein besonderes öffentliches Interesse an der Verfolgung von Körperverletzungen soll deshalb nach Nr. 234 I 1 RiStBV namentlich dann anzunehmen sein, wenn der Täter einschlägig vorbestraft ist, roh oder besonders leichtfertig gehandelt hat, durch die Tat eine erhebliche Verletzung verursacht wurde oder dem Opfer wegen seiner persönlichen Beziehung zum Täter nicht zugemutet werden kann, Strafantrag zu stellen, und die Strafverfolgung ein gegenwärtiges Anliegen der Allgemeinheit ist. Bei der Verletzung von Kindern ist grundsätzlich ein besonderes öffentliches Interesse zu bejahen (Nr. 234 I 2 i. V. m. Nr. 235 II RiStBV). Bei Körperverletzungen im Zusammenhang mit dem Straßenverkehr gilt kein Grundsatz, wonach hier stets das besondere öffentliche Interesse an der Strafverfolgung zu bejahen wäre. Bei der im Einzelfall zu treffenden Ermessensentscheidung sind vielmehr das Maß der Pflichtwidrigkeit, insbesondere der vorangegangene Genuss von Alkohol oder anderer berauschender Mittel, die Tatfolgen für den Verletzten und den Täter, einschlägige Vorbelastungen des Täters sowie ein Mitverschulden des Verletzten von besonderem Gewicht (Nr. 243 III RiStBV). Fehlt es an einem Strafantrag, ist die Frist für seine Stellung abgelaufen und mangels besonderen öffentlichen Interesses an der Strafverfolgung auch kein Einschreiten von Amts wegen geboten, so liegt ein (nicht behebbares) *Prozess- bzw. Verfahrenshindernis* vor und das Verfahren muss eingestellt werden.

2. Privatklagedelikt (§ 374 I Nr. 4 StPO)

172 Bei der einfachen Körperverletzung handelt es sich gem. § 374 I Nr. 4 StPO um ein *Privatklagedelikt*. Von der Staatsanwaltschaft wird nach § 376 StPO somit nur dann Anklage erhoben, wenn dies im öffentlichen Interesse liegt. Ansonsten obliegt es dem Verletzten als Privatperson selbst bzw. den sonstigen Privatklageberechtigten (vgl. § 374 II, III StPO), für eine Verfolgung der Tat zu sorgen. Allerdings muss der Klageerhebung nach § 380 StPO ein sog. Sühneversuch vorausgehen. Ein – im Vergleich zu § 230 I lediglich „einfaches" – *öffentliches Interesse an der Strafverfolgung* liegt regelmäßig vor, wenn der Rechtsfrieden über den Lebenskreis des Verletzten hinaus gestört ist und die Strafverfolgung ein gegenwärtiges Anliegen der Allgemeinheit darstellt. Dies ist im Zusammenhang mit Körperverletzungsdelikten insbesondere dann zu bejahen, wenn eine rohe Tat, eine erhebliche Misshandlung oder eine erhebliche Verletzung vorliegt oder die Körperverletzung in einer engen Lebensgemeinschaft begangen wurde (vgl. Nr. 233 RiStBV).

V. Konkurrenzen

Mehrere im engen räumlichen und zeitlichen Zusammenhang stehende Handlungen, **173** die bei demselben Tatopfer das tatbestandliche Unrecht intensivieren (z. B. Faustschläge oder Ohrfeigen), stellen nur eine einzige Körperverletzung dar. Werden allerdings mehrere verschiedene Personen durch dieselbe Handlung verletzt, ist von (gleichartiger) Idealkonkurrenz auszugehen. Gegenüber vollendeten vorsätzlichen Tötungsdelikten (z. B. §§ 211, 212, 216) tritt die vollendete vorsätzliche Körperverletzung nach § 223 I im Wege der Gesetzeskonkurrenz (Subsidiarität) zurück. Im Verhältnis zwischen versuchter Tötung und vollendeter Körperverletzung ist von Tateinheit auszugehen, um klarzustellen, dass jedenfalls der Verletzungserfolg nicht nur versucht, sondern tatsächlich eingetreten ist. Auch mit Tatbeständen, die eine Gewaltanwendung erfordern (z. B. §§ 113, 185 Alt. 2, 240, 306b II Nr. 1) ist regelmäßig Idealkonkurrenz anzunehmen.

VI. Aufbauschema § 223

I. **Tatbestand**

    1. Objektiver Tatbestand

        a) Taugliches Tatobjekt: ein anderer lebender Mensch

        b) Tathandlung: Herbeiführung eines Verletzungserfolges durch

            aa) körperliche Misshandlung und/oder

            bb) Gesundheitsschädigung

        c) Kausalität zwischen Verletzungshandlung und Erfolg

        d) Objektive Zurechnung des Verletzungserfolges

    2. Subjektiver Tatbestand

        Vorsatz (vgl. § 15 StGB), d. h. mindestens dolus eventualis

II. **Rechtswidrigkeit**

III. **Schuld**

IV. **Prozessvoraussetzung: Strafantragserfordernis gem. § 230**

B. Gefährliche Körperverletzung (§ 224)

Gesetzestext:

(1) Wer die Körperverletzung

1. durch Beibringung von Gift oder anderen gesundheitsschädlichen Stoffen,

2. mittels einer Waffe oder eines anderen gefährlichen Werkzeugs,

3. mittels eines hinterlistigen Überfalls,

4. mit einem anderen Beteiligten gemeinschaftlich oder

5. mittels einer das Leben gefährdenden Behandlung

begeht, wird mit Freiheitsstrafe von sechs Monaten bis zu zehn Jahren, in minder schweren Fällen mit Freiheitsstrafe von drei Monaten bis zu fünf Jahren bestraft.

(2) Der Versuch ist strafbar.

174 Bei § 224 I handelt es sich um einen *Qualifikationstatbestand zu § 223 I*. Der Qualifikationsgrund liegt in der *besonders gefährlichen Begehungsweise* der Tat, die der Gesetzgeber in fünf Nummern abschließend ausdifferenziert hat und hinsichtlich derer der Täter *vorsätzlich* handeln muss. Der tatsächlich eingetretene oder zumindest vorgestellte Verletzungserfolg muss aber gegenüber Taten nach § 223 keine gesteigerte Intensität aufweisen. Das Opfer einer Tat nach § 224 I (z. B. nach einem Schlag mit einem Baseballschläger) muss also nicht schwerer verletzt worden sein als das Opfer einer Tat nach § 223 I (z. B. nach einem Faustschlag).

175 Die gefährliche Körperverletzung ist ein *Vergehen*, dessen *Versuch* nach § 224 II (i. V. m. §§ 23 I, 12 II) *mit Strafe bedroht* ist. Ein *unmittelbares Ansetzen* i. S. von § 22 ist zu bejahen, wenn der Täter zur gefährdenden Handlung ansetzt. Ein strafbarer Versuch liegt aber auch dann vor, wenn der Täter bei schon eingetretenem Körperverletzungserfolg das Vorliegen qualifizierender Umstände gemäß § 224 I nur irrig angenommen hat. Im Übrigen kann die gefährliche Körperverletzung in allen Varianten auch durch *Unterlassen* begangen werden.

I. Tatbestand

1. Objektiver Tatbestand

a) Tathandlung = Körperverletzung i. S. von § 223 I

Als Qualifikationstatbestand zu § 223 I setzt auch der objektive Tatbestand der gefähr- **176** lichen Körperverletzung zunächst eine vom Täter verursachte und ihm zurechenbare körperliche Misshandlung und/oder Gesundheitsschädigung voraus.

b) Besonders gefährliche Begehungsweise i. S. von § 224 I

Darüber hinaus erfordert eine Strafbarkeit wegen gefährlicher Körperverletzung, dass **177** der Täter die Körperverletzung durch mindestens eine der in § 224 I (abschließend) umschriebenen, besonders gefährlichen Begehungsweisen verwirklicht hat. Allerdings ist zwischen den verschiedenen Tatmodalitäten, die sich inhaltlich teilweise überschneiden, auch Wahlfeststellung möglich.

aa) Beibringung von Gift oder anderen gesundheitsschädlichen Stoffen (§ 224 I Nr. 1)

Die Qualifikation des § 224 I Nr. 1 greift ein, wenn die Körperverletzung durch Bei- **178** bringung von Gift oder anderen gesundheitsschädlichen Stoffen begangen wird. Nach dem eindeutigen Wortlaut des Gesetzes stellt das Gift lediglich einen besonders benannten Beispielsfall für den Oberbegriff des „gesundheitsschädlichen Stoffes" dar.

Gift ist jeder organische oder anorganische Stoff, der unter bestimmten Bedingungen durch chemische oder chemisch-physikalische Wirkung die Gesundheit zu schädigen vermag.

Beispiele: Arsen, Blausäure, Strychnin, Zyankali, Blei, Alkohol, Betäubungsmittel, Pflanzenschutzmittel, Schlangengift oder Gas.

Unter bestimmten Bedingungen können im Einzelfall auch solche Stoffe eine gesund- **179** heitsschädigende Wirkung entfalten, denen bei abstrakter Betrachtung zunächst keine besondere Gefährlichkeit anhaftet. So erfasst § 224 I Nr. 1 etwa auch Stoffe des täglichen Bedarfs (z. B. Kochsalz, Wasser oder Zucker), wenn ihre Beibringung nach der Art der Anwendung, der Wirkstoffkonzentration oder des Alters und der Konstitution des Opfers mit der konkreten Gefahr einer erheblichen Schädigung im Einzelfall verbunden ist (vgl. BGHSt 51, 18, 22).

180 **Andere gesundheitsschädliche Stoffe** sind solche, die mechanisch, thermisch oder biologisch-physiologisch wirken.

Beispiele: Zerstoßenes Glas, zerhacktes Metall, K. O.-Tropfen, heiße oder sehr kalte Flüssigkeiten, Bakterien, Viren oder sonstige Krankheitserreger, die nicht schon als Gifte einzustufen sind. Demgegenüber stellen (radioaktive) Strahlen oder Elektrizität mangels Körperlichkeit keine gesundheitsschädlichen „Stoffe" dar. Werden Letztere eingesetzt, kann aber eine Strafbarkeit nach § 224 I Nr. 5 in Betracht kommen.

181 Von einem **Beibringen** ist auszugehen, wenn der Täter das Gift oder den anderen gesundheitsschädlichen Stoff derart mit dem Körper des Opfers in Verbindung gebracht hat, dass der Stoff seine gesundheitsbeeinträchtigende Wirkung entfalten kann.

Nach dem Wortlaut des § 224 I Nr. 1 („Beibringen") und angesichts des im Vergleich zum früheren Verbrechenstatbestand der Vergiftung in § 229 a. F. herabgesetzten Strafrahmens wird deutlich, dass der Stoff seine gesundheitsschädigende Wirkung nicht notwendig im Körperinneren entfalten muss, sondern auch die rein äußerliche Wirkung (z. B. nach dem Auftragen oder Besprühen der Haut) genügt (vgl. MüKo-Hardtung, § 224 Rn. 10; Fischer, § 224 Rn. 6; Rengier, BT II, § 14 Rn. 20; Wessels/Hettinger/Engländer, BT 1, Rn. 289; a. A. NK-Paeffgen/Böse, § 224 Rn. 10). Nur bei einem solchen Begriffsverständnis wird verhindert, dass die Anwendbarkeit dieser Qualifikationsalternative von Zufälligkeiten abhängig gemacht wird, etwa ob der Stoff im Einzelfall (z. B. über die Nase, das Ohr oder den Tränenkanal) ins Körperinnere gelangen kann. Zudem lassen sich Innen- und Außenbereich des menschlichen Körpers praktisch häufig nur schwer voneinander abgrenzen. Allerdings ist zu beachten, dass das bloße Beibringen eines Giftes oder eines anderen gesundheitsschädlichen Stoffes für sich genommen immer nur einen Versuch begründen kann. Schließlich setzt auch § 224 I Nr. 1 den Eintritt eines Körperverletzungserfolgs voraus.

bb) Mittels einer Waffe oder eines anderen gefährlichen Werkzeugs (§ 224 I Nr. 2)

182 Nach § 224 I Nr. 2 kann auch die Begehung der Körperverletzung mittels einer Waffe oder eines gefährlichen Werkzeugs erschwerend wirken. Dabei stellt die „Waffe" nur einen im Gesetzeswortlaut besonders hervorgehobenen Spezialfall dar, der dem Oberbegriff des „gefährlichen Werkzeugs" unterfällt.

Waffen i. S. von § 224 I Nr. 2 sind nur Waffen im technischen Sinn, d. h. Geräte, die ihrer Natur nach dazu bestimmt sind, Verletzungen hervorzurufen.

Zur Konkretisierung des Waffenbegriffs bietet § 1 II WaffG i. V. m. Anlage 1 zu § 1 IV WaffG eine Orientierungshilfe, obwohl der Waffenbegriff vom Grundsatz her spezifisch strafrechtlich zu bestimmen ist.

Beispiele: Schusswaffen, Hieb- und Stoßwaffen, Elektroimpulsgeräte, Reizstoffsprühgeräte, Schleudern, Spring-, Fall-, Faust- oder Butterflymesser.

Aus dem Grund der Strafschärfung folgt, dass die Waffe *funktionsfähig* sein muss. Bei Schusswaffen genügt es, wenn die erforderliche Munition griffbereit mitgeführt wird. Werden sie bestimmungswidrig eingesetzt (z. B. eine Pistole als Schlagwerkzeug), können sie aber regelmäßig als „anderes gefährliches Werkzeug" i. S. des § 224 I Nr. 2 eingestuft werden, das als Oberbegriff die Waffe als Spezialfall mit umfasst. Nach der Rechtsprechung (BGHSt 48,197) kommen neben Schlagringen, Schlagstöcken und Gaspistolen auch geladene Schreckschusspistolen als „Waffen" in Betracht. Demgegenüber sind diese nach der im Schrifttum vertretenen, vorzugswürdigen Gegenauffassung (Martin JuS 2003, 842; Baier JA 2004, 12; Erb JuS 2004, 653) als „andere gefährliche Werkzeuge" anzusehen.

Andere gefährliche Werkzeuge sind Gegenstände, die nach ihrer objektiven Be- 183 schaffenheit oder der Art der Verwendung im Einzelfall dazu geeignet sind, erhebliche Verletzungen herbeizuführen.

Faktisch wird die Gefährlichkeit eines Werkzeugs danach maßgeblich durch die konkrete Art und Weise seiner individuellen Verwendung bestimmt. Neben Gegenständen, die durch ihre Beschaffenheit bereits objektiv eine gewisse Gefährlichkeit aufweisen (z. B. Küchenmesser, Knüppel, Eisenstangen, Mistgabeln, Rasierklingen, Glasscherben oder Nadeln) werden auch an sich ungefährliche Gegenstände erfasst, wenn ihre konkrete Verwendung ein erhebliches Verletzungspotenzial aufweist (z. B. Kraftfahrzeuge, zum Stechen eingesetzte Bleistifte, zum Drosseln herangezogene Schnüre oder Klebebänder, zum Schlagwerkzeug umfunktionierte Stuhlbeine, Flaschen oder Schlüsselbunde oder eine glimmende Zigarette beim Ausdrücken auf dem Körper). Auch *Tiere* können als gefährliche Werkzeuge in Betracht kommen, wenn sie (z. B. durch das Hetzen eines Hundes) zur Körperverletzung eines anderen eingesetzt werden.

Die Bezugnahme auf den Begriff des „Werkzeugs" macht deutlich, dass Tatmittel des 184 § 224 I Nr. 2 *keine unbewehrten Körperteile* des Täters (z. B. Knie, Faust, Ellbogen oder Handkante) sein können, sondern es sich um den Einsatz *körperfremder* Gegenstände handeln muss. Da es im Übrigen auf die Verwendung im Einzelfall ankommt, können *Kleidungsstücke oder Ausrüstungsgegenstände* bei entsprechender Anwendung aber durchaus ein gefährliches Werkzeug darstellen. Insofern gibt es auch für die ebenso praxis- wie prüfungsrelevanten Fallkonstellationen von *Tritten des Täters mit dem beschuh-*

ten Fuß keine Generallösung. Hier kommt es vielmehr auf die konkreten Tatumstände an, etwa die Beschaffenheit des Schuhs, die Anwendungsart durch den Täter und die Empfindlichkeit der beim Opfer betroffenen Körperteile. Selbst ein leichter Turnschuh kann somit ein gefährliches Werkzeug darstellen, wenn der Täter damit erheblichen Druck auf den Hals des Täters ausübt. Andererseits kann es selbst bei einem schweren Springerstiefel an der Einstufung als gefährliches Werkzeug fehlen, wenn der Täter dem Opfer damit „nur" gegen den Oberschenkel oder das Gesäß tritt (einschränkend fordern demgegenüber etwa LK-Grünewald, § 224 Rn. 4 oder MüKo-Hardtung, § 224 Rn. 7 eine Eignung des Werkzeugs, erhebliche Verletzungen herbeizuführen). Auch die bestimmungsgemäße Verwendung ärztlicher Behandlungsinstrumente (z. B. Operationsbesteck des Chirurgen, Zange des Zahnarztes oder Injektionsspritze) ist aus dem Anwendungsbereich des § 224 I Nr. 2 auszuscheiden, da solche Gegenstände nicht als Angriffs- oder Verteidigungsmittel fungieren (BGH NJW 1978, 1206; a. A. Heinrich JA 1995, 718, 726, der diesbezüglich sogar die Waffeneigenschaft bejaht).

Gefährliches Werkzeug i.S. von § 224 I Nr. 2

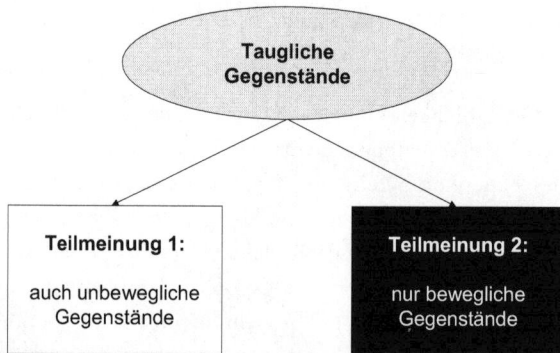

Taugliche Gegenstände

Teilmeinung 1:
auch unbewegliche Gegenstände

Teilmeinung 2:
nur bewegliche Gegenstände

Sonderproblem: Einbeziehung unbeweglicher Gegenstände

185 Umstritten ist, ob auch unbewegliche Gegenstände (z. B. die Hauswand, gegen die das Opfer vom Täter gestoßen wird) als gefährliche Werkzeuge i. S. von § 224 I Nr. 2 einzustufen sind.

- Nach teilweise vertretener Auffassung (z. B. LK-Grünewald, § 224 Rn. 21; SK-Wolters, § 224 Rn. 19 f.; Rengier, BT II, § 14 Rn. 39; *Küpper JuS 2000, 225, 226;* Vogel JA 2018, 744, 749) sollen auch solche unbeweglichen Gegenstände in den Anwendungsbereich des § 224 I Nr. 2 mit einbezogen werden. Anderenfalls könne es zu zufälligen Ergebnissen kommen, die dem Normzweck der besonderen Bestrafung des Einsatzes gegenständlicher Mittel zuwiderlaufen würde.

– Demgegenüber geht die Gegenauffassung (z. B. BGHSt 22, 235, 236; *MüKo- 186 Hardtung*, § 224 Rn. 15; Schönke/Schröder-Sternberg-Lieben, § 224 Rn. 7; Fischer, § 224 Rn. 12; Wessels/Hettinger/Engländer, BT 1, Rn. 298; Wallschläger JA 2002, 390, 393) davon aus, dass nur bewegliche Gegenstände als gefährliche Werkzeuge anzusehen sind.

Bewertung:

Für eine Einbeziehung unbeweglicher Gegenstände lässt sich zwar anführen, dass es bei **187** der Werkzeugeigenschaft nicht auf die Beweglichkeit des Mittels, sondern auf den vom Täter geschaffenen Funktionszusammenhang zwischen Gegenstand und Verletzung ankommt. Allerdings sieht sich eine solche Auslegung des § 224 I Nr. 2 dem schwerwiegenden Einwand ausgesetzt, dass die Einbeziehung unbeweglicher Gegenstände nicht mehr vom Wortsinn des Begriffs „Werkzeug" gedeckt ist und damit gegen das in Art. 103 II GG bzw. § 1 StGB verankerte Analogieverbot verstößt. Insofern sollte der Kreis tauglicher Tatmittel auf bewegliche Gegenstände beschränkt werden. Nennenswerte Strafbarkeitslücken entstehen bei diesem Gesetzesverständnis nicht, da in den von der Gegenauffassung diskutierten Fällen regelmäßig das qualifizierende Merkmal einer „das Leben gefährdenden Behandlung" i. S. von § 224 I Nr. 5 gegeben sein wird.

Gefährliche Werkzeuge i. S. von § 224 I Nr. 2 müssen im konkreten Fall als *Angriffs- oder* **188** *Verteidigungsmittel* eingesetzt werden. Diese Voraussetzungen sind beim bestimmungsgemäßen Gebrauch ärztlicher Behandlungsinstrumente (z. B. Operationsbesteck des Chirurgen, Zange des Zahnarztes oder Injektionsspritzen) oder von Scheren und Messern des Friseurs von vornherein nicht erfüllt. Außerdem ist zu beachten, dass nach dem Gesetzeswortlaut die Körperverletzung *„mittels"* einer Waffe oder eines gefährlichen Werkzeugs begangen sein muss. Dies ist lediglich dann der Fall, wenn mit Hilfe des Gegenstands direkt physisch auf den Körper des Opfers eingewirkt und der Gegenstand bewusst als Mittel zur Verletzung eingesetzt wird. Nicht erfasst sind damit indirekte Folgen der Einwirkung, etwa die Verletzung durch Splitter einer durch einen Schuss geborstenen Glasscheibe, das Auslösen eines Schocks durch Vorhalten einer Waffe, der Schuss auf die Reifen eines fahrenden Pkw oder das Anfahren mit einem Kfz, wenn die Verletzung erst infolge des hierdurch verursachten Sturzes eintreten soll (BGH NStZ-RR 2010, 205, 206). Auch bei der Tatbegehung durch *Unterlassen* kann das bloße Geschehenlassen des von einem anderen mittels eines gefährlichen Werkzeugs verübten Angriffs durch einen Garanten nicht dem Anwendungsbereich des § 224 I Nr. 2 unterfallen, da der Garant hier nicht selbst „mittels" eines gefährlichen Werkzeugs handelt.

cc) Mittels eines hinterlistigen Überfalls (§ 224 I Nr. 3)

189 **Ein Überfall** ist jeder plötzliche, unerwartete Angriff auf einen Ahnungslosen.

Hinterlistig ist ein Überfall, wenn der Täter seine wahre Absicht planmäßig berechnend verdeckt, um gerade dadurch dem Angegriffenen die Abwehr zu erschweren.

Mit dem Kriterium der Hinterlist wird der Kreis der tatbestandsmäßigen Verhaltensweisen durch Bezugnahme auf subjektive Elemente erheblich eingeschränkt. In der Fallbearbeitung bietet es sich in den einschlägigen Fallgestaltungen daher regelmäßig an, die Merkmale „Überfall" und „Hinterlist" getrennt und nacheinander zu prüfen. Das bloße Ausnutzen eines Überraschungsmoments oder ein Angriff von hinten genügt zwar regelmäßig schon für die Annahme eines Überfalls, nicht aber auch für die Beurteilung des Täterverhaltens als hinterlistig. Vielmehr muss der Täter darüber hinaus Vorkehrungen getroffen haben, um seinen bevorstehenden Angriff zu verschleiern (z. B. das Aufsuchen eines Verstecks, um dem Opfer aufzulauern, das Vortäuschen einer Reifenpanne oder das Entgegenstrecken der Hand zum Zeichen der Friedfertigkeit).

dd) Mit einem anderen Beteiligten gemeinschaftlich (§ 224 I Nr. 4)

190 Die Alternative des § 224 I Nr. 4 setzt voraus, dass die Körperverletzung mit einem anderen Beteiligten gemeinschaftlich begangen wird.

Mit einem anderen Beteiligten gemeinschaftlich wird die Körperverletzung begangen, wenn bei ihr mindestens zwei Personen durch einverständliches, aktives Handeln derart zusammenwirken, dass sie dem Opfer am Tatort unmittelbar gegenüberstehen.

Aus dem insoweit eindeutigen Gesetzeswortlaut folgt, dass § 224 I Nr. 4 grundsätzlich kein Zusammenwirken in Form der Mittäterschaft (§ 25 II) verlangt, sondern auch die bloße Teilnahme (Anstiftung und Beihilfe) ausreichen lässt (vgl. § 28 II), sofern zumindest zwei Personen am Tatort aktiv zusammenwirken. *Grund der Strafschärfung* ist die *erhöhte Gefährlichkeit des Angriffs für das Körperverletzungsopfer*, das durch eine Mehrzahl von Angreifern eingeschüchtert und in seiner Verteidigung gehemmt wird (BGH NStZ 2015, 584, 585). Daraus folgt, dass diejenigen Personen aus dem Beteiligtenbegriff des § 224 I Nr. 4 herauszunehmen sind, die nicht am Tatort anwesend sind bzw. nicht die potenzielle Bereitschaft zeigen, ebenfalls verletzend auf das Opfer einzuwirken. Insofern führt auch die bloße Anwesenheit einer weiteren Person, die sich rein passiv verhält, noch nicht zur gemeinschaftlichen Begehung (BGH StraFo 2015, 478). Erforderlich ist vielmehr, dass ein am Tatort anwesender Tatgenosse die Wirkung der Körperverletzungshandlung bewusst in einer Weise verstärkt, die geeignet ist, die Lage des Opfers zu verschlechtern (BGH NStZ 2016, 595). Daran kann es fehlen, wenn sich mehrere Opfer jeweils nur einem Angreifer ausgesetzt sehen (BGH NStZ-RR 2017, 339). Es genügt jedoch, wenn eine am Tatort anwesende Person den unmittelbar Tatausführenden in irgendeiner Form aktiv unterstützt, etwa durch physische (z. B. durch Verhinderung der Flucht des Opfers oder das Zureichen von Tatwerkzeugen) oder psychische Hilfestellungen (z. B. durch Bekräftigung der jederzeitigen Eingriffsbereitschaft und Bestärken des Tatausführenden im Tatentschluss). § 224 I Nr. 4 setzt somit immer voraus, dass mindestens zwei Beteiligte am Tatort bewusst und einverständlich zusammenwirken.

Ein von mehreren Personen (z. B. Ärzten, Krankenpflegern oder Arzthelfern) vorgenommener *ärztlicher Heileingriff* ist aus dem Bereich des nach § 224 I Nr. 4 tatbestandsmäßigen Verhaltens auszuscheiden, weil in der diesbezüglichen gemeinschaftlichen Vorgehensweise schon abstrakt keine Gefahrsteigerung, sondern infolge der Arbeitsteilung lediglich eine Gefahrverringerung zu sehen ist. Bei der *Beschneidung von Jungen* oder der *Genitalverstümmelung weiblicher Personen* (vgl. § 226a) können jedoch die Voraussetzungen des § 224 I Nr. 4 vorliegen, wenn sich das Opfer einer Mehrzahl von Personen gegenübersieht, die notfalls zum Eingreifen bzw. Festhalten mit Gewalt bereit sind.

ee) Mittels einer das Leben gefährdenden Behandlung (§ 224 I Nr. 5)

Die Körperverletzung ist **mittels einer das Leben gefährdenden Behandlung** begangen, wenn das Täterverhalten nach den Umständen des konkreten Falles abstrakt geeignet ist, das Opfer in Lebensgefahr zu bringen. **191**

Für diese h. M., die bereits eine *abstrakte Gefahr* der Behandlung genügen lässt, sprechen nicht nur die Gesetzesmaterialien (Vgl. BT-Drs. 13/8587, 83), sondern auch der Wortlaut des Gesetzes, der lediglich von einer das Leben gefährdenden „Behandlung" und damit gerade nicht von einer „Lebensgefahr" spricht (a. A. etwa NK-Paeffgen/Böse, § 224 Rn. 28; Schönke/Schröder-Sternberg-Lieben, § 224 Rn. 12). Ein eventuell eingetretener Verletzungserfolg besitzt somit lediglich Bedeutung als ein Indiz für die generelle Gefährlichkeit der Tathandlung. Zudem ist zu beachten, dass auch § 224 I Nr. 5 voraussetzt, dass die Körperverletzung „*mittels*" einer das Leben gefährdenden Behandlung begangen wird. Ebenso wenig wie nach § 224 I Nr. 2 (vgl. Rn. 188) werden daher auch durch § 224 I Nr. 5 lediglich mittelbare Folgen der Tathandlung erfasst. Typische *Beispiele* für eine das Leben gefährdende Behandlung sind Stiche in den Bauch-, Brust- oder Rückenbereich mit Messern oder Schraubendrehern, das Anfahren eines Menschen mit einem Pkw, wuchtige Schläge, Tritte oder Kopfstöße gegen den Kopf, das Stoßen des Kopfes gegen eine Hauswand, ungeschützter Geschlechtsverkehr einer

HIV-infizierten Person mit einem unwissenden Partner, das Würgen bis zur Bewusstlosigkeit, Herunterwerfen von einem fahrenden Pkw oder Motorrad oder Werfen in tiefes und eiskaltes Wasser.

2. Subjektiver Tatbestand

192 Subjektiv muss allgemeiner Vorsatz (vgl. § 15) des Täters gegeben sein, d. h. *mindestens dolus eventualis* hinsichtlich der Verwirklichung der objektiven Tatbestandsmerkmale. Der Vorsatz hat sich dabei also einerseits auf die im Grundtatbestand des § 223 I enthaltenen Merkmale der körperlichen Misshandlung und/oder Gesundheitsschädigung und andererseits auf die qualifizierenden Umstände i. S. des § 224 I zu beziehen. Folglich muss der Täter die Umstände kennen, aus denen sich die besonders gefährliche Begehungsweise der von ihm verübten Körperverletzung ergibt und darf sich dadurch nicht von der Tat abbringen lassen.

II. Rechtswidrigkeit

193 Ebenso wie im Rahmen von § 223 kommen auch bei der gefährlichen Körperverletzung die allgemeinen geschriebenen und ungeschriebenen Rechtfertigungsgründe in Betracht, wobei insbesondere die Einschränkung der Einwilligung durch § 228 bei sittenwidriger Tat zu beachten ist.

III. Schuld

IV. Konkurrenzen

194 § 223 tritt hinter dem spezielleren § 224 im Wege der Gesetzeskonkurrenz zurück. Auch bei Verwirklichung mehrerer Tatalternativen des § 224 I Nr. 1 bis 5 ist nur eine Tat i. S. des § 224 gegeben. Gegenüber den vollendeten vorsätzlichen Tötungsdelikten treten die vollendeten §§ 223, 224 im Wege der Gesetzeskonkurrenz (Subsidiarität) zurück. Im Verhältnis zwischen versuchter Tötung und vollendeter Körperverletzung ist jedoch Tateinheit anzunehmen, um klarzustellen, dass der Verletzungserfolg eingetreten ist (vgl. BGHSt 44, 196, 200). §§ 224 I Nr. 4 und 5 stehen in Tateinheit zu den §§ 226, 226a, um das über die schwere Folge hinaus reichende Unrecht zum Ausdruck zu bringen. Auch mit § 225, § 231 oder § 240 ist Tateinheit möglich.

V. Aufbauschema § 224

I. **Tatbestand**

    1. Objektiver Tatbestand

        a) Taugliches Tatobjekt: ein anderer lebender Mensch

        b) Tathandlung: Herbeiführung eines Verletzungserfolgs durch

            aa) körperliche Misshandlung und/oder

            bb) Gesundheitsschädigung

        c) Kausalität zwischen Verletzungshandlung und Erfolg

        d) Objektive Zurechnung des Verletzungserfolgs

        e) Verwirklichung qualifizierender Umstände i. S. von § 224 I

            aa) Beibringung von Gift oder anderen gesundheitsschädlichen Stoffen (Nr. 1)

            bb) mittels einer Waffe oder eines anderen gefährlichen Werkzeugs (Nr. 2)

            cc) mittels eines hinterlistigen Überfalls (Nr. 3)

            dd) mit einem anderen Beteiligten gemeinschaftlich (Nr. 4)

            ee) mittels einer das Leben gefährdenden Behandlung (Nr. 5)

    2. Subjektiver Tatbestand

        Vorsatz (vgl. § 15 StGB), d. h. mindestens dolus eventualis

II. **Rechtswidrigkeit**

III. **Schuld**

C. Misshandlung von Schutzbefohlenen (§ 225)

Gesetzestext:

(1) Wer eine Person unter achtzehn Jahren oder eine wegen Gebrechlichkeit oder Krankheit wehrlose Person, die

  1. seiner Fürsorge oder Obhut untersteht,

  2. seinem Hausstand angehört,

  3. von dem Fürsorgepflichtigen seiner Gewalt überlassen worden oder

  4. ihm im Rahmen eines Dienst- oder Arbeitsverhältnisses untergeordnet ist,

quält oder roh mißhandelt, oder wer durch böswillige Vernachlässigung seiner Pflicht, für sie zu sorgen, sie an der Gesundheit schädigt, wird mit Freiheitsstrafe von sechs Monaten bis zu zehn Jahren bestraft.

(2) Der Versuch ist strafbar.

(3) Auf Freiheitsstrafe nicht unter einem Jahr ist zu erkennen, wenn der Täter die schutzbefohlene Person durch die Tat in die Gefahr

  1. des Todes oder einer schweren Gesundheitsschädigung oder

  2. einer erheblichen Schädigung der körperlichen oder seelischen Entwicklung

bringt.

(4) In minder schweren Fällen des Absatzes 1 ist auf Freiheitsstrafe von drei Monaten bis zu fünf Jahren, in minder schweren Fällen des Absatzes 3 auf Freiheitsstrafe von sechs Monaten bis zu fünf Jahren zu erkennen.

---

195 *Geschütztes Rechtsgut* des § 225 ist die *psychische und physische Integrität* minderjähriger sowie in sonstiger Weise auf Fürsorge angewiesener Personen. Diese Personen müssen sich in bestimmten Fürsorge- oder Abhängigkeitsverhältnissen befinden und in diesem Rahmen schädigenden Einwirkungen der Personen, von denen sie abhängig sind, wehrlos ausgeliefert sein. In den Tatalternativen der rohen Misshandlung (§ 225 I Alt. 2) und der Gesundheitsschädigung durch Vernachlässigung der Sorgepflicht (§ 225 I Alt. 3) stellt § 225 I einen *Qualifikationstatbestand zur einfachen vorsätzlichen Körperverletzung* nach § 223 I dar, da es hier wie dort um körperliche Einwirkungen auf das Opfer geht. Etwas anderes gilt lediglich für die Tatmodalität des „Quälens" (§ 225 I Alt. 1), das auch seelische Beeinträchtigungen erfasst und insoweit einen *eigenständigen Straftatbestand* darstellt. Eigenständige *Qualifikationstatbestände* für die Misshandlung von Schutzbefohlenen finden sich zum einen in § 225 III. Zum anderen ist die *Misshandlung von Schutzbefohlenen im Amt* nach § 340 III strafbar.

Der *Versuch* der Misshandlung von Schutzbefohlenen ist gem. § 225 II (i. V. m. §§ 23 I, **196**
12 II) mit Strafe bedroht. Für die Qualifikationstatbestände des § 225 III ergibt sich die
Versuchsstrafbarkeit angesichts des Verbrechenscharakters bereits nach den §§ 23 I, 12 I.
Nimmt der Täter irrig Umstände an, die zu einer ihm obliegenden Schutzpflicht führen
würden, so handelt es sich um einen (strafbaren) untauglichen Versuch. Bei entsprechen-
dem Tatentschluss ist ein Versuch des Quälens oder rohen Misshandelns bereits beim
erstmaligen unmittelbaren Ansetzen zur Herbeiführung eines Leidens anzunehmen.

I. Tatbestand

1. Objektiver Tatbestand

Der objektive Tatbestand des § 225 I setzt voraus, dass der Täter eine Person, mit der **197**
ihn ein besonderes Schutzverhältnis verbindet, quält, roh misshandelt oder durch böswillige Vernachlässigung der Sorgepflicht an der Gesundheit schädigt.

a) Taugliche Tatobjekte

Taugliche Tatobjekte des § 225 sind zum einen *Personen unter achtzehn Jahren* und zum **198**
anderen *wegen Gebrechlichkeit oder Krankheit wehrlose Personen.* Zu den Personen unter
achtzehn Jahren zählen Kinder (vgl. § 19) sowie Jugendliche (vgl. § 1 II JGG),

Wehrlos ist, wer sich gegenüber einer Beeinträchtigung seiner physischen oder psychischen Integrität nicht zur Wehr setzen kann.

Die Wehrlosigkeit des Tatopfers über achtzehn Jahren muss gerade auf seiner Gebrechlichkeit oder Krankheit und nicht auf einer Einwirkung durch den Täter beruhen.

Gebrechlichkeit ist ein infolge hohen Alters, Krankheit oder Behinderung eingetretener Zustand eingeschränkter körperlicher Bewegungsfähigkeit.

Krankheit ist jeder – auch vorübergehende – pathologische Zustand, unabhängig
von seiner Entstehungsursache.

b) Bestehen eines besonderen Schutzverhältnisses i. S. des § 225 I

Zwischen dem Täter und diesen Personen muss ein *besonderes Schutzverhältnis* der- **199**
gestalt bestehen, dass sie seiner Fürsorge oder Obhut unterstehen (Nr. 1), seinem
Hausstand angehören (Nr. 2), von dem Fürsorgepflichtigen seiner Gewalt überlassen
wurden (Nr. 3) oder ihm im Rahmen eines Dienst- oder Arbeitsverhältnisses untergeordnet sind (Nr. 4).

- Ein *Fürsorgeverhältnis* i. S. von § 225 I Nr. 1 ist ein auf längere Dauer angelegtes Abhängigkeitsverhältnis, wobei der Verpflichtete neben einer reinen Schutzpflicht auch für die Förderung des leiblichen und geistigen Wohls zu sorgen hat. Es kann auf Gesetz (z. B. Eltern, Vormund, Pfleger, Betreuer), Übertragung durch Behörden (z. B. Kinder- und Jugendhilfe, Vollzugsanstalt), Vertrag oder tatsächlicher Übernahme (z. B. Erzieher im Kindergarten oder Zusammenleben mit dem Kind des Lebenspartners) beruhen. Ein bloßes Gefälligkeitsverhältnis genügt demgegenüber nicht. Ein *Obhutsverhältnis* entsteht durch unmittelbare körperliche Beaufsichtigung, wobei eine längere Dauer nicht vorausgesetzt wird (z. B. Babysitter oder Erzieher im Kindergarten).

- Dem *Hausstand* des Täters i. S. von § 225 I Nr. 2 gehören Personen an, die in das familiäre Leben aufgenommen worden sind. Erfasst werden neben Familienangehörigen auch Hausangestellte und Personen, für die der Täter die Erziehung oder Betreuung im Rahmen der §§ 27 ff., 34, 35a, 41 SGB VIII übernommen hat. Ausreichend ist die tatsächliche Zugehörigkeit zur häuslichen Gemeinschaft. Taugliche Täter können nur solche Personen sein, die auch Haushaltsvorstand sind (vgl. § 1356 I 1 BGB).

- Das Überlassen der Gewalt über das Opfer *durch den Fürsorgepflichtigen* i. S. von § 225 I Nr. 3 ist ein tatsächlicher Vorgang, der vom Pflichtigen ausgehen und von ihm gebilligt sein muss. Hierbei müssen gerade keine Fürsorge- oder Obhutspflichten i. S. von § 225 I Nr. 1 begründet werden, so dass auch kurzfristige Überlassungen genügen (z. B. die Unterbringung eines Kindes bei einem Babysitter oder Nachbarn).

- Schließlich betrifft § 225 I Nr. 4 diejenigen Konstellationen, in denen das Opfer dem Täter *im Rahmen eines Dienst- oder Arbeitsverhältnisses untergeordnet* ist. Zu diesen Dienst- oder Arbeitsverhältnissen zählen auch Berufsausbildungs- und arbeitnehmerähnliche Verhältnisse gem. § 5 ArbGG. Auf die Wirksamkeit der den Verhältnissen zugrunde liegenden Rechtsakte (z. B. des Arbeitsvertrags) kommt es nicht an. Eine *Unterordnung* des Opfers setzt voraus, dass der Täter ihm gegenüber unmittelbar oder mittelbar vorgesetzt und weisungsbefugt ist. Im Übrigen muss die Tat „im Rahmen" dieses Verhältnisses geschehen, also während der Dienst- bzw. Arbeitszeit.

Nur wer in einem solchen, besonderen Pflichtverhältnis zum Opfer steht, kann *tauglicher Täter* des § 225 sein. Die Sorgepflichten stellen damit *besondere persönliche Merkmale* i. S. von § 28 dar. Für *Teilnehmer* gilt damit § 28 II, soweit sich § 225 als Qualifikation zu § 223 darstellt. Demgegenüber stellt § 225 I Alt. 1 in Gestalt des seelischen Quälens ein eigenständiges Delikt dar, so dass insoweit § 28 I zur Anwendung kommt. Auch die

Merkmale „böswillig" und „roh" sind strafbarkeitsbegründende besondere persönliche Merkmale i. S. von § 28 I.

c) Tathandlungen

aa) Quälen (§ 225 I Alt. 1)

Quälen ist das Zufügen länger dauernder oder sich wiederholender erheblicher Schmerzen oder Leiden körperlicher oder seelischer Art.   200

Tatbestandsmäßig ist nach dieser Tatmodalität nicht nur die Zufügung körperlichen, sondern *auch seelischen Leidens* (z. B. durch Versetzen des Opfers in Todesangst), so dass diesbezüglich im Vergleich zu den Körperverletzungsdelikten von einem *eigenständigen Straftatbestand* auszugehen ist. Typischerweise wird diese Tatmodalität durch die Vornahme einer *Mehrzahl von Einzelhandlungen* verwirklicht, weshalb ein auf Dauer angelegtes, aus mehreren zeitlich, situativ und motivatorisch zusammenhängenden Handlungen bestehendes Quälen häufig als ein Handlungskomplex i. S. einer tatbestandlichen Handlungseinheit zu werten ist. Im Rahmen solcher Intervalle, die sich auch über mehrere Tage und Wochen erstrecken können, macht dann die ständige Wiederholung den gegenüber § 223 I gesteigerten Unrechtsgehalt der Tat aus. Ein solches Quälen kann auch durch *Unterlassen* in Betracht kommen, wenn nach einer Verletzung die bestehenden Schmerzen bewusst und auf Dauer nicht (z. B. durch Hinzuziehen eines Arztes) gelindert werden.

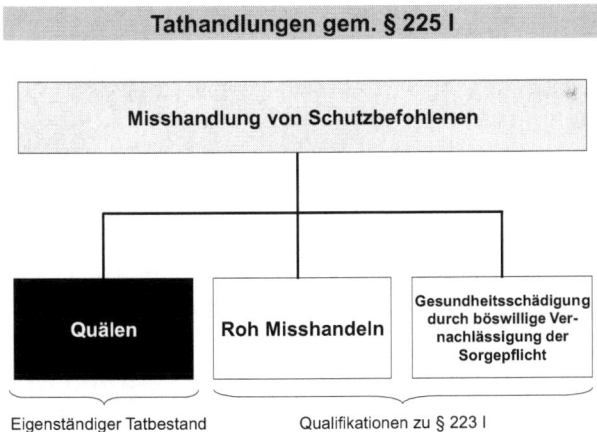

Tathandlungen gem. § 225 I

Misshandlung von Schutzbefohlenen

Quälen	Roh Misshandeln	Gesundheitsschädigung durch böswillige Vernachlässigung der Sorgepflicht
Eigenständiger Tatbestand	Qualifikationen zu § 223 I	

bb) Roh Misshandeln (§ 225 I Alt. 2)

201 **Roh** ist eine Misshandlung, die einer gefühllosen, fremde Leiden missachtenden Gesinnung entspringt und sich in Handlungsfolgen von erheblichem Gewicht für das körperliche Wohlbefinden des Opfers äußert.

Beispiele: Schläge mit einer Peitsche, wiederholte Gewalteinwirkungen gegenüber einem Säugling, Schütteln eines Kleinkindes oder Vollstopfen des Mundes mit trockenem Brot.

Anders als das Quälen bezieht sich diese Tatalternative typischerweise auf ein *einzelnes* Körperverletzungsgeschehen. Erforderlich ist zunächst das Vorliegen *einer körperlichen Misshandlung* i. S. von § 223 (vgl. Rn. 152 ff.). Das einschränkende Merkmal „roh" bezieht sich einerseits auf die innere Haltung des Täters, andererseits aber auch auf die Art und Weise der Misshandlung.

Eine **gefühllose Gesinnung** liegt vor, wenn der Täter bei der Misshandlung dasjenige Gefühl für die Leiden des Misshandelten verloren hat, das sich bei jedem menschlich und verständlich Denkenden eingestellt haben würde.

Diese Gefühllosigkeit muss keine dauernde Charaktereigenschaft sein. Vielmehr genügt es, wenn sie nur unter dem Einfluss von Alkohol oder Betäubungsmitteln zutage tritt. Sie kann aber fehlen, wenn das Opfer die Erregung des Täters selbst vorwerfbar verursacht hat oder der Täter sich in einer Überlastungssituation befindet (z. B. die alleinerziehende Mutter, die mit der Versorgung ihrer Kinder überfordert und körperlich wie geistig erschöpft ist).

cc) Gesundheitsschädigung durch böswillige Vernachlässigung der Sorgepflicht (§ 225 I Alt. 3)

202 Bei der Gesundheitsschädigung durch böswillige Vernachlässigung der Sorgepflicht handelt es sich um ein *echtes Unterlassungsdelikt*. Die *Sorgepflicht*, deren Vernachlässigung im Rahmen von § 225 I Alt. 3 mit Strafe bedroht ist, umfasst sämtliche der in § 225 I Nr. 1 bis 4 genannten Schutzpflichten. Der Begriff der *Gesundheitsschädigung* deckt sich mit dem entsprechenden Merkmal im Rahmen von § 223 I (vgl. Rn. 157 f.).

Böswillig handelt, wer die ihm obliegende Sorgfaltspflicht aus besonders verwerflichen Gründen verletzt.

Beispiele: Hass, Rache, Sadismus, Geiz oder rücksichtsloser Egoismus.

Je nach Lage des Einzelfalls können demgegenüber Geldmangel, Schwäche, Überforderung sowie eine allgemein gleichgültige und abgestumpfte Haltung infolge von Minderbegabung oder Alkoholismus gegen die Annahme von Böswilligkeit sprechen. Beim Fehlen einer böswilligen Vernachlässigung der Sorgepflicht, kann aber ein Quälen durch Unterlassen in Betracht kommen.

2. Subjektiver Tatbestand

Der subjektive Tatbestand des § 225 I setzt *Vorsatz* (vgl. § 15), d.h. *mindestens dolus* **203** *eventualis,* hinsichtlich der Verwirklichung der objektiven Tatbestandsmerkmale voraus. Dieser muss sich somit auch auf die Umstände, die die Beurteilung als „roh" oder „böswillig" begründen, sowie die Gesundheitsschädigung gemäß § 225 I Alt. 3 beziehen. Außerdem muss der Täter in Kenntnis und Billigung des Alters unter 18 Jahren bzw. der krankheits- oder gebrechlichkeitsbedingten Wehrlosigkeit des Opfers sowie seines besonderen Schutzverhältnisses zu diesem handeln.

II. Rechtswidrigkeit

Ebenso wie im Rahmen von § 223 kommen auch bei der Misshandlung von Schutzbe- **204** fohlenen die *allgemeinen* (geschriebenen und ungeschriebenen) *Rechtfertigungsgründe* in Betracht, wobei insbesondere die Einschränkung der Einwilligung durch § 228 bei sittenwidriger Tat zu beachten ist. Ein *elterliches Züchtigungsrecht* als Rechtfertigungsgrund scheidet nach geltender Rechtslage von vornherein aus.

III. Schuld

IV. Qualifikationen (§ 225 III)

1. Qualifikation gem. § 225 III Nr. 1

In § 225 III Nr. 1 findet sich eine zum Verbrechen (vgl. § 12 I) hochgestufte *Qualifika-* **205** *tion* der Misshandlung von Schutzbefohlenen für den Fall, dass der Täter die schutzbefohlene Person durch die Tat in die Gefahr des Todes oder einer schweren Gesundheitsschädigung bringt. Vorausgesetzt wird eine *konkrete Gefahr*, die durch die in § 225 I umschriebene Misshandlung vorsätzlich verursacht und auf deren typische Gefährlichkeit zurückzuführen sein muss.

> Eine **schwere Gesundheitsschädigung** erfordert keine schwere Körperverletzung i. S. des § 226 I, sondern liegt bereits bei einschneidenden oder nachhaltigen Beeinträchtigungen der Gesundheit vor, etwa bei ernsthaften Störungen der körperlichen

Funktionen, langwierigen ernsthaften Krankheiten oder erheblicher Beeinträchtigung der Arbeitskraft für lange Zeit.

Die **konkrete Gefahr** setzt die Schaffung einer Situation voraus, in der es letztlich vom Zufall abhängt, ob das Opfer den Tod oder eine schwere Gesundheitsschädigung erleidet oder nicht.

Es genügt somit, dass der Täter einen *Gefährdungs*erfolg in Gestalt der konkreten Gefahr einer schweren Gesundheitsschädigung herbeiführt. Hat sich diese Gefahr tatsächlich in einem *Verletzungs*erfolg realisiert, so ist darin allerdings der (konkrete) Gefährdungserfolg als notwendige Zwischenstufe enthalten.

2. Qualifikation gem. § 225 III Nr. 2

206 Auch bei der Qualifikation nach § 225 III Nr. 2 handelt es sich um ein *konkretes Gefährdungsdelikt*, bei dem der Täter das Opfer in die konkrete Gefahr einer erheblichen Schädigung der körperlichen oder seelischen Entwicklung bringen muss.

Eine **erhebliche Schädigung der körperlichen oder seelischen Entwicklung** liegt bei einer deutlichen Abweichung von der (voraussichtlichen) Normalentwicklung vor.

V. Konkurrenzen

207 § 223 tritt gegenüber § 225 als gesetzeskonkurrierend (Spezialität) zurück, soweit es sich um körperliche Beeinträchtigungen handelt. Im Fall des seelischen Quälens ist demgegenüber Tateinheit anzunehmen. Mit den §§ 224, 226, 226a und § 227 ist die Annahme von Tateinheit möglich, sofern das tatbestandliche Unrecht des § 225 nicht schon vom dortigen Körperverletzungsunrecht erfasst ist. Hinter der Qualifikation des § 225 III Nr. 1 tritt § 224 I Nr. 5 allerdings im Wege der Gesetzeskonkurrenz zurück, da der Unrechtsgehalt der das Leben des Opfers gefährdenden Behandlung von § 225 III Nr. 1 erschöpfend erfasst wird (BGH NStZ 2016, 673).

VI. Aufbauschema § 225

I. **Tatbestand**

    1. Objektiver Tatbestand

        a) Taugliches Tatopfer

            aa) Person unter achtzehn Jahren

   bb) wegen Gebrechlichkeit oder Krankheit wehrlose Person

b) Bestehen eines besonderen Schutzverhältnisses des Täters gegenüber Personen, die

   aa) seiner Fürsorge oder Obhut unterstehen (§ 225 I Nr. 1),

   bb) seinem Hausstand angehören (§ 225 I Nr. 2),

   cc) vom Fürsorgepflichtigen der Gewalt des Täters überlassen wurden (§ 225 I Nr. 3) oder

   dd) ihm im Rahmen eines Dienst- oder Arbeitsverhältnisses untergeordnet sind (§ 225 I Nr. 4)

c) Tathandlung

   aa) Quälen

   bb) Roh Misshandeln

   cc) Gesundheitsschädigung durch böswillige Vernachlässigung der Sorgepflicht

d) (Ggf.) Qualifizierende Umstände i. S. von § 225 III

   aa) Bringen der schutzbefohlenen Person in die (konkrete) Gefahr des Todes oder einer schweren Gesundheitsschädigung (§ 225 III Nr. 1)

   bb) Bringen der schutzbefohlenen Person in die (konkrete) Gefahr einer erheblichen Schädigung der körperlichen oder seelischen Entwicklung (§ 225 III Nr. 2)

II. Rechtswidrigkeit

III. Schuld

D. Schwere Körperverletzung (§ 226)

Gesetzestext:

(1) Hat die Körperverletzung zur Folge, daß die verletzte Person

1. das Sehvermögen auf einem Auge oder beiden Augen, das Gehör, das Sprechvermögen oder die Fortpflanzungsfähigkeit verliert,

2. ein wichtiges Glied des Körpers verliert oder dauernd nicht mehr gebrauchen kann oder

3. in erheblicher Weise dauernd entstellt wird oder in Siechtum, Lähmung oder geistige Krankheit oder Behinderung verfällt,

so ist die Strafe Freiheitsstrafe von einem Jahr bis zu zehn Jahren.

(2) Verursacht der Täter eine der in Absatz 1 bezeichneten Folgen absichtlich oder wissentlich, so ist die Strafe Freiheitsstrafe nicht unter drei Jahren.

(3) In minder schweren Fällen des Absatzes 1 ist auf Freiheitsstrafe von sechs Monaten bis zu fünf Jahren, in minder schweren Fällen des Absatzes 2 auf Freiheitsstrafe von einem Jahr bis zu zehn Jahren zu erkennen.

---

208 Bei § 226 handelt es sich um ein *erfolgsqualifiziertes Delikt*, bei dem eine vorsätzliche Körperverletzung durch den Eintritt einer schweren Verletzungsfolge qualifiziert wird. Mit Blick auf Aufbaufragen und Rechtsfolgen ist im Rahmen der schweren Körperverletzung nach der *subjektiven Beziehung des Täters zur schweren Folge* zu differenzieren:

– § 226 I erfasst lediglich die Fälle, in denen der Täter zumindest eine der dort genannten Folgen *fahrlässig* (§ 226 I Alt. 1) oder *mit bedingtem Vorsatz* (§ 226 I Alt. 2) herbeiführt.

– Demgegenüber bezieht sich § 226 II mit deutlich erhöhtem Strafrahmen (drei bis fünfzehn Jahre Freiheitsstrafe) auf diejenigen Konstellationen, in denen der Täter die schwere Folge *absichtlich* (dolus directus 1. Grades) oder *wissentlich* (dolus directus 2. Grades) verursacht hat.

In der Praxis fungiert speziell *§ 226 I als Auffangtatbestand* für diejenigen Konstellationen, in denen dem Täter ein weitergehender Vorsatz nicht nachgewiesen werden kann. Mit Blick auf das Strafmaß handelt es sich aber sowohl bei Absatz 1 als auch bei Absatz 2 um Verbrechen i. S. von § 12 I, was wegen § 12 III auch dann gilt, wenn es sich im Ergebnis um einen minder schweren Fall nach § 226 III handelt. Im Übrigen ist über § 340 III auch die *schwere Körperverletzung im Amt* mit Strafe bedroht.

Generell setzt sich die schwere Körperverletzung aus *zwei Elementen* zusammen: einer **209** vorsätzlich verwirklichten (einfachen oder gefährlichen) Körperverletzung als Grunddelikt und einer fahrlässigen oder vorsätzlichen Herbeiführung der schweren Verletzungsfolge, wobei sich lediglich § 226 I Alt. 1 – wenn nicht schon dolus eventualis hinsichtlich der Verwirklichung der schweren Folge vorliegt (§ 226 I Alt. 2) – als Vorsatz-Fahrlässigkeits-Kombination darstellt, die im Zusammenhang mit § 18 zu sehen ist, aber nach § 11 II ebenfalls als Vorsatzdelikt gilt.

Auch bei der schweren Körperverletzung sind *Versuchskonstellationen* denkbar. Dabei **210** kann es sich entweder um einen erfolgsqualifizierten Versuch (Grunddelikt versucht/ schwere Folge eingetreten) oder um den Versuch der Erfolgsqualifikation (Grunddelikt verwirklicht oder versucht/schwere Folge versucht, aber nicht eingetreten) handeln.

Hat nur ein Mittäter oder Teilnehmer wenigstens fahrlässig (§ 18) hinsichtlich des **211** Eintritts der schweren Verletzungsfolge gehandelt, so ist nur er nach § 226 zu bestrafen, während es für die anderen Beteiligten bei einer Strafbarkeit aus dem Grunddelikt verbleibt. Allerdings ist bei Mittätern eine Zurechnung der Tatbeiträge über § 25 II möglich, sofern es sich nicht um einen Mittäterexzess handelt. Bei Mittätern, von denen einer hinsichtlich der schweren Folge mit dolus directus 1. oder 2. Grades handelt, während die anderen nur Eventualvorsatz aufweisen, werden Letztere nach § 226 I und Ersterer nach § 226 II bestraft. Auch Anstifter oder Gehilfen einer Tat nach § 226 II müssen hinsichtlich der Herbeiführung der schweren Folge beim Verletzten mindestens mit dolus directus 2. Grades handeln. Andererseits ist der Teilnehmer auch dann wegen Anstiftung oder Beihilfe zu § 226 II zu bestrafen, wenn nur bei ihm die Voraussetzungen des § 226 II vorliegen, während der oder die Haupttäter lediglich unter denen des § 226 I handeln.

I. Tatbestand

1. Vorsätzliche Verwirklichung des Grunddelikts

Im Rahmen des § 226 ist zunächst zu prüfen, ob das entsprechende *Grunddelikt vorsätz-* **212** *lich, rechtswidrig und schuldhaft verwirklicht* worden ist. Geeignetes Grunddelikt ist nach dem Wortlaut der Vorschrift „die Körperverletzung", und zwar sowohl in Gestalt des Grundtatbestands (§ 223) als auch eventueller Qualifikationen (§§ 224, 340). Damit kommt die Misshandlung von Schutzbefohlenen nur insoweit als Grunddelikt in Betracht, wie es sich nicht um ein rein seelisches Quälen handelt, da § 225 insoweit einen eigenständigen Tatbestand darstellt.

In Bezug auf die Frage, ob das entsprechende Grunddelikt verwirklicht wurde, sind *zwei* **213** *Aufbauvarianten* denkbar: So kann die (qualifizierte) Körperverletzung als Grunddelikt (jedenfalls sein objektiver und subjektiver Tatbestand) direkt im Rahmen der Tatbestandsprüfung des § 226 als erster Prüfungspunkt abgehandelt werden. Um den damit verbundenen, verschachtelten und sehr „kopflastigen" Aufbau zu vermeiden, empfiehlt es sich jedoch, bereits vorab das Grunddelikt vollständig durchzuprüfen und im Rahmen des erfolgsqualifizierten Delikts lediglich dessen Verwirklichung noch einmal kurz festzustellen.

2. Eintritt der schweren Folge

214 Durch die Verwirklichung der Körperverletzung muss gerade *bei der verletzten Person* eine der in § 226 I Nr. 1 bis 3 abschließend (vgl. Art. 103 II GG) genannten *schweren Folgen eingetreten* sein. Dies kann auch durch ein garantenpflichtwidriges *Unterlassen* geschehen. Zwischen den verschiedenen Tatmodalitäten des § 226 ist auch die Annahme von *Wahlfeststellung möglich*. Gemeinsames charakteristisches Merkmal der in § 226 I aufgezählten Verletzungsfolgen ist ihre *Dauerhaftigkeit*. Insofern setzt eine Strafbarkeit nach § 226 das *Weiter- bzw. Überleben des Verletzungsopfers* nach der Einwirkung durch den Täter denknotwendig voraus.

a) § 226 I Nr. 1

215 Von § 226 I Nr. 1 werden solche Folgen erfasst, die besonders wichtige Sinnes- und Körperfunktionen aufheben. Daher nennt das Gesetz als tatbestandsmäßige schwere Folgen zunächst den Verlust des Sehvermögens, des Gehörs, des Sprechvermögens oder der Fortpflanzungsfähigkeit.

> Der **Verlust des Sehvermögens** auf einem Auge oder beiden Augen ist die Aufhebung der Fähigkeit, Gegenstände visuell wahrzunehmen.

Eine weitgehende Minderung des Sehvermögens (auf ca. 2–10 %) ist dabei dem vollständigen Verlust im Ergebnis gleichzustellen. Eine bloße Beeinträchtigung der Lichtempfindlichkeit genügt demgegenüber nicht. Eine Vorschädigung des Opfers schließt die Anwendbarkeit von § 226 insoweit nicht aus. Auch das Tragen von technischen Sehhilfen (z. B. Brillen oder Kontaktlinsen), durch die ein Sehvermögen wieder erreicht wird, führt nicht dazu, dass der im medizinisch-biologischen Sinne eingetretene Verlust des Sehvermögens wieder entfällt.

> Der **Verlust des Gehörs** (Taubheit) ist die Aufhebung der Fähigkeit, artikulierte Laute zu verstehen.

Im Gegensatz zum Sehvermögen, bei dem bereits der Verlust der Funktionsfähigkeit *eines* Auges genügt, muss die Fähigkeit infolge der Einwirkung des Täters auf *beiden*

Ohren verloren gehen. Der Verlust des Gehörs auf einem Ohr genügt nur, wenn das Opfer bereits vor der Tat auf dem anderen Ohr taub war. Absolute Taubheit ist nicht erforderlich. Vielmehr genügt es, wenn nur noch ununterscheidbare Geräusche wahrgenommen werden können.

Der **Verlust des Sprechvermögens** ist die Aufhebung der Fähigkeit zu artikuliertem Reden.

Eine völlige Stimmlosigkeit ist hierfür nicht erforderlich. Andererseits genügt ein bloßes Stottern noch nicht.

Der **Verlust der Fortpflanzungsfähigkeit** ist die Aufhebung der Fähigkeit, sich zu reproduzieren.

Erfasst sind durch diese geschlechtsneutrale Gesetzesformulierung sowohl die (männliche) Zeugungsfähigkeit als auch die (weibliche) Empfängnisfähigkeit. Abzustellen ist insoweit auf die *potenzielle Fortpflanzungsfähigkeit*, die auch bei noch nicht geschlechtsreifen Kindern regelmäßig vorhanden ist, aber bei Opfern in höherem Alter im Einzelfall bereits entfallen sein kann.

b) § 226 I Nr. 2

§ 226 I Nr. 2 sanktioniert den Verlust oder die dauernde Unbrauchbarkeit eines wichtigen Körpergliedes. **216**

Sonderproblem: Begriff des Körpergliedes

Umstritten ist zunächst die Frage, wann von einem „Körperglied" i. S. von § 226 I Nr. 2 gesprochen werden kann.

- Nach teilweise vertretener Auffassung (RGSt 3, 392; Fischer, § 226 Rn. 6) soll es sich dabei um alle nach außen in Erscheinung tretenden Körperteile handeln, die eine in sich geschlossene Existenz mit besonderer Funktion im Gesamtorganismus haben (z. B. Nase oder Ohrmuschel).

- Vereinzelt (Rengier, BT II, § 15 Rn. 9) werden darüber hinaus sogar in sich abgeschlossene Körperteile mit Eigenaufgaben im Organismus (z. B. innere Organe wie die Niere) für ausreichend gehalten.

- Demgegenüber unterfallen nach überwiegend vertretener Auffassung (z. B. BGHSt 28, 100, 102; LK-Grünewald, § 226 Rn. 13; *MüKo-Hardtung*, § 226 Rn. 26; Lackner/Kühl, § 226 Rn. 3; Wessels/Hettinger/Engländer, BT 1, Rn. 314; Wallschläger JA 2002, 390, 396) nur solche Körperteile dem Anwendungsbereich des § 226 I Nr. 2, die eine in sich geschlossene Existenz mit besonderer Funktion im Gesamtorganismus haben und mit dem Rumpf oder einem anderen Körperteil durch ein Gelenk verbunden sind.

Begriff des „Körperglieds" i. S. des § 226 I Nr. 2

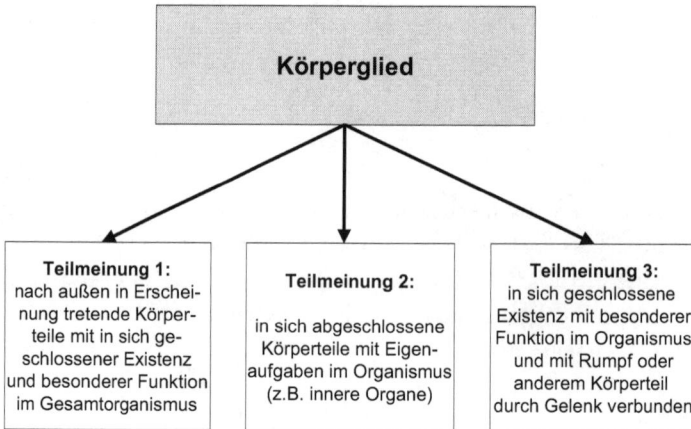

Körperglied

| **Teilmeinung 1:** nach außen in Erscheinung tretende Körperteile mit in sich geschlossener Existenz und besonderer Funktion im Gesamtorganismus | **Teilmeinung 2:** in sich abgeschlossene Körperteile mit Eigenaufgaben im Organismus (z.B. innere Organe) | **Teilmeinung 3:** in sich geschlossene Existenz mit besonderer Funktion im Organismus und mit Rumpf oder anderem Körperteil durch Gelenk verbunden |

Bewertung:

217 Für eine Einbeziehung auch innerer Organe spricht zwar, dass deren Verlust von der Schwere der Schädigung her unter teleologischen Gesichtspunkten ebenso ins Gewicht fallen kann, wie der Verlust von Körperteilen, die durch ein Gelenk mit dem Körper verbunden sind. Allerdings ist zu konstatieren, dass sich eine derartige Auslegung des Begriffs „Körperglied" vor dem Hintergrund von Art. 103 II GG kaum noch mit dem Wortlaut vereinbaren *lässt*. Der Verzicht auf das Erfordernis der Verbindung durch ein Gelenk führt im Ergebnis dazu, dass die Grenzen zwischen den von § 226 I Nr. 2 angesprochenen Körper-„Gliedern" und sonstigen Körper-„Teilen" verschwimmen. Hierfür besteht auch kein praktisches Bedürfnis, da der Verlust sonstiger wichtiger Körperteile weitgehend über § 226 I Nr. 1 und 3 erfasst wird. Insofern verdient die letztgenannte Auffassung, die lediglich solche Körperteile erfasst, die eine in sich geschlossene Existenz mit besonderer Funktion im Gesamtorganismus haben und mit dem Rumpf oder einem anderen Körperteil durch ein Gelenk verbunden sind, im Ergebnis den Vorzug. Beispiele hierfür sind etwa Ober- und Unterarme, Hände, Daumen, Finger und Fingerglieder, Ober- und Unterschenkel, Füße, Zehen und Zehenglieder, nicht jedoch, Nasen, Ohrmuscheln oder innere Organe. Auch das männliche „Glied" fällt nicht unter § 226 I

Nr. 2, sondern wird über das Merkmal der Fortpflanzungsfähigkeit in § 226 I Nr. 1 erfasst.

„Wichtigkeit" des Körperglieds i. S. des § 226 I Nr. 2

```
              ┌─────────────────────────────────┐
              │   Kriterien für die Wichtigkeit  │
              └─────────────────────────────────┘
```

Teilmeinung 1:	Teilmeinung 2:	Teilmeinung 3:
auch die individuellen Verhältnisse der verletzten Person	auch individuelle Körpereigenschaften	generelle Bedeutung für den Gesamtorganismus

Sonderproblem: Maßstab für die Beurteilung der „Wichtigkeit" eines Körpergliedes

Ist im strafrechtlichen Gutachten das Vorliegen eines Körpergliedes festgestellt, so **218** schließt sich unmittelbar die weitere Frage an, ob es sich hierbei auch um ein „wichtiges" Körperglied handelt. Auch diesbezüglich gehen die Meinungen darüber auseinander, welcher Bewertungsmaßstab hierfür anzulegen ist:

– Nach teilweise vertretener Auffassung (Lackner/Kühl, § 226 Rn. 3; Rengier, BT II, § 15 Rn. 11) sind im Rahmen dieser Beurteilung auch die individuellen Verhältnisse der verletzten Person (z. B. ein Beruf als Konzertpianist) zu berücksichtigen.

– Nach *überwiegend vertretener* Ansicht (BGHSt 51, 252; MüKo-Hardtung, § 226 Rn. 27; SK-Wolters, § 226 Rn. 10; Fischer, § 226 Rn. 7; Wessels/Hettinger/Engländer, BT 1, Rn. 315) sollen lediglich individuelle Körpereigenschaften (z. B. die Tatsache, dass der Verletzte Linkshänder ist oder bereits eine Hand verloren hat) Berücksichtigung finden, nicht jedoch spezifische soziale Funktionen erhalten werden.

– Demgegenüber will eine weitere Meinung (z. B. RGSt 64, 201; NK-Paeffgen/Böse, § 226 Rn. 27; Wallenschläger JA 2002, 390, 396) die Wichtigkeit des Körperglieds ausschließlich nach dessen genereller Bedeutung für den Gesamtorganismus bestimmen. Insofern bleiben Sondereigenschaften des Verletzungsopfers (z. B. dessen Beruf) als Beurteilungskriterien außer Betracht.

Bewertung:

219 Ausgangspunkt für eine Entscheidung dieses Meinungsstreits ist zunächst der Wortlaut des § 226 I Nr. 2, der von einem wichtigen Glied „des Körpers" spricht, was mangels ausdrücklicher Bezugnahme auf den Körper des jeweiligen Opfers auf eine generalisierende Betrachtungsweise hindeutet. Zwar ist den gegenteiligen Auffassungen zuzugestehen, dass gerade der Verlust individuell wichtiger Körperglieder (z. B. der Verlust des kleinen Fingers für den Konzertpianisten) das Opfer in besonderer Weise belasten kann. Andererseits hat der Gesetzgeber das Merkmal einer „längerdauernden Arbeitsunfähigkeit", wie es etwa in § 192a prStGB 1851 enthalten war, bewusst nicht als schwere Folge in den heutigen § 226 aufgenommen. Um diese Wertentscheidung nicht zu umgehen, erscheint es im Ergebnis vorzugswürdig, die Wichtigkeit des Körperglieds ausschließlich nach dessen genereller Bedeutung für den Gesamtorganismus zu bestimmen. Generell, d. h. *für einen normalen Durchschnittsmenschen bedeutsame Körperglieder sind nach der Rechtsprechung (vgl. AnwK-Zöller, § 226 Rn. 11 m. w. N.)* z. B. die Hand, der Daumen, das obere Glied des Daumens, der Zeigefinger, nicht jedoch der Mittelfinger oder der Ringfinger.

> Unter einem **Verlust** ist die völlige Abtrennung des Gliedes vom Körper zu verstehen.
>
> Von einer **dauernden Unbrauchbarkeit** ist demgegenüber auszugehen, wenn das Glied als Teil des Körpers zwar weiterhin vorhanden ist, aber fortwährende Funktionsunfähigkeit vorliegt.

Bei Letzterer muss es sich nicht um einen völligen Funktionsverlust handeln. Vielmehr ist im Wege einer wertenden Gesamtbetrachtung im Einzelfall zu prüfen, ob bereits so viele Funktionen ausgefallen sind, dass diese faktischen Wirkungen denen eines physischen Verlusts entsprechen (z. B. bei Versteifung eines Gelenks oder einer ganzen Hand). Ein Ersatz durch Prothesen oder prothetische Hilfsmittel schließt die Gebrauchsunfähigkeit nicht aus.

c)   § 226 I Nr. 3

220 Schließlich erfasst § 226 I Nr. 3 als schwere Folge, dass die verletzte Person in erheblicher Weise dauernd entstellt wird oder in Siechtum, Lähmung oder geistige Krankheit oder Behinderung verfällt.

> **Entstellt** ist eine Person, wenn ihr äußeres Erscheinungsbild durch eine körperliche Verunstaltung beeinträchtigt wird.
>
> **Erheblich** ist eine solche Entstellung, wenn sie ihrem Gewicht nach mit den sonstigen in § 226 I aufgezählten Verletzungsfolgen vergleichbar ist.

Ob dies der Fall ist, muss nach einem *objektiven Maßstab* beurteilt werden. Es kann also nicht darauf ankommen, ob sich das Opfer selbst erheblich entstellt fühlt. Das Vorliegen einer erheblichen Entstellung ist durch einen Vergleich mit dem Erscheinungsbild des Opfers vor der Körperverletzung zu beurteilen. Infolgedessen können selbstverständlich auch alte und nach allgemeiner Auffassung unansehnliche Menschen i. S. von § 226 I Nr. 3 entstellt werden. Beispiele für erhebliche Entstellungen sind der Verlust der Nasenspitze, eine deutlich sichtbare Narbe im Gesicht oder eine auffällige Fehlstellung des Fußes. Nicht erforderlich ist, dass die Entstellung im Alltagsleben ständig sichtbar ist. Ausreichend sind vielmehr auch solche Verletzungsfolgen, die im Rahmen des sozialen Alltags zum Vorschein kommen können (z. B. eine Narbe im Bauchbereich beim Besuch eines Schwimmbads).

> **Dauernd** ist die Entstellung, wenn sie mit einer bleibenden oder unbestimmt langwierigen Beeinträchtigung des Aussehens verbunden ist.

221

Die Option einer üblichen, ausführbaren und dem Verletzten zumutbaren Schönheitsoperation lässt die Dauerhaftigkeit der Entstellung regelmäßig entfallen (näher hierzu AnwK-Zöller, § 226 Rn. 3). Etwas anderes gilt aber dann, wenn lediglich die Möglichkeit einer Verdeckung der körperlichen Verunstaltung (z. B. durch Prothesen, Perücken oder Kleidungsstücke) besteht. Beispiele für dauernde Entstellungen in erheblicher Weise sind auffallende Narben im Gesicht, an der Schulter, am Hals oder am Bauch sowie der Verlust eines Teils der Nase.

> **Siechtum** ist ein chronischer Krankheitszustand von nicht absehbarer Dauer, der den Gesamtorganismus in Mitleidenschaft zieht und ein Schwinden der körperlichen und geistigen Kräfte zur Folge hat.
>
> **Lähmung** ist eine erhebliche Beeinträchtigung der Bewegungsfähigkeit zumindest eines Körperteils, die den gesamten Körper in Mitleidenschaft zieht.
>
> Unter den Begriff der **geistigen Krankheit** fallen alle seelischen Störungen, d. h. alle nicht mehr im Rahmen eines verstehbaren Erlebniszusammenhangs liegenden psychischen Anomalien, die somatisch-pathologisch bedingt sind.

222

Damit geht der Begriff über den der Geisteskrankheit in § 20 hinaus und umfasst alle geistig-seelischen Beeinträchtigungen. Aus dem Gesetzeswortlaut („verfallen") und einem Vergleich mit den sonstigen Tatbestandsvarianten des § 226 folgt außerdem, dass die geistige Krankheit nicht nur unerheblich und nicht nur vorübergehend sein darf (BGH NStZ 2018, 102, 103).

> Als **geistige Behinderung** ist jede nicht nur unerhebliche und nicht nur vorüberge-hende Störung der Gehirntätigkeit einzustufen, sofern sie nicht bereits dem Merk-mal der geistigen Krankheit zuzuordnen ist.
>
> Von einem **Verfallen** (in Siechtum, Lähmung, geistige Krankheit oder Behinde-rung) ist auszugehen, wenn der Körper insgesamt und in erheblicher Weise chro-nisch beeinträchtigt wird, und sich die Frage nach der Möglichkeit der Beseitigung dieses Zustands nicht in verlässlicher Weise beantworten lässt.

3. Kausalität zwischen Grunddelikt und schwerer Folge

223 Grunddelikt und schwere Folge als die beiden zentralen Bausteine des erfolgsqualifi-zierten Delikts stehen selbstverständlich nicht beziehungslos nebeneinander. Zwischen der vorsätzlichen Verwirklichung des Grunddelikts und dem Eintritt der schweren Ver-letzungsfolge muss vielmehr zunächst ein *Kausalzusammenhang* i. S. der sog. Äquiva-lenztheorie (vgl. dazu z. B. Wessels/Beulke/Satzger, AT, Rn. 228 ff.) bestehen. Mindes-tens eine der im Katalog des § 226 I Nr. 1 bis 3 genannten Verletzungsfolgen muss somit kausal durch das vom Täter verwirklichte Grunddelikt herbeigeführt worden sein.

4. Objektive Sorgfaltspflichtverletzung und objektive Vorhersehbarkeit

224 Soweit der Täter im Hinblick auf die Verursachung der schweren Verletzungsfolge lediglich fahrlässig gehandelt hat (§ 226 I Alt. 1) sind auch bei der schweren Körper-verletzung die aus der Fahrlässigkeitsdogmatik bekannten Elemente der objektiven Sorgfaltspflichtverletzung und der objektiven Vorhersehbarkeit des Erfolgs und des wesentlichen Kausalverlaufs zu prüfen. Handelt er mit dolus eventualis bezüglich der Herbeiführung der schweren Folge (§ 226 I Alt. 2) oder gar absichtlich (§ 226 II Alt. 1) oder wissentlich (§ 226 II Alt. 2), so bedürfen die Fahrlässigkeitsmerkmale der (objek-tiven und subjektiven) Sorgfaltspflichtverletzung und Vorhersehbarkeit keiner Prüfung mehr. Dann ist § 226 wie ein normales Vorsatzdelikt (objektiver und subjektiver Tatbe-stand, Rechtswidrigkeit und Schuld) aufzubauen. Ansonsten gilt:

a) Objektive Sorgfaltspflichtverletzung

225 Der Täter einer schweren Körperverletzung gem. § 226 I Alt. 1 muss die objektiv anzu-wendenden Sorgfaltspflichten missachtet haben, deren Beachtung von einem besonne-

nen und gewissenhaften Menschen in der konkreten Lage und der sozialen Rolle des Handelnden zu erwarten gewesen wäre. Im Regelfall manifestiert sich diese objektive Sorgfaltspflichtverletzung schon in der vorsätzlichen *Verwirklichung des Grunddelikts*, also in der einfachen oder qualifizierten Körperverletzung.

b) Objektive Vorhersehbarkeit

Für den Täter des § 226 I Alt. 1 müssen aber auch der Eintritt mindestens einer der **226** in § 226 I aufgezählten, schweren Verletzungsfolgen und der wesentliche Kausalverlauf *objektiv vorhersehbar* gewesen sein. Diese Folge darf mithin nicht so sehr außerhalb der Lebenserfahrung liegen, dass mit ihr vernünftigerweise nicht gerechnet werden musste. Hinter dem Merkmal der „objektiven Vorhersehbarkeit" steht der Sache nach das aus der Lehre von der objektiven Zurechnung bekannte Merkmal der sog. *Adäquanztheorie* (vgl. Wessels/Beulke/Satzger, AT, Rn. 299 ff.), die die Zurechnung eines eingetretenen Erfolges bei regelwidrigen, atypischen Kausalverläufen ausschließen will.

5. Objektive Zurechnung

Zwischen dem Verhalten des Täters bei der Verwirklichung des Grunddelikts und dem **227** Eintritt der schweren Folge muss ein *objektiver Zurechnungszusammenhang* bestehen. Da aber der Adäquanzgedanke regelmäßig schon im Zusammenhang mit der objektiven Vorhersehbarkeit der schweren Folge Anwendung findet, können bei § 226 I Alt. 1 an dieser Stelle nur noch solche Gesichtspunkte problematisch werden, die im Rahmen der Lehre von der objektiven Zurechnung unter den Oberbegriffen des Schutzzweck- und des Pflichtwidrigkeitszusammenhangs diskutiert werden (näher Wessels/Beulke/Satzger, AT, Rn. 264 ff., 304 ff.).

6. Unmittelbarkeitszusammenhang

Alle erfolgsqualifizierten Delikte zeichnen sich nach dem Willen des Gesetzgebers **228** durch außerordentlich hohe Strafandrohungen aus. Um dem verfassungsrechtlich verankerten Schuldprinzip Rechnung zu tragen und die hohe Strafdrohung des § 226 zu rechtfertigen, ist somit eine *restriktive Auslegung* geboten. Insofern ist anerkannt, dass eine besonders enge Verbindung zwischen der Verwirklichung des Grunddelikts und dem Eintritt der schweren Folge erforderlich ist, die über die Kriterien von Kausalität und objektiver Zurechnung hinausgeht. Diese Verbindung wird als *Unmittelbarkeitszusammenhang* oder *spezifischer Gefahrzusammenhang* bezeichnet. Es ist mithin zu prüfen, ob sich gerade die dem Grundtatbestand anhaftende spezifische Gefahr in der schweren Folge niedergeschlagen hat (vgl. ergänzend die entsprechenden Ausführungen zu § 251 bei Zöller, BT I, Rn. 386 ff. sowie zu § 227 in Rn. 258 ff.). Dabei ist für den Unmittelbarkeitszusammenhang nicht an die spezifische Gefahr des Körperverletzungserfolgs, sondern *an den gesamten Vorgang der Körperverletzungshandlung anzuknüpfen.*

II. Rechtswidrigkeit

229 Im Zusammenhang mit § 226 können vor allem die Rechtfertigungsgründe der §§ 32, 34 eingreifen. Bei ärztlichen Heileingriffen (vgl. Rn. 159 ff.) ist zudem an den ungeschriebenen Rechtfertigungsgrund der Einwilligung einschließlich seiner inhaltlichen Einschränkung durch § 228 zu denken.

III. Schuld

230 Im Rahmen des § 226 sind zunächst die allgemeinen Schuldausschließungs- und Entschuldigungsgründe zu berücksichtigen. Wird die schwere Verletzungsfolge nicht vorsätzlich, sondern nur fahrlässig verursacht (§ 226 I Alt. 1), so sind – sofern dies nicht bereits im Rahmen einer subjektiven Tatbestandsprüfung erfolgt ist – noch die subjektive Sorgfaltspflichtverletzung und die subjektive Vorhersehbarkeit des Todeserfolgs und des wesentlichen Kausalverlaufs festzustellen:

1. Subjektive Sorgfaltspflichtverletzung

231 Der Täter muss nach seinen persönlichen Fähigkeiten und dem Maß seines individuellen Könnens in der Lage gewesen sein, die objektive Sorgfaltspflicht einzuhalten und den drohenden Schaden in Gestalt der in § 226 I Nr. 1 bis 3 umschriebenen, schweren Verletzungsfolge zu erkennen.

2. Subjektive Vorhersehbarkeit

232 Schließlich müssen der Eintritt der schweren Folge und der tatbestandsspezifische Zusammenhang auch nach den individuellen Fähigkeiten des Täters vorhersehbar gewesen sein.

IV. Konkurrenzen

233 Bei Eintritt mehrerer schwerer Folgen liegt im Ergebnis immer nur eine einheitliche Tat nach § 226 vor. Bei der Herbeiführung nur einer schweren Folge wird § 226 I aber von § 226 II im Wege der Gesetzeskonkurrenz (Spezialität) verdrängt. Mit versuchten Tötungsdelikten ist Tateinheit möglich. § 223 und § 229 hinsichtlich der schweren Folge treten hinter § 226 im Wege der Gesetzeskonkurrenz zurück. Mit § 224 ist Tateinheit anzunehmen, um das über die schwere Folge hinausgehende Unrecht der besonders gefährlichen Begehungsweise der Körperverletzung zum Ausdruck zu bringen (BGHSt

53, 23). Auch zu versuchten Tötungsdelikten sowie den §§ 226a, 231 steht § 226 regelmäßig im Verhältnis der Idealkonkurrenz. Die schwere Körperverletzung im Amt nach § 340 III verdrängt demgegenüber den „einfachen" § 226.

V. Aufbauschema § 226

I. Tatbestand

1. Objektiver Tatbestand

   a) Vorsätzliche Verwirklichung des Grunddelikts: §§ 223, 224, 225 oder 340

   b) Eintritt mindestens einer der in § 226 I abschließend aufgezählten, schweren Folgen bei der verletzten Person

      aa) Verlust des Sehvermögens auf einem Auge oder beiden Augen, des Gehörs, des Sprechvermögens oder der Fortpflanzungsfähigkeit (Nr. 1),

      bb) Verlust oder dauernde Unbrauchbarkeit eines wichtigen Glieds des Körpers (Nr. 2) oder

      cc) dauernde Entstellung in erheblicher Weise oder Verfallen in Siechtum, Lähmung oder geistige Krankheit oder Behinderung (Nr. 3)

   c) Kausalität zwischen Verwirklichung des Grunddelikts und Eintritt der schweren Verletzungsfolge

   d) Bei Fahrlässigkeit hinsichtlich der Herbeiführung der schweren Verletzungsfolge (§ 226 I Alt. 1 StGB):

      aa) Objektive Sorgfaltspflichtverletzung: regelmäßig schon durch Verwirklichung des Grunddelikts

      bb) Objektive Vorhersehbarkeit der schweren Verletzungsfolge und des wesentlichen Kausalverlaufs

   e) Objektive Zurechnung

   f) Unmittelbarkeitszusammenhang

2. Subjektiver Tatbestand

   Bei Fahrlässigkeit hinsichtlich der Herbeiführung der schweren Folge (§ 226 I Alt. 1 StGB):

   a) Subjektive Sorgfaltspflichtverletzung

b) Subjektive Vorhersehbarkeit der schweren Verletzungsfolge und des wesentlichen Kausalverlaufs

Bei Vorsatz hinsichtlich der Herbeiführung der schweren Folge:

dolus eventualis (§ 226 I Alt. 2), dolus directus 2. Grades (§ 226 II Alt. 1) oder dolus directus 1. Grades (§ 226 II Alt. 2)

II. Rechtswidrigkeit

III. Schuld

E. Verstümmelung weiblicher Genitalien (§ 226a)

> **Gesetzestext:**
>
> (1) Wer die äußeren Genitalien einer weiblichen Person verstümmelt, wird mit Freiheitsstrafe nicht unter einem Jahr bestraft.
>
> (2) In minder schweren Fällen ist auf Freiheitsstrafe von sechs Monaten bis zu fünf Jahren zu erkennen.

Der Straftatbestand der Verstümmelung weiblicher Genitalien wurde durch das 47. **234** Strafrechtsänderungsgesetz vom 24.9.2013 (BGBl. I 3641, 3671) neu in das StGB eingefügt und ist zum 28.9.2013 in Kraft getreten. Damit verfolgt der Gesetzgeber vor allem das Ziel, das Bewusstsein für ein meist im Verborgenen stattfindendes Unrecht zu schärfen. Praktiziert wird die Genitalverstümmelung, die auch als „Female Genital Mutilation (FGM)" oder „Female Genital Cutting (FGC)" bezeichnet wird, vornehmlich aus traditionellen und kulturellen, daneben aber auch aus religiösen, politischen oder ethisch-moralischen Gründen überwiegend in Afrika und in einzelnen asiatischen Staaten, teilweise auch in Lateinamerika und im mittleren Osten. Die Opfer sind meist Säuglinge, Kleinkinder und junge Mädchen.

Zu beachten ist, dass die Eingriffe zur Verstümmelung weiblicher Genitalien regelmä- **235** ßig nicht im Inland stattfinden. Dennoch werden auch Mädchen und Frauen mit Migrationshintergrund, die in der Bundesrepublik Deutschland leben, regelmäßig Opfer sog. Auslands- oder Ferienbeschneidungen während eines Aufenthalts im Herkunftsland der Familie. Infolgedessen sind bei einer Prüfung der Strafbarkeit nach § 226a regelmäßig auch Fragen des Strafanwendungsrechts (§§ 3 ff.) zu berücksichtigen (vgl. Rn. 245).

Der Tatbestand des § 226a I stellt ein Erfolgsdelikt und zugleich eine Qualifikation **236** zu § 223 dar. Geschütztes Rechtsgut ist schon im Hinblick auf die Einordnung des Straftatbestandes in den 17. Abschnitt des Besonderen Teils des StGB die körperliche Unversehrtheit und Gesundheit von Menschen weiblichen Geschlechts. Mit Blick auf die typischen Motive für die Vornahme genitalverstümmelnder Eingriffe und die damit verbundenen Folgen wird man daneben aber auch das Recht auf sexuelle Selbstbestimmung als spezielle Ausprägung des Allgemeinen Persönlichkeitsrechts (Art. 2 I i. V. m. Art. 1 I GG) als geschützt ansehen müssen (SK-Wolters, § 226a Rn. 7; Zöller/Thörnich JA 2014, 167, 169 f.; a. A. MüKo-Hardtung, § 226a Rn. 2; Lackner/Kühl, § 226a Rn. 2). Schließlich führt insbesondere der Verlust der Klitoris bzw. ihres äußerlich sichtbaren Teils häufig zum Verlust des sexuellen Empfindens und damit zu einer erheblichen Beeinträchtigung der Gesundheit und der Persönlichkeitsentwicklung. Die mit der Genitalverstümmelung typischerweise einhergehende Beeinträchtigung der psychischen Integrität von Mädchen und Frauen stellt demgegenüber einen bloßen Rechtsreflex dar.

237 § 226a ist ein Verbrechen, der Versuch daher gem. §§ 23 I, 12 I mit Strafe bedroht. Im Rahmen der Versuchsprüfung ist insbesondere zu kontrollieren, ob der Täter bereits i. S. von § 22 unmittelbar zur Verstümmelung der äußeren Genitalien seines weiblichen Opfers angesetzt hat. Allein die Zugehörigkeit einer weiblichen Person zu einer Familie mit Migrationshintergrund bzw. einer die Genitalverstümmelung praktizierenden Volksgruppe kann allerdings noch keinen strafrechtlich bedeutsamen „Generalverdacht" im Hinblick auf eine Gefährdung begründen. Auch die bloße Planung und Vorbereitung einer Reise, an dessen Ziel eine Beschneidung durchgeführt werden soll, genügt für die Annahme eines unmittelbaren Ansetzens noch nicht.

238 In rechtspolitischer Hinsicht ist die konkrete Ausgestaltung des § 226a durch den Gesetzgeber von Anfang an einer nicht unerheblichen Kritik ausgesetzt gewesen (vgl. AnwK-Zöller, § 226a Rn. 4 f. m. w. N.). Insbesondere werden vor dem Hintergrund von Art. 3 GG Wertungswidersprüche mit 1631d BGB gesehen (MüKo-Hardtung, § 226a Rn. 24 ff.; Fischer, § 226a Rn. 2; Rittig JuS 2014, 499, 503; Zöller/Thörnich JA 2014, 167, 173). Schließlich liegt eine Verstümmelung der äußeren Genitalien einer weiblichen Person tatbestandlich auch dann vor, wenn „nur" die Klitorisvorhaut verletzt oder entfernt wird (vgl. Rn. 241). Diese Fälle sind biologisch/medizinisch der Entfernung der Penisvorhaut, also der Beschneidung (sog. Zirkumzision) bei männlichen Personen vergleichbar. Aus dem Fehlen einer dem § 1631d BGB entsprechenden Regelung, die auch solche leichteren Fälle der weiblichen Beschneidung dem Personensorgerecht der Eltern zuweisen würde, folgt somit, dass der Gesetzgeber das Personensorgerecht in Bezug auf Beschneidungen und damit die Möglichkeit zur rechtfertigenden Einwilligung in solche Eingriffe je nach Geschlecht der Kinder unterschiedlich ausgestaltet hat.

I. Tatbestand

1. Objektiver Tatbestand

a) Tatsubjekt

239 Bei § 226a handelt es sich um ein *Allgemeindelikt* („Wer"). Da durch den Gesetzeswortlaut keine besondere Tatsubjektsqualität vorausgesetzt wird, kann der Tatbestand prinzipiell von jedermann begangen werden, z. B. von Ärzten, Beschneidern, Eltern sowie sonstigen Verwandten oder medizinischen Laien. Für die Bestimmung von Täterschaft und Teilnahme gelten die allgemeinen Grundsätze (vgl. §§ 25 ff.). So sind etwa Elternteile, die bei einem Beschneider einen entsprechenden Eingriff initiieren, zumindest als Anstifter (§ 26) einzustufen. Die Annahme von Beihilfe (§ 27) liegt etwa bei der Vermittlung und Finanzierung von Verstümmelungen nahe. Eine versuchte Anstiftung nach § 30 I i. V. m. § 226a kommt in Betracht, wenn die Eltern ihren Wunsch, ihre Tochter rituell beschneiden zu lassen, an einen Arzt herantragen, der dieses Ansinnen ablehnt.

b) Tatobjekt

Taugliche Tatobjekte i. S. von § 226a I sind lediglich *andere weibliche Personen*. Mit die- **240** ser Formulierung wird zweierlei klargestellt: Zum einen erfasst § 226a nicht die Selbstverstümmelung. Zum anderen wird mit dieser neutralen Formulierung zum Ausdruck gebracht, dass Mädchen und Frauen jeden Alters dem Schutz des Straftatbestandes unterfallen.

c) Tathandlung

Tathandlung des § 226a ist die Verstümmelung der äußeren Genitalien. Bei den Ge- **241** nitalien handelt es sich um diejenigen Geschlechtsorgane, die auch als primäre Geschlechtsmerkmale bezeichnet werden.

> Die **äußeren Genitalien** sind bei Frauen zwischen Venushügel und Perineum angesiedelt, so dass zu ihnen neben den äußeren Schamlippen, die mit der Schamspalte die kleinen Schamlippen sowie die Klitoris samt Klitorisvorhaut einschließen, auch der Scheidenvorhof zählt.

Nicht vom tatbestandlichen Anwendungsbereich des § 226a erfasst sind somit Verstümmelungen der inneren Genitalien, etwa an den Eierstöcken, Eileitern oder der Gebärmutter. Solche Eingriffe unterfallen, sofern sie nicht medizinisch indiziert sind (z. B. die Entfernung der Gebärmutter bei einer Krebserkrankung) der Regelung des § 226 I Nr. 1, da sie zum Verlust der Fortpflanzungsfähigkeit führen.

> **Verstümmelung** ist jede medizinisch nicht indizierte und nicht nur unerhebliche, **242** nachteilige und nachhaltige Veränderung der Gestalt und/oder Integrität der äußeren Genitalien weiblicher Personen.

Ob eine solche Veränderung als nachteilig einzustufen ist, muss durch einen wertenden Vergleich zwischen Substanz und Erscheinungsbild vor und nach der Einwirkung ermittelt werden. Auf eine subjektive, ästhetische Beurteilung der weiblichen Genitalien kann es dabei von vornherein nicht ankommen. Entscheidend ist vielmehr, ob deren natürlicher, biologischer Zustand eine signifikante Einbuße erlitten hat. Der Eintritt eines Funktionsverlustes der Geschlechtsorgane ist auch mit Blick auf die Existenz von

§ 226 I Nr. 1 nicht erforderlich. Im Übrigen kann eine Verstümmelung auch durch ein Unterlassen erfolgen, wenn ein Garant (z. B. ein Elternteil) nichts gegen den bevorstehenden Eingriff durch eine andere Person unternimmt.

243 Mit dem in § 226a I verwendeten Begriff der Verstümmelung wird zum Ausdruck gebracht, dass es sich um negative Veränderungen der äußeren Genitalien von einigem Gewicht handeln muss. Auf der anderen Seite sollen rein kosmetisch motivierte Eingriffe wie Intimpiercings oder „Schönheitsoperationen" im Genitalbereich vom Anwendungsbereich der Strafnorm ausgenommen werden (BT-Drs. 17/13707, 6). Nach den typisierenden Umschreibungen der Weltgesundheitsorganisation (WHO) und der Bundesärztekammer, an denen sich auch der deutsche Gesetzgeber orientiert hat, können zur Konkretisierung des tatbestandsmäßigen Verhaltens die folgenden *vier Haupttypen der Genitalverstümmelung* unterschieden werden:

1. FGM-Typ I: die – auch als „Sunna" bezeichnete – teilweise oder vollständige Entfernung der Klitoris (Klitoridektomie) und/oder der Vorhaut (Klitorisvorhautreduktion)

2. FGM-Typ II: die teilweise oder vollständige Entfernung (des äußerlich sichtbaren Teils) der Klitoris und der inneren Schamlippen mit oder ohne Beschneidung der äußeren Schamlippen (Abtrennung/Exzision),

3. FGM-Typ III: die Verengung der Vaginalöffnung durch Zunähen bis auf eine kleine Öffnung und vollständige oder teilweise Entfernung/Beschneidung der äußeren Genitalien (Infibulation) und

4. FGM-Typ IV: weitere, von 1.–3. nicht erfasste und medizinisch nicht indizierte Eingriffe und Veränderungen an den weiblichen Genitalien wie Einschnitt und Einriss der Klitoris (Piercing), Punktion, Ätzungen oder Ausbrennen.

2. Subjektiver Tatbestand

244 Im Gesetzestext des § 226a I finden sich keine Besonderheiten in Bezug auf die Verwirklichung des subjektiven Tatbestandes, so dass § 15 gilt. Die Verstümmelung weiblicher Genitalien ist damit ein *Vorsatzdelikt*, wobei jede Vorsatzform einschließlich dolus eventualis genügt, die sich auf alle Merkmale des objektiven Tatbestands, nicht jedoch auf mittelbare Folgen (z. B. Infektionen oder Verlust der Fortpflanzungsfähigkeit) beziehen muss. Der Irrtum über das Vorliegen einer wirksamen Einwilligung stellt einen Erlaubnistatbestandsirrtum dar. Sofern der Täter vorträgt, er habe das Verbot des § 226a nicht gekannt oder das darin umschriebene Verhalten als erlaubt eingestuft, handelt es sich um einen nach § 17 zu behandelnden Verbots- bzw. Erlaubnisirrtum, bei dem regelmäßig von seiner Vermeidbarkeit auszugehen ist.

3. Anwendbarkeit deutschen Strafrechts

In seiner Ursprungsfassung durch das 47. Strafrechtsänderungsgesetz hatte sich der Ge- **245** setzgeber zunächst nicht dazu durchringen können, für Taten nach § 226a auch eine *strafanwendungsrechtliche Regelung für Auslandstaten* in den Katalog des § 5 aufzunehmen. Dies hatte zur Folge, dass deutsches Strafrecht nur unter den allgemeinen Voraussetzungen der §§ 3 ff. zur Anwendung kommen konnte. Angesichts der Tatsache, dass die Taten in der Praxis regelmäßig in Gestalt von sog. Auslands- bzw. Ferienbeschneidungen vorkommen, ließ sich daher über § 3 i. V. m. § 9 weder ein deutscher Handlungsort noch ein deutscher Erfolgsort begründen. Auf Auslandstaten fand § 226a somit regelmäßig nur dann Anwendung, wenn entweder das Opfer der Genitalverstümmelung (§ 7 I) oder der Täter (§ 7 II Nr. 1) die deutsche Staatsangehörigkeit besaßen. Allerdings wird von § 7 weiterhin vorausgesetzt, dass die Tat auch am (ausländischen) Tatort nach dem dort geltenden Recht mit Strafe bedroht ist oder der Tatort keiner Strafgewalt unterliegt. In vielen Ländern Afrikas (z. B. im Kongo, in Gambia, Liberia, Nigeria, Sierra Leone, Somalia) und Asiens (z. B. in Indien, Indonesien, Malaysia oder Pakistan) ist die Genitalverstümmelung aber gerade nicht mit Strafe bedroht, so dass dort auch gegen oder durch Deutsche begangene Taten nicht in Deutschland strafrechtlich verfolgt werden können. Der gegenüber dieser Situation vorgetragenen Kritik (z. B. Zöller/Thörnich JA 2014, 167, 171) wurde im Jahr 2015 im Zuge des 49. StRÄndG durch Einfügung eines neuen § 5 Nr. 9a weitgehend Rechnung getragen. Danach gilt das deutsche Strafrecht nunmehr auch unabhängig vom Recht des Tatorts für Auslandstaten nach § 226a StGB zumindest dann, wenn der Täter zur Zeit der Tat Deutscher ist oder wenn die Tat sich gegen eine Person richtet, die zur Zeit der Tat ihren Wohnsitz oder gewöhnlichen Aufenthalt im Inland hat. Für nichtdeutsche Opfer ohne deutschen Wohnsitz oder gewöhnlichen Aufenthaltsort bleibt § 226a aber nach wie vor eher Gesetzessymbolik.

II. Rechtswidrigkeit

Für eine Rechtfertigung des nach § 226a tatbestandsmäßigen Verhaltens kommt ein **246** Rückgriff auf allgemeine Rechtfertigungsgründe wie §§ 32, 34 regelmäßig nicht in Betracht. Sofern ein solcher Eingriff ausnahmsweise im Einzelfall medizinisch indiziert ist (z. B. bei Krebserkrankungen oder nicht ohne weiteres heilbaren Geschwüren an den äußeren Geschlechtsorganen einer Frau), ist jedoch an die Möglichkeit einer *rechtfertigenden Einwilligung* zu denken. Sofern es allerdings an einer solchen medizinischen Indikation fehlt, ist eine Einwilligung in genitalverstümmelnde Maßnahmen jedoch gem. § 228 StGB, §§ 1627 S. 1,1631 II BGB sittenwidrig und damit unwirksam (BT-Drs. 17/1217, 6, 8; Zöller/Thörnich JA 2014, 167, 172; a. A. MüKo-Hardtung, § 226a Rn. 102; Fischer, § 226a Rn. 16; differenzierend Sotiriadis ZIS 2014, 320, 330 ff.; Kraatz

JZ 2015, 246). Sollte sich die Frau aufgrund sozialen Drucks ohne Entscheidungsalternative zu dem körperlichen Eingriff gezwungen sehen, kann die von ihr erklärte Einwilligung bereits aufgrund eines Willensmangels unwirksam sein. Die durch Art. 4 GG verbürgte Religionsfreiheit, traditionelle und kulturelle Wertvorstellungen der Familie oder die Erziehungsfreiheit der Eltern aus Art. 6 II 1 GG können nicht als unmittelbar verfassungsrechtlich gewährleistete Rechtfertigungsgründe herangezogen werden. Auch eine Analogie oder Parallele zu § 1631d BGB ist aufgrund des eindeutigen, auf die Beschneidung eines männlichen Kindes begrenzten Wortlauts nicht zulässig. Vielmehr ist im Umkehrschluss aus § 1631d BGB davon auszugehen, dass das elterliche Recht zur Personensorge i. S. v. § 1627 BGB gerade nicht das Recht umfasst, in Maßnahmen zur Verstümmelung der Genitalien weiblicher Kinder einzuwilligen, die selbst (noch) nicht einwilligungsfähig sind.

III. Schuld

IV. Konkurrenzen

247 § 223 tritt hinter dem spezielleren § 226a im Wege der Gesetzeskonkurrenz (Spezialität) zurück. Mit anderen Körperverletzungsdelikten, insbesondere den §§ 224 und 225, kann Tateinheit bestehen. Sofern die Tat nach § 226a im Einzelfall so schwerwiegend ist, dass dadurch ein Verlust der Fortpflanzungsfähigkeit eintritt oder das weibliche Opfer in erheblicher Weise dauernd entstellt wird, ist aus Klarstellungsgründen ebenfalls von Idealkonkurrenz mit § 226 auszugehen. Schließlich wird die Genitalverstümmelung regelmäßig von den §§ 211, 212, 227 verdrängt, da § 226a das Überleben des Tatopfers denkgesetzlich voraussetzt.

V. Aufbauschema § 226a

I. **Tatbestand**

1. Objektiver Tatbestand

   a) Taugliches Tatsubjekt: jedermann („wer")

   b) Taugliches Tatobjekt: weibliche Person

   c) Tathandlung: Verstümmelung der äußeren Genitalien

2. Subjektiver Tatbestand

   Vorsatz (vgl. § 15 StGB), d. h. mindestens dolus eventualis

3. Objektive Bedingung der Strafbarkeit

   Anwendbarkeit deutschen Strafrechts gem. §§ 3 ff.

II. Rechtswidrigkeit

III. Schuld

F. Körperverletzung mit Todesfolge (§ 227)

> **Gesetzestext:**
>
> (1) Verursacht der Täter durch die Körperverletzung (§§ 223 bis 226a) den Tod der verletzten Person, so ist die Strafe Freiheitsstrafe nicht unter drei Jahren.
>
> (2) In minder schweren Fällen ist auf Freiheitsstrafe von einem Jahr bis zu zehn Jahren zu erkennen.

248 Ebenso wie bei § 226 handelt es sich auch bei § 227 um ein *erfolgsqualifiziertes Delikt*. Erfolgsqualifizierender Umstand ist hier der Tod der verletzten Person. Bei der Körperverletzung mit Todesfolge handelt es sich um eine *uneigentliche Vorsatz-Fahrlässigkeits-Kombination*, da ein eigenständig strafbares Grunddelikt (ein Körperverletzungsdelikt nach den §§ 223 ff.) mit einer schweren Folge (dem Tod eines anderen Menschen) verknüpft wird. Die Körperverletzung mit Todesfolge ist somit aus *zwei Elementen* zusammengesetzt: der vorsätzlich verwirklichten (einfachen oder qualifizierten) Körperverletzung als Grunddelikt und der zumindest fahrlässigen (§ 18) Herbeiführung des Todeserfolgs. In der Praxis fungiert § 227 häufig als eine Art „Auffangtatbestand" in denjenigen Fällen, in denen dem Täter ein Tötungsvorsatz nicht nachgewiesen werden kann.

249 Bei allen erfolgsqualifizierten Delikten ist gemäß § 29 *für jeden Tatbeteiligten gesondert zu prüfen*, ob ihm hinsichtlich der Verwirklichung der schweren Folge zumindest Fahrlässigkeit zur Last fällt. Bei denjenigen, für die sich dies nicht begründen lässt, verbleibt es bei der Strafbarkeit aus dem (Körperverletzungs-)Grunddelikt. Die Strafbarkeit der *Teilnahme* wird für erfolgsqualifizierte Delikte durch § 11 II ermöglicht. Wegen *mittäterschaftlicher Tatbegehung* (§ 25 II) kann auch derjenige bestraft werden, der die Verletzung zwar nicht eigenhändig ausführt, jedoch aufgrund eines gemeinschaftlichen Tatentschlusses mit dem Willen zur Tatherrschaft zum Verletzungserfolg beiträgt, sofern die Handlung des anderen im Rahmen des beiderseitigen Einverständnisses lag und dem Täter hinsichtlich des Erfolges Fahrlässigkeit zur Last fällt. Eine Strafbarkeit nach §§ 227, 25 II ist außerdem auch dann möglich, wenn der andere Mittäter mit Tötungsvorsatz handelt.

250 Taten nach § 227 sind *Verbrechen* i. S. von § 12 I. Gemäß § 11 II gelten auch Vorsatz-Fahrlässigkeits-Kombinationen als *Vorsatzdelikte*. Insofern sind bei der Körperverletzung mit Todesfolge auch Versuchskonstellationen denkbar. Dabei kann es sich entweder um einen *erfolgsqualifizierten Versuch* (Grunddelikt versucht/Tod eingetreten) oder um den *Versuch der Erfolgsqualifikation* (Grunddelikt verwirklicht oder versucht/

Tötung versucht, aber nicht eingetreten) handeln. Die Annahme eines erfolgsqualifizierten Versuchs kommt allerdings nur dann in Betracht, wenn man für den Unmittelbarkeitszusammenhang nicht an den Erfolg des Grunddelikts, sondern an den gesamten Vorgang der Körperverletzung anknüpft (vgl. Rn. 259 f.). Für den Versuch der Erfolgsqualifikation fehlt regelmäßig die praktische Bedeutung, da bei Vorsatz hinsichtlich der Verwirklichung der Todesfolge auch die Voraussetzungen eines versuchten Tötungsdelikts gegeben sind, das den Versuch des § 227 im Wege der Gesetzeskonkurrenz (Subsidiarität) verdrängt.

251 § 227 kann bei bestehender Garantenstellung auch durch *Unterlassen* verwirklicht werden, sofern erst durch das Unterlassen der gebotenen Handlung eine Todesgefahr für das Opfer geschaffen wird (vgl. BGH NJW 1995, 3194). Die Körperverletzung mit Todesfolge im Amt ist nach § 340 III i. V. m. § 227 mit Strafe bedroht.

I. Tatbestand

1. Vorsätzliche Verwirklichung des Grunddelikts

252 Im Rahmen des § 227 ist zunächst zu prüfen, ob das entsprechende Grunddelikt vorsätzlich verwirklicht worden ist. Taugliches Grunddelikt ist nach dem Wortlaut der Vorschrift die Körperverletzung, und zwar sowohl in Gestalt des Grundtatbestands (§ 223) als auch eventueller Qualifikationen (§§ 224, 225, 226, 226a, 340).

2. Eintritt der schweren Folge

253 Auch der Eintritt der schweren Folge, d. h. des Todes eines anderen Menschen, ist im Rahmen der Prüfung des § 227 zunächst nur objektiv festzustellen. Dabei muss Identität zwischen dem zunächst vorsätzlich verletzten und schließlich gestorbenen Opfer bestehen (z. B. nicht gegeben beim Elternteil, der im Anblick der Verletzung seines Kindes einen tödlichen Herzinfarkt erleidet). Da in jeder Tötung eine Körperverletzung als notwendiges Durchgangsstadium enthalten ist, genügt es auch, wenn der Tod sofort, d. h. in unmittelbarem zeitlichen Zusammenhang mit der Verletzung eintritt.

3. Kausalität zwischen Grunddelikt und schwerer Folge

254 Grunddelikt und schwere Folge stehen bei den erfolgsqualifizierten Delikten nicht beziehungslos nebeneinander. Zwischen der Verwirklichung des Grunddelikts und dem Eintritt des Todes als schwerer Folge muss daher zunächst ein *Kausalzusammenhang* i. S. der sog. Äquivalenztheorie bestehen. Die vorsätzlich begangene Körperverletzung muss also conditio sine qua non für den Todeseintritt sein.

4. Objektive Sorgfaltspflichtverletzung und objektive Vorhersehbarkeit

255 Nach dem Wortlaut von § 18 muss dem Täter eines erfolgsqualifizierten Delikts hinsichtlich der Herbeiführung der schweren Folge als Mindestvoraussetzung „wenigstens Fahrlässigkeit" zur Last fallen. Diese zumindest einfache Fahrlässigkeit hinsichtlich der konkreten Todesverursachung ist bereits *im Zeitpunkt der Körperverletzung* erforderlich und darf sich nicht erst einem späteren Verhalten des Täters (z. B. einem unsachgemäßen Transport des Verletzten zum Krankenhaus) entnehmen lassen. Daraus folgt, dass die aus der allgemeinen Fahrlässigkeitsdogmatik bekannten Anforderungen der objektiven und subjektiven Sorgfaltspflichtverletzung und der Vorhersehbarkeit des Eintritts der schweren Folge gegeben sein müssen.

256 Aus der Formulierung „wenigstens fahrlässig" in § 18 folgt, dass auch eine *vorsätzliche Herbeiführung der schweren Folge* vom Tatbestand des § 227 erfasst wird. Allerdings erlangt diese Konstellation praktisch keine Bedeutung, da bei vorsätzlicher Herbeiführung des Todes stets auch die §§ 212, 211 verwirklicht sind, die die Körperverletzung mit Todesfolge im Wege der Gesetzeskonkurrenz (Subsidiarität) verdrängen. Insofern empfiehlt es sich im Rahmen eines juristischen Gutachtens, eventuell in Betracht kommende, vorsätzliche Tötungsdelikte vor einer möglichen Strafbarkeit nach § 227 zu prüfen.

a) Objektive Sorgfaltspflichtverletzung

257 Das Verhalten des Täters muss zunächst objektiv sorgfaltspflichtwidrig hinsichtlich des Todes des Körperverletzungsopfers sein. Eine objektive Sorgfaltspflichtverletzung begeht ganz allgemein, wer die objektiv anzuwendenden Sorgfaltspflichten missachtet, die von einem besonnenen und gewissenhaften Menschen in der konkreten Lage und sozialen Rolle des Täters einzuhalten sind. Bei den erfolgsqualifizierten Delikten ist eine solche Pflichtverletzung regelmäßig schon in der *vorsätzlichen Verwirklichung des Grunddelikts* zu sehen.

b) Objektive Vorhersehbarkeit

258 Der Eintritt des Todes und der hierzu führende Kausalverlauf müssen darüber hinaus *in ihren wesentlichen Zügen objektiv vorhersehbar* gewesen sein. An der objektiven Vorhersehbarkeit fehlt es, wenn der Tod des Verletzten so sehr außerhalb der Lebenserfahrung liegt, dass hiermit vernünftigerweise nicht gerechnet werden musste. Die einzelnen physischen Vorgänge, die im konkreten Fall den Tod herbeiführen, braucht der Täter nicht vorherzusehen. So fehlt es etwa bei älteren Tatopfern noch nicht an der objektiven Vorhersehbarkeit des Todes durch Herzinfarkt infolge der durch die Verletzungshand-

lungen ausgelösten Angstzustände. Bei schweren und lang andauernden Gewalthandlungen (z. B. Fußtritte und Faustschläge gegen Gesicht und Kopf) ist die Vorhersehbarkeit des Todeseintritts nicht einmal dann fraglich, wenn die Erkenntnisfähigkeit des Täters infolge einer alkoholbedingten Bewusstseinstrübung nachhaltig vermindert war.

5. Objektive Zurechnung

Zwischen dem Verhalten des Täters bei der Verwirklichung des Grunddelikts und dem **259** Eintritt des Todes als schwerer Folge muss zusätzlich auch ein *objektiver Zurechnungszusammenhang* bestehen. Da der Adäquanzgedanke regelmäßig schon im Zusammenhang mit der objektiven Vorhersehbarkeit der schweren Folge Anwendung findet, können an dieser Stelle nur noch solche Gesichtspunkte problematisch werden, die im Rahmen der Lehre von der objektiven Zurechnung unter den Oberbegriffen des Schutzzweck- und des Pflichtwidrigkeitszusammenhangs diskutiert werden.

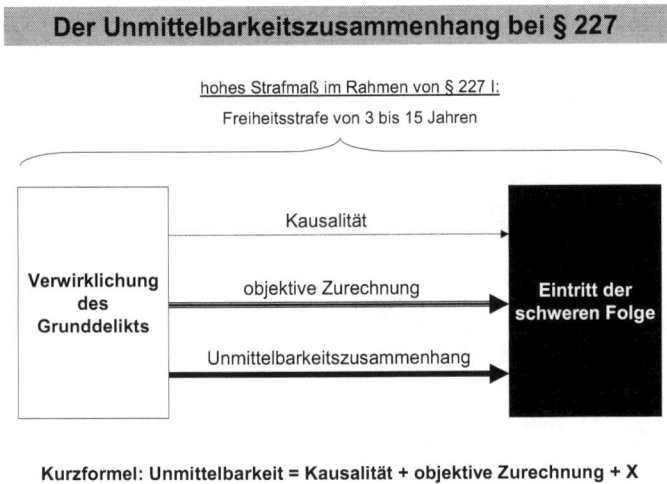

Der Unmittelbarkeitszusammenhang bei § 227

hohes Strafmaß im Rahmen von § 227 I:
Freiheitsstrafe von 3 bis 15 Jahren

Verwirklichung des Grunddelikts — Kausalität / objektive Zurechnung / Unmittelbarkeitszusammenhang → Eintritt der schweren Folge

Kurzformel: Unmittelbarkeit = Kausalität + objektive Zurechnung + X

6. Unmittelbarkeitszusammenhang

Die hohe Strafdrohung des § 227 (Freiheitsstrafe von 3 bis 15 Jahren) kann nicht allein **260** durch eine bloße Kumulation der in diesem Tatbestand enthaltenen Grundkomponenten, d. h. eines vorsätzlichen Körperverletzungsdelikts sowie einer fahrlässigen Tötung (§ 222), erklärt werden. Um dem verfassungsrechtlich verankerten Schuldprinzip Rechnung zu tragen, ist somit eine restriktive Auslegung geboten. Insofern bedarf es einer besonders engen Verbindung zwischen der Verwirklichung des Grunddelikts und dem Eintritt der schweren Folge, die über die Kriterien von Kausalität und objektiver

Zurechnung hinausgeht. Diese Verbindung wird als Unmittelbarkeitszusammenhang bzw. als spezifischer Gefahrzusammenhang bezeichnet und stellt ein ungeschriebenes Tatbestandsmerkmal aller erfolgsqualifizierten Delikte dar. Der spezifische Gefahrzusammenhang ist zu bejahen, wenn sich gerade die der Körperverletzung anhaftende spezifische Gefahr in dem Eintritt des Todes des Verletzten realisiert. Speziell bei der *Körperverletzung durch Unterlassen mit Todesfolge* ist der erforderliche Unmittelbarkeitszusammenhang regelmäßig gegeben, wenn der Garant in einer ihm vorwerfbaren Weise den lebensgefährlichen Zustand herbeigeführt hat, aufgrund dessen der Tod der zu schützenden Person eintritt (BGH NJW 2017, 418; krit. Brüning ZJS 2017, 727, 732). Nach der neueren höchstrichterlichen Rechtsprechung (BGH NStZ 1997, 341; NStZ 2008, 686) scheidet die Annahme eines Unmittelbarkeitszusammenhangs auch dann nicht zwingend aus, wenn neben der Körperverletzung auch eine besondere körperliche Konstitution oder Vorschädigung auf Seiten des Opfers (z. B. eine schwere Herzerkrankung oder eine Gehbehinderung) mitursächlich für den Todeseintritt war.

261 | **Sonderproblem:** Anknüpfungspunkt für den Unmittelbarkeitszusammenhang

Umstritten ist allerdings die Frage, ob für den spezifischen Gefahrzusammenhang an die Grunddeliktshandlung oder den Grunddeliktserfolg anzuknüpfen ist.

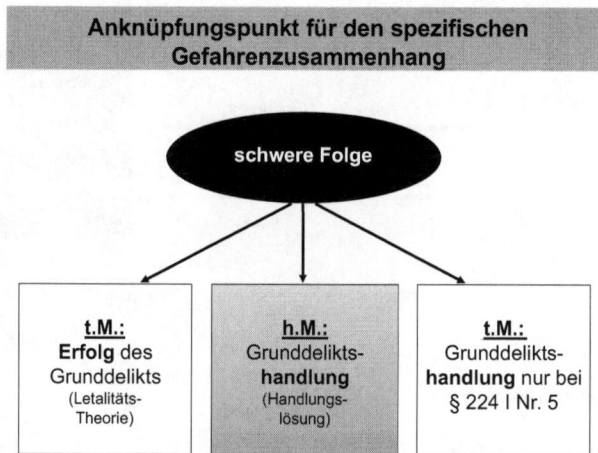

– Nach der sog. *Letalitätslehre* (z. B. LK-Grünewald, § 227 Rn. 7; Roxin, AT I, § 10 Rn. 115 f.) ist ein gefahrspezifischer, unmittelbarer Zusammenhang zwischen dem Körperverletzungs*erfolg* und dem Todeseintritt erforderlich. Im tödlichen Ausgang muss sich gerade die Gefahr realisiert haben, die von der Art und der Schwere der Verletzung herrührt. In der Sache ähnlich sollen teilweise außertatbestandliche Gefährdungsfaktoren die Erfolgsqualifikation ausschließen. Nur strikt grunddeliktsadäquate Todesfolgen seien von § 227 umfasst (Geilen, Welzel-FS, 1974, 655, 681 f.)

– Nach der überwiegend vertretenen, sog. *Handlungslösung* bezeichnet der Begriff „Körperverletzung" i. S. des § 227 nicht nur den Verletzungserfolg, sondern den ganzen Vorgang unter Einschluss der die Verletzung bewirkenden und begleitenden Ausführungshandlung (BGHSt 14, 110; 31, 96; 48, 34, 35 ff.; Schönke/Schröder-Sternberg-Lieben, § 227 Rn. 3 f.; Fischer, § 227 Rn. 3a f.; Rengier, BT II, § 16 Rn. 11; Wessels/Hettinger/Engländer, BT 1, Rn. 329 f.). Ihre Vertreter verlangen alternativ oder kumulativ eine besondere Wahrscheinlichkeit für die Todesfolge bzw./sowie die typische Verknüpfung von vorsätzlicher Körperverletzung und Todeserfolg. Es genügt also bereits ein tatbestandsspezifischer Zusammenhang zwischen Körperverletzungs*handlung* und Todesfolge.

– Nach einer *vermittelnden Auffassung* (M/R-Engländer, § 227 Rn. 5; Sowada Jura 2003, 549, 556) schließlich soll zwar grundsätzlich eine Anknüpfung an die Körperverletzungshandlung genügen, dies aber nur dann, wenn bei Fehlen eines Körperverletzungserfolges zumindest das Qualifikationsmerkmal des § 224 I Nr. 5 erfüllt ist. Dafür spreche, dass nur § 224 und nicht auch § 223 die Aufgabe zukomme, vor besonders gefährlichen Körperverletzungen zu schützen. Daher könne sich aus der Tathandlung des § 223 keine spezifische Todesgefahr ergeben, so dass ein Eingreifen von § 227 im Anschluss daran nur möglich sei, wenn sich der Körperverletzungserfolg als notwendiges Durchgangsstadium zum späteren Todeseintritt realisiert habe.

Bewertung:

Die Vertreter der Letalitätslehre *können sich vor allem auf den Wortlaut des § 227* berufen, der nicht von einer Körperverletzungshandlung, sondern von der „Körperverletzung" bzw. vom Tod der „verletzten Person" spricht. Diese Formulierungen lassen sich durchaus in der Weise verstehen, dass hierfür eine erfolgreiche Körperverletzung erforderlich ist. Außerdem besteht schon angesichts der hohen Strafdrohung die Notwendigkeit einer restriktiven Tatbestandsinterpretation. Dennoch vermag diese Argumentation im Ergebnis nicht zu überzeugen. Der von der Letalitätsthese herangezogene Wortlaut des Gesetzes stützt bei näherer Betrachtung eher die Handlungslösung. Der in § 227 I verwendete Begriff der „Körperverletzung" stellt in Wahrheit nur einen sprachökonomischen Verweis auf den Tatbestand des § 223 dar, mit dessen Hilfe eine Wiederholung der Tatbestandsmerkmale im Rahmen des § 227 vermieden werden soll. Zu beachten ist auch, dass die Verweisung in Gestalt des Klammerzusatzes (§§ 223 bis 226a) jeweils auch § 223 II und § 224 II ausdrücklich mit einschließt. Bei den damit als

262

taugliche Grunddelikte erfassten Versuchskonstellationen ist naturgemäß kein Körperverletzungserfolg notwendig. Hinzu kommt, dass bereits die Existenz der gefährlichen Körperverletzung in § 224 deutlich macht, dass eine vorsätzliche Körperverletzung die ihr eigentümliche Gefahr auch durch die besondere Art und Weise ihrer Begehung erlangen kann. Der Strafschärfungsgrund bei § 224 liegt gerade in der besonders gefährlichen Tathandlung und nicht in einem besonders gefährlichen Taterfolg (vgl. Rn. 172). Und schließlich fordert auch der Begriff des „Verletzten" keinen tatsächlich eingetretenen Körperverletzungserfolg. Dies ergibt sich aus der *höchst* uneinheitlichen Verwendung des Verletztenbegriffs in unterschiedlichen Regelungsbereichen der Strafrechtsordnung (vgl. etwa § 77 I; §§ 172, 374, 395 StPO). Auch die differenzierende Lösung vermag nicht vollends zu überzeugen, da sie letztlich gegenläufige sachliche Kriterien für den Anknüpfungspunkt des spezifischen Gefahrzusammenhangs miteinander vermischt und die Tatsache überspielt, dass auch der (versuchten) einfachen Körperverletzungshandlung (z.B. bei Faustschlägen gegen ein körperlich vorgeschädigtes Opfer) im konkreten Einzelfall die spezifische Gefahr anhaften kann, zum Tod des Verletzungsopfers zu führen. Im Ergebnis genügt zur Bejahung einer Strafbarkeit nach § 227 daher nach der vorzugswürdigen Handlungslösung ein unmittelbarer Zusammenhang zwischen der Körperverletzungs*handlung* des Täters und dem Tod des Verletzungsopfers.

263 Das Unmittelbarkeitserfordernis kann grundsätzlich auch dann noch erfüllt sein, wenn sich die Todesfolge auf ein *selbstschädigendes Verhalten des Opfers* zurückführen lässt. Insbesondere Reaktionen, die dem elementaren Selbsterhaltungstrieb des Menschen entspringen (z.B. Fluchtversuche, Ausweichbewegungen oder sonstige Abwehrmaßnahmen), also der vom Täter geschaffenen psychischen Ausnahmesituation zuzuordnen sind, haftet die spezifische Gefahr an, zum Tode des Opfers zu führen (BGH NStZ 2008, 278; Fischer, § 227 Rn. 4; a.A. *MüKo-Hardtung,* § 227 Rn. 18). Entsprechendes gilt für selbstschädigende Verhaltensweisen infolge einer vom Täter verursachten Benommenheit des Verletzungsopfers (BGH NJW 1992, 1708). Der Unmittelbarkeitszusammenhang besteht aber dann nicht mehr, wenn der Bereich der *eigenverantwortlichen Selbstgefährdung* erreicht ist (z.B. bei einem Verletzungsopfer, das im Vollbesitz seiner geistigen Kräfte die lebensrettende medizinische Behandlung bewusst verweigert).

264 Diese Maßstäbe lassen sich entsprechend auch auf die Konstellationen des *Eingreifens Dritter* in den Geschehensablauf übertragen. Auch dadurch wird der spezifische Gefahrzusammenhang nicht von vornherein ausgeschlossen. Vielmehr kommt es im Ergebnis wiederum darauf an, ob der Dritte gerade durch das vorsätzliche Grunddelikt des Täters typischerweise und letztlich auch unfreiwillig zu seinem schädigenden Verhalten veranlasst wird oder nicht. Der für § 227 erforderliche spezifische Gefahrzusammenhang wird dann zweifelsfrei unterbrochen, wenn das Eingreifen des Dritten das Maß *grober Fahrlässigkeit* erreicht (z.B. bei einer grob fehlerhaften Heilbehandlung der

verletzten Person durch medizinisches Personal) oder die durch die vorherige Körperverletzung geschaffene Lage sogar *vorsätzlich* durch den Dritten zur Tötung des Opfers ausgenutzt wird. Demgegenüber schließt ein lediglich *einfach fahrlässiges Verhalten Dritter* den Unmittelbarkeitszusammenhang nicht aus, kann aber in der Praxis jedenfalls im Rahmen der Strafzumessungsentscheidung für den Verletzungstäter strafmildernd zu berücksichtigen sein.

II. Rechtswidrigkeit

III. Schuld

Im Rahmen des § 227 kommt zunächst eine Prüfung der allgemeinen Schuldausschlie- **265** ßungs- und Entschuldigungsgründe in Betracht. Daneben sind – sofern dies nicht bereits im Rahmen einer subjektiven Tatbestandsprüfung erfolgt ist – noch die subjektive Sorgfaltspflichtverletzung und die subjektive Vorhersehbarkeit des Todeserfolgs und des wesentlichen Kausalverlaufs festzustellen:

1. Subjektive Sorgfaltspflichtverletzung

Zur Feststellung einer subjektiven Sorgfaltspflichtverletzung muss der Täter nach sei- **266** nen persönlichen Fähigkeiten und dem Maß seines individuellen Könnens in der Lage gewesen sein, die objektive Sorgfaltspflicht einzuhalten und den drohenden Schaden zu erkennen. Auch in diesem Rahmen indiziert die vorsätzliche Verwirklichung des Grunddelikts die individuelle Sorgfaltspflichtverletzung. Allerdings kann diese Indizwirkung im Einzelfall widerlegt sein, insbesondere bei starker Alkoholisierung, Rauschzuständen oder sonstigen geistigen bzw. körperlichen Defiziten.

2. Subjektive Vorhersehbarkeit

Schließlich müssen der Todeserfolg und der tatbestandsspezifische Zusammenhang **267** auch in der konkreten Lage und nach den individuellen Fähigkeiten des Täters vorhersehbar gewesen sein. Dabei genügt es für die Bejahung der subjektiven Vorhersehbarkeit des Todeserfolgs und des tatbestandsspezifischen Zusammenhangs, wenn der Täter die Möglichkeit des Todes der von ihm verletzten Person im Ergebnis hatte voraussehen können. Einer Voraussehbarkeit aller Einzelheiten des zum Tode führenden Geschehensablaufs bedarf es nicht. An der individuellen Vorhersehbarkeit kann es beispielsweise bei einer starken Alkoholisierung des Täters fehlen.

IV. Konkurrenzen

268 Sofern Vorsatz, d.h. mindestens dolus eventualis, hinsichtlich der Verwirklichung der schweren Folge vorliegt, wird § 227 im Wege der Gesetzeskonkurrenz (Subsidiarität) von den §§ 212, 211 verdrängt. Umgekehrt verdrängt die Körperverletzung mit Todesfolge ihrerseits die §§ 222, 223, 224, 226 und 226a im Wege der Gesetzeskonkurrenz. Mit den §§ 218, 225 und 231 ist Tateinheit möglich.

V. Aufbauschema § 227

I. **Tatbestand**

1. Vorsätzliche Verwirklichung des Grunddelikts (§§ 223–226a, 340 StGB)
2. Eintritt des Todes der verletzten Person als schwere Folge
3. Kausalität zwischen Verwirklichung des Grunddelikts und Eintritt des Todes
4. Objektive Sorgfaltspflichtverletzung: regelmäßig durch Verwirklichung des Grunddelikts
5. Objektive Vorhersehbarkeit des Todeserfolgs und des wesentlichen Kausalverlaufs
6. Objektive Zurechnung
7. Unmittelbarkeitszusammenhang

II. **Rechtswidrigkeit**

III. **Schuld**

1. Allgemeine Schuldausschließungs- und Entschuldigungsgründe
2. Subjektive Sorgfaltspflichtverletzung
3. Subjektive Vorhersehbarkeit des Todeserfolgs und des wesentlichen Kausalverlaufs

G. Fahrlässige Körperverletzung (§ 229)

> **Gesetzestext:**
>
> Wer durch Fahrlässigkeit die Körperverletzung einer anderen Person verursacht, wird mit Freiheitsstrafe bis zu drei Jahren oder mit Geldstrafe bestraft.

§ 229 normiert vor dem Hintergrund des § 15 einen eigenständigen Straftatbestand für **269** den Fall der fahrlässigen Körperverletzung, der ebenfalls dem *Schutz der körperlichen Unversehrtheit* dient und als *Erfolgsdelikt* ausgestaltet ist. Im Vergleich zu den vorsätzlichen Körperverletzungsdelikten ist die ungewollte Verwirklichung des Tatbestandes durch pflichtwidrige Vernachlässigung der im Verkehr erforderlichen Sorgfalt kennzeichnend. Demgegenüber kommen aufgrund der Struktur als Fahrlässigkeitsdelikt weder ein Versuch (kein Tatentschluss) noch eine Teilnahme (keine vorsätzliche Haupttat) oder die Annahme von Mittäterschaft (kein bewusstes und gewolltes, arbeitsteiliges Zusammenwirken) in Betracht. Die Mitwirkung an der fahrlässigen Tat eines anderen ist daher nur als Nebentäterschaft oder als mittelbare Täterschaft möglich.

Taugliches *Tatobjekt* des § 229 ist wie bei § 223 *ein anderer lebender Mensch*. Fahrlässige **270** pränatale Einwirkungen auf die Leibesfrucht sind daher auch über § 229 nicht erfasst. Zudem fallen die Selbstverletzung sowie die Mitwirkung an einer eigenverantwortlichen Selbstgefährdung von vornherein nicht in den Anwendungsbereich der Norm.

Die fahrlässige Körperverletzung kann sowohl in Gestalt eines *Begehungsdelikts* als **271** auch, bei bestehender Garantenstellung, als *fahrlässiges unechtes Unterlassungsdelikt* (§§ 229, 13) in Betracht kommen. In letzterem Fall ist zusätzlich zu der nachfolgend dargestellten Prüfungsfolge, die sich auf das fahrlässige Begehungsdelikt bezieht, im Rahmen des Tatbestands noch die Nichtvornahme der zur Erfolgsabwendung objektiv erforderlichen und rechtlich gebotenen Handlung bei physisch-realer Handlungsmöglichkeit sowie das Bestehen einer Garantenstellung des Täters festzustellen.

I. Tatbestand

1. Tatbestandsmäßiges Verhalten und Verwirklichung des Körperverletzungserfolgs

Der Begriff „Körperverletzung" in § 229 ist deckungsgleich mit der entsprechenden **272** Formulierung in § 223 I. Damit entsprechen auch die Tathandlungen des § 229 denen des § 223 und müssen ebenfalls zu einem tatbestandlichen Erfolg i. S. einer körperlichen Misshandlung und/oder Gesundheitsschädigung führen. Die fahrlässige Körperverletzung kann bei bestehender Garantenstellung auch in Gestalt eines *unechten Unterlassungsdelikts* (§§ 229, 13) begangen werden. Eine Differenzierung nach der Art der Tatausführung oder der Schwere des eingetretenen Verletzungserfolgs findet innerhalb des tatbestandlichen Rahmens der fahrlässigen Körperverletzung – im Gegensatz etwa zu den §§ 224, 226 und 226a – nicht statt. Solche Gesichtspunkte können allerdings in der Praxis im Rahmen der Strafzumessung Berücksichtigung finden. Erforderlich ist jedoch stets, dass die allgemeine Erheblichkeitsschwelle der Körperverletzung überschritten wird (vgl. Rn. 156, 158).

2. Kausalität

273 Nach dem Gesetzeswortlaut verlangt § 229 eine Verursachung der Körperverletzung „durch Fahrlässigkeit". Infolgedessen muss der Täter den Eintritt des Körperverletzungserfolgs durch ein vom Willen beherrschtes oder beherrschbares Verhalten (Tun oder Unterlassen) i.S. der Äquivalenztheorie verursacht haben. Seine Handlung darf demnach nicht hinweggedacht bzw. (im Fall des Unterlassens) nicht hinzugedacht werden können, ohne dass der Erfolg in seiner konkreten Gestalt entfiele.

3. Objektive Sorgfaltspflichtverletzung und objektive Vorhersehbarkeit

274 Charakteristisch für alle Fahrlässigkeitsdelikte ist die Prüfung der Frage, ob der Täter im Hinblick auf die Körperverletzung bei objektiver Betrachtung die im Verkehr erforderliche Sorgfalt außer Acht gelassen hat, und der von ihm verursachte Verletzungserfolg objektiv vorhersehbar war.

a) Objektive Sorgfaltspflichtverletzung

275 Der Täter einer fahrlässigen Körperverletzung muss die objektiv anzuwendenden Sorgfaltspflichten missachtet haben, deren Einhaltung von einem besonnenen und gewissenhaften Menschen in der konkreten Lage und der sozialen Rolle des Handelnden zu erwarten gewesen wäre. Eine solche objektive Sorgfaltspflichtverletzung darf nicht nur abstrakt-generell behauptet werden, sondern ist unter Berücksichtigung der jeweils einschlägigen Normen und Erfahrungssätze im Einzelfall zu prüfen. Zur *Konkretisierung des geltenden Pflichtenmaßstabs* ist zunächst auf die thematisch einschlägigen, *geschriebenen Normen* (z.B. Straßenverkehrsregeln, strafvollzugsrechtliche Bestimmungen, waffenrechtliche Aufbewahrungsvorschriften oder technisches Regelwerk wie DIN- oder VDE-Normen) abzustellen. Fehlen solche Sondernormen, so muss man auf die ungeschriebenen Regeln und Gepflogenheiten im jeweiligen Lebensbereich sowie ggf.

auf die allgemeine Lebenserfahrung zurückgreifen. Man muss somit danach fragen, wie sich ein besonnener und gewissenhafter Autofahrer, Arzt, Architekt, Strafvollzugsbediensteter, Veranstalter, Waffenbesitzer, Tierhalter usw. in der konkreten Situation verhalten hätte.

Im Hinblick auf Art und Maß der anzuwendenden Sorgfalt erhöht ein etwaiges Sonder- **276** *wissen* des Täters (z. B. über den labilen Gesundheitszustand des Opfers oder über die besondere Gefährlichkeit einer bestimmten Straßenkreuzung) die Sorgfaltsmaßstäbe gegenüber dem besonnenen und gewissenhaften Durchschnittsbürger. Entsprechendes gilt dann auch für ein hiervon ohnehin nur schwer unterscheidbares Sonder*können* (z. B. medizinische Kenntnisse eines Arztes bzw. eines Krankenpflegers oder die Fähigkeiten eines Rettungsschwimmers), das die objektiv an ihn zu stellenden Sorgfaltsanforderungen erhöht.

b) Objektive Vorhersehbarkeit

Für den Täter müssen aber auch der Eintritt der körperlichen Misshandlung und/oder **277** der Gesundheitsschädigung beim Opfer und der wesentliche Kausalverlauf *objektiv vorhersehbar* gewesen sein. Der Eintritt der Körperverletzung darf mithin nicht so sehr außerhalb der Lebenserfahrung liegen, dass mit ihm vernünftigerweise nicht gerechnet werden musste.

4. Objektive Zurechnung

Zwischen dem Verhalten des Täters bei der Verwirklichung der Körperverletzung und **278** dem Eintritt des Körperverletzungserfolgs muss ein objektiver Zurechnungszusammenhang bestehen. Da der Adäquanzgedanke regelmäßig schon im Zusammenhang mit der objektiven Vorhersehbarkeit der schweren Folge Anwendung findet, können an dieser Stelle vorrangig solche Gesichtspunkte problematisch werden, die im Rahmen der Lehre von der objektiven Zurechnung unter den Oberbegriffen des Schutzzweck- und des Pflichtwidrigkeitszusammenhangs diskutiert werden.

II. Rechtswidrigkeit

Auch die Rechtswidrigkeit der fahrlässigen Körperverletzung kann auf der Grundlage **279** der allgemein anerkannten (geschriebenen und ungeschriebenen) Rechtfertigungsgründe (z. B. §§ 32, 34) entfallen. Bei der Beurteilung der Wirksamkeit einer rechtfertigenden Einwilligung, die praktisch vor allem im Zusammenhang mit ärztlichen Eingriffen Bedeutung besitzt, ist § 228 zu beachten, obwohl dieser gesetzessystematisch vor § 229 normiert ist (zur Erforderlichkeit eines subjektiven Rechtfertigungselements s. etwa Rengier, AT, § 52 Rn. 78 ff.).

III. Schuld

280 Im Rahmen des § 229 kommt zunächst eine Prüfung der allgemeinen Schuldausschlie-
ßungs- und Entschuldigungsgründe in Betracht. Daneben sind – sofern dies nicht bereits im Rahmen einer subjektiven Tatbestandsprüfung erfolgt ist – noch die subjektive
Sorgfaltspflichtverletzung und die subjektive Vorhersehbarkeit des Verletzungserfolgs
und des wesentlichen Kausalverlaufs festzustellen:

1. Subjektive Sorgfaltspflichtverletzung

281 Der Täter muss nach seinen persönlichen Fähigkeiten und dem Maß seines individuellen Könnens in der Lage gewesen sein, die objektive Sorgfaltspflicht einzuhalten und
den drohenden Schaden in Gestalt der Körperverletzung zu erkennen.

2. Subjektive Vorhersehbarkeit

282 Schließlich müssen der Verletzungserfolg und der Kausalverlauf in den wesentlichen
Zügen auch nach den individuellen Fähigkeiten des Täters subjektiv vorhersehbar gewesen sein.

IV. Prozessvoraussetzungen

1. Strafantragserfordernis (§ 230)

283 Nach § 230 I 1 ist für eine Strafverfolgung ein rechtzeitiger (§ 77b) Strafantrag (§ 158
II StPO) des Verletzten (§ 77 I) oder der nach § 230 I 2 (Angehörige im Fall des Todes des Verletzten vor Antragstellung) bzw. § 230 II (Dienstvorgesetzte, Kirchen und
andere Religionsgesellschaften des öffentlichen Rechts) Antragsberechtigten erforderlich. Allerdings stellt § 229 nach dem eindeutigen Wortlaut von § 230 I nur ein *relatives
Antragsdelikt* dar. Insofern bleibt eine Strafverfolgung trotz fehlenden Strafantrags auch
dann möglich, wenn die Strafverfolgungsbehörde wegen des *besonderen öffentlichen Interesses* (vgl. Rn. 171) ein Einschreiten für geboten hält. Fehlt es an einem Strafantrag,
ist die Frist für seine Stellung abgelaufen und mangels besonderen öffentlichen Interesses an der Strafverfolgung auch kein Einschreiten von Amts wegen geboten, so liegt
ein (nicht behebbares) *Prozess- bzw. Verfahrenshindernis* vor und das Verfahren muss
eingestellt werden.

2. Privatklagedelikt (§ 374 I Nr. 4 StPO)

Ebenso wie bei der einfachen vorsätzlichen Körperverletzung handelt es sich gem. **284** § 374 I Nr. 4 StPO auch bei der fahrlässigen Körperverletzung um ein *Privatklagedelikt*. Von der Staatsanwaltschaft wird nach § 376 StPO somit nur dann Anklage erhoben, wenn dies im öffentlichen Interesse (vgl. Rn. 172) liegt. Ansonsten obliegt es dem Verletzten als Privatperson selbst bzw. den sonstigen Privatklageberechtigten (vgl. § 374 II, III StPO), für eine Verfolgung der Tat zu sorgen.

V. Konkurrenzen

§ 229 tritt im Wege der Gesetzeskonkurrenz (Subsidiarität) hinter etwaigen, vorsätzlich begangenen Körperverletzungsdelikten zurück. Mit den §§ 240, 250 I Nr. 1c, 315 ff. oder § 323a ist demgegenüber Tateinheit möglich. Die fahrlässige Körperverletzung im Amt ist nach § 340 III i. V. m. § 229 mit Strafe bedroht und verdrängt die fahrlässige Körperverletzung, obwohl die Strafdrohung identisch ist.

VI. Aufbauschema § 229

I. Tatbestand

    1. Tatbestandsmäßiges Verhalten und Verwirklichung des Verletzungserfolgs

    2. Kausalität

    3. Objektive Sorgfaltspflichtverletzung und objektive Vorhersehbarkeit

        a) Objektive Sorgfaltspflichtverletzung

        b) Objektive Vorhersehbarkeit

    4. Objektive Zurechnung

II. Rechtswidrigkeit

III. Schuld

    1. Allgemeine Schuldausschließungs- und Entschuldigungsgründe

    2. Subjektive Sorgfaltspflichtverletzung

    3. Subjektive Vorhersehbarkeit des Todeserfolgs und des wesentlichen Kausalverlaufs

IV. Prozessvoraussetzung: Strafantragserfordernis gem. § 230

H. Beteiligung an einer Schlägerei (§ 231)

> Gesetzestext:
>
> (1) Wer sich an einer Schlägerei oder an einem von mehreren verübten Angriff beteiligt, wird schon wegen dieser Beteiligung mit Freiheitsstrafe bis zu drei Jahren oder mit Geldstrafe bestraft, wenn durch die Schlägerei oder den Angriff der Tod eines Menschen oder eine schwere Körperverletzung (§ 226) verursacht worden ist.
>
> (2) Nach Absatz 1 ist nicht strafbar, wer an der Schlägerei oder dem Angriff beteiligt war, ohne daß ihm dies vorzuwerfen ist.

285 § 231 stellt ein *abstraktes Gefährdungsdelikt* dar, mit dem der Gesetzgeber schon die bloße Beteiligung an generell gefährlichen Formen der körperlichen Auseinandersetzung zwischen mehreren Personen unter Strafe stellt, sofern die im Tatbestand genannte schwere Folge eintritt. Damit dient die Vorschrift der *Vermeidung der* mit körperlichen Auseinandersetzungen einer Vielzahl von Personen regelmäßig verbundenen *Beweisschwierigkeiten*. Schließlich sind in derartig unübersichtlichen Lebenssachverhalten die einzelnen Verantwortlichkeiten für Körperverletzungs- und Tötungsdelikte regelmäßig nur schwer oder gar nicht feststellbar. Ohne die Existenz einer Vorschrift wie § 231 müsste eine Strafbarkeit der Beteiligten entfallen, sofern die Kausalität ihres Verhaltens für den Eintritt der schweren Folge unter Anwendung des Grundsatzes in dubio pro reo nicht nachweisbar ist. Allerdings ist § 231 auch dann anwendbar, wenn solche Körperverletzungs- oder Tötungsdelikte nachweislich vorliegen. Insofern wird zur Konkretisierung des Normzwecks teilweise auch auf die *erhöhte Gefährlichkeit der tatbestandlich umschriebenen Verhaltensweisen* angeknüpft (vgl. etwa Wessels/Hettinger/Engländer, BT 1, Rn. 382).

286 *Geschütztes Rechtsgut* des § 231 ist das allgemeine öffentliche Interesse an der Erhaltung von Leben und körperlicher Unversehrtheit von Personen, die durch körperliche Auseinandersetzungen in Gestalt von Schlägereien und Angriffen mehrerer in besonderem Maße gefährdet sind. Die Vorschrift stellt somit – auch wenn mittelbar Individualrechtsgüter bewahrt werden sollen – in erster Linie ein Delikt gegen ein *kollektives Rechtsgut* dar, so dass eine rechtfertigende Einwilligung mangels Disponibilität des Rechtsguts von vornherein nicht in Betracht kommt (vgl. Rn. 296).

I. Tatbestand

1. Objektiver Tatbestand

Den objektiven Tatbestand des § 231 I verwirklicht bereits derjenige, der sich an einer **287** Schlägerei oder an einem von mehreren verübten Angriff beteiligt.

a) Gefahrenquelle = Schlägerei oder von mehreren verübter Angriff

Schlägerei ist der Streit mit gegenseitigen Körperverletzungen zwischen mindes- **288** tens drei Personen.

Die Tätlichkeiten müssen von beiden an der Auseinandersetzung beteiligten Seiten verübt werden. Gehen von drei Personen zwei nicht gegeneinander, sondern nur gegen einen Dritten vor, so scheidet die Annahme einer Schlägerei aus. In solchen Fällen kommt dann aber die Variante des Angriffs mehrerer in Betracht. Dasselbe gilt, wenn der Dritte sich nur auf ein Ausweichen oder reine Schutzwehr beschränkt (BGHSt 15, 369, 370). Greift eine dritte Person in wechselseitige Körperverletzungen zwischen zwei Personen tätlich ein, so liegt (erst) ab deren Eintritt eine Schlägerei vor. Andererseits entfällt eine Schlägerei, sobald durch das Entfernen eines Beteiligten oder mehrerer Beteiligter am Ende nur noch zwei Beteiligte verbleiben. Die für die Annahme einer Schlägerei erforderlichen wechselseitigen Tätlichkeiten müssen im Übrigen nicht gleichzeitig begangen werden. Es genügt, wenn nacheinander jeweils nur zwei Personen wechselseitige Tätlichkeiten verüben, zwischen diesen Vorgängen aber ein so enger innerer Zusammenhang besteht, dass eine Aufspaltung in einzelne „Zweikämpfe" nicht in Betracht kommt und die Annahme eines einheitlichen Gesamtgeschehens mit mehr als zwei aktiv Beteiligten gerechtfertigt ist (BGH NStZ 2014, 147).

Ein von mehreren verübter Angriff ist die in feindseliger Willensrichtung unmittelbar auf den Körper eines anderen abzielende Einwirkung durch mindestens zwei Personen.

Diese Tatalternative kommt insbesondere dann in Betracht, wenn sich das Opfer nicht zur Wehr setzt oder vor seinen Angreifern flieht. Ausreichend ist ein unmittelbar auf eine körperliche Einwirkung abzielendes Vorgehen der Angreifer (z. B. beim Engerziehen des Personenkreises um das Opfer). Ein solcher Angriff setzt somit weder eine tatsächliche körperliche Berührung noch eine Körperverletzung voraus.

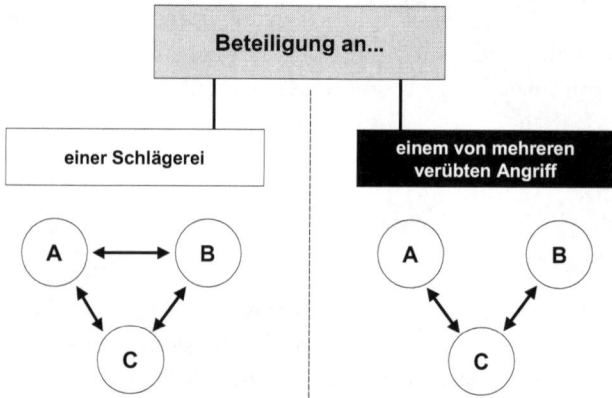

Ein von mehreren verübter Angriff setzt kein mittäterschaftliches Handeln der Angreifer i. S. von § 25 II voraus. Andererseits genügt ein nur zufälliges Zusammentreffen verschiedener Angriffe noch nicht. Die Mindestvoraussetzung besteht vielmehr darin, dass sich das Zusammenwirken der Angreifer aus der Einheitlichkeit des Angriffs, des Angriffsgegenstandes und des Angriffswillens ergibt (BGHSt 2, 160; 31, 124, 126; 33, 100, 102). Hierfür genügen die Anwesenheit am Tatort und das physische oder psychische Mitwirken am Angriff. Ein eigenhändiges Eingreifen in das Kampfgeschehen ist demgegenüber nicht zwingend erforderlich.

b) Beteiligung

289 Beteiligt i. S. des § 231 StGB ist derjenige, der am Tatort anwesend ist und durch physische oder psychische Mitwirkung aktiv an den gegen andere gerichteten Tätlichkeiten teilnimmt.

Der Begriff der Beteiligung ist im Rahmen des § 231 *unabhängig von den Beteiligungsformen der §§ 25 ff.* i. S. einer örtlich-zeitlichen Mitwirkung zu bestimmen. Dies führt faktisch dazu, dass zahlreiche Verhaltensweisen, die im Rahmen anderer Tatbestände nur als Beihilfehandlungen einzustufen wären, im Rahmen von § 231 zur Täterschaft hochgestuft werden. Die von § 231 geforderte, aktive Mitwirkung setzt nämlich das Verüben eigener Tätlichkeiten nicht zwingend voraus. Sie kann vielmehr auch in sonstigen aktiven und gefahrerhöhenden Beiträgen bestehen (z. B. Zureichen von Tatwerkzeugen, Anfeuern der Kämpfenden oder Abhalten von Hilfskräften). Niemals Beteiligter i. S. von § 231 kann derjenige sein, der sich auf bloße Schutzwehr beschränkt. Auch derjenige, der lediglich zu schlichten versucht, für medizinische Hilfe sorgt oder aus reiner Neugierde am Tatort anwesend ist, ohne Partei zu ergreifen, ist nicht i. S. v. § 231 beteiligt. Eine täterschaftliche Verwirklichung des § 231 durch (garantenpflichtwidriges) Unterlassen am Tatort der Auseinandersetzung scheitert angesichts der aktivischen Formulierung der Tatalternativen „Schlägerei" und „Angriff" jedenfalls an der Gleichstellungsklausel des § 13 I.

Sonderproblem: Zeitpunkt der Beteiligung · 290

Umstritten ist, ob von einer tatbestandsmäßigen Beteiligung i. S. von § 231 I auch dann auszugehen ist, wenn die Beteiligungsphase zeitlich vor oder nach dem Zeitpunkt lag, in dem die Ursache für die schwere Folge gesetzt wurde oder deren Eintritt erfolgte:

– Nach teilweise vertretener Auffassung (Krey/Hellmann/Heinrich, BT I, Rn. 323) komme eine Strafbarkeit nach § 231 nur bei solchen Personen in Betracht, die *zum Zeitpunkt des Eintritts der schweren Folge an der Auseinandersetzung beteiligt* waren. Speziell derjenige, der vor der Verwirklichung der schweren Folge aus dem Tatgeschehen ausscheide, würde ansonsten nur wegen einer Fortwirkung seines Tatbeitrages bestraft. Hierbei handele es sich um ein zu vages Kriterium.

– Nach anderer Ansicht (SK-Wolters, § 231 Rn. 8; Schönke/Schröder-Sternberg-Lieben, § 231 Rn. 9, Rengier, BT II, § 18 Rn. 11; Hardtung JuS 2008, 1060, 1065) wird eine Strafbarkeit lediglich in denjenigen Fällen ausgeschlossen, in denen die Beteiligung zeitlich nach dem Eintritt der schweren Folge erfolgt. Trete der Tatverdächtige erst nach der für den Erfolgseintritt ursächlichen Gefährlichkeitsphase in die Auseinandersetzung ein, so fehle es an einem Beitrag zu dem riskanten Geschehen. Die schwere Folge bewirke demnach eine Zäsur des Geschehens.

– Nach überwiegend vertretener Auffassung (BGHSt 14, 132, 133 f.; 16, 130, 131; MüKo-Hohmann, § 231 Rn. 24 ff.; Fischer, § 231 Rn. 8; Wessels/Hettinger/Engländer, BT 1, Rn. 399) ist der objektive Tatbestand demgegenüber unabhängig davon erfüllt, ob die Beteiligungsphase vor, während oder nach dem Zeitpunkt lag, in dem die schwere Folge eingetreten ist. Etwas anderes gelte nur dann, wenn das Geschehen ohne die Mitwirkung des Beteiligten noch nicht oder nicht mehr die Voraussetzungen einer Schlägerei oder eines von mehreren verübten Angriffs erfülle (OLG Köln NJW 1962, 1688).

Zeitpunkt der Beteiligung i.S. von § 231 I

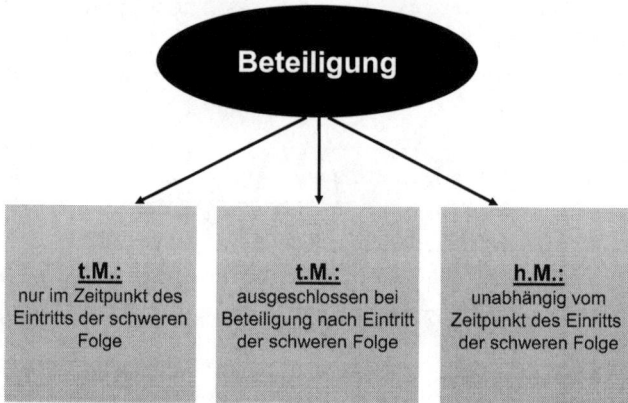

Beteiligung

t.M.:	**t.M.:**	**h.M.:**
nur im Zeitpunkt des Eintritts der schweren Folge	ausgeschlossen bei Beteiligung nach Eintritt der schweren Folge	unabhängig vom Zeitpunkt des Einritts der schweren Folge

Bewertung:

291 Die letztgenannte Ansicht verdient Zustimmung. Die Gegenauffassungen übersehen zunächst, dass § 231 lediglich die Beteiligung an der Auseinandersetzung unter Strafe stellt. Eine zeitliche Beschränkung hat sich im Wortlaut des Gesetzes nicht niedergeschlagen. Außerdem hat der Beteiligte auch bei einem vorzeitigen Ausscheiden aus dem Kampfgeschehen regelmäßig schon durch sein bis dahin an den Tag gelegtes Verhalten an der kausalen Herbeiführung der gefährlichen Situation mitgewirkt. Vor allem aber liegt der Sinn und Zweck des § 231 gerade in der Vermeidung von Beweisschwierigkeiten bei im Nachhinein schwer aufklärbaren und nachvollziehbaren Sachverhalten. Dem Täter sollen typische Schutzbehauptungen, wonach er bereits vor Eintritt der schweren Folge das Geschehen verlassen oder erst danach hinzugekommen sei, abgeschnitten und die Anwendung des Grundsatzes in dubio pro reo zugunsten eines effektiven Rechtsgüterschutzes ausgeschlossen werden. Mit diesem Ziel ist eine nach dem Zeitpunkt der Beteiligung ausgerichtete Differenzierung der Strafbarkeitsbewertung nicht vereinbar.

2. Subjektiver Tatbestand

292 Subjektiv muss allgemeiner Vorsatz (vgl. § 15) des Täters gegeben sein, d.h. *mindestens dolus eventualis* hinsichtlich der Verwirklichung der objektiven Tatbestandsmerkmale. Erforderlich ist also Wissen und Wollen hinsichtlich der Beteiligung an einer Schlägerei oder einem von mehreren verübten Angriff.

3. Objektive Strafbarkeitsbedingung = Tod oder schwere Körperverletzung

Die Beteiligung an einer Schlägerei oder an einem von mehreren verübten Angriff ist **293** nur dann nach § 231 mit Strafe bedroht, wenn dadurch der *Tod eines Menschen* oder eine *schwere Körperverletzung i. S. des § 226* eingetreten ist. Der Eintritt der schweren Folge ist kein Tatbestandsmerkmal, sondern eine *objektive Bedingung der Strafbarkeit*. Dies bedeutet, dass sich der Vorsatz des Täters nicht hierauf zu beziehen braucht und auch § 18 nicht anwendbar ist. Irrtümer des Beschuldigten bezüglich der schweren Folge können somit keine Auswirkungen auf seine Strafbarkeit haben.

Bei wem die schwere Folge eintritt ist ohne Bedeutung, solange sie nur *objektiv vor-* **294** *liegt*. Sie kann sich daher sowohl bei einem an der Auseinandersetzung Beteiligten, bei einem einschreitenden Polizeibeamten, einem Zuschauer als auch bei einem unbeteiligten Dritten (z. B. einem Passanten) realisieren. Ebenfalls nicht erforderlich ist, dass die schwere Folge rechtswidrig herbeigeführt worden ist. Insofern ist § 231 auch anwendbar, wenn die Tatfolge auf einer Notwehrhandlung beruht und einen Angreifer trifft. Dass einzelne Ausführungshandlungen im Rahmen der Auseinandersetzung und damit Straftaten nach den §§ 211 ff., 223 ff. möglicherweise gerechtfertigt sind, berührt die Strafbarkeit nach § 231, der eine Haftung *für die bloße Beteiligung* etabliert, mithin nicht.

Der Tod des Opfers bzw. dessen schwere Körperverletzung muss sich *kausal* auf die **295** Schlägerei bzw. den von mehreren verübten Angriff zurückführen lassen. Zudem muss sich in einer solchen schweren Folge auch nach den Regeln der *objektiven Zurechnung* die besondere Gefährlichkeit der Schlägerei oder des Angriffs mehrerer realisiert haben. Rein zufällige Folgen (z. B. der Herzinfarkt des von der Auseinandersetzung erschütterten Zuschauers) genügen für die Bejahung der objektiven Strafbarkeitsbedingung nicht. Hingegen sind panische Fluchtreaktionen des Angegriffenen, Notwehrhandlungen, der Tod eines einschreitenden Polizeibeamten, der Sturz des vor den Kämpfenden Zurückweichenden oder der spätere Tod eines durch die Auseinandersetzung schwer Verletzten erfasst.

II. Rechtswidrigkeit

Gemäß § 231 II ist nicht strafbar, wer an der Schlägerei oder dem Angriff beteiligt war, **296** ohne dass ihm dies vorzuwerfen ist. Bei dieser Formulierung handelt es sich nach h. M. lediglich um einen *klarstellenden Hinweis auf etwaige Rechtfertigungs- oder Entschuldigungsgründe für die Beteiligung* und nicht um eine Einschränkung des Tatbestandes (LK-Popp, § 231 Rn. 36; Fischer, § 231 Rn. 10; Rengier, BT II, § 18 Rn. 13; a. A. MüKo-

Hohmann, § 231 Rn. 29). Im Rahmen der Fallbearbeitung ist damit stets zwischen der Rechtswidrigkeit der Beteiligung an einer Schlägerei und der Rechtswidrigkeit einzelner Verletzungshandlungen zu unterscheiden. Zwar kann auch die Rechtswidrigkeit der Beteiligung an einer Schlägerei auf der Grundlage der allgemein anerkannten (geschriebenen oder ungeschriebenen) Rechtfertigungsgründe entfallen. Da § 231 aber vorrangig das öffentliche Interesse an der Erhaltung des Lebens und der körperlichen Unversehrtheit und der Vermeidung von Gefahren für diese Rechtsgüter schützt, scheidet diesbezüglich die Annahme einer rechtfertigenden Einwilligung schon mangels Disponibilität des Rechtsguts aus. Vor diesem Hintergrund geht die neuere Rechtsprechung davon aus, dass die rechtswidrige und schuldhafte Verwirklichung des Tatbestands von § 231 I auch zur Annahme der Sittenwidrigkeit der Körperverletzungstat i. S. von § 228 führt (BGH NJW 2015, 1540, 1543 f.). Unabhängig davon kann sich ein rechtswidrig und schuldhaft Beteiligter i. S. des § 231 gegenüber einem einzelnen Angriff eines anderen im Rahmen einer Schlägerei (§§ 211 ff., 223 ff.) durchaus auf Rechtfertigungsgründe (z. B. § 32) berufen.

III. Schuld

297 Im Rahmen der Schuld kommt vor dem Hintergrund von § 231 II eine Prüfung der allgemeinen Schuldausschließungs- und Entschuldigungsgründe in Betracht.

IV. Konkurrenzen

298 Sofern ggü. einem Beteiligten der Nachweis der Ursächlichkeit und Schuld geführt werden kann, steht § 231 angesichts seines speziellen Rechtsguts zu den §§ 211 ff., 223 ff. grundsätzlich im Verhältnis der Tateinheit. Auch mit den §§ 113, 114 ist Tateinheit möglich. Allerdings tritt § 231 dann zurück, wenn sein Tatunrecht (z. B. bei einer mittäterschaftlich begangenen Tötung oder schweren Körperverletzung) bereits voll von den §§ 211 ff., 226, 227 erfasst wird. Dies wird man jedoch bei Schlägereien mit einer größeren Anzahl von Beteiligten regelmäßig nicht annehmen können. Die Anstiftung zu § 231 tritt hinter einem täterschaftlich verwirklichten § 340 I in der Form des Begehenlassens als speziellerem Delikt zurück.

V. Aufbauschema § 231

I. Tatbestand

    1. Objektiver Tatbestand

        a) Vorliegen einer (abstrakten) Gefahrenquelle

            aa) Schlägerei oder

            bb) von mehreren verübter Angriff

        b) Beteiligung

    2. Subjektiver Tatbestand

        Vorsatz (vgl. § 15 StGB), d. h. mindestens dolus eventualis

    3. Objektive Strafbarkeitsbedingung

        a) Tod eines Menschen oder

        b) schwere Körperverletzung i. S. von § 226 StGB

II. Rechtswidrigkeit

III. Schuld

I. Körperverletzung im Amt (§ 340)

Gesetzestext:

(1) Ein Amtsträger, der während der Ausübung seines Dienstes oder in Beziehung auf seinen Dienst eine Körperverletzung begeht oder begehen läßt, wird mit Freiheitsstrafe von drei Monaten bis zu fünf Jahren bestraft. In minder schweren Fällen ist die Strafe Freiheitsstrafe bis zu fünf Jahren oder Geldstrafe.

(2) Der Versuch ist strafbar.

(3) Die §§ 224 bis 229 gelten für Straftaten nach Absatz 1 Satz 1 entsprechend.

---

299   Bei der Körperverletzung im Amt handelt es sich überwiegend um ein *unechtes Sonderdelikt*. Dies gilt allerdings nur insoweit, als die Täterschaftsformen auch in den §§ 223 ff. erfasst und dann durch die Amtsträgereigenschaft des Täters qualifiziert werden. In diesem Umfang stellt § 340 I einen Qualifikationstatbestand zu § 223 I dar. Grund der Strafschärfung ist die Steigerung des Unrechts der Körperverletzung durch die damit verbundene Dienstpflichtverletzung des Amtsträgers. Da § 340 aber auch das „Begehenlassen" tatbestandlich erfasst und auf diese Weise – und anders als bei § 223 – Formen der Teilnahme zur Täterschaft erhebt (vgl. Rn. 305), liegt insofern ein *echtes Sonderdelikt* in Gestalt eines Amtsdelikts vor.

300   *Geschütztes Rechtsgut* ist ausschließlich die körperliche Unversehrtheit und Gesundheit eines anderen lebenden Menschen. Gegen die Einbeziehung eines Allgemeinrechtsgutes wie des „Interesses der Allgemeinheit an korrekter Amtsführung" (MüKo-Voßen, § 340 Rn. 1; Schönke/Schröder-Hecker, § 340 Rn. 1) oder des „internen Funktionierens des Staatsapparates" (LK-Lilie, § 340 Rn. 1) spricht der eindeutige Verweis auf § 228 in § 340 III, der zum Ausdruck bringt, dass eine rechtfertigende Einwilligung in nach § 340 tatbestandsmäßige Verhaltensweisen zulässig und das geschützte Rechtsgut insoweit disponibel sein muss.

301   Der *Versuch* der Körperverletzung im Amt ist nach § 340 II unter Strafe gestellt. Da unter die Tatmodalität des „Begehenlassens" auch Konstellationen der Anstiftung und Beihilfe fallen (vgl. Rn. 305), werden auf diese Weise faktisch auch Fälle der versuchten Teilnahme erfasst, obwohl § 340 I eigentlich nur ein Vergehen darstellt. Für die Fälle der gefährlichen Körperverletzung im Amt sowie der Misshandlung Schutzbefohlener ergibt sich die Versuchsstrafbarkeit bereits aus der Verweisung in § 340 III auf § 224 II bzw. § 225 II. Die Versuchsstrafbarkeit in den Fällen der §§ 226, 226a und 227 ergibt sich vor dem Hintergrund der §§ 12 I, 23 I aus dem Verbrechenscharakter der Normen, so dass es insoweit auf § 340 II nicht ankommt.

Die Körperverletzung im Amt kann als unechtes bzw. echtes Sonderdelikt (vgl. **302** Rn. 299) *täterschaftlich* nur von Amtsträgern begangen werden. Bei der *Amtsträgereigenschaft* handelt es sich um ein *besonderes persönliches Merkmal i. S. v. § 28*. Allerdings ist hinsichtlich der Anwendbarkeit der beiden Absätze des § 28 im Hinblick auf außenstehende Teilnehmer danach zu differenzieren, ob es sich im Rahmen von § 340 um Täterschaftsformen handelt, die auch im Grunddelikt des § 223 erfasst sind, sowie danach, welche Absätze des § 340 betroffen sind. Sofern § 340 ein *unechtes Sonderdelikt* darstellt, d. h. die Täterschaftsformen des § 223 I lediglich durch die Amtsträgerstellung qualifiziert werden, stellt sich Letztere als strafschärfendes besonderes persönliches Merkmal i. S. von § 28 II dar. Für Teilnehmer, die selbst keine Amtsträger sind, kommt dann nur eine Anstiftung oder Beihilfe zum Grunddelikt des § 223 in Betracht. Dies gilt allerdings nur in den Fällen von § 340 I und II, da § 340 III für die qualifizierten Fälle der Körperverletzung im Amt auf die regulären Strafrahmen der §§ 224 ff. verweist und die Amtsträgerstellung somit keine Verschärfung des Strafrahmens bewirkt. In Fällen des § 340 III ist die Amtsträgereigenschaft somit nur strafbegründend und es gilt § 28 I. Entsprechendes gilt, soweit sich § 340 als *echtes Sonderdelikt* darstellt, d. h. in Fällen des Begehenlassens, in denen durch § 340 Fälle der Körperverletzungsteilnahme zur Täterschaft erhoben werden. Auch hier bleibt es beim strafbegründenden Charakter der Amtsträgerstellung und der Geltung von § 28 I. Die Strafe für eine Teilnahme an § 340 ist dann für den Anstifter oder Gehilfen nach § 49 I zu mildern.

I. Tatbestand

1. Objektiver Tatbestand

Der objektive Tatbestand des § 340 I ist erfüllt, wenn ein Amtsträger während der Aus- **303** übung seines Dienstes oder in Beziehung auf seinen Dienst eine Körperverletzung entweder selbst begeht oder durch andere begehen lässt.

a) Tatsubjekt = Amtsträger oder Offiziere

Taugliches Tatsubjekt sind gemäß § 340 I 1 zunächst Amtsträger i. S. des § 11 I Nr. 2. **304** Daneben ordnet § 48 I WStG an, dass für die Anwendung des § 340 Offiziere und Unteroffiziere (der Bundeswehr) den Amtsträgern und ihr Wehrdienst dem Amt gleichstehen.

b) Tathandlung = Begehen(lassen) einer Körperverletzung

Die Tathandlung besteht im Begehen oder Begehenlassen einer Körperverletzung i. S. **305** von § 223.

Eine Körperverletzung **begeht**, wer sie als unmittelbarer Allein- oder Mittäter verübt.

Von einem **Begehenlassen** lässt sich neben den Fällen der mittelbaren Täterschaft auch bei Anstiftung und Beihilfe zur Körperverletzung sowie in den Fällen des pflichtwidrigen Unterlassens ausgehen.

c) Zusammenhang mit dem Dienst

306 Der objektive Tatbestand des § 340 I ist aber nur dann erfüllt, wenn der Amtsträger oder (Unter-)Offizier die Körperverletzung während der Ausübung seines Dienstes oder in Beziehung auf seinen Dienst begeht oder begehen lässt.

Während der Ausübung des Dienstes ist eine Körperverletzung begangen, wenn zwischen ihr und der Dienstausübung ein innerer, sachlicher Zusammenhang besteht.

Der Amtsträger muss die Körperverletzung also *in Ausübung des Dienstes* verüben, nicht nur bei dessen Gelegenheit. Sie muss sich insofern als *Missbrauch der Amtsgewalt* darstellen. Das Handeln muss deshalb zu einer Zeit erfolgen, in welcher der Täter befugt als Amtsträger tätig wird, regelmäßig also innerhalb der Dienstzeit. Dabei muss der Täter (z. B. ein Verdeckter Ermittler) nicht notwendig auch nach außen hin als Amtsträger (z. B. durch Tragen von Dienstkleidung) auftreten. Privat motivierte Körperverletzungen (z. B. eine Ohrfeige für einen Kollegen) werden, auch wenn sie während der Dienstzeit und in Diensträumen stattfinden, nicht von § 340 erfasst.

307 **In Beziehung auf einen Dienst** ist eine Körperverletzung begangen, wenn die Tat zwar nicht äußerlich einen Teil der Diensthandlung darstellt, aber dennoch durch diese in erkennbarer Weise veranlasst ist.

Auch bei dieser Tatmodalität muss ein innerer sachlicher Zusammenhang mit der Dienststellung bestehen. Jedoch beruht das dienstliche Auftreten hier typischerweise auf einer Anmaßung, muss also außerhalb der Dienstzeit durch die dienstliche Tätigkeit des Amtsträgers veranlasst sein (z. B. wenn ein Polizeibeamter außerhalb seiner Dienstzeit weiter ermittelt und dabei den Anschein erweckt, er befinde sich im Dienst).

2. Subjektiver Tatbestand

308 Subjektiv muss allgemeiner *Vorsatz* (vgl. § 15) des Täters gegeben sein, d. h. *mindestens dolus eventualis hinsichtlich der Verwirklichung der objektiven Tatbestandsmerkmale.* Erforderlich ist also Wissen und Wollen hinsichtlich der Verwirklichung einer Körperverletzung, der Amtsträgereigenschaft sowie derjenigen Umstände, die den Zusammenhang mit dem Dienst begründen. Fehlt der Vorsatz, so ist an die Möglichkeit einer fahrlässigen Körperverletzung im Amt gemäß § 340 III i. V. m. § 229 zu denken.

II. Rechtswidrigkeit

Die Rechtswidrigkeit der Körperverletzung im Amt kann auf der Grundlage der all- **309** gemein anerkannten (geschriebenen und ungeschriebenen) Rechtfertigungsgründe entfallen. Eine Rechtfertigung kommt insbesondere aufgrund staatlicher Eingriffsbefugnisse (z. B. §§ 81a, 81c, 127 StPO oder polizeigesetzlicher Normen zur Anwendung unmittelbaren Zwangs) in Betracht. Ein *Züchtigungsrecht* für Lehrer besteht nicht, ebenso wenig für andere Amtsträger gegenüber Gefangenen, Patienten psychiatrischer Krankenhäuser oder in Heimen Untergebrachten. Aus der Verweisung des § 340 III auf die „§§ 224 bis 229" folgt, dass auch auf § 228 Bezug genommen wird. Infolgedessen kommt unter den Einschränkungen des § 228 auch eine rechtfertigende Einwilligung des Verletzten in Betracht.

III. Schuld

IV. Qualifikation gemäß § 340 III

Gemäß der Verweisung in § 340 III gelten die §§ 224 bis 229 für Straftaten nach § 340 **310** I 1 entsprechend. Damit wird klargestellt, dass § 340 auch eingreift, wenn der Amtsträger oder Offizier einen qualifizierten Fall der Körperverletzung begeht. Insofern ist im Rahmen der Fallbearbeitung von einer „gefährlichen Körperverletzung im Amt" (§ 340 III i. V. m. § 224), einer „Misshandlung von Schutzbefohlenen im Amt" (§ 340 III i. V. m. § 225), einer „schweren Körperverletzung im Amt" (§ 340 III i. V. m. § 226), einer „Verstümmelung weiblicher Genitalien im Amt" (§ 340 III i. V. m. § 226a), einer „Körperverletzung im Amt mit Todesfolge" (§ 340 III i. V. m. § 227) oder einer „fahrlässigen Körperverletzung im Amt" (§ 340 III i. V. m. § 229) zu sprechen. Für die Strafzumessung ist in diesen Fällen nicht § 340 I, sondern es sind die §§ 224 ff. heranzuziehen. Die Amtsträgereigenschaft findet dabei – regelmäßig zu Lasten des Täters – im Rahmen der Strafzumessung Berücksichtigung

V. Konkurrenzen

Durch § 340 I wird § 223 I, und durch § 340 III werden die §§ 224 bis 227 und 229 im **311** Wege der Gesetzeskonkurrenz (Spezialität) verdrängt.

VI. Aufbauschema § 340

I. Tatbestand

    1. Objektiver Tatbestand

        a) Tatsubjekt: Amtsträger oder Offizier

        b) Tathandlung

            aa) Begehen oder

            bb) Begehenlassen

            einer Körperverletzung i. S. von § 223 I

        c) Zusammenhang mit dem Dienst: Begehung der Körperverletzung

            aa) während der Ausübung des Dienstes oder

            bb) in Beziehung auf den Dienst

    2. Subjektiver Tatbestand

II. Rechtswidrigkeit

III. Schuld

IV. Qualifikation gemäß § 340 III i. V. m. §§ 224 bis 229

Teil 3 – Freiheitsdelikte

Weiterführende Literatur: *Reil*, Die wesentliche Förmlichkeit beim Rechtmäßigkeitsbegriff des § 113 III, JA 1998, 143 ff.; *Zopfs*, Drohen mit einem Unterlassen?, JA 1998, 813 ff.; *Zöller*, Erpresserischer Menschenraub, Geiselnahme und das Zwei-Personen-Verhältnis in der Fallbearbeitung, JA 2000, 476 ff.; *Zöller*, Der Gewaltbegriff des Nötigungstatbestands, GA 2004, 147 ff.; *Elsner*, §§ 239a, 239b in der Fallbearbeitung – Deliktsaufbau und (bekannte und weniger bekannte) Einzelprobleme, JuS 2006, 784 ff.; *Geppert*, Die Nötigung (§ 240 StGB), Jura 2006, 31 ff.; *Satzger*, Erpresserischer Menschenraub (§ 239a StGB) und Geiselnahme (§ 239b StGB) im Zweipersonenverhältnis, Jura 2007, 114 ff.; *Sinn*, Die Nötigung, JuS 2009, 577 ff.; *Eidam*, Die Straftaten gegen die persönliche Freiheit in der strafrechtlichen Examensklausur, JuS 2010, 869 ff.; *Zöller/Steffens*, Grundprobleme des Widerstandes gegen Vollstreckungsbeamte (§ 113 StGB), JA 2010, 161 ff.; *Bosch*, Der Widerstand gegen Vollstreckungsbeamte (§ 113 StGB) – Grundfälle und Reformansätze, Jura 2011, 268 ff.; *Bosch*, Der Schutz der Fortbewegungsfreiheit durch den Tatbestand der Freiheitsberaubung (§ 239 StGB), Jura 2012, 604 ff.; *Satzger*, Der Tatbestand der Bedrohung (§ 241 StGB), Jura 2015, 156 ff.; *Jakobs*, Unorthodoxe Bemerkungen zum objektiven Tatbestand der Nötigung, JuS 2017, 97 ff.; *Ziegler*, Die Entwicklung des Gewaltbegriffs der Nötigung, AL 2019, 173 ff.

Vorbemerkungen

312 Geschütztes Rechtsgut der Delikte gegen die persönliche Freiheit im Allgemeinen ist die *Freiheit der Willensentschließung und Willensbetätigung*. Ein geschlossenes System von Freiheitsdelikten kennt das deutsche Strafgesetzbuch jedoch nicht. Von diesem Ausgangspunkt her hat der Gesetzgeber im 18. Abschnitt des Strafgesetzbuchs vor allem solche Tatbestände geregelt, bei denen der Angriff auf die persönliche Freiheit des Opfers den eigentlichen Hauptzweck und nicht nur eine Begleiterscheinung der Tat bildet. Im Übrigen findet man Straftatbestände, bei denen der Angriff auf die Freiheit der Willensentschließung und Willensbetätigung nur ein Mittel zur Verletzung eines anderen Rechtsguts darstellt (z.B. §§ 249, 253, 255) oder die durch eine besondere Schutzrichtung charakterisiert sind (z.B. §§ 108, 177 StGB) nahezu über den gesamten Besonderen Teil des StGB verteilt. Als besonders praxis- und prüfungsrelevant erweisen sich von den eigentlichen Straftaten gegen die persönliche Freiheit erfahrungsgemäß die Freiheitsberaubung (§ 239), die Nötigung (§ 240) sowie ihre Privilegierung beim Widerstand gegen Vollstreckungsbeamte (§ 113), der erpresserische Menschenraub (§ 239a), die Geiselnahme (§ 239b) und die Bedrohung (§ 241).

A. Freiheitsberaubung (§ 239)

Gesetzestext:

(1) Wer einen Menschen einsperrt oder auf andere Weise der Freiheit beraubt, wird mit Freiheitsstrafe bis zu fünf Jahren oder mit Geldstrafe bestraft.

(2) Der Versuch ist strafbar.

(3) Auf Freiheitsstrafe von einem Jahr bis zu zehn Jahren ist zu erkennen, wenn der Täter

    1. das Opfer länger als eine Woche der Freiheit beraubt oder

    2. durch die Tat oder eine während der Tat begangene Handlung eine schwere Gesundheitsschädigung des Opfers verursacht.

(4) Verursacht der Täter durch die Tat oder eine während der Tat begangene Handlung den Tod des Opfers, so ist die Strafe Freiheitsstrafe nicht unter drei Jahren.

(5) In minder schweren Fällen des Absatzes 3 ist auf Freiheitsstrafe von sechs Monaten bis zu fünf Jahren, in minder schweren Fällen des Absatzes 4 auf Freiheitsstrafe von einem Jahr bis zu zehn Jahren zu erkennen.

313 Geschütztes Rechtsgut der in § 239 geregelten Freiheitsberaubung ist die *persönliche Fortbewegungsfreiheit* i. S. der Möglichkeit, sich von einem bestimmten Ort *wegzubewegen* (vgl. auch Rn. 318 f.). Nur in diesem Sinne erfasst die Freiheitsberaubung die Verletzung des Selbstbestimmungsrechts einer Person über ihren Aufenthaltsort. Wird dem Opfer lediglich die Fähigkeit genommen, sich an einen bestimmten Ort zu begeben (z. B. durch Aussperrung), an einem bestimmten Ort zu verweilen (z. B. durch Erteilung eines Platzverweises) oder sich an einem bestimmten Ort frei zu bewegen (z. B. durch Fesselung der Hände), so kommt allenfalls die Prüfung einer Nötigung (§ 240) in Betracht.

314 Bei der Freiheitsberaubung handelt es sich um ein *Dauerdelikt*. Die Straftat ist somit zwar schon mit dem Eintritt des Freiheitsverlustes *vollendet*, aber erst mit dessen Wiederaufhebung *beendet*. Ein *Einverständnis* des Opfers *schließt* bereits *den* (objektiven) *Tatbestand* des § 239 aus, da dieser ein Handeln gegen oder ohne den Willen des Opfers denknotwendig voraussetzt. Der *Versuch* der Freiheitsberaubung ist gem. § 239 II (i. V. m. §§ 23 I, 12 II) mit Strafe bedroht. *§ 239 III Nr. 1 stellt einen Qualifikationstatbestand* zur einfachen Freiheitsberaubung des § 239 I dar. Demgegenüber handelt es sich bei *§ 239 III Nr. 2 und § 239 IV* um *erfolgsqualifizierte Delikte*.

315 Von erheblicher praktischer Bedeutung ist zudem die Freiheitsberaubung in *mittelbarer Täterschaft* nach den §§ 239, 25 I Alt. 2 (z. B. bei einer durch falsche Anschuldigungen herbeigeführten Festnahme). Auch eine *Freiheitsberaubung durch Unterlassen* (§§ 239, 13) ist möglich, wenn dem Täter eine entsprechende Garantenstellung zukommt (z. B. beim Nichtbefreien eines unvorsätzlich Eingesperrten oder dem Nichtwiderrufen einer falschen Anschuldigung, die zur Festnahme oder Verhaftung geführt hat).

I. Tatbestand

1. Objektiver Tatbestand

316 Der objektive Tatbestand des § 239 I ist vergleichsweise kurz gehalten. Er setzt lediglich die Einsperrung eines Menschen oder dessen Freiheitsberaubung auf andere Weise voraus.

a) Tatobjekt

317 Tatobjekt des § 239 I ist jeder vom Täter personenverschiedene Mensch. Dieser muss allerdings in einem natürlichen Sinne generell in der Lage sein, seinen Aufenthaltsort willkürlich zu verändern, was etwa bei Säuglingen und kleinen Kindern zu verneinen ist.

> **Sonderproblem:** Erforderlichkeit eines aktuellen Fortbewegungswillens

318 Umstritten ist die Frage, ob die Freiheitsberaubung tatbestandlich voraussetzt, dass das Tatopfer im Tatzeitpunkt auch einen aktuellen Fortbewegungswillen besessen hat, dessen Realisierung dann vom Täter beeinträchtigt wurde. Dieser Punkt hängt mit der Frage des geschützten Rechtsguts zusammen und wird insbesondere bei *bewusstlosen oder schlafenden Opfern* praktisch relevant.

– Nach überwiegend vertretener Auffassung (z. B. BGHSt 14, 314, 316; 32, 183, 188; LK-Schluckebier, § 239 Rn. 1; Rengier, BT II, § 22 Rn. 2) soll es lediglich auf einen *potentiellen Fortbewegungswillen* des Opfers ankommen. Es braucht demnach zum Tatzeitpunkt keinen tatsächlichen Willen zur Ortsveränderung und Kenntnis von der objektiven Beschränkung der Fortbewegungsmöglichkeit besessen zu haben. Entscheidend ist vielmehr, ob der Betroffene sich fortbewegen könnte, wenn er es wollte.

– Demgegenüber fordert eine im Vordringen befindliche Auffassung (z. B. NK-Sonnen, § 239 Rn. 7, 22; Schönke/Schröder-Eisele, § 239 Rn. 1; Fischer, § 239 Rn. 4 ff.) das Vorliegen eines *aktuellen Fortbewegungswillens* des Opfers. Insofern könne derjenige, der seinen Aufenthaltsort zum Tatzeitpunkt nicht verlassen wolle, nicht der Fortbewegungsfreiheit beraubt werden.

– Schließlich erkennt eine vermittelnde Ansicht (z. B. Fahl Jura 1998, 456, 460) nur solche Personen als taugliche Tatopfer an, bei denen sich die Aktualisierung des potentiellen Fortbewegungswillens nicht mit Sicherheit ausschließen lässt und der Angriff auf die Fortbewegungsfreiheit nach dem Willen des Täters seine Wirksamkeit voll entfalten kann, wenn ihr Bewusstsein zurückkehrt.

Taugliche Tatopfer i.S. des § 239 I

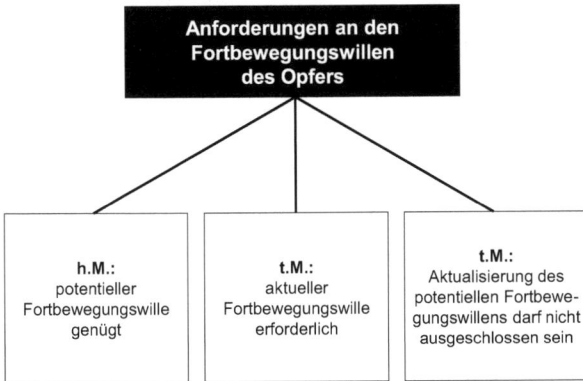

Anforderungen an den Fortbewegungswillen des Opfers

h.M.: potentieller Fortbewegungswille genügt	**t.M.:** aktueller Fortbewegungswille erforderlich	**t.M.:** Aktualisierung des potentiellen Fortbewegungswillens darf nicht ausgeschlossen sein

Bewertung:

Für die Auffassung, die im Rahmen des § 239 bereits eine Beeinträchtigung der potentiellen Fortbewegungsfreiheit ausreichen lässt, lässt sich anführen, dass nach dem Wortlaut der Norm seit dem 6. StrRG 1998 nicht mehr ausdrücklich auf ein „Gebrauchen" der Fortbewegungsfreiheit abgestellt wird (vgl. BT-Drs. 13/8587, 41). Dennoch kann ein solches Gesetzesverständnis im Ergebnis nicht vollends überzeugen. Beim Fehlen eines aktuellen oder zumindest hypothetischen Fortbewegungswillens wird das Selbstbestimmungsrecht des Opfers über seinen Aufenthaltsort gerade nicht verletzt. War ein solcher Erfolg der Freiheitsberaubung vom Vorsatz des Täters umfasst, so sieht § 239 II für derartige Fälle eine Versuchsstrafbarkeit vor, die nach der Lehre vom potentiellen Fortbewegungswillen de facto unterlaufen wird. Vor diesem Hintergrund lässt sich auch der vermittelnden Ansicht, die auf die Aktualisierbarkeit des mutmaßlichen Täterwillens abstellt, entgegenhalten, dass sie die Strafbarkeit wegen vollendeter Freiheitsberaubungen letztlich von Zufälligkeiten und unsicheren Prognosen (z. B. über die Wahrscheinlichkeit des Aufwachens eines schlafenden oder bewusstlosen Opfers) abhängig macht. Um § 239 I nicht in ein bloßes Freiheitsgefährdungsdelikt umzudeuten,

319

sollte mithin auf Seiten des Tatopfers ein *aktuell-tatsächlicher Wille zur Ortsveränderung* gefordert werden.

b) Tathandlung

320 Als Tathandlung kommt im Rahmen des § 239 I entweder ein Einsperren oder ein Berauben der persönlichen Freiheit auf andere Weise in Betracht. Beide Tatalternativen setzen das *Überschreiten einer Bagatellgrenze* voraus, so dass jedenfalls ganz kurzzeitige Eingriffe nicht dem Tatbestand des § 239 I unterfallen (Faustregel aus RGSt 7, 259, 260: Dauer eines „Vater unser").

> **Einsperren** ist die Hinderung am Verlassen eines – auch beweglichen – Raumes durch äußere, nicht notwendig unüberwindbare Vorrichtungen.

Typische Beispiele sind das Einschließen in einen Raum oder Pkw oder das Bewachen eines Ausgangs. Das Einsperren stellt lediglich einen vom Gesetzgeber *ausdrücklich benannten Beispielsfall der Freiheitsberaubung* dar. Entscheidend sind die persönlichen Fähigkeiten und Kenntnisse des Opfers, so dass ein Einsperren auch dann vorliegt, wenn es einen Öffnungsmechanismus nicht bedienen kann oder einen vorhandenen Ausgang nicht erkennt. Eine räumliche Trennung zwischen Täter und Opfer ist nicht erforderlich, so dass sich der Täter auch selbst mit einsperren kann.

321 > Ein Mensch ist **auf sonstige Weise seiner Freiheit beraubt**, wenn und solange er – sei es auch nur vorübergehend – daran gehindert wird, seinen Aufenthaltsort frei zu verlassen.

Typische Beispiele sind das Festhalten, das Festbinden auf einem Stuhl oder Bett, Betäubung, Hypnose, die Wegnahme einer Leiter, die zum Herabsteigen erforderlich ist oder ein schnelles Fahren mit einem Fahrzeug, um Insassen am Aussteigen zu hindern.

322 Neben *Gewalt* kann der Täter auch *Drohungen* als Tatmittel anwenden, um das Opfer an der Fortbewegung zu hindern. Eine bloße Drohung mit einem empfindlichen Übel genügt jedoch nicht. Vielmehr muss es sich um eine Drohung mit gegenwärtiger Gefahr für Leib oder Leben handeln (BGH NStZ 2015, 338, 339). Darüber hinaus kann auch die *Anwendung von bloßer List* (z.B. die wahrheitswidrige Vorspiegelung der Unmöglichkeit einer Ortsveränderung oder des Fehlens weiterer Ausgänge) ein taugliches Mittel der Freiheitsberaubung sein. Nicht ausreichend ist jedoch, dass das Opfer faktisch weggehen könnte, die Benutzung dieses Weges jedoch allgemein oder nach den Umständen des Falles als ungewöhnlich, beschwerlich oder als anstößig (z.B. Entwendung der Kleider eines Nacktbadenden) anzusehen wäre. Im Übrigen muss das Hindernis zwar nicht unüberwindbar, aber seine Überwindung *unzumutbar* sein (z.B. wenn ein

Weg aus dem verschlossenen Zimmer nur über einen Balkon im vierten Stock eines Wohnhauses führt). Bei körperlich behinderten Tatopfern (z. B. Rollstuhlfahrern), die zur Fortbewegung auf persönliche (z. B. medizinisches Betreuungspersonal) oder technische Hilfe (z. B. Rollstuhl, Krücke, Brille) angewiesen sind, ist eine Freiheitsberaubung auch dadurch möglich, dass ihnen diese Hilfe entzogen wird.

2. Subjektiver Tatbestand

Subjektiv genügt allgemeiner Vorsatz (vgl. § 15) des Täters, d. h. *mindestens dolus even-* **323** *tualis* hinsichtlich der Verwirklichung der objektiven Tatbestandsmerkmale. Dieser muss auf die völlige Aufhebung der Fortbewegungsfreiheit gerichtet sein.

II. Rechtswidrigkeit

Die Rechtswidrigkeit der Freiheitsberaubung kann auf der Grundlage der allgemein an- **324** erkannten (geschriebenen und ungeschriebenen) Rechtfertigungsgründe entfallen. In diesem Zusammenhang erlangen in der Praxis staatliche Zwangsbefugnisse, beispielsweise zur Blutentnahme (§ 81a StPO), zur Vorführung (§ 134 StPO), zur Verhaftung (§§ 112 ff. StPO) oder zur vorläufigen Festnahme (§ 127 StPO), aber auch zivilrechtliche Regelungen, z. B. zum elterlichen Erziehungsrecht beim Hausarrest (§§ 1626, 1631 BGB) oder bei der Selbsthilfe (§§ 229, 562b, 859 BGB), besondere Bedeutung. Ein Rückgriff auf den (ungeschriebenen) Rechtfertigungsgrund der Einwilligung kommt im Rahmen von § 239 demgegenüber nicht in Betracht, da das Einverstandensein des Opfers mit der Freiheitsberaubung als Einverständnis bereits den (objektiven) Tatbestand ausschließt.

III. Schuld

IV. Qualifikation (§ 239 III Nr. 1)

In § 239 III Nr. 1 findet sich ein eigenständiger *Qualifikationstatbestand* (Fischer § 239 **325** Rn. 15; Wessels/Hettinger/Engländer, BT 1, Rn. 359; für die Annahme einer Erfolgsqualifikation demgegenüber LK-Schluckebier, § 239 Rn. 40; Rengier, BT II, § 22 Rn. 19) der Freiheitsberaubung. Danach gilt der erhöhte Strafrahmen von einem Jahr bis zu zehn Jahren Freiheitsstrafe für den Täter, der sein Opfer *länger als eine Woche* der Freiheit beraubt.

V. Erfolgsqualifikationen (§ 239 III Nr. 2 und § 239 IV)

326 Demgegenüber handelt es sich bei den erschwerten Fällen der Freiheitsberaubung in § 239 III Nr. 2 und § 239 IV um *Erfolgsqualifikationen*. Bei ihnen braucht der Vorsatz des Täters nur die Verwirklichung des Grundtatbestands (§ 239 I) zu umfassen, während hinsichtlich des Eintritts der schweren Folge nach § 18 Fahrlässigkeit genügt. Der strafschärfende Erfolg kann nach dem eindeutigen Gesetzeswortlaut sowohl eine Folge der Freiheitsentziehung als auch einer eigenständigen während der Tat begangenen Handlung sein.

1. § 239 III Nr. 2

327 Nach § 239 III Nr. 2 wird derjenige mit Freiheitsstrafe von einem Jahr bis zu zehn Jahren bestraft, der durch die Freiheitsberaubung oder eine während der Tat begangene Handlung eine schwere Gesundheitsschädigung des Opfers verursacht.

> Eine **schwere Gesundheitsschädigung** erfordert keine schwere Körperverletzung i. S. des § 226 I, sondern liegt bereits bei einschneidenden oder nachhaltigen Beeinträchtigungen der Gesundheit vor, etwa bei ernsthaften Störungen der körperlichen Funktionen, langwierigen ernsthaften Krankheiten oder erheblicher Beeinträchtigung der Arbeitskraft für lange Zeit.

2. § 239 IV

328 Die Erfolgsqualifikation des § 239 IV sieht eine Freiheitsstrafe von drei bis fünfzehn (§ 38 II) Jahren vor, wenn der Täter durch die Tat oder eine während der Tat begangene Handlung den *Tod des Opfers* verursacht. Zwischen der Freiheitsberaubung und dem Tod des Opfers muss – wie bei allen erfolgsqualifizierten Delikten – ein unmittelbarer, gefahrspezifischer Zusammenhang bestehen. Es ist mithin zu prüfen, ob sich gerade die dem Grundtatbestand anhaftende spezifische Gefahr in der schweren Folge niedergeschlagen hat. Dies ist der Sache nach nicht nur bei der unmittelbaren Tötung des seiner Freiheit Beraubten durch den Täter, sondern auch bei einem durch die Freiheitsberaubung veranlassten Suizid des Opfers oder dessen Zu-Tode-Kommen im Rahmen eines Fluchtversuchs (z. B. tödlicher Absturz beim Versuch des Opfers, sich der Gefangenschaft in einer Hochhauswohnung durch Klettern über den Balkon zu entziehen) zu bejahen. Davon, dass der Tod des Opfers durch eine „während der Tat begangene Handlung" verursacht wird, lässt sich beispielsweise dann ausgehen, wenn das seiner Freiheit beraubte Opfer nach einer Vergewaltigung getötet wird (vgl. BGHSt 28, 18, 20).

VI. Konkurrenzen

Sofern die Freiheitsberaubung lediglich ein notwendiger Bestandteil einer anderen **329** Straftat ist (z. B. §§ 239a, 239b, 240, 249), tritt § 239 im Wege der Gesetzeskonkurrenz (Konsumtion) zurück. Tateinheit ist aber anzunehmen, wenn die Freiheitsberaubung über das hinausgeht, was zur Tatbestandsverwirklichung des jeweils anderen Delikts gehört. Dies gilt im praktisch besonders bedeutsamen Verhältnis zur Nötigung (§ 240) dann, wenn der seiner Freiheit Beraubte zu mehr als der bloßen Duldung seiner Freiheitsberaubung genötigt wird. Demgegenüber verdrängt § 239 als das speziellere Gesetz den § 240, wenn der Täter das Opfer lediglich an der freien Wahl seines Aufenthaltsorts hindern will. Im Übrigen ist zu beachten, dass Handlungen, die während der Freiheitsberaubung als Dauerdelikt vorgenommen werden, zum § 239 im Verhältnis der Tateinheit stehen können. Außerdem kann § 239 im Wege der Klammerwirkung zwei Delikte jedenfalls dann zur Tateinheit verbinden, wenn nicht beide Delikte schwerer wiegen als die Freiheitsberaubung (BGH NStZ 2013, 158).

VII. Aufbauschema § 239

I. Tatbestand

1. Objektiver Tatbestand

   a) Taugliches Tatobjekt: ein anderer Mensch

   b) Tathandlung: der Freiheit berauben durch

      aa) Einsperren oder

      bb) auf sonstige Weise

   c) Ggf. qualifizierende Umstände i. S. von § 239 III Nr. 1:

      Freiheitsberaubung von über einer Woche Dauer

2. Subjektiver Tatbestand

   Vorsatz (vgl. § 15); dolus eventualis genügt

II. Rechtswidrigkeit

III. Schuld

B. Nötigung (§ 240)

Gesetzestext:

(1) Wer einen Menschen rechtswidrig mit Gewalt oder durch Drohung mit einem empfindlichen Übel zu einer Handlung, Duldung oder Unterlassung nötigt, wird mit Freiheitsstrafe bis zu drei Jahren oder mit Geldstrafe bestraft.

(2) Rechtswidrig ist die Tat, wenn die Anwendung der Gewalt oder die Androhung des Übels zu dem angestrebten Zweck als verwerflich anzusehen ist.

(3) Der Versuch ist strafbar.

(4) In besonders schweren Fällen ist die Strafe Freiheitsstrafe von sechs Monaten bis zu fünf Jahren. Ein besonders schwerer Fall liegt in der Regel vor, wenn der Täter

   1. eine Schwangere zum Schwangerschaftsabbruch nötigt oder

   2. seine Befugnisse oder seine Stellung als Amtsträger mißbraucht.

---

330 § 240 dient dem Schutz der *Freiheit der Willensentschließung und Willensbetätigung* des Menschen. Nötigen bedeutet daher, einem anderen ein diesem widerstrebendes Verhalten aufzuzwingen. Man kann daher auch von einem *Willensbeugungsdelikt* sprechen. *Vollendet* ist die Tat, wenn der Genötigte infolge des auf ihn ausgeübten Drucks für einen nicht nur unerheblichen Zeitraum mit dem ihm aufgezwungenen Verhalten beginnt. Dabei ist bereits der *Versuch* der Nötigung gem. § 240 III (i. V. m. §§ 23 I, 12 II) mit Strafe bedroht.

§ 240 StGB als zweiaktiges Delikt

zwei Verwirklichungsakte

1. Akt: Einsatz des Nötigungsmittels: Gewalt oder Drohung mit empfindlichen Übel	**2. Akt:** Erzwungener Nötigungserfolg: Handeln, Dulden oder Unterlassen

Einwirkung auf konstitutionell tatsächlich vorhandenen Willen

I. Tatbestand

1. Objektiver Tatbestand

Der objektive Tatbestand des § 240 I setzt voraus, dass ein Mensch durch Einsatz von **331** Gewalt oder Drohung mit einem empfindlichen Übel zu einer Handlung, Duldung oder Unterlassung genötigt wird.

a) Taugliches Tatobjekt

Als taugliches Tatobjekt der Nötigung kommt jede *natürliche Person* in Betracht, die in **332** der Lage ist, einen eigenen Handlungswillen zu bilden und sich dementsprechend zu verhalten (z. B. auch Kinder, Betrunkene oder Geisteskranke). Bei § 240 handelt es sich um ein *zweiaktiges Delikt*, bei dem das Opfer durch den Einsatz des Nötigungsmittels (1. Akt: Gewalt oder Drohung mit empfindlichem Übel) zu einem Nötigungserfolg (2. Akt: Handeln, Dulden oder Unterlassen) gezwungen wird. Somit kommt eine derartige Willensbeugung nur in Betracht, wenn auf einen konstitutionell tatsächlich vorhandenen Willen des Opfers eingewirkt wird. Infolgedessen scheiden Kleinkinder, Schlafende oder Bewusstlose als taugliche Tatobjekte aus.

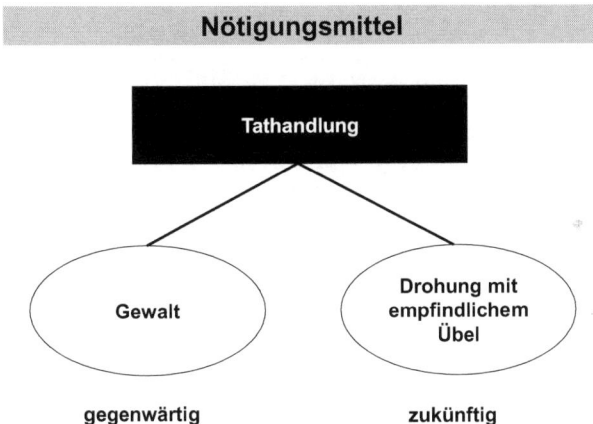

b) Tathandlung = Einsatz eines Nötigungsmittels

Als tatbestandsmäßige Nötigungsmittel kommen entweder der *Einsatz von Gewalt* **333** oder die *Drohung mit einem empfindlichen Übel* in Betracht. Beide Tatalternativen des § 240 I setzen ein Handeln gegen oder ohne Willen des Nötigungsopfers denknotwendig voraus. Insofern wirkt die Zustimmung des Opfers zum Täterverhalten bereits als *tatbestandsausschließendes Einverständnis.* Dies gilt auch dann, wenn das Einverständnis durch List erschlichen worden ist (BGHSt 14, 81). Bei grober Betrachtung lassen sich Gewalt und Drohung grundsätzlich dadurch voneinander abgrenzen, dass es sich bei der Gewaltalternative um die *gegenwärtige,* bei der Drohung dagegen um die *zukünftige* Zufügung eines Übels handelt.

aa) Gewalt

334 Die Handhabung des nötigungsspezifischen Gewaltbegriffs bereitet in Wissenschaft und Praxis nach wie vor erhebliche Schwierigkeiten. Dies liegt insbesondere daran, dass das Begriffsverständnis seit der Zeit des Reichsgerichts in erheblichem Maße durch eine wechselvolle höchstrichterliche Rechtsprechung geprägt ist. Insofern ist für ein tieferes Verständnis der Tatbestandsvoraussetzungen des § 240 I auch heute die Kenntnis der bisherigen Entwicklungsstufen des Gewaltbegriffs unabdingbar:

Entwicklung des Gewaltbegriffs (§ 240 I)

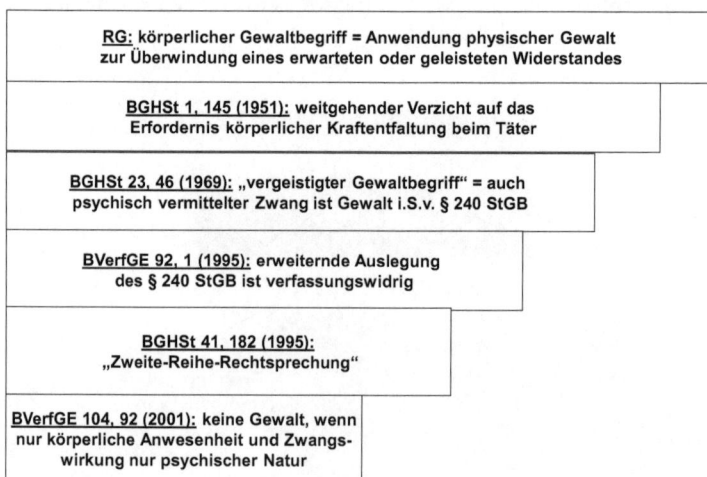

RG: körperlicher Gewaltbegriff = Anwendung physischer Gewalt zur Überwindung eines erwarteten oder geleisteten Widerstandes

BGHSt 1, 145 (1951): weitgehender Verzicht auf das Erfordernis körperlicher Kraftentfaltung beim Täter

BGHSt 23, 46 (1969): „vergeistigter Gewaltbegriff" = auch psychisch vermittelter Zwang ist Gewalt i.S.v. § 240 StGB

BVerfGE 92, 1 (1995): erweiternde Auslegung des § 240 StGB ist verfassungswidrig

BGHSt 41, 182 (1995): „Zweite-Reihe-Rechtsprechung"

BVerfGE 104, 92 (2001): keine Gewalt, wenn nur körperliche Anwesenheit und Zwangswirkung nur psychischer Natur

335 – Ausgangspunkt und erster Entwicklungsschritt ist die Rechtsprechung des RG (RGSt 46, 403, 404; 56, 87, 88; 64, 113, 115; 69, 327, 330; 73, 343, 344), das unter „Gewalt" i. S. des § 240 die Anwendung physischer Kraft zur Überwindung geleisteten oder erwarteten Widerstands verstand. Entscheidend für diesen *körperlichen Gewaltbegriff* war der Einsatz körperlich vermittelten Zwangs, wobei für die Annahme der Körperlichkeit auf die Vorgehensweise des Täters und nicht auf die daraus folgenden Auswirkungen auf das Opfer zu blicken war.

– In einer frühen Entscheidung des BGH aus dem Jahr 1951 (BGHSt 1, 145) **336** wurde das Erfordernis einer körperlichen Kraftentfaltung auf Seiten des Täters weitgehend aufgegeben und auf die bloße Ausübung einer körperlichen Tätigkeit reduziert. Entscheidend für die Bejahung der Gewaltalternative des § 240 war damit die auf Opferseite empfundene Zwangswirkung. Insofern genügte es dem BGH im Gegensatz zum RG, dass ein Tatopfer durch Beibringen eines Betäubungsmittels widerstandsunfähig gemacht wurde.

– In einem dritten Entwicklungsschritt (BGHSt 23, 46), in dem der BGH über **337** die Strafbarkeit von Studenten zu entscheiden hatte, die aus Protest gegen eine Preiserhöhung kommunaler Verkehrsbetriebe Straßenbahnschienen blockiert hatten, lösten sich die Richter vollends von dem Erfordernis körperlicher Kraftentfaltung auf Seiten des Täters und unterstellten auch rein psychisch vermittelten Zwang dem Anwendungsbereich des § 240. Nach diesem „vergeistigten Gewaltbegriff", der zunächst auch vom BVerfG (E 73, 206) bestätigt wurde, war im Ergebnis allein das Maß der vom Opfer empfundenen Zwangswirkung entscheidend.

– In seiner 2. Sitzblockaden-Entscheidung vom 10.1.1995 (BVerfGE 92, 1) vollzog **338** das BVerfG sodann eine Kehrtwendung und stellte fest, dass Zwangseinwirkungen, die nicht auf dem Einsatz körperlicher Kraft, sondern nur auf geistig-seelischem Einfluss beruhen, zwar möglicherweise die Tatalternative der Drohung, nicht jedoch die der Gewaltanwendung erfüllen.

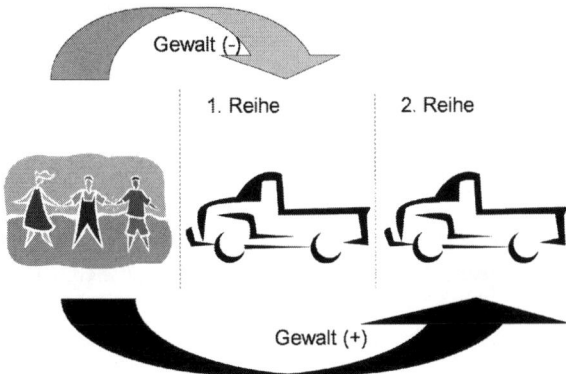

Die „Zweite-Reihe-Rechtsprechung" des BGH (St 41, 182)

339   – Von diesen Vorgaben des BVerfG unbeeindruckt bekräftigte der BGH allerdings kurz darauf am Beispiel einer Autobahn-Sitzblockade seine sog. „Zweite-Reihe-Rechtsprechung" (BGHSt 41, 182; 44, 34; zur Kritik Zöller GA 2004, 147, 155 f.). Danach beschränke sich die Bindungswirkung des verfassungsrichterlichen Votums (vgl. § 31 BVerfGG) lediglich auf solche Sachverhalte, in denen sich die Behinderung der potentiellen Opfer nur aus der körperlichen Anwesenheit der „Täter" ergibt und die damit verbundene Zwangslage nur psychischer Natur ist. Ein Fall rein psychischer Zwangswirkung könne nur bei denjenigen Kraftfahrern gegeben sein, die die Gruppe der Blockierer als erste erreichen und möglicherweise hätten durchbrechen können. Bei einer solchen Blockade müssten aber zwangsläufig auch die nachfolgenden Kraftfahrer anhalten, so dass diesen durch die jeweils vor ihnen befindlichen Fahrzeuge nicht zu beseitigende physische Hindernisse entgegengestanden hätten. Als Nötigungsopfer von Straßenblockaden kommen damit die zum Anhalten gezwungenen Fahrzeugführer ab der zweiten Reihe in Betracht.

340   – In seiner vorerst letzten Entscheidung zur Strafbarkeit von Blockaden vom 24.10.2001 (BVerfGE 104, 92) wiederholte das BVerfG zwar seine These aus dem Jahr 1995, wonach eine Bejahung der Gewaltalternative unter dem Gesichtspunkt der Bestimmtheit der Strafandrohungen in solchen Fällen nicht in Betracht komme, in denen die Gewalt lediglich in körperlicher Anwesenheit bestehe und die Zwangswirkung auf den Genötigten nur psychischer Natur ist. Der Sache nach schwenkte das Gericht jedoch auf die Zweite-Reihe-Rechtsprechung des BGH ein, da bereits ein Sich-Anketten der Demonstranten mit Schlössern an Pfosten oder das Abstellen von Fahrzeugen als Errichtung eines Hindernisses durch körperliche Kraftentfaltung gewertet wird, von dem eine Zwangswirkung ausgehe.

341   Im Ergebnis konnten damit auch die wiederholten Stellungnahmen des BVerfG nicht zu einer zufriedenstellenden Klärung des Gewaltbegriffs im Rahmen von § 240 I beitragen, da durch sie lediglich hervorgehoben wurde, was Gewalt *nicht* ist. Eine in Ausbildung und Praxis handhabbare Annäherung an den Gewaltbegriff muss aber sowohl das Verhalten auf Täterseite als auch die Wirkung auf Opferseite positiv umschreiben. In Bezug auf das *Täterverhalten* ist dabei zunächst festzustellen, dass rein passive oder gar defensive Verhaltensweisen schon nach dem Wortsinn des Begriffs „Gewalt" aus dem Anwendungsbereich des § 240 ausscheiden. Es muss sich vielmehr um ein *feindselig-aggressives Verhalten* handeln, das etwa bei rein passiven Blockadeaktionen, in denen sich Demonstranten auf eine Straße oder Schienen setzen, die Einwirkung auf das Opfer sich also in der reinen körperlichen Anwesenheit der Tatverdächtigen erschöpft, gerade nicht gegeben ist. Mit Blick auf die *Opferseite* ist zunächst zum Zwecke der Abgrenzung zur Drohungsalternative zu betonen, dass der Anwendungsbereich der Gewaltalternati-

ve nur in der *gegenwärtigen* Zufügung eines vom Opfer als Übel empfundenen Zustands liegen kann. Eine physische Wirkung auf der Opferseite wird durch den Wortlaut des § 240 I nicht erzwungen. Zudem zeigt gerade das Beispiel der Sitzblockaden, dass es sich hier stets nur um die Erzielung einer *psychischen Zwangswirkung* handelt, da auch ein Fahrer, der sich einem für ihn faktisch nicht zu durchbrechenden Hindernis gegenübersieht, tatsächlich nicht körperlich dagegen ankämpft, weil ein solcher Versuch aus seiner Sicht sinnlos wäre. Allerdings sind unter Verhältnismäßigkeitsgesichtspunkten Bagatellfälle im Wege einer verfassungskonformen Reduktion auszuscheiden. Außerdem ist eine scharfe Grenzziehung zur Drohungsalternative als zukünftige Übelszufügung aufrechtzuerhalten. Rein psychosomatische Nebenfolgen einer Drohung (z. B. Angst oder Nervosität des Opfers bei vorgehaltener Schusswaffe) dürfen somit nicht dazu herhalten, aus der primär verübten Drohung eine gegenwärtige Übelszufügung in Form der Gewalt zu konstruieren.

Infolgedessen bietet sich im Rahmen von § 240 I folgende Definition des Gewaltbegriffs an: **342**

> **Gewalt** ist ein feindselig-aggressives Verhalten des Täters, durch das beim Opfer ein als gegenwärtiges Übel empfundener Zustand in Gestalt zumindest (erheblichen) psychischen Zwangs hervorgerufen wird.

Die Anwendung von Gewalt kommt sowohl in Gestalt von vis absoluta als auch von **343** vis compulsiva in Betracht. Unter *vis absoluta* ist ein Verhalten zu verstehen, das dem Opfer die Willensbildung oder Willensbetätigung unmöglich macht (z. B. Bewusstlosschlagen, Betäuben, Fesseln, Festhalten, Einsperren). Demgegenüber werden mit dem Begriff *vis compulsiva* die Fälle der willensbeugenden Gewaltanwendung umschrieben (z. B. Zufügung von Schmerzen, Beibringen von Betäubungsmitteln i. S. des BtMG, akustisches Übertönen einer Vorlesung, bedrängendes Auffahren oder überraschendes Abbremsen im Straßenverkehr).

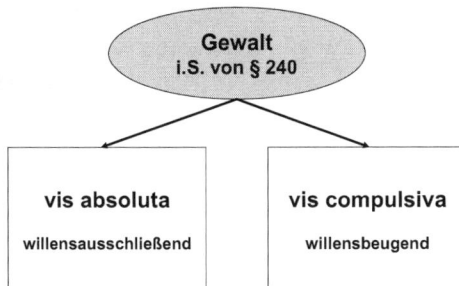

Erscheinungsformen der Gewalt

Gewalt i.S. von § 240

vis absoluta — willensausschließend

vis compulsiva — willensbeugend

Ein Vergleich mit dem Wortlaut der §§ 249, 255 macht deutlich, dass sich die Gewalt im Rahmen von § 240 nicht notwendig gegen Personen richten muss. Auf der anderen Seite ist bei *Gewalt gegen Sachen* stets zu berücksichtigen, dass solche Fälle bereits ausreichend im Wege der Sachbeschädigung (§ 303) erfasst sein oder eine straflose Sachentziehung darstellen können. Tatbestandsmäßig i. S. des § 240 I können daher nur solche Fälle der Einwirkung auf Sachen sein, die auf Seiten des Nötigungsopfers zu einer *physischen Zwangswirkung* (LG Neubrandenburg StraFo 2014, 377) führen (z. B. durch das Abstellen von Wasser, Strom oder Heizung, das Aushängen von Zimmerfenstern, das Beschädigen oder Zerstören von Gehhilfen oder das Vergiften eines Brunnens). Daran fehlt es beispielsweise in den Fällen der *Internet-Blockaden* durch Distributed-Denial-of-Service Attacks (DDoS-Angriffe) auf Webseiten und Server von Firmen und Behörden (OLG Frankfurt StV 2007, 244).

344 Die *Gewalt* kann sich nicht nur unmittelbar gegen das Opfer selbst, sondern auch *gegen Dritte* richten. Voraussetzung für eine solche *Dreiecksnötigung* ist allerdings, dass das Täterverhalten gegenüber dem Dritten mittelbar auch beim Genötigten eine erhebliche psychische oder physische Zwangswirkung auszulösen vermag (z. B. bei engsten Familienmitgliedern oder Freunden). Sofern sich dies nicht feststellen lässt, ist lediglich eine Nötigung zulasten des „Dritten" zu prüfen.

345 Im praxisrelevanten Fall des *Drängelns im Straßenverkehr* sind nach der Rechtsprechung des BVerfG (NJW 2007, 1669; krit. Eisele JA 2009, 698, 700) mit Blick auf die Gewaltalternative unter anderem die Dauer und Intensität des bedrängenden Auffahrens, die gefahrenen Geschwindigkeiten, die allgemeine Verkehrssituation zum Zeitpunkt des dichten Auffahrens und ob der Täter bei dem Auffahrvorgang zugleich Hupe oder Lichthupe betätigt hat zu berücksichtigen. Werden die Auswirkungen körperlich empfunden, führen sie also zu physisch wahrnehmbaren Angstreaktionen, liegt Zwang vor, der die Annahme von Gewalt rechtfertigen kann.

346 Gewalt kann grundsätzlich auch durch ein *Unterlassen* ausgeübt werden, sofern der Täter eine Garantenstellung i. S. von § 13 I innehat (z. B. der Vater, der gegenüber der Gewaltausübung durch Dritte gegenüber seinem Kind nicht einschreitet oder derjenige, der eine ohne Nötigungswillen durch versehentliche Zwangswirkung herbeigeführte körperliche Zwangswirkung pflichtwidrig aufrechterhält, um nun ein bestimmtes Verhalten zu erzwingen). Allerdings bedarf es in diesen Fällen einer besonders sorgfältigen Prüfung, ob sich das Nicht-Handeln des Tatverdächtigen tatsächlich als feindselig-aggressives Verhalten deuten lässt und damit unter den Gewaltbegriff des § 240 I fällt.

bb) Drohung mit einem empfindlichen Übel

> **Drohung** ist das ausdrückliche oder schlüssige Inaussichtstellen eines künftigen **347**
> Übels, auf dessen Eintritt der Drohende Einfluss hat oder zu haben vorgibt.
>
> Unter einem **Übel** ist jeder Nachteil für das Nötigungsopfer zu verstehen.

Nicht erheblich ist, ob der Drohende das von ihm angekündigte Übel auch tatsächlich verwirklichen kann oder will. Es genügt bereits, dass die Drohung den Anschein der Ernstlichkeit erweckt und der Bedrohte ihre Verwirklichung zumindest für möglich hält (vgl. BGHSt 16, 386; 26, 309). Insofern gilt eine auf den *Opferhorizont* und nicht auf einen besonnenen Durchschnittsmenschen abstellende Sichtweise. Dabei kann eine Drohung nicht nur explizit mit Worten oder unmissverständlichen Gesten, sondern auch durch schlüssige Handlungen begangen werden. Es kommt insoweit immer auf den wahren Sinngehalt der betreffenden Erklärung an. Dies setzt allerdings voraus, dass der Täter durch sein Verhalten zumindest in irgendeiner Form konkludent zum Ausdruck bringt, dass er das Übel so zur Disposition stellt, dass seine Zufügung entfällt, wenn sich der Bedrohte dem Willen des Täters beugt. Die Drohung mit einem Übel, das einen Dritten treffen soll (sog. *Dreiecksnötigung*), ist dann i. S. von § 240 I tatbestandsmäßig, wenn der eigentliche Nötigungsadressat das dem Dritten zugedachte Übel auch für sich selbst als Übel empfindet und dadurch zu dem vom Täter gewünschten Verhalten motiviert wird. Dies liegt insbesondere dann nahe, wenn es sich bei dem Dritten um einen Angehörigen oder eine nahestehende Person handelt.

Abzugrenzen ist die Drohung von der (nach § 240) *straflosen Warnung*, bei der lediglich **348** auf ein außerhalb des Tätereinflusses liegendes Übel hingewiesen wird. Für die Unterscheidung ist nicht allein der Wortlaut, sondern die gesamte Bedeutung des Täterverhaltens aus Sicht des Opfers maßgeblich. Bei einer Warnung kann unter den Voraussetzungen des § 241 II eine Strafbarkeit wegen Bedrohung in Betracht kommen.

Ein Rückgriff auf die Drohungsalternative des § 240 I kommt in den Fällen sog. Sitzblo- **349** ckaden nicht in Betracht, da hier nicht die „Drohenden" (die eine Straße blockierenden Demonstranten), sondern die „Bedrohten" (z. B. die aufgehaltenen Fahrzeugführer) Einfluss auf den Eintritt des Übels (Nachteile durch Tötung oder Verletzung der Demonstranten) haben. Solange letztere nicht aktiv die Sperre zu durchbrechen versuchen (z. B. durch Betätigung des Gaspedals ihres Kfz), treten diese Nachteile nicht ein. Außerdem stellen die Demonstranten regelmäßig gar nicht in Aussicht, ihren Platz für den Fall zu räumen, dass sich die Blockierten fügen.

350 **Empfindlich** ist das Übel, wenn der in Aussicht gestellte Nachteil bei objektiver Betrachtung geeignet ist, einen besonnenen Menschen in der konkreten Situation zu dem durch den Täter erstrebten Verhalten zu bestimmen.

So kann etwa ein angedrohter Beziehungsabbruch ein empfindliches Übel darstellen, wenn dieser Beziehung für den Bedrohten ein hoher Stellenwert zukommt (OLG Karlsruhe NStZ 2019, 350). Das bloße Inaussichtstellen von Erschwernissen oder Unannehmlichkeiten genügt jedoch nicht. Mangels Empfindlichkeit des Übels scheidet die Annahme der Drohungsalternative aus, wenn von dem Bedrohten (z.B. bei angedrohter Aufkündigung der Freundschaft oder der Aussicht, in Zukunft nicht mehr gegrüßt zu werden) in seiner Lage erwartet werden kann, dass er der Drohung in besonnener Selbstbehauptung standhält (BGHSt 31, 195, 201). Auf diese Weise sollen Reaktionen von überängstlichen und überempfindlichen Personen ausgeschieden werden. Unerheblich ist, ob es sich bei dem angedrohten Verhalten um ein rechtmäßiges oder ein rechtswidriges Mittel handelt. Derartige Gesichtspunkte können aber bei der Prüfung der Mittel-Zweck-Relation nach § 240 II (vgl. Rn. 358 ff.) eine Rolle spielen.

Sonderproblem: Drohung mit einem Unterlassen

351 Umstritten ist die strafrechtliche Behandlung solcher Fälle, in denen das vom Täter angedrohte Übel in einem Unterlassen besteht (z.B. Ankündigung, keine Unterstützungszahlungen oder sonstige Hilfe zu leisten, keine Waren mehr zu beziehen oder keine Arbeiten durchzuführen).

Drohung mit einem Unterlassen

Drohung i.S. von § 240

t.M.: nur bei Rechtspflicht des Drohenden zum Handeln

h.M.: auch bei Drohung mit rechtmäßigem Unterlassen

– Nach teilweise vertretener Auffassung (SK-Horn/Wolters, § 240 Rn. 18; Wessels/Hettinger/Engländer, BT 1, Rn. 391) soll die Ankündigung eines Unterlassens nur dann als Drohung zu werten sein, wenn für den Drohenden eine *Rechtspflicht zum Handeln* besteht und er daher im Falle des Unterlassens gegen diese Pflicht verstoßen würde. Andererseits biete der Täter nur einen Vorteil an, über dessen Annahme das Opfer freiverantwortlich entscheiden könne.

– Demgegenüber kommt es nach der überwiegend vertretenen Gegenauffassung (BGHSt 31, 195; OLG Frankfurt NStZ 2000, 146; LK-Altvater, § 240 Rn. 85; Fischer, § 240 Rn. 34) nicht darauf an, ob das angekündigte Unterlassen eine Rechtspflicht zum Handeln verletzen würde, so dass *auch in einem rechtmäßigen Unterlassen die Drohung mit einem empfindlichen Übel liegen kann. Für den Motivationsdruck beim Opfer komme es nicht darauf an, was der Täter tun oder unterlassen dürfe, sondern welches Übel als Folge seines Verhaltens eintreten werde.*

Bewertung:

Gegen die Einbeziehung der Ankündigung des Unterlassens von Handlungen, deren **352** Vornahme die Rechtsordnung in das freie Belieben des Einzelnen stellt, spricht, dass auf diese Weise die Auslesefunktion des Tatbestands zurückgedrängt und die Problematik in die Verwerflichkeitsprüfung des § 240 II verschoben wird. Auf der anderen Seite lassen sich die Grundsätze des unechten Unterlassungsdelikts nicht ohne weiteres auf § 240 als Begehungsdelikt übertragen. Gerade der Fall der Ankündigung der Abwehr eines drohenden Übels (z. B. Verzicht auf eine Strafanzeige gegen sexuelle Gefälligkeiten) ist nur vordergründig ein Vorteil für den Betroffenen. In Wirklichkeit droht der Täter mit einem Übel, auf dessen Eintritt er vorgibt, Einfluss zu haben. Für die Einbeziehung auch des rechtmäßigen Unterlassens in die Drohungsalternative spricht insbesondere die kriminalpolitische Erwägung, dass ein Täter, der die von ihm in Aussicht gestellte Übelszufügung formal geschickt als mögliche Unterlassung formuliert (z. B. Nichtverhindern einer Strafanzeige), diese aber ebenso gut auch als aktives Tun (z. B. Erstattung einer Strafanzeige) darstellen könnte, nicht privilegiert werden darf. Ansonsten würde die Strafbarkeit in solchen Fällen letztlich vom Zufall bzw. von den Formulierungskünsten des Beschuldigten abhängen. Insofern ist stets zu prüfen, ob nicht eine normative Umbewertung der Drohung mit einem Unterlassen in eine Drohung mit einem aktiven Tun vorzunehmen ist. Entscheidend ist ausschließlich, ob das Rechtsgut des § 240, d. h. die Freiheit der Willensentschließung und Willensbetätigung, durch das Täterverhalten beeinträchtigt wird. Für den Motivationsdruck, der von einer Drohung ausgeht, ist daher in der Tat nicht entscheidend, ob der Täter etwas tun oder unterlassen will und ob das Tun oder Unterlassen rechtmäßig oder rechtswidrig ist, sondern welches Übel als Folge seines Verhaltens (angeblich) eintreten wird.

Tatbestandsmäßige Drohungen i. S. der §§ 240, 253 StGB können aber nicht nur mit **353** einem Unterlassen, sondern auch *durch Unterlassen* begangen werden (NK-Toepel,

§ 240 Rn. 96; Schönke/Schröder-Eisele, Vor §§ 234 ff. Rn. 35; a. A. *MüKo-Sinn*, § 240 Rn. 96). Dabei geht es um Fallkonstellationen, in denen ein Garant erkennt, dass ein anderer sein Verhalten irrtümlich als Ankündigung eines empfindlichen Übels begriffen hat und sich deshalb anschickt, Vorkehrungen zur Übelsabwendung zu treffen. Daraufhin entschließt sich Ersterer, diesen Irrtum des anderen nicht aufzuklären, also nicht hiergegen einzuschreiten, weil dessen Vorkehrungen aus seiner Sicht erwünscht sind.

c) Eintritt des Nötigungserfolgs = Handeln, Dulden oder Unterlassen

354 Bei § 240 handelt es sich um ein *Erfolgsdelikt*. Folge des Einsatzes eines Nötigungsmittels muss deshalb ein entsprechender Nötigungserfolg sein. Dieser kann auf Opferseite in einer *Handlung* (i. S. eines positiven Tuns), einer *Duldung* (i. S. der Untätigkeit gegenüber einer Handlung des Täters) oder einer *Unterlassung* (i. S. der Nichtvornahme einer Handlung) bestehen. Entscheidend ist dabei, den Nötigungserfolg exakt zu bestimmen und sich auf dieser Grundlage für eine dieser drei Alternativen zu entscheiden. Eine genaue Abgrenzung zwischen den drei Erscheinungsformen ist regelmäßig nicht erforderlich, da sich die Begriffe Handeln, Dulden und Unterlassen in ihrem Anwendungsbereich überschneiden und die konkrete Einstufung stark von den gewählten Formulierungen abhängt (z. B. kann man bei der Nötigung im Straßenverkehr das Opferverhalten sowohl als aktives Ausweichen, als Duldung des Überholvorgangs oder auch als Unterlassen eigener Behinderungsmaßnahmen bezeichnen).

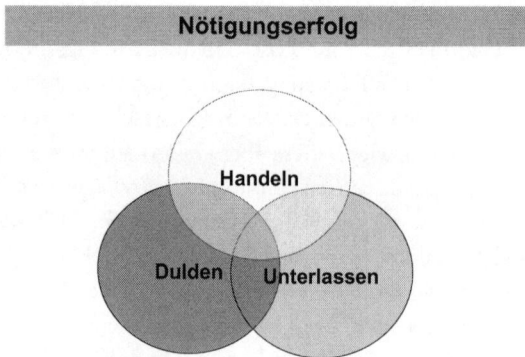

Die Nötigung ist *vollendet*, wenn das Tatopfer unter der Einwirkung des Nötigungsmittels die vom Täter verlangte Verhaltensweise an den Tag gelegt oder zumindest damit begonnen hat. Bei einem Dulden als Nötigungserfolg, zu dem auch die Auswirkungen der vis absoluta zählen, muss dementsprechend der Täter die zu erduldende Handlung vorgenommen oder zumindest mit ihr begonnen haben. Sofern der Einsatz des Nötigungsmittels nicht zu einem derartigen Erfolg führt (z. B. weil das Opfer sich bewusst nicht i. S. des Täterwillens beeinflussen lässt oder die vom Täter ausgesprochene Drohung nicht als solche erkennt) kommt eine Prüfung der *versuchten Nötigung* (§ 240 III) in Betracht.

d) Zusammenhang zwischen Nötigungsmittel und Nötigungserfolg

Zwischen dem Einsatz des Nötigungsmittels und dem Eintritt des Nötigungserfolgs **355** muss ein *nötigungsspezifischer Zusammenhang* bestehen. Dies bedeutet, dass sich der Nötigungserfolg nach allgemeinen Regeln kausal auf den Einsatz der Gewalt oder die Drohung zurückführen lassen und die Reaktion des Opfers dem Täter objektiv zurechenbar sein muss. Insofern kommt lediglich eine versuchte Nötigung in Betracht, wenn sich das Opfer unabhängig von einer etwaigen Gewaltanwendung oder Drohung i. S. des Täterwillens verhält.

2. Subjektiver Tatbestand

Der subjektive Tatbestand der Nötigung verlangt jedenfalls hinsichtlich des *Einsatzes* **356** *des Nötigungsmittels* unstreitig Vorsatz, wobei *dolus eventualis* genügt. Bei der Drohungsalternative ist nicht erforderlich, dass der Vorsatz darauf gerichtet ist, das angedrohte Verhalten auch tatsächlich auszuführen. Vielmehr genügt bereits der Vorsatz, dem Opfer das Bevorstehen eines empfindlichen Übels glaubhaft vorzuspiegeln.

In Bezug auf den *Nötigungserfolg* (Handeln, Dulden oder Unterlassen) soll nach teilwei- **357** se vertretener Meinung (MüKo-Sinn, § 240 Rn. 105; Schönke/Schröder-Eisele, § 240 Rn. 34; Geppert Jura 2006, 31, 38) Absicht i. S. von *dolus directus 1. Grades* zu verlangen sein. Manche beschränken dieses Absichtserfordernis auch auf die Fälle der Gewalt durch Einwirkung auf Sachen (Wessels/Hettinger/Engländer, BT 1, Rn. 403). Der zur Begründung herangezogene Wortlaut des § 240 II („zu dem angestrebten Zweck") erscheint insofern jedoch nicht zwingend. Praktisch wirkt sich dieser Streitstand jedoch regelmäßig nicht aus, weil der Täter den Eintritt des erstrebten Nötigungserfolgs ohnehin beabsichtigt und im Übrigen als angestrebte Ziele i. S. von dolus directus 1. Grades auch notwendige Zwischenziele behandelt werden.

II. Rechtswidrigkeit

Bei § 240 handelt es sich um einen sog. „offenen bzw. ergänzungsbedürftigen Tatbe- **358** stand". Dies bedeutet, dass das Vorliegen der Rechtswidrigkeit noch nicht durch die Tatbestandsmäßigkeit des Täterverhaltens *indiziert* wird. Die Rechtswidrigkeit muss vielmehr grundsätzlich nach der sog. „Mittel-Zweck-Relation" des § 240 II ausdrücklich festgestellt werden, um sicherzustellen, dass lediglich strafwürdige Verhaltensweisen als strafbares Nötigungsunrecht erfasst werden.

Die Mittel-Zweck-Relation des § 240 II

Einsatz des Nötigungs- mittels	nicht gegeben bei: ➔ Eingreifen von Rechtfertigungsgründen	verfolgter Nötigungs- zweck

Verwerflichkeit

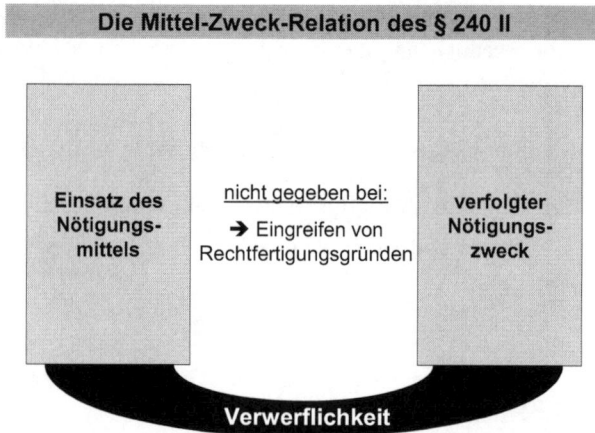

359 *Vor einer Prüfung der Mittel-Zweck-Relation* ist stets das *Eingreifen* von der Rechtsordnung *anerkannter Rechtfertigungsgründe* zu prüfen. Schließlich kann ein Täterverhalten, das von einem anerkannten Rechtfertigungsgrund gedeckt ist, niemals verwerflich sein. Als typische Rechtfertigungsgründe für nötigende Verhaltensweisen kommen etwa Notwehr (§ 32), Notstand (§ 34), strafprozessuale Festnahmebefugnisse (§§ 112 ff., 127 StPO) oder das zivilrechtliche Selbsthilferecht (§ 229 BGB) in Betracht.

360 Die Rechtswidrigkeit der Nötigung bestimmt sich gemäß dem Wortlaut des § 240 II nicht einseitig nach dem angewandten Mittel oder dem angestrebten Zweck, sondern aus dem Verhältnis zueinander. Die *Verknüpfung* zwischen dem Mittel der Gewalt oder der Drohung und dem Nötigungszweck muss rechtlich verwerflich sein.

Verwerflich ist, was sozial unerträglich und wegen seines grob anstößigen Charakters sozialethisch in besonders hohem Maße zu missbilligen ist.

Insofern kann sich die *Gesamtbewertung* als verwerflich schon deshalb ergeben, weil entweder nur das Nötigungsmittel (die Anwendung von Gewalt oder die Drohung mit einem empfindlichen Übel) oder nur der Nötigungszweck (die erstrebte Handlung, Duldung oder Unterlassung) oder auch beide Elemente als verwerflich gelten. Eine solche Gesamtbewertung ist aber auch bei Einsatz eines eigentlich zulässigen Mittels (z.B. der Drohung mit einer Strafanzeige) zu einem – isoliert betrachtet – zulässigen Zweck (z.B. der Rückzahlung einer Forderung) möglich, wenn es an einem rechtfertigenden inneren Zusammenhang fehlt. Unter dem „angestrebten Zweck" ist dabei stets nur das abgenötigte Verhalten des Opfers zu sehen (für eine zusätzliche Einbeziehung sog. *Fernziele* wie Tatmotive oder politische Ziele, die dem Täterverhalten zugrunde liegen z.B. Rengier, BT II, § 23 Rn. 68).

Die Verwerflichkeitsklausel des § 240 II ist sowohl bei der Gewalt- als auch bei der Dro- **361** hungsalternative des § 240 I zu prüfen (BVerfGE 73, 206, 247 ff., 256; 76, 211, 217 ff.). Im Rahmen der Verwerflichkeitsprüfung ist in besonderem Maße auch den *Grundrechtsgewährleistungen des Nötigenden* Rechnung zu tragen. So können insbesondere im Zusammenhang mit Demonstrationen die Grundrechte der Meinungs- und Versammlungsfreiheit (Art. 5, 8 GG) Behinderungen und Nötigungen Dritter rechtfertigen, wenn sie das Maß sozialadäquater Nebenwirkungen rechtmäßiger Demonstrationen nicht überschreiten. Als Gesichtspunkte für eine soziale Erträglichkeit und damit fehlende Verwerflichkeit kommen etwa die Eröffnung des Schutzbereichs von Art. 8 GG, Art und Maß der Auswirkungen auf betroffene Dritte und deren Grundrechte, Dauer und Intensität der Aktion, deren vorherige Bekanntgabe, Ausweichmöglichkeiten, Anzahl und Dringlichkeit blockierter Transporte sowie der Sachbezug zwischen den in ihrer Fortbewegungsfreiheit betroffenen Personen und dem Protestgegenstand in Betracht (BVerfG NJW 2011, 3020, 3023).

III. Schuld

IV. Strafzumessung; besonders schwerer Fall der Nötigung (§ 240 IV)

1. Objektive Verwirklichung eines der Regelbeispiele in § 240 IV 2

a) Nötigung zum Schwangerschaftsabbruch (§ 240 IV 2 Nr. 1)

Das Regelbeispiel dient dem *Schutz der Schwangeren vor Zumutungen und Druck aus dem* **362** *sozialen Umfeld* (z. B. bei Drohungen des Arbeitgebers mit dem Verlust des Arbeitsplatzes oder der Ankündigung des werdenden Vaters, keinen Unterhalt zu leisten). Es liegt bereits bei einem nicht zum vollendeten Schwangerschaftsabbruch führenden Nötigungsversuch vor.

b) Missbrauch der Befugnis oder Stellung als Amtsträger (§ 240 IV 2 Nr. 2)

Für den Begriff des *Amtsträgers* gilt die Legaldefinition in § 11 I Nr. 2. Es handelt sich **363** um ein *besonderes persönliches Merkmal*, auf das § 28 II analoge Anwendung findet. Bei europäischen Amtsträgern i. S. von § 11 I Nr. 2a kann ein unbenannter besonders schwerer Fall der Nötigung in Betracht kommen.

Ein **Missbrauch der Befugnis** als Amtsträger ist gegeben, wenn dieser – im Außenverhältnis wirksam – seine dienstlichen Befugnisse überschreitet, sich dabei aber innerhalb seiner an sich gegebenen Zuständigkeiten bewegt.

Ein **Missbrauch der Stellung** als Amtsträger kommt in Betracht, wenn dieser außerhalb des Zuständigkeitsbereichs die Möglichkeiten ausnutzt, die ihm durch sein Amt gegeben sind.

2. Subjektive Verwirklichung des Regelbeispiels

364 Erforderlich ist Wissen und Wollen des Nötigenden hinsichtlich der Verwirklichung eines oder beider der in § 240 IV 2 umschriebenen Regelbeispiele (§ 16 I gilt analog).

3. Kein Ausschluss der Indizwirkung

365 In der Praxis (nicht jedoch in Klausuren und Hausarbeiten bis zum 1. juristischen Staatsexamen) ist durch umfassende Würdigung der Beweislage zu prüfen, ob die Indizwirkung des Regelbeispiels nicht dadurch wieder entfällt und somit kein besonders schwerer Fall anzunehmen ist, dass besondere Umstände, die in der Tat oder der Persönlichkeit des Täters liegen, das Unrecht, die Schuld oder die Strafwürdigkeit gegenüber dem Durchschnittsfall des Regelbeispiels so wesentlich mindern, dass bei Bewertung aller entlastenden und belastenden Umstände die Zuordnung der Tat zu der höheren Strafrahmenstufe des § 240 IV unangemessen wäre.

V. Konkurrenzen

366 Gegenüber spezielleren Delikten zum Schutz der persönlichen Freiheit (z. B. §§ 113, 239, 239a, 239b, 249, 253) tritt § 240 im Wege der Gesetzeskonkurrenz zurück. Ein eigenständiger Unrechtsgehalt mit der Folge von Idealkonkurrenz kommt der Nötigung daher nur dann zu, wenn sie über das zur Verwirklichung dieser Tatbestände Erforderliche hinausgeht. Insofern kommt die Annahme von Tateinheit etwa im Verhältnis zu § 315b in Betracht. Entsprechendes gilt im Verhältnis einer als Nötigungsmittel eingesetzten Körperverletzung zur (versuchten) Nötigung.

VI. Aufbauschema § 240

I. **Tatbestand**

1. Objektiver Tatbestand

a) Taugliches Tatobjekt

b) Tathandlung: Einsatz eines Nötigungsmittels

    aa) Gewalt oder

    bb) Drohung mit einem empfindlichen Übel

c) Eintritt des Nötigungserfolgs

    aa) Handeln,

    bb) Dulden oder

    cc) Unterlassen

d) Nötigungsspezifischer Zusammenhang zwischen Mittel und Erfolg

2. Subjektiver Tatbestand

    Vorsatz (vgl. § 15 StGB), d.h. mindestens dolus eventualis

II. Rechtswidrigkeit

1. Eingreifen anerkannter Rechtfertigungsgründe

2. Verwerflichkeit nach der Mittel-Zweck-Relation (§ 240 II)

III. Schuld

IV. Strafzumessung: besonders schwerer Fall gem. § 240 IV

1. Objektive Verwirklichung eines oder beider Regelbeispiele des § 240 IV 2

    a) Nötigung zum Schwangerschaftsabbruch (§ 240 IV 2 Nr. 1)

    b) Missbrauch der Befugnis oder Stellung als Amtsträger (§ 240 IV 2 Nr. 2)

2. Subjektive Verwirklichung eines oder beider Regelbeispiele des § 240 IV 2

3. Kein Ausschluss der Indizwirkung

C. Widerstand gegen Vollstreckungsbeamte (§ 113)

> **Gesetzestext:**
>
> (1) Wer einem Amtsträger oder Soldaten der Bundeswehr, der zur Vollstreckung von Gesetzen, Rechtsverordnungen, Urteilen, Gerichtsbeschlüssen oder Verfügungen berufen ist, bei der Vornahme einer solchen Diensthandlung mit Gewalt oder durch Drohung mit Gewalt Widerstand leistet, wird mit Freiheitsstrafe bis zu drei Jahren oder mit Geldstrafe bestraft.
>
> (2) In besonders schweren Fällen ist die Strafe Freiheitsstrafe von sechs Monaten bis zu fünf Jahren. Ein besonders schwerer Fall liegt in der Regel vor, wenn
>
> 1. der Täter oder ein anderer Beteiligter eine Waffe oder ein anderes gefährliches Werkzeug bei sich führt,
>
> 2. der Täter durch eine Gewalttätigkeit den Angegriffenen in die Gefahr des Todes oder einer schweren Gesundheitsschädigung bringt oder
>
> 3. die Tat mit einem anderen Beteiligten gemeinschaftlich begangen wird.
>
> (3) Die Tat ist nicht nach dieser Vorschrift strafbar, wenn die Diensthandlung nicht rechtmäßig ist. Dies gilt auch dann, wenn der Täter irrig annimmt, die Diensthandlung sei rechtmäßig.
>
> (4) Nimmt der Täter bei Begehung der Tat irrig an, die Diensthandlung sei nicht rechtmäßig, und konnte er den Irrtum vermeiden, so kann das Gericht die Strafe nach seinem Ermessen mildern (§ 49 Abs. 2) oder bei geringer Schuld von einer Bestrafung nach dieser Vorschrift absehen. Konnte der Täter den Irrtum nicht vermeiden und war ihm nach den ihm bekannten Umständen auch nicht zuzumuten, sich mit Rechtsbehelfen gegen die vermeintlich rechtswidrige Diensthandlung zu wehren, so ist die Tat nicht nach dieser Vorschrift strafbar; war ihm dies zuzumuten, so kann das Gericht die Strafe nach seinem Ermessen mildern (§ 49 Abs. 2) oder von einer Bestrafung nach dieser Vorschrift absehen.

367 Geschütztes Rechtsgut des § 113 ist die *ungestörte Durchsetzung rechtmäßiger staatlicher Vollstreckungsakte* und damit zugleich auch der Schutz der hierzu berufenen Organe. Soweit sich sein Anwendungsbereich mit dem des § 240 überschneidet, stellt sich der Widerstand gegen Vollstreckungsbeamte als *lex specialis* dar. Aus diesem Grund ist § 113 regelmäßig *im Zusammenhang mit den Freiheitsdelikten zu erörtern*, obwohl der Tatbestand formal im sechsten Abschnitt des Besonderen Teils des StGB unter den Widerstandsdelikten gegen die Staatsgewalt (§§ 110 ff.) eingegliedert ist. Dass § 113 einen Spezialfall der allgemeinen Nötigung regelt, ergibt sich heute im Wesentlichen nur

noch aus der günstigeren Irrtumsreglung in § 113 III, IV. Hintergrund der Privilegierung war ursprünglich das Ziel des Gesetzgebers, dem begreiflichen Erregungszustand des von Vollstreckungsmaßnahmen Betroffenen mit Nachsicht zu begegnen (vgl. BT-Drs. 6/502, 3). Bereits im Jahr 2011 war jedoch der (zuvor mildere) Strafrahmen des § 113 an das Strafmaß für § 240 angeglichen worden. Mit dem 52. Gesetz zur Änderung des Strafgesetzbuchs vom 23.5.2017 (BGBl. I S. 1226) wurde – insbesondere um symbolisch ein Zeichen zum Schutz von Polizeibeamten zu setzen – dann die Tatalternative des tätlichen Angriffs auf Vollstreckungsbeamte aus § 113 I herausgelöst und in einen neuen und insgesamt hoch problematischen (vgl. Zöller KriPoZ 2017, 143 ff.; König/Müller ZIS 2018, 96 ff.; Busch/Singelnstein NJW 2018, 510 ff.) § 114 überführt, der einen deutlich höheren Strafrahmen vorsieht und dessen Anwendungsbereich nicht mehr an die Einschränkung der Vornahme einer Vollstreckungshandlung gebunden ist. Außerdem wurde in § 113 II 2 Nr. 3 das neue Regelbeispiel der gemeinschaftlichen Begehungsweise eingefügt.

Sowohl in der Rechtspraxis als auch in strafrechtlichen Prüfungsarbeiten ist das faktische *Wechselwirkungs- bzw. Spannungsverhältnis zwischen § 113* auf der einen *und § 340* auf der anderen Seite zu beachten. Vor allem in affektgeladenen Einsatzsituationen, in denen es zwischen Polizei und Privatpersonen zu wechselseitigen Interaktionen in Gestalt von Tätlichkeiten und Gewalt kommt (z. B. bei Demonstrationen), stellt der Tatbestand des Widerstands gegen Vollstreckungsbeamte ein rechtliches Verteidigungswerkzeug für Polizeibeamte dar, die sich ihrerseits (berechtigter- und unberechtigterweise) erstatteten oder erwarteten Anzeigen wegen Körperverletzung im Amt ausgesetzt sehen. Im Übrigen ist der *Versuch* des § 113 *nicht mit Strafe bedroht*. **368**

I. Tatbestand

1. Objektiver Tatbestand

a) Taugliche Tatsubjekte

Potenziell kommt *jeder Mensch* als tauglicher Täter des § 113 in Betracht. Die Widerstandsleistung kann mithin auch von (sich einmischenden) Dritten erbracht werden, die selbst nicht Adressaten der Vollstreckungshandlung sind (z. B. der Freund des Schuldners, der den pfändenden Gerichtsvollzieher unter Anwendung von Prügeln vom Haus vertreibt). **369**

b) Taugliche Tatopfer

370 Taugliche Tatopfer sind nach dem Wortlaut des § 113 I zunächst inländische *Amtsträger* i. S. von § 11 I Nr. 2 oder *Soldaten der Bundeswehr*. In der Praxis handelt es sich bei den Opfern von Taten nach § 113 weit überwiegend um Polizeibeamte. Daneben werden aber auch ausländische Amtsträger erfasst, wenn diese aufgrund von internationalen Verträgen oder mit dem Einverständnis inländischer Stellen im Bundesgebiet tätig werden. Auf ausländische Soldaten findet § 113 Anwendung, wenn es sich um in der Bundesrepublik stationierte Truppen der NATO handelt.

371 Zusätzliche *Erweiterungen des Schutzbereiches* finden sich in *§ 115*. Nach § 115 I können taugliche Tatopfer eines Widerstands gegen Vollstreckungsbeamte auch Personen sein, die die Rechte und Pflichten eines Polizeibeamten haben oder Ermittlungspersonen der Staatsanwaltschaft (vgl. § 152 II GVG) sind, ohne Amtsträger zu sein (z. B. bestätigte Jagdaufseher gem. § 25 II BJagdG). § 115 II erfasst Personen, die zur Unterstützung bei der Diensthandlung zugezogen sind (z. B. Gemeindemitglieder als Zeugen bei Durchsuchungsmaßnahmen, Ärzte im Zusammenhang mit der Entnahme von Blutproben oder Transportunternehmer beim Abschleppen von Kraftfahrzeugen). Schließlich wird gemäß § 115 III auch derjenige nach § 113 bestraft, der bei Unglücksfällen, gemeiner Gefahr oder Not Hilfeleistende der Feuerwehr, des Katastrophenschutzes oder eines Rettungsdienstes durch Gewalt oder durch Drohung mit Gewalt behindert.

Diese Personen sind jedoch nicht voraussetzungslos durch § 113 geschützt, sondern nur dann, wenn sie zur Vollstreckung von Gesetzen, Rechtsverordnungen, Urteilen, Gerichtsbeschlüssen oder Verfügungen berufen sind.

> **Zur Vollstreckung berufen** ist, wer die Befugnis besitzt, im Einzelfall den Staatswillen zu verwirklichen und notfalls mit Zwang durchzusetzen.

c) Tatsituation = bei Vornahme einer Vollstreckungshandlung

372 Der objektive Tatbestand des § 113 I setzt voraus, dass der Täter den Widerstand gerade bei der Vornahme einer Vollstreckungshandlung leistet.

> **Vollstreckungshandlung** ist jede Tätigkeit einer dazu berufenen Person, die zur Regelung eines Einzelfalls auf die Vollziehung der in § 113 I genannten Rechtsnormen oder Hoheitsakte gerichtet ist und damit die Verwirklichung des notfalls zwangsweise durchsetzbaren Staatswillens bezweckt.

Bei der Vollstreckungshandlung geht es somit um die Verwirklichung eines *bereits konkretisierten Staatswillens* (z. B. die Pfändung durch den Gerichtsvollzieher, die Entnahme einer Blutprobe nach § 81a StPO oder die Durchsuchung nach den §§ 102 ff. StPO).

Eine bereits erlassene gerichtliche oder behördliche Anordnung ist nicht erforderlich. Vielmehr kann die Konkretisierung des Staatswillens auch durch den hierzu berufenen Beamten selbst erfolgen (z. B. beim Anhalten eines Verkehrsteilnehmers im Rahmen einer allgemeinen Verkehrskontrolle, da durch das Haltesignal nach § 36 I 1 StVO eine konkrete Einzelfallregelung zum Ausdruck gebracht wird oder beim Betreten eines Gebäudes durch Polizeibeamte zur Festnahme eines Straftäters). Zur Vollstreckungshandlung gehören zudem auch solche Handlungen, die der unmittelbaren Vorbereitung, Abwicklung und Absicherung der eigentlichen Vollzugshandlung dienen. Keine Vollstreckungshandlung ist die *schlichte Gesetzesanwendung*, die nicht darauf gerichtet ist, einen schon konkretisierten hoheitlichen Willen gegenüber bestimmten Personen durchzusetzen (z. B. die keinem konkreten Einsatz dienende, polizeiliche Streifenfahrt, polizeiliche Ermittlungen und Unfallaufnahmen oder der Kontrollgang von Soldaten der Bundeswehr).

Aus dem insoweit eindeutigen Gesetzeswortlaut („bei") folgt *in zeitlicher Hinsicht*, dass **373** die konkrete Vollstreckungshandlung bereits begonnen haben oder zumindest unmittelbar bevorstehen muss und noch nicht beendet sein darf. Dabei ist die Vollstreckung so lange noch nicht beendet, wie das Verhalten des Amtsträgers nach natürlicher Auffassung noch in unmittelbarem Zusammenhang mit ihrem konkreten Vollzug steht (z. B. beim Rückweg des Amtsträgers zu seinem Dienstfahrzeug oder der gewaltsamen Entfernung des Beschuldigten nach seiner Vernehmung aus der Polizeidienststelle).

Im Gegensatz zu § 113 *verzichtet der* durch das 52. Gesetz zur Änderung des Strafgesetz- **374** buchs vom 23.5.2017 (BGBl. I S. 1226) neu geschaffene *Tatbestand des tätlichen Angriffs auf Vollstreckungsbeamte (§ 114) auf den Bezug zu einer Vollstreckungshandlung.* Hier genügt es bereits, dass der tätliche Angriff, also jede in feindseliger Absicht unmittelbar auf den Körper des Betroffenen abzielende Einwirkung ohne Rücksicht auf den Erfolg, „bei einer Diensthandlung" erfolgt (z. B. bei Streifenfahrten, Unfallaufnahmen oder allgemeinen Ermittlungstätigkeiten).

d) Taugliche Tathandlung

Als mögliche Tathandlungsalternativen nennt das Gesetz aktuell nur noch das Wider- **375** standleisten mit Gewalt oder durch Drohung mit Gewalt. Die Alternative des tätlichen Angriffs ist durch das 52. Gesetz zur Änderung des Strafgesetzbuchs vom 23.5.2017 (BGBl. I S. 1226) aus § 113 ausgegliedert und in einen neuen § 114 überführt worden. Hinzu tritt in § 115 III das Behindern durch Gewalt oder durch Drohung mit Gewalt.

Tathandlungen des § 113 StGB

nur noch zwei Tatalternativen

52. Gesetz zur Änderung des Strafgesetzbuches - Stärkung des Schutzes von Vollstreckungsbeamten und Rettungskräften vom 23.05.2017 (BGBl. I S. 1226), in Kraft getreten am 30.05.2017

| Widerstandleisten mit Gewalt | Widerstandleisten durch Drohung mit Gewalt | tätlicher Angriff (Tathandlung i.S.v. § 114) |

aa) Widerstandleisten mit Gewalt

376 **Widerstandleisten** ist jedes aktive Verhalten, das darauf gerichtet ist, die Vollstreckungsmaßnahme zu verhindern oder zumindest zu erschweren.

Rein passive oder defensive Verhaltensweisen (z. B. eine Sitzblockade, das Nichtöffnen der verriegelten Haus- oder Fahrzeugtür, die Flucht vor der Polizei oder das schützende Erheben der Arme vor das Gesicht) können damit von vornherein nicht in den Anwendungsbereich von § 113 fallen. Andererseits setzt das Widerstandleisten keine erfolgreichen Widerstandshandlungen voraus und ist daher als *unechtes Unternehmensdelikt* einzustufen.

Unter **Gewalt** ist die durch tätiges Handeln gegen die Person des Vollstreckenden gerichtete Kraftentfaltung mit körperlicher Zwangswirkung zu verstehen.

Der Gewaltbegriff ist daher im Rahmen von § 113 enger zu verstehen als bei § 240. Damit sind auch Bagatellfälle von vornherein nicht erfasst. Auch der Rückgriff auf Gewalt gegen Sachen oder dritte Personen, durch die der Vollstreckungsbeamte lediglich psychisch beeinflusst werden soll, ist nicht tatbestandsmäßig. Bei einem nicht unerheblichen Kraftaufwand kann aber auch schon das Sich-Losreißen aus dem Festhaltegriff eines Polizeibeamten als Gewalt einzustufen sein (OLG Dresden NStZ-RR 2015, 10 m. Anm. Hecker JuS 2015, 563).

bb) Widerstandleisten durch Drohung mit Gewalt

> Unter der **Drohung mit Gewalt** ist die Ankündigung einer bevorstehenden Gewalt- **377**
> anwendung zu verstehen.

Im Gegensatz zu § 240 genügt die bloße Drohung mit einem empfindlichen Übel im Rahmen von § 113 somit nicht. Die in Aussicht gestellte Gewaltanwendung muss sich zudem gegen die Person des Vollstreckungsbeamten richten, so dass z. B. die Androhung einer Selbsttötung keine tatbestandsmäßige Verhaltensweise darstellt. Entsprechend der Rechtslage bei der Nötigung reicht es aber aus, dass die Drohung mit Gewalt nur den Anschein der Ernstlichkeit erweckt und der bedrohte Vollstreckungsbeamte ihre Verwirklichung zumindest für möglich hält.

2. Subjektiver Tatbestand

Der subjektive Tatbestand des § 113 I setzt *Vorsatz* (vgl. § 15), d. h. *mindestens dolus* **378** *eventualis* hinsichtlich der Verwirklichung der objektiven Tatbestandsmerkmale voraus. Für diesbezügliche Irrtümer gilt die allgemeine Regelung des § 16 I 1. Für Irrtümer hinsichtlich der Rechtmäßigkeit der Vollstreckungshandlung finden sich spezielle Irrtumsregelungen in § 113 III 2, IV.

3. Rechtmäßigkeit der Vollstreckungshandlung

Nach § 113 III 1 ist die Tat nicht nach § 113 strafbar, wenn die Diensthandlung nicht **379** rechtmäßig ist. Dies gilt selbst dann, wenn der Täter irrig annimmt, die Diensthandlung sei rechtmäßig (§ 113 III 2). Die dogmatische Einordnung dieser Regelung ist nach wie vor umstritten. Gegen eine Einordnung der Rechtmäßigkeit der Diensthandlung als Tatbestandsmerkmal (so z. B. Schönke/Schröder-Eser, § 113 Rn. 20) spricht bereits die systematische Stellung in § 113 III sowie die Existenz einer eigenen Irrtumsregelung in § 113 IV. Eine Einstufung als Rechtfertigungsgrund (so LK-Rosenau, § 113 Rn. 32; Fischer, § 113 Rn. 10) kommt nicht in Betracht, da die Formulierung des vergleichbaren § 22 I WStG („handelt nicht rechtswidrig") gerade nicht übernommen wurde, die Irrtumsregelung des § 113 IV von den allgemeinen Grundsätzen der Behandlung des Irrtums über die Voraussetzungen eines Rechtfertigungsgrunds abweicht und zudem ein Wertungswiderspruch zu den §§ 223, 224 entstünde, auf die § 113 III unstreitig nicht anwendbar ist. Nach vorzugswürdiger und auch überwiegend vertretener Auffassung (z. B. Wessels/Hettinger/Engländer, BT 1, Rn. 636) handelt es sich bei der Rechtmäßigkeit der Vollstreckungshandlung daher um eine *objektive Bedingung der Strafbarkeit*, auf die sich der Vorsatz des Täters nicht zu beziehen braucht, und die als sog. *Tatbestandsannex nach* dem (subjektiven) Tatbestand zu prüfen ist. Praktische

Auswirkungen hat diese dogmatische Streitfrage allerdings schon deshalb nicht, da die einschlägigen Rechtsfolgen in § 113 III, IV abschließend geregelt sind. Gegen *rechtswidrige Vollstreckungshandlungen* darf sich der i. S. des § 113 Tatverdächtige wehren. Seine Strafbarkeit entfällt aber bereits nach § 113 III 1, so dass es auf eine etwaige Rechtfertigung nach § 32 nicht mehr ankommt.

> **Sonderproblem**: Rechtmäßigkeit einer Vollstreckungshandlung i. S. des § 113

380 Größere praktische Bedeutung besitzt demgegenüber die ebenfalls umstrittene Frage, nach welchem Maßstab im konkreten Fall die Rechtmäßigkeit einer Vollstreckungsmaßnahme zu bestimmen ist.

- Nach teilweise vertretener Auffassung (z. B. Wagner JuS 1975, 224, 226 f.) kommt es auf die Vollstreckbarkeit der Anordnung an (sog. Wirksamkeitslehre). Danach ist ein Vollstreckungsakt rechtmäßig i. S. des § 113 III, wenn er nach den für seinen Erlass geltenden Vorschriften wirksam und damit für den Bürger verbindlich ist.

- Demgegenüber soll sich die Rechtmäßigkeit der Vollstreckungshandlung nach anderer Ansicht (z. B. MüKo-Bosch, § 113 Rn. 31 ff.; Roxin, AT I, § 17 Rn. 1 ff.; Rengier, BT II, § 53 Rn. 28) an der sich aus dem Strafprozess-, Verwaltungs- und Vollstreckungsrecht ergebenden materiellen Rechtslage orientieren (sog. materieller Rechtmäßigkeitsbegriff). Abzustellen sei dabei nicht auf die Rechtmäßigkeit der zu vollstreckenden Grundentscheidung, sondern auf die Rechtmäßigkeit des Vollstreckungsakts.

- Die überwiegende Meinung (BGHSt 21, 334, 365; 60, 253, 258 ff.; LK-Rosenau, § 113 Rn. 35 ff.; Wessels/Hettinger/Engländer, BT 1, Rn. 703 ff.; Zöller/Steffens JA 2010, 164 ff.) vertritt demgegenüber einen *spezifisch strafrechtlichen Vollstreckungsbegriff*. Danach ist eine Vollstreckungshandlung bereits dann rechtmäßig i. S. des § 113 III, wenn der Amtsträger oder Soldat (1) sachlich und örtlich zuständig ist, (2) die wesentlichen Förmlichkeiten, insbesondere Formvorschriften zum Schutz des Betroffenen, beachtet, (3) ein etwa bestehendes Ermessen pflichtgemäß ausübt und (4) etwaige verbindliche Weisungen im Vertrauen auf ihre Rechtmäßigkeit befolgt. Bei der Konkretisierung dieser Anforderungen ist den durch die Vollstreckungshandlung betroffenen Grundrechten des Bürgers Rechnung zu tragen (BVerfG NVwZ 2007, 1180, 182).

Rechtmäßigkeit der Vollstreckungshandlung

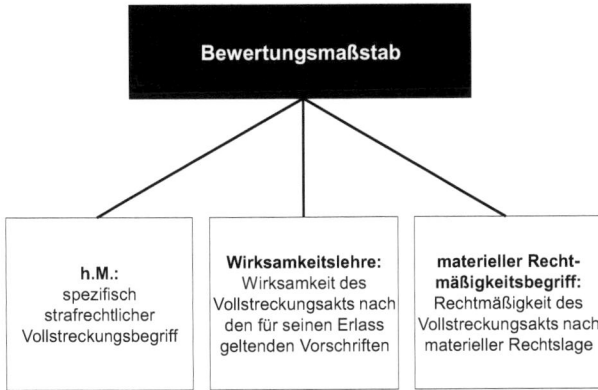

Bewertungsmaßstab		
h.M.: spezifisch strafrechtlicher Vollstreckungsbegriff	**Wirksamkeitslehre:** Wirksamkeit des Vollstreckungsakts nach den für seinen Erlass geltenden Vorschriften	**materieller Rechtmäßigkeitsbegriff:** Rechtmäßigkeit des Vollstreckungsakts nach materieller Rechtslage

Bewertung:

Für den spezifisch strafrechtlichen Vollstreckungsbegriff lässt sich zunächst der Wille **381** des historischen Gesetzgebers anführen, der explizit einen eigenständigen, vom Verwaltungsrecht losgelösten Rechtmäßigkeitsbegriff befürwortet hatte (vgl. BT-Drs. 6/502, 4). Vor allem aber trägt nur eine solche formale Prüfung dem Gesichtspunkt Rechnung, dass Vollstreckungsbeamte oftmals unter schwierigen Bedingungen eine schnelle Entscheidung treffen und diese durchsetzen müssen, ohne dass ihnen eine umfassende Überprüfung der Rechtmäßigkeit der Maßnahme möglich ist. Die Aufbürdung einer rechtsfehlerfreien Überprüfung aller materiellen Voraussetzungen würde die Praxis der Rechtsdurchsetzung faktisch lähmen und ihr einen erheblichen Teil ihrer Effektivität nehmen. Zudem bleibt dem Betroffenen im Regelfall die Möglichkeit, nachträglichen Rechtsschutz gegenüber Vollstreckungsmaßnahmen zu suchen.

II. Rechtswidrigkeit

III. Schuld

In § 113 IV findet sich eine spezielle Irrtumsregelung, die der allgemeinen Regelung **382** des § 17 vorgeht. Danach kann das Gericht die Strafe mildern (§ 49 II) oder von einer Bestrafung nach § 113 absehen, wenn der Täter bei Begehung der Tat irrig annimmt, die Diensthandlung sei nicht rechtmäßig, auch wenn er diesen Irrtum vermeiden konnte (§ 113 IV 1). Bei einem unvermeidbaren Irrtum ist die Tat nur dann nach § 113 strafbar, wenn es dem Täter nach den ihm bekannten Umständen nicht zuzumuten war, sich mit Rechtsbehelfen gegen die vermeintlich rechtswidrige Diensthandlung zu wehren

(§ 113 IV 2). Für die Frage der Vermeidbarkeit gelten jeweils die zu § 17 aufgestellten Grundsätze.

IV. Strafzumessung

1. Objektive Verwirklichung eines oder mehrerer der Regelbeispiele des § 113 II 2

a) Beisichführen einer Waffe oder eines gefährlichen Werkzeugs (§ 113 II 2 Nr. 1)

383 Das Regelbeispiel des § 113 II 2 Nr. 1 erhöht den Strafrahmen auf Freiheitsstrafe von sechs Monaten bis zu fünf Jahren, wenn der Täter oder ein anderer Beteiligter eine Waffe oder ein anderes gefährliches Werkzeug bei sich führt. Nachdem das BVerfG (NStZ 2009, 83 f.) in der Einstufung von Kraftfahrzeugen als Waffen durch die frühere Rechtsprechung eine Verletzung von Art. 103 II GG gesehen hatte, war § 113 II 2 Nr. 1 zunächst durch das 44. Gesetz zur Änderung des Strafgesetzbuchs vom 1.11.2011 um das Tatmittel des sonstigen gefährlichen Werkzeugs erweitert worden. Durch das 52. Gesetz zur Änderung des Strafgesetzbuchs vom 23.5.2017 (BGBl. I S. 1226) wurde dann auch noch die zuvor verlangte Verwendungsabsicht gestrichen, um eine Angleichung an § 244 I Nr. 1a vorzunehmen (BT-Drs. 18/11161, S. 9). Zur Konkretisierung der Begriffe „Waffe", „gefährliches Werkzeug" und „Beisichführen" kann daher auf die zu § 244 dargelegten Auslegungsgrundsätze (vgl. Zöller, BT I, Rn. 67 ff.) zurückgegriffen werden.

b) Gewalttätigkeit (§ 113 II 2 Nr. 2)

384 Das Regelbeispiel des § 113 II 2 Nr. 2 erfüllt in objektiver Hinsicht, wer den Angegriffenen durch eine Gewalttätigkeit in die Gefahr des Todes oder einer schweren Gesundheitsschädigung bringt.

Gewalttätigkeit ist die Entfaltung physischer Kraft unmittelbar gegen eine Person durch aggressives positives Tun von einiger Erheblichkeit.

Beispiele: Pistolenschuss, Steinwurf, Messerstich, schnelles Zufahren mit einem Pkw.

385 Erforderlich ist, dass der Täter den Angegriffenen durch die Tat in die Gefahr des Todes oder einer schweren Gesundheitsschädigung bringt. Vorausgesetzt wird eine *konkrete Gefahr*, die durch die in § 113 I umschriebenen Verhaltensweisen vorsätzlich verursacht und auf deren typische Gefährlichkeit zurückzuführen sein muss.

> Eine **schwere Gesundheitsschädigung** erfordert keine schwere Körperverletzung i. S. des § 226 I, sondern liegt bereits bei einschneidenden oder nachhaltigen Beeinträchtigungen der Gesundheit vor, etwa bei ernsthaften Störungen der körperlichen Funktionen, langwierigen ernsthaften Krankheiten oder erheblicher Beeinträchtigung der Arbeitskraft für lange Zeit.
>
> Die **konkrete Gefahr** setzt die Schaffung einer Situation voraus, in der es letztlich vom Zufall abhängt, ob das Opfer den Tod oder eine schwere Gesundheitsschädigung erleidet oder nicht.

Es genügt somit, dass der Täter einen *Gefährdungs*erfolg in Gestalt der konkreten Gefahr einer schweren Gesundheitsschädigung oder Tötung herbeiführt. Hat sich diese Gefahr tatsächlich in einem *Verletzungs*erfolg realisiert, so ist darin allerdings ebenfalls der Gefährdungserfolg als notwendige Zwischenstufe enthalten.

c) Tatbegehung mit einem anderen Beteiligten gemeinschaftlich (§ 113 II 2 Nr. 3)

Nach dem durch das 52. Gesetz zur Änderung des Strafgesetzbuchs vom 23.5.2017 neu **386** geschaffenen § 113 II 2 Nr. 3 liegt ein besonders schwerer Fall des Widerstands gegen Vollstreckungsbeamte schließlich dann vor, wenn die Tat mit einem anderen Beteiligten gemeinschaftlich begangen wird. Diesbezüglich kann für die Auslegung auf die zu § 224 I Nr. 4 dargestellten Grundsätze verwiesen werden (vgl. Rn. 190).

2. Subjektive Verwirklichung des Regelbeispiels

Erforderlich ist Wissen und Wollen des Widerstandleistenden hinsichtlich der Verwirk- **387** lichung eines oder mehrerer Regelbeispiele des § 113 II (§ 16 I gilt analog).

3. Kein Ausschluss der Indizwirkung

In der Praxis (nicht jedoch in Klausuren und Hausarbeiten bis zum 1. juristischen **388** Staatsexamen) ist durch umfassende Würdigung der Beweislage zu prüfen, ob die Indizwirkung des Regelbeispiels nicht dadurch wieder entfällt und somit kein besonders schwerer Fall anzunehmen ist, dass besondere Umstände, die in der Tat oder der Persönlichkeit des Täters liegen, das Unrecht, die Schuld oder die Strafwürdigkeit gegenüber dem Durchschnittsfall des Regelbeispiels so wesentlich mindern, dass bei Bewertung aller entlastenden und belastenden Umstände die Zuordnung der Tat zu der höheren Strafrahmenstufe des § 113 II unangemessen wäre.

V. Konkurrenzen

389 Bei der Konkurrenzprüfung ist insbesondere dem Verhältnis zur Nötigung besondere Aufmerksamkeit zu schenken. Auch nach den jüngsten Reformen ist im Ergebnis nach wie vor davon auszugehen, dass § 240 im Wege der Gesetzeskonkurrenz hinter § 113 als lex specialis zurücktritt. Schwierigkeiten bereiten insbesondere diejenigen Fälle, in denen der Widerstand nicht das für § 113 (Drohung mit Gewalt), wohl aber das für § 240 erforderliche Maß (Drohung mit einem empfindlichen Übel) erreicht. Nach der Angleichung der Strafrahmen im Jahr 2011 ist insoweit von einer Sperrwirkung des § 113 gegenüber § 240 auszugehen, da ansonsten die günstigeren Irrtumsregelungen des § 113 III, IV umgangen und entwertet würden (AnwK-Barton, § 113 Rn. 48; Krüger Jura 2011, 887, 890). Allerdings lässt sich für die Anwendbarkeit des § 240 unter entsprechender Anwendung der den Täter begünstigenden Irrtumsregelungen des § 113 III, IV anführen, dass bei Annahme von Straflosigkeit die Vollstreckungsorgane schutzlos gestellt würden (Lackner/Kühl, § 113 Rn. 26; Rengier, BT II, § 53 Rn. 41). Im Übrigen ist die Annahme von Tateinheit des § 113 mit den §§ 123, 142, 211 ff., 223 ff. und 303 ff. möglich. Entsprechendes gilt auch im Verhältnis zu § 114, da der tätliche Angriff auf Vollstreckungsbeamte vor allem auf den Schutz der körperlichen Unversehrtheit abzielt, so dass die von § 113 und § 114 geschützten Rechtsgüter nicht deckungsgleich sind (krit. Zöller KriPoZ 2017, 143, 147).

VI. Aufbauschema § 113

I. Tatbestand

    1. Objektiver Tatbestand

        a) Taugliches Tatsubjekt: jedermann

        b) Taugliches Tatopfer

            aa) Personengruppen

                (1) Amtsträger,

                (2) Soldaten der Bundeswehr,

                (3) Personen, die die Rechte und Pflichten eines Polizeibeamten haben oder Ermittlungspersonen der Staatsanwaltschaft sind, ohne Amtsträger zu sein (§ 115 I),

                (4) Personen, die zur Unterstützung bei der Diensthandlung hinzugezogen sind (§ 115 II) oder

(5) Bei Unglücksfällen, gemeiner Gefahr oder Not Hilfeleistende der Feuerwehr, des Katastrophenschutzes oder eines Rettungsdienstes (§ 115 III)

bb) Weitere Eingrenzung

die unter aa) aufgeführten Personen sind nur dann taugliche Tatopfer, wenn sie zur Vollstreckung von Gesetzen, Rechtsverordnungen, Urteilen, Gerichtsbeschlüssen oder Verfügungen berufen sind

c) Tatsituation: bei Vornahme einer Vollstreckungshandlung

d) Taugliche Tathandlung

aa) Widerstandleisten mit Gewalt oder

bb) Widerstandleisten durch Drohung mit Gewalt

2. Subjektiver Tatbestand

Vorsatz (vgl. § 15), d. h. mindestens dolus eventualis hinsichtlich der Verwirklichung der objektiven Tatbestandsmerkmale

3. Objektive Strafbarkeitsbedingung: Rechtmäßigkeit der Vollstreckungshandlung

II. Rechtswidrigkeit

III. Schuld

IV. Strafzumessung

Besonders schwerer Fall des Widerstands gegen Vollstreckungsbeamte gem. § 113 II StGB

1. Objektive Verwirklichung mindestens eines der Regelbeispiele des § 113 II 2

a) Beisichführen einer Waffe oder eines anderen gefährlichen Werkzeugs (§ 113 II 2 Nr. 1)

b) Bringen des Angegriffenen durch Gewalttätigkeit in die (konkrete) Gefahr des Todes oder einer schweren Gesundheitsschädigung (§ 113 II 2 Nr. 2)

c) Tatbegehung mit einem anderen Beteiligten gemeinschaftlich (§ 113 II 2 Nr. 3 StGB)

2. Subjektive Verwirklichung eines oder mehrerer Regelbeispiele des § 113 II 2 StGB

3. Kein Ausschluss der Indizwirkung

D. Erpresserischer Menschenraub (§ 239a) und Geiselnahme (§ 239b)

Gesetzestext (§ 239a):

(1) Wer einen Menschen entführt oder sich eines Menschen bemächtigt, um die Sorge des Opfers um sein Wohl oder die Sorge eines Dritten um das Wohl des Opfers zu einer Erpressung (§ 253) auszunutzen, oder wer die von ihm durch eine solche Handlung geschaffene Lage eines Menschen zu einer solchen Erpressung ausnutzt, wird mit Freiheitsstrafe nicht unter fünf Jahren bestraft.

(2) In minder schweren Fällen ist die Strafe Freiheitsstrafe nicht unter einem Jahr.

(3) Verursacht der Täter durch die Tat wenigstens leichtfertig den Tod des Opfers, so ist die Strafe lebenslange Freiheitsstrafe oder Freiheitsstrafe nicht unter zehn Jahren.

(4) Das Gericht kann die Strafe nach § 49 Abs. 1 mildern, wenn der Täter das Opfer unter Verzicht auf die erstrebte Leistung in dessen Lebenskreis zurückgelangen läßt. Tritt dieser Erfolg ohne Zutun des Täters ein, so genügt sein ernsthaftes Bemühen, den Erfolg zu erreichen.

Gesetzestext (§ 239b):

(1) Wer einen Menschen entführt oder sich eines Menschen bemächtigt, um ihn oder einen Dritten durch die Drohung mit dem Tod oder einer schweren Körperverletzung (§ 226) des Opfers oder mit dessen Freiheitsentziehung von über einer Woche Dauer zu einer Handlung, Duldung oder Unterlassung zu nötigen, oder wer die von ihm durch eine solche Handlung geschaffene Lage eines Menschen zu einer solchen Nötigung ausnutzt, wird mit Freiheitsstrafe nicht unter fünf Jahren bestraft.

(2) § 239a Abs. 2 bis 4 gilt entsprechend.

---

390   Geschütztes Rechtsgut ist sowohl bei § 239a als auch bei § 239b zunächst die *Freiheit und Unversehrtheit des Entführungs- bzw. Bemächtigungsopfers* sowie (im Drei-Personen-Verhältnis) die *Freiheit des Dritten*, dessen Sorge nach dem Willen des Täters ausgenutzt werden soll. Zudem treten bei § 239a der Schutz des *Vermögens* und bei § 239b der Schutz der *Freiheit der Willensentschließung und Willensbetätigung* hinzu.

391   Die weitgehend parallel aufgebauten §§ 239a, 239b zählen im Rahmen der juristischen Ausbildung und Praxis zu den schwierigsten Tatbeständen aus dem Besonderen Teil des StGB. Diese Schwierigkeiten lassen sich allerdings schon dadurch deutlich mini-

mieren, dass man folgende beiden Prüfungsschritte zu Struktur und Anwendungsbereich der beiden Strafnormen verinnerlicht:

1) Zunächst ist zu bestimmen, welche der beiden Strafnormen im konkreten Fall einschlägig ist. Diese Entscheidung ist mit Blick auf die *subjektive Einstellung* des Täters zur Tat zu treffen. Während § 239a als Tatziel die Bereicherung mittels einer Erpressung fordert, muss der Täterwille bei § 239b auf eine allgemeine Beeinträchtigung der Entscheidungsfreiheit gerichtet sein. Sofern es dem Täter also um eine vermögensbezogene Besserstellung geht, kommt lediglich § 239a in Betracht. Verfolgt er andere Ziele, ist § 239b zu prüfen.

Vorüberlegungen bei der Prüfung der §§ 239a, 239b

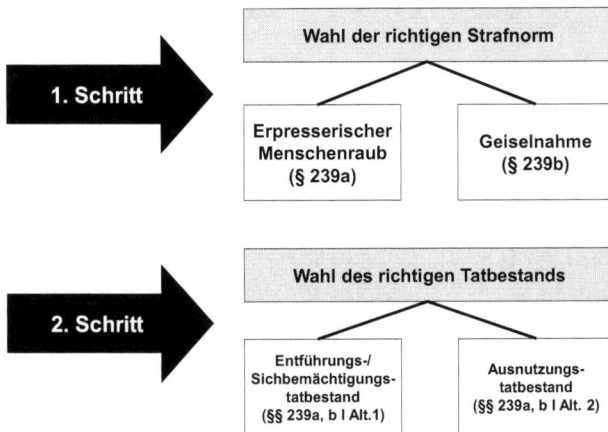

1. Schritt

Wahl der richtigen Strafnorm

Erpresserischer Menschenraub (§ 239a)	Geiselnahme (§ 239b)

2. Schritt

Wahl des richtigen Tatbestands

Entführungs-/ Sichbemächtigungs- tatbestand (§§ 239a, b I Alt.1)	Ausnutzungs- tatbestand (§§ 239a, b I Alt. 2)

2) Hat man die einschlägige Strafnorm (§ 239a oder § 239b) bestimmt, so ist in deren Rahmen in einem zweiten Schritt der richtige Tatbestand zu prüfen und im Zuge der Fallbearbeitung auch in der Überschrift bzw. dem Obersatz zu benennen:

§ 239a I Alt. 1 und § 239b I Alt. 1 setzen voraus, dass der Täter einen Menschen entführt oder sich seiner bemächtigt, um die Sorge des Opfers um sein Wohl oder die Sorge eines Dritten um das Wohl des Opfers zu einer Erpressung auszunutzen (so § 239a I Alt. 1) oder das Opfer selbst oder einen Dritten durch die Drohung mit dem Tod oder einer schweren Körperverletzung des Opfers oder mit einer Freiheitsentziehung von über einer Woche Dauer zu einer Handlung, Duldung oder Unterlassung zu nötigen (so § 239b I Alt. 1). Im Rahmen dieses sog. *Entführungs- oder Sichbemächtigungstatbestands* muss der Täter die jeweils er-

forderliche *Absicht* somit *schon im Zeitpunkt des Entführens oder Sichbemächtigens* seines Opfers aufweisen.

Demgegenüber betrifft der sog. *Ausnutzungstatbestand* den – weniger häufigen – Fall, in dem der Täter zunächst ohne Absicht der Erpressung (§ 239a I Alt. 2) oder Nötigung (§ 239b I Alt. 2) die Entführung oder das Sichbemächtigen verwirklicht und erst zu einem späteren Zeitpunkt die hierdurch geschaffene Lage zu einer Erpressung oder Nötigung ausnutzt.

392 Der *Versuch* der §§ 239a, 239b ist angesichts des Verbrechenscharakters der Bestimmungen (vgl. §§ 23 I, 12 I) strafbar. Der Versuch beginnt bei den §§ 239a I Alt. 1, 239b I Alt. 1 mit dem Anfang des Entführens bzw. Sichbemächtigens. Bei den §§ 239a I Alt. 2, 239b I Alt. 2 ist der Versuch faktisch weitgehend ausgeschlossen, weil der Ausnutzungstatbestand schon mit dem Ansetzen zur Erpressung oder Nötigung vollendet ist.

Ia. Entführungs- bzw. Sichbemächtigungstatbestand (§§ 239a I Alt. 1, 239b I Alt. 1)

1. Objektiver Tatbestand

393 Den objektiven Sichbemächtigungstatbestand verwirklicht, wer einen Menschen entführt oder sich seiner bemächtigt.

a) Taugliches Tatobjekt

394 Taugliches Tatobjekt ist *jeder lebende Mensch*, also sowohl ein Erwachsener als auch ein (eigenes oder fremdes) Kind. Erfasst werden auch sog. Ersatzgeiseln, die sich im Austausch gegen eine andere Person in die Herrschaftsgewalt des Täters begeben, nicht aber bloße Scheingeiseln, die mit dem Täter in Wirklichkeit kollusiv zusammenwirken.

b) Tathandlung = Entführen oder Sichbemächtigen

395 Als Tathandlung kommt entweder ein Entführen oder ein Sichbemächtigen in Betracht, wobei sich der Anwendungsbereich dieser beiden Tatmodalitäten jedoch teilweise überschneidet.

> Unter einem **Entführen** ist die Herbeiführung einer Ortsveränderung des Opfers zu verstehen, so dass es der Herrschaftsgewalt des Täters schutzlos ausgeliefert ist.

Die Ortsveränderung muss gegen den Willen des Opfers erfolgen. Als Tatmittel kommen neben der Gewalt auch List und Drohung in Betracht.

Ein **Sichbemächtigen** erfordert keine Ortsveränderung und ist bereits dann gegeben, wenn der Täter die physische Gewalt über das Opfer erlangt oder eine schon bestehende Verfügungsgewalt derart intensiviert, dass die bisherige Geborgenheit des Opfers zugunsten der Herrschaftsmacht des Täters erheblich gemindert ist.

Typische Beispiele sind etwa das Festhalten, das Fesseln, das Vorhalten einer Schuss- oder Scheinwaffe oder die „Begleitung" des Opfers zu einem Geldautomaten durch einen physisch überlegenen Bewacher. Eine Freiheitsberaubung oder Überwältigung, die jegliche Fluchtmöglichkeit ausschließt, ist nicht erforderlich.

Infolge eines *tatbestandsausschließenden Einverständnisses* scheidet der objektive Tatbe- **396** stand der §§ 239a, 239b aus, wenn die Entführung oder das Sichbemächtigen durch ein kollusives Zusammenwirken zwischen Täter und Tatopfer lediglich vorgetäuscht wurde (sog. „Scheingeisel"), da hier in Wirklichkeit keine Verfügungsgewalt über das Opfer erreicht wurde. Demgegenüber kommt beim Austausch des in der Verfügungsgewalt des Täters befindlichen Opfers durch eine andere Person, z. B. durch den Verhandlungsführer der Polizei oder einen Angehörigen (sog. „Ersatzgeisel"), die Annahme eines tatbestandsausschließenden Einverständnisses regelmäßig nicht in Betracht, da es angesichts des psychischen Drucks an einer freiwilligen Entscheidung der zum Austausch motivierten Ersatzgeisel fehlt.

Den §§ 239a, 239b war ursprünglich eine Dreiecksstruktur aus Täter, Entführungsop- **397** fer und Erpressungs- bzw. Nötigungsopfer immanent. Mit dem Gesetz zur Änderung des StGB, der StPO und des Versammlungsgesetzes und zur Einführung einer Kronzeugenregelung bei terroristischen Straftaten vom 9.6.1989 (BGBl. I S. 1059) hat der Gesetzgeber den Anwendungsbereich dieser beiden Straftatbestände darüber hinaus auch auf das Opfer des Entführens oder Sichbemächtigens erstreckt. Dabei hatte man vor dem Hintergrund der Erfahrungen mit dem RAF-Terrorismus vor allem solche Fälle vor Augen, in denen durch die Geiselnahme eines Politikers oder Unternehmers durch Nötigungszwang eine bestimmte Entscheidung oder öffentliche Erklärung der Geisel herbeigeführt werden soll. Die eingefügten Formulierungen („Sorge des Opfers um sein Wohl" und „um ihn … zu nötigen") zeigen, dass nunmehr auch solche *Zwei-Personen-Verhältnisse* zur Strafbarkeit des Täters führen können. Allerdings wurde bei dieser gesetzlichen Neuregelung nicht bedacht, dass vom Wortlaut der §§ 239a, 239b nunmehr auch solche Fallgestaltungen gedeckt werden, die seit jeher durch andere Strafnormen mit geringerer Strafdrohung geregelt werden. So können sich nach geltendem Recht die Zwei-Personen-Verhältnisse im Rahmen von § 239a mit den §§ 253, 255 und im Rahmen von § 239b mit § 177 überschneiden.

Zwei- und Drei-Personen-Verhältnisse

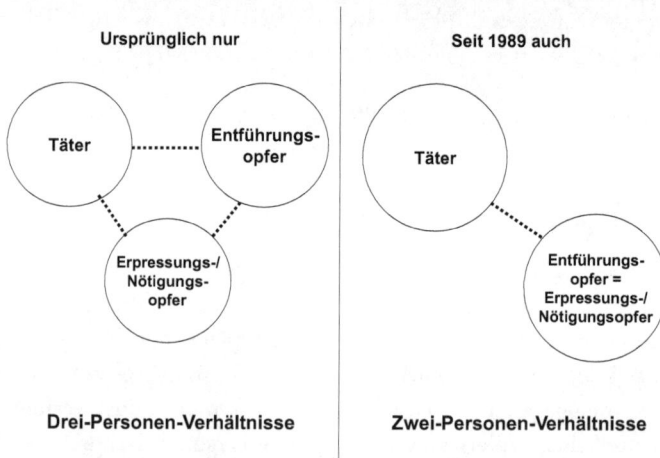

Ursprünglich nur   Seit 1989 auch

Täter · · · · · · · · · · · Entführungs-opfer   Täter

Erpressungs-/Nötigungs-opfer   Entführungs-opfer = Erpressungs-/Nötigungsopfer

Drei-Personen-Verhältnisse | Zwei-Personen-Verhältnisse

398 Eine rein am Gesetzeswortlaut orientierte Auslegung führt in den Zwei-Personen-Verhältnissen somit zu einer Strafrahmenverschiebung zu Lasten des Täters, zu einer Verschiebung der Versuchs- und Rücktrittsgrenzen durch die (gegenüber den §§ 177, 253, 255) vorverlagerte Vollendungsstrafbarkeit in den §§ 239a, 239b sowie zu einem Eingriff in die systematische Struktur der Vorschriften des 13. und 20. Abschnitts des Besonderen Teils des StGB. Die angesichts dessen in Rechtsprechung und Literatur geführte Diskussion darüber, wie eine einschränkende Auslegung der §§ 239a, 239b praktisch umzusetzen ist (vgl. dazu den Überblick bei Zöller JA 2000, 476, 480; Satzger Jura 2007, 114, 118 f.) ist durch eine Entscheidung des Großen Senats des BGH vom 22.11.1994 (BGHSt 40, 350; dazu Lesch JA 1995, 449 ff.; Fahl Jura 1996, 456 ff.; Müller-Dietz JuS 1996, 110 ff.) mittlerweile de facto entschieden (zur Kritik vgl. etwa Satzger Jura 2007, 114, 118). Danach gilt Folgendes:

399 Die §§ 239a, 239b stellen sog. *unvollkommen zweiaktige Delikte* dar. Dabei muss zwischen dem ersten, objektiv verwirklichten Teilakt des Entführens oder des Sichbemächtigens und dem zweiten, in die Vorstellung des Täters verlagerten Teilakt der angestrebten weitergehenden Erpressung oder Nötigung generell ein funktionaler und zeitlicher Zusammenhang bestehen. Der Täter muss beabsichtigen, die durch die Entführung oder das Sichbemächtigen für das Opfer geschaffene Lage zur qualifizierten Drohung auszunutzen und durch sie zu erpressen oder zu nötigen. Der Zweck der gesetzlichen Regelung besteht gerade darin, das Entführen oder Sichbemächtigen des Opfers deshalb besonders unter Strafe zu stellen, weil der Täter seine Drohung während der Dauer der Zwangslage jederzeit realisieren kann. Erforderlich ist also sowohl im Zwei- als auch

§§ 239a, 239b und das Zwei-Personen-Verhältnis

Entführen	Sichbemächtigen

§§ 239a, 239b sind auch im Zwei-Personen-Verhältnis uneingeschränkt anwendbar

Schaffung einer „stabilisierten Lage" durch den Täter
- anschließendes Ausnutzen dieser Lage

nur bei eigenständiger Bedeutung der Bemächtigungssituation sind die §§ 239a, 239b anwendbar

im Drei-Personen-Verhältnis (vgl. BGH NStZ 1999, 509) zunächst die Schaffung einer „stabilen Zwischenlage", die anschließend zu einem weiteren Erpressungs- oder Nötigungsakt ausgenutzt wird. Damit ist gemeint, dass über die in jeder mit Gewalt verbundenen Nötigungshandlung liegende Beherrschungssituation hinaus eine weitergehende Druckwirkung auf das Opfer sich gerade auch aus der entsprechenden Zwangslage ergeben muss, die der Täter für sein weiteres erpresserisches Vorgehen ausnutzen will (AnwK-Zimmermann, § 239a Rn. 10). Bei der Tatalternative des *Entführens* ist dieses Erfordernis der Schaffung einer stabilen Zwischenlage infolge der Ortsveränderung in der Regel unproblematisch erfüllt. Demgegenüber ist bei der Tatalternative des *Sichbemächtigens* das Vorliegen einer solchen stabilisierten Lage im Zwei-Personen-Verhältnis stets ausdrücklich zu prüfen. Der Täter muss sich hier des Opfers bemächtigen, um eine Situation zu schaffen, auf deren Grundlage er – nach Abschluss des eigentlichen Bemächtigungsakts, aber noch vor Beendigung der Bemächtigungssituation – das Opfer durch ein *weiteres* Verhalten erpressen oder nötigen will. Die §§ 239a, 239b entfallen mithin mangels eigenständiger Bedeutung, wenn der Sichbemächtigungsakt und die abgenötigte Handlung auf *einer* Nötigungshandlung beruhen (z. B. beim Vorhalten einer Schusswaffe, um das Opfer zur Herausgabe des Geldes zu bewegen).

Kontrollüberlegung: Eine **stabilisierte Lage** ist immer dann gegeben, wenn die Bemächtigungslage auch dann bestehen bliebe, wenn die vom Täter angestrebte Erpressungs- oder Nötigungshandlung entfiele.

2. Subjektiver Tatbestand

a) Vorsatz

400 Im Hinblick auf die objektiven Tatbestandsmerkmale des Entführens oder des Sichbemächtigens muss zumindest *dolus eventualis* des Täters gegeben sein. Nimmt er irrig ein tatbestandsausschließendes Einverständnis des Entführungs- oder Bemächtigungsopfers an, so ist dieser Irrtum nach § 16 I zu behandeln.

b) Erpressungs- bzw. Nötigungsabsicht

401 Darüber hinaus ist als Merkmal mit *überschießender Innentendenz* im Rahmen von § 239a I Alt. 1 die Absicht i. S. von *dolus directus 1. Grades* erforderlich, die Sorge des Opfers um sein Wohl oder die Sorge eines Dritten um das Wohl des Opfers zu einer Erpressung (§ 253) auszunutzen. Parallel dazu verlangt § 239 b I Alt. 1 die Absicht des Täters, das Entführungs- bzw. Bemächtigungsopfer oder einen Dritten durch die Drohung mit dem Tod oder einer schweren Körperverletzung (§ 226) des Opfers oder mit dessen Freiheitsentziehung von über einer Woche Dauer zu einer Handlung, Duldung oder Unterlassung zu nötigen. Die Absicht des Täters, eine Erpressung oder Nötigung zu begehen, muss bereits *im Zeitpunkt der Entführung bzw. des Sichbemächtigens* vorliegen. Fasst er einen solchen Entschluss erst zu einem späteren Zeitpunkt, kommt lediglich der Ausnutzungstatbestand (§§ 239a I Alt. 2, 239b I Alt. 2) in Betracht. Um Inzidentprüfungen zu vermeiden, empfiehlt es sich, bereits vor der Erörterung der Strafbarkeit nach den §§ 239a, 239b die – ggf. nur versuchten – Erpressungs- und Nötigungsdelikte zu prüfen, so dass dann im Rahmen der subjektiven Tatbestandsprüfung von erpresserischem Menschenraub und Geiselnahme unproblematisch hierauf verwiesen werden kann.

402 Aus dem Charakter des Entführungs- bzw. Sichbemächtigungstatbestands als unvollkommen zweiaktigem Delikt folgt, dass die Verwirklichung der Erpressung oder Nötigung als „zweitem Teilakt" zur Vollendung der §§ 239a I Alt. 1, 239b I Alt. 1 nicht erforderlich ist. Im Gegensatz zum Ausnutzungstatbestand muss mithin weder die Erpressung noch die Nötigung ins Versuchsstadium eingetreten sein, solange nur die Absicht des Täters auf die Verwirklichung aller ihrer Merkmale gerichtet ist.

403 Im Rahmen des *§ 239a I Alt. 1* muss die Absicht des Täters auf die Begehung einer *Erpressung* gerichtet sein. Insofern kann die Streitfrage nach der dogmatisch zutreffenden Abgrenzung von Raub und (räuberischer) Erpressung (vgl. Zöller, BT I, Rn. 441 ff.) auch im subjektiven Tatbestand des § 239a relevant werden. Wer mit der vor allem in der Rechtsprechung vertretenen Auffassung den Raub lediglich als lex specialis zur (räuberischen) Erpressung ansieht, kann § 239a auch dann anwenden, wenn die Absicht des Täters sich auf die Begehung eines Raubes richtet (vgl. BGH NStZ 2003, 604, 605; NStZ-RR 2004, 333, 334). Nach der vorzugswürdigen, von einem Exklusivitätsverhältnis zwischen Raub und (räuberischer) Erpressung ausgehenden Gegenauffassung kommt bei Raubabsichten mit dem Nötigungsziel der „Duldung der Wegnahme" allenfalls eine Strafbarkeit nach § 239b I in Betracht. Bei *§ 239b I Alt. 1* muss sich die Absicht des Täters im Vergleich etwa zu § 240 auf den *Einsatz qualifizierter Nötigungsmittel* (Drohung mit Tod, schwerer Körperverletzung i. S. des § 226 oder Freiheitsentziehung über einer Woche Dauer) beziehen.

Zwischen dem Entführen bzw. Sichbemächtigen auf der einen und der Erpressung bzw. **404** Nötigung auf der anderen Seite muss auch ein *zeitlicher Zusammenhang* bestehen. Das Opfer oder der Dritte müssen den Forderungen des Täters also gerade wegen der bestehenden Entführungs- bzw. Bemächtigungssituation nachkommen. Die §§ 239a I, 239b I sind mithin dann nicht erfüllt, wenn ein dem Opfer abgepresstes oder abgenötigtes Verhalten erst *nach* dessen Freilassung erfolgen soll (z. B. Zahlung einer Geldsumme oder Abhalten einer Pressekonferenz innerhalb einer Woche). Erforderlich ist, dass nach dem Tatplan bereits während der Entführungs- bzw. Bemächtigungssituation zumindest ein *Nötigungsteilerfolg* eintritt, der eine selbständige Bedeutung gegenüber dem erstrebten Endzweck hat (BGH NJW 1997, 1082).

Ib. Ausnutzungstatbestand (§§ 239a I Alt. 2, 239b I Alt. 2)

1. Objektiver Tatbestand

Den objektiven Ausnutzungstatbestand der §§ 239a I Alt. 2, 239b I Alt. 2 verwirklicht, **405** wer die zunächst ohne Erpressungs- bzw. Nötigungsabsicht geschaffene Entführungs- oder Bemächtigungslage (z. B. bei einer Vergewaltigung, einem Raub oder einem zunächst scherzhaft gemeinten Einsperren) anschließend zu einer Erpressung oder Nötigung ausnutzt. Beim Ausnutzungstatbestand handelt es sich somit um ein *zweiaktiges Delikt*, das in der Praxis als eine Art *Auffangtatbestand* immer dann besondere Bedeutung erlangt, wenn sich eine schon anfänglich vorliegende Erpressungs- oder Nötigungsabsicht nicht nachweisen lässt, es aber tatsächlich zu einer Erpressung oder Nötigung gekommen ist.

In Bezug auf die objektiven Tatbestandsmerkmale des tauglichen Tatobjekts sowie des **406** Entführens bzw. Sichbemächtigens gelten die Ausführungen zu §§ 239a I Alt. 1, 239b I Alt. 1 entsprechend. Ein *Ausnutzen* der Entführungs- oder Bemächtigungslage liegt bereits dann vor, wenn der Täter die durch diese Lage ermöglichte Erpressung oder Nötigung verwirklicht oder jedenfalls i. S. von § 22 unmittelbar zu ihrer Verwirklichung ansetzt (BGH NStZ 2007, 32, 33; NStZ-RR 2012, 173, 174; Rengier, BT II § 24 Rn. 27;

Satzger Jura 2007, 117; a. A. MüKo-Renzikowski, § 239a Rn. 63; SK-Wolters, § 239a Rn. 15; Elsner JuS 2006, 784, 787).

407   Im Rahmen des Ausnutzungstatbestands ist das erpresserische oder nötigende Verhalten des Täters ein Merkmal des objektiven Tatbestands. Dabei setzt der Wortlaut der §§ 239a I Alt. 2, 239b I Alt. 2 ausdrücklich voraus, dass der Täter die „von ihm" geschaffene Lage ausnutzen muss, so dass das Ausnutzen einer von einem Dritten geschaffenen Lage nicht ausreicht. In sog. „Trittbrettfahrer-Fällen", in denen der Täter eine von ihm geschaffene Lage nur vortäuscht, scheiden somit die §§ 239a, 239b aus. Allenfalls kommt hier eine Strafbarkeit nach den §§ 253, 255 in Betracht.

2. Subjektiver Tatbestand

408   Subjektiv genügt im Rahmen des Ausnutzungstatbestands allgemeiner Vorsatz (vgl. § 15) des Täters, d. h. *mindestens dolus eventualis* hinsichtlich der Verwirklichung der objektiven Tatbestandsmerkmale. Bei § 239a I Alt. 2 ist zudem die Absicht rechtswidriger Bereicherung i. S. des § 253 in Gestalt von dolus directus 1. Grades erforderlich.

II. Rechtswidrigkeit

III. Schuld

IV. Erfolgsqualifikation ([§ 239b II i. V. m.] § 239a III)

409   § 239a III, der über die Verweisung in § 239b II auch im Bereich der Geiselnahme Anwendung findet, enthält eine *Erfolgsqualifikation* für den Fall, dass der Täter durch eine Tat nach § 239a I oder § 239b I den Tod des Opfers verursacht. Abweichend von § 18 ist hinsichtlich der Herbeiführung des Todeserfolgs wenigstens Leichtfertigkeit des Täters erforderlich.

> **Leichtfertigkeit** bezeichnet einen besonders hohen Grad von Fahrlässigkeit, wie er mit der groben Fahrlässigkeit im Bereich des Zivilrechts umschrieben ist. Der Täter muss also aus besonderer Gleichgültigkeit oder Unachtsamkeit heraus gehandelt haben.

Aus der Formulierung „wenigstens leichtfertig" folgt, dass auch ein *vorsätzliches* Handeln des Täters im Hinblick auf die Todesfolge tatbestandlich erfasst ist. In diesen Fällen treten zu einer Strafbarkeit nach § 239a III bzw. § 239b II i. V. m. § 239a III die §§ 212, 211 in Tateinheit hinzu.

Im Rahmen des sog. Unmittelbarkeitszusammenhangs ist auch bei § 239a III zu prüfen, **410**
ob sich gerade die dem Grundtatbestand anhaftende spezifische Gefahr in der schweren Folge niedergeschlagen hat. Ausreichend hierfür kann auch die nur mittelbare Verursachung der Todesfolge (z. B. durch einen Fluchtversuch des Entführungsopfers oder eine Befreiungsaktion Dritter) sein, sofern sich der Tod als Verwirklichung eines tatbestandstypischen Risikos darstellt.

V. Tätige Reue ([§ 239b II i. V. m.] § 239a IV)

Angesichts der frühen Vollendungsstrafbarkeit normiert § 239a IV, der über die Ver- **411**
weisung in § 239b II auch im Bereich der Geiselnahme Anwendung findet, einen Fall der tätigen Reue. Die diesbezüglichen Motive des Täters sind dabei grundsätzlich unerheblich, so dass ein freiwilliges Handeln des Täters nicht zwingend vorausgesetzt wird (z. B. Bankräuber, die von polizeilichen Einsatzkräften umstellt sind und wegen der Aussichtslosigkeit ihres ursprünglichen Tatplans ihre Geiseln freilassen und ihre Erpressungsabsichten aufgeben). Infolgedessen kann das Gericht die Strafe nach § 49 I mildern, wenn der Täter das Opfer unter Verzicht auf die erstrebte Leistung bzw. den Nötigungserfolg in dessen Lebenskreis zurückgelangen lässt (§ 239a IV 1). Tritt dieser Erfolg ohne Zutun des Täters ein (z. B. weil die Polizei das Versteck der Geisel findet), so genügt ein ernsthaftes Bemühen des Täters, um in den Genuss der Strafmilderung zu kommen (§ 239a IV 2).

> Mit der **Rückkehr in den Lebenskreis** ist die Wiedererlangung der Freiheit, den Aufenthaltsort frei zu bestimmen, gemeint.
>
> Der **Verzicht auf die erstrebte Leistung** ist die Abkehr von der Erpressungs- bzw. Nötigungsabsicht in Verbindung mit der Rückgabe ggf. bereits erlangter Leistungen.

VI. Konkurrenzen

Gegenüber § 239a tritt § 239b grundsätzlich im Wege der Gesetzeskonkurrenz als sub- **412**
sidiär zurück. Allerdings ist die Annahme von Tateinheit zwischen erpresserischem Menschenraub und Geiselnahme möglich, wenn § 239b neben dem Zweck der unrechtmäßigen Bereicherung noch weiteren, selbständigen Zwecken dient oder hierfür ausgenutzt wird (vgl. BGHSt 25, 386). Die §§ 239, 240, 241 werden von den §§ 239a, 239b verdrängt. Demgegenüber ist mit den §§ 211, 212, 223 ff. Tateinheit möglich. Zwischen dem Entführungs- bzw. Sichbemächtigungstatbestand der §§ 239a I Alt. 1, 239b I Alt. 1 und der tatsächlich erfolgten, d. h. zumindest versuchten Erpressung oder Nötigung ist ebenfalls Idealkonkurrenz anzunehmen, um hervorzuheben, dass auf Tä-

terseite mehr verwirklicht worden ist als die von §§ 239a I Alt. 1, 239b I Alt. 1 geforderte, bloße Erpressungs- bzw. Nötigungs*absicht*.

VII. Aufbauschema §§ 239a, 239b

Ia.   Entführungs-/Sichbemächtigungstatbestand (§§ 239a I Alt. 1, 239b I Alt. 1)

1. Objektiver Tatbestand

    a) Taugliches Tatsubjekt: jedermann

    b) Taugliches Tatobjekt: jeder Mensch

    c) Tathandlung

        aa) Entführen oder

        bb) Sichbemächtigen

2. Subjektiver Tatbestand

    a) Vorsatz, d.h. mindestens dolus eventualis hinsichtlich der Verwirklichung
    der objektiven Tatbestandsmerkmale

    b) Absicht (i. S. von dolus directus 1. Grades),

        aa) die Sorge des Opfers um sein Wohl oder die Sorge eines Dritten um
        das Wohl des Opfers zu einer Erpressung auszunutzen (§ 239a I
        Alt. 1), oder

        bb) das Opfer oder einen Dritten durch die Drohung mit dem Tod oder ei-
        ner schweren Körperverletzung des Opfers oder mit dessen Freiheits-
        entziehung von über einer Woche Dauer zu einer Handlung, Duldung
        oder Unterlassung zu nötigen (§ 239b I Alt. 1)

Ib.   Ausnutzungstatbestand (§§ 239a I Alt. 2, 239b I Alt. 2)

1. Objektiver Tatbestand

    a) Taugliches Tatsubjekt: jedermann

    b) Taugliches Tatobjekt: jeder Mensch

    c) Tathandlung

        aa) Entführen oder Sichbemächtigen und

        bb) Ausnutzen der dadurch geschaffenen Lage

(1) zu einer Erpressung (§ 239a I Alt. 2) oder

(2) zu einer Nötigung (§ 239b I Alt. 2)

2. Subjektiver Tatbestand

Vorsatz, d.h. mindestens dolus eventualis hinsichtlich der objektiven Tatbestandsmerkmale, es sei denn, der Täter führt die Bemächtigungslage unvorsätzlich herbei (dann kein Vorsatz bezüglich 1. c] aa] erforderlich)

II. Rechtswidrigkeit

III. Schuld

E. Bedrohung (§ 241)

Gesetzestext:

(1) Wer einen Menschen mit der Begehung eines gegen ihn oder eine ihm nahestehende Person gerichteten Verbrechens bedroht, wird mit Freiheitsstrafe bis zu einem Jahr oder mit Geldstrafe bestraft.

(2) Ebenso wird bestraft, wer wider besseres Wissen einem Menschen vortäuscht, daß die Verwirklichung eines gegen ihn oder eine ihm nahestehende Person gerichteten Verbrechens bevorstehe.

413

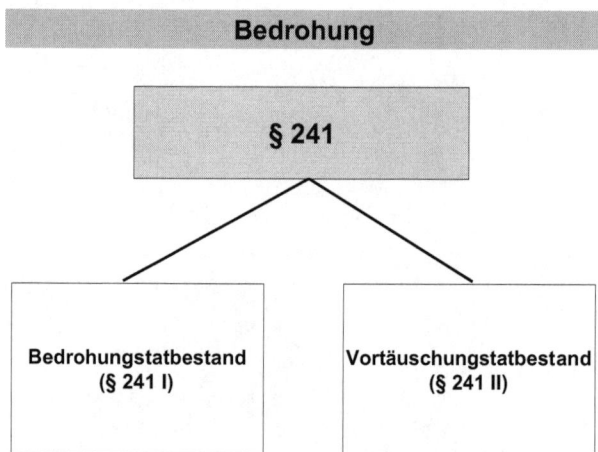

Der Tatbestand der Bedrohung schützt den individuellen Rechtsfrieden, d. h. die *Rechtssicherheit des Einzelnen* in Gestalt des Vertrauens darauf, nicht Opfer schwerer Straftaten zu werden. Insofern normiert § 241 ein abstraktes Gefährdungsdelikt. § 241 enthält zwei unterschiedliche Tatbestände. § 241 I bestraft die Bedrohung mit einem Verbrechen (Bedrohungstatbestand). Demgegenüber betrifft § 241 II die Fälle der Vortäuschung eines bevorstehenden Verbrechens (Vortäuschungstatbestand), also unzutreffende Warnungen diesbezüglich.

É. Bedrohung (§ 241)

Ia. Bedrohungstatbestand (§ 241 I)

1. Objektiver Tatbestand

Den Bedrohungstatbestand des § 241 I verwirklicht, wer einen Menschen mit der Be- **414** gehung eines gegen ihn oder eine ihm nahestehende Person gerichteten Verbrechens bedroht.

a) Tathandlung = Bedrohung mit einem Verbrechen

Der Begriff der „Bedrohung" entspricht dem „Drohen" im Rahmen von § 240 I (vgl. **415** Rn. 347 ff.). Bloße Warnungen sind somit im Rahmen von § 241 I nicht tatbestandsmäßig. Das Bedrohen muss nicht mit Worten, sondern kann auch durch konkludentes Verhalten (z. B. durch Abgabe von Schreckschüssen) erfolgen. Abzugrenzen ist es jedoch von bloßen beschimpfenden, prahlerischen oder verwünschenden Äußerungen. Es ist somit zu überprüfen, ob das Opfer tatsächlich ernsthaft mit der Begehung des vom Täter angekündigten Verbrechens gerechnet und sich dadurch in seinem allgemeinen Gefühl der Rechtssicherheit beeinträchtigt gesehen hat. Das Inaussichtstellen der Begehung eines Verbrechens setzt somit voraus, dass es seinem Erklärungsgehalt nach objektiv geeignet erscheint, den Eindruck der Ernstlichkeit zu erwecken (BGH NStZ 2015, 394, 395). Ausreichend sind damit auch sog. *Scheindrohungen*, solange diese nur aus der Opferperspektive ernstzunehmen sind.

Der Täter muss sein Opfer mit der Begehung eines *Verbrechens* i. S. des § 12 I bedro- **416** hen, d. h. mit einer tatbestandsmäßigen und rechtswidrigen Tat, die im Mindestmaß mit Freiheitsstrafe von einem Jahr oder darüber bedroht ist. In der Praxis kommen vor allem Bedrohungen mit Tötungsdelikten oder einer schweren Körperverletzung (z. B. „ich bringe dich um", „ich schlage dich zum Krüppel" oder „ich mache dich platt") vor. Der bloße Versuch eines Verbrechens (z. B. durch mit Tötungsvorsatz ausgeführte Messerstiche, denen das Opfer ausweichen kann) stellt noch keine Bedrohung mit diesem dar (BGH StV 2019, 671). *Vollendet* ist die Tat, wenn die Drohung zur Kenntnis des Adressaten gelangt und dieser auch ihren Sinn erfasst.

b) Taugliches Tatobjekt

Die Bedrohung mit der Verbrechensbegehung muss sich nicht notwendig gegen den **417** Bedrohten selbst richten, sondern kann sich auch auf ihm nahestehende Personen (vgl. § 35 I) beziehen.

> **Nahestehende Personen** sind solche, die mit dem Bedrohungsopfer so verbunden sind, dass es eine Gefahr für sie auch für sich selbst als Drucksituation empfindet.

Sie müssen tatsächlich und dürfen nicht nur in der Vorstellung des Täters existieren (z. B. Angehörige, Lebensgefährten oder enge Freunde).

2. Subjektiver Tatbestand

418 Subjektiv genügt allgemeiner Vorsatz (vgl. § 15) des Täters, d. h. *mindestens dolus eventualis* hinsichtlich der Verwirklichung der objektiven Tatbestandsmerkmale.

Ib. Vortäuschungstatbestand (§ 241 II)

1. Objektiver Tatbestand

419 Den Vortäuschungstatbestand des § 241 II verwirklicht, wer wider besseres Wissen einem Menschen vortäuscht, dass die Verwirklichung eines gegen ihn oder eine ihm nahestehende Person gerichteten Verbrechens bevorstehe.

> **Vortäuschen** ist ein zur Irreführung bestimmtes Gesamtverhalten, das auf die Erregung oder Unterhaltung des Irrtums gerichtet ist, die Begehung eines Verbrechens stehe bevor.

Im Gegensatz zu § 241 I erfasst § 241 II nur die Fälle tatsächlich *nicht* bevorstehender Verbrechen und betrifft somit sog. „falsche Warnungen" (z. B. wenn T der O wahrheitswidrig erzählt, dass ihr Ex-Mann E sie töten wird). Daraus folgt zum einen, dass es sich um Fallkonstellationen handeln muss, in denen der Täter gerade nicht vorgibt, Einfluss auf die Verwirklichung der Tat zu haben. Zum anderen entfällt der Vortäuschungstatbestand, wenn die Tat tatsächlich bevorsteht. Bezüglich des Verbrechenscharakters der vorgetäuschten Tat und den vorgetäuschten Tatopfern gelten die Ausführungen zu § 241 I entsprechend.

2. Subjektiver Tatbestand

420 Im Rahmen des Vortäuschungstatbestands muss der Täter „wider besseren Wissens", d. h. zumindest mit *dolus directus 2. Grades,* hinsichtlich des tatsächlichen Nichtbevorstehens eines Verbrechens handeln. Im Übrigen genügt *dolus eventualis.*

II. Rechtswidrigkeit

III. Schuld

IV. Konkurrenzen

Sobald der Täter unmittelbar zu dem von ihm angekündigten Verbrechen ansetzt, ent- **421** fällt die entsprechende Strafbarkeit wegen Bedrohung, sofern sich dem Geschehen nicht zugleich weitere Bedrohungen entnehmen lassen. Hinter anderen Freiheitsde- likten, wie sie etwa in den §§ 113, 239, 239a, 239b, 240, 253, 255 normiert sind, tritt § 241 im Wege der Gesetzeskonkurrenz zurück. Dies gilt auch gegenüber einer nur ver- suchten Nötigung (BGH NStZ 2006, 342). Allerdings lebt § 241 beim strafbefreienden Rücktritt vom Versuch des § 240 wieder auf. In der Praxis kommt, beispielsweise im Rahmen von verbalen Auseinandersetzungen zwischen zwei oder mehr Personen, häu- fig Tateinheit mit § 185 in Betracht (z. B. bei Formulierungen wie „ich mach´ dich platt, du Sau!").

V. Aufbauschema § 241

Ia. Bedrohungstatbestand (§ 241 I)

1. Objektiver Tatbestand

   a) Tathandlung: Bedrohung mit einem Verbrechen

   b) Tatobjekt: Opfer selbst oder eine ihm nahestehende Person

2. Subjektiver Tatbestand

   Vorsatz (vgl. § 15), d.h. Wissen und Wollen hinsichtlich der Verwirklichung der objektiven Tatbestandsmerkmale

Ib. Vortäuschungstatbestand (§ 241 II)

1. Objektiver Tatbestand

   Vortäuschen eines bevorstehenden Verbrechens gegen das Opfer oder eine diesem nahestehende Person

2. Subjektiver Tatbestand

   a) Vorsatz, d.h. mindestens dolus eventualis hinsichtlich der objektiven Tat- bestandsmerkmale

   b) Wider besseres Wissen, d.h. mindestens dolus directus 2. Grades hinsicht- lich des tatsächlichen Nichtbevorstehens eines Verbrechens

II. Rechtswidrigkeit

III. Schuld

Teil 4 – Hausfriedensbruch

Weiterführende Literatur: *Kuhli*, Grundfälle zum Hausfriedensbruch, JuS 2013, 115 ff. und 211 ff.; *Kohranyi*, Der Schutz der Wohnung im Strafrecht, JA 2014, 241 ff.

Hausfriedensbruch (§ 123)

> **Gesetzestext:**
>
> (1) Wer in die Wohnung, in die Geschäftsräume oder in das befriedete Besitztum eines anderen oder in abgeschlossene Räume, welche zum öffentlichen Dienst oder Verkehr bestimmt sind, widerrechtlich eindringt, oder wer, wenn er ohne Befugnis darin verweilt, auf die Aufforderung des Berechtigten sich nicht entfernt, wird mit Freiheitsstrafe bis zu einem Jahr oder mit Geldstrafe bestraft.
>
> (2) Die Tat wird nur auf Antrag verfolgt.

422 Schutzgut des § 123 ist das *Hausrecht*. Geschützt ist damit die Dispositionsfreiheit des Berechtigten zu bestimmen, wer sich in den geschützten Bereichen aufhalten darf. Es handelt sich mithin um ein Freiheitsdelikt. Die Einordnung in den 7. Abschnitt (Straftaten gegen die öffentliche Ordnung) ist insoweit verfehlt. Sie lässt sich jedoch mit Blick auf die Qualifikation in § 124, die auch die öffentliche Ordnung schützt, nachvollziehen.

423 Der Hausfriedensbruch ist gem. § 12 II ein Vergehen. Der Versuch ist mangels gesetzlicher Bestimmung (§ 23 I) nicht strafbar.

424 Zudem handelt es sich beim Hausfriedensbruch gem. § 374 I Nr. 1 StPO um ein Privatklagedelikt. Von der Staatsanwaltschaft wird nach § 376 StPO somit nur dann Anklage erhoben, wenn dies im öffentlichen Interesse liegt. Ansonsten obliegt es dem Verletzten selbst bzw. den sonstigen Privatklageberechtigten (§ 374 II, III StPO), für eine Verfolgung der Tat zu sorgen.

I. Tatbestand

1. Objektiver Tatbestand

425 Zur Verwirklichung des objektiven Tatbestandes muss der Täter in geschützte Räumlichkeiten widerrechtlich eindringen (§ 123 I Alt. 1) oder ohne Befugnis darin verweilen (§ 123 I Alt. 2).

a) Tatobjekt = geschützte Räumlichkeiten

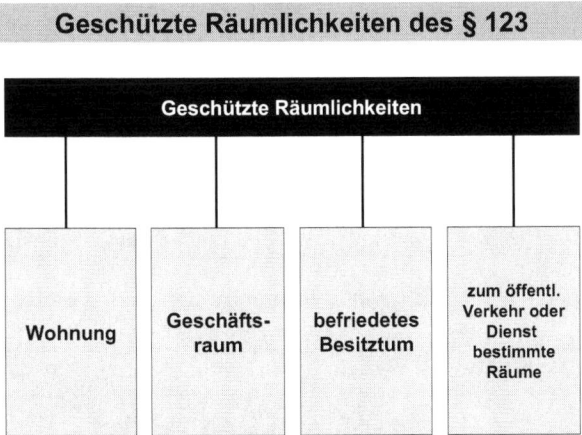

Geschützte Räumlichkeiten des § 123

Geschützte Räumlichkeiten			
Wohnung	Geschäfts-raum	befriedetes Besitztum	zum öffentl. Verkehr oder Dienst bestimmte Räume

aa) Wohnung

Wohnung ist der Inbegriff der Räumlichkeiten, die einzelnen oder mehreren Personen als Unterkunft dienen. **426**

Es sind jegliche Formen von Räumlichkeiten erfasst, sofern sie der Unterkunft von **427** Menschen dienen. Somit sind auch nicht fest mit dem Erdboden verankerte (z.B. Wohnwagen, Zelte) oder nur zeitweise bewohnte Räumlichkeiten (Ferienwohnungen, Hotelzimmer) miteinbezogen. Abzugrenzen ist die Wohnung von den Räumlichkeiten, die zwar dem Aufenthalt, aber nicht der Unterkunft von Menschen dienen (z.B. ein nur zur Beförderung genutzter PKW).

Kellerräume, Flure, Lager- und Speicherräume etc. (sog. *Nebenräume*) sind als Teil der **428** Wohnung in den Schutzbereich einbezogen. Gleiches gilt für Garagen, wenn sie mit der Wohnung eine räumlich-funktionale Einheit bilden. Es ist unerheblich, ob diese Nebenräume direkt mit der Wohnung verbunden sind (z.B. in einem Einfamilienhaus) oder eine solche direkte Verbindung nicht besteht (z.B. bei einem großen Wohnkomplex mit hunderten Wohnungen), sofern die räumlich-funktionale Einheit gegeben ist (z.B. bei der Verortung der Kellerräume innerhalb des Wohnkomplexes).

Nicht abgegrenzte Zubehörflächen sind selbst nicht eingefriedet, aber an Wohnungen **429** oder Geschäftsräume funktional eng angebunden (z.B. Hofräume oder Abstellplätze, offene Vorgärten). Sie fallen als sog. *offene Zubehörflächen* ebenfalls in den Schutzbereich des § 123 I (a.A: Amelung JZ 1986, 247). Die h.M. schließt die Zubehörfläche in den Schutz des Hauptobjekts mit ein (BayObLG NJW 1995, 269, 271), während die Gegenauffassung die Zubehörfläche unter das „befriedete Besitztum" subsumiert (Schönke/Schröder-Sternberg-Lieben/Schittenhelm, § 123 Rn. 6). Letztgenannte Auffassung ist jedoch mit der gebräuchlichen Auslegung des Merkmals „befriedet" schwer vereinbar (Rengier, BT II, § 30 Rn. 5; vgl. auch unten).

bb) Geschäftsräume

430 **Geschäftsräume** sind Räumlichkeiten, die bestimmungsgemäß für gewerbliche, berufliche, künstlerische, wissenschaftliche oder ähnliche Zwecke verwendet werden.

Eine erwerbswirtschaftliche Tätigkeit ist nicht notwendig.

cc) Befriedetes Besitztum

431 **Befriedetes Besitztum** ist ein in äußerlich erkennbarer Weise durch Schutzwehren gegen das willkürliche Betreten von Personen gesichertes Grundstück.

432 Der Schutz gegen das Betreten muss nicht lückenlos bestehen. Ausreichend ist eine derartige Absperrung, die für Außenstehende ersichtlich macht, dass Unbefugten der Zutritt verwehrt sein soll. Bloße unkörperliche Barrieren wie Warn- oder Verbotstafeln („Betreten verboten") reichen nicht.

433 Auch ein leerstehendes, zum Abbruch vorgesehenes Haus ist als befriedetes Besitztum anzusehen, solange die Umgrenzung des Hauses insgesamt den Charakter einer zusammenhängenden Sperrvorrichtung gegen das Betreten durch Unbefugte noch nicht vollständig verloren hat (OLG Hamm NJW 1982, 1824). Dies ist insbesondere der Fall, wenn das Haus noch über alle Türen und die meisten Fenster verfügt. Relevant wird dies regelmäßig bei Hausbesetzungen.

dd) Zum öffentlichen Dienst oder Verkehr bestimmte, abgeschlossene Räume

434 **Zum öffentlichen Dienst bestimmt sind** Räume, die der Vornahme von Tätigkeiten aufgrund öffentlich-rechtlicher Vorschriften dienen.

Beispiele: Gerichtssäle, Kirchen, Schulen, Behördenräume.

435 **Zum öffentlichen Verkehr bestimmt** sind Räume, die dem allgemein zugänglichen Personen- oder Güterverkehr der öffentlichen Hand oder privater Unternehmen dienen.

Neben den baulichen Anlagen wie Bahnhofshallen oder Flughafenhallen sind auch die Transportmittel selbst (Flugzeuge, Busse, Bahnen, Straßenbahnen) einbezogen.

Abgeschlossen sind die Räume, wenn eine körperliche Umgrenzung besteht.   **436**

b) Tathandlungen

aa) Eindringen (§ 123 I Alt. 1)

Eindringen ist das Betreten des geschützten Raumes gegen oder ohne den Willen   **437** des Berechtigten.

Nicht erforderlich ist eine heimliche Begehung, ebensowenig die Überwindung eines **438** körperlichen Widerstandes oder von Schutzwehren. Hausfriedensbruch kann auch durch die „offene Tür" verwirklicht werden.

Der Täter muss nicht mit seinem ganzen Körper, zumindest aber mit einem *Körperteil* **439** in den Raum gelangt sein (SK-Stein, § 123 Rn. 16). Erforderlich ist aber stets die Beeinträchtigung des Schutzbereiches, so dass bloßes Hineingreifen (etwa zum Entfernen einer Sicherungskette) nicht ausreicht. Rein unkörperliche Beeinträchtigungen sind nicht erfasst (z. B. nächtliche Störanrufe).

Eine Mindestdauer des Eindringens wird vom Tatbestand nicht vorausgesetzt. Daher **440** erfüllen auch sehr kurzfristige Zeitspannen das Tatbestandsmerkmal. Ebenso wie die einfache Körperverletzung ist es teleologisch auf nicht nur unerhebliche Eingriffe zu reduzieren, um dem ultima-ratio-Prinzip noch gerecht zu werden.

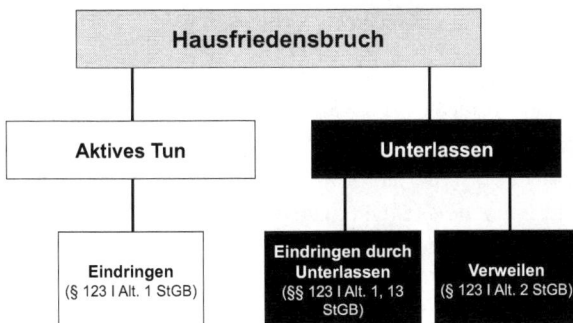

Tathandlungen des § 123 I StGB

441 Berechtigter ist der *Inhaber des Hausrechts*, d. h. derjenige, der die Befugnis hat, über Zugang und Aufenthalt in dem geschützten Bereich zu bestimmen. Diese kann sich aus dem Eigentum ergeben. Sie kann jedoch vom Eigentum auch abweichen. So hat beispielsweise der Eigentümer einer Wohnung als Teil des Mietvertrags das Hausrecht an den Mieter übertragen. Daher steht dem Mieter auch gegenüber dem Vermieter die Ausübung des Hausrechts zu. Dies gilt auch nach dem Ende des Mietverhältnisses, solange der Mieter noch im unmittelbaren Besitz der Mietsache ist (OLG Hamburg NJW 2006, 2131; Fischer, § 123 Rn. 3). Minderjährigen kann ein eigenes Hausrecht abhängig von Alter und Reife zustehen.

442 Das Hausrecht ist übertragbar. Hat der Hausrechtsinhaber das Hausrecht nur beschränkt (z. B. in zeitlicher Hinsicht oder nur über Teile der geschützten Räumlichkeit) an einen Dritten übertragen, so muss sich der Dritte bei der Ausübung an diese Beschränkungen halten.

443 Sind mehrere Personen Inhaber des Hausrechts (z. B. Ehegatten in der gemeinsamen Wohnung, auch wenn nur einer von ihnen den Mietvertrag unterschrieben hat), so ist jeder Mitberechtigte befugt, anderen Personen den Aufenthalt zu gestatten. Die Mitberechtigten sind bis zur Grenze der Zumutbarkeit zur Duldung verpflichtet (OLG Hamm NJW 1965, 2067 f.; Schönke/Schröder-Sternberg-Lieben/Schittenhelm, § 123 Rn. 18; a. A. NK-Ostendorf, § 123 Rn. 36: nur einheitliche Zutrittserlaubnis wirksam). So ist der unliebsame Freund des Ehemannes von der Ehefrau in der gemeinsamen Ehewohnung zu dulden. Hingegen macht sich die Geliebte gem. § 123 strafbar, wenn sie zwar auf Bitten des Ehemannes, jedoch gegen den Willen der Ehefrau die Ehewohnung betritt.

444 Der dem Betreten *entgegenstehende Wille* kann ausdrücklich erklärt sein oder sich aus den sonstigen Umständen ergeben. Insofern sind neben ausdrücklichen Hausverboten, Verweisungen oder Zutrittsbeschränkungen auch Einzäunungen oder Einlasskontrollen als konkludente Beschränkungen zu berücksichtigen.

445 Zugangsbeschränkungen oder –verbote müssen jedoch so bestimmt formuliert sein, dass ein objektiver Dritter in der sozialen Rolle des Täters die Verbotswidrigkeit seines Betretens erkennen kann. Daher müssen sich die Beschränkungen und Verbote in personeller Hinsicht entweder an bestimmte Personen oder einen nach allgemeinen Merkmalen bestimmbaren Personenkreis richten (z. B. Hausverbot für Jugendliche unter 16 Jahren, nicht ausreichend ist hingegen ein Zutrittsverbot für Betrunkene oder Ungläubige).

446 Der private Hausrechtsinhaber ist grundsätzlich in der Ausübung seines Hausrechts frei. Er kann in Bezug auf seine Wohnung und sein privat genutztes befriedetes Besitztum nach Belieben anderen den Zutritt erlauben oder verwehren. Bei privaten Geschäftsräumen gilt dies nur, soweit nicht gegen gesetzliche Vorschriften verstoßen und ein berechtigtes Interesse verfolgt wird (Schönke/Schröder-Sternberg-Lieben/Schittenhelm, § 123 Rn. 19; MüKo-Schäfer, § 123 Rn. 44; z. B. nicht bei einem Zutrittsverbot für Ausländer).

Ein öffentlich-rechtliches Hausverbot stellt sich hingegen als ein Verwaltungsakt dar. **447** Soweit das Verbot gem. § 43 III VwVfG nichtig, mit aufschiebender Wirkung angefochten (§ 80 I VwGO) oder anfechtbar ist, ist es (noch) nicht vollziehbar, sodass es im Hinblick auf § 123 unbeachtlich ist (BGHSt 23, 86, 91 f.). Entgegen der h. M. (vgl. Fischer, § 123 Rn. 21; LK-Lilie, § 123 Rn. 57) sind aber auch materiell rechtswidrige Hausverbote irrelevant, selbst wenn deren sofortige Vollziehung angeordnet wurde (Lackner/Kühl, § 123 Rn. 8; Kuhli JuS 2013, 211, 213). Das insofern von der h. M. ins Feld geführte Argument, ein verwaltungsrechtlicher Vollzug sei andernfalls in der Praxis unmöglich, weil die Rechtswidrigkeit des Hausverbots zum Vollzugszeitpunkt meist noch nicht bekannt sei, kann nicht überzeugen. Denn der Vollzug rechtswidriger, aber wirksamer Verwaltungsakte ist verwaltungsrechtlich zulässig. Stellt sich der Täter dem Vollzug des Hausverbots entgegen, kann dies gem. § 113 geahndet werden, sodass die Vollzugsbeamten in der Vollzugssituation geschützt bleiben. Demgegenüber würde die Anwendung des § 123 dazu führen, dass der Täter strafrechtlich für ein Verhalten (Verstoß gegen das Hausverbot) belangt werden würde, obwohl er verwaltungsrechtlich zulässig handelte und somit kein Rechtsgut verletzt hat.

Da ein Handeln gegen oder ohne den Willen des Berechtigten erforderlich ist, ist des- **448** sen Wille bereits auf Tatbestandsebene und nicht erst im Rahmen der Rechtswidrigkeit beachtlich. Geschieht die Handlung mit Willen des Berechtigten, liegt ein *tatbestandsausschließendes Einverständnis* vor. Ein durch Zwang bewirktes Einverständnis ist unwirksam.

> **Sonderproblem:** erschlichenes Einverständnis

Umstritten ist, ob ein durch Täuschung erschlichenes, aber freiwillig zustande gekom- **449** menes Einverständnis wirksam ist.

- Eine Auffassung hält das auf einer Täuschung basierende Einverständnis für un- **450** wirksam. Insoweit sei die Einverständniserklärung dem Täter und nicht dem Berechtigten zuzuordnen. Maßgeblich sei aber allein der wahre Wille des Berechtigten bei Kenntnis aller Umstände (OLG München NJW 1972, 2275).

- Die h. M. dagegen hält das erschlichene Einverständnis für wirksam. Der Berech- **451** tigte hat seinen tatsächlichen Willen geäußert. Allein dieser ist im Rahmen des

§ 123 StGB beachtlich. Ein entgegenstehender hypothetischer Wille bei Kenntnis aller Umstände des Einzelfalls wird vom Tatbestand nicht gefordert.

Bewertung:

452 Letztere Auffassung ist überzeugend. Wenn der Berechtigte seinen wirklichen Willen erklärt hat, ist für einen hypothetischen Willen (d. h. einen Willen, den er bei Kenntnis der wahren Umstände hätte) kein Platz mehr. Auch ist die Erklärung dem Berechtigten zuzuordnen. Denn dieser erteilt bewusst die Zutrittserlaubnis, nachdem er eigenständig eine Entscheidung getroffen hat. Der Umstand, dass er in Bezug auf die dieser Entscheidung zugrundeliegenden Umstände getäuscht wurde, ändert hieran nichts. Zudem müsste die Gegenauffassung konsequent auch den sog. wahren Willen bei anderen Tatbeständen berücksichtigen, die einen Willensbruch tatbestandlich erfordern (z. B. §§ 242 I, 263 I; Wessels/Hettinger/Engländer, BT I, Rn 594). Eine solche Ausdehnung wird aber auch von den Vertretern der Gegenauffassung inkonsequent nicht gefordert.

453 Bei Geschäfts- oder Diensträumen will der Inhaber des Hausrechts zumeist, dass der Raum dem Zutritt der unbeschränkten Öffentlichkeit offensteht (z. B. Schalterraum in einer Bank, Verkaufsraum eines Supermarktes). Insofern gilt eine *generelle Zutrittserlaubnis*, die regelmäßig ein tatbestandsausschließendes Einverständnis bewirkt. Betritt jedoch ein Täter zur Verwirklichung eines widerrechtlichen oder unerwünschten Zweckes einen fremden Geschäfts- oder Dienstraum, ist danach zu differenzieren, ob der Berechtigte, wenn er den Zutritt kontrollieren würde, nach dem äußeren Erscheinungsbild den Zutritt verwehren würde:

– Ist rein nach dem *äußeren* Erscheinungsbild des Betretenden davon auszugehen, dass er sich im Rahmen der generellen Zutrittserlaubnis halten werde, so liegt trotz der Verfolgung etwa eines deliktischen Plans kein „Eindringen" vor.

– Würde dagegen der (hypothetisch am Eingang stehende) Berechtigte dem Eintretenden den Zugang verwehren, so liegt ein Eindringen vor (z. B. beim überfallartigen Eintreten des maskierten Täters in den Schalterraum einer Bank).

454 Das Eindringen kann auch durch *Unterlassen* erfolgen (§ 13), etwa indem ein Garant pflichtwidrig einen Unbefugten nicht am Betreten des geschützten Raumes hindert. Die weithin unter dem Aspekt der Ingerenz gefassten Fallgruppen, in denen der Täter erst nachträglich erkennt, dass er einen Raum ohne Willen des Berechtigten betreten oder eine zeitlich befristete Aufenthaltsgenehmigung überschritten hat (BGHSt 21, 224, 225), stellen nach richtiger Ansicht keine Fälle des Eindringens durch Unterlassen dar (Rengier, BT II, § 30 Rn. 16 f.; Kuhli JuS 2013, 211, 214; a. A. Kindhäuser, BT I, § 33, Rn. 31 – 32; Wessels/Hettinger/Engländer, BT I, Rn. 598). Vielmehr können sie nur in Bezug auf die zweite Alternative des § 123 I (Verweilen ohne Befugnis) relevant werden. Denn der Täter, der den entgegenstehenden Willen des Berechtigten nicht erkennt, handelt in Bezug auf ein Eindringen irrtumsbedingt vorsatzlos (§ 16 I). Erkennt er später seinen Irrtum, befindet er sich bereits in der geschützten Räumlichkeit, sodass nunmehr ein Eindringen schon begrifflich nicht mehr möglich ist. Wer dies anders sieht, durchbricht die Wortlautgrenze des § 123 I Alt. 1. Gleiches gilt für den Fall der abgelaufenen Zutrittsgenehmigung.

Die Tat ist mit der Erfüllung des Merkmals des Eindringens vollendet. Beendet ist sie, **455** sobald der Täter die geschützte Räumlichkeit verlassen hat. § 123 ist somit in jeder Alternative ein *Dauerdelikt*.

bb) Verweilen trotz Aufforderung (§ 123 I Alt. 2)

Der Täter verweilt in der geschützten Räumlichkeit, wenn er sich in ihr aufhält. **456**

Das unbefugte Verweilen ist *echtes Unterlassungsdelikt*, für das § 13 nicht gilt. Ist der **457** Täter bereits widerrechtlich in den Raum eingedrungen, so ist sein Verweilen zur ersten Tatbestandsvariante subsidiär.

Im Falle des Verweilens ist die Gruppe derjenigen Personen, die zum Verlassen auf- **458** fordern können, gegenüber den Berechtigten in der ersten Tatbestandsvariante weiter. Es kommen auch tatsächliche Vertreter des Hausrechtsinhabers, denen das Hausrecht nicht formell übertragen wurde, in Betracht (z. B. minderjährige Hausangehörige, Angestellte, etc.).

Der Berechtigte muss den Täter ausdrücklich oder konkludent zum Verlassen des Rau- **459** mes auffordern. Die Aufforderung muss so erfolgen, dass ein objektiver Dritter in der sozialen Rolle des Täters erkennen kann, dass er zum Verlassen aufgefordert wird.

Der Täter muss der Aufforderung unverzüglich Folge leisten, sofern sich aus den Um- **460** ständen des Einzelfalls nichts anderes ergibt. Ist die Aufforderung mit einer Frist versehen, so ist der Tatbestand erst mit Ablauf der Frist erfüllt. Wie bei allen Unterlassensdelikten scheidet der Tatbestand aus, wenn dem Täter das Verlassen der geschützten Räumlichkeit rechtlich oder tatsächlich unmöglich ist.

Mit Ablauf der zum Verlassen gesetzten Zeitspanne ist die Tat vollendet. Beendet ist sie **461** mit dem tatsächlichen Verlassen der Räumlichkeit durch den Täter.

2. Subjektiver Tatbestand

Der subjektive Tatbestand setzt Vorsatz (vgl. § 15) des Täters voraus. Ausreichend ist **462** *dolus eventualis* hinsichtlich der Verwirklichung der objektiven Tatbestandsmerkmale, also Wissen und Wollen des Eindringens in einen geschützten Bereich gegen den Willen des Berechtigten bzw. des Nichtentfernens trotz Aufforderung. Kein Tatbestandsirrtum, sondern bloßer Subsumtionsirrtum ist die irrige Annahme, leerstehende Häuser seien keine tauglichen Tatobjekte des § 123 (Schönke/Schröder-Sternberg-Lieben/Schittenhelm, § 123 Rn. 34). Hält der Täter dagegen ein Einverständnis irrtümlich für gegeben, handelt er in einem Tatbestandsirrtum.

II. Rechtswidrigkeit

463 Die gesetzlichen Merkmale „widerrechtlich" und „ohne Befugnis" weisen auf das allgemeine Erfordernis der Rechtswidrigkeit der Tat hin. Es gelten die allgemeinen Rechtfertigungsgründe. In Betracht kommen vor allem eine mutmaßliche Einwilligung, öffentlich-rechtliche Befugnisse, z. B. § 758 ZPO (Wohnungsöffnung zwecks Pfändung durch den Gerichtsvollzieher) oder strafprozessuale Ermächtigungen §§ 102, 104 StPO (Eindringen in die Wohnung durch Strafverfolgungsorgane zur Durchsuchung, Beschlagnahme oder Verhaftung).

III. Schuld

IV. Prozessvoraussetzungen

464 Gemäß § 123 II ist für eine Strafverfolgung ein rechtzeitiger (§ 77b) Strafantrag (§ 158 II StPO) des Verletzten (§ 77 I) oder sonst Strafantragsberechtigten (§ 77 II, III) erforderlich.

V. Konkurrenzen

465 Zu den Delikten, die den Hausfriedensbruch *ermöglichen oder aufrechterhalten* sollen (z. B. §§ 113, 303), steht § 123 in Tateinheit. Tatmehrheit besteht zu den Delikten, die nur anlässlich des Hausfriedensbruchs begangen werden (z. B. § 185, Kindhäuser, BT I, § 33, Rn. 40 – 42). § 123 steht mit Delikten, die *bei Gelegenheit* des Hausfriedensbruchs verwirklicht werden in Tatmehrheit (z. B. ein nicht vorher geplanter Diebstahl gem. § 242 I).

466 Nach h. M. (z. B. Rengier, BT II, § 30 Rn. 29) steht der Hausfriedensbruch gem. § 123 zu Delikten, die *durch ihn ermöglicht* werden sollen, bis zu seiner Vollendung jedoch *nicht das Versuchsstadium erreicht* haben (z. B. Eindringen mit der Absicht, das dort anwesende Opfer zu verletzen) in Tatmehrheit.

VI. Aufbauschema § 123

I. Tatbestand

    1. Objektiver Tatbestand

        a) Tatobjekt

            aa) Wohnung oder

            bb) Geschäftsräume oder

            cc) befriedetes Besitztum oder

            dd) abgeschlossene Räume, die zum öffentlichen Dienst oder Verkehr bestimmt sind

        b) Tathandlung

            aa) Eindringen oder

            bb) Verweilen trotz Aufforderung

    2. Subjektiver Tatbestand

    Vorsatz (vgl. § 15 StGB), d. h. mindestens dolus eventualis hinsichtlich der objektiven Tatbestandsmerkmale

II. Rechtswidrigkeit

III. Schuld

IV. Strafantragserfordernis gem. § 123 II StGB

Teil 5 – Delikte gegen die Ehre

Weiterführende Literatur: *Tenckhoff*, Grundfälle zum Beleidigungsrecht, JuS 1988, 199 ff., 457 ff., 618 ff., 787 ff.; 1989, 35 ff., 198 ff.; *Wolf-Reske*, Die Korrespondenz zwischen Gefangenen und ihnen nahe stehenden Personen als „beleidigungsfreier Raum", Jura 1996, 184 ff.; *Geppert*, Zur Systematik der Beleidigungsdelikte und zur Bedeutung des Wahrheitsbeweises im Rahmen der §§ 185 ff. StGB, Jura 2002, 820 ff.; *ders.*, Zur passiven Beleidigungsfähigkeit von Personengemeinschaften und von Einzelpersonen unter einer Kollektivbezeichnung, Jura 2005, 244 ff.; *Eppner/Hahn*, Allgemeine Fragen der Beleidigungsdelikte, JA 2006, 702 ff.; *dies.*, Die Tatbestände der Beleidigungsdelikte, JA 2006, 860 ff.; *Zöller*, Beleidigung von Polizeibeamten durch Verwendung der Abkürzung „A. C. A. B.", ZJS 2013, 102 ff.; *Mavany*, Die Beleidigungsdelikte in der Fallbearbeitung, Jura 2010, 594 ff.; *Hoven/Krause*, Die Strafbarkeit der Verbreitung von Fake-News, JuS 2017, 1167 ff.; *Zöller*, Straftaten gegen die Ehre, Teil 1: Die Grundlagen, AL 2019, 268 ff.; Teil 2: Die einzelnen Straftatbestände, AL 2019, 357 ff.

Vorbemerkungen

467 Das *geschützte Rechtsgut* der in den §§ 185 bis 188 StGB normierten Beleidigungsdelikte ist die *Ehre*. Was unter diesem schillernden und interpretationsbedürftigen Begriff im Detail zu verstehen ist, lässt sich angesichts der vorhandenen Fülle an Ansätzen im juristischen Schrifttum (vgl. nur SK-Rogall, Vor § 185 Rn. 1 ff. m. w. N.), die sich noch dazu häufig nur in Nuancen unterscheiden, kaum verlässlich bestimmen. Entscheidend ist, dass den Beleidigungsdelikten heute überwiegend ein sog. *normativer Ehrbegriff* zugrunde gelegt wird (MüKo-Regge/Pegel, Vor § 185 Rn. 28; Rengier, BT II, § 28 Rn. 2). Danach ist die Ehre als geschütztes Rechtsgut vor dem Hintergrund der in Art. 1 I GG verankerten Menschenwürdegarantie zu sehen und stellt denjenigen Wert dar, der dem Menschen kraft seiner Personenwürde und aufgrund seines sittlich-sozialen Verhaltens zukommt. Man kann danach von einem Angriff auf die Ehre sprechen, wenn einem anderen Menschen zu Unrecht Mängel nachgesagt werden, die, wenn sie vorlägen, seinen Geltungswert mindern würden (BGHSt 36, 145, 148). Kurz gesagt bestrafen die §§ 185 ff. StGB damit Verletzungen des verdienten Achtungsanspruchs des Menschen durch dessen unverdiente Herabsetzung (Rengier, BT II, § 28 Rn. 3).

468 Die erste und zugleich wichtigste Weichenstellung im Zusammenhang mit der strafrechtlichen Prüfung von Beleidigungsdelikten ist die *Wahl des einschlägigen Straftatbestandes*. Dies setzt die zutreffende Beantwortung von maximal zwei entscheidenden Fragen voraus:

> **1. Geht es um die Kundgabe einer Meinungsäußerung oder einer Tatsachenbehauptung?**

Falls keine Meinungsäußerung, sondern eine Tatsachenbehauptung in Rede steht, muss immer noch eine zweite Frage beantwortet werden:

> **2. Erfolgte die Kundgabe gegenüber dem Ehrträger selbst oder gegenüber Dritten?**

§ 185 fungiert im Rahmen der Beleidigungsdelikte als eine Art Auffangtatbestand. Er ist zunächst bei ehrenrührigen Tatsachenbehauptungen einschlägig, die unmittelbar gegenüber dem Ehrträger selbst kundgegeben werden.

> Solche **Tatsachen** sind konkrete Vorgänge oder Zustände der Vergangenheit oder Gegenwart, die dem Beweis zugänglich sind.

Die betreffende Äußerung muss also ihrem Gehalt nach einer objektiven Klärung offenstehen (z. B. wenn A zu seinem WG-Mitbewohner B sagt: „Du hast mir jetzt schon zum
dritten Mal meinen Joghurt aus dem Kühlschrank gestohlen!"). Zukünftige Ereignisse
fallen nicht unter den Tatsachenbegriff, es sei denn, sie sind Gegenstand des aktuellen
Meinens des Täters, oder ihr Eintreten ist aufgrund von Naturgesetzen als sicher anzusehen. Im Übrigen kann sich die Äußerung sowohl auf innere (z. B. Überzeugungen,
Kenntnisse, Absichten) als auch auf äußere Tatsachen (z. B. Handlungen des Betroffenen, Beschaffenheit einer Sache) beziehen.

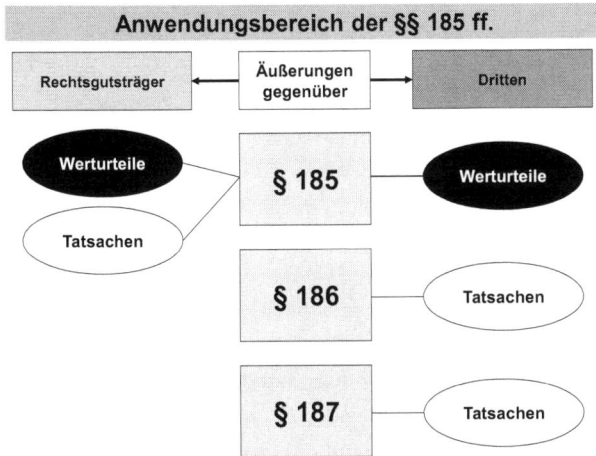

Abzugrenzen sind Tatsachen *von reinen Meinungsäußerungen und Werturteilen.* Geht es **469**
ausschließlich um die Kundgabe von (ehrenrührigen) Werturteilen, so ist stets § 185
einschlägig. Es kommt dann für die Tatbestandswahl nicht darauf an, ob die entsprechende Äußerung gegenüber dem Ehrträger selbst (z. B. wenn A dem B ins Gesicht
sagt, dass er ihn für einen „Idioten" hält) oder gegenüber Dritten (z. B. wenn A dem C
erzählt, dass er B für einen „Idioten" hält) erfolgt.

> **Werturteile** sind Äußerungen, die subjektive Elemente von Meinungen und Wer-
> tungen enthalten und daher nur nach persönlicher Ansicht des Einzelnen richtig
> oder falsch, aber nicht wahr oder unwahr sein können.

Typische Beispiele für ehrverletzende Werturteile sind Beschimpfungen, Diffamierungen und Kraftausdrücke (z. B. die Bezeichnung als „Idiot"). Die Grenzen zwischen
Tatsachen und Werturteilen verlaufen allerdings fließend. Ausschlaggebend für die
Annahme von Tatsachen ist, ob die Äußerung ihrem objektiven Sinngehalt nach einen
greifbaren, dem Beweis zugänglichen Tatsachenkern enthält. Sind Tatsachenbehaup-

tung und Werturteil untrennbar miteinander verbunden, so ist auf den *Schwerpunkt der Äußerung* unter Berücksichtigung des Gesamtzusammenhangs abzustellen. Die gegenüber § 185 spezielleren §§ 186, 187 greifen nur bei der Behauptung oder Verbreitung von Tatsachen gegenüber vom Ehrträger personenverschiedenen Dritten. Im Verhältnis untereinander verdrängt sodann der wiederum speziellere Verleumdungstatbestand (§ 187 StGB) die üble Nachrede (§ 186 StGB), wenn die Unwahrheit der gegenüber Dritten behaupteten oder verbreiteten Tatsache tatsächlich erwiesen ist.

470   Die Beleidigungsdelikte sind sog. *Kundgabedelikte.* Als solche setzen sie zum einen eine Kundgabehandlung in Gestalt einer zur Kenntnisnahme durch einen anderen bestimmten, ehrverletzenden Äußerung, und zum anderen einen Kundgabeerfolg durch Kenntnisnahme auf Seiten des Ehrträgers oder eines Dritten voraus. Bei Tagebuchaufzeichnungen oder Selbstgesprächen fehlt es regelmäßig schon objektiv an einer solchen Kundgabe von Nicht- oder Missachtung. Werden sie gegen den Willen des Äußernden heimlich gelesen oder mitgehört (z. B. wenn O zufällig das Tagebuch seiner Ex-Freundin T findet, in dem T ihn mit einer Fülle von Schimpfwörtern bedacht hat), fehlt es jedenfalls am Vorsatz der Kundgabe und damit an der subjektiven Tatbestandsmäßigkeit des Verhaltens. Nach überwiegend vertretener Auffassung (BGHSt 9, 17, 19; Rengier, BT II, § 28 Rn. 22) soll für die *Vollendung der Kundgabe* erforderlich sein, dass nicht nur Kenntnis von der Tatsache der Äußerung erlangt, sondern auch deren Inhalt vom Rechtsgutträger oder einem Dritten dem Sinn nach erfasst wird. Vorzugswürdig erscheint demgegenüber die Gegenauffassung (BGHSt 1, 288, 291; 7, 129, 132; Wessels/Hettinger/Engländer, BT 1, Rn. 543), die eine solche Sinnerfassung nicht voraussetzt, weil ansonsten das Vorliegen eines Beleidigungsdelikts von der (zufälligen) kognitiven Leistungsfähigkeit des Empfängers abhängig gemacht wird, und eine Beleidigung von Kindern oder psychisch behinderten bzw. kranken Personen, die unstreitig Träger des Rechtsguts Ehre sind, praktisch kaum möglich ist.

471   In Rechtsprechung (BVerfGE 90, 255, 261; BVerfG NJW 2007, 1194; BGH NJW 1993, 525, 526) und Schrifttum (z. B. LK-Hilgendorf, § 185 Rn. 11 f.; MüKo-Regge/Pegel, Vor § 185 Rn. 60 ff.) besteht heute weitgehend Einigkeit darüber, dass dem Menschen ein *beleidigungsfreier Rückzugsraum innerhalb seines engsten Lebenskreises* verbleiben muss. Erforderlich ist eine Sphäre, in der man ohne Angst vor sofortiger Strafverfolgung seinem Ärger Luft machen kann und nicht jedes Wort gleich auf die Goldwaage legen muss. Äußerungen im engsten Kreis von Familienangehörigen und Vertrauten (z. B. unter Ehegatten oder engen Freunden) in Bezug auf nicht anwesende Dritte (ehrverletzende Äußerungen unmittelbar gegenüber den Familienangehörigen und Freunden sind auch innerhalb einer Vertrauenssphäre stets strafbar) sollen daher nicht in den Bereich des nach den §§ 185 ff. strafbaren Verhaltens fallen. Dies geht auf die zutreffende Erkenntnis zurück, dass familiäre oder vergleichbare Nähebeziehungen

ohne die Gelegenheit zu ungezwungener und vertraulicher Aussprache höchst unvollkommen geschützt wären.

Allerdings gehen die *Begründungen für die Straflosigkeit* teilweise erheblich auseinander. **472** Sie reichen von einem Tatbestandsausschluss durch *Verneinung der Kundgabe* (Krey/Hellmann/Heinrich, BT 1, Rn. 502) oder *des entsprechenden Vorsatzes* (Vahle DVP 2009, 137, 138) über die Annahme einer *Rechtfertigung* (LK-Hilgendorf, § 185 Rn. 14) oder eines *Strafausschließungsgrundes* (Grosse, Die beleidigungsfreie Sphäre, 1998, S. 66 ff.) bis hin zur *teleologischen Reduktion* mit der Begründung, dass derartige Äußerungen nicht gegen die Wertgeltung des Betroffenen in der Allgemeinheit gerichtet seien (MüKo-Regge/Pegel, Vor § 185 Rn. 60; Lackner/Kühl, § 185 Rn. 9). Allerdings vermag keiner dieser Begründungsansätze vollends zu überzeugen. Die Bejahung des Kundgabecharakters ist weder objektiv noch subjektiv zu bezweifeln, da es um Äußerungen geht, die an einen anderen gerichtet, zur Kenntnisnahme durch ihn bestimmt und als solche gewollt sind. Die Beleidigungsdelikte setzen im Übrigen auch nicht voraus, dass sich die Herabsetzung der Wertgeltung des Ehrträgers in der Allgemeinheit vollziehen muss. Richtigerweise ist stattdessen verfassungsrechtlich an das nach Art. 2 I i. V. m. Art. 1 I GG geschützte allgemeine Persönlichkeitsrecht sowie die Meinungsfreiheit nach Art. 5 I 1 GG anzuknüpfen, die dafür Sorge tragen, dass dem Bürger ein von Strafbarkeitsdrohungen freies, letztes Refugium für vertrauliche Äußerungen verbleiben muss. Schon der objektive Tatbestand der §§ 185 ff. ist somit insgesamt im Wege einer *verfassungskonformen Reduktion* bei Äußerungen im engsten Familienkreis und vergleichbaren Freundes- und Vertrauenskreisen auszuschließen. Mit diesem Begründungsansatz ist entgegen der überwiegend vertretenen Auffassung (z.B. Rengier, BT II, § 28 Rn. 23; Wessels/Hettinger/Engländer, BT 1, Rn. 542) auch bei Verleumdungen i. S. von § 187 Alt. 1 StGB die Annahme eines beleidigungsfreien Raumes nicht von vornherein ausgeschlossen. Aufbautechnisch empfiehlt es sich im Gutachten, zunächst das formale Vorliegen der objektiven Tatbestandsmerkmale zu bejahen und im Anschluss daran unter Verweis auf die verfassungsrechtlichen Vorgaben im Ergebnis dennoch die objektive Tatbestandsmäßigkeit des Beleidigungsdelikts zu verneinen.

Insbesondere, wenn Ehrverletzungen im öffentlichen Raum in Rede stehen, kann sich **473** die Frage nach der *Opfereigenschaft* stellen. Diese Frage ist nicht nur von dogmatischer, sondern auch von praktischer Bedeutung, da nach § 77 I grundsätzlich nur der Verletzte einer Straftat Strafantrag stellen kann. Unproblematisch ist die *passive Beleidigungsfähigkeit bei allen lebenden natürlichen Personen* gegeben. Ehrträger sind damit auch Kinder und Geisteskranke, nicht aber bereits Verstorbene. Für Letztere kann lediglich § 189 zur Anwendung gelangen.

Beleidigungsfähigkeit

(lebende) natürliche Personen

Personengesamtheiten (Kollektivbeleidigung)

Voraussetzungen:

1. Personengesamtheit kann einheitlichen Willen bilden und
2. erfüllt eine rechtlich anerkannte Funktion in der Gesellschaft

Einzelpersonen unter einer Kollektivbezeichnung

Voraussetzungen:

1. betroffener Personenkreis ist zahlenmäßig überschaubar und
2. die ihm zugehörigen Personen sind individualisierbar

474 In § 194 III 2 und 3, IV spricht der Gesetzgeber die Strafantragsbefugnis aber auch bestimmten *Personengemeinschaften* ausdrücklich zu. Daraus lässt sich schließen, dass zunächst die dort ausdrücklich genannten Behörden, Stellen der öffentlichen Verwaltung, kirchlichen Einrichtungen und politischen Körperschaften als solche beleidigungsfähig sind. Aber auch darüber hinaus wird eine *Kollektivbeleidigung* für möglich gehalten, wenn die folgenden beiden Voraussetzungen erfüllt sind:

1. **Die jeweilige Personengesamtheit muss einen einheitlichen Willen bilden können und**

2. **eine rechtlich anerkannte Funktion in der Gesellschaft erfüllen.**

Das Vorliegen dieser beiden Voraussetzungen ist beispielsweise für die Bundeswehr, das Deutsche Rote Kreuz, politische Parteien, Gewerkschaften, Arbeitgeberverbände oder Sportvereine anerkannt, nicht aber für die Studenten, die Anwälte, die Richter, Stammtischrunden oder die Familie. Bei ehrverletzenden Äußerungen gegenüber Angehörigen bestimmter Berufsgruppen ist regelmäßig die Fähigkeit zu einheitlicher Willensbildung durch klare Verbandsstrukturen und legitimierte Entscheidungsträger entscheidend. Hieran fehlt es beispielsweise bei ehrverletzenden Äußerungen gegenüber der Polizei als Ganzem (z. B. „die deutsche Polizei ist eine Verbrecherorganisation"). Demgegenüber kann eine lokale oder regionale Eingrenzung zur passiven Beleidigungsfähigkeit des Kollektivs führen. So untersteht etwa die „Trierer Polizei" den hierarchischen Strukturen des zuständigen Polizeipräsidiums Trier und erfüllt mit Aufgaben der Gefahrenabwehr und der Strafverfolgung zweifellos eine praktisch bedeutsame und rechtlich anerkannte

Funktion in der Gesellschaft. Opfer einer solchen Kollektivbeleidigung ist dann immer der *gesamte Verband* als solcher, als mit eigenem Ansehen ausgestatteter Ehrträger.

Schließlich können auch *Einzelpersonen unter einer Kollektivbezeichnung* passiv beleidigungsfähig sein. In diesen Fällen verbirgt sich unter einem vermeintlichen Angriff auf ein Kollektiv in Wirklichkeit ein Angriff auf die Ehre jedes einzelnen Angehörigen dieser Personengesamtheit. Hierfür ist erforderlich, dass **475**

1.	**der betroffene Personenkreis zahlenmäßig überschaubar ist und**
2.	**die ihm zugehörigen Personen individualisierbar sind.**

Vor diesem Hintergrund ist bei Formulierungen wie „Alle Berufssoldaten sind Folterknechte und Henker", „die Ärzte im Kreiskrankenhaus X sind Kurpfuscher", „Zwei Mitglieder der X-Fraktion unterstützen eine terroristische Vereinigung", „ein bayerischer Staatsminister hat zu den Kunden eines Call-Girl-Rings gehört" oder „der A-Clan ist eine kriminelle Großfamilie" jeder Einzelne, der dem so bezeichneten Kreis angehört und auf den die abwertende Äußerung bezogen sein kann, in seiner Ehre verletzt und zum Strafantrag berechtigt. Die Beleidigung muss also einen *hinreichenden Individualbezug* haben. Je größer das Kollektiv ist (z. B. „alle Soldaten" oder „alle Polizisten"), auf das sich die herabsetzende Äußerung bezieht, desto schwächer kann auch die persönliche Betroffenheit des einzelnen Mitglieds werden, weil es bei den Vorwürfen an große Kollektive meist nicht um das individuelle Fehlverhalten oder individuelle Merkmale der Mitglieder, sondern um den aus der Sicht des Sprechers bestehenden Unwert des Kollektivs und seiner sozialen Funktion sowie der damit verbundenen Verhaltensanforderungen an die Mitglieder geht (BVerfG NJW 2015, 2022, 2023). Wer dem betroffenen Kollektiv zwar unstreitig angehört, aber als Individuum unter der Kollektivbezeichnung nicht ermittelt werden kann, für den verliert sich die ehrenrührige Äußerung letztlich in der Masse des Kollektivs (vgl. Zöller ZJS 2013, 102, 107 zur Abkürzung A. C. A. B für „All Cops Are Bastards"). Eine Beleidigung der Einzelperson unter einer Kollektivbezeichnung kommt dann nicht in Betracht.

Entgegen dem missverständlichen Gesetzeswortlaut gilt das *Strafantragserfordernis* des **476** § 194 nicht nur in Bezug auf § 185, sondern *bei allen Beleidigungsdelikten*. Der *Versuch* der §§ 185 ff. ist *generell nicht mit Strafe bedroht*. Im Übrigen handelt es sich bei den Beleidigungsdelikten gem. § 374 I Nr. 2 StPO um Privatklagedelikte, wenn sie nicht gegen eine der in § 194 IV genannten politischen Körperschaften gerichtet sind. Von der Staatsanwaltschaft wird nach § 376 StPO somit nur dann Anklage erhoben, wenn dies im öffentlichen Interesse liegt. Ansonsten obliegt es dem Verletzten als Privatperson selbst bzw. den sonstigen Privatklageberechtigten (vgl. § 374 II, III StPO), für eine Verfolgung der Tat zu sorgen.

A. Beleidigung (§ 185)

> **Gesetzestext:**
>
> Die Beleidigung wird mit Freiheitsstrafe bis zu einem Jahr oder mit Geldstrafe und, wenn die Beleidigung mittels einer Tätlichkeit begangen wird, mit Freiheitsstrafe bis zu zwei Jahren oder mit Geldstrafe bestraft.

477 Der *Grundtatbestand* der (einfachen) Beleidigung findet sich in § 185 HS 1 und erfasst diejenigen Ehrverletzungen, die nicht bereits den §§ 186, 187 unterfallen. Demgegenüber findet sich in § 185 HS 2 mit der *tätlichen Beleidigung* ein *Qualifikationstatbestand*. Wird eine Beleidigung auf der Stelle erwidert, so kann der Richter gem. § 199 beide Täter oder auch nur einen von ihnen für straffrei erklären. Ist die Beleidigung öffentlich oder durch Verbreitung von Schriften i. S. des § 11 III begangen, so kann eine diesbezügliche Verurteilung auf Antrag nach § 200 öffentlich bekannt gemacht werden (z. B. durch Veröffentlichung in einer Zeitung oder Zeitschrift).

I. Tatbestand

1. Objektiver Tatbestand = Beleidigung

> **Beleidigung** ist die Kundgabe eigener Missachtung, Nichtachtung oder Geringschätzung gegenüber einem anderen.

478 Die Beleidigung als einziges objektives Tatbestandsmerkmal des § 185 HS 1 kann durch *ehrenrührige Tatsachenbehauptungen gegenüber dem Betroffenen* („du hast meinen Schönfelder gestohlen") sowie durch *herabsetzende Werturteile* sowohl *gegenüber dem Betroffenen* („du Idiot") als auch *gegenüber Dritten* („X ist ein Idiot") begangen werden. Der Inhalt der Äußerung und der ehrverletzende Charakter sind gegebenenfalls durch *Auslegung* zu ermitteln. Sie ergeben sich daraus, wie ein unbefangener verständiger Dritter in der Person des Erklärungsempfängers diese verstehen durfte. Dabei sind die konkreten Umstände des Einzelfalls (z. B. Alter und Bildungsgrad sowie das Verhältnis der beteiligten Personen zueinander, der sprachliche Kontext, die Anschauungen oder der allgemeine Umgangston des sozialen Umfeldes) zu berücksichtigen. Bloße Unhöflichkeiten, Nachlässigkeiten oder Taktlosigkeiten im Umgang mit anderen stellen noch keine Missachtung i. S. von § 185 HS 1 dar. Gerade bei mehrdeutigen Äußerungen müssen zudem andere Deutungsvarianten des Verhaltens nachvollziehbar ausgeschlossen werden (BVerfG NStZ 2001, 640, 641; NJW 2002, 3315, 3316). Zudem ist bei der Beantwortung der Frage, ob eine tatbestandsmäßige Beleidigung vorliegt, stets auch das *verfassungsrechtliche Spannungsverhältnis* zwischen der durch Art. 5 I 1 GG geschützten Meinungsäußerungsfreiheit oder der in Art. 5 III 1 GG verankerten Kunstfreiheit einerseits und dem Schutz der persönlichen Ehre andererseits zu reflektieren. Infolgedessen darf man insbesondere im sog. „Kampf ums Recht" seinen Standpunkt auch mit drastischen Formulierungen zum Ausdruck bringen (vgl. Hecker JuS 2015, 81, 82; s. auch BVerfG JuS 2017, 1232 m. Bspr. Hufen). Etwas anderes gilt lediglich beim Rückgriff auf sog. Schmähkritik, bei der nicht mehr die Auseinandersetzung in der Sache, sondern die Diffamierung des betroffenen Ehrträgers im Vordergrund steht.

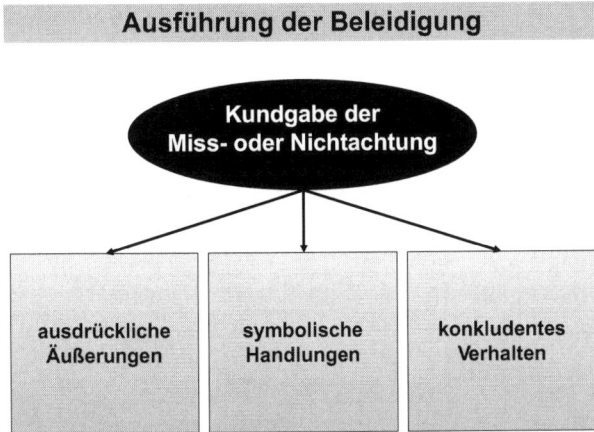

Ausführung der Beleidigung

Kundgabe der Miss- oder Nichtachtung

ausdrückliche Äußerungen — **symbolische Handlungen** — **konkludentes Verhalten**

Die Kundgabe einer Miss- oder Nichtachtung kann *durch ausdrückliche Äußerungen* **479** (z. B. „du Drecksack!"), aber auch *durch symbolische Handlungen* (z. B. Tippen an die Stirn oder Erheben des Mittelfingers) sowie *durch konkludentes Verhalten* erfolgen, sofern darin eine ehrenkränkende, herabsetzende Bewertung des Betroffenen zum Ausdruck kommt (z. B. bei Zumuten oder Zutrauen strafbarer oder unsittlicher Handlungen). Eine Miss- oder Nichtachtung kann prinzipiell auch in Gestalt von Tätlichkeiten (z. B. Ohrfeigen oder Anspucken) konkludent zum Ausdruck gebracht werden. Allerdings liegt in einer Körperverletzung nur dann zugleich eine Beleidigung, wenn mit dem Verhalten des Täters zusätzlich auch eine Missachtung des personalen Geltungswertes des Opfers zum Ausdruck gebracht wird. Entsprechendes gilt für Angriffe auf die sexuelle Selbstbestimmung. Im Übrigen ist auch eine Beleidigung durch Unterlassen nach §§ 185, 13 möglich (z. B. wenn der Täter die Absendung eines zuvor von ihm verfassten Briefes mit ehrenrührigem Inhalt nicht verhindert). Aus § 192 ergibt sich zudem, dass selbst wahre Tatsachen (z. B. wenn der Trauzeuge bei der Hochzeitsfeier im Rahmen seiner Tischrede sachlich zutreffende, aber höchst intime Details aus dem bewegten sexuellen Vorleben des Bräutigams ausplaudert) eine Strafbarkeit nach

§ 185 nicht ausschließen, wenn das Vorhandensein einer Beleidigung aus der Form der Behauptung oder Verbreitung oder aus den Umständen hervorgeht (sog. Formalbeleidigung).

480 Liegt die Kundgabe einer Tatsache vor, so ist für die Annahme einer tatbestandsmäßigen Beleidigung auch deren *Unwahrheit* zu fordern. Da § 185 nur den begründeten Achtungsanspruch im Rahmen der verdienten Wertgeltung schützt, kann das Äußern der Wahrheit – jenseits des Anwendungsbereichs von § 192 – gegenüber dem von ihr Betroffenen keine strafwürdige Ehrenkränkung darstellen. Lässt sich die Unwahrheit der ehrenrührigen Tatsache nicht nachweisen, so scheidet eine Strafbarkeit nach dem Grundsatz in dubio pro reo aus.

2. Subjektiver Tatbestand

481 Subjektiv muss zunächst allgemeiner Vorsatz (vgl. § 15) des Täters gegeben sein, d. h. *mindestens dolus eventualis* hinsichtlich der Verwirklichung der objektiven Tatbestandsmerkmale. Der Vorsatz hat mithin die Kundgabe als Miss- oder Nichtachtung sowie deren Wahrnehmung durch den Erklärungsempfänger, bei unwahren Tatsachenbehauptungen auch deren Unwahrheit zu umfassen.

II. Rechtswidrigkeit

1. Allgemeine Rechtfertigungsgründe

482 Die Rechtswidrigkeit sämtlicher Beleidigungsdelikte kann zunächst auf der Grundlage der allgemein anerkannten (geschriebenen und ungeschriebenen) Rechtfertigungsgründe, beispielsweise der Notwehr (§ 32) oder der Einwilligung, entfallen.

2. Wahrnehmung berechtigter Interessen

> **Gesetzestext (§ 193):**
>
> Tadelnde Urteile über wissenschaftliche, künstlerische oder gewerbliche Leistungen, desgleichen Äußerungen, welche zur Ausführung oder Verteidigung von Rechten oder zur Wahrnehmung berechtigter Interessen gemacht werden, sowie Vorhaltungen und Rügen der Vorgesetzten gegen ihre Untergebenen, dienstliche Anzeigen oder Urteile von seiten eines Beamten und ähnliche Fälle sind nur insofern strafbar, als das Vorhandensein einer Beleidigung aus der Form der Äußerung oder aus den Umständen, unter welchen sie geschah, hervorgeht.

Als besonderer Rechtfertigungsgrund kommt im Rahmen der §§ 185, 186 die in § 193 **483** geregelte Wahrnehmung berechtigter Interessen in Betracht. Diese Regelung beruht auf einer *Güter- und Interessenabwägung* und ist zugleich als Ausprägung der in Art. 5 I 1 GG verankerten *Meinungsfreiheit* anzusehen (BVerfGE 24, 282; BGHSt 12, 287, 293; 36, 83, 89).

a) Vorliegen berechtigter Interessen

Eine Rechtfertigung nach § 193 StGB fordert in objektiver Hinsicht die Verfolgung **484** *berechtigter Interessen* durch den Täter. Dazu zählen zunächst die im Gesetzestext ausdrücklich aufgeführten *tadelnden Urteile* über wissenschaftliche, künstlerische oder gewerbliche Leistungen, da sich der Einzelne innerhalb des gesellschaftlichen Zusammenlebens der Bewertung seiner Leistungen durch andere nicht entziehen kann. Rechtfertigend wirken daneben auch Äußerungen, die zur Ausführung oder Verteidigung von Rechten gemacht werden. *Zur Ausführung von Rechten* zählen Äußerungen dann, wenn sie insbesondere die eigentliche Rechtsausübung vorbereiten oder enthalten (z. B. Klageerhebung, Einlegen eines Rechtsmittels, Ablehnung eines Richters wegen Befangenheit). Demgegenüber erfolgt eine Äußerung *zur Verteidigung von Rechten*, wenn sie der Abwehr eines erwarteten oder bereits eingeleiteten Rechtsangriffes dient (z. B. Klageerwiderung, Bezeichnung eines im Strafverfahren aussagenden Zeugen als unglaubwürdig, Einreichen einer sog. Schutzschrift im einstweiligen Rechtsschutzverfahren).

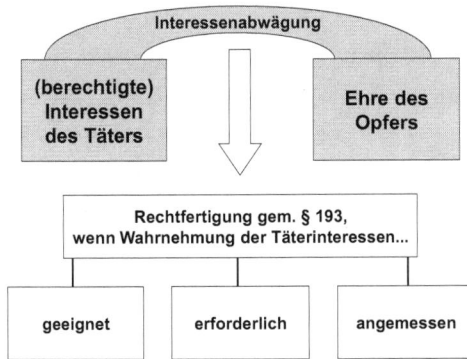

Wahrnehmung berechtigter Interessen (§ 193)

Interessenabwägung

(berechtigte) Interessen des Täters

Ehre des Opfers

Rechtfertigung gem. § 193, wenn Wahrnehmung der Täterinteressen...

geeignet — erforderlich — angemessen

Neben diesen in § 193 StGB ausdrücklich bezeichneten Interessen kommen aber auch **485** *sonstige berechtigte Interessen* in Betracht, wenn sie der Wahrnehmung solcher (ideeller oder materieller) Interessen dienen, die von der Rechtsordnung als schutzwürdig anerkannt und daher auch vom Opfer zu respektieren sind. Dabei kann es sich sowohl um (unmittelbare oder mittelbare) *eigene Interessen des Täters* (z. B. die Ausübung des Grundrechts auf freie Meinungsäußerung nach Art. 5 I 1 GG oder der Kunstfreiheit nach Art. 5 III 1 GG, die Vermeidung eigener Strafverfolgung oder die Sorge um Belange naher Angehöriger) sowie – insbesondere bei Äußerungen von Pressevertretern – um *Allgemeininteressen* (z. B. Korruptionsbekämpfung, Aufdeckung früherer Stasi-Mitgliedschaften oder Warnung vor unhygienischen und damit gesundheitsgefährdenden Gaststätten) handeln, solange diese nicht dem Recht oder den guten Sitten zuwiderlaufen.

b) Verhältnismäßigkeit der Interessenwahrnehmung

486 Eine Äußerung ist dann wegen Wahrnehmung eines berechtigten Interesses nach § 193 gerechtfertigt, wenn sie hierzu geeignet, erforderlich und angemessen ist.

487 Die Äußerung ist *geeignet*, wenn sie der Wahrnehmung des Interesses objektiv dienlich ist (z. B. wenn sie gegenüber einer Person erfolgt, die das Interesse zu fördern vermag). Sie ist darüber hinaus auch *erforderlich*, wenn dem Täter zur Erreichung seines Ziels kein gleichermaßen wirksames, aber milderes Mittel (z. B. eine sachliche Äußerung statt einer Beleidigung) zur Verfügung steht. Schließlich ist die Interessenwahrnehmung durch den Täter *angemessen*, wenn sein Interesse an der ehrenrührigen Äußerung das Interesse des Betroffenen am Schutz seiner Ehre überwiegt. Im Rahmen dieser Abwägungsentscheidung ist den grundrechtlichen Gewährleistungen des Art. 5 GG (insbesondere der Meinungs-, Presse- und Kunstfreiheit) Rechnung zu tragen. Allerdings können ehrverletzende Äußerungen ohne inneren Zusammenhang mit der Ausführung oder Verteidigung der geltend gemachten Rechte wie Diffamierungen, Schmähkritik, Polemik und Wertungsexzesse von vornherein nicht über § 193 gerechtfertigt sein. Zudem besteht in Bezug auf Tatsachenbehauptungen im Rahmen des individuell Möglichen und Zumutbaren eine Prüf- und Informationspflicht hinsichtlich des Wahrheitsgehalts. Insofern genießen insbesondere durch Medienvertreter leichtfertig aufgestellte Behauptungen, haltlose Vermutungen oder unter Verletzung der Nachforschungspflicht erhobene Beschuldigungen nicht den Schutz des § 193. Entsprechendes gilt für Verleumdungen i. S. des § 187 Alt. 1 StGB.

c) Subjektives Rechtfertigungselement

488 Schließlich folgt aus dem Wortlaut des § 193 („zur Wahrnehmung"), dass der Täter in der Absicht (i. S. von dolus directus 1. Grades) gehandelt haben muss, das entsprechende Interesse wahrzunehmen (BGHSt 18, 182, 186; LK-Hilgendorf, § 193 Rn. 30; NK-Zaczyk, § 193 Rn. 46; a. A. Schönke/Schröder-Eisele/Schittenhelm, § 193 Rn. 23:

Handeln in Kenntnis der Rechtfertigungslage). Allerdings können daneben auch noch weitere Zwecke verfolgt werden.

III. Schuld

IV. Qualifikation gem. § 185 HS 2

§ 185 HS 2 enthält mit der sog. *tätlichen Beleidigung* eine Qualifikation zu § 185, die den **489** Strafrahmen auf ein Höchstmaß von zwei Jahren Freiheitsstrafe ausdehnt. Die Tätlichkeit muss neben einer beleidigenden Intention zusätzlich eine unmittelbar gegen den Körper gerichtete Handlung (z. B. Anspucken, Ohrfeige) enthalten. Da der Aspekt der körperlichen Misshandlung bzw. Gesundheitsschädigung aber schon im Rahmen der §§ 223 ff. mit Strafe bedroht ist, kann es im Rahmen von § 185 HS 2 lediglich um die Kundgabe einer besonders demütigenden Missachtung gehen.

V. Prozessvoraussetzung: Strafantragserfordernis (§ 194)

Gesetzestext (§ 194):

(1) Die Beleidigung wird nur auf Antrag verfolgt. Ist die Tat durch Verbreiten oder öffentliches Zugänglichmachen einer Schrift (§ 11 Abs. 3), in einer Versammlung oder dadurch begangen, dass beleidigende Inhalte mittels Rundfunk oder Telemedien der Öffentlichkeit zugänglich gemacht worden sind, so ist ein Antrag nicht erforderlich, wenn der Verletzte als Angehöriger einer Gruppe unter der nationalsozialistischen oder einer anderen Gewalt- und Willkürherrschaft verfolgt wurde, diese Gruppe Teil der Bevölkerung ist und die Beleidigung mit dieser Verfolgung zusammenhängt. Die Tat kann jedoch nicht von Amts wegen verfolgt werden, wenn der Verletzte widerspricht. Der Widerspruch kann nicht zurückgenommen werden. Stirbt der Verletzte, so gehen das Antragsrecht und das Widerspruchsrecht auf die in § 77 Abs. 2 bezeichneten Angehörigen über.

(2) Ist das Andenken eines Verstorbenen verunglimpft, so steht das Antragsrecht den in § 77 Abs. 2 bezeichneten Angehörigen zu. Ist die Tat durch Verbreiten oder öffentliches Zugänglichmachen einer Schrift (§ 11 Abs. 3), in einer Versammlung oder durch eine Darbietung im Rundfunk begangen, so ist ein Antrag nicht erforderlich, wenn der Verstorbene sein Leben als Opfer der nationalsozialistischen oder einer anderen Gewalt- und Willkürherrschaft verloren hat und die Verunglimpfung damit zusammenhängt. Die Tat kann jedoch nicht von Amts wegen verfolgt werden, wenn ein Antragsberechtigter der Verfolgung widerspricht. Der Widerspruch kann nicht zurückgenommen werden.

(3) Ist die Beleidigung gegen einen Amtsträger, einen für den öffentlichen Dienst besonders Verpflichteten oder einen Soldaten der Bundeswehr während der Ausübung seines Dienstes oder in Beziehung auf seinen Dienst begangen, so wird sie auch auf Antrag des Dienstvorgesetzten verfolgt. Richtet sich die Tat gegen eine Behörde oder eine sonstige Stelle, die Aufgaben der öffentlichen Verwaltung wahrnimmt, so wird sie auf Antrag des Behördenleiters oder des Leiters der aufsichtführenden Behörde verfolgt. Dasselbe gilt für Träger von Ämtern und für Behörden der Kirchen und anderer Religionsgesellschaften des öffentlichen Rechts.

(4) Richtet sich die Tat gegen ein Gesetzgebungsorgan des Bundes oder eines Landes oder eine andere politische Körperschaft im räumlichen Geltungsbereich dieses Gesetzes, so wird sie nur mit Ermächtigung der betroffenen Körperschaft verfolgt.

490 Die Beleidigung nach § 185 wird, abgesehen von den Ausnahmen des § 194 I 2, II 2, in denen sich die Tat gegen Opfer des Nationalsozialismus oder einer anderen Gewalt- oder Willkürherrschaft richtet, nur auf Antrag bzw. mit Ermächtigung (§ 194 IV) verfolgt. In diesem Zusammenhang erweitert § 194 III das Antragsrecht über den Verletzten hinaus auf Dienstvorgesetzte und Behördenleiter.

VI. Konkurrenzen

491 Zwischen (tätlicher) Beleidigung und § 223 ist Idealkonkurrenz möglich. Ausnahmsweise gilt dies auch im Verhältnis zu den grundsätzlich spezielleren §§ 186, 187, wenn der Täter zusätzlich zu dem Behaupten oder Verbreiten von ehrenrührigen Tatsachen gegenüber Dritten seine Missachtung gegenüber dem Betroffenen zum Ausdruck bringt. Gegenüber den Sexualdelikten der §§ 174 ff. tritt § 185 im Wege der Gesetzeskonkurrenz zurück, sofern nicht besondere Umstände vorliegen, die für einen zusätzlichen Angriff auf die Ehre sprechen und damit zur Annahme von Idealkonkurrenz führen.

VII. Aufbauschema § 185

I.   **Tatbestand**

1. Objektiver Tatbestand

a) Tatopfer = individueller, im Tatzeitpunkt existenter Ehrträger, d. h.

aa) (lebende) natürliche Person,

bb) Kollektiv oder

cc) Einzelperson unter Kollektivbezeichnung

b) Tathandlung: Beleidigung

c) Qualifizierende Umstände i. S. von § 185 HS 2: tätliche Beleidigung

2. Subjektiver Tatbestand

Vorsatz (vgl. § 15 StGB), d. h. mindestens dolus eventualis hinsichtlich der objektiven Tatbestandsmerkmale

II. Rechtswidrigkeit

1. Allgemeine Rechtfertigungsgründe

2. Wahrnehmung berechtigter Interessen (§ 193)

a) Vorliegen berechtigter Interessen

b) Verhältnismäßigkeit (Geeignetheit; Erforderlichkeit; Angemessenheit) der Interessenwahrnehmung

c) Subjektives Rechtfertigungselement: Absicht (dolus directus 1. Grades) der Interessenwahrnehmung

III. Schuld

IV. Prozessvoraussetzung: Strafantrags- bzw. Ermächtigungserfordernis gem. § 194

B. Üble Nachrede (§ 186)

> **Gesetzestext:**
>
> Wer in Beziehung auf einen anderen eine Tatsache behauptet oder verbreitet, welche denselben verächtlich zu machen oder in der öffentlichen Meinung herabzuwürdigen geeignet ist, wird, wenn nicht diese Tatsache erweislich wahr ist, mit Freiheitsstrafe bis zu einem Jahr oder mit Geldstrafe und, wenn die Tat öffentlich oder durch Verbreiten von Schriften (§ 11 Abs. 3) begangen ist, mit Freiheitsstrafe bis zu zwei Jahren oder mit Geldstrafe bestraft.

492 Bei § 186 handelt es sich um ein *abstraktes Gefährdungsdelikt*. Es erfasst die Kundgabe ehrenrühriger Tatsachen gegenüber Dritten. Der Grundtatbestand der üblen Nachrede in § 186 HS 1 wird durch § 186 HS 2 und § 188 I qualifiziert.

I. Tatbestand

1. Objektiver Tatbestand

a) Tatmittel = ehrenrührige Tatsachen

493 Als taugliche Tatmittel kommen im Rahmen des § 186 lediglich *Tatsachen* in Betracht. Diese Tatsachen müssen *ehrenrührig* sein, also eine Miss- bzw. Nichtachtung oder Geringschätzung des Ehrträgers zum Ausdruck bringen.

> **Ehrenrührig** sind Tatsachen, wenn sie geeignet sind, den Betroffenen verächtlich zu machen oder in der öffentlichen Meinung herabzuwürdigen.

Geht es demgegenüber um Werturteile, so kommt von vornherein nur eine Strafbarkeit nach § 185 StGB in Betracht.

b) Tathandlung = Behaupten oder Verbreiten gegenüber Dritten

494 Der Anwendungsbereich des § 186 HS 1 StGB erstreckt sich nur auf die Kundgabe von ehrenrührigen Tatsachen *gegenüber Dritten*, d.h. einem anderen als dem Ehrträger selbst. Diese Kundgabe kann durch Behaupten oder Verbreiten erfolgen.

Behaupten bedeutet, eine Tatsache nach eigener Überzeugung als wahr hinzustellen, unabhängig davon, ob man sie selbst wahrgenommen oder von dritter Seite erfahren hat.

Hierfür genügt bereits das Äußern eines entsprechenden Verdachts (z. B. „ich vermute, dass X die Tankstelle in der Bahnhofstraße überfallen hat"). Auch das Nahelegen von Schlussfolgerungen oder das Stellen von Fragen kann ausreichend sein.

Verbreiten ist demgegenüber die Weitergabe von Mitteilungen als Gegenstand fremden Wissens.

Die fremde Mitteilung muss dabei tatsächlich gemacht worden sein. Der Täter braucht sie sich aber nicht zu eigen zu machen. Ausreichend ist bereits die reine Weitergabe, so dass diese auch dann tatbestandsmäßig ist, wenn sich der Äußernde von dem Inhalt distanziert (z. B. wenn X seinem Arbeitskollegen Y erzählt, er habe von A gehört, dass B gestern Abend von der Polizei festgenommen worden sei, könne das aber eigentlich gar nicht glauben).

Charakteristisch für die üble Nachrede ist ein *Drei-Personen-Verhältnis*. Dieses erfordert, **495** dass der Täter, der Erklärungsempfänger und der Ehrträger personenverschieden sein müssen. Dabei ist es unerheblich, ob und wann der Ehrträger selbst von dem Ehrangriff erfährt. Entscheidend ist allein die einem Dritten gegenüber erfolgende Kundgabe einschließlich dessen Kenntnisnahme von der ehrenrührigen Tatsache. Insofern kommt lediglich eine Strafbarkeit nach § 185 in Betracht, wenn die Äußerung als von dem Betroffenen selbst stammend dargestellt wird (z. B. Schalten einer Anzeige als Call-Girl unter dem Namen der Ehefrau).

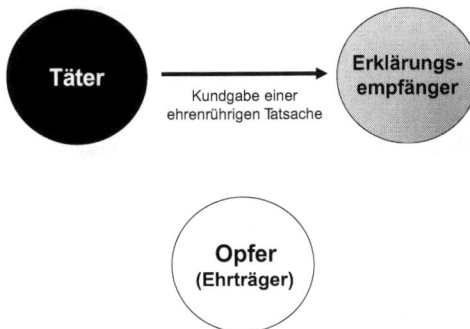

Drei-Personen-Verhältnis bei § 186

Täter — Kundgabe einer ehrenrührigen Tatsache → Erklärungsempfänger

Opfer (Ehrträger)

2. Subjektiver Tatbestand

496 Subjektiv muss allgemeiner Vorsatz (vgl. § 15) des Täters gegeben sein, d. h. *mindestens dolus eventualis* hinsichtlich der Verwirklichung der objektiven Tatbestandsmerkmale. Der Vorsatz hat sich dabei nur auf die Ehrenrührigkeit und die Kundgabe an einen Dritten zu beziehen, nicht hingegen auf die Unwahrheit der Tatsache.

3. Objektive Bedingung der Strafbarkeit

497 Eine Strafbarkeit nach § 186 StGB kommt lediglich dann in Betracht, wenn die vom Täter behauptete oder verbreitete Tatsache nicht erweislich wahr ist. Bei der *Nichterweislichkeit der Tatsache* handelt es sich um eine *objektive Bedingung der Strafbarkeit*. Ihr Vorliegen braucht somit nicht vom Vorsatz des Täters erfasst zu sein. Insofern ist im Rahmen der Fallbearbeitung darauf zu achten, dass diese Frage erst nach dem subjektiven Tatbestand und somit keinesfalls als Tatbestandsmerkmal geprüft wird.

498 Obwohl das Gericht nach § 244 II StPO zur Erforschung der materiellen Wahrheit von Amts wegen verpflichtet ist, trägt der Täter das Risiko, dass sich die Wahrheit der von ihm behaupteten oder verbreiteten Tatsache nicht nachweisen lässt. Wer also gegenüber Dritten ehrenrührige Tatsachen in Bezug auf den Ehrträger behauptet oder verbreitet, über deren Wahrheitsgehalt er sich nicht sicher ist, wird durch § 186 in die strafrechtliche Haftung genommen, selbst wenn er an die Richtigkeit der ehrenrührigen Tatsache glaubt. Lästern geschieht somit nach dem Strafgesetzbuch auf eigene Gefahr (Tenckhoff JuS 1988, 622). Der *Grundsatz in dubio pro reo* greift hier bei offener Beweislage gerade nicht zugunsten des Beschuldigten ein, sondern wird in § 186 HS 1 zu seinen Lasten *außer Kraft gesetzt*. Um dem Schuldprinzip Rechnung zu tragen, wird daher im Schrifttum (z. B. MüKo-StGB-Regge/Pegel, § 186 Rn. 28; Fischer, § 186 Rn. 13a; Wessels/Hettinger/Engländer, BT 1, Rn. 557) entgegen dem insoweit eindeutigen Gesetzeswortlaut gefordert, dass der Täter wenigstens fahrlässig hinsichtlich der Unwahrheit der ehrenrührigen Tatsache gehandelt haben muss. Der Wahrheitsbeweis gilt nach der Beweisregel des § 190 S. 1 als erbracht, sobald der Ehrträger, wenn der Inhalt der Tatsachenbehauptung eine Straftat ist, wegen der Tat rechtskräftig verurteilt wird. Im Übrigen ist vom Vorliegen der objektiven Strafbarkeitsbedingung dann auszugehen, wenn jedenfalls der Tatsachenkern als wahr erwiesen ist, aus dem das Ehrverletzende der Äußerung folgt. Mangels Versuchsstrafbarkeit bleibt der Täter vor diesem Hintergrund selbst dann straflos, wenn sich entgegen seiner eigenen Überzeugung im Laufe des Strafverfahrens die Wahrheit der von ihm behaupteten oder verbreiteten Tatsache herausstellt. Im Rahmen der Fallbearbeitung ist allerdings zu beachten, dass trotz erbrachten Wahrheitsbeweises eine Strafbarkeit wegen einer sog. Formalbeleidigung nach den §§ 185, 192 möglich bleibt.

II. Rechtswidrigkeit

Neben den allgemeinen (geschriebenen und ungeschriebenen) Rechtfertigungsgrün- **499** den kommt auch im Rahmen von § 186 der spezielle Rechtfertigungsgrund der Wahrnehmung berechtigter Interessen (§ 193) in Betracht.

III. Schuld

IV. Qualifikationen

1. Qualifikation gem. § 186 HS 2

§ 186 HS 2 enthält einen Qualifikationstatbestand zu § 186, der den Strafrahmen auf **500** ein Höchstmaß von zwei Jahren Freiheitsstrafe ausdehnt, wenn die Tat öffentlich oder durch das Verbreiten von Schriften begangen wird.

> **Öffentlich** erfolgt die üble Nachrede, wenn sie unabhängig von der Öffentlichkeit des fraglichen Ortes von einem größeren, nach Zahl und Individualität unbestimmten oder durch nähere Beziehung nicht verbundenen Personenkreis unmittelbar wahrgenommen werden kann.

Auf die Öffentlichkeit des Ortes kommt es nicht an. Nur der wahrnehmende Personenkreis ist entscheidend. Insofern können auch Äußerungen im Internet (z. B. durch Postings auf Homepages oder sozialen Medien oder das Versenden von E-Mails) öffentlich sein, wenn sie sich nicht nur an eine abgeschlossene Gruppe von Nutzern (z. B. bei überschaubarer E-Mail-Verteilerliste oder zugangsgeschütztem Chat-Room) richten. Nicht erfasst sind demgegenüber geschlossene Gesellschaften, kaum gefüllte Räume oder einsame Plätze.

Für die *Verbreitung von Schriften*, denen nach § 11 III Ton- und Bildträger, Abbildungen und andere Darstellungen gleichstehen, ist erforderlich, dass diese *einem größeren Personenkreis körperlich zugänglich gemacht* werden. In den Fällen des § 186 HS 2 kann der Ehrträger oder ein sonst zum Strafantrag Berechtigter beantragen, die Verurteilung öffentlich bekanntzumachen (vgl. § 200).

2. Qualifikation gem. § 188 I

Eine weitere Qualifikation zu § 186 enthält § 188 I. Hier sind der Opferkreis (Personen **501** des politischen Lebens) und die Begehungsweise (öffentlich, in einer Versammlung oder durch das Verbreiten von Schriften) Anknüpfungspunkte für die Verschärfung des Strafrahmens auf drei Monate bis fünf Jahre Freiheitsstrafe. Auf diese Weise soll der allgemeinen Vergiftung des politischen Lebens entgegengewirkt, und nicht Politikern um ihrer selbst willen ein erhöhter Ehrenschutz gewährt werden (BGHSt 6, 159, 161; MüKo-StGB-Regge/Pegel, § 188 Rn. 1).

V. Prozessvoraussetzung

502 Die üble Nachrede nach § 186 wird, abgesehen von den Ausnahmen des § 194 I 2, II 2, in denen sich die Tat gegen Opfer des Nationalsozialismus oder einer anderen Gewalt- oder Willkürherrschaft richtet, nur auf Antrag bzw. mit Ermächtigung (§ 194 IV) verfolgt. In diesem Zusammenhang erweitert § 194 III das Antragsrecht über den Verletzten hinaus auf Dienstvorgesetzte und Behördenleiter.

VI. Aufbauschema § 186

I. **Tatbestand**

   1. Objektiver Tatbestand

      a) Tatopfer = individueller, im Tatzeitpunkt existenter Ehrträger, d. h.

         aa) (lebende) natürliche Person,

         bb) Kollektiv oder

         cc) Einzelperson unter Kollektivbezeichnung

      b) Tatmittel = ehrenrührige Tatsache

      c) Tathandlung = Behaupten oder Verbreiten gegenüber Dritten

      d) Evtl. qualifizierende Umstände i. S. von § 186 HS 2 StGB: Tatbegehung

         aa) öffentlich oder

         bb) durch Verbreitung von Schriften

      e) Evtl. qualifizierende Umstände i. S. von § 188 I StGB:

      Üble Nachrede gegen Personen des öffentlichen Lebens

   2. Subjektiver Tatbestand

      Vorsatz (vgl. § 15 StGB), d. h. mindestens dolus eventualis hinsichtlich der objektiven Tatbestandsmerkmale

   3. Objektive Strafbarkeitsbedingung: Nichterweislichkeit der ehrenrührigen Tatsache

II. **Rechtswidrigkeit**

    1. Allgemeine Rechtfertigungsgründe

    2. Wahrnehmung berechtigter Interessen, § 193 StGB

III. **Schuld**

IV. **Prozessvoraussetzung: Strafantrags- bzw. Ermächtigungserfordernis gem. § 194 StGB**

C. Verleumdung (§ 187)

> **Gesetzestext:**
>
> Wer wider besseres Wissen in Beziehung auf einen anderen eine unwahre Tatsache
> behauptet oder verbreitet, welche denselben verächtlich zu machen oder in der öf-
> fentlichen Meinung herabzuwürdigen oder dessen Kredit zu gefährden geeignet ist,
> wird mit Freiheitsstrafe bis zu zwei Jahren oder mit Geldstrafe und, wenn die Tat
> öffentlich, in einer Versammlung oder durch Verbreiten von Schriften (§ 11 Abs. 3)
> begangen ist, mit Freiheitsstrafe bis zu fünf Jahren oder mit Geldstrafe bestraft.

503 § 187 enthält *zwei unterschiedliche Tatbestände*: Die Verleumdung i. e. S. (§ 187 Alt. 1)
stellt sich als Qualifikation zu § 186 dar, schützt jedoch nicht den vermuteten, sondern
den *tatsächlichen Geltungswert der Person*, so dass die behauptete oder verbreitete *Tatsache* hier *nachweislich unwahr* sein muss. Demgegenüber handelt es sich bei der *Kreditgefährdung* (§ 187 Alt. 2) in Wirklichkeit nicht um eine Straftat gegen die Ehre, sondern
um ein *Vermögensdelikt*, da es dem Schutz des Vertrauens dient, das eine Person hinsichtlich der Erfüllung seiner vermögensrechtlichen Verbindlichkeiten genießt.

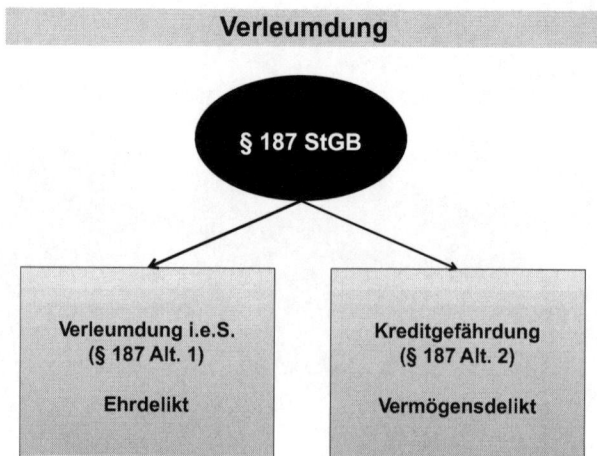

I. Tatbestand

1. Objektiver Tatbestand

a) Verleumdung i. e. S. (§ 187 Alt. 1)

Der objektive Tatbestand des § 187 Alt. 1 entspricht im Wesentlichen dem des § 186 **504** HS 1. Im Gegensatz zu § 186 muss die behauptete oder verbreitete *Tatsache* aber – zumindest in ihrem wesentlichen Kern – schon *objektiv unwahr* sein. Geringfügige Abweichungen oder Übertreibungen sind dabei unschädlich. Lässt sich die Unwahrheit im Rahmen des Strafverfahrens nicht nachweisen, so kann nur eine Strafbarkeit nach § 186 HS 1 in Betracht kommen. Insofern empfiehlt es sich im strafrechtlichen Gutachten, zunächst mit der Prüfung des spezielleren § 187 Alt. 1 zu beginnen und erst bei nicht erwiesener Unwahrheit der ehrenrührigen Tatsache auf die Prüfung von § 186 HS 1 umzuschwenken.

b) Kreditgefährdung (§ 187 Alt. 2)

Unter **Kredit** ist das Vertrauen zu verstehen, das jemand hinsichtlich der Erfüllung **505** seiner vermögensrechtlichen Verbindlichkeiten genießt.

Bei diesem häufig missverstandenen Begriff geht es somit nicht um einen im Rahmen eines Geschäfts befristet zur Verfügung gestellten Vermögenswert oder Zahlungsaufschub. Vielmehr wird der *gute Ruf im Wirtschaftsleben* geschützt.

Die behauptete oder verbreitete Tatsache muss lediglich *geeignet* sein, den Kredit des **506** Betroffenen, der auch eine beleidigungsfähige Personengesamtheit (z. B. AG, GmbH) sein kann, zu gefährden. Dass das Vertrauen in die wirtschaftliche Leistungsfähigkeit tatsächlich erschüttert wurde, ist mithin nicht erforderlich. Vielmehr ist auch hier zu fragen, ob angesichts von Inhalt und Begleitumständen im Einzelfall zumindest die *abstrakte Gefahr negativer Auswirkungen* besteht (z. B. bei der wahrheitswidrigen Behauptung, die Bank B habe einen Kredit des X fällig gestellt oder der A habe seinen Arbeitsplatz verloren).

2. Subjektiver Tatbestand

Der subjektive Tatbestand der Verleumdung setzt zunächst *Vorsatz* (vgl. § 15), d. h. **507** *mindestens dolus eventualis*, hinsichtlich der Verwirklichung der objektiven Tatbestandsmerkmale voraus. Speziell *bezüglich der Unwahrheit der ehrenrührigen Tatsache* (wider besseres Wissen) ist darüber hinaus *zumindest positive Kenntnis des Täters i. S. von dolus* *directus 2. Grades* zu fordern. Anders als im Rahmen von § 186 HS 1 muss der Täter also die Unwahrheit der von ihm behaupteten oder verbreiteten Tatsache sicher kennen. Diesbezügliche Zweifel oder ein bloßer Eventualvorsatz lassen den subjektiven Tatbestand entfallen.

II. Rechtswidrigkeit

508 Eine Rechtfertigung nach § 193 kommt – anders als im Rahmen der §§ 185, 186 – im Rahmen der Verleumdung nicht in Betracht, da eine bewusste Lüge von vornherein kein angemessenes Mittel zur Wahrnehmung berechtigter Interessen sein kann. Hier gelten lediglich die allgemein anerkannten (geschriebenen und ungeschriebenen) Rechtfertigungsgründe.

III. Schuld

IV. Qualifikationen

509 Sowohl die Verleumdung i. e. S. (§ 187 Alt. 1) als auch die Kreditgefährdung (§ 187 Alt. 2) werden gem. § 187 HS 2 dadurch qualifiziert, dass die Tat öffentlich, in einer Versammlung oder durch die Verbreitung von Schriften begangen wird. Außerdem gilt über die Verweisung in § 188 II die Qualifikation des § 188 I auch für die Verleumdung von im politischen Leben des Volkes stehenden Personen.

V. Prozessvoraussetzung

510 Die Verleumdung wird, abgesehen von den Ausnahmen des § 194 I 2, II 2, in denen sich die Tat gegen Opfer des Nationalsozialismus oder einer anderen Gewalt- oder Willkürherrschaft richtet, nur auf Antrag bzw. mit Ermächtigung (§ 194 IV) verfolgt. In diesem Zusammenhang erweitert § 194 III das Antragsrecht über den Verletzten hinaus auf Dienstvorgesetzte und Behördenleiter.

VI. Aufbauschema § 187 Alt. 1

I.   Tatbestand

    1. Objektiver Tatbestand

        a) Tatopfer = individueller, im Tatzeitpunkt existenter Ehrträger, d. h.

            aa) (lebende) natürliche Person,

            bb) Kollektiv oder

cc) Einzelperson unter Kollektivbezeichnung

b) Tatmittel = ehrenrührige Tatsache

c) Tathandlung = Behaupten oder Verbreiten gegenüber Dritten

d) Evtl. qualifizierende Umstände i. S. von § 186 HS 2 StGB: Tatbegehung

    aa) öffentlich oder

    bb) durch Verbreitung von Schriften

e) Evtl. qualifizierende Umstände i. S. von § 188 I:

    Verleumdung von Personen des öffentlichen Lebens

2. Subjektiver Tatbestand

a) Vorsatz (vgl. § 15 StGB), d. h. mindestens dolus eventualis hinsichtlich der Verwirklichung der objektiven Tatbestandsmerkmale sowie

b) mindestens dolus directus 2. Grades hinsichtlich der Unwahrheit der ehrenrührigen Tatsache

II. Rechtswidrigkeit

III. Schuld

IV. Prozessvoraussetzung: Strafantrags- bzw. Ermächtigungserfordernis gem. § 194 StGB

Teil 6 – Aussagedelikte

Weiterführende Literatur: *Bosch*, Ausgewählte Probleme der Aussagedelikte, Jura 2015, 1295 ff.; *Eisele*, Versuch, Rücktritt und Berichtigung der Aussage bei §§ 153 – 156 StGB, JA 2011, 667 ff.; *Eschenbach*, Verleiten i. S. v. § 160 StGB – eine Verführung zur Überbetonung teleologischer Interpretation?, Jura 1993, 407 ff.; *Geppert*, Grundfragen der Aussagedelikte (§§ 153 ff.), Jura 2002, 173 ff.; *Heinrich*, Die strafbare Beteiligung des Angeklagten an falschen Zeugenaussagen, JuS 1995, 1115 ff.; *Hettinger/Bender*, Die Aussagedelikte (§§ 153 – 162 StGB), JuS 2015, 577 ff.; *Katzenberger/Pitz*, „Si tacuisses …", Eine methodische Darstellung der Aussagedelikte, ZJS 2009, 659 ff.; *Krehl*, Die Erkundigungspflicht des Zeugen bei fehlender oder beeinträchtigter Erinnerung und mögliche Folgen ihrer Verletzung, NStZ 1991, 416 ff.; *Kretschmer*, Mittelbare Täterschaft – Irrtümer über die tatherrschaftsbegründende Situation, Jura 2003, 535 ff.; *Kudlich/Henn*, Täterschaft und Teilnahme bei den Aussagedelikten, JA 2008, 510 ff.

Vorbemerkungen

511 Schutzgut der Aussagedelikte (§§ 153 bis 162) ist die *inländische staatliche Rechtspflege,* die vor einer Verfälschung ihrer Tatsachengrundlagen bewahrt werden soll. Durch den neu eingeführten § 162 I wird dieser Schutzbereich auf die *internationale Rechtspflege* erweitert (SSW-Sinn, § 162 Rn. 2; MüKo-Müller, § 162 Rn. 1). Demgegenüber enthält § 162 II eine tatbestandliche Erweiterung für die Fälle uneidlicher Falschaussagen vor Untersuchungsausschüssen eines Gesetzgebungsorgans des Bundes oder der Länder.

512 Bei den §§ 153 – 156, 159 – 161 handelt es sich um schlichte *Tätigkeitsdelikte* in der Form von *abstrakten Gefährdungsdelikten.* Deshalb ist ein Täuschungserfolg nicht erforderlich. Die §§ 153, 154, 155, 156 und 161 sind zudem *eigenhändige Delikte,* weshalb mittelbare Täterschaft wie auch Mittäterschaft nach allgemeinen Grundsätzen ausscheiden.

Überblick über die Aussagedelikte (1)

Auskunftsperson handelt

vorsätzlich			fahrlässig
§ 153 StGB falsche uneidliche Aussage	**§ 154 StGB** Meineid	**§ 156 StGB** falsche Versicherung an Eides statt	**§ 161 StGB** fahrlässiger Falscheid / fahrlässige falsche Versicherung an Eides statt

§ 157 StGB Strafzumessung

§ 158 StGB Strafzumessung

513 Die uneidliche Falschaussage nach § 153 wird für den Bereich der dort genannten Täter durch den Meineid nach § 154 qualifiziert. Im Übrigen stellt § 154 ein eigenständiges Delikt dar. Abweichend von § 30 I wird die versuchte Anstiftung zu den §§ 153, 156 (Vergehen!) in § 159 spezialgesetzlich geregelt. § 157 sieht eine fakultative Strafmilderung bzw. das Absehen von Strafe für Zeugen und Sachverständige aufgrund einer persönlichen Zwangslage vor. § 158 stellt einen vertypten Fall der tätigen Reue nach Vollendung des Aussagedelikts dar. Auch diese Regelung eröffnet die Möglichkeit einer fakultativen Strafmilderung oder des Absehens von Strafe. Aufgrund der Rechtsnatur als eigenhändige Delikte ist in § 160 die mittelbare Täterschaft in Fällen der §§ 153, 154 und 156 spezialgesetzlich geregelt. In § 161 wird die Strafbarkeit in Bezug auf §§ 154 – 156 auch auf die fahrlässige Begehung erweitert. Damit bleiben im Bereich der Aussagedelikte die versuchte und die fahrlässige uneidliche Falschaussage straflos.

Überblick über die Aussagedelikte (2)

Sonderregelungen für Außenstehende

„mittelbare Täterschaft"	Erweiterung von § 30 I StGB
§ 160 StGB Verleitung zur Falschaussage	**§ 159 StGB** versuchte Anstiftung zur Falschaussage

A. Falsche uneidliche Aussage (§ 153)

> **Gesetzestext:**
>
> Wer vor Gericht oder vor einer anderen zur eidlichen Vernehmung von Zeugen oder Sachverständigen zuständigen Stelle als Zeuge oder Sachverständiger uneidlich falsch aussagt, wird mit Freiheitsstrafe von drei Monaten bis zu fünf Jahren bestraft.

I. Tatbestand

1. Objektiver Tatbestand

514 Voraussetzung ist die Falschaussage eines Zeugen oder Sachverständigen vor Gericht oder einer anderen zur eidlichen Vernehmung von Zeugen oder Sachverständigen zuständigen Stelle.

a) Tauglicher Täterkreis = Zeugen und Sachverständige

515 Als taugliche Täter des § 153 kommen nur Zeugen oder Sachverständige in Betracht. Ein eigenständiger Zeugen- oder Sachverständigenbegriff existiert in diesem Zusammenhang jedoch nicht. Vielmehr ist die Einordnung nach dem jeweils einschlägigen Verfahrensrecht vorzunehmen (vgl. §§ 48 ff. StPO; §§ 373 ff. ZPO). Daher können weder der Angeklagte im Strafprozess noch die Parteien im Zivilprozess oder die Beteiligten im Verfahren nach dem FamFG Täter des § 153 sein.

516 **Zeuge** ist eine Person, die im Rahmen eines Verfahrens über die eigene Wahrnehmung von Tatsachen Auskunft erteilt.

517 **Sachverständiger** ist, wer über Wahrnehmungen aussagt, die er im Auftrag des Gerichts, von Polizei oder Staatsanwaltschaft auf Grund seiner Sachkunde gemacht hat (Meyer-Goßner, § 85 Rn. 3).

b) Tatadressat = Gericht oder eine andere zur eidlichen Vernehmung von Zeugen oder Sachverständigen zuständige Stelle

518 Die Aussage muss vor einem Gericht oder einer anderen zur eidlichen Vernehmung von Zeugen oder Sachverständigen zuständigen Stelle getätigt werden.

Gerichte sind Organe der Judikative, die mit Richtern besetzt sind.

Umfasst sind z. B. alle Straf-, Zivil-, Verwaltungs-, Finanz- und Arbeitsgerichte. Private Schiedsgerichte gem. § 1025 ff. ZPO sind nicht Teil der Judikative und somit keine tauglichen Tatadressaten.

Sonderproblem: Aussagen gegenüber Rechtspflegern und Referendaren

Umstritten ist, ob auch ein Gericht als Tatadressat vorliegt, wenn die Aussage gegen- **519** über einem Rechtspfleger oder einem Referendar getätigt wird, denen gerichtliche Aufgaben übertragen worden sind.

– Mit dem Hinweis, dass Rechtspfleger und Referendare als zur Vertretung des Ge- **520** richts Berufene handeln (vgl. § 4 RPflG, § 10 GVG), wird deren Einordnung als taugliches Tatobjekt des § 153 bejaht (Schönke/Schröder-Bosch/Schittenhelm, § 153 Rn. 6; MüKo-Müller, § 153 Rn. 63; OLG Hamburg NJW 1984, 935).

– Demgegenüber verneint die Gegenansicht die Klassifizierung von Rechtspfle- **521** gern und Referendaren als taugliche Tatadressaten des § 153 (SSW-Sinn, § 153 Rn. 12; Fischer, § 153 Rn. 8). Rechtspfleger und Referendare seien ausweislich der Regelungen des § 4 RPflG und des § 10 GVG gerade nicht zur Abnahme von Eiden befugt und daher nicht von § 153 erfasst.

Bewertung:

Der letztgenannten Auffassung ist zuzugeben, dass nach dem Wortlaut des § 153 nur **522** diejenigen Tatadressaten einbezogen sind, die zur Abnahme von Eiden befugt sind. Anders lässt sich die Formulierung „oder anderen" nicht verstehen. Jedoch ist zwischen dem Gericht als Adressat und der Funktion des Vernehmenden zu differenzieren. So mag der Vernehmende zwar in der Funktion als Rechtspfleger oder Referendar bei der Vernehmung tätig werden. Gleichwohl wird die Aussage nicht der Stelle „Rechtspfleger" oder „Referendar" gegenüber getätigt, sondern gegenüber dem Gericht, dessen Aufgaben der Vernehmende wahrnimmt. Hierfür spricht auch der Schutzzweck des § 153. Denn die Rechtspflege wird nicht weniger durch die Falschaussage beeinträchtigt, nur weil ein Rechtspfleger oder Referendar und nicht ein Richter die Vernehmung führt. Besonders ersichtlich wird dies in dem Fall, in dem der anleitende Richter gem. § 10 GVG bei der Vernehmung durch den Referendar anwesend ist und das Ergebnis in die Urteilsfindung miteinbezieht. Daher sind auch Rechtspfleger und Referendare taugliche Tatadressaten des § 153.

Unerheblich ist im Rahmen des § 153, ob das Gericht in der betreffenden Verfahrensart **523** überhaupt eidlich vernehmen kann. Die bei Gerichten generell gegebene Zuständigkeit zur Abnahme von Eiden genügt (Fischer, § 153 Rn. 8).

524 **Andere zur eidlichen Vernehmung von Zeugen oder Sachverständigen zuständige Stellen** sind alle Stellen, die zur Abnahme von Eiden im Rahmen einer Vernehmung oder Erklärung von Personen gesetzlich ermächtigt sind.

Hierzu gehören Disziplinargerichte, das Patentamt (§ 46 I 1 PatG), deutsche Konsularbeamte (§ 12 Nr. 3 KonsG) und Notare (§ 22 I BNotO). Keine solche Stellen sind die Staatsanwaltschaft und die Polizei, weil ihnen die Befugnis zur Eidesabnahme fehlt (§§ 161a I 3 und § 161a V StPO verweisen nicht auf die Vereidigungsregeln der §§ 59 ff. StPO). Bei unzutreffenden Aussagen vor Polizei und Staatsanwaltschaft sollte jedoch immer an die Prüfung der §§ 258, 186 gedacht werden.

525 Parlamentarische Untersuchungsausschüsse sind mangels gesetzlicher Ermächtigung nicht zur Abnahme von Eiden befugt. Dennoch sind sie über die *Tatbestandserweiterung* in § 162 II in den Kreis der tauglichen Tatadressaten einzubeziehen.

c) Tathandlung = Falschaussage

526 **Aussagen** sind mündliche Bekundungen einer Person über ihr Wissen gegenüber dem Vernehmenden.

Schriftliche Erklärungen scheiden (von § 186 GVG abgesehen) aus, es sei denn, es werden z. B. im Gerichtssaal Skizzen zur Erläuterung der Aussage angefertigt.

527 Die tatbestandsmäßige Aussage umfasst nicht zwingend die gesamte Äußerung des Vernommenen. Erfasst sind nur solche Äußerungen über äußere und innere Tatsachen (bei Sachverständigen auch Werturteile), auf die sich in der konkreten Vernehmungssituation die *Wahrheitspflicht* erstreckt. Dies umfasst bei Zeugen bereits die Aussagen zur Person (§§ 68 StPO, 395 ZPO; vgl. BGHSt 4, 214). Die Reichweite der Wahrheitspflicht wird durch den *Vernehmungsgegenstand* begrenzt (§ 69 StPO, § 396 ZPO). Im Zivilprozess ist der Vernehmungsgegenstand durch den *Beweisbeschluss* (§ 359 ZPO) näher bestimmt. Im Strafprozess unterliegt alles, was mit der *prozessualen Tat* i. S. des § 264 StPO zu tun hat, der Wahrheitspflicht. Der Vernehmungsgegenstand kann von dieser formalen Bestimmung abweichen durch Fragen des Gerichts oder anderer Verfahrensbeteiligter erweitert werden.

528 *Spontanäußerungen* außerhalb des Vernehmungsgegenstandes werden von der Wahrheitspflicht selbst dann nicht erfasst, wenn sie Entscheidungserheblichkeit besitzen (vgl. Bosch Jura 2015, 1295, 1296 f.). Das Beweisthema kann jedoch im Anschluss entsprechend erweitert werden mit der Folge, dass die Bestätigung der Spontanäußerung nunmehr den Vernehmungsgegenstand betrifft und somit der Wahrheitspflicht unterliegt (BGHSt 25, 244, 246).

> **Sonderproblem:** Prozessuale Verstöße bei der Vernehmung

Fraglich ist, ob Aussagen, die unter Verstoß gegen prozessuale Regelungen (z. B. Nicht- **529** belehrung über ein Zeugnisverweigerungsrecht) erlangt wurden, als Aussagen i. S. des § 153 zu qualifizieren oder tatbestandlich nicht erfasst sind. Insbesondere sind die Fälle streitig, in denen der Verstoß zur Unverwertbarkeit der Aussage führt.

- Einigkeit besteht insoweit, als dass Äußerungen die nach prozessualem Verständ- **530** nis nicht mehr als Aussage zu qualifizieren sind, auch im Rahmen der §§ 153 ff. keine Aussage darstellen können. Dies umfasst besonders schwerwiegende prozessuale Verstöße wie z. B. ein Verstoß gegen § 136a StPO.

- Im Übrigen geht die sog. *Tatbestandslösung* davon aus, dass prozessual fehlerhaft **531** erlangte Aussagen nie den Tatbestand des § 153 erfüllen. Wenn die Aussage unverwertbar sei, könne sie auch nicht der Wahrheitsfindung dienen. Daher sei das Schutzgut nicht betroffen (SK-Zöller, § 153 Rn. 32 ff.; NK-Vormbaum, § 123 Rn. 32 – 34; Geppert Jura 1988, 496, 498).

- Nach h. M. und Rspr. sollen prozessuale Verstöße nur zu einer Strafmilderung im **532** Rahmen der §§ 153 ff. führen. Denn auch prozessual unverwertbare Aussagen könnten die Rechtspflege gefährden. Außerdem erlaubten die §§ 52, 55 StPO das Schweigen, nicht aber das Lügen (OLG Köln NJW 1988, 2485, 2486; Schönke/Schröder-Bosch/Schittenhelm, vor §§ 153 ff. Rn. 23; Wessels/Hettinger/Engländer, BT 1, Rn. 771; Rengier, BT II, § 49 Rn. 36; Katzenberger/Pitz ZJS 2009, 659, 662; Bosch Jura 2015, 1295, 1300; BGHSt 10, 142, 144).

Bewertung:

Die h. M. erkennt zutreffend, dass zwischen der Verwertbarkeit der Aussage und der **533** Wahrheitspflicht des Aussagenden zu differenzieren ist. Letztere bleibt auch dann bestehen, wenn die Verwertbarkeit aufgrund eines prozessualen Verstoßes nicht mehr gegeben ist. Jedoch kann das Argument, auch eine fehlerhaft erlangte Aussage könne Grundlage der richterlichen Entscheidung sein (z. B. weil der Verfahrensverstoß zum Entscheidungszeitpunkt noch nicht bekannt ist, vgl. Schönke/Schröder-Bosch/Schittenhelm, Vorbem. §§ 123 ff. Rn. 23), nicht überzeugen. Denn die unzulässige Verwertung der fehlerhaft erlangten Aussage stellt einen weiteren prozessualen Verstoß dar. Dieser weitere Verstoß kann indes nicht als Argument dienen, um die zuvor fehlerhafte Erhebung der Aussage unter den Schutz des Strafrechts zu stellen. Die aufgrund der unverwertbaren Aussage getroffene Entscheidung ist und bleibt prozessual fehlerhaft, mag sie auch auf einer inhaltlich zutreffenden Entscheidungsgrundlage beruhen. Zudem wirkt die Verletzung der Wahrheitspflicht des Aussagenden im Falle eines Verwertungsverbots nicht auf das Schutzgut des § 153 ein. Die Sicherung der Tatsachengrundlage der Rechtspflege kann durch eine falsche, aber unverwertbare Aussage nicht tangiert werden. Auch würde die Einbeziehung unverwertbarer Aussagen in den Tatbestand des § 153 zu unauflöslichen Widersprüchen zwischen dem Prozessrecht und dem materiellen Strafrecht führen. So beispielsweise bei einem Verstoß gegen die Belehrungspflichten über Zeugnisverweigerungsrechte. Diese dienen u. a. der Auflösung des Konflikts, in dem der Zeuge hinsichtlich seiner professionellen oder privaten Verbundenheit gegenüber dem Täter auf der einen und der Aussage- und Wahrheitspflicht auf der anderen Seite steht. Wird diese Konfliktsituation nicht durch den Hinweis auf die Verweigerungsrechte aufgelöst, wird der Zeuge geradezu in den Verstoß gegen die Wahrheitspflicht aufgrund des prozessualen Fehlverhaltens des Vernehmenden gezwungen. Dem Zeugen in dieser Situation mit Strafe zu drohen, würde den Sinn und Zweck der §§ 52 ff. StPO konterkarieren. Daher ist im Ergebnis der Tatbestandslösung zu folgen. Unverwertbare Aussagen sind somit nicht vom Tatbestand der §§ 153 ff. umfasst.

Prozessuale Verstöße bei der Vernehmung

Tatbestandslösung	Strafzumessungs-lösung (h.M.)
Fehlerhafte Aussagen erfüllen schon nicht den Tatbestand des § 153.	Prozessuale Verstöße führen lediglich zu einer Strafmilderung im Rahmen der §§ 153 ff.
Argument: Was bei der Wahrheitsfindung nicht berücksichtigt werden kann, kann auch die Rechtspflege nicht gefährden.	*Argument:* Auch die fehlerhaft erlangte Aussage führt zu materiell unrichtigen Ergebnissen und gefährdet die Rechtspflege.

Merke: Liegt ein schwerer Verfahrensverstoß aus dem Bereich der §§ 136a, 69 III vor, kann man aber nicht mehr von einer freien Mitteilung und damit einer Aussage sprechen.

Hinweis: Der obenstehende Streitstand sollte in der Fallbearbeitung mit Blick auf den präferierten Lösungsweg verortet werden. Wer der hier vertretenen Tatbestandslösung folgt, sollte die Problematik im Rahmen des objektiven Tatbestands diskutieren. Wird die Strafzumessungslösung vertreten, so erfolgt die Darstellung nach der Schuld.

Sonderproblem: Falschheit der Aussage

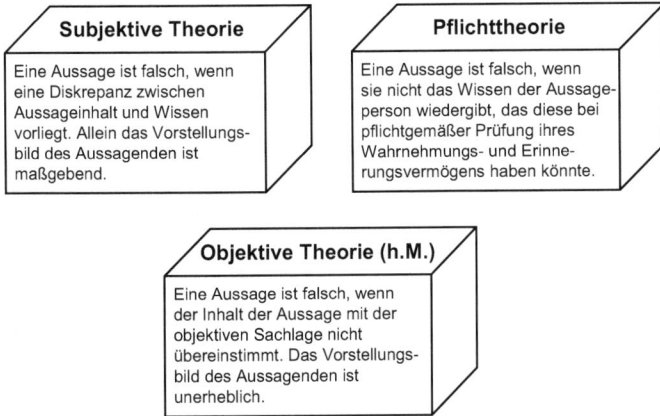

Sehr kontrovers wird die Frage diskutiert, wann die Aussage „falsch" ist.　　**534**

Falschheit der Aussage

Subjektive Theorie

Eine Aussage ist falsch, wenn eine Diskrepanz zwischen Aussageinhalt und Wissen vorliegt. Allein das Vorstellungsbild des Aussagenden ist maßgebend.

Pflichttheorie

Eine Aussage ist falsch, wenn sie nicht das Wissen der Aussageperson wiedergibt, das diese bei pflichtgemäßer Prüfung ihres Wahrnehmungs- und Erinnerungsvermögens haben könnte.

Objektive Theorie (h.M.)

Eine Aussage ist falsch, wenn der Inhalt der Aussage mit der objektiven Sachlage nicht übereinstimmt. Das Vorstellungsbild des Aussagenden ist unerheblich.

- Die h.M. vertritt die sog. *objektive Theorie*. Danach ist die Aussage falsch, wenn　**535** der Inhalt der Aussage mit der objektiven Sachlage nicht übereinstimmt (BGHSt 7, 147, 148 f.). Die Vorstellungen des Aussagenden vom Geschehen sind dagegen unerheblich.

- Die *subjektive Theorie* hält allein das Vorstellungsbild des Aussagenden für maß-　**536** gebend. Eine Falschaussage liegt danach nur bei einer Diskrepanz zwischen Aussageinhalt und Wissen vor (OLG Bremen NJW 1960, 1827). Ob die Aussage der objektiven Sachlage entspricht, ist daher irrelevant.

- Die *Pflichttheorie* stellt auf die prozessuale Wahrheitspflicht des Aussagenden　**537** ab. Falsch ist danach die Aussage, wenn sie nicht das Wissen der Aussageperson wiedergibt, dass diese bei pflichtgemäßer Prüfung ihres Wahrnehmungs- und Erinnerungsvermögens haben könnte (SK-Zöller, § 153 Rn. 24 ff. Otto JuS 1984, 161, 162 f.; Wolf JuS 1991, 177, 180).

Bewertung:

Die subjektive Theorie vermag die Existenz des § 160 (Verleitung zur Falschaussage) **538** kaum zu erklären. Außerdem widerspricht sie dem Schutzzweck der Aussagedelikte.

Die Rechtspflege ist nicht beeinträchtigt, wenn der Aussagende eine wahre Tatsache bekundet, die nur in seiner Vorstellung falsch ist. Schließlich führt die subjektive Theorie zu einer systemwidrigen Gleichsetzung der subjektiven Pflichtwidrigkeit mit dem objektiven Tatbestandsmerkmal „falsch" (Schönke/Schröder-Bosch/Schittenhelm, vor §§ 153 ff. Rn. 6). Zudem wird auch bei §§ 164, 263 das Merkmal „falsch" objektiv bestimmt (Rengier, BT II, § 49 Rn. 8). Die Pflichttheorie dagegen ist mit dem Gesetzeswortlaut, der eine „falsche" und keine pflichtwidrige Aussage fordert, kaum zu vereinbaren. Die Pflichtwidrigkeit ist vielmehr erst für die fahrlässige eidliche Aussage (§ 163) maßgebend.

539 Zur *Vollendung* der Tat ist erforderlich, dass die *Vernehmung abgeschlossen* ist. Davon ist auszugehen, wenn der Aussagende seine Erklärung beendet hat und der Vernehmende zu erkennen gibt, dass er keine weitere Auskunft über den Vernehmungsgegenstand mehr erwartet (BGHSt 8, 301, 314). *Eine* Vernehmung kann sich also auf mehrere Verhandlungstermine erstrecken oder der Zeuge in *einem* Verhandlungstermin mehrmals abschließend vernommen werden. Vor Abschluss der Vernehmung befindet sich die Tat im (straflosen) Versuchsstadium. Der Aussagende kann daher bis zum Vollendungszeitpunkt die Aussage berichtigen, ohne sich einer Strafbarkeit auszusetzen. Nach Abschluss der Vernehmung liegt eine tatbestandliche uneidliche Falschaussage vor. Es kann aber nunmehr § 158 (Berichtigung einer falschen Angabe, vgl. dazu die Ausführungen unter Rn. 548 ff.) relevant werden.

540 Eine Aussage kann auch durch das Verschweigen erheblicher Tatsachen falsch sein. Die Wahrheitspflicht beinhaltet, dass der Aussagende ungefragt alle Tatsachen mitteilt, die mit dem Vernehmungsgegenstand in einem untrennbaren Zusammenhang stehen und ersichtlich entscheidungserheblich sind (Wessels/Hettinger/Engländer, BT 1, Rn. 761). Kommt er dem nicht nach, so liegt ein Fall des § 153 vor. Es handelt sich jedoch nicht um ein Unterlassen nach § 13, da der Aussagende aktiv eine falsche (weil unvollständige) Aussage getätigt hat.

2. Subjektiver Tatbestand

541 Erforderlich ist mindestens *dolus eventualis* hinsichtlich der Verwirklichung der objektiven Tatbestandsmerkmale, d. h. Wissen und Wollen im Hinblick auf die Falschheit der Aussage sowie die Zuständigkeit der vernehmenden Stelle.

II. Rechtswidrigkeit

III. Schuld

IV. Strafzumessung

1. Aussagenotstand (§ 157)

> **Gesetzestext (§ 157):**
>
> (1) Hat ein Zeuge oder Sachverständiger sich eines Meineids oder einer falschen uneidlichen Aussage schuldig gemacht, so kann das Gericht die Strafe nach seinem Ermessen mildern (§ 49 Abs. 2) und im Falle uneidlicher Aussage auch ganz von Strafe absehen, wenn der Täter die Unwahrheit gesagt hat, um von einem Angehörigen oder von sich selbst die Gefahr abzuwenden, bestraft oder einer freiheitsentziehenden Maßregel der Besserung und Sicherung unterworfen zu werden.
>
> (2) Das Gericht kann auch dann die Strafe nach seinem Ermessen mildern (§ 49 Abs. 2) oder ganz von Strafe absehen, wenn ein noch nicht Eidesmündiger uneidlich falsch ausgesagt hat.

542 Die Vorschrift normiert abweichend von der amtlichen Überschrift keinen speziellen Fall des Notstands, sondern bietet eine fakultative Strafmilderungs- bzw. Strafaufhebungsmöglichkeit für Zeugen oder Sachverständige, die sich nach §§ 153 bis 155 strafbar gemacht haben. Daher bleiben die Notstandsregeln (§§ 34, 35; §§ 228 S. 1, 904 S. 1 BGB) nach allgemeinen Grundsätzen anwendbar. Ausweislich des eindeutigen Wortlauts gilt § 157 nicht für Teilnehmer an den Aussagedelikten.

543 Eine schuldhafte Herbeiführung des Aussagenotstandes schließt § 157 nicht aus. Entsprechendes gilt, wenn sich der Aussagende auf §§ 52, 55 StPO hätte berufen können (BayObLG NStZ-RR 1999, 174; BGH StV 2007, 64).

544 Der Aussagenotstand soll die Zwangslage des Aussagenden berücksichtigen, der er sich gegenübersieht, wenn die Wahrheitspflicht zur Offenbarung von Umständen führen würde, die ihn oder einen Angehörigen der Gefahr der Bestrafung oder einer Maßregel der Besserung und Sicherung aussetzen würde. Er stellt somit keine allgemeine „Lizenz zum Lügen" dar. Besteht die Gefahr nicht aufgrund der Offenbarung der Wahrheit, sondern aus anderen Gründen (z. B. weil die Beweislast aufgrund anderer Beweismittel bereits erdrückend ist), so ist § 157 nicht anwendbar.

545 Erforderlich ist, dass die Aussage erfolgt, um sich selbst oder einen Angehörigen zu begünstigen. Aus der subjektiven Fassung des Gesetzes sowie dem Zweck des § 157, Zwangslagen Rechnung zu tragen, folgt, dass es allein auf das Vorstellungsbild des Aussagenden, nicht die objektive Sachlage ankommt (BGHSt 8, 301, 317; BGH NStZ 2008, 91, 92). Es gilt der Grundsatz in dubio pro reo. Die Angehörigeneigenschaft ergibt sich aus § 11 I Nr. 1. Eine analoge Anwendung (z. B. auf nichteheliche Partnerschaften von vergleichbarer Intensität) kann zu diskutieren sein. Hierfür spricht insbesondere, dass die heutige Zeit eine Vielzahl an verschiedensten Nähebeziehungen außerhalb des klassischen und von § 11 I Nr. 1 erfassten Angehörigenbildes hervorgebracht hat. In Bezug auf solche Personen kann eine vergleichbare Konfliktsituation des Aussagenden bestehen. Sicher hat der Gesetzgeber diese Vielfalt bislang nicht vorhergesehen, sodass durchaus eine planwidrige Regelungslücke angenommen werden könnte. Jedoch gilt zu berücksichtigen, dass der Gesetzgeber nicht untätig geblieben ist und etwa durch die Einführung der Lebenspartnerschaft oder der gleichgeschlechtlichen Ehe durchaus Anpassungen auch im Rahmen des § 11 I Nr. 1 vornimmt. Daher ist das Fehlen der Aufnahme weiterer Nähebeziehungen in den Katalog des § 11 I Nr. 1 zwar bedauerlich, als bewusste gesetzgeberische Entscheidung aber hinzunehmen und nicht im Wege einer Analogie zu umgehen.

546 Die Gefahr der Bestrafung muss durch ein Verhalten drohen, das vor der Aussage liegt. So kann sich nicht auf § 157 berufen, wer einen Meineid zur Verdeckung einer Falschaussage in derselben Instanz schwört (BGHSt 8, 301, 318 ff.).

547 Die angestrebte Begünstigung muss entgegen des missverständlichen Wortlauts weit gefasst werden. § 157 kann somit nicht nur dann angewendet werden, wenn der Aussagende die Straffreiheit für sich selbst oder den genannten Personenkreis anstrebt, sondern auch, wenn eine mildere als die zu erwartende Bestrafung herbeigeführt werden soll (Rengier, BT II, § 49 Rn. 45).

2. Berichtigung einer falschen Angabe (§ 158)

Gesetzestext (§ 158):

(1) Das Gericht kann die Strafe wegen Meineids, falscher Versicherung an Eides Statt oder falscher uneidlicher Aussage nach seinem Ermessen mildern (§ 49 Abs. 2) oder von Strafe absehen, wenn der Täter die falsche Angabe rechtzeitig berichtigt.

(2) Die Berichtigung ist verspätet, wenn sie bei der Entscheidung nicht mehr verwertet werden kann oder aus der Tat ein Nachteil für einen anderen entstanden ist oder wenn schon gegen den Täter eine Anzeige erstattet oder eine Untersuchung eingeleitet worden ist.

(3) Die Berichtigung kann bei der Stelle, der die falsche Angabe gemacht worden ist oder die sie im Verfahren zu prüfen hat, sowie bei einem Gericht, einem Staatsanwalt oder einer Polizeibehörde erfolgen.

Der persönliche fakultative Strafmilderungs- bzw. -aufhebungsgrund des § 158 gilt an- **548** ders als § 157 für alle Fälle der Falschaussage nach §§ 153 bis 156. Auf die Fälle des § 160 ist er analog (weil täterfreundlich) anwendbar (Schönke/Schröder-Bosch/Schittenhelm, § 158 Rn. 2; MüKo-Müller, § 158 Rn. 7; SSW-Sinn, § 158 Rn. 4). Er basiert auf dem Gedanken der tätigen Reue und soll mit Blick auf das Schutzgut die nachträgliche Berichtigung falscher Aussagen herbeiführen. § 158 findet auch gegenüber Teilnehmern der Tat Anwendung.

Um in den Genuss der Strafmilderung bzw. des Absehens von Strafe zu gelangen, muss **549** der Aussagende die falsche Aussage rechtzeitig berichtigen.

Eine falsche Aussage ist **berichtigt**, wenn sie zurückgenommen und durch eine rich- **550** tige Aussage ersetzt wird.

Die Berichtigung muss kein Schuldeingeständnis beinhalten, aber in den wesentlichen **551** Punkten vollständig und richtig sein. Die nur teilweise Richtigstellung der falschen Aussage reicht nicht aus. Sofern der Aussagende die falsche Aussage widerruft und im Übrigen die berichtigende Aussage verweigert, führt dies zum Ausschluss des § 158. Etwas anderes gilt dann, wenn dem Aussagenden ein Zeugnisverweigerungsrecht zusteht. Insoweit ist der Widerruf der falschen Aussage ausreichend (BGH StV 1982, 420; SK/Zöller, § 158 Rn. 4; Rengier, BT II, § 49 Rn. 50). Bleibt unklar, ob die Berichtigung der Wahrheit entspricht, greift der Grundsatz in dubio pro reo ein (BayObLG JZ 1976, 33).

Nach § 158 II darf die Berichtigung nicht verspätet erfolgen. Nicht mehr bei der Ent- **552** scheidung verwertet werden kann die Berichtigung, wenn sie bei der die Instanz abschließenden Entscheidung nicht mehr berücksichtigt werden kann. Auf deren Rechtskraft kommt es nicht an.

Die Berichtigung ist verspätet, wenn bereits ein Nachteil für einen anderen entstanden **553** ist. Der Begriff des Nachteils ist hier abweichend von § 266 zu bestimmen.

Ein **Nachteil** i. S. des § 158 ist jede nicht nur unerhebliche Beeinträchtigung der Rechte und rechtlich geschützten Interessen eines Anderen.

Neben jeglichen Minderungen des Vermögens sind auch Folgen wie die Vollstreckung **554** der U-Haft, eine Verurteilung oder sonstige für den Anderen nachteilige prozessuale Entscheidungen erfasst. Die bloße Verschlechterung der Beweislage oder rein ideelle Beeinträchtigung reichen nicht aus.

Der Nachteil muss kausal auf der falschen Aussage beruhen. Ausreichend ist, wenn die **555** falsche Aussage mitursächlich für den Nachteil geworden ist.

Adressat der Berichtigung kann nur eine der in § 158 III genannten Stellen sein. **556**

V. Beteiligung

1. Anstiftung

557 Die Anstiftung zu § 153 ist nach allgemeinen Grundsätzen möglich. Stimmt die falsche Aussage des Zeugen oder Sachverständigen zumindest zum Teil mit dem durch den Anstifter gewollten Aussageinhalt überein, so liegt vollendete Anstiftung vor. Weicht der Inhalt der falschen Aussage jedoch so sehr von der Vorstellung des Anstifters ab, dass eine andere als die gewollte falsche Aussage gegeben ist, so kommt allenfalls eine versuchte Anstiftung gem. § 159 (siehe unten Rn. 608 ff.) in Betracht.

2. Beihilfe

558 Beihilfe durch aktives Tun ist nach den allgemeinen Regeln möglich. *Prozessordnungsgemäßes Handeln* (z. B. die bloße Angabe eines zu ladenden Zeugen, auch wenn dieser, was der Benennende weiß, eine falsche Aussage machen wird) scheidet jedoch als aktive Beihilfehandlung aus (vgl. Kelker Jura 1996, 89, 95). Wer sich im Rahmen seiner durch das Prozessrecht gewährten Möglichkeiten bewegt, kann keine Gefährdung des Rechtsguts bewirken.

559 *Prozessordnungswidrige Verhaltensweisen* können als Grundlage einer Beihilfestrafbarkeit dienen. Doch auch hier sind die Grenzen zu beachten, die durch das Prozessrecht gezogen werden. Insofern sind im Strafprozess der nemo-tenetur-Grundsatz und im Zivilprozess die Reichweite der Wahrheitspflicht des § 138 ZPO zu berücksichtigen (vgl. Katzenberger/Pitz ZJS 2009, 659, 663 – 665). Bestätigt der Angeklagte die Falschaussage des Zeugen, so liegt nach richtiger Ansicht keine Beihilfe zu § 153 vor, weil der Angeklagte andernfalls entgegen dem *nemo-tenetur-Grundsatz* zur Offenbarung der Wahrheit verpflichtet wäre (Katzenberger/Pitz ZJS 2009, 659, 664; LK-Ruß, § 154 Rn. 16; a. A: BGH NJW 1958, 956). Der parallele Fall der Bestätigung einer Falschaussage durch eine Partei im Zivilprozess ist differenziert zu betrachten. Die Parteien im Zivilprozess sind, anders als der Angeklagte im Strafprozess, gem. § 138 ZPO zur Wahrheit verpflichtet. Dies umfasst, nicht auf Zeugen und Sachverständige einzuwirken, damit diese eine falsche Aussage tätigen. Soll nach der Vorstellung der Partei also das eigene Verhalten zur Kenntnis des Aussagenden gelangen und diesen zumindest psychisch bei der zu tätigenden Falschaussage unterstützen, so liegt strafbare Beihilfe zu § 153 vor. Beschränkt sich jedoch das Verhalten der Partei auf das nachträgliche Bestätigen der zuvor nicht beeinflussten Falschaussage des Zeugen oder Sachverständigen, so ist die Beihilfe zu verneinen. Denn die Partei hat zwar gegen die Wahrheitspflicht gem. § 138 ZPO durch die wahrheitswidrige Bestätigung der Aussage verstoßen. Der

Entschluss zur Falschaussage liegt hier jedoch beim Aussagenden und somit nicht im Anwendungsbereich des § 138 ZPO.

Problematisch gestalten sich die Fälle, in denen eine Beihilfe durch Unterlassen in Be- **560** tracht kommt. Insoweit ist anerkannt, dass die dafür erforderliche Garantenstellung sich nicht aus der prozessualen Wahrheitspflicht des § 138 ZPO ergeben kann (vgl. Heinrich JuS 1995, 1115, 1120), ebenso wenig aus enger natürlicher Verbundenheit. Als Anknüpfungspunkt verbleiben die *Überwachergarantenstellung für eine Person* (z. B. haben die Eltern in Bezug auf ihre Kinder auf eine wahrheitsgemäße Aussage oder die Wahrnehmung der Zeugnisverweigerungsrechte hinzuwirken und eine Falschaussage zu vermeiden) sowie *Ingerenz*. Nach h. M. ist in Bezug auf Ingerenz erforderlich, dass der Täter die Aussageperson in eine besondere, dem Prozess nicht mehr eigentümliche und damit inadäquate Gefahr der Falschaussage bringt (OLG Hamm NStZ 1993, 82, 83). Auch hier gilt, dass prozessordnungsgemäßes Verhalten keine inadäquate Gefahr schaffen kann und somit als Anknüpfungspunkt für eine garantenstellungsbegründende Ingerenz entfällt. Bei prozessordnungswidrigem Verhalten ist erneut auf die Reichweite des nemo-tenetur-Prinzips sowie der prozessualen Wahrheitspflicht aus § 138 ZPO Bezug zu nehmen. Daher kann die Benennung eines zur Falschaussage bereits fest entschlossenen Zeugen auch nicht als Beihilfe durch Unterlassen angesehen werden (Geppert Jura 2002, 173, 178 f.).

VI. Konkurrenzen

Sagt der Täter innerhalb einer Vernehmung zu einer oder mehreren Tatsachen falsch **561** aus, so liegt nur eine Tat i. S. des § 153 vor (tatbestandliche Handlungseinheit). Hingegen ist Tatmehrheit gem. § 53 gegeben, wenn der Aussagende in mehreren getrennten Vernehmungen falsch aussagt. Dies gilt auch, wenn die Vernehmungen denselben Inhalt betreffen (z. B. der Zeuge bestätigt in der Berufungshauptverhandlung seine uneidliche Falschaussage in der ersten Instanz). Innerhalb einer Instanz ist somit nach den prozessualen Regelungen klar herauszuarbeiten, ob eine oder mehrere Vernehmungen vorliegen. Danach regelt sich sodann das Konkurrenzverhältnis (Tateinheit oder Tatmehrheit: Fischer, § 153 Rn. 17; Lackner/Kühl, § 153 Rn. 8; SSW-Sinn, § 153 Rn. 28; a. A. Geppert Jura 2002, 178, 180; Schönke/Schröder-Bosch/Schittenhelm, § 153 Rn. 14: immer Tateinheit innerhalb einer Instanz).

§ 153 ist gegenüber § 154 subsidiär. Tateinheit mit den §§ 153, 26; 154d; 161; 164; **562** 186; 187; 257; 258; 263 ist möglich.

VII. Aufbauschema § 153

I.   **Tatbestand**

    1. Objektiver Tatbestand

        a) Tauglicher Täterkreis = Zeugen oder Sachverständige

        b) Tatadressat = Gericht oder andere zur eidlichen Vernehmung von Zeugen oder Sachverständigen zuständige Stelle

        c) Falschaussage

    2. Subjektiver Tatbestand

        Vorsatz (vgl. § 15 StGB), d. h. mindestens dolus eventualis hinsichtlich der objektiven Tatbestandsmerkmale

II.   **Rechtswidrigkeit**

III. **Schuld**

IV. **Strafzumessung**

    1. Aussagenotstand (§ 157)

    2. Berichtigung einer falschen Angabe (§ 158)

B. Meineid (§ 154)

> **Gesetzestext:**
>
> (1) Wer vor Gericht oder vor einer anderen zur Abnahme von Eiden zuständigen Stelle falsch schwört, wird mit Freiheitsstrafe nicht unter einem Jahr bestraft.
>
> (2) In minder schweren Fällen ist die Strafe Freiheitsstrafe von sechs Monaten bis zu fünf Jahren.

§ 154 stellt die besondere Bekräftigung der falschen Aussage durch den Aussagenden **563** unter Strafe. Der missverständliche Gesetzeswortlaut „falsch schwört" meint somit nicht eine fehlerhafte Beeidigung, sondern die (richtige) Beeidigung einer falschen Aussage. Für die bereits in § 153 genannten Zeugen und Sachverständige stellt § 154 einen Qualifikationstatbestand, für andere Täter (z. B. die Partei im Zivilprozess oder den Dolmetscher) einen eigenständigen Tatbestand dar. § 155 stellt dem Eid die den Eid ersetzende Bekräftigung (§§ 65 StPO, § 484 ZPO) sowie die Berufung auf einen früheren Eid oder eine frühere Bekräftigung tatbestandlich gleich. Insoweit gelten die folgenden Ausführungen entsprechend.

I. Tatbestand

1. Objektiver Tatbestand

a) Tauglicher Täterkreis

Täter des § 154 kann jeder sein, der vor einer zur Abnahme von Eiden zuständigen **564** Stelle falsch schwört. Anders als § 153 enthält § 154 keine Beschränkung auf Zeugen oder Sachverständige. Insbesondere die Partei im Zivilprozess (vgl. § 452 ZPO) und der Dolmetscher (§ 189 GVG) sind somit in den Täterkreis einbezogen. Gleiches gilt für die Beteiligten in Verfahren nach dem FamFG. Insoweit erklärt § 30 I FamFG die Regelungen der ZPO (hier § 452 ZPO) für entsprechend anwendbar.

Diese weite Fassung unterliegt jedoch sachlichen Einschränkungen. Wer nach prozessualen Regelungen nicht der Vereidigung unterliegt, kann generell nicht Täter des § 154 sein. So fällt der Beschuldigte ebenso als Täter aus wie der nach § 60 Nr. 1 2. Alt. StPO *Eidesunfähige*.

565 | **Sonderproblem:** Tätereigenschaft *Eidesunmündiger* gem. § 60 Nr. 1 1. Alt. StPO, § 393 1. Alt. ZPO

Fraglich ist, ob Eidesunmündige gem. § 60 Nr. 1 1. Alt. StPO, § 393 1. Alt. ZPO taugliche Täter des § 154 sein können, wobei das Alter zum Eideszeitpunkt maßgeblich ist. Dies wird insbesondere dann in Betracht kommen, wenn ein nicht Eidesmündiger fälschlicherweise ein zu hohes Alter angibt und seine falsche Aussage beeidigt.

566 – Teilweise wird die Auffassung vertreten, dass Eidesunmündige § 154 nicht verwirklichen könnten. § 60 Nr. 1 1. Alt. stelle eine unwiderlegliche Vermutung auf, dass Personen unter 18 Jahren die erforderliche Einsicht in die Bedeutung der Vereidigung und damit auch den Unrechtsgehalt eines Eidesdelikts fehle (NK-Vormbaum, § 154 Rn. 39). Außerdem lege der Wortlaut des § 157 II (Strafausschluss nur bei uneidlicher Aussage des Eidesunmündigen) im Umkehrschluss nahe, dass eine eidliche Aussage durch einen Eidesunmündigen nicht strafbar sei (Rengier, BT II, § 49 Rn. 20; Wessels/Hettinger/Engländer, BT 1, Rn. 770).

567 – Nach der Gegenansicht (BGHSt 10, 142, 144; LK-Ruß, § 154 Rn. 10) sollen auch Eidesunmündige taugliche Täter des Meineids sein, wenn sie entsprechende Einsicht in die Bedeutung und Tragweite des Eides haben. Auch diese Ansicht beruft sich auf den Rechtsgedanken des § 157 II. Zudem sei das Rechtsgut durch eine falsche Eidesleistung des Eidesunmündigen ebenso gefährdet wie durch den Meineid eines Eidesmündigen. Es solle daher lediglich eine Strafmilderung in Betracht kommen (BGHSt 10, 142, 144).

Bewertung:

568 Die Lösung der Konstellation ist im Ergebnis von der prozessualen Rechtslage abhängig. Wer aus prozessrechtlicher Sicht nicht beeiden darf, kann in der Folge auch keinen Meineid i. S. des § 154 schwören. Insoweit geben die § 60 Nr. 1 1. Alt. StPO, § 393 1. Alt. ZPO eine klare Grenze vor. Somit ist die gesetzgeberische Bewertung der fehlenden Einsichtsfähigkeit Eidesunmündiger strafrechtlich bindend. Soweit diese Bewertung aufgrund der zwischen § 60 Nr. 1 1. Alt. StPO und § 393 1. Alt. ZPO divergierenden Altersgrenzen (18 und 16 Jahre) in Zweifel gezogen wird (vgl. Hettinger/Bender JuS 2015, 577, 585), so liegt eine gesetzgeberische Fehlleistung vor. Dies kann jedoch nicht dazu führen, dass an die Stelle der Vorgabe des Gesetzgebers die Bewertung der Einsichtsfähigkeit des Aussagenden durch den Rechtsanwender tritt. Vielmehr ist die durch § 60 Nr. 1 1. Alt. StPO gezogene Altersgrenze auch auf § 393 1. Alt. ZPO zu übertragen (Prinzip der Meistbegünstigung). Danach können Personen unter 18 Jahren grundsätzlich keine tauglichen Täter des § 154 sein.

b) Tatadressat = Gericht oder eine andere zur Abnahme von Eiden zuständige Stelle

Ob ein tauglicher Tatadressat vorliegt, also ob „vor" ihr falsch geschworen wurde, ist **569** in zwei Stufen zu bewerten. Zunächst ist zu prüfen, ob die Stelle, gegenüber der die beeidete Aussage gemacht wurde, *generell zur Abnahme von Eiden zuständig* ist. Dies entspricht der Bestimmung eines tauglichen Tatadressaten in Bezug auf § 153. Die dortigen Ausführungen gelten entsprechend (siehe Rn. 515 ff.).

Im Unterschied zu § 153 muss bei § 154 der Eid aber auch in dem jeweiligen Verfah- **570** ren gesetzlich vorgesehen und von einer zur Abnahme von Eiden generell ermächtigten Person abgenommen werden (BGHSt 10, 272, 273). Das bedeutet, dass die Abnahme des Eides *im konkreten Fall prozessrechtlich zulässig* gewesen sein muss. Nach der Abschaffung der Regelvereidigung muss insbesondere die Notwendigkeit der Vereidigung (§ 59 I StPO, § 391 ZPO) gegeben sein.

Nicht ermächtigt zur Abnahme von Eiden ist z. B. der Rechtspfleger (§ 4 II Nr. 1 RPflG) **571** oder der Referendar (§ 10 S. 2 GVG). Dies hat zur Folge, dass die Falschaussage vor einem Referendar nach hier vertretener Auffassung zwar gem. § 153 strafbar sein kann, weil der Referendar als Vertreter der generell zur Abnahme von Eiden zuständigen Stelle „Gericht" anzusehen ist (vgl. Rn. 519 ff.). Eine Strafbarkeit gem. § 154 scheidet demgegenüber aus, weil die Eidesabnahme durch den Referendar im konkreten Fall nicht zulässig gewesen ist.

c) Tathandlung = Falsch Schwören

Der Täter muss eine falsche Aussage i. S. des § 153 (vgl. dazu Rn. 526 ff.) machen und **572** diese beeiden. Es handelt sich somit genauer um das Beschwören einer falschen Aussage und nicht um ein falsches Schwören.

> Ein **Eid** ist die in gesetzlich bestimmter Form abgegebene besondere Versicherung **573** der Wahrheit einer Aussage.

Hier kann erneut die Frage, ob nach dem Prozessrecht unverwertbare Aussagen über- **574** haupt Aussagen i. S. der §§ 153 ff. sein können (vgl. oben Rn. 529 ff.) relevant werden. Wer Eidesunmündige entgegen der hier vertretenen Ansicht als taugliche Täter des § 154 ansieht (vgl. Rn. 565) muss in einem zweiten Schritt beantworten, ob deren beeidete Aussage überhaupt eine Aussage i. S. der §§ 153 ff. sein kann. Denn die beeideten Aussagen Eidesunmündiger werden zum Teil als unverwertbar angesehen (SK-Zöller, § 154 Rn. 4). Schließt man solche unverwertbaren Aussagen aus dem Tatbestand der §§ 153 ff. aus (vgl. Rn. 529 ff.), so ist im Ergebnis eine Strafbarkeit gem. § 154 trotz tauglichen Täters auf dieser Ebene generell zu verneinen. Nur wer auch unverwertbare Aussagen als tatbestandsmäßig akzeptiert, kann zu einer Strafbarkeit gem. § 154 gelangen.

575 Die Beeidigung muss wirksam sein. Die Wirksamkeit bestimmt sich nach den prozessrechtlichen Regelungen (§§ 59, 64 StPO, §§ 391, 392 ZPO). Ausreichend ist die Beachtung der *wesentlichen Förmlichkeiten*. Diese umfassen die in § 64 I und II StPO wörtlich und in § 392 ZPO sinngemäß vorgegebene Aufforderung des Richters an den Aussagenden zu schwören, dass er nach bestem Wissen die Wahrheit gesagt und nichts verschwiegen habe, sowie, als Tathandlung, die Antwort des Aussagenden in der Form: „Ich schwöre". Ob eine religiöse Beteuerung erfolgt, ist irrelevant. Die weiteren Formvorgaben (z. B. Heben der rechten Hand gem. § 64 IV StPO) sind nicht wesentlich. Ihr Fehlen ist daher unbeachtlich.

576 Zeugen werden nach ihrer Aussage vereidigt (§ 59 S. 1 StPO, § 392 ZPO; sog. *Nacheid*), Dolmetscher vor ihrer Aussage (§ 189 GVG; sog. *Voreid*). Bei Sachverständigen ist der Nacheid im Strafprozess der Regelfall (vgl. § 79 II StPO). Im Zivilprozess ist auch der Voreid zulässig (§ 410 ZPO). Handelt es sich um einen allgemein vereidigten Sachverständigen genügt die (auch schriftliche) Berufung auf diesen Eid.

2. Subjektiver Tatbestand

577 Erforderlich ist mindestens *dolus eventualis* hinsichtlich der Verwirklichung der objektiven Tatbestandsmerkmale, d. h. Wissen und Wollen im Hinblick auf die Falschheit der Aussage, die generelle Zuständigkeit und konkrete Zulässigkeit der Stelle zur Abnahme des Eides sowie die Eidesleistung selbst.

II. Rechtswidrigkeit

III. Schuld

IV. Strafzumessung

578 §§ 157 und 158 finden auch im Rahmen von § 154 Anwendung, vgl. Rn. 542 ff.

V. Versuch

579 § 154 ist gem. § 12 I ein Verbrechen (Mindeststrafe ein Jahr Freiheitsstrafe), der Versuch (§ 22) daher gem. § 23 I strafbar.

580 Beim *Nacheid* beginnt der Versuch erst mit dem Beginn des Sprechens der Eidesformel. Also erst nach Vollendung des § 153. Vollendet ist die Tat mit der Beendigung des

Schwurs. Der Zeitrahmen des Versuchs beschränkt sich somit auf die Sekunden, die der Schwörende zum Aussprechen der Worte „Ich schwöre" (ggf. mit religiöser Bekräftigung) benötigt.

Beim *Voreid* ist jeweils auf Beginn und Vollendung der Falschaussage abzustellen. **581**

> **Sonderproblem:** Abgrenzung von untauglichem Versuch und Wahndelikt bei § 154

Fraglich ist, ob bei einem Irrtum des Beeidenden über die zur Abnahme von Eiden zu- **582** ständige Stelle ein strafbarer Versuch des § 154 oder ein strafloses Wahndelikt vorliegt. Dabei ist wie folgt zu differenzieren:

Geht der Täter irrtumsbedingt von tatsächlichen Umständen aus, bei deren Vorliegen **583** eine zuständige Stelle i. S. des § 154 gegeben wäre (z. B. der Täter glaubt, der ihn vernehmende Referendar/Staatsanwalt sei ein Richter), so macht er sich unstreitig wegen eines untauglichen Versuchs gem. der §§ 154, 22 strafbar.

Erkennt der Beeidigende hingegen die tatsächlichen Umstände zutreffend, irrt er sich **584** aber über die rechtliche Befugnis der vernehmenden Stelle (z. B. wenn er zwar erkennt, dass der Vernehmende ein Referendar/Staatsanwalt ist, aber glaubt dieser sei zur Abnahme von Eiden zuständig), so ist die Einordnung umstritten:

– Der BGH und ein Teil der Literatur nehmen auch hier einen strafbaren untaugli- **585** chen Versuch an (BGHSt 3, 248, 253 ff.; 5, 111, 117 ff.; 12, 56, 58; Fischer, § 154 Rn. 11). Diese Ansicht argumentiert, dass es sich bei der Zuständigkeit um ein objektives Tatbestandmerkmal handelt, weswegen kein Rechts- sondern ein Tatsachenirrtum vorliege.

– Die überwiegende Ansicht in der Literatur geht demgegenüber von einem straf- **586** losen Wahndelikt aus (Rengier, BT II, § 49 Rn. 25; Schönke/Schröder-Bosch/Schittenhelm, § 154 Rn. 15; NK-Vormbaum, § 154 Rn. 51; MüKo-Müller, § 154 Rn. 41). Der Täter irre hier nicht über tatsächliche Umstände, sondern über deren rechtliche Einordnung. Insofern handele es sich um einen doppelten Subsumtionsirrtum. In der Folge sei ein strafloses Wahndelikt anzunehmen.

Bewertung:

Die letztgenannte Ansicht verdient Zustimmung. Der Täter hat in der hier diskutierten **587** Konstellation die tatsächlichen Umstände zutreffend erfasst. Er irrt lediglich über das Kriterium der Eideszuständigkeit, also deren rechtliche Reichweite. Ein Wahndelikt ist gerade dadurch gekennzeichnet, dass der Täter bei einem in tatsächlicher Hinsicht zutreffend erkannten Sachverhalt die Verbotsnorm falsch auslegt und ihren Anwendungsbereich zu seinen Ungunsten überdehnt (Wessels/Beulke/Satzger, AT, Rn. 883). Genau dieser Fall liegt hier vor (ebenso Katzenberger/Pitz ZJS 2009, 659, 668).

VI. Konkurrenzen

588 § 154 ist lex specialis zu § 153, soweit es sich bei dem Täter um einen Zeugen oder Sachverständigen handelt. Wird der Täter innerhalb einer Instanz mehrfach abschließend vernommen, beeidet er aber nur eine der Aussagen, so liegt Tatmehrheit zwischen § 153 und § 154 vor (str.). Beeidet der Täter seine Falschaussagen in mehreren Instanzen, so stehen diese Taten in Tatmehrheit gem. § 53.

589 Tateinheit mit den §§ 154d; 161; 164; 186; 187; 257; 258; 263 ist möglich.

VII. Aufbauschema § 154

I. **Tatbestand**

    1. Objektiver Tatbestand

        a) Tauglicher Täterkreis

        b) Tatadressat

            aa) Generelle Zuständigkeit gem. § 154

            bb) Konkrete Zulässigkeit der Eidesabnahme

        c) Falsch schwören

    2. Subjektiver Tatbestand

        Vorsatz (vgl. § 15 StGB), d. h. mindestens dolus eventualis hinsichtlich der objektiven Tatbestandsmerkmale

II. **Rechtswidrigkeit**

III. **Schuld**

IV. **Strafzumessung**

    1. Aussagenotstand (§ 157)

    2. Berichtigung einer falschen Angabe (§ 158)

C. Falsche Versicherung an Eides Statt (§ 156)

> **Gesetzestext:**
>
> Wer vor einer zur Abnahme einer Versicherung an Eides Statt zuständigen Behörde eine solche Versicherung falsch abgibt oder unter Berufung auf eine solche Versicherung falsch aussagt, wird mit Freiheitsstrafe bis zu drei Jahren oder mit Geldstrafe bestraft.

Die Versicherung an Eides Statt ist eine *besondere Form der Wahrheitsbeteuerung*, der **590** jedoch ein erheblich geringerer Beweiswert zukommt als dem Eid. Daher fällt die Strafdrohung in § 156 geringer aus als in den §§ 153 – 155. Die Vorschrift enthält ein gegenüber den §§ 153 – 155 eigenständiges Delikt, welches in zwei Alternativen verwirklicht werden kann: Die Abgabe einer falschen Versicherung an Eides Statt (§ 156 1. Alt.) sowie die falsche Aussage unter Berufung auf eine (richtige) Versicherung an Eides Statt (§ 156 2. Alt.).

§ 156 ist ein Vergehen. Der Versuch ist mangels gesetzlicher Anordnung (vgl. § 23 I) **591** nicht strafbar. Hingegen ist der Versuch der Anstiftung zu § 156 gem. § 159 strafbar. Zu den sich hieraus ergebenden Friktionen siehe Rn. 612 ff.

I. Tatbestand

1. Objektiver Tatbestand

a) Tauglicher Tatadressat

Zur Verwirklichung beider Alternativen muss zunächst ein tauglicher Tatadressat vor- **592** liegen. Dies ist eine zur Abnahme einer Versicherung an Eides Statt zuständige Behörde. Das Merkmal umfasst nach wohl h. M. drei Voraussetzungen. Zunächst muss ähnlich der Voraussetzung bei § 154 auch im Rahmen des § 156 die Behörde *allgemein zur Abnahme einer Versicherung an Eides Statt befugt* sein. D. h., ihr muss aufgrund gesetzlicher Vorschriften eine entsprechende Kompetenz generell zugewiesen sein.

Zweitens muss die Abnahme einer Versicherung an Eides Statt auch *im konkreten Fall*, **593** also im konkreten Verfahren über den konkreten Gegenstand und von der konkreten Person, zulässig sein.

Die dritte Voraussetzung soll sein, dass die Versicherung an Eides Statt bzw. die Aus- **594** sage unter Berufung auf eine frühere Versicherung *rechtlich nicht völlig wirkungslos* ist

(Rengier, BT II, § 49 Rn. 26; Wessels/Hettinger/Engländer, BT 1, Rn. 784). Ob dies tatsächlich eine Frage der Zuständigkeit ist, oder ob diese Voraussetzung dem Merkmal der falschen Versicherung an Eides Statt bzw. der falschen Aussage unter Berufung auf eine solche Versicherung zuzuordnen ist, mag man unterschiedlich beantworten. Jedenfalls muss die Versicherung an Eides Statt *Rechtswirkung entfalten*. Im Strafprozess kann dies bzgl. Versicherungen des Beschuldigten wegen des nemo tenetur Grundsatzes jedenfalls nicht der Fall sein.

595 Ob die genannten Voraussetzungen vorliegen, regelt sich im Verfahren nach dem jeweilig anzuwendenden Verfahrensrecht (im Strafprozess nach §§ 161a I 3, 163 III StPO die Gerichte, nicht hingegen die Staatsanwaltschaft und die Polizei; im Verwaltungsverfahren vgl. § 27 VwVfG). Bedeutung erlangen Versicherungen an Eides Statt im Zivilverfahren (z. B. § 294), insbesondere im Zwangsvollstreckungsrecht bei der Abgabe der Vermögensauskunft (§ 802c III ZPO).

b) Tathandlung = Falsches Abgeben oder Falschaussage

596 Mögliche Tathandlungen des § 156 sind die falsche Abgabe einer Versicherung an Eides Statt (§ 156 1. Alt.) sowie die Falschaussage unter Berufung auf eine Versicherung an Eides Statt (§ 156 2. Alt.).

597 Unter dem Begriff „falsch abgeben" ist, ähnlich der Formulierung bei § 154, nicht die formell falsche Abgabe einer Versicherung an Eides Statt gemeint. Es soll vielmehr derjenige bestraft werden, der eine *falsche Behauptung mit der Versicherung an Eides Statt bekräftigt*. Die Falschheit der Behauptung bestimmt sich nach den zu § 153 entwickelten Kriterien (siehe Rn. 534 ff.).

598 Die Tathandlung der zweiten Alternative besteht aus zwei Komponenten. Der Täter muss eine Falschaussage gegenüber einem tauglichen Tatadressaten abgeben. Insoweit gelten die Grundsätze zu § 153 auch hier (siehe Rn. 534 ff.). Zudem muss er sich auf die zuvor abgegebene Versicherung an Eides Statt berufen.

599 Der Täter **beruft sich** auf eine Versicherung an Eides Statt, wenn er zu verstehen gibt, dass sich die Bekräftigungswirkung der Versicherung auch auf die nunmehr erfolgte Aussage beziehen soll.

600 Zu beachten ist, dass sich die Bekräftigungswirkung nur soweit erstrecken kann, wie sich auch die Wahrheitspflicht im konkreten Verfahren erstreckt. Dies führt insbesondere bei spontan eingereichten Versicherungen an Eides Statt dazu, dass zunächst der Gegenstand des vom Versichernden bestimmten Beweisthemas zu ermitteln ist. Wird die Versicherung hingegen von der Behörde angeordnet, so wird diese das Beweisthema zuvor umgrenzen.

In den praktisch sowie prüfungstechnisch bedeutsamen Fällen des § 802c III ZPO rich- **601** tet sich der Umfang der Wahrheitspflicht nach dem Zweck der Vorschrift. Diese dient dazu, dem Gläubiger all diejenigen Vermögengegenstände des Schuldners bekannt zu geben, auf die er möglicherweise Zugriff im Wege der Zwangsvollstreckung erhalten könnte (vgl. BGHSt 8, 399; 13, 345, 349). Daher muss der Schuldner grundsätzlich alle Vermögensgegenstände angeben. Ausnahmen sind nur in Bezug auf solche Vermögens- werte zulässig, die offensichtlich nicht der Pfändung unterworfen sind (unpfändbare Sachen gem. § 811 I Nr. 1 und 2 ZPO) oder bei denen eine Zwangsvollstreckung offen- sichtlich sinnlos wäre (völlig wertlose Gegenstände).

> Die falsche Versicherung bzw. die Falschaussage ist **abgegeben**, wenn sie in den **602** Machtbereich der zuständigen Behörde gelangt.

Die Kenntnisnahme der Behörde ist zur Vollendung des § 156 nicht notwendig. **603**

2. Subjektiver Tatbestand

Erforderlich ist mindestens *dolus eventualis* hinsichtlich der Verwirklichung der objekti- **604** ven Tatbestandsmerkmale, d. h. Wissen und Wollen im Hinblick auf die Zuständigkeit der Behörde sowie der Falschheit der Angaben.

II. Rechtswidrigkeit

III. Schuld

IV. Strafzumessung

Aufgrund des eindeutigen Wortlauts findet § 157 im Rahmen des § 156 keine Anwen- **605** dung. Hingegen ist der *persönliche Strafaufhebungsgrund* des § 158 anwendbar (vgl. Rn. 548 ff.).

V. Konkurrenzen

Sind innerhalb einer Versicherung an Eides Statt mehrere Angaben falsch, so liegt nur **606** eine Tat gem. § 156 vor. Ist die Versicherung vorsätzlich (§ 156) und fahrlässig (§ 161) falsch abgegeben, so tritt § 161 hinter § 156 zurück. Gibt der Versichernde hingegen mehrere falsche Versicherungen an Eides Statt ab, so liegt auch dann Tatmehrheit (§ 53) vor, wenn sie den gleichen Vermögensgegenstand/Aussagegegenstand betreffen.

§ 156 kann zu den §§ 263, 267, 283 in Tateinheit stehen. **607**

VI. Aufbauschema § 156

I. **Tatbestand**

   1. Objektiver Tatbestand

      a) Tauglicher Tatadressat

         aa) Generelle Zuständigkeit zur Abnahme einer Versicherung an Eides Statt

         bb) Konkrete Zulässigkeit der Abnahme

         cc) Rechtswirkung

      b) Falsches abgeben/Falschaussage unter Berufung auf eine Versicherung an Eides Statt

   2. Subjektiver Tatbestand

      Vorsatz (vgl. § 15 StGB), d. h. mindestens dolus eventualis hinsichtlich der objektiven Tatbestandsmerkmale

II. **Rechtswidrigkeit**

III. **Schuld**

IV. **Strafzumessung**

      Berichtigung einer falschen Angabe (§ 158)

D. Versuch der Anstiftung zur Falschaussage (§ 159)

> **Gesetzestext:**
>
> Für den Versuch der Anstiftung zu einer falschen uneidlichen Aussage (§ 153) und einer falschen Versicherung an Eides Statt (§ 156) gelten § 30 Abs. 1 und § 31 Abs. 1 Nr. 1 und Abs. 2 entsprechend.

§ 159 stellt eine Durchbrechung des Grundsatzes dar, dass nur bei Verbrechen die versuchte Anstiftung mit Strafe bedroht ist (§ 30 I). Dies ist insofern bemerkenswert, da der *Versuch* der §§ 153, 156 nicht strafbar ist, aber durch § 159 die *versuchte Anstiftung* zu diesen Delikten. Die versuchte Teilnahme wird somit härter bestraft als die versuchte Täterschaft. Insofern kommt es auch zu einer Durchbrechung des Akzessorietätsprinzips. **608**

Konstruktiv werden gem. § 159 die §§ 30 I, 31 I Nr. 1, II für analog anwendbar erklärt. Dementsprechend sind die zu diesen Vorschriften entwickelten Grundsätze im Rahmen des § 159 anzuwenden. **609**

Vorprüfung

1. Nichtvollendung der Anstiftung

Zunächst erfordert § 159 eine erfolglose Anstiftung zu einer Tat gem. § 153 oder § 156. Dies kommt in Betracht, wenn die Bestimmenshandlung des Anstifters *nicht zu einem Tatentschluss beim Aussagenden führt* oder wenn der Aussagende in Bezug auf die Haupttat bereits vor der Einwirkung durch den Anstifter fest entschlossen war (*omnimodo facturus*). **610**

2. Strafbarkeit des Versuchs

Die Strafbarkeit des Versuchs ergibt sich aus der gesetzlichen Anordnung in § 159 i. V. mit § 30 I. **611**

> **Sonderproblem:** Teleologische Reduktion des § 159

Nach der gesetzlichen Konstruktion bleibt der Versuch des § 153 bzw. des § 156 für den Täter straflos. Hingegen ist nach allgemeiner Systematik die Anstiftung zu einem Versuch generell möglich. In Bezug auf § 159 führt dies zu der auf den ersten Blick sonderbaren Konstruktion, dass die versuchte Anstiftung zu einem straflosen Versuch des **612**

§ 153 bzw. des § 156 mit Strafe bedroht ist. Der Versuchstäter bliebe somit straflos, der erfolglose Anstifter wäre jedoch strafbar. Relevant wird diese Konstellation in den Fällen, in denen der Anstifter und der zuvor fest entschlossene Haupttäter irrig davon ausgehen, bei dem vernehmenden Referendar handele es sich um einen Richter (untauglicher Versuch). Es ist umstritten, ob in Anbetracht der Straflosigkeit des Haupttäters der Tatbestand des § 159 restriktiv zu fassen ist.

613 – Zum Teil wird zur Lösung auf die Akzessorietät der Teilnahme verwiesen. Diese als *Akzessorietätslösung* bezeichnete Ansicht (NK-Vormbaum, § 159 Rn. 21; ders. GA 1986, 362 ff.) weist darauf hin, dass die Strafbarkeit der Teilnahme immer von der Strafbarkeit des Täters abhängig ist. § 159 führe bei uneingeschränkter Anwendung zu einem Wertungswiderspruch mit diesem Grundsatz. Daher sei § 159 insoweit einschränkend auszulegen, dass dessen Anwendungsbereich auf die Fälle strafbaren Täterverhaltens beschränkt werden müsse. Damit scheide eine Anwendung immer dann aus, wenn der Haupttäter nur einen straflosen Versuch verwirklicht habe.

614 – Der BGH (BGHSt 24, 38, 40) und ein Teil der Literatur (MüKo-Müller, § 159 Rn. 15; Kudlich/Henn JA 2008, 511 f.) gehen grundsätzlich von der Anwendbarkeit des § 159 auch in den Fällen der nur versuchten Haupttat aus. Der Anwendungsbereich sei im Ergebnis jedoch dann teleologisch zu reduzieren, wenn das Verhalten des Anstifters nicht zur Deliktsverwirklichung hätte führen können. Damit sind die Fälle ausgeschlossen, in denen das Verhalten des Haupttäters als untauglicher Versuch einzuordnen ist bzw. nach der Vorstellung des Anstifters einzuordnen wäre (z. B. weil der Anstifter oder der Haupttäter davon ausgehen, dass der vernehmende Referendar ein Richter ist).

615 – Eine weitere Ansicht beruft sich auf den Gesetzeswortlaut, der keine Einschränkung vorsehe. Daher sei § 159 auch auf die Fälle anzuwenden, in denen der Haupttäter mangels Versuchsstrafbarkeit straflos bliebe. Sinn und Zweck des § 159 sei es, jegliche Einwirkungen auf die Aussagenden zu unterbinden. Anders sei ein hinreichender Schutz der Rechtspflege nicht zu erreichen (SK/Zöller, § 159 Rn. 2 ff.; LK-Ruß, § 159 Rn. 1a; SSW-Sinn, § 159 Rn. 4; Schönke/Schröder-Bosch/Schittenhelm, § 159 Rn. 4; Wessels/Hettinger/Engländer, BT 1, Rn. 797).

Bewertung:

616 Gegen die Ansicht des BGH lässt sich anbringen, dass sie im Gesetz keinerlei Stütze findet. Sie läuft vielmehr auf eine Unterwanderung des gesetzgeberischen Willens aufgrund einer als unbefriedigend empfundenen Gesetzeslage hinaus (vgl. auch Wessels/

Hettinger/Engländer, BT 1, Rn. 797). Auch der Akzessorietätslösung könnte man eine solche Abweichung contra legem vorwerfen. Es mag zwar zutreffen, dass der Gesetzgeber im Rahmen des § 159 von der grundsätzlichen Akzessorietät der Teilnahme abweicht. Doch eine solche Abweichung läge innerhalb des Ermessenspielraums des Gesetzgebers und wäre folglich zulässig. Zu lösen ist die Konstellation somit durch Rückgriff auf den Gesetzeswortlaut. Jedoch führt dies nicht, wie durch die letztgenannte Meinung vertreten, zur Anwendbarkeit des § 159 bei bloß versuchter Haupttat. Denn § 159 erklärt die §§ 30 I, 31 I Nr. 1, II ausdrücklich nur in den Fällen für anwendbar, in denen eine Anstiftung zu einer Tat gem. § 153 oder § 156 versucht wird. Die §§ 153, 156 enthalten aber gerade nicht die nach § 23 I notwendige Anordnung der Versuchsstrafbarkeit. Das heißt: wenn der Gesetzeswortlaut der §§ 153, 156 die Versuchsstrafbarkeit nicht umfasst, dann kann § 159 auch nicht auf die versuchte Anstiftung zum straflosen Versuch verweisen. Somit bleibt eine versuchte Anstiftung zur versuchten Tat gem. § 153 bzw. § 156 aufgrund fehlender Anwendbarkeit des § 159 straflos.

I. Tatbestand

1. Tatentschluss

Erforderlich ist mindestens *dolus eventualis* hinsichtlich der Verwirklichung der objek- **617** tiven Tatbestandsmerkmale, d. h. Wissen und Wollen im Hinblick auf die vorsätzliche und rechtswidrige Haupttat eines anderen sowie im Hinblick auf die Bestimmenshandlung des Anstifters. Dieser umfasst nach allgemeiner Versuchsdogmatik folgende Prüfungsschritte:

a) Vorsatz bzgl. der vorsätzlichen und rechtswidrigen Haupttat eines anderen

b) Vorsatz bzgl. des Bestimmens

2. Unmittelbares Ansetzen

Der Anstifter muss zum Bestimmen des Haupttäters zur Tat gem. § 153 bzw. § 156 un- **618** mittelbar angesetzt haben. Es gelten die allgemeinen Grundsätze. Hat der Anstifter die Einwirkungshandlung auf den Täter bereits erbracht, so liegt jedenfalls unmittelbares Ansetzen vor.

II. Rechtswidrigkeit

III. Schuld

IV. Rücktritt vom Versuch der Anstiftung

619 § 159 erklärt mit § 31 I Nr. 1, II einen persönlichen Strafaufhebungsgrund für anwendbar, wenn der Anstifter freiwillig den Versuch der Anstiftung aufgibt und eine etwa bestehende Gefahr abwendet. Gleiches gilt, wenn die Tat ohne Zutun des Zurücktretenden unterbleibt oder unabhängig von seinem früheren Verhalten begangen wird, wenn er sich freiwillig und ernsthaft um die Verhinderung der Tat bemüht hat. Es gelten die allgemeinen Grundsätze zu § 31.

V. Aufbauschema § 159

Vorprüfung

   1. Nichtvollendung der Anstiftung

   2. Strafbarkeit des Versuchs

I. Tatbestand

   1. Tatentschluss

     a) Vorsatz bzgl. der vorsätzlichen und rechtswidrigen Haupttat eines Anderen

     b) Vorsatz bzgl. des Bestimmens

   2. Unmittelbares Ansetzen

II. Rechtswidrigkeit

III. Schuld

IV. Rücktritt vom Versuch der Anstiftung

   1. Kein fehlgeschlagener Versuch

   2. Rücktrittshandlung

   3. Freiwilligkeit

E. Verleitung zur Falschaussage (§ 160)

> **Gesetzestext:**
>
> (1) Wer einen anderen zur Ableistung eines falschen Eides verleitet, wird mit Freiheitsstrafe bis zu zwei Jahren oder mit Geldstrafe bestraft; wer einen anderen zur Ableistung einer falschen Versicherung an Eides Statt oder einer falschen uneidlichen Aussage verleitet, wird mit Freiheitsstrafe bis zu sechs Monaten oder mit Geldstrafe bis zu einhundertachtzig Tagessätzen bestraft.
>
> (2) Der Versuch ist strafbar.

Aufgrund des Charakters der §§ 153 bis 156 als eigenhändige Delikte ist eine mittelbare **620** Täterschaft nach § 25 I 2. Alt. ausgeschlossen. Daher entsteht eine Strafbarkeitslücke in den Fällen, in denen der Täter auf den Aussagenden einwirkt, um eine unvorsätzlich fehlerhafte Aussage zu erreichen. Diese Fälle sollen durch § 160 erfasst werden. Er stellt somit eine verselbständigte Regelung der *mittelbaren* Täterschaft in Bezug auf die Delikte gem. der §§ 153, 154 und 156 dar.

Im Vergleich zu den Anstiftungsdelikten der §§ 153, 26; 154, 26; 156, 26; 159 ist die **621** Strafdrohung des § 160 deutlich geringer. Aus diesem Umstand und der systematischen Stellung hinter der Anordnung der Strafbarkeit der versuchten Anstiftung (§ 159) ergibt sich, dass es sich bei § 160 um ein Auffangdelikt mit Ergänzungsfunktion handelt. Dies führt zu der ungewöhnlichen Konstellation, dass § 160 immer nur dann anwendbar ist, wenn kein Fall der Anstiftung oder versuchten Anstiftung zu einem Aussagedelikt vorliegt. Entgegen der allgemeinen Teilnahmedogmatik gehen hier also die Anstiftung und die versuchte Anstiftung der mittelbaren Täterschaft ausnahmsweise vor.

Der Versuch des Verleitens ist gem. § 160 II strafbar. **622**

I. Tatbestand

1. Objektiver Tatbestand

a) Taterfolg = Tat nach §§ 153, 156 oder 154

Voraussetzung ist, dass der objektive Tatbestand eines der in den §§ 153, 156 oder 154 **623** genannten Delikte durch den Vordermann erfüllt wurde.

b) Tathandlung = Verleiten

624 | **Verleiten** ist jede Einwirkung auf den Willen der Beweisperson, die diese dazu bestimmt, die vom Täter gewollte Tat zu verwirklichen.

Im Normalfall des § 160 nutzt der Hintermann die Gutgläubigkeit der Aussageperson aus. In Betracht kommen jedoch beliebige Tatmittel, wie etwa Täuschung, Ausnutzen eines schon bestehenden Irrtums oder Drohung.

625 | **Sonderproblem:** Verleiten eines nur vermeintlich Gutgläubigen

§ 160 bei Unkenntnis der Vorsätzlichkeit der Auskunftsperson

Meinung 1: Versuchte Verleitung	Meinung 2 (h.M.): Vollendete Verleitung
Argumente:	*Argumente:*
• Gutgläubigkeit ist ungeschriebenes Tatbestandsmerkmal des § 160	• Gutgläubigkeit ist kein objektives Tatbestandsmerkmal
• Bewusste unwahre Aussage ist Exzess des Vordermanns, der Hintermann nicht zurechenbar ist	• Gefährdung der Rechtspflege durch Veranlassung der Falschaussage unabhängig von Gut- oder Bösgläubigkeit
	• Vorsätzliche Falschaussage des „Verleiteten" als unwesentliche Abweichung vom Kausalverlauf

Stark umstritten ist die Frage, ob § 160 auch einschlägig ist, wenn die Aussageperson die Absicht des „Verleitenden" erkennt und *vorsätzlich* falsch schwört.

626 – Teilweise wird die Auffassung vertreten, dass im Falle einer bösgläubigen Aussageperson allenfalls eine versuchte Tat nach § 160 vorliege. Der Aussagende vollführt danach keine für die mittelbare Täterschaft erforderliche fremde Tat, sondern eine eigene. In der Tat des Vordermannes liege ein Exzess des „Verleiteten", der dem Verleitenden nach allgemeinen Grundsätzen nicht mehr zurechenbar sei (vgl. auch Wessels/Hettinger/Engländer, BT 1, Rn. 801; Geppert Jura 2002, 173, 179; Eschenbach Jura 1993, 407, 411). Die Gutgläubigkeit des Aussagenden wird insofern als ungeschriebenes Tatbestandsmerkmal in § 160 hineingelesen.

627 – Die h. M. und der BGH nehmen dagegen eine vollendete Tat nach § 160 an. Der Wortlaut des § 160 I fordere keineswegs eine Beschränkung auf die Fälle mittelbarer Täterschaft. Es sei vielmehr im Sinne der Ergänzungsfunktion jegliche bestimmende Einwirkung in Richtung einer falschen Aussage erfasst, die nicht nach Anstiftungsgesichtspunkten zu bestrafen sei. Die Gefährdung der Rechtspflege durch Falschaussage, die § 160 verhindern will, trete unabhängig davon ein, ob die Aussageperson gut- oder bösgläubig sei (BGHSt 21, 116, 117 f.; SK/Zöller, § 160 Rn. 5; Schönke/Schröder-Bosch/Schittenhelm, § 160 Rn. 9; Heinrich JuS 1995, 1115, 1118; Rengier, BT II, § 49 Rn. 57). Die vorsätzliche Falschaussage des „Verleiteten" stelle für den Hintermann eine unwesentliche Abweichung vom Kausalverlauf dar.

Bewertung:

Zunächst ist festzustellen, dass in den hier genannten Fällen eine Bestrafung wegen einer Anstiftungstat abzulehnen ist. Dem Hintermann fehlt der hierzu notwendige Vorsatz in Bezug auf die vorsätzliche Haupttat. Der Anstiftungsvorsatz kann auch nicht als Minus im Vorsatz zur mittelbaren Täterschaft gesehen werden, weil § 160 im Gegensatz zur allgemeinen Dogmatik aufgrund seines Ergänzungscharakters und der geringen Strafdrohung nicht gegenüber der Anstiftung als schwereres Delikt zu qualifizieren ist. Im Übrigen vermag die letztgenannte Ansicht zu überzeugen. Der Wortlaut des § 160 I schließt die Fälle der Verleitung des nur vermeintlich Gutgläubigen nicht aus. Auch will der Hintermann die Rechtspflege durch eine von ihm initiierte falsche Aussage gefährden. Genau dieser Erfolg tritt unabhängig davon ein, ob der „Verleitete" gut- oder bösgläubig ist. **628**

2. Subjektiver Tatbestand

Erforderlich ist mindestens *dolus eventualis* hinsichtlich der Verwirklichung der objektiven Tatbestandsmerkmale, d. h. Wissen und Wollen im Hinblick auf die objektive Verwirklichung der Haupttat durch den Hintermann. Nach h. M. (vgl. dazu die Ausführungen unter Rn. 625 ff.) muss sich der Vorsatz nicht auf die Gutgläubigkeit der Aussageperson beziehen. Anstiftervorsatz und Verleitungsvorsatz schließen sich gegenseitig aus. Nimmt der Täter irrig an, der Verleitete werde bewusst falsch aussagen, liegt versuchte Anstiftung vor (§§ 154, 30 I; 159). **629**

II. Rechtswidrigkeit

III. Schuld

IV. Versuch

630 Der Versuch ist gem. § 160 II mit Strafe bedroht. Somit ergibt sich hier eine zu § 159 parallel gestaltete Problematik. Der Versuch gem. §§ 153, 22 bzw. §§ 156, 22 bleibt straflos, während die Verleitung zu einer solchen Tat nach allgemeinen Grundsätzen gem. § 160 II strafbar wäre. Zwar erfolgt bei § 160 II keine ausdrückliche Verweisung auf die Regelungen der §§ 153, 156. Jedoch ist aus dem Wortlaut eine solche Verweisung ersichtlich, sodass auch hier aufgrund des Wortlauts eine Strafbarkeit des versuchten Verleitens bei nur versuchter Tat nach den §§ 153, 156 abzulehnen ist.

V. Konkurrenzen

631 Tateinheit (§ 52) ist zwischen dem Versuch der 1. Var. und Vollendung der 2. Var. möglich (Fischer, § 160 Rn. 10). Ebenso kommt Tateinheit zu §§ 145d, 164, 187, 257, 258, 263, 267, 271 in Betracht. Gegenüber den §§ 153, 26; 154, 26 und 156, 26 sowie gegenüber § 159 ist § 160 subsidiär.

VI. Aufbauschema § 160

I. **Tatbestand**

    1. Objektiver Tatbestand

        a) Taterfolg: Objektive Verwirklichung von § 153, § 154 oder § 156

        b) Tathandlung: Verleiten

    2. Subjektiver Tatbestand

        Vorsatz (vgl. § 15 StGB), d. h. mindestens dolus eventualis hinsichtlich der objektiven Tatbestandsmerkmale

II. **Rechtswidrigkeit**

III. **Schuld**

F. Fahrlässiger Falscheid; fahrlässige falsche Versicherung an Eides Statt (§ 161)

> **Gesetzestext:**
>
> (1) Wenn eine der in den §§ 154 bis 156 bezeichneten Handlungen aus Fahrlässigkeit begangen worden ist, so tritt Freiheitsstrafe bis zu einem Jahr oder Geldstrafe ein.
>
> (2) Straflosigkeit tritt ein, wenn der Täter die falsche Angabe rechtzeitig berichtigt. Die Vorschriften des § 158 Abs. 2 und 3 gelten entsprechend.

§ 161 enthält eine Regelung zur fahrlässigen Begehung von Aussagedelikten. Fahrlässig **632** begangen werden kann danach nur die falsche eidliche Aussage (§ 154) und die falsche Versicherung an Eides Statt (§ 156). Die fahrlässige falsche uneidliche Aussage (§ 153) bleibt gem. § 15 mangels Strafbarkeitsanordnung in § 161 straflos.

Maßgeblich für den Fahrlässigkeitsvorwurf ist, ob die Aussageperson bei Einhaltung **633** der gebotenen Sorgfalt hätte erkennen können, dass die Aussage falsch ist. Der Vorwurf kann sich einerseits *aus der Vernehmungssituation selbst* ergeben, sei es, dass die Aussageperson aus Nachlässigkeit ihr Gedächtnis nicht genug anstrengt oder dass sie bei Zweifeln über den Umfang ihrer Wahrheits- oder Eidespflicht keine Belehrung durch den Richter ersucht (Krehl NStZ 1991, 416 ff.; Wessels/Hettinger/Engländer, BT 1, Rn. 780).

Der Fahrlässigkeitsvorwurf kann sich jedoch u. U. auch aus *mangelnder Vorbereitung* auf **634** die Verhandlung ergeben. Im *Zivilprozess* besteht eine Vorbereitungspflicht für Zeugen (§ 378 I 2 ZPO) und Parteien. Daneben besteht eine solche für Sachverständige und im Vorfeld eidesstattlicher Versicherungen. Im *Strafprozess* sind Zeugen grundsätzlich nicht zur Vorbereitung verpflichtet. Sie müssen sich jedoch im Rahmen der Vernehmungssituation auf die Vernehmung konzentrieren und dort ihre Erinnerung entsprechend anstrengen. Eine Ausnahme besteht für solche Zeugen, die über Wahrnehmungen aussagen sollen, die sie in amtlicher Eigenschaft gemacht haben (z. B. als Polizeibeamter oder Ermittlungsrichter).

Nach § 163 II gelten die §§ 158 II und III entsprechend. **635**

Aufbauschema § 161

I. **Tatbestand**

    1. Tauglicher Täterkreis nach § 154 oder § 156

    2. Tatadressat gem. § 154 oder § 156

    3. Falsch schwören bzw. falsche Abgabe einer Versicherung an Eides Statt

    4. Objektive Fahrlässigkeit

        a) Objektive Sorgfaltspflichtverletzung

        b) Objektive Vorhersehbarkeit

    5. Objektive Zurechnung

II. **Rechtswidrigkeit**

III. **Schuld**

    Subjektive Fahrlässigkeit

    1. Subjektive Sorgfaltspflichtverletzung

    2. Subjektive Vorhersehbarkeit

IV. **Strafzumessung**

    Berichtigung einer falschen Angabe (§ 161 II)

Teil 7 – Rechtspflegedelikte

Weiterführende Literatur: *Geppert*, Zu einigen immer wiederkehrenden Streitfragen im Rahmen des Vortäuschens einer Straftat (§ 145d StGB), Jura 2000, 383 ff.; *Hecker*, Strafrecht AT und BT: Strafvereitelung durch Unterlassen – Bespr. LG Itzehoe, Beschluss vom 20.7.2009 – 1 Qs 63/09, JuS 2010, 549 ff.; *Jahn*, Strafrecht BT: Strafvereitelung durch Strafverteidigung, Bespr. LG Nürnberg-Fürth, Beschluss vom 17.11.2009 – 7 Qs 89/09, JuS 2010, 552 ff.; *Jahn/Palm*, Die Anschlussdelikte – Strafvereitelung (§§ 258, 258a StGB), JuS 2009, 408 ff.; *Köchel/Wilhelm*, Zu den Möglichkeiten echter Wahlfeststellung zwischen Strafvereitelung und falscher Verdächtigung, ZJS 2014, 269 ff.; *Kranz*, Bezahlung von Geldstrafen durch das Unternehmen – § 258 StGB oder § 266 StGB?, ZJS 2008, 471 ff.; *Kudlich*, Der Strafverteidiger als Strafvereitler?, JA 2011, 948 ff.; *Satzger*, Grundprobleme der Strafvereitelung (§ 258 StGB), Jura 2007, 754 ff.; *Weidemann*, Aussageverweigerung bei Vernehmung durch Polizeibeamte als Strafvereitelung?, JA 2008, 532 ff.

A. Strafvereitelung (§ 258)

Gesetzestext:

(1) Wer absichtlich oder wissentlich ganz oder zum Teil vereitelt, daß ein anderer dem Strafgesetz gemäß wegen einer rechtswidrigen Tat bestraft oder einer Maßnahme (§ 11 Abs. 1 Nr. 8) unterworfen wird, wird mit Freiheitsstrafe bis zu fünf Jahren oder mit Geldstrafe bestraft.

(2) Ebenso wird bestraft, wer absichtlich oder wissentlich die Vollstreckung einer gegen einen anderen verhängten Strafe oder Maßnahme ganz oder zum Teil vereitelt.

(3) Die Strafe darf nicht schwerer sein als die für die Vortat angedrohte Strafe.

(4) Der Versuch ist strafbar.

(5) Wegen Strafvereitelung wird nicht bestraft, wer durch die Tat zugleich ganz oder zum Teil vereiteln will, daß er selbst bestraft oder einer Maßnahme unterworfen wird oder daß eine gegen ihn verhängte Strafe oder Maßnahme vollstreckt wird.

(6) Wer die Tat zugunsten eines Angehörigen begeht, ist straffrei.

---

636 In § 258 findet sich die Regelung zur Strafbarkeit der *persönlichen Begünstigung*. Im Gegensatz dazu stellt § 257 die *sachliche Begünstigung* unter Strafe. § 258 dient dem Schutz der *innerstaatlichen Strafrechtspflege* in Bezug auf ihre Aufgabe, den begründeten staatlichen Sanktionsanspruch durchzusetzen. Zum Teil wird auch die Isolierung des Vortäters nach der Tat und damit verbunden eine Erhöhung des Risikos bei Begehung von Straftaten als weiterer Zweck der Vorschrift angesehen (Schönke/Schröder-Hecker, § 258 Rn. 1).

637 § 258 enthält zwei eigenständige Tatbestände. In § 258 I findet sich die Verfolgungsvereitelung, die die Verhinderung der Anordnung einer begründeten Sanktion gegenüber einem anderen unter Strafe stellt. Hingegen wird nach der Vollstreckungsvereitelung in § 258 II bestraft, wer den Vollzug einer gegen einen anderen bereits angeordneten Sanktion verhindert. In den Absätzen 5 und 6 finden sich persönliche Strafaufhebungsgründe die besonderen Konfliktlagen des Vereitelungstäters Rechnung tragen. Gem. § 258 IV ist auch die versuchte Strafvereitelung pönalisiert. Die Strafvereitelung ist in § 258a als Strafvereitlung im Amt qualifiziert.

I. Tatbestand

1. Verfolgungsvereitelung (§ 258 I)

§ 258 I stellt solche Verhaltensweisen unter Strafe, die der Verhinderung der Verhän- **638** gung einer strafrechtlichen Sanktion dienen.

a) Objektiver Tatbestand

aa) Vortat

Die Verfolgungsvereitelung setzt zunächst das Vorliegen einer verfolgbaren, tatbe- **639** standsmäßigen und rechtswidrigen Vortat voraus. Gleichgültig ist, ob es sich um eine vollendete oder nur versuchte Vortat handelt und ob der Vortäter wegen eigener Täter- schaft oder wegen Teilnahme an der Tat eines Dritten zu belangen ist. Eine schuldhafte Begehung ist im Regelfall nur in Bezug auf § 258 I 1. Alt. (Verfolgungsvereitlung bzgl. einer Strafe) erforderlich, weil die Verhängung einer Maßnahme zumeist schuldhaftes Handeln nicht voraussetzt (vgl. §§ 63, 64, 73).

Die Vortat muss alle Bedingungen erfüllen, die das Gesetz für die Verhängung einer **640** Strafe oder Maßnahme (§ 11 I Nr. 8 i. V. m. §§ 61 ff., 73 ff.) vorausetzt. Denn § 258 I bestraft nur die Vereitelung des begründeten Sanktionsanspruchs. Insofern dürfen we- der persönliche Strafausschließungsgründe noch Verfahrenshindernisse vorliegen.

Das Gericht (und damit auch der Bearbeiter eines Klausurfalls) muss das Vorliegen der **641** Vortat selbst positiv feststellen. Weder ist es an einen Freispruch oder eine Verurteilung des Vortäters gebunden, noch darf es unreflektiert die Vortat aufgrund einer solchen Vorentscheidung annehmen oder ablehnen.

Das Merkmal der Vortat bietet für die Fallbearbeitung einige Tücken. So kann zwar die **642** Strafbarkeit einer Person (z. B. des Täters der Vortat) nach der Fallfrage nicht direkt zu prüfen sein. Gegebenenfalls kommt dessen Verhalten jedoch als Vortat i. S. d. § 258 I in Betracht und ist hier inzident zu prüfen. Weil eventuelle Verfahrenshindernisse zu berücksichtigen sind, bietet sich das Tatbestandsmerkmal zudem als „Einfallstor" für strafprozessuale Fragestellungen an.

bb) Vereiteln der Verhängung einer Strafe oder Maßnahme

Der Täter muss ganz oder zum Teil vereiteln, dass der Vortäter einer strafrechtlichen **643** Sanktion unterworfen wird.

> Der Täter **vereitelt die Verhängung** der Sanktion, wenn sie nicht in der der materiellen Rechtslage entsprechenden Weise angeordnet wird.
>
> **Ganz vereitelt** ist die Verhängung der Sanktion, wenn sie aus rechtlichen oder tatsächlichen Gründen nicht oder nicht mehr verhängt werden kann.

644 Z. B. Herbeiführung eines unrechtmäßigen Freispruchs oder Verfolgungsverhinderung bis zum Eintritt der Verjährung.

645 Vereitelt werden kann die Verhängung jeder gesetzlich vorgesehenen Sanktion. Neben Geld- und Freiheitsstrafen also auch Nebenstrafen und die in § 11 I Nr. 8 genannten Maßnahmen wie z. B. die Entziehung der Fahrerlaubnis (§ 69) oder die Anordnung eines Berufsverbots (§ 70) oder von Führungsaufsicht (§ 68).

646 Ganz vereitelt ist die Ahndung der Vortat nach h. M. auch, wenn durch die Handlung des Täters die Realisierung des Sanktionsanspruchs für eine *geraume Zeit verzögert* wird (BGH wistra 1995, 243).

> **Sonderproblem:** Geraume zeitliche Verzögerung

647 Umstritten ist die Frage, ab wann eine „geraume zeitliche Verzögerung" vorliegt bzw. ob die bloße Verzögerung den gesetzlichen Tatbestand erfüllt.

648 – Eine Mindermeinung hält es schon für fraglich, ob eine bloß zeitliche Verzögerung der Sanktion noch unter den Begriff „vereiteln" subsumiert werden kann (NK-Altenhain, § 258 Rn. 49 ff.; Hardtung JuS 1998, 720; Seebode JR 1998, 341 f.). Ein solches Verständnis verstoße gegen Art. 103 II GG.

649 – Die h. M. erkennt eine geraume zeitliche Verzögerung der Sanktion als Vereiteln an. Innerhalb der h. M. herrscht jedoch Uneinigkeit, ab welchem Zeitraum eine geraume zeitliche Verzögerung anzunehmen ist. Als Untergrenze werden zehn (OLG Stuttgart NJW 1976, 2084) oder 14 Tage (Wessels/Hettinger/Engländer, BT 1, Rn. 740) genannt. Auch wird darauf verwiesen, dass der Gesetzgeber den Zeitraum der Unterbrechungsfrist nach § 229 I StPO als Grenze ansieht, innerhalb derer eine Gefahr für die Wahrheitsfindung nicht besteht. Dieser Rechtsgedanke sei auf § 258 I zu übertragen, sodass eine geraume zeitliche Verzögerung mindestens drei Wochen betragen müsse (SSW-Jahn, § 358 Rn. 15).

Bewertung:

650 Der Mindermeinung ist entgegenzuhalten, dass sie den Wortlaut der Norm zu sehr einengt. Der Begriff des Vereitelns lässt sich auch ohne Überdehnung des Wortsinns als zeitweises oder vorübergehendes Vereiteln verstehen. Zudem wäre der Vollendungszeitpunkt des § 258 I praktisch nicht bestimmbar. Richtigerweise wird man daher eine zeitliche Verzögerung als Taterfolg zulassen müssen. Ob die Anlehnung an § 229 I StPO (Höchstdauer der Unterbrechung einer Hauptverhandlung) hier zielführend ist, kann bezweifelt werden. Denn § 229 I StPO findet im Rahmen der Hauptverhandlung Anwendung, oftmals werden die Taten nach § 258 I jedoch bereits im Ermittlungsverfahren begangen. Die unterschiedlichen Verfahrenssituationen bedeuten abweichende Gefahrenlagen für die Wahrheitsfindung. Zum anderen beruht die Begrenzung der Unterbrechungsfrist auf drei Wochen vornehmlich auf dem aus den Art. 5 III 2, 6 I 1 EMRK niedergelegten Beschleunigungsgebot (BR-Drs. 378/03, S. 56 f.) und damit nicht auf den Gefahren für die Wahrheitsfindung. Die Frist von drei Wochen erscheint trotz dieser dogmatischen Verwerfungen als angemessen. Eine gesetzgeberische Vorgabe in dieser Höhe wäre jedoch wünschenswert.

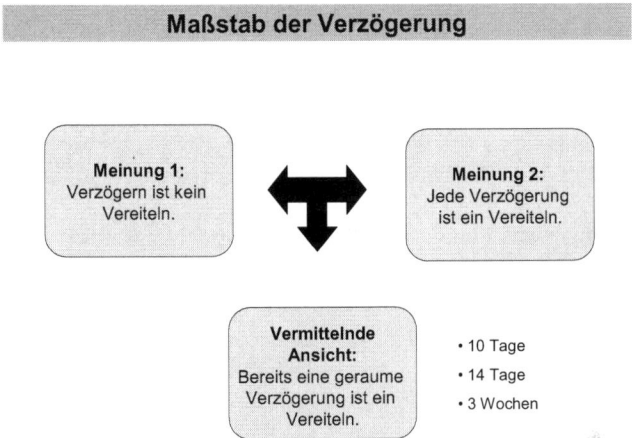

Maßstab der Verzögerung

Meinung 1:
Verzögern ist kein Vereiteln.

Meinung 2:
Jede Verzögerung ist ein Vereiteln.

Vermittelnde Ansicht:
Bereits eine geraume Verzögerung ist ein Vereiteln.

- 10 Tage
- 14 Tage
- 3 Wochen

Maßgeblich für die Bemessung der zeitlichen Verzögerung ist der tatsächliche Zeitpunkt der Aburteilung in Bezug auf den Zeitpunkt, an dem die Verhängung der Sanktion ohne die Einwirkung des Täters erfolgt wäre. Lässt sich dieser hypothetische Zeitpunkt nicht feststellen, so ist der Grundsatz in dubio pro reo anzuwenden. **651**

Eine **teilweise Vereitelung der Verhängung** liegt vor, wenn die tatsächlich verhängte Sanktion von der nach der materiellen Rechtslage zu verhängenden Sanktion für den Vortäter günstig abweicht. **652**

Z. B. Verurteilung wegen eines Vergehens statt eines Verbrechens oder Verhängung einer Geld- statt einer Freiheitsstrafe.

653 § 258 kann nach allgemeinen Regeln gemäß § 13 durch *Unterlassen* begangen werden, sofern eine Garantenstellung in Bezug auf die Verwirklichung des begründeten staatlichen Sanktionsanspruchs besteht. *Privatpersonen* obliegt eine solche Garantenstellung grundsätzlich nicht. Es existiert keine allgemeine Pflicht, bekanntgewordene Straftaten anzuzeigen. Eine Garantenpflicht folgt auch weder aus § 138 noch aus privatrechtlichen Verfolgungspflichten (z. B. für den Kaufhausdetektiv). Die strafprozessuale Aussagepflicht von Zeugen und Sachverständigen gegenüber Richtern und Staatsanwälten begründet keine Garantenpflicht zum Schutz der Strafrechtspflege und der Durchsetzung des begründeten staatlichen Sanktionsanspruchs (z. B. bei unberechtigter Verweigerung des Zeugnisses) (Rengier, BT I, § 21 Rn. 15; LG Itzehoe NStZ-RR 2010, 10 mit abl. Bespr. Hecker JuS 2010, 549, 551; a. A. Schönke/Schröder-Hecker, § 258 Rn. 17).

654 *Amtsträger* sind ebenfalls grundsätzlich nicht zum Schutz des begründeten staatlichen Sanktionsanspruchs berufen. Sofern sie nicht im Täterkreis des § 258a erfasst sind, kann eine Garantenpflicht nur bestehen, wenn ihnen die Mitwirkung an der Verwirklichung des Sanktionsanspruchs auferlegt ist. Dies kann beispielsweise durch Mitteilungspflichten in Bezug auf mögliche Straftaten der Fall sein (Schönke/Schröder-Hecker, § 258 Rn. 17).

655 | **Sonderproblem:** Strafverteidigung als Strafvereitelung

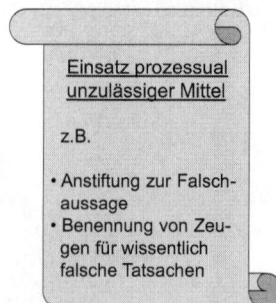

Eine der Haupttätigkeiten eines Strafverteidigers besteht darin, die Verhängung von Sanktionen gegen seine Mandanten zu verhindern. Strafverteidigung ist somit eine Art „institutionalisierte Strafvereitelung". Ersichtlich kann aber nicht jedes sanktionsverhindernde Verhalten des Strafverteidigers für ihn eine Strafbarkeit gem. § 258 I begründen. Daher ist zu bestimmen, wie zulässige Strafverteidigung von strafbarer Strafvereitelung abzugrenzen ist.

Handeln des Strafverteidigers

Keine Strafvereitelung

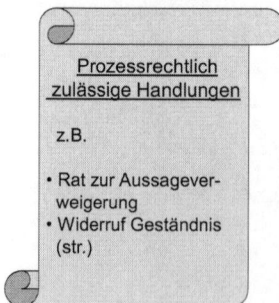

Strafvereitelung

Prozessrechtlich zulässige Handlungen

z.B.

• Rat zur Aussageverweigerung
• Widerruf Geständnis (str.)

Einsatz prozessual unzulässiger Mittel

z.B.

• Anstiftung zur Falschaussage
• Benennung von Zeugen für wissentlich falsche Tatsachen

Für die Abgrenzung sind die Vorgaben des Prozessrechts zu beachten. Solange der **656** Strafverteidiger sich im Rahmen des prozessrechtlich Zulässigen bewegt, scheidet eine Strafbarkeit gem. § 258 schon tatbestandsmäßig aus (BGHSt 46, 53, 54). Bedient er sich dagegen prozessual unzulässiger Mittel, ist dies als Vereitelungshandlung zu werten (z.B. Veranlassung von Zeugen zu Falschaussagen, Benennung von Zeugen für wissentlich falsche Tatsachen). § 258 ist insoweit zum Prozessrecht akzessorisch (was in Klausuren die Einflechtung prozessualer Fragestellungen ermöglicht). Der Verteidiger darf also die ihm durch das Prozessrecht gewährten Möglichkeiten voll ausnutzen. Hingegen ist ihm eine aktive Verdunkelung und Verzerrung des Sachverhaltes untersagt.

Aufgrund der Prozessrechtsakzessorietät macht der Strafverteidiger sich auch dann **657** nicht nach § 258 strafbar, wenn er bewusst aussichtslose Rechtsmittel einlegt oder Anträge stellt, und dadurch die rechtskräftige Verurteilung seines Mandanten erheblich verzögert. Umstritten ist dies jedoch dann, wenn er die Rechtsmittel oder Anträge bewusst wahrheitswidrig begründet (z.B. Berufung auf ein fehlerhaftes Hauptverhandlungsprotokoll, vgl. Kudlich JA 2011, 948 ff.). Im Ergebnis liegt hier zwar missbräuchliches, aber prozessrechtlich ordnungsgemäßes Verhalten vor, sodass die Grenze zur Strafvereitelung nicht überschritten ist.

Zwar ist der Strafverteidiger gem. § 1 BRAO Organ der Rechtspflege. Aus dieser Stel- **658** lung folgt jedoch keine Garantenstellung in Bezug auf die Strafrechtspflege. Eine Unterlassenstat scheidet somit im Regelfall aus.

Das Verhalten des Täters muss für die Vereitelung des begründeten staatlichen Sankti- **659** onsanspruchs gegenüber dem Vortäter kausal sein. Es muss der Nachweis geführt werden, dass der Vortäter ohne die Einwirkung des Strafvereitlers mindestens geraume Zeit früher (drei Wochen, vgl. Rn. 647 ff.) oder mit einer härteren Sanktion bestraft worden wäre. Kann der Nachweis nicht geführt werden, so ist in dubio pro reo nur von einem Versuch des § 258 I auszugehen.

Letztlich sind auch sozialadäquate oder berufstypische Verhaltensweisen vom Tatbe- **660** stand des § 258 I ausgeschlossen. Die Grenzen zur Strafvereitelung nach § 258 I sind fließend und hängen von den Gegebenheiten des Einzelfalls ab (vgl. BGH NJW 1984, 135).

b) Subjektiver Tatbestand

Erforderlich ist mindestens *dolus eventualis* hinsichtlich der Vortat. In Bezug auf den **661** Vereitelungserfolg muss der Täter jedoch *dolus directus* aufweisen. Er muss also die Besserstellung erstreben oder als sichere Folge vorhersehen.

2. Vollstreckungsvereitelung (§ 258 II)

662 § 258 II normiert die Vollstreckungsvereitelung. Maßgeblich ist hier, dass eine Strafe oder Maßnahme rechtskräftig verhängt wurde, deren Vollstreckung ganz oder zum Teil vereitelt wird.

a) Objektiver Tatbestand

aa) Rechtskräftig verhängte und vollstreckbare Strafe oder Maßnahme

663 In objektiver Hinsicht erfordert § 258 II zunächst eine rechtskräftig gegen einen Anderen verhängte Strafe oder Maßnahme. Auch hier kommen sowohl Geld- und Freiheitsstrafe, als auch Nebenstrafen und alle Maßnahmen gem. § 61 in Betracht. Die Strafe oder Maßnahme muss von einem deutschen Gericht verhängt worden sein, denn § 258 schützt nur die innerstaatliche Rechtspflege. Dies gilt selbst dann, wenn eine ausländische Entscheidung gem. Art. 54 SDÜ im Inland zum Strafklageverbrauch führt und sich somit auf die Verwirklichung des innerstaatlichen Sanktionsanspruchs auswirkt (Schönke/Schröder-Hecker, § 258 Rn. 28, a. A. MüKo-Cramer, § 258 Rn. 4).

664 Auf die materiell-rechtliche Richtigkeit der Verurteilung kommt es nicht an, das Gericht ist (anders als bei Abs. 1) an die Entscheidung des Erstgerichts gebunden.

665 Die Strafe oder Maßnahme muss zum Tatzeitpunkt noch vollstreckbar sein. Die Rechtskraft ist eine notwendige (§ 449 StPO) aber keine hinreichende Bedingung für die Vollstreckbarkeit. Die Strafaussetzung zur Bewährung (§§ 56 ff.) beseitigt die Vollstreckbarkeit nicht, weil sie widerrufen (§ 56f.) werden kann.

bb) Vereiteln der Vollstreckung der Strafe oder Maßnahme

666 Der Täter muss die Vollstreckung der rechtskräftig verhängten Strafe oder Maßnahme ganz oder zum Teil verhindern.

> Der Täter **vereitelt** die Vollstreckung der Sanktion, wenn sie nicht in der rechtskräftig verhängten Form vollstreckt wird.
>
> **Ganz vereitelt** ist die Vollstreckung der Sanktion, wenn sie aus rechtlichen oder tatsächlichen Gründen nicht oder nicht mehr vollstreckt werden kann.

Z. B. Verhelfen des Verurteilten zur Flucht, Herbeiführung eines unrechtmäßigen Straferlasses oder Verhinderung des Widerrufs eines Straferlasses (vgl. § 56g). Auch im Rahmen der Vollstreckungsvereitelung ist nach h. M. die geraume zeitliche Verzögerung der Vollstreckung als vollständige Vereitelung anzusehen. Die Ausführungen zu § 258 I gelten entsprechend (vgl. Rn. 647 ff.).

Zu beachten ist, dass reine Sicherungsmaßnahmen, die eine spätere Vollstreckung si- **667** chern sollen, nicht als Sanktionen gem. § 258 II anzusehen sind. Damit fällt etwa die Verhinderung des dinglichen Arrests gem. § 111b StPO nicht unter § 258 II (Fischer, § 258 Rn. 29).

Sonderproblem: Zahlung einer Geldstrafe für andere

Umstritten ist, ob eine Vollstreckungsvereitelung vorliegt, wenn der Täter für einen an- **668** deren eine Geldstrafe bezahlt.

– Teilweise wird davon ausgegangen, dass die Geldstrafe eine höchstpersönliche **669** Leistungspflicht statuiere. Die Geldstrafe solle den Verurteilten persönlich tref-fen, ein fühlbares Strafübel darstellen und damit auch spezial-präventiv wirken. Lehne man vorliegend die Vollstreckungsvereitelung ab, sei nicht einsehbar, wa-rum dann Absitzen einer Freiheitsstrafe für einen anderen eine solche darstellen solle (Scholl NStZ 1999, 599, 604; Wodicka NStZ 1991, 486, 487; OLG Frank-furt StV 1990, 112)

– Die h. M. und der BGH berufen sich auf den Wortlaut des § 258 II. Aus dem **670** Merkmal „Vollstreckung" folge, dass nur Eingriffe in den äußeren Vollstreckungs-vorgang, also hier die Beitreibung der Geldstrafe, erfasst werde (BGHSt 37, 226, 230). Bei der Zahlung der Geldstrafe für einen anderen handele es sich vielmehr um eine reine Strafzweckvereitelung, die von § 258 II nicht pönalisiert werde.

– Eine differenzierende Ansicht argumentiert, dass der Wortlaut des § 258 II kei- **671** neswegs nur die verfahrensrechtliche Abwicklung der Vollstreckung umfasse. Andernfalls müsse auch das Absitzen einer Freiheitsstrafe für einen anderen straflos bleiben. Daher müsse der Verurteilte die Geldstrafe selbst aus seinem Vermögen gegenüber begleichen (Schönke/Schröder-Hecker, § 258 Rn. 29). Habe er die Geldstrafe beglichen, so sei der staatliche Sanktionsanspruch ver-wirklicht, das Strafübel habe den Verurteilten getroffen. Ob und auf welche Wei-se die Geldsumme dem Vermögen des Verurteilten zuvor zugeführt wurde, sei dagegen unerheblich. Damit falle die Zahlung der Gelstrafe an die Staatskasse durch einen Dritten unter § 258 II, wenn der Dritte vorgibt, er sei der zur Geld-strafe Verurteilte. Wer dem Verurteilten hingegen die Summe zur Begleichung der Geldstrafe übereigne, sei nicht nach § 258 II zu bestrafen.

Bewertung:

Der Kritik an der h. M. und dem BGH ist zuzustimmen, dass aus dem Wortlaut des **672** § 258 II eine Begrenzung auf den äußeren Vorgang der Vollstreckung nicht zu entneh-men ist. Zudem erklärt sie nicht ausreichend, warum die Ableistung einer Freiheitsstrafe für einen anderen unstreitig von § 258 II erfasst sein soll, die Zahlung einer Geldstrafe hingegen nicht. Zutreffend ist, dass auch die Geldstrafe den Verurteilten persönlich treffen soll, denn die Verhängung der Sanktion beruht auf seiner persönlichen Schuld. Dementsprechend muss die Geldstrafe aus dem Vermögen des Verurteilten beglichen werden. Dem mag man zwar entgegenhalten, dass bei einem solchen Verständnis eine Reihe von Umgehungsmöglichkeiten drohen (Schenkung des Geldbetrages vor oder nach der Zahlung der Geldstrafe, zinsloses Darlehen zu deren Begleichung und anschließender Erlass der Rückzahlungen, etc.). Auch ist zutreffend, dass so nur der besonders ungeschickte Täter bestraft wird. Doch diese Umstände können den dogmatischen Inhalt der zugegebenermaßen ungeschickten gesetzlichen Regelung nicht aushebeln. Zur Einordnung ob § 258 II eingreift, ist daher danach zu differenzieren, ob die Summe unmittelbar aus dem Vermögen des Verurteilten stammt. Ist dies der Fall, so ist § 258 II zu verneinen. Dabei ist es unerheblich, ob ihm eine deckungsgleiche Summe zuvor oder im Anschluss genau zu diesem Zweck übereignet wurde.

673 Zu beachten ist jedoch, dass die Zusage der Zahlung einer später zu erwartenden Geldstrafe vor Begehung der Vortat eine psychische Beihilfe an der Vortat darstellen kann. Unter diesem Gesichtspunkt kann die Zahlung einer Geldstrafe für einen anderen strafrechtlich relevant bleiben.

674 Eine **teilweise Vereitelung der Vollstreckung** liegt vor, wenn die tatsächlich vollstreckte Sanktion von der rechtskräftig verhängten für den anderen *günstig abweicht.*

Z. B. Beiseiteschaffen eines Teils der Einziehungsgegenstände.

2. Subjektiver Tatbestand

675 Erforderlich ist mindestens *dolus eventualis* hinsichtlich der rechtskräftigen und vollstreckbaren Sanktion. In Bezug auf den Vereitelungserfolg muss der Täter jedoch *dolus directus* aufweisen. Er muss also die Verhinderung der Vollstreckung erstreben oder als sichere Folge vorhersehen.

II. Rechtswidrigkeit

III. Schuld

IV. Strafausschließungsgründe

1. § 258 V

Die unmittelbare Selbstbegünstigung ist schon nicht tatbestandsmäßig im Sinne des **676** § 258. Nach dem *persönlichen Strafausschließungsgrund* des § 258 V bleibt auch straffrei, wer durch die zugunsten eines Dritten geleistete Strafvereitelung zugleich die eigene Sanktionierung verhindern will (und somit in einer notstandsähnlichen Lage handelt). Dies gilt auch, wenn der Vortäter zur Strafvereitelung zu eigenen Gunsten anstiftet. Das ergibt sich aus dem Fehlen einer dem § 257 III 2 entsprechenden Regelung.

Die Sanktion, die durch die Tat gem. § 258 abgewendet werden soll, muss nicht mit der **677** wegen der Vortat iSd. § 258 I zu verhängenden Sanktion identisch oder Grundlage der verhängten Sanktion aus § 258 II sein.

§ 258 V stellt zur Gewährung der Straffreistellung lediglich auf die Absicht des Täters **678** ab. Daher ist zur Bejahung des § 258 V nur die rein subjektive Sicht des Täters maßgeblich. Nimmt der Täter irrtumsbedingt an, ihm drohe eine Sanktion, obwohl dies tatsächlich nicht der Fall ist, greift § 258 V somit ein. Hingegen ist § 258 V ausgeschlossen, wenn der Täter zwar objektiv eine eigene Sanktionierung verhindert, hiervon jedoch keine Kenntnis hatte. Ob die persönliche Selbstbegünstigung leitendes oder nur untergeordnetes Motiv ist, ist hingegen unerheblich.

Der Anwendungsbereich des § 258 V beschränkt sich rein auf die Taten gem. § 258 I, II. **679** Er gilt nicht etwa für etwaige Begleittaten (z. B. § 145d, § 164, §§ 153 ff.).

2. § 258 VI

§ 258 VI normiert einen weiteren *persönlichen Strafaufhebungsgrund* für den Fall, dass **680** die Tat nach § 258 I oder II zugunsten eines Angehörigen (§ 11 I Nr. 1) begangen wird. Hintergrund ist auch hier, dass sich der Täter in einer notstandsähnlichen Situation befindet.

Auch bei § 258 VI ist nur die subjektive Zielrichtung des Täters, nicht hingegen die ob- **681** jektive Lage entscheidend. Geht der Täter irrig von einer Angehörigeneigenschaft aus, wird ihm aufgrund dieser Motivationslage der Strafausschluss nach Abs. 6 zugebilligt werden müssen (Schönke/Schröder-Hecker, § 258 Rn. 41; Fischer, § 258 Rn. 39; a.A. LK-Walter, § 258 Rn. 137: allein die objektive Sachlage sei maßgebend). Umgekehrt kann sich der Täter nicht auf die Angehörigeneigenschaft berufen, wenn er sie zum Tatzeitpunkt nicht kannte.

682 Eine analoge Anwendung des § 258 VI auf andere (nicht von § 11 I Nr. 1 erfasste) nahestehende Personen, etwa Partner eheähnlicher Lebensgemeinschaften, kommt aufgrund des Fehlens einer planwidrigen Regelungslücke nicht in Betracht.

V. Qualifikation der Strafvereitelung im Amt (§ 258a)

683 Die einfache Strafvereitelung nach § 258 I, II wird in § 258a im Falle der Begehung durch bestimmte Amtsträger qualifiziert. Die Vorschrift dient neben dem Schutz der innerstaatlichen Rechtspflege und der Durchsetzung des begründeten Sanktionsanspruchs auch der Sicherung des Legalitätsprinzips.

1. Objektiver Tatbestand

a) Begehung einer Tat gem. § 258 I oder II

684 In objektiver Hinsicht setzt § 258a zunächst die tatbestandliche Begehung einer Tat gem. § 258 I oder II voraus.

b) Tatsubjekt: Amtsträger (§ 11 I Nr. 2)

685 Zudem muss es sich bei dem Täter um einen in § 258a I näher beschriebenen Amtsträger (§ 11 I Nr. 2) handeln. Der Täter muss als Amtsträger zur Mitwirkung bei dem Strafverfahren oder dem Verfahren zur Anordnung der Maßnahme berufen sein. Zur Mitwirkung in dieser Art von Verfahren berufen sind insbesondere Staatsanwälte, die Ermittlungspersonen der Staatsanwaltschaft (§ 152 GVG), Rechtspfleger, sowie Strafrichter und deren Geschäftsstellenbeamte. Auch der Justiz- und der Innenminister sind hier aufgrund ihrer Weisungsrechte bzw. Dienstaufsichtspflichten erfasst.

686 Im Falle der Vollstreckungsvereitelung gem. § 258 II muss der Amtsträger zur Mitwirkung bei der Vollstreckung der Strafe oder Maßnahme berufen sein. Dies betrifft vornehmlich Amtsträger in Justizvollzugsanstalten oder anderen Vollzugsbehörden.

687 Die Amtsträger müssen zur Mitwirkung „bei dem Verfahren" (§ 258 I) bzw. „bei der Vollstreckung" (§ 258 II) berufen sein. Der Gesetzgeber maß diesem Merkmal keine besondere Bedeutung bei und ging davon aus, dass der Amtsträger nicht im konkreten Verfahren, in dem die Sanktion verhängt oder vollstreckt werden soll zuständig sein muss (BT-Drs. 7/550, S. 251). Die faktische Eingriffsmöglichkeit auf das Verfahren durch Ausnutzen der Amtsträgereigenschaft solle vielmehr ausreichen. Ein solches Verständnis überschreitet jedoch die Wortlautgrenze und ist daher abzulehnen. Zu weitgehend ist es allerdings, wenn gefordert wird, dass der Amtsträger als Sachbearbeiter bzw. dessen Dienstvorgesetzter im konkreten Verfahren mitwirkt. Die Zuordnung mag innerhalb der Strafgerichte durch die Geschäftsverteilungspläne verbindlich geregelt sein. Bei anderen Behörden kann sie vom Zufall abhängen. Im Ergebnis ist daher zu fordern, dass der Amtsträger in dem konkreten Verfahren sachlich und örtlich zuständig sein muss. Auf die instanzielle Zuständigkeit (z. B. aufgrund eines Geschäftsverteilungsplans) kommt es hingegen, abseits der Strafgerichte, nicht an (ähnlich SSW-Jahn, § 258a Rn. 6; weiter Lackner/Kühl, § 258a Rn. 2: nur sachliche Zuständigkeit; enger LK-Walter, § 258a Rn. 8: Zuständigkeit nach der Gesamtheit der einschlägigen Normen).

Sonderproblem: Außerdienstliche Kenntniserlangung

Fraglich ist, ob sich ein Amtsträger gem. §§ 258a, 13 strafbar macht, wenn er zu einem **688** Zeitpunkt, in dem er sich nicht im Dienst befindet, Wissen über eine Straftat erlangt und dieses Wissen später nicht dienstlich verwertet (z. B. ein Kriminalpolizist belauscht ein Stammtischgespräch, in dem die Identitäten der Täter eines wenige Tage zuvor begangenen Tankstellenüberfalls offenbart werden und teilt dies den zuständigen Kollegen im Raubdezernat nicht mit und verfolgt den Sachverhalt auch selbst nicht weiter).

- Teilweise wird vertreten, dass der Amtsträger außerhalb seines Dienstes als Pri- **689** vatmann zu behandeln sei. Er dürfe mit den Informationen daher wie ein Privatmann umgehen. Mangels bestehender Garantenpflicht sei daher eine Strafbarkeit gem. §§ 358a, 13 abzulehnen (SK-Hoyer, § 258a Rn. 6).

- Der BGH statuiert in seiner Rechtsprechung (BGH NStZ 1998, 194; NStZ **690** 2000, 147; siehe auch BGHSt 38, 388, 390 ff.) zwei Voraussetzungen, unter denen auch im Falle außerdienstlicher Kenntniserlangung eine aus den §§ 152 II, 160, 163 StPO herzuleitende Garantenpflicht bestehe. Danach muss es sich bei der Straftat, auf die sich die Kenntnis bezieht um eine solche handeln, bei der nach Abwägung aller Umstände des Einzelfalls die öffentlichen Belange an der Strafverfolgung die privaten Belange des Amtsträgers überwiegen. Dies sei zumindest bei schweren, die Öffentlichkeit berührenden Straftaten der Fall. Zweitens müsse die Straftat in die Phase der Dienstausübung hineinreichen (z. B. durch Weiterbestehen des deliktischen Zustands).

- Die wohl h. M. lehnt das zweite Kriterium des BGH ab. Sie sieht hierin einen Ver- **691** stoß gegen das Bestimmtheitsgebot (vgl. Seebode JZ 2004, 305, 306 ff.). Jedoch sei zutreffend, dass im Einzelfall das Interesse an der Strafverfolgung die privaten Belange des Amtsträgers überwiege. Dies sei bei besonders schweren Straftaten zwar der Fall. Aber der Begriff müsse genauer bestimmt werden. Zum Teil wird hier auf den Katalog des § 138 rekurriert (MüKo-Cramer, § 258a Rn. 7), andere orientieren sich an den Deliktskatalogen der StPO in Bezug auf besonders eingreifende Ermittlungsmaßnahmen (z. B. § 100b II StPO) und/oder fordern eine höhere Höchststrafe als fünf Jahre Freiheitsstrafe. Zudem müsse ein innerer Bezug zur Dienstausübung bestehen (SSW-Jahn, § 258a Rn. 10). Letztlich wird auch nach der Deliktsnatur unterschieden. Liege ein Vergehen gem. § 12 II vor, müsse das Verfolgungsinteresse zurücktreten. Bei Verbrechen gem. § 12 I hingegen gehe dieses vor.

Bewertung:

692 Das Bedürfnis, insbesondere bei besonders schweren Straftaten den Amtsträger zum aktiven Tätigwerden zu verpflichten, ist nachvollziehbar. Indes ist der Betroffene außerhalb des Dienstes Privatperson und somit gerade kein Amtsträger. Er hat einen Anspruch auf Achtung seines Privatbereichs, der für den Amtsträger mit erheblicher Rechtsunsicherheit belastet wäre, wenn er sich auch bei allen außerdienstlich bekannt gewordenen Informationen die Frage stellen müsste, ob hier nach Abwägung der Umstände des Einzelfalls ein Eingreifen zu einem späteren Zeitpunkt erforderlich wäre. Jedoch kann die Loyalitätspflicht von Amtsträgern und ihre dienstliche Stellung durchaus in den privaten Bereich hereinreichen. Der dargestellten Unsicherheit kann dabei ausreichend durch die Anwendung des Kriteriums der Deliktsnatur aus § 12 I, II begegnet werden. Es ist unkompliziert, lässt sich durch einen Blick in das Gesetz schnell nachvollziehen und bestimmen und postuliert eine klare, von Wertungen freie Grenzziehung. Zudem hat der Gesetzgeber durch die Aufteilung in Verbrechen und Vergehen klargestellt, dass er Verbrechen in der Unrechtsschwere für besonders erheblich hält und daher ein besonderes Verfolgungsinteresse besteht. Dieses hat der Amtsträger auch in seiner dienstfreien Zeit zu berücksichtigen.

2. Subjektiver Tatbestand

693 In subjektiver Hinsicht müssen zunächst die subjektiven Voraussetzungen des § 258 I oder II erfüllt sein. Zudem muss der Täter mindestens *dolus eventualis* aufweisen hinsichtlich seiner Amtsträgerstellung sowie der Umstände, aus denen sich die Berufung zur Mitwirkung im Verfahren bzw. bei der Vollstreckung ergibt.

3. Strafausschließungsgrund/Teilnahme

694 Das Angehörigenprivileg des § 258 VI ist im Falle des § 258a gem. § 258a III nicht anzuwenden. Damit ist auch der Amtsträger gem. § 258a zu bestrafen, der die Tat zugunsten eines Angehörigen begeht. Hingegen ist die Selbstbegünstigung auch im Rahmen von § 258a gem. § 258 V straflos.

Die besondere Tätereigenschaft des § 258a ist ein besonderes persönliches Merkmal **695** iSd. § 28 II. Somit können Beteiligte, die nicht die notwendige Tätereigenschaft des § 258a aufweisen, lediglich als Täter oder Teilnehmer an § 258 bestraft werden.

VI. Versuch

Der Versuch von § 258 I, II ist nach § 258 IV strafbar. Der zur Bestimmung des Ver- **696** suchsbeginns maßgebliche Zeitpunkt des unmittelbaren Ansetzens bestimmt sich nach den allgemeinen Regeln. Auch der Versuch der Qualifikation des § 258a ist gem. § 258a II mit Strafe bedroht.

VII. Konkurrenzen

§ 258 steht zu zahlreichen Begleitdelikten in Idealkonkurrenz (z. B. §§ 113, 120, 153 ff., **697** 164, 240, 257, 259, 261, 271, 305a). Hinter der Qualifikation des § 258a tritt § 258 zurück. Führt eine Handlung des Täters zur Verwirklichung von § 258 I und § 258 II, so stehen die Taten in Idealkonkurrenz

Liegt neben § 258 eine Beihilfe zur Vortat vor, ist zu differenzieren: Wird die spätere **698** Vereitelungstat dem Vortäter bereits vor oder während der Begehung der Vortat zugesagt und später verwirklicht, so ist Tatmehrheit zwischen der Zusage als psychische Beihilfe zur Vortat und der Tat nach § 258 gegeben. Hingegen tritt § 258 hinter die psychische Beihilfehandlung als mitbestrafte Nachtat zurück, wenn nur *eine* Tathandlung vorliegt, die zugleich die psychische Beihilfe, als auch die Tat nach § 258 verwirklicht.

VIII. Aufbauschema § 258

I.   Tatbestand

1.   Objektiver Tatbestand

a)   Verfolgungsvereitelung gem. § 258 I

aa)   Vortat

bb)   Vereiteln der Verhängung einer Strafe oder Maßnahme

b)   Vollstreckungsvereitelung gem. § 258 II

aa)   rechtskräftig verhängte und vollstreckbare Strafe oder Maßnahme

bb)   Vereiteln der Vollstreckung der Strafe oder Maßnahme

2.   Subjektiver Tatbestand

    a) dolus eventualis bzgl. der Vortat bei § 258 I bzw. der rechtskräftigen und vollstreckbaren Sanktion bei § 258 II

    b) dolus directus bzgl. des Vereitelns

II. Rechtswidrigkeit

III. Schuld

IV. Strafausschließungsgründe

    1. Selbstbegünstigung gem. § 258 V

    2. Angehörigenprivileg gem. § 258 VI

V. Qualifikation gem. § 258a

    1. Objektiver Tatbestand

        a) Begehung einer Tat gem. § 258 I oder II

        b) Tatsubjekt: Amtsträger (§ 11 I Nr. 2)

           bei § 258 I: zur Mitwirkung bei dem Strafverfahren oder dem Verwahren zur Anordnung der Maßnahme berufen

           bei § 258 II: zur Mitwirkung bei der Vollstreckung der Strafe oder Maßnahme berufen

    2. Subjektiver Tatbestand

        a) dolus eventualis bzgl. des Grunddelikts

        b) dolus eventualis bzgl. der Tatsubjektsqualität

B. Falsche Verdächtigung (§ 164)

Gesetzestext:

(1) Wer einen anderen bei einer Behörde oder einem zur Entgegennahme von Anzeigen zuständigen Amtsträger oder militärischen Vorgesetzten oder öffentlich wider besseres Wissen einer rechtswidrigen Tat oder der Verletzung einer Dienstpflicht in der Absicht verdächtigt, ein behördliches Verfahren oder andere behördliche Maßnahmen gegen ihn herbeizuführen oder fortdauern zu lassen, wird mit Freiheitsstrafe bis zu fünf Jahren oder mit Geldstrafe bestraft.

(2) Ebenso wird bestraft, wer in gleicher Absicht bei einer der in Absatz 1 bezeichneten Stellen oder öffentlich über einen anderen wider besseres Wissen eine sonstige Behauptung tatsächlicher Art aufstellt, die geeignet ist, ein behördliches Verfahren oder andere behördliche Maßnahmen gegen ihn herbeizuführen oder fortdauern zu lassen.

(3) Mit Freiheitsstrafe von sechs Monaten bis zu zehn Jahren wird bestraft, wer die falsche Verdächtigung begeht, um eine Strafmilderung oder ein Absehen von Strafe nach § 46b dieses Gesetzes oder § 31 des Betäubungsmittelgesetzes zu erlangen. In minder schweren Fällen ist die Strafe Freiheitsstrafe von drei Monaten bis zu fünf Jahren.

§ 164 enthält zwei Tatbestände der falschen Verdächtigung. § 164 I ist lex specialis zu **699** § 164 II und betrifft Falschverdächtigungen, die Strafverfahren und Disziplinarverfahren auslösen können. In § 164 II erstreckt sich die Falschverdächtigung auf sonstige behördliche Verfahren. § 164 III enthält eine *Qualifikation*, die aufgrund des Regelungsbereichs nur für Taten gem. § 164 I Anwendung finden kann. Mit ihr wird einerseits die subjektive Zielrichtung der Besserstellung durch Missbrauch der sog. Kronzeugenregelungen mit erhöhter Strafe bedroht. Andererseits will der Gesetzgeber auch durch die hohe Strafdrohung die aufgrund von § 46b oder § 31 BtMG gewährten Strafmilderungen wegen einer falschen Verdächtigung kompensieren und so dem Täter die ursprünglich verwirkte Strafe auferlegen. Dies begegnet erheblichen verfassungsrechtlichen Bedenken (vgl. AnwK-StGB/Rahmlow, § 164 Rn. 21; NK/Vormbaum, § 164 Rn. 79) und kann schon deshalb nicht überzeugen, weil § 164 III die vorherige Anwendung dieser Vorschriften nicht voraussetzt.

Systematik des § 164

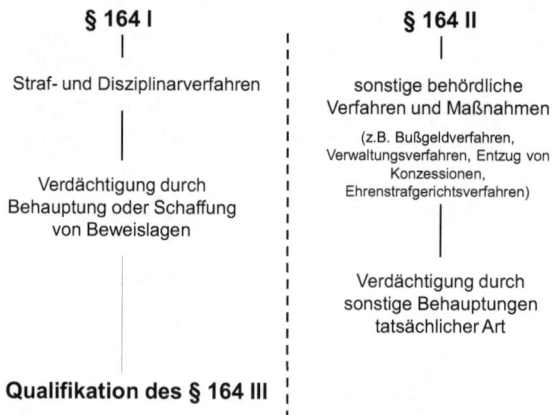

§ 164 I	§ 164 II
Straf- und Disziplinarverfahren	sonstige behördliche Verfahren und Maßnahmen
	(z.B. Bußgeldverfahren, Verwaltungsverfahren, Entzug von Konzessionen, Ehrenstrafgerichtsverfahren)
Verdächtigung durch Behauptung oder Schaffung von Beweislagen	Verdächtigung durch sonstige Behauptungen tatsächlicher Art

Qualifikation des § 164 III

Sonderproblem: Schutzzweck des § 164

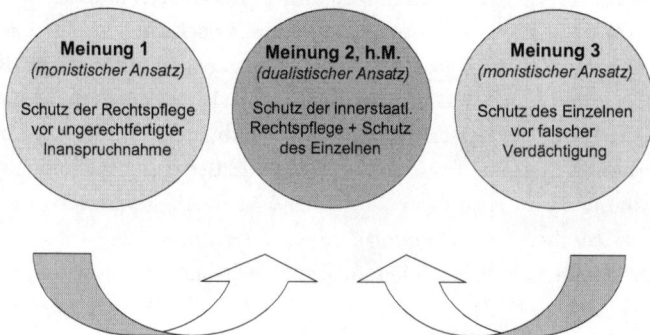

700 Es ist umstritten, welchen Schutzzweck § 164 verfolgt bzw. zum Schutz welchen Rechtsguts § 164 die falsche Verdächtigung unter Strafe stellt.

Schutzzweck des § 164

Meinung 1 *(monistischer Ansatz)* — Schutz der Rechtspflege vor ungerechtfertigter Inanspruchnahme

Meinung 2, h.M. *(dualistischer Ansatz)* — Schutz der innerstaatl. Rechtspflege + Schutz des Einzelnen

Meinung 3 *(monistischer Ansatz)* — Schutz des Einzelnen vor falscher Verdächtigung

701 – Die sog. *Rechtspflegetheorie* vertritt einen monistischen Ansatz. Nach dieser Auffassung dient § 164 allein dem Schutz der innerstaatlichen Rechtspflege vor ungerechtfertigter Inanspruchnahme. Der Schutz des Einzelnen vor einer falschen Verdächtigung sei bloßer Schutzreflex (SK-Rogall, § 164 Rn. 1).

- Ein gegensätzlicher, ebenfalls monistischer Ansatz kann als *Individualschutztheorie* bezeichnet werden. Danach dient die Norm allein dem Schutz des Einzelnen vor ungerechtfertigter Inanspruchnahme. Demgegenüber sei der Schutz der innerstaatlichen Rechtspflege nur mittelbar gewährleistet und damit bloßer Schutzreflex (NK-Vormbaum, § 164 Rn. 10). **702**

- Die h. M. geht dagegen von einem *dualistischen Schutzzweck* aus. Die Vorschrift schütze die innerstaatliche Rechtspflege gegen Irreführung, diene aber gleichermaßen dem *Schutz des Einzelnen*, der nicht Opfer einer ungerechtfertigten behördlichen Untersuchung oder Maßnahme werden soll (z. B. BGHSt 5, 66, 68; LK-Ruß, § 164 Rn. 1 ff.; Fischer, § 164 Rn. 2; Wessels/Hettinger/Engländer, BT 1, Rn. 762; Rengier, BT II, § 50 Rn. 1). Die Schutzzwecke stünden dabei alternativ nebeneinander mit der Folge, dass die Verletzung eines Schutzgutes ausreichend sein solle, um die Vollendung des Tatbestandes zu bejahen. **703**

Bewertung:

Aus dem Regelungsgehalt der Norm des § 165 (Bekanntgabe der Verurteilung) und der erforderlichen Absicht des Täters, *gegen den Verdächtigen* ein Verfahren in Gang zu bringen zeigt sich, dass § 164 dem Schutz des Einzelnen dient. Dem kann nicht entgegengehalten werden, der Betroffene sei durch die §§ 185 ff. ausreichend geschützt. Denn von § 164 sind auch solche Fallgestaltungen erfasst, die keine Ehrverletzung beinhalten. Zudem ist aus der Stellung im Gesetz im Anschluss an die Aussagedelikte der gleichzeitig gewährte Schutz der Rechtspflege zu konstatieren. Im Ergebnis ist daher dem dualistischen Modell zu folgen. **704**

Die Beantwortung der Frage nach dem Schutzzweck des § 164 ist sowohl in der Praxis als auch in der Fallbearbeitung in zwei Fallkonstellationen von erheblicher Bedeutung: Bei der Einwilligung des Verdächtigten (vgl. dazu Rn. 735) sowie bei der Falschverdächtigung gegenüber ausländischen Behörden (die nicht von § 164 geschützt sind). Im letzten Fall bleibt nur Raum für § 164, wenn der Schutzzweck auch den Individualschutz mit einbezieht. **705**

Die falsche Verdächtigung ist ein Vergehen (§ 12 II); der Versuch mangels notwendiger Anordnung nicht strafbar (vgl. § 23 I). **706**

I. Tatbestand

1. Objektiver Tatbestand

a) Tatobjekt: ein anderer

707 Objektiv erfordern beide Tatbestände des § 164 zunächst einen anderen als Tatobjekt. Die falsche Verdächtigung muss sich gegen eine vom Täter verschiedene, bestimmte oder bestimmbare lebende Person richten. Ausgeschlossen sind somit die falsche Eigenverdächtigung sowie die falsche Verdächtigung Verstorbener. Auch fiktive Personen sind keine „anderen" im Sinne des § 164 I, II (vgl. OLG Stuttgart bei Schneider RÜ 2018, 306 ff.).

708 Die Identität des anderen muss aufgrund der Tathandlung für den Adressaten zumindest bestimmbar sein. Eine Namensnennung ist nicht erforderlich. Ggf. kann bereits eine Verdächtigung gegen „Unbekannt" ausreichen, wenn aus den sonstigen Umständen der Tathandlung nur eine bestimmte Person als Verdächtiger in Frage kommen kann.

b) Adressat

709 Die Verdächtigung muss gegenüber einer Behörde (§ 11 I Nr. 7), einem zur Entgegennahme von Anzeigen zuständigen Amtsträger (vgl. § 158 StPO und § 11 I Nr. 2), einem militärischen Vorgesetzten gegenüber oder öffentlich begangen werden.

710 Durch § 164 ist nur die inländische Rechtspflege geschützt. Gleichwohl können auch ausländische Behörden, Amtsträger und militärische Vorgesetzte als taugliche Tatadressaten in Betracht kommen, wenn man mit der h.M. einen dualistischen Schutzzweck des § 164 oder die Individualschutztheorie annimmt (Rn. 735). Denn das Recht des Einzelnen, nicht ungerechtfertigt in Anspruch genommen zu werden, könnte in einem solchen Fall tangiert sein (z.B. der deutsche Staatsbürger A zeigt in Paris gegenüber der französischen Polizei den Franzosen F, der in Deutschland lebt, bewusst wahrheitswidrig wegen einer Körperverletzung an, daraufhin kommt es zu Rechtshilfemaßnahmen gegenüber F in Deutschland). Zu beachten ist, dass in den Fällen ausländischer Tatadressaten die Anwendbarkeit deutschen Strafrechts als objektive Bedingung der Strafbarkeit positiv festzustellen ist (vgl. §§ 3 ff., insbesondere § 7 I, II Nr. 1). Auch können sich Besonderheiten in Bezug auf eine mögliche Einwilligung ergeben, vgl. Rn. 735.

711 **Öffentlich** erfolgt die Verdächtigung, wenn sie für einen nach Zahl und Individualität nicht bestimmbaren Personenkreis wahrnehmbar ist.

c) Tathandlung

Die zwei Tatbestände des § 164 weichen lediglich hinsichtlich der Tathandlung vonein- **712** ander ab. § 164 I erfordert die Verdächtigung eines anderen. Hingegen verlangt § 164 II das Aufstellen einer Behauptung tatsächlicher Art.

aa) Verdächtigen einer rechtswidrigen Tat (§ 164 I)

Verdächtigen ist das Hervorrufen, Umlenken oder Bestärken eines Verdachts. **713**

Hervorgerufen wird der Verdacht, wenn er bisher nicht bestand.

Umgelenkt wird der Verdacht, wenn er in der Sache bereits bestand, jedoch aufgrund der Einwirkung des Täters sich gegen eine andere, zuvor unverdächtige Person richtet.

Bestärkt wird der Verdacht, wenn er durch weitere Umstände untermauert wird.

Bezugspunkt des Verdächtigens muss im Falle des § 164 I eine rechtswidrige Tat (§ 11 **714** I Nr. 5) oder die Verletzung einer Dienstpflicht sein. Die rechtswidrige Tat umfasst lediglich Straftaten, nicht hingegen Ordnungswidrigkeiten. Der Täter muss demnach eine Verdachtslage schaffen, welche die strafbare Beteiligung des anderen an einer ahndbaren Straftat vermuten lässt. Eine Dienstpflichtverletzung meint jede Handlung, die einen disziplinarisch ahndbaren Verstoß eines Beamten oder Soldaten betrifft (vgl. Schönke/Schröder-Bosch/Schittenhelm, § 164 Rn. 11).

Das Verdächtigen kann durch ausdrückliche oder konkludente *Tatsachenbehauptung* **715** erfolgen.

Ob zudem die *Schaffung einer verdächtigenden Beweislage* (z.B. Platzieren von DNA- **716** Material eines Unbeteiligten am Tatort; Verbringen von belastendem Beweismaterial in den Besitz des anderen) erfasst ist, ist umstritten. Die weitaus h. M. (Wessels/Hettinger/Engländer, BT 1, Rn. 703; Rengier, BT II, § 50 Rn. 7; Fischer, § 164 Rn. 3; LK-Ruß, § 164 Rn. 5) bezieht zu Recht die sog. *isolierte Beweismittelfiktion* in den Schutzbereich mit ein. Dies folgt aus der besonderen Gefährlichkeit einer solchen Handlung, die den Anschein einer objektiven Beweislage erweckt. Zudem enthält § 164 I mit dem Begriff des Verdächtigens eine umfassendere Formulierung als § 164 II, der ausdrücklich auf Behauptungen tatsächlicher Art beschränkt bleibt. Die Gegenauffassung will die isolierte Beweismittelfiktion unter Berufung auf die Entstehungsgeschichte des Gesetzes nicht erfassen (NK-Vormbaum, § 164 Rn. 21). Auch folge aus dem Wortlaut des § 164 II ("sonstige"), dass in § 164 I nur Tatsachenbehauptungen gemeint sein könnten.

717 Grundsätzlich kann die Tat auch durch reines Schweigen sowie durch das Leugnen eines Verdachts verwirklicht werden, wenn hierdurch zwingend eine Verdachtslage in Bezug auf einen anderen geschaffen wird. Der Grundsatz des nemo tenetur sowie das hiermit verbundene Schweigerecht des Beschuldigten aus § 136 StPO und das Selbstbegünstigungsprivileg können jedoch Auswirkungen auf die Zulässigkeit der Fremdverdächtigung haben. Folgende Konstellationen sind in der Fallbearbeitung besonders relevant:

- Macht der Beschuldigte von seinem Schweigerecht (§ 136 StPO) Gebrauch, erfüllt er selbst dann nicht den Tatbestand des § 164, wenn daraus zwingend nachteilige Schlüsse zu Lasten eines anderen gezogen werden.

- Der Beschuldigte darf aus denselben Gründen die Tat auch wahrheitswidrig leugnen, selbst wenn dadurch der Verdacht zwangsläufig auf eine andere Person gelenkt wird.

- In *Zwei-Personen-Verhältnissen* (d. h. ersichtlich kann nur eine von zwei feststehenden Personen die Tat begangen haben) darf der Beschuldigte den anderen der Tat aktiv bezichtigen. Denn in diesem Fall des sog. *modifizierten Leugnens* ändert sich die Ermittlungs- und Belastungssituation gegenüber dem bloßen Bestreiten nicht. Die andere Person käme auch ohne die aktive Bezichtigung durch das zulässige Schweigen oder Leugnen des Beschuldigten zwangsläufig in Verdacht.

- Von § 164 erfasst ist dagegen der Fall, dass weitere, auf die Täterschaft des anderen hindeutende Tatsachen (auch in dessen Einvernehmen) behauptet werden oder zu dessen Nachteil die Beweislage verfälscht und dadurch der Verdacht nachdrücklich verstärkt wird (OLG Düsseldorf NJW 1992, 1119; Kuhlen JuS 1990, 396, 398 f.; z. B. „Anstiftung" zur Selbstbezichtigung eines Unbeteiligten).

718 Die Verdächtigung ist auch durch *Unterlassen* möglich. Erfasst soll hier etwa der Fall sein, in dem der Täter zuvor gutgläubig den falschen Verdacht geäußert hatte und nach Kenntnis von der tatsächlichen Sachlage diese nicht offenbart (BGHSt 14, 240, 246). Ob in der gutgläubigen Schaffung einer unzutreffenden Verdachtslage jedoch generell ein die Garantenpflicht begründendes pflichtwidriges Vorverhalten (Ingerenz) zu sehen ist, lässt sich bezweifeln. Zumindest in den Fällen, in denen der falsche Verdacht nicht fahrlässig geäußert wurde, ist dies abzulehnen. Hingegen liegt ein tatbestandliches Unterlassen vor, wenn ein Garant entlastendes Material zurückhält.

719 Ein Verdächtigen liegt nur vor, wenn es auch *geeignet* ist, das beabsichtigte behördliche Vorgehen hervorzurufen oder fortdauern zu lassen. Ob dies der Fall ist, richtet sich danach, ob die gesetzlichen Voraussetzungen für ein Tätigwerden aufgrund der Verdächtigung gegeben sind. In der Regel wird eine solche Verdachtslage geschaffen werden müssen, die einen strafprozessualen *Anfangsverdacht* gegen den anderen begründet (vgl. §§ 152 II, 160 I, 163 I StPO). Ausgeschlossen sollen demnach nach der ganz h. M. diejenigen Verdächtigungen sein, nach deren Inhalt (evident) die Erfüllung des Tatbestands ausgeschlossen, eine Rechtfertigung angezeigt, ein Rücktritt oder ein sonstiger Strafausschließungsgrund gegeben ist (vgl. OLG Hamm NStZ-RR 2002, 168; Wessels/ Hettinger/Engländer, BT 1, Rn. 706). In Bezug auf die Verdächtigung, aus der das Vorliegen von Schuldausschließungs- und Entschuldigungsgründen folgt, soll ebenfalls keine Eignung gegeben sein, ein behördliches Vorgehen auszulösen oder fortdauern zu lassen (vgl. Wessels/Hettinger/Engländer, BT 1, Rn. 706; Fischer, § 164 Rn. 5b; LK-Ruß, § 164 Rn. 7; Krell NStZ 2011, 671). Gleiches soll gelten, wenn aus der Verdächtigung das Fehlen von Prozessvoraussetzungen oder das Bestehen von Prozesshindernissen folgt (OLG Stuttgart NStZ-RR 2014, 276 mit zust. Anm. Hecker JuS 2015, 182 ff.).

Dem kann in dieser Absolutheit nicht gefolgt werden (vgl. auch Rn. 756). Denn auch **720** wenn eine Bestrafung aufgrund des Ausschlusses der Rechtswidrigkeit, eines Schuldausschlusses oder aufgrund von Verfahrenshindernissen ausscheidet, kann deren Nachweis die Notwendigkeit von Ermittlungsmaßnahmen bedeuten. So kann das tatsächliche Bestehen eines Verfahrenshindernisses oder anderer Gründe, welche die Strafbarkeit ausschließen im Einzelfall von Gegebenheiten abhängig sein, die zwar durch den Täter behauptet, von den Ermittlungsbehörden jedoch (etwa zur Verifizierung) noch weitergehend ermittelt werden müssen. Auch käme bei Verneinung der Schuld ggf. noch die Verhängung einer Maßnahme (vgl. §§ 61 ff.) in Betracht (im Einzelnen Krell NStZ 2011, 671 f.). Daher ist wie folgt zu differenzieren: Nur wenn unter Beachtung aller Gesichtspunkte die Verhängung einer strafrechtlichen Sanktion gegen den anderen evident (also ohne die Notwendigkeit weiterer Ermittlungsmaßnahmen) ausgeschlossen ist, entfällt der Tatbestand des § 164 I wegen mangelnder Eignung der Verdächtigung zur Auslösung oder Fortdauer des behördlichen Verhaltens. Bleibt hingegen die Verhängung einer strafrechtlichen Sanktion gleich welcher Art nach dem Inhalt der Verdächtigung möglich, so ist § 164 I tatbestandlich erfüllt (a. A. h. M., die eine Beschränkung auf Evidenzfälle ablehnt, vgl. nur Rengier, BT II, § 50 Rn. 9; zum Ganzen krit. Krell NStZ 2011, 671 ff.).

bb) Aufstellen einer tatsächlichen Behauptung (§ 164 II)

§ 164 II setzt im Gegensatz zu § 164 I das Aufstellen einer Behauptung tatsächlicher **721** Art voraus. Daher kommen hier nur Tatsachenbehauptungen als Tathandlungen in Betracht. Der Begriff der Tatsachenbehauptung entspricht dem im Rahmen der Beleidigungsdelikte erläuterten Begriff, so dass auf die dortigen Ausführungen zu verweisen ist (siehe Rn. 468). Die isolierte Beweismittelfiktion (vgl. Rn. 716) ist im Rahmen des

§ 164 II vom Tatbestand ausgeschlossen. Insoweit ist der Tatbestand des § 164 II enger als der des § 164 I.

722 Im Rahmen des § 164 II ist die Tatsachenbehauptung ausreichend. Sie muss sich nicht auf eine rechtswidrige Tat oder die Verletzung einer Dienstpflicht beziehen. Daher kommt ihr insgesamt ein deutlich weiterer Anwendungsbereich als § 164 I zu.

723 Die Behauptung muss *geeignet* sein, ein behördliches Verfahren oder andere behördliche Maßnahmen gegen den Betroffenen herbeizuführen oder fortdauern zu lassen. Trotz des insoweit deckungsgleichen Wortlauts von § 164 II und § 164 I beziehen sich die Tatbestände auf unterschiedliche Verfahrensarten und Maßnahmen. Durch den Bezug des § 164 I auf eine rechtswidrige Tat bzw. eine Dienstpflichtverletzung kommen dort nur Straf- und Disziplinarverfahren in Betracht. Hingegen enthält § 164 II diese Begrenzung nicht und umfasst *alle behördlichen Verfahren und Maßnahmen*, gleich welcher Art. Behördliche Verfahren sind bspw. Bußgeldverfahren oder Ehrengerichtsverfahren. Praxis- und prüfungsrelevant sind hier vor allem Fälle, in denen wegen Geschwindigkeitsüberschreitung ein Ordnungswidrigkeitenverfaren eingeleitet wird und der Fahrer einen Dritten als Fahrzeugführer gegenüber der Bußgeldbehörde benennt (siehe Eckstein RÜ 2015, 377 ff.; Kudlich JA 2017, 632 ff.; Schneider RÜ 2018, 306 ff.).

Maßnahmen können etwa der Entzug von Konzessionen und Approbationen sein. Umfasst sind auch Verfahren, die zum Entzug eines akademischen Grades führen können (Schönke/Schröder-Bosch/Schittenhelm, § 164 Rn. 13; Rengier, BT II, § 50 Rn. 22a), so dass die derzeitige Entwicklung in Gestalt der Veröffentlichung von Plagiatsvorwürfen bei Dissertationen prominenter Personen unter diesem Gesichtspunkt strafrechtliche Relevanz erhalten kann. Die geforderte Eignung liegt vor, wenn *aufgrund der Behauptung die Voraussetzungen für das behördliche Eingreifen gegeben* sind.

724 Für die Vollendung von § 164 I und § 164 II ist es ausreichend, wenn die Verdächtigung dem Tatadressaten zugegangen, also in seinen Machtbereich eingegangen ist. Es ist nicht erforderlich, dass der Adressat tatsächlich den angestrebten Verdacht schöpft oder das angestrebte Verfahren einleitet oder fortdauern lässt. Die Vollendung kann verhindert werden, wenn vor oder gleichzeitig mit dem Zugang beim Adressaten ein Widerruf oder eine Richtigstellung eingeht (LK-Ruß, § 164 Rn. 32).

d) Falschheit der Verdächtigung/tatsächlichen Behauptung

725 Die Verdächtigung nach § 164 I oder Behauptung nach § 164 II muss *falsch* sein. Dies lässt sich der Formulierung „wider besseres Wissen" sowie der Überschrift der Norm entnehmen (Rengier, BT II, § 50 Rn. 10).

Falsch ist die Verdächtigung/Behauptung, wenn sie in ihrem wesentlichen Inhalt objektiv nicht mit der Wahrheit übereinstimmt.

Sonderproblem: Falschheit der Verdächtigung/tatsächlichen Behauptung | **726**

Fraglich ist, unter welchen Bedingungen eine Verdächtigung/Behauptung als in ihrem wesentlichen Inhalt objektiv nicht mit der Wahrheit übereinstimmend anzusehen ist.

Kriterien für die Falschheit der Verdächtigung

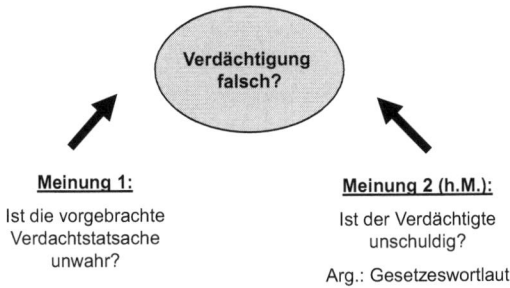

Verdächtigung falsch?

Meinung 1:
Ist die vorgebrachte
Verdachtstatsache
unwahr?

Meinung 2 (h.M.):
Ist der Verdächtige
unschuldig?
Arg.: Gesetzeswortlaut

- Die im Wesentlichen von der Rechtsprechung vertretene *Beschuldigungstheorie* **727** sieht in § 164 ein Beschuldigungsdelikt. Danach ist die Verdächtigung bzw. die Behauptung dann als objektiv falsch anzusehen, wenn die in der Verdächtigung enthaltene Behauptung eines Fehlverhaltens tatsächlich nicht zutreffend ist. Der objektive Tatbestand des § 164 sei nur dann erfüllt, wenn der andere das behauptete Fehlverhalten nicht begangen habe (bei § 164 I also, wenn der andere sich tatsächlich nicht strafbar gemacht hat). Lässt sich ein solches Fehlverhalten nicht nachweisen, soll § 164 nicht erfüllt sein (BGHSt 35, 50; OLG Rostock NStZ 2005, 335; Fischer, § 164 Rn. 6).

- Demgegenüber sieht die von der h.L. vertretene *Unterbreitungstheorie* § 164 als **728** einen Unterbreitungstatbestand an. Der Tatbestand solle die Rechtspflege und den Einzelnen vor der Inanspruchnahme aufgrund unwahrer Verdachtstatsachen schützen. Danach komme es für die Falschheit der Verdächtigung/Behauptung einzig darauf an, ob die vom Täter vorgebrachten Tatsachen objektiv nicht mit der Wahrheit *übereinstimmen. Hingegen sei die Frage, ob der andere das Fehlverhalten tatsächlich begangen hat irrelevant* (Schönke/Schröder-Bosch/Schittenhelm, § 164 Rn. 16; SK-Rogall, § 164 Rn. 26; MüKo-Zopfs, § 164 Rn. 34; NK-Vormbaum, § 164 Rn. 50 ff.; Geilen Jura 1984, 300, 303; Rengier, BT II, § 50 Rn. 12; LK-Ruß, § 164 Rn. 10).

Bewertung:

729 Die Beschuldigungstheorie kann sich auf den Wortlaut des § 164 I berufen. Danach ist eine Strafbarkeit nur gegeben, wenn die Verdächtigung sich wider besseren Wissens auf eine rechtswidrige Tat bezieht. Demnach müsste sich die Falschheit gerade auf das Nichtvorliegen der rechtswidrigen Tat, also auf die Unschuld des anderen beziehen. Auch kann man anbringen, dass der andere nicht zu Unrecht durch die Verdächtigung in den Fokus der Behörden gerät, weil er tatsächlich ein ahndbares Fehlverhalten begangen hat, mag die Verfolgung auch auf unzutreffenden Tatsachen fußen. Dem ist jedoch zu Recht mit der Unterbreitungstheorie entgegenzutreten. Der Einzelne hat ein Recht darauf, nicht aufgrund falscher Tatsachen belangt zu werden. Auch sind die Behörden nicht zur Ermittlung der Wahrheit, sondern zur *rechtsstaatlichen* Ermittlung der Wahrheit verpflichtet. Hierzu zählt, dass der Betroffene nur aufgrund zutreffender Fakten verfolgt und belangt werden darf. Zudem liegt eine unberechtigte Inanspruchnahme der Rechtspflege vor, weil die Voraussetzungen für ein Eingreifen tatsächlich nicht gegeben sind (weil die gem. § 152 II StPO erforderliche Verdachtslage tatsächlich nicht besteht). Letztlich ist auch dieses Verständnis vom Wortlaut des § 164 gedeckt. Im Ergebnis ist eine Verdächtigung somit dann als falsch anzusehen, wenn die in ihr vorgebrachten Verdachtstatsachen objektiv nicht mit der Wahrheit übereinstimmen.

730 Bloße Übertreibungen und Ausschmückungen machen die Behauptungen nicht falsch, solange der ihnen innewohnende Tatsachenkern zutrifft. Dies ist jedoch dann nicht mehr der Fall, wenn die Ausschmückungen und Übertreibungen dem Fehlverhalten ein *anderes rechtliches Gepräge* geben (z. B. hinzudichten qualifizierender Umstände oder der Merkmale von Regelbeispielen; Weglassen von Strafmilderungsgründen).

2. Subjektiver Tatbestand

731 Der Täter muss „wider besseres Wissen" handeln, d. h. die sichere Kenntnis im Sinne von *dolus directus 2. Grades* haben, dass seine tatsächlichen Angaben oder die geschaffene Beweislage unrichtig sind. Folgt man der Beschuldigungstheorie (Rn. 727), so muss das Wissen des Täters die Unschuld des anderen bzw. den Umstand umfassen, dass der andere kein ahndbares Fehlverhalten begangen hat. Mit der zutreffenden Unterbreitungstheorie (Rn. 728) hingegen reicht es aus, wenn der Täter positiv weiß, dass die von ihm behaupteten Tatsachen nicht der Wahrheit entsprechen.

732 Daneben muss der Täter in der Absicht handeln, ein behördliches Verfahren oder andere behördliche Maßnahmen gegen den Verdächtigen herbeizuführen oder fortdauern zu lassen. Die h. M. lässt unter Berufung auf den Zweck und die Entstehungsgeschichte der Norm neben der Absicht im technischen Sinne (dolus directus 1. Grades) hierfür auch sicheres Wissen im Sinne des dolus directus 2. Grades ausreichen. Die Gegenauffassung, die unter Absicht im Rahmen des § 164 nur den zielgerichteten Willen und damit dolus directus 1. Grades fordert (NK-Vormbaum, § 164 Rn. 64), erscheint mit Blick auf den klaren Wortlaut („Absicht") überzeugender. Die Erreichung des Verfahrens bzw. der Maßnahme muss nicht das einzige oder das Endziel des Täters sein. Ausreichend ist, wenn es für ihn ein notwendiges Zwischenziel bildet (z. B. Verdächtigung eines anderen zum Zweck der Selbstbegünstigung).

Aus dem Wortlaut des § 164 („gegen ihn") ist ersichtlich, dass sich die Absicht auch auf **733** die Person des anderen beziehen muss. Der Täter muss also gerade mit dem Ziel handeln, dass das Verfahren oder die Maßnahme gegen den bestimmten anderen betrieben wird (Rengier, BT II, § 50 Rn. 25; a. A. BGHSt 9, 240 242).

Hinsichtlich der übrigen Voraussetzungen ist mindestens *dolus eventualis* erforderlich. **734**

II. Rechtswidrigkeit

Die allgemeinen Rechtfertigungsgründe sind anwendbar. Fraglich ist, inwieweit ein **735** Betroffener in die gegen ihn vorgebrachte falsche Verdächtigung rechtfertigend einwilligen kann. Hier steht insbesondere die Disponibilität des Rechtsgutes in Frage. Beantworten lässt sich dies nur, wenn zuvor entschieden wird, welches Rechtsgut durch § 164 geschützt wird.

- Folgt man der Rechtspflegetheorie (Rn. 701), so wird nur der Schutz der innerstaatlichen Rechtspflege als Schutzgut anerkannt. Da es sich hierbei um ein Kollektivrechtsgut handelt, ist es der Disponibilität des Einzelnen entzogen. Nach diesem Verständnis würde eine rechtfertigende Einwilligung ausscheiden.

- Demgegenüber gelangen die Vertreter der Individualschutztheorie (Rn. 702) zu dem gegenteiligen Ergebnis. Nach dieser Theorie dient § 164 einzig dem Schutz des Einzelnen vor ungerechtfertigter Inanspruchnahme. Als Individualrechtsgut steht es dem Rechtsgutträger vollumfänglich zur Disposition, so dass eine Einwilligung möglich wäre.

- Folgt man mit der h. M. dem dualistischen Ansatz (Rn. 703), so stehen die zuvor genannten Rechtsgüter als alternative Schutzgüter nebeneinander mit der Folge, dass die Verletzung eines Rechtsguts zur Vollendung des Tatbestands ausreicht. Danach kann zwar in die Verletzung des Individualrechtsguts wirksam eingewilligt werden. Dies schließt die Strafbarkeit wegen der Verletzung des Kollektivrechtsguts jedoch nicht aus. Im Ergebnis gelangt die h. M. somit zwar zu einer partiellen Einwilligung, die jedoch die Gesamtrechtswidrigkeit nicht entfallen lässt.

- Erfolgt die Tathandlung des § 164 gegenüber ausländischen Behörden als Tatadressaten, so ist der Tatbestand nur erfüllt, wenn man (zumindest auch) den individualschützenden Charakter des § 164 bejaht. In dieser Konstellation kommt die Individualschutztheorie wie zuvor zur vollen Disponibilität des Rechtsguts, so dass eine Einwilligung möglich ist. Die h. M. *löst die Fallgestaltung ebenso.* Anders als in den zuvor genannten Fällen kommt hier eine Verletzung des Kollektivrechtsguts nicht in Betracht, weil das unnötige Verfahren im Ausland betrieben wird, die innerstaatliche Rechtspflege also nicht betroffen ist. Somit ist lediglich das Individualrechtsgut tangiert, welches zur Disposition des Tatopfers steht. Willigt es in die Verletzung ein, so ist der Täter umfassend gerechtfertigt.

III. Schuld

IV. Strafzumessung/Strafausschließungsgründe

736 In der Literatur wird die analoge Anwendung von Strafmilderungs- und –ausschließungsgründe in Erwägung gezogen. So beispielsweise die analoge Anwendung des § 258 V und VI. Zwar mag die Konfliktlage des Täters bei § 164 der des § 258 im Einzelfall entsprechen. Dennoch liegen die Voraussetzungen einer Analogie nicht vor. Zum einen kannte der Gesetzgeber diese Interessenlage bei der Neufassung des § 164 und reagierte nicht, so dass bereits nicht von einer planwidrigen Regelungslücke ausgegangen werden kann (vgl. SK-Rogall, § 164 Rn. 49). Dies gilt nunmehr mit Blick auf die in § 164 III qualifizierte Selbstbegünstigung im Besonderen für die analoge Übertragung des § 258 V. Zum anderen schützt § 258 nur die innerstaatliche Rechtspflege während § 164 hach h. M. auch individualschützenden Charakter hat. Daher ist eine vergleichbare Rechts- und Interessenlage nicht gegeben.

737 Aufgrund der gleichen Argumentation ist auch die analoge Anwendung des § 158 abzulehnen (SK-Rogall, § 164 Rn. 49; LK-Ruß § 164 Rn. 32), wobei die h. M. in Bezug auf diese Regelung die Analogie für zulässig hält (Rengier, BT II, § 50 Rn. 26; Schönke/Schröder-Bosch/Schittenhelm, § 164 Rn. 35; Lackner/Kühl, § 164 Rn. 10) Das Gericht ist jedoch nicht gehindert, die Berichtigung im Rahmen der allgemeinen Strafzumessung als strafmilderndes Nachtatverhalten zu berücksichtigen.

V. Qualifikation gem. § 164 III

738 In § 164 III findet sich ein *Qualifikationstatbestand* in Bezug auf Taten gem. § 164 I. § 164 II kommt als Grunddelikt nicht in Betracht, weil § 46b und § 31 BtMG jeweils die Aufdeckung von Straftaten erfordern, weswegen der für diese Verfahrensarten speziellere § 164 I den § 164 II immer verdrängt.

§ 164 III dient dem Schutz der innerstaatlichen Rechtspflege insbesondere vor unge- **739** rechtfertigter Irreführung in Form des Missbrauchs der sog. *Kronzeugenregelungen* in § 46b und § 31 BtMG.

In objektiver Hinsicht entspricht § 164 III dem § 164 I. Zu beachten ist jedoch, dass **740** eine Eignung der Verdächtigung nur anzunehmen ist, wenn sie inhaltlich den Anforderungen des § 46b bzw. § 31 BtMG entspricht und kein Fall des § 46b III vorliegt. In diesen Fällen kommt die angestrebte Selbstbegünstigung schon objektiv nicht in Betracht, so dass der Schutzzweck der Kronzeugenregelungen nicht beeinträchtigt ist (vgl. Schönke/Schröder-Bosch/Schittenhelm, § 164 Rn. 14a; Zopf ZIS 2011, 669, 672).

Der subjektive Tatbestand erfordert neben den Anforderungen nach § 164 I zusätzlich **741** die Absicht i. S. v. dolus directus 1. Grades („um […] zu") eine Strafmilderung oder ein Absehen von Strafe gem. § 46b oder § 31 BtMG für sich selbst zu erlangen. Die Selbstbegünstigungsabsicht wirkt somit im Rahmen des § 164 III strafschärfend. Zu einer tatsächlichen Strafmilderung oder zu einem Absehen von Strafe muss es nicht kommen.

VI. Konkurrenzen

Innerhalb des § 164 geht § 164 I dem § 164 II als lex specialis vor. Verdächtigt der Täter **742** dieselbe Person mehrerer rechtswidriger Taten innerhalb eines Verfahrens, so liegt nur eine Tat nach § 164 I vor (BGH StraFo 2013, 79; Fischer, § 164 Rn. 17). Gleiches gilt, wenn eine einmal erhobene Verdächtigung bei derselben Stelle wiederholt wird (OLG Düsseldorf NStZ-RR 2000, 169).

Werden mehrere Personen innerhalb einer Behauptung (z. B. mittels einer Aussage **743** oder eines Schriftstücks) derselben Tat verdächtigt (z. B.: als Mittäter) liegt gegenüber jedem Verdächtigten eine vollendete Tat nach § 164 vor. Diese stehen in Tateinheit.

Idealkonkurrenz ist möglich mit §§ 153 ff., 185, 187, 257, 258. § 145d ist subsidiär zu **744** § 164.

VII. Aufbauschema § 164 I und II

I.   **Tatbestand**

1.   Objektiver Tatbestand

a)   Tatobjekt: ein anderer

b)   Tatadressat

c)   Tathandlung

          aa) Verdächtigen einer rechtswidrigen Tat (§ 164 I) oder

          bb) Aufstellen einer tatsächlichen Behauptung (§ 164 II)

      d) Falschheit der Verdächtigung/tatsächlichen Behauptung

2. Subjektiver Tatbestand

      a) dolus directus 2. Grades bzgl. der Falschheit der Verdächtigung/tatsächlichen Behauptung

      b) dolus directus 1. Grades bzgl. der Herbeiführung oder des Fortdauernlassens eines behördlichen Verfahrens oder einer Maßnahme gegen das Tatobjekt

      c) dolus eventualis bzgl. des Tatadressaten

II. **Rechtswidrigkeit**

III. **Schuld**

IV. **Strafausschließungsgründe**

Nach h. M. analoge Anwendung des § 158

V. **Qualifikation gem. § 164 III (nur bei § 164 I)**

C. Vortäuschen einer Straftat (§ 145 d)

> **Gesetzestext:**
>
> (1) Wer wider besseres Wissen einer Behörde oder einer zur Entgegennahme von Anzeigen zuständigen Stelle vortäuscht,
>
> 1. daß eine rechtswidrige Tat begangen worden sei oder
>
> 2. daß die Verwirklichung einer der in § 126 Abs. 1 genannten rechtswidrigen Taten bevorstehe,
>
> wird mit Freiheitsstrafe bis zu drei Jahren oder mit Geldstrafe bestraft, wenn die Tat nicht in § 164, § 258 oder § 258a mit Strafe bedroht ist.
>
> (2) Ebenso wird bestraft, wer wider besseres Wissen eine der in Absatz 1 bezeichneten Stellen über den Beteiligten
>
> 1. an einer rechtswidrigen Tat oder
>
> 2. an einer bevorstehenden, in § 126 Abs. 1 genannten rechtswidrigen Tat zu täuschen sucht.
>
> (3) Mit Freiheitsstrafe von drei Monaten bis zu fünf Jahren wird bestraft, wer
>
> 1. eine Tat nach Absatz 1 Nr. 1 oder Absatz 2 Nr. 1 begeht oder
>
> 2. wider besseres Wissen einer der in Absatz 1 bezeichneten Stellen vortäuscht, dass die Verwirklichung einer der in § 46b Abs. 1 Satz 1 Nr. 2 dieses Gesetzes oder in § 31 Satz 1 Nr. 2 des Betäubungsmittelgesetzes genannten rechtswidrigen Taten bevorstehe, oder
>
> 3. wider besseres Wissen eine dieser Stellen über den Beteiligten an einer bevorstehenden Tat nach Nummer 2 zu täuschen sucht,
>
> um eine Strafmilderung oder ein Absehen von Strafe nach § 46b dieses Gesetzes oder § 31 des Betäubungsmittelgesetzes zu erlangen.
>
> (4) In minder schweren Fällen des Absatzes 3 ist die Strafe Freiheitsstrafe bis zu drei Jahren oder Geldstrafe.

745 Geschütztes Rechtsgut der in § 145d verorteten abstrakten Gefährdungsdelikte ist die *inländische Rechtspflege*. § 145d I Nr. 1, II Nr. 2 schützen den *inländischen staatlichen Präventivapparat* vor ungerechtfertigter Inanspruchnahme. Zudem sollen § 145d I Nr. 2, II Nr. 2 eine ungerechtfertigte Inanspruchnahme der Präventivorgane verhindern.

746 Die Absätze 3 und 4 pönalisieren die sich aus den sog. Kronzeugenregelungen in § 46b und § 31 BtMG ergebende „spezifische[n] Missbrauchsgefahr" (BGBl. I 2009, S. 2288;

BT-Drs. 16/6268, S. 15). § 145d III Nr. 1 stellt eine Qualifikation zu § 145d I Nr. 1 und II Nr. 2 dar (Schönke/Schröder-Sternberg-Lieben, § 145d Rn. 20a; Fischer, § 145d Rn. 14; AnwK-Graf von Schliefen, § 145d Rn. 11). Hingegen handelt es sich bei § 145 d III Nr. 2 und 3 jeweils um eigenständige Tatbestände. In Absatz 4 findet sich ein unbenannter Strafmilderungsgrund für die Fälle des Absatz 3, der die Strafe auf das Niveau von § 145d I, II absenkt.

747 Alle Tatbestände des § 145d sind Vergehen (§ 12 II), der Versuch mangels notwendiger Anordnung nicht strafbar (vgl. § 23 I).

Bezugsgegenstand des § 145 d

Abs. I	Abs. II
• Nr. 1: Bezugsgegenstand muss eine Tat i.S.v. § 11 I Nr. 5 sein, die (in der konkreten Art und Weise) tatsächlich nicht begangen worden ist (str.).	• Nr. 1: Bezugsgegenstand ist hier der Beteiligte an einer tatsächlich begangenen (beachte den Unterschied zu Abs. 1 Nr. 1) rechtswidrigen Tat i.S.v. § 11 I Nr. 5.
• Nr. 2: Bezugsgegenstand ist hier eine angeblich in der Zukunft liegende Katalogtat i.S.v. § 126 I.	• Nr. 2: Hier ist Bezugsgegenstand der Beteiligte an einer tatsächlich (str.) bevorstehenden Katalogtat i.S.v. § 126 I.

I. Tatbestand

1. Objektiver Tatbestand

748 Im Rahmen des § 145d I wird über eine angeblich begangene Straftat (Nr. 1) oder eine angeblich bevorstehende Katalogtat (Nr. 2) getäuscht. § 145d II betrifft die Täuschung über einen Beteiligten an einer solchen Tat. § 145d III Nr. 2 enthält einen an Absatz I Nr. 2 angelehnten eigenständigen Tatbestand. Gleiches gilt für § 145d III Nr. 3, der an § 145d II Nr. 2 nachempfunden ist.

a) Tatadressat

749 Adressat der Vortäuschungshandlung ist nach allen drei Absätzen des § 145d eine Behörde (§ 11 I Nr. 7) bzw. eine zur Entgegennahme von Anzeigen zuständige Stelle. Im Gegensatz zu § 164 kommen im Rahmen des § 145d nur *inländische Behörden* als taugliche Tatadressaten in Betracht. Für die Einbeziehung ausländischer Behörden fehlt es im Rahmen des § 145d an dem zumindest partiellen Individualschutzcharakter (vgl. Rn. 745).

Die zur Entgegennahme von Anzeigen zuständigen Stellen ergeben sich zunächst aus **750** § 158 StPO (Staatsanwaltschaft, Polizei, Amtsgericht). Der Adressatenkreis erfasst darüber hinaus auch Dienststellen der Bundeswehr, den Wehrbeauftragten (vgl. Schönke/ Schröder-Sternberg-Lieben, § 145d Rn. 4), die Zollbehörden sowie nach h. M. auch die Untersuchungsausschüsse der Parlamente (NK-Kretschmer, § 145d Rn. 10; Schönke/ Schröder-Sternberg-Lieben, § 145d Rn. 4; Kindhäuser, BT 1, § 53 Rn. 4; Wessels/Hettinger/Engländer, BT 1, Rn. 718; a.A. Fischer, § 145 d Rn. 3). Die Behörde kann auch nur mittelbarer Adressat sein, wenn der Täter damit rechnet, dass die Behörde über Dritte (im Regelfall der unmittelbare Adressat) Kenntnis von der angeblichen Straftat erhält (etwa beim Versenden angeblich mit dem Milzbrand-Erreger kontaminierter Briefe, vgl. OLG Frankfurt NStZ-RR 2002, 209) oder dem posten in Sozialen Netzwerken.

Nicht notwendig ist, dass die Behörde oder zur Entgegennahme zuständige Stelle für **751** die Verfolgung bzw. Verhinderung der vorgetäuschten Straftat sachlich und örtlich zuständig ist. Es ist ausreichend, wenn der Adressat zur Weiterleitung an die (strafprozessual bzw. polizeirechtlich) zuständige Stelle verpflichtet ist.

b) Tathandlung

aa) § 145 d I Nr. 1

Der Täter muss die Begehung einer rechtswidrigen Tat i. S. des § 11 I Nr. 5 vortäuschen. **752**

Als rechtswidrige Tat kommen (wie auch bei § 164, vgl. Rn 723) nur Straftaten, nicht **753** hingegen Ordnungswidrigkeiten, in Betracht. Erfasst sind sowohl vollendete als auch versuchte Delikte. Gleichgültig ist, welche Teilnahmeform vorgetäuscht wird.

> Eine Tat ist **begangen**, wenn sie bereits vollendet ist oder das Stadium eines strafbaren Versuchs erreicht hat.
>
> **Vortäuschen** ist das Hervorrufen oder Verstärken des Verdachts einer objektiv nicht gegebenen Tatbegehung.

Das Vortäuschen kann durch eine *ausdrückliche oder eine konkludente Tatsachenbehaup-* **754** *tung* erfolgen (z. B. Anzeige eines erdichteten Einbruchsdiebstahls bei der Polizei, Fahren in Schlangenlinien). Die *Schaffung einer verdächtigenden Beweislage* kann ebenfalls ausreichen. Dies gilt jedoch nur, wenn die Tat, auf die sich die Beweismittel beziehen, tatsächlich nicht begangen wurde. Liegt hingegen eine Tatbegehung vor, werden jedoch die Beweismittel fingiert, sog. *isolierte Beweismittelfiktion,* ist § 145d I Nr. 1 unstrittig nicht erfüllt (bei § 164 ist der Einbezug hingegen str., vgl. dazu die Ausführungen unter Rn. 716).

755 Unerheblich für § 145d I Nr. 1 ist, wer als Beteiligter der vorgetäuschten Straftat bezeichnet wird. Die *Selbstbezichtigung* des Täters (z. B. mit dem Ziel, eine nahestehende Person zu entlasten) ist ebenso wie die *Fremdbezichtigung* erfasst. Auch die *Bezichtigung von Toten oder Unbekannten* ist tatbestandsmäßig (Schönke/Schröder-Sternberg-Lieben, § 145d Rn. 10).

756 Ein Vortäuschen liegt nur vor, wenn es auch *geeignet* ist, ein behördliches Vorgehen hervorzurufen oder fortdauern zu lassen. Ein tatsächliches Tätigwerden ist nicht erforderlich. Ob die Geeignetheit besteht, richtet sich danach, ob die gesetzlichen Voraussetzungen für ein Eingreifen aufgrund der Vortäuschung gegeben sind. In der Regel wird eine solche Verdachtslage geschaffen werden müssen, die einen strafprozessualen Anfangsverdacht gegen den Verdächtigten begründet (vgl. §§ 152 II, 160 I, 163 I StPO). In Hausarbeiten oder Klausuren ergeben sich hier Ansatzpunkte für prozessuale Fragestellungen.

> **Sonderproblem:** Vortäuschen von Rechtfertigungs-, Schuld- und Strafausschließungs- oder Strafaufhebungsgründen, Entschuldigungsgründen sowie von Verfolgungshindernissen

757 Fraglich ist, wie sich das Vortäuschen von Rechtfertigungs-, Schuld- und Strafausschließungs- oder Strafaufhebungsgründen, Entschuldigungsgründen sowie von Verfolgungshindernissen auf die Geeignetheit i. S. d. § 145d auswirkt (vgl. auch Rn. 719 f. in Bezug auf § 164).

758 – Nach der weitaus h. M. (vgl. nur Fischer, § 145d Rn. 5; AnwK-Graf von Schlieffen, § 145d Rn. 4; MüKo-Zopfs, § 145d Rn. 18) soll die Geeignetheit dann nicht bestehen, wenn nach dem Inhalt der Vortäuschungshandlung die Rechtswidrigkeit (wg. einer Rechtfertigung) oder die Schuld (Schuldausschließungs- oder – aufhebungsgründe, Entschuldigungsgründe) nicht gegeben sind oder wenn ein Tätigwerden der Behörden aus anderen Gründen (Strafausschließungs- bzw. Strafaufhebungsgründe, Verfahrenshindernisse) nicht zu erwarten ist. Behauptet bspw. ein Täter fälschlich, in Notwehr gehandelt zu haben, sei die Geeignetheit zu verneinen und § 145d I Nr. 1 nicht erfüllt (vgl. OLG Zweibrücken, NStZ 1991, 530). Durch die Behauptung der angegebenen Umstände sei ein Tätigwerden der Behörden ausgeschlossen, das Schutzgut daher nicht betroffen.

– Dieses Ergebnis wird nunmehr von einer m. M. (z. B. Schönke/Schröder-Stern- **759**
berg-Lieben, § 145d Rn. 9; Krell NStZ 2011, 671 ff.) bestritten. Danach soll
auch die Behauptung von Umständen, welche die Rechtswidrigkeit oder Schuld
entfallen lassen oder eine Sanktion oder die Verfolgung insgesamt ausschließen
grundsätzlich dem § 145d I Nr. 1 unterfallen. Das Bestehen dieser Umstände
muss im Regelfall durch die Rechtspflege verifiziert werden und löst somit einen
ungerechtfertigten Ermittlungsaufwand aus. Zum Teil wird die Strafbarkeit insoweit eingeschränkt, dass evident nicht verfolgbare Taten ausgeschlossen werden
(vgl. Fischer, § 164 Rn. 5b, OLG Hamm NStZ-RR 2002, 167, 168 jew. zu § 164).

Bewertung:

Der sich entwickelnde Streitstand ist mit Blick auf den Schutzzweck des § 145d I Nr. 1 **760**
zu lösen. Die Rechtspflege soll vor ungerechtfertigter Inanspruchnahme geschützt werden. Täuscht der Täter eine Tat vor, die nach seiner Darstellung keine Sanktion nach
sich ziehen würde, kann dieser Umstand für sich nicht eine ungerechtfertigte Inanspruchnahme der Rechtspflege verhindern. Gerade für die Variante der behaupteten
Notwehr ist dies ersichtlich. Denn das Notwehropfer (also der Angreifer i. S. d. § 32)
könnte seinerseits ein gerechtfertigtes Handeln behaupten. Auch kann sich die Frage
stellen, ob tatsächlich ein die Sanktionierung verhindernder Umstand vorliegt, oder ob
dies vom Täter lediglich zum eigenen Schutz behauptet wurde. Die Strafverfolgungsorgane werden hier aufgrund der strafprozessualen Ermittlungspflicht (vgl. § 152 II
StPO) in aller Regel Ermittlungen aufnehmen, um sich eine klare Entscheidungsgrundlage zu verschaffen. Insbesondere weil die hier zu beantwortenden juristischen Fragen
zum Teil äußerst komplex und von den genauen Gegebenheiten des Einzelfalls abhängig sind (so auch Krell NStZ 2011, 671, 672 f.). Die abstrakte Gefahr eines solchen ungerechtfertigten Ermittlungsaufwandes soll durch § 145d I Nr. 1 aber gerade verhindert
werden. Somit ist der m. M. zu folgen, wobei Fälle, in denen evident, also ohne weitere
Ermittlungen, ein behördliches Tätigwerden ausscheidet (der Täter täuscht einen 30
Jahre zurückliegenden Diebstahl vor), auszuschließen sind.

Das Vortäuschen erfordert letztlich, dass die geschaffene Verdachtslage objektiv nicht **761**
besteht. Der Inhalt der Täuschungshandlung muss sich somit als falsch (vgl. Rn. 725)
darstellen. Dies ist jedenfalls dann der Fall, wenn der Täter eine tatsächlich nicht begangene rechtswidrige Tat erdichtet.

Sonderproblem: Täuschung mit Wahrheitskern **762**

Nicht abschließend geklärt ist hingegen die Frage, ob § 145d I Nr. 1 einschlägig ist,
wenn eine rechtswidrige Tat tatsächlich begangen wurde, der Täter sie jedoch durch

Übertreibungen oder *Hinzudichten* weiterer Umstände aufbauscht, z. B. ein Diebstahl wird als Raub dargestellt, die Tatbeute wird erheblich übertrieben dargestellt).

763   – Die Rspr. sieht in Übereinstimmung mit der h. L. eine solche Täuschung mit Wahrheitskern nur dann als tatbestandsmäßig an, wenn das Täterverhalten einen gegenüber der tatsächlich begangenen Tat nennenswert erhöhten Ermittlungsaufwand hervorruft (OLG Oldenburg JuS 2011, 81; Rengier, BT II, § 51 Rn. 4 ff.; krit. Wessels/Hettinger/Engländer, BT 1, Rn. 720). Dies sei immer dann der Fall, wenn die tatsächlich begangene Tat durch die Täuschungshandlung ein im Kern anderes Gepräge erhält (BGH NStZ 2015, 514). Die Kriterien, wann ein anderes Gepräge anzunehmen sei, sind innerhalb der h. M. umstritten. Während der BGH eine die vorgenannten Kriterien nicht weiter spezifizierende Einzelfallbetrachtung vornimmt (BGH NStZ 2015, 514, 514 f.), wird in der Literatur zum Teil ein Umfälschen eines Vergehens in ein Verbrechen (Krümpelmann JuS 1985, 763) oder eines Privatklage- in ein Offizialdelikt (Stree NStZ 1987, 559, 560) als Kriterium gefordert. Zum Teil wird auch darauf abgestellt, ob die Hinzudichtung gegenüber dem tatsächlichen Geschehen erheblich ist (vgl. Schönke/Schröder-Sternberg-Lieben, § 145d Rn. 9).

764   – Demgegenüber sieht eine abweichende Auffassung § 145d nur dann als erfüllt an, wenn eine Überschneidung zwischen dem vorgetäuschten und dem tatsächlichen Geschehen nicht gegeben ist. Eine darüber hinausgehende Differenzierung sei in § 145d nicht angelegt, die Abgrenzungskriterien der Gegenauffassung erweitern danach den Anwendungsbereich des § 145d contra legem (Geppert Jura 2000, 383, 384).

Bewertung:

765   Entgegen der letztgenannten Auffassung überspannt die h. M. den Wortlaut des § 145d nicht. Unter dem Begriff des Vortäuschens kann auch ein nur partielles Vortäuschen einer rechtswidrigen Tat verstanden werden. Zudem würde die zweite Auffassung dazu führen, dass § 145d durch den Täter einfach umgangen werden könnte, indem er irgendeine tatsächliche Begebenheit in die Täuschungshandlung einflechtet. Zwar ist zuzugeben, dass die Abgrenzungskriterien des BGH nur schwer begrifflich fassbar sind. Mit den genannten Spezifizierungen erfüllen sie aber die Bestimmtheitsanforderungen des Art. 103 II GG.

bb) § 145d II Nr. 1

766   § 145d II Nr. 1 setzt voraus, dass der Täter über die Beteiligung an einer rechtswidrigen Tat (§ 11 I Nr. 5) zu täuschen sucht. Sinn der Norm ist es zu verhindern, dass Unbeteiligte als mögliche Beteiligte einer rechtswidrigen Tat in den Fokus der Strafverfolgungs-

behörden gerückt werden und in der Folge ungerechtfertigte Ermittlungsbemühungen in Bezug auf den Unbeteiligten vornehmen. Wie schon § 145d I Nr. 1 setzt auch § 145d II Nr. 1 eine bereits begangene Tat voraus (siehe Rn. 753).

§ 145d II Nr. 1 ist jedenfalls dann einschlägig, wenn die vom Täter behauptete Tat tat- **767** sächlich stattgefunden hat. Sie darf im Gegensatz zu § 145d I Nr. 1 somit nicht vom Täter erdichtet worden sein.

Sonderproblem: Irrtümlich angenommene rechtswidrige Tat

Fraglich ist hingegen, ob § 145d II Nr. 1 auch dann Anwendung findet, wenn die Tat, **768** über deren Beteiligte der Täter zu täuschen sucht tatsächlich nicht stattgefunden hat, der Täter aber irrig davon ausgeht, die Tat habe stattgefunden (Bsp.: Das Fahrrad von O ist verschwunden. A glaubt an einen Diebstahl und bezichtigt wider besseres Wissen B als Dieb bei der Polizei. Tatsächlich hatte C sich das Fahrrad nur für eine Tour ausgeliehen, was O vergessen hat.).

– Unter Berufung auf den Wortlaut begrenzen Vertreter in der Literatur (Rengier, **769** BT I, § 51 Rn. 8; Fischer, § 145d Rn. 7; Geppert Jura 1980, 204, 209) und ein Teil der Rspr. (BayObLG NStZ 2004, 97; KG JR 1989, 26; OLG Frankfurt NJW 1975, 1895) den Anwendungsbereich des § 145d II Nr. 1 auf Taten, die tatsächlich stattgefunden haben. Gehe der Täter irrig von einer solchen Tat aus, bestehe tatsächlich keine rechtswidrige Tat, über deren Beteiligte er täuschen könne.

– Demgegenüber will die Gegenansicht (Schönke/Schröder-Sternberg-Lieben, **770** § 145d Rn. 13; LK-Ruß, § 145d Rn. 14; SK-Rogall, § 145d Rn. 25, MüKo-Zopfs, § 145d Rn. 32; OLG Hamm NJW 1963, 2138) es ausreichen lassen, wenn der Täter irrig annimmt, eine rechtswidrige Tat habe stattgefunden. Die Ansicht widerspreche nicht dem Wortlaut des § 145d II Nr. 1. Zudem sei auch hier ein ungerechtfertigter Ermittlungsaufwand der Strafverfolgungsbehörden notwendig, so dass der Schutzzweck der Norm betroffen sei.

Bewertung:

Der letztgenannten Auffassung ist insoweit zuzustimmen, als dass der Wortlaut des **771** § 145d II Nr. 1 die Anwendung bei einer nur irrig angenommenen rechtswidrigen Tat nicht zwingend ausschließt. Auch kann der Begriff „zu täuschen sucht" so verstanden werden, dass § 145d II Nr. 1 insgesamt einen Versuchscharakter aufweist, so dass es nur auf die subjektive Sicht des Täters ankommt. Überzeugen kann die Auffassung dennoch nicht. Mag der Wortlaut auch in dem Verständnis der letztgenannten Auffassung interpretierbar sein, näher liegt das Verständnis der erstgenannten Auffassung. Denn der Begriff „zu täuschen sucht" bezieht sich erkennbar nicht auf die rechtswidrige Tat, sondern lediglich auf deren Beteiligte. Dies ergibt sich bereits aus dem Vergleich mit § 145d I Nr. 1 und der Existenz des § 164 I. Auch legt der Begriff keinen allgemeinen Versuchscharakter der Norm dar. Es handelt sich vielmehr um ein abstraktes Gefährdungsdelikt. Gemeint ist somit lediglich, dass kein Täuschungserfolg herbeigeführt werden muss. Zwar führt die erstgenannte Auffassung dazu, dass durch die Täuschungshandlung die Gefahr erhöht wird, dass die rechtswidrige Tat nicht aufklärbar ist. In der Folge könnte auch der Täter des § 145d II Nr. 1 unter Anwendung des Grundsatzes in dubio pro reo nicht belangt werden. Dies liegt aber in der Natur der Sache und entspricht der weitgehend zulässigen straflosen Selbstbegünstigung. Letztlich würde die letztgenannte Ansicht zur Strafbarkeit des untauglichen Versuchs führen. Jedoch hat der Gesetzgeber den Versuch des § 145d bewusst nicht unter Strafe gestellt. Daher begründet die letztgenannte Auffassung eine Strafbarkeit contra legem und ist abzulehnen.

772 Der Täter muss durch die Täuschungshandlung den Tatverdacht auf Unbeteiligte lenken und damit die Gefahr nutzloser Ermittlungen veranlasst haben. Bezieht sich die Täuschung lediglich auf die Beteiligungsform eines tatsächlich Beteiligten (z. B. Gehilfe wird zum Täter stilisiert), so ist § 145d II Nr. 1 nicht erfüllt.

773 Erfasst ist sowohl die fälschliche Selbstbezichtigung als auch die fälschliche Fremdbezichtigung. Bei der Fremdbezichtigung muss keine identifizierbare Person genannt werden. Ausreichend ist die *Bezichtigung eines Unbekannten,* wenn hierdurch ungerechtfertigte Ermittlungshandlungen ausgelöst werden können (z. B. bei einer klaren Personenbeschreibung des Unbekannten und der Mitarbeit an der Erstellung eines Fahndungsbildes).

774 Grundsätzlich kann die Tat auch durch Schweigen und Leugnen der eigenen Beteiligung verwirklicht werden. Der Täter erfüllt jedoch § 145d II Nr. 1 nicht, wenn er sich im Bereich der prozessual zulässigen Selbstbegünstigung bewegt. Es gelten die zu § 164 dargelegten Grundsätze entsprechend (vgl. Rn. 736).

775 § 145d II Nr. 1 ist nicht erfüllt, wenn die Ermittlungstätigkeit der Strafverfolgungsorgane nur behindert wird, ohne eine *unbeteiligte Person* zu *belasten* (z. B. Verschaffen eines falschen Alibis; betrunkener Autofahrer behauptet, der nicht betrunkene Beifahrer sei gefahren).

cc) § 145d I Nr. 2

776 Der Regelung des § 145d I Nr. 2 liegt der Gedanke zugrunde, dass bei einer möglichen Verwirklichung einer der in § 126 I genannten rechtswidrigen Taten die Präventivorgane umfangreiche Maßnahmen zu deren Verhinderung ergreifen werden (LK-Ruß, § 145d Rn. 13). Eine in dieser Form ungerechtfertigte Inanspruchnahme der Präventivorgane soll verhindert werden. Dementsprechend wird das Vortäuschen des Bevor-

stehens der Verwirklichung einer rechtswidrigen Tat aus dem Katalog des § 126 I unter Strafe gestellt.

Erforderlich ist mithin das Vortäuschen der *bevorstehenden Verwirklichung* einer fiktiven **777** rechtswidrigen Tat i. S. von § 126 I. Somit sind in zeitlicher Hinsicht alle Taten ausgeschlossen, deren Verwirklichung erst in entfernter Zukunft zu erwarten ist oder die sich im nicht strafbaren Planungsstadium befinden. In qualitativer Hinsicht scheiden alle rechtswidrigen Taten als Bezugspunkt aus, die nicht im Katalog des § 126 I enthalten sind.

Mit Blick auf den Zweck des § 145d I Nr. 2, ungerechtfertigte Präventivmaßnahmen zu **778** vermeiden, muss die bevorstehende Tat lediglich als tatbestandsmäßig und rechtswidrig, nicht aber als schuldhaft dargestellt werden.

Wird eine tatsächlich bevorstehende Tat zu einer solchen nach § 126 I aufgebauscht, **779** soll § 145d I Nr. 2 nicht einschlägig sein, weil das Einschreiten der Präventivorgane aufgrund der tatsächlich bevorstehenden Tat nicht ungerechtfigt sei. Anderes soll nur gelten, wenn es sich um eine Bagatelltat handelt (Schönke/Schröder-Sternberg-Lieben, § 145d Rn. 19; SK-Rogall, § 145d Rn. 38; NK-Kretschmer, § 145d Rn. 23). Dem widerspricht eine Gegenauffassung (Fischer, § 145d Rn. 6; Maurach/Schroeder/Maiwald, BT II, § 99 Rn. 27, MüKo-Zopfs, § 145d Rn. 29). Dieser Ansicht ist zu folgen, weil die tatsächlich bevorstehende Tat durch das Aufbauschen in den Katalog des § 126 I gehoben und ihr hierdurch ein anderes Gepräge verliehen wird. Dies ruft die Gefahr eines in ungerechtfertigter Weise erheblich erhöhten Präventivaufwandes hervor, den § 145d I Nr. 2 verhindern soll.

Im Übrigen gelten in Bezug auf die rechtswidrige Tat und das Vortäuschen die zu § 145d **780** I Nr. 1 entwickelten Grundsätze entsprechend (vgl. Rn. 752 ff.).

dd) § 145d II Nr. 2

Erforderlich ist die Täuschung über den Beteiligten an einer tatsächlich bevorstehen- **781** den Tat i. S. von § 126 I. Es gelten die zu § 145d II Nr. 1 entwickelten Grundsätze entsprechend (vgl. Rn. 765 ff.).

ee) § 145d III Nr. 2

Die Tathandlung entspricht der des Absatz I Nr. 2. Die vorgetäuschte Tat muss jedoch **782** eine solche aus dem Katalog des § 46b I Nr. 2 sein, welcher wiederum auf den Katalog des § 100a II StPO verweist. Alternativ kommt auch das Vortäuschen einer Tat aus dem Katalog des § 31 Satz 1 Nr. 2 BtMG in Betracht. Es gilt das zu § 145d I Nr. 2 Gesagte entsprechend (vgl. Rn. 776 ff.).

ff) § 145d III Nr. 3

783   Die Tathandlung des § 145d III Nr. 3 entspricht der von § 145d II Nr. 2. Bezugstat ist hier eine Tat gem. § 145d III Nr. 2. Dies umfasst alle Taten aus den Katalogen des § 46b I Nr. 2 i. V. m. § 100a II StPO und § 31 Satz 1 Nr. 2 BtMG. Es gilt das zu § 145d II Nr. 2 Gesagte entsprechend (vgl. Rn. 782).

2. Subjektiver Tatbestand

784   Hinsichtlich der zuständigen Stelle muss der Täter vorsätzlich handeln, also mindestens mit *dolus eventualis*.

785   Bezüglich der Täuschungshandlungen muss der Täter jeweils wider besseres Wissen (also mit *dolus directus 2. Grades*) handeln. Der Täuschende muss positiv wissen, dass die bei § 145d I Nr. 1 angegebene rechtswidrige Tat nicht begangen wurde. Bei § 145d I Nr. 2 und § 145d III Nr. 2 muss er positiv wissen, dass die Bezugstat jeweils nicht bevorsteht. § 145d II erfordert das Wissen des Täters, dass die Tat tatsächlich begangen wurde (Nr. 1) bzw. tatsächlich bevorsteht (Nr. 2) und ein Unbeteiligter belastet wird. Gleiches erfordert § 145d III Nr. 3, also das Wissen des Täters, dass die Bezugstat tatsächlich bevorsteht und ein Unbeteiligter belastet wird.

786   Zusätzlich erfordern § 145d III Nr. 2 und 3 die Absicht (*dolus directus 1. Grades*) des Täters eine Strafmilderung oder ein Absehen von Strafe gem. § 46b oder § 31 BtMG zu erlangen.

II. Rechtswidrigkeit

III. Schuld

IV. Qualifikation gem. § 145d III Nr. 1

787   Die Reglung des § 145d III Nr. 1 qualifiziert die Tatbestände des § 145d I Nr. 1 und § 145d II Nr. 1 aufgrund der spezifischen Missbrauchsgefahr, die in den Kronzeugenregelungen von § 46b und § 31 BtMG liegen.

788   In objektiver Hinsicht erfordert § 145d III Nr. 1 nach dem Wortlaut lediglich die Verwirklichung des § 145d I Nr. 1 oder II Nr. 1. Die straferhöhende Wirkung ergibt sich somit rein aus der subjektiven Komponente, nämlich der Absicht, eine Strafmilderung oder ein Absehen von Strafe gem. § 46b oder § 31 BtMG zu erlangen. Dieses Ziel kann der Täter aber nur erreichen, wenn es sich bei der vorgetäuschten Tat nach Absatz 1 Nr. 1 bzw. der tatsächlichen Tat nach Absatz 2 Nr. 1 um eine solche aus dem Katalog

des § 46b bzw. § 31 BtMG handelt. Daher ist § 145d III Nr. 1 in der Form restriktiv auszulegen, dass bereits im objektiven Tatbestand die Tat nach § 145d I Nr. 1, II Nr. 1 sich auf eine Tat gem. § 46b bzw. § 31 BtMG beziehen muss (Zopf ZIS 2011, 669, 672, a. A. wohl Fischer, § 145d Rn. 14).

In subjektiver Hinsicht muss der Täter in der Absicht (*dolus directus 1. Grades*) han- **789** deln, eine Strafmilderung oder ein Absehen von Strafe gem. § 46b oder § 31 BtMG zu erlangen.

V. Konkurrenzen

Liegt in den Angaben des Täters sowohl eine Tat gem. § 145d I Nr. 1, als auch § 145d I **790** Nr. 2, so liegen wegen der unterschiedlichen betroffenen Organe zwei Taten des § 145d vor, die aber in Tateinheit stehen (SK-Rogall, § 145d Rn. 32; LK-Ruß, § 145d Rn. 23; Fischer, § 145d Rn. 16; a. A. Schönke/Schröder-Sternberg-Lieben, § 145d Rn. 26; Mü-Ko-Zopfs, § 145d Rn. 47). Gleiches gilt im Rahmen des § 145d II für die gleichzeitige Verwirklichung der Nrn. 1 und 2. Im Übrigen verdrängt § 145d III Nr. 1 die Taten nach § 145d I Nr. 1 und II Nr. 1 (Spezialität).

Nach der *formellen Subsidiaritätsklausel* des § 145d I a. E. ist die Tat nur strafbar, wenn **791** sie nicht in §§ 164, 258 oder 258a mit Strafe bedroht ist. Nach dem eindeutigen Gesetzeswortlaut („ebenso wird bestraft") gilt die Klausel auch für § 145d II. Subsidiär ist § 145d jedoch nur, wenn die Tat nach den genannten Delikten auch tatsächlich (zumindest wegen Versuchs) geahndet werden kann. Die persönlichen Strafausschließungsgründe des § 258 V und VI (vgl. Rn. 676) sind auf § 145d bereits aufgrund der unterschiedlichen Schutzrichtung nicht analog anwendbar.

In § 145d III findet sich keine vergleichbare Subsidiaritätsklausel. Eine formelle Subsi- **792** diarität kann daher nicht angenommen werden. Aufgrund der besonderen Schutzrichtung des Absatzes 3 kommt Subsidiarität auch aus anderen Gründen nicht in Betracht (krit. Zopf ZIS 2011, 669, 673). Daher kann § 145d III zu den §§ 164, 258, 258a in Tateinheit stehen.

Tateinheit ist mit den §§ 142; 153 ff.; 239; 257; 263 und 267 möglich. Ist § 145d jedoch **793** in Vorbereitung eines Betrugs begangen worden, besteht Realkonkurrenz zu § 263 (Schönke/Schröder-Stree/Sternberg-Lieben, § 145d Rn. 26).

VI. Aufbauschema § 145d

I. Tatbestand

1. Objektiver Tatbestand

   a) Tatadressat

   b) Tathandlung

      aa) Vortäuschen der Begehung einer fiktiven rechtswidrigen Tat (§ 145d I Nr. 1), oder

      bb) Vortäuschen der Verwirklichung einer tatsächlich nicht bevorstehenden rechtswidrigen Tat aus dem Katalog des § 126 I (§ 145d I Nr. 2), oder

      cc) Täuschung über den Beteiligten einer tatsächlich begangenen rechtswidrigen Tat (§ 145d II Nr. 1), oder

      dd) Täuschung über den Beteiligten einer tatsächlich bevorstehenden rechtswidrigen Tat aus dem Katalog des § 126 I (§ 145d II Nr. 2), oder

      ee) Vortäuschen der Verwirklichung einer tatsächlich nicht bevorstehenden Tat aus den Katalogen der §§ 46b; 31 BtMG (§ 145d III Nr. 2), oder

      ff) Täuschung über den Beteiligten einer tatsächlich bevorstehenden Tat aus dem Katalog der §§ 46b; 31 BtMG (§ 145d III Nr. 3)

2. Subjektiver Tatbestand

   a) dolus eventualis bzgl. des Tatadressaten

   b) dolus directus 2. Grades bzgl. der Nichtbegehung (§ 145d I Nr. 1) bzw. der nicht bevorstehenden Verwirklichung (§ 145d I Nr. 2, III Nr. 2) der Bezugstat bzw. bzgl. der Nichtbeteiligung an der tatsächlichen Bezugstat (§ 145d II Nr. 1 und 2, III Nr. 3)

   c) bei § 145d III Nr. 2 und 3 zusätzlich dolus directus 1. Grades bzgl. der Erlangung einer Strafmilderung oder eines Absehens von Strafe nach § 46b oder § 31 BtMG

II. Rechtswidrigkeit

III. Schuld

IV. Qualifikation gem. § 145d III Nr. 1

1. Objektiver Tatbestand

   a) Tatadressat

   b) Tathandlung

      aa) Vortäuschen der Begehung einer fiktiven rechtswidrigen Tat aus dem Katalog des § 46b oder des § 31 BtMG, oder

      bb) Täuschung über den Beteiligten einer tatsächlich begangenen rechtswidrigen Tat aus dem Katalog des § 46b oder des § 31 BtMG

2. Subjektiver Tatbestand

   a) dolus eventualis bzgl. des Tatadressaten

   b) dolus directus 2. Grades bzgl. der Nichtbegehung (§ 145d III Nr. 1 1. Alt.) bzw. bzgl. der Nichtbeteiligung an der tatsächlichen Bezugstat (§ 145d III Nr. 1 2. Alt.)

   c) dolus directus 1. Grades bzgl. der Erlangung einer Strafmilderung oder eines Absehens von Strafe nach § 46b oder § 31 BtMG

D. Nichtanzeige geplanter Straftaten (§ 138)

Gesetzestext:

(1) Wer von dem Vorhaben oder der Ausführung

1. (weggefallen)

2. eines Hochverrats in den Fällen der §§ 81 bis 83 Abs. 1,

3. eines Landesverrats oder einer Gefährdung der äußeren Sicherheit in den Fällen der §§ 94 bis 96, 97a oder 100,

4. einer Geld- oder Wertpapierfälschung in den Fällen der §§ 146, 151, 152 oder einer Fälschung von Zahlungskarten mit Garantiefunktion und Vordrucken für Euroschecks in den Fällen des § 152b Abs. 1 bis 3,

5. eines Mordes (§ 211) oder Totschlags (§ 212) oder eines Völkermordes (§ 6 des Völkerstrafgesetzbuches) oder eines Verbrechens gegen die Menschlichkeit (§ 7 des Völkerstrafgesetzbuches) oder eines Kriegsverbrechens (§§ 8, 9, 10, 11 oder 12 des Völkerstrafgesetzbuches) oder eines Verbrechens der Aggression (§ 13 des Völkerstrafgesetzbuches),

6. einer Straftat gegen die persönliche Freiheit in den Fällen des § 232 Absatz 3 Satz 2, des § 232a Absatz 3, 4 oder 5, des § 232b Absatz 3 oder 4, des § 233a Absatz 3 oder 4, jeweils soweit es sich um Verbrechen handelt, der §§ 234, 234a, 239a oder 239b,

7. eines Raubes oder einer räuberischen Erpressung (§§ 249 bis 251 oder 255) oder

8. einer gemeingefährlichen Straftat in den Fällen der §§ 306 bis 306c oder 307 Abs. 1 bis 3, des § 308 Abs. 1 bis 4, des § 309 Abs. 1 bis 5, der §§ 310, 313, 314 oder 315 Abs. 3, des § 315b Abs. 3 oder der §§ 316a oder 316c

zu einer Zeit, zu der die Ausführung oder der Erfolg noch abgewendet werden kann, glaubhaft erfährt und es unterläßt, der Behörde oder dem Bedrohten rechtzeitig Anzeige zu machen, wird mit Freiheitsstrafe bis zu fünf Jahren oder mit Geldstrafe bestraft.

(2) Ebenso wird bestraft, wer

1. von der Ausführung einer Straftat nach § 89a oder

2. von dem Vorhaben oder der Ausführung einer Straftat nach § 129a, auch in Verbindung mit § 129b Abs. 1 Satz 1 und 2,

---

> zu einer Zeit, zu der die Ausführung noch abgewendet werden kann, glaubhaft erfährt und es unterlässt, der Behörde unverzüglich Anzeige zu erstatten. § 129b Abs. 1 Satz 3 bis 5 gilt im Fall der Nummer 2 entsprechend.
>
> (3) Wer die Anzeige leichtfertig unterläßt, obwohl er von dem Vorhaben oder der Ausführung der rechtswidrigen Tat glaubhaft erfahren hat, wird mit Freiheitsstrafe bis zu einem Jahr oder mit Geldstrafe bestraft.

Die Vorschrift normiert echte Unterlassungsdelikte. Es handelt sich um Jedermannsdelikte, so dass aus der Anzeigepflicht aus § 138 keine Garantenstellung des Täters resultiert. Umstritten ist, welches Rechtsgut die Vorschrift schützt. **794**

Sonderproblem: Schutzgut des § 138

Fraglich ist, ob neben dem Schutzgut des anzuzeigenden Delikts auch die innerstaatliche Rechtspflege in ihrer Aufgabe der Straftatverhütung als geschützt anzusehen ist. **795**

- Die heute h. M. (z.B. AnwK-StGB-Graf von Schlieffen, § 138 Rn. 1; Fischer, **796** § 138 Rn. 2; MüKo/Hohmann, § 138 Rn. 1; Rengier, BT II, § 53 Rn. 1) sieht allein die durch die anzuzeigenden Delikte erfassten Rechtsgüter als durch § 138 mittelbar geschützte Rechtsgüter an. Dies sei aus dem lediglich eingeschränkten Katalog der Absätze 1 und 2 zu folgern. Zudem folge aus dem Wortlaut, dass die Anzeigepflicht nur zu einem Zeitpunkt besteht, in dem die Ausführung oder der Erfolg der Tat noch abgewendet werden kann. Die Behörden der Rechtspflege haben jedoch eine Eingriffsverpflichtung über diesen Zeitpunkt der noch möglichen Straftatverhütung hinaus. Letztlich ergebe sich aus dem Umstand, dass nicht die Strafverfolgungs- oder andere Behörden, sondern alternativ auch der Bedrohte im Falle des § 138 I zu benachrichtigen ist, was einen Schutz der Rechtspflege ausschließe.

- Die Gegenansicht (z.B. Eisele, BT I, Rn. 1501; Tag JR 1995, 134) sieht demge- **797** genüber neben den durch die h. M. erfassten Rechtsgütern auch die innerstaatliche Rechtspflege als Schutzgut des § 138 an. Hierfür spreche, dass es gerade originäre Aufgabe der Rechtspflege sei, Straftaten zu verhindern. Die Erfüllung dieser Aufgabe werde durch § 138 ermöglicht und gesichert.

Bewertung:

Der h. M. ist zuzustimmen. Insbesondere spricht hierfür der Umstand, dass der Gesetz- **798** geber sich gegen eine allgemeine Anzeigepflicht von geplanten Straftaten ausgesprochen hat und die auf die Straftatenkataloge des § 138 I, II beschränkte Anzeigepflicht kodifizierte. Wäre auch die Rechtspflege geschützt, so hätte zur Ermöglichung und

Sicherstellung der Durchführung ihrer Aufgaben eine generelle, zumindest deutlich erweiterte Form der Anzeigepflicht (z. B. für Verbrechen generell) statuiert werden müssen. Auch der Umstand, dass eine Verhinderung der Ausführung oder des Erfolgs der Tat noch möglich sein muss lässt den fehlenden Schutz der Rechtspflege erkennen. Zwar kann nach einem solchen Zeitpunkt die Straftatverhinderung im konkreten Einzelfall durch die Behörden nicht mehr gewährleistet werden. Jedoch geht die Eingriffspflicht der der Rechtspflege zuzuordnenden Behörden deutlich weiter. Insbesondere ist dies auch in Bezug auf die Strafverfolgung nach den tatbestandlichen Zeitpunkten von § 138 I und II der Fall. Dies auch und gerade aus präventiven, nämlich spezial- und generalpräventiven Gesichtspunkten.

I. Tatbestand

1. Objektiver Tatbestand

a) Vorhaben oder Ausführung einer Katalogtat

Es muss ein Vorhaben oder die Ausführung einer Katalogtat aus § 138 I Nr. 1 – 8 vorliegen.

799 Ein **Vorhaben** ist jede ernstliche Planung einer Katalogtat.

Nicht notwendig ist, dass die Tat bereits das Versuchsstadium erreicht hat. Auch eine strafbare Vorbereitungshandlung ist nicht notwendig. Sie muss jedoch in ihren Grundzügen bereits festgelegt worden sein.

800 Unter **Ausführung** ist der Zeitraum vom Versuchsbeginn bis bis zur Tatvollendung zu verstehen.

Das Vorhaben oder die Ausführung muss eine Katalogtat nach § 138 I Nr. 1 – 8 betreffen. Ausreichend ist, wenn entweder das Vorhaben oder die Ausführung vorliegt. Oftmals wird im Falle der Ausführung auch ein zeitlich vorgelagertes Vorhaben gegeben sein. Zwingend ist dies jedoch nicht (z. B. bei Spontantaten). Die Phasen können ineinander übergehen.

801 Im Falle des § 138 II Nr. 1 fordert der Wortlaut ausdrücklich die Ausführung einer Straftat nach § 89a, so dass hier das Vorhaben nicht ausreichend ist.

b) Tatsubjekt

§ 138 ist ein Jedermannsdelikt. Dennoch scheiden nach h. M. die Beteiligten (Täter **802** oder Teilnehmer) der geplanten oder auszuführenden Tat aus. § 138 erfasst nur die Nichtanzeige *fremder* Straftaten. Der Zeitpunkt der Beteiligung ist ebenso unerheblich wie der Umstand, dass die Person zwischenzeitlich strafbefreiend zurückgetreten ist.

Auch der Bedrohte kann nicht Täter des § 138 sein, sofern er der einzige Bedrohte ist. **803** Dies folgt schon dem Wortlaut des § 138 I.

c) Glaubhaftes Erfahren

Der Täter muss von dem Vorhaben oder der Ausführung der Tat glaubhaft erfahren. **804** Im Falle des Vorhabens muss er von den Grundzügen der Tat Kenntnis erlangen. Die Kenntnis der Identität der Tatbeteiligten der Katalogtat ist hierbei nicht erforderlich. Gleiches gilt im Falle der Ausführung. Die Kenntnis des Täters muss jedoch so genau sein, dass sie ausreicht, um bei Anzeige die Behörde oder den Bedrohten zur Vornahme von Sicherungsmaßnahmen oder weiteren Ermittlungen zu veranlassen.

Glaubhaft erfährt der Täter von dem Vorhaben oder der Ausführung der Katalog- **805** tat, wenn ein verständiger Dritter in der Rolle des Täters damit rechnen muss, dass die Ausführung des Vorhabens tatsächlich zu befürchten ist bzw. die Ausführung der Katalogtat tatsächlich gegeben ist.

d) Abwendbarkeit der Ausführung oder des Erfolges

Die Ausführung oder der Erfolg der Tat muss im Tatzeitpunkt noch abwendbar sein. **806**

Die **Ausführung** der Tat **ist noch abwendbar**, wenn sie noch nicht das Stadium des strafbaren Versuchs erreicht hat und dies durch sofortiges Tätigwerden der zuständigen Behörden oder des Bedrohten noch abgewendet werden kann.

Der **Erfolg** der Tat **ist noch abwendbar**, wenn der zum Tatbestand gehörende Erfolg noch nicht eingetreten ist und durch sofortiges Tätigwerden der zuständigen Behörden oder des Bedrohten noch abgewendet werden kann.

Im Falle des § 138 II ist es ausreichend, dass die Ausführung der Tat noch abgewendet werden kann.

e) Unterlassen= nicht rechtzeitige Anzeige

807 Der Täter muss es unterlassen, die Behörde den Bedrohten das Vorhaben oder die Ausführung der Tat rechtzeitig anzuzeigen. Es ist keine Strafanzeige im prozessualen Sinne, als gem. § 158 StPO erforderlich.

> Unter **Anzeige** i. S. d. § 138 ist jede Mitteilung des Wissens des Täters an den Adressaten über die Katalogtat zu verstehen.
>
> Die Anzeige erfolgt **rechtzeitig**, wenn sie so früh erfolgt, dass die Ausführung oder der Erfolgseintritt der Katalogtat noch zu verhindern ist.

808 Die tatsächliche Verhinderung der Tat bzw. des Taterfolgs ist nicht erforderlich. Ebenso muss der Täter nicht unverzüglich nach Kenntniserlangung die Tat anzeigen, sofern durch den Zeitablauf nicht die Verhinderung der Tat oder des Erfolgs unmöglich wird. Anderes gilt nur für § 138 II, wo die Unverzüglichkeit der Anzeige ausdrücklich gefordert ist.

809 Die Anzeige ist an keine Form gebunden, so dass die mündliche, auch fernmündliche Anzeige, eine Anzeige per Social Media oder Briefpost ebenso möglich ist, wie durch einen anwaltlichen Schriftsatz. Sie muss jedoch so ausgestaltet und formuliert sein, dass dem Adressaten die Ernsthaftigkeit der Anzeige deutlich wird und ihn zum Tätigwerden befähigt. Seine Identität muss der Anzeigenerstatter nicht preisgeben, soweit hierdurch nicht die Ernsthaftigkeit der Anzeige durch den Adressaten in Frage gestellt wird.

Die Anzeige muss gegenüber einer Behörde oder dem Bedrohten erfolgen.

810 > Unter einer **Behörde** ist jede Behörde gem. § 11 I Nr. 7 zu verstehen, zu deren Aufgabenkreis die Gefahrenabwehr gehört.

Der Täter muss sich nicht an die sachlich und örtlich zuständige Behörde wenden.

811 > **Bedrohter** ist jede Person, gegen dessen Rechtsgüter sich die Tatausführung der Katalogtat richtet.

812 Ist der Adressat bereits informiert, entfällt die Anzeigepflicht.

2. Subjektiver Tatbestand

813 Erforderlich ist mindestens *dolus eventualis* hinsichtlich der Verwirklichung der objektiven Tatbestandsmerkmale. Geht der Täter irrig davon aus, der Adressat habe noch keine Kenntnis erlangt, so liegt ein Versuch vor, der mangels ausdrücklicher Anordnung der Strafbarkeit des Versuchs bei dem Vergehen des § 138 straflos bleibt. Glaubt der Täter hingegen irrig, der Adressat sei bereits informiert und unterlässt daher eine Anzeige, liegt ein Tatbestandsirrtum (§ 16) vor.

§ 138 III enthält eine Leichtfertigkeits-Vorsatz-Kombination in der Form, dass in Bezug **814** auf das Unterlassen der Anzeige Leichtfertigkeit gefordert wird, im Übrigen mindestens *dolus eventualis* hinsichtlich der Verwirklichung der anderen objektiven Tatbestandsmerkmale vorliegen muss.

II. Rechtswidrigkeit

Es gelten die allgemeinen Rechtfertigungsgründe. Nach h.M. handelt es sich bei **815** § 139 II um einen besonderen Rechtfertigungsgrund in Bezug auf § 138 und nicht um einen Tatbestandsausschluss.

Für Berufsgeheimnisträger sieht § 139 III 2 sowie für deren berufsmäßige Gehilfen **816** § 139 III 3 einen besonderen Rechtfertigungsgrund vor. Insoweit wird zwar vertreten, es handele sich bei § 139 III 1, auf den § 139 III 2, 3 verweisen um einen persönlichen Strafaufhebungsgrund, so dass dies auch für § 139 III 2, 3 gelten müsse. Die dortige Verweisung betrifft jedoch nur die Voraussetzungen, nicht hingegen die Rechtsfolgen. Zudem ist mit Blick auf die sich andernfalls nach § 203 ergebende Strafbarkeit mit der h.M. zutreffend von einem Rechtfertigungsgrund auszugehen.

III. Schuld

IV. Absehen von Strafe/persönlicher Strafaufhebungsgrund

§ 139 I ermöglicht ein Absehen von Strafe in den Fällen, in denen die Katalogtat trotz **817** Nichtanzeige durch den Täter nicht das Stadium des strafbaren Versuchs erreicht hat. Die Regelung kann somit überhaupt nur für Fälle des Vorhabens einer Katalogtat Anwendung finden, weil die Ausführung gerade ein Erreichen des Versuchs voraussetzt.

Einen persönlichen Strafaufhebungsgrund sieht § 139 III für Angehörige (§ 11 I Nr. 1) **818** des Beteiligten der Katalogtat vor, sofern sie sich ernsthaft Bemühen, ihn von der Tat abzuhalten oder den Erfolg abzuwenden. Der Begriff des ernsthaften Bemühens ist analog zu § 24 I 2 zu verstehen. Der persönliche Strafaufhebungsgrund kommt nicht zur Anwendung, wenn es sich bei der Katalogtat um eine der in § 139 III Nr. 1 – 3 Genannten handelt.

Letztlich normiert § 139 IV einen persönlichen Strafaufhebungsgrund für denjenigen, **819** der anders als durch Anzeige die Ausführung oder den Erfolg der Tat abwendet. § 139

IV 2 erweitert dies auch für die Fälle, in denen die Ausführung oder der Erfolg ohne das Zutun des Täters unterbleibt, dieser sich aber ernsthaft hierum bemüht hat.

V. Aufbauschema § 138

I. **Tatbestand**

1. Objektiver Tatbestand

    a) Vorhaben oder Ausführung einer Katalogtat

    b) Tatsubjekt

    c) Glaubhaftes Erfahren

    d) Abwendbarkeit der Ausführung oder des Erfolges

    e) Unterlassen= nicht rechtzeitige Anzeige

2. Subjektiver Tatbestand

    – Vorsatz

II. **Rechtswidrigkeit**

Besondere Rechtfertigungsgründe des § 139 II, III 2 und 3

III. **Schuld**

IV. **Absehen von Strafe/persönlicher Strafaufhebungsgrund**

a) Absehen von Strafe gem. § 139 I bei Nichterreichen des Versuchs

b) persönlicher Strafaufhebungsgrund gem. § 139 II 1 für Angehörige

c) persönlicher Strafaufhebungsgrund gem. § 139 IV bei Verhinderung auf andere Weise

Teil 8 – Urkundendelikte

Weiterführende Literatur: *Beck,* Kopien und Telefaxe im Urkundenstrafrecht, JA 2007, 423 ff.; *Bode/Ligocki,* Ungelöste Probleme des Urkundenbegriffs, JuS 2015, 989 ff. und 1071 ff.; *Gerhold,* Zur Person des Ausstellers einer Urkunde in Fällen offener Stellvertretung – Ein Beitrag zum Urkundenstrafrecht, Jura 2009, 498 ff.; *Heinrich,* Die zusammengesetzte Urkunde, JA 2011, 423 ff.; *Jahn,* Strafrecht BT: „TÜV-Plakette" als Urkunde, JuS 2011, 1136 f.; *ders.,* Strafrecht BT: Urkundenfälschung, JuS 2013, 566 ff.; *Kudlich,* Drinstehen kann ja vieles – aber glauben muss man das ja nicht …, JA 2015, 310 ff.; *Lickleder,* Urkunden im Straßenverkehr (und anderswo) – Wer erklärt eigentlich was rechtsverbindlich?, JA 2014, 110 ff.; *Nestler,* Zur Urkundenqualität von Fotokopien und (Computer-)Faxen, ZJS 2010, 608 ff.; *Satzger,* Der Begriff der „Urkunde" im Strafgesetzbuch, Jura 2012, 106 ff.

Vorbemerkungen

820 Geschütztes Rechtsgut der Urkundenstraftaten (23. Abschnitt des StGB) ist nach h. M. die *Sicherheit und Zuverlässigkeit des Rechtsverkehrs*. Tatobjekte sind Urkunden (z. B. §§ 267, 271), technische Aufzeichnungen (z. B. § 268) bzw. Daten (z. B. § 269).

821 Die Urkundsdelikte weisen vier verschiedene Schutzrichtungen auf:

Schutzbereiche der Urkundendelikte

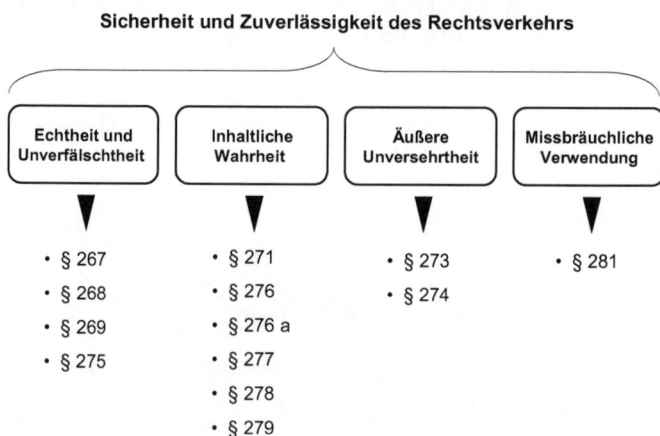

Sicherheit und Zuverlässigkeit des Rechtsverkehrs

Echtheit und Unverfälschtheit	Inhaltliche Wahrheit	Äußere Unversehrtheit	Missbräuchliche Verwendung
• § 267	• § 271	• § 273	• § 281
• § 268	• § 276	• § 274	
• § 269	• § 276 a		
• § 275	• § 277		
	• § 278		
	• § 279		

822 § 267 schützt die Sicherheit und Zuverlässigkeit des Beweisverkehrs mit Urkunden. Es geht jedoch allein um die Echtheit und Unverfälschtheit der Urkunde. Die inhaltliche Richtigkeit spielt bei den Privaturkunden des § 267, anders als bei den öffentlichen Urkunden des § 271, keine Rolle. Daher ist die inhaltliche Falschbeurkundung auch nur bei öffentlichen Urkunden mit Strafe bedroht. Ein entsprechendes Amtsdelikt ist in § 348 StGB normiert.

A. Urkundenfälschung (§ 267)

> **Gesetzestext:**
>
> (1) Wer zur Täuschung im Rechtsverkehr eine unechte Urkunde herstellt, eine echte Urkunde verfälscht oder eine unechte oder verfälschte Urkunde gebraucht, wird mit Freiheitsstrafe bis zu fünf Jahren oder mit Geldstrafe bestraft.
>
> (2) Der Versuch ist strafbar.
>
> (3) In besonders schweren Fällen ist die Strafe Freiheitsstrafe von sechs Monaten bis zu zehn Jahren. Ein besonders schwerer Fall liegt in der Regel vor, wenn der Täter
>
> > 1. gewerbsmäßig oder als Mitglied einer Bande handelt, die sich zur fortgesetzten Begehung von Betrug oder Urkundenfälschung verbunden hat,
> >
> > 2. einen Vermögensverlust großen Ausmaßes herbeiführt,
> >
> > 3. durch eine große Zahl von unechten oder verfälschten Urkunden die Sicherheit des Rechtsverkehrs erheblich gefährdet oder
> >
> > 4. seine Befugnisse oder seine Stellung als Amtsträger oder Europäischer Amtsträger mißbraucht.
>
> (4) Mit Freiheitsstrafe von einem Jahr bis zu zehn Jahren, in minder schweren Fällen mit Freiheitsstrafe von sechs Monaten bis zu fünf Jahren wird bestraft, wer die Urkundenfälschung als Mitglied einer Bande, die sich zur fortgesetzten Begehung von Straftaten nach den §§ 263 bis 264 oder 267 bis 269 verbunden hat, gewerbsmäßig begeht.

In § 267 I findet sich der Grundtatbestand der Urkundenfälschung in drei Alternativen. **823** Er dient dem *Schutz des Vertrauens der Allgemeinheit in den Rechtsverkehr mit Urkunden*. § 267 III regelt die besonders schweren Fälle der Urkundenfälschung in Regelbeispielstechnik. § 267 IV ist selbständiger Qualifikationstatbestand.

Die versuchte Urkundenfälschung ist gem. § 267 II (i. V. m. §§ 23 I, 12 II) strafbar. **824**

I. Tatbestand

1. Objektiver Tatbestand

825 Die Verwirklichung des objektiven Tatbestandes der Urkundenfälschung setzt die Herstellung einer unechten Urkunde, die Verfälschung einer echten Urkunde oder das Gebrauchen einer unechten oder verfälschten Urkunde voraus.

a) Tatobjekt = Urkunde

826 **Urkunde** ist eine verkörperte Gedankenerklärung, die zum Beweis im Rechtsverkehr geeignet und bestimmt ist und ihren Aussteller (wenigstens für die Beteiligten) erkennen lässt.

827 Bei dem Begriff der Urkunde handelt es sich um den zentralen Begriff des § 267. Zwar hat der Begriff der „Urkunde" im Strafprozessrecht besondere Ausformung erhalten (vgl. §§ 249 ff. StPO), dennoch ist die Urkunde gem. § 267 eigenständig zu bestimmen (vgl. Bode/Ligocki JuS 2015, 989, 989). Nach der Definition sowie aufgrund des Schutzzwecks der Norm lassen sich drei wesentliche Funktionen einer Urkunde ermitteln, die zugleich für eine Urkunde wesensnotwendig sind: Die Perpetuierungsfunktion, die Beweisfunktion sowie die Garantiefunktion. Es ist somit in jedem Einzelfall zu ermitteln, ob das Tatobjekt diese drei Funktionen aufweist.

Elemente des Urkundsbegriffs

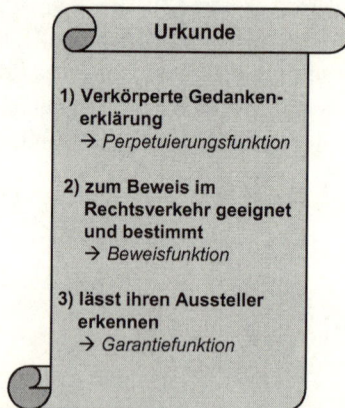

Urkunde

1) Verkörperte Gedankenerklärung
→ *Perpetuierungsfunktion*

2) zum Beweis im Rechtsverkehr geeignet und bestimmt
→ *Beweisfunktion*

3) lässt ihren Aussteller erkennen
→ *Garantiefunktion*

aa) Perpetuierungsfunktion

Bei der Urkunde muss es sich um eine verkörperte Gedankenerklärung handeln (sog. **828** *Perpetuierungsfunktion*). Durch die Gedankenerklärung unterscheidet sich die Urkunde vom bloßen Augenscheinsobjekt (z. B. Fuß- oder Fingerabdruck am Tatort), dessen Erklärungsgehalt nicht über seine Beschaffenheit hinausgeht. Zudem grenzt die Gedankenerklärung die Urkunde von technischen Aufzeichnungen sowie Daten ab. Denn Gedankenerklärungen setzen immer einen menschlichen Urheber des Gedankens voraus. Technische Aufzeichnungen und Daten enthalten somit keine menschliche Gedankenerklärung, sondern lediglich maschinell erstellte Informationen und sind deshalb nach den §§ 268, 269 geschützt. Die Abgrenzung ist schwierig, weil auch maschinell erzeugte Ausdrucke und Belege Urkunden sein können. Dies ist immer dann der Fall, wenn der zugrunde liegende gedankliche Inhalt des Ausdrucks oder Belegs von einem Menschen stammt. Das heißt, werden die von einem EDV-System zu verarbeitenden Daten von einem Menschen eingegeben, so ist das Ergebnis des Datenverarbeitungsvorgangs dem Menschen zuzurechnen und kann eine Urkunde darstellen, wenn es ausgedruckt wird. Werden die Informationen jedoch durch die EDV selbst generiert, z. B. durch Messeinrichtungen wie einem Lasergeschwindigkeitsmessgerät, so besteht keine menschliche Urheberschaft und die Urkundsqualität ist nicht gegeben (vgl. auch Schönke/Schröder-Heine/Schuster, § 267 Rn. 4).

Nach h. M. (Fischer, § 267 Rn. 16; MüKo-Erb, § 267 Rn. 64 ff.; LK-Zieschang, § 267 **829** Rn. 18 ff.; Bode/Ligocki JuS 2015, 989, 991) setzt die Gedankenerklärung voraus, dass der Erklärende bei der Abgabe der Gedankenerklärung einen *faktischen Erklärungswillen* besitzt. Das bedeutet, dass er zumindest wissen muss, dass er etwas möglicherweise Rechtserhebliches erklärt. Damit unterscheidet sich der strafrechtliche Urkundsbegriff von dem zivilrechtlichen Verständnis. Denn eine Willenserklärung ist im Regelfall auch dann wirksam, wenn dem Erklärenden das Erklärungsbewusstsein fehlt, sofern aus Sicht eines objektiven Dritten dem Verhalten ein objektiver Erklärungswert zukommt (z. B. „Trierer Weinversteigerung"). Die Willenserklärung ist dann jedoch mangelbehaftet und kann gem. § 119 BGB angefochten werden. Dies dient dem zivilrechtlichen Verkehrsschutz, ist jedoch mit Blick auf den strafrechtlich zu gewährleistenden Rechtsgüterschutz nicht übertragbar (MüKo-Erb, § 267 Rn. 66). § 267 schützt somit nur tatsächliche Gedankenerklärungen, keine fingierten oder vermeintlichen.

Dies liegt nicht vor bei vis absoluta gegenüber dem vermeintlich Erklärenden. Ebenso **830** ist noch keine Gedankenerklärung gegeben, wenn der Erklärende die Erklärung zwar angefertigt, sie aber noch nicht in den Rechtsverkehr entäußert hat (z. B. bloße Entwürfe, der noch nicht abgeschickte Brief, ausgefertigte Dokumente, die bis zum Eintritt eines bestimmten Ereignisses aber noch zurückgehalten werden sollen, etc.). Anders liegt der Fall regelmäßig bei vis compulsiva, Drohungen, Täuschungen oder bloßen Irrtümern (MüKo-Erb, § 267 Rn. 114 f., beachte aber Ausnahmen bei schweren Bedrohungen, vgl. LK-Zieschang, § 267 Rn. 25).

831 Die zugrundeliegende Gedankenerklärung muss hinreichend fest mit einem körperlichen Bezugsobjekt verbunden sein. Die Verbindung muss eine gewisse Dauerhaftigkeit aufweisen. Nicht erforderlich ist hingegen, dass sie in unveränderlicher Weise fixiert wurde (z. B. ein mit Bleistift auf Papier geschriebener Kaufvertrag). Auch muss es sich nicht um ein Schriftstück handeln (BGHSt 9, 235, 236 f.; Schönke/Schröder-Heine/ Schuster, § 267 Rn. 7).

832 Die Gedankenerklärung der Urkunde muss *visuell wahrnehmbar* sein. Es schadet allerdings nicht, wenn die Erklärung nur für Eingeweihte verständlich ist, also wenn sie in einem nur wenigen Personen bekannten Code verfasst wurde oder wesentliches Hintergrundwissen zum Verständnis voraussetzt. Digital gespeicherte Erklärungen wie z. B. gespeicherte Dokumente auf CD oder USB-Stick sind visuell nicht wahrnehmbar und fallen von vornherein aus dem Urkundsbegriff heraus. Dies gilt auch dann, wenn das Dokument auf einem Bildschirm sichtbar gemacht werden kann. Hier fehlt es zwar nicht mehr an der visuellen Wahrnehmbarkeit der Gedankenerklärung, aber es besteht keine Verkörperung (z. B. abgespeicherte E-Mail).

bb) Beweisfunktion

833 Die Urkunde muss zum Beweis im Rechtsverkehr geeignet und bestimmt sein (Beweisfunktion).

834 Der Begriff der *objektiv-abstrakten Beweiseignung* ist weit auszulegen. Die Gedankenerklärung muss nur einen rechtserheblichen Inhalt haben und durch diesen auf das Vorstellungsbild eines Anderen einwirken können (Satzger Jura 2012, 106, 109; Eisele, BT I, Rn. 792; Wessels/Hettinger/Engländer, BT 1, Rn. 814). Es ist gleichgültig, ob sich die Einwirkung einzig aufgrund der Urkunde oder nur in Verbindung mit weiteren Umständen ergeben kann. Erforderlich ist nur, dass sie als ein wesentlicher Aspekt für die Einwirkung in Betracht kommen kann. Ob die Urkunde tatsächlich zu Beweiszwecken verwandt wird und ob dies auch in dem Rechtsverhältnis geschieht, für das sie ausgestellt wurde, ist zur Bestimmung der Urkundenqualität unerheblich. Solche Umstände können jedoch Auswirkungen bei den Tathandlungen nach sich ziehen.

835 Ist jedem bei oberflächlicher Betrachtung oder bei Betrachtung ohne ausreichenden Bildungs- und Informationshintergrund klar, dass es sich bei dem Objekt nicht um eine echte Urkunde handelt, liegt schon keine Beweiseignung vor, sodass eine Urkunde zu verneinen ist (z. B. bei einer fiktiven sog. „Kennkarte Deutsches Reich"; OLG München NStZ-RR 2010, 173; OLG Bamberg JuS 2013, 566 m. Bespr. Jahn). Gleiches gilt für

auf den ersten Blick erkennbare, offensichtliche Manipulationen, als solche erkennbare Collagen oder Phantasieurkunden.

Die *subjektive Beweisbestimmung* liegt vor, wenn die verkörperte Gedankenerklärung zu 836 Beweiszwecken im Rechtsverkehr genutzt werden soll. Dies ist bereits dann gegeben, wenn der Einsatz zu Beweiszwecken noch von dem Hinzutreten weiterer Umstände abhängig gemacht wird (z. B. Vorzeigen einer gefälschten Fahrkarte nur bei einer Fahrkartenkontrolle im Bus). Die Beweisbestimmung kann bereits bei Anfertigung der Urkunde durch den Aussteller (sog. *Absichtsurkunde*; z. B. Zeugnis), aber auch nachträglich durch ihn oder Dritte (sog. *nachträgliche Urkunde*, auch *Zufallsurkunde*; z. B. Liebesbrief, der im Rahmen eines Unterhaltsrechtsstreits Bedeutung erlangt) getroffen werden. Erfüllt die verkörperte Gedankenerklärung einen Straftatbestand (z. B. Brief mit beleidigendem Inhalt), so wird dies als *Deliktsurkunde* bezeichnet (Kindhäuser/ Schramm, BT I, § 55 Rn. 22; MüKo-Erb, § 267 Rn. 73).

Mangels Beweisbestimmung sind bloße Urkundsentwürfe, unausgefüllte Formulare, 837 Collagen und Blankette (noch) keine Urkunden. Umgekehrt kann die Beweisbestimmung entfallen, etwa wenn Akten oder Ausweise zur Vernichtung ausgesondert werden (OLG Köln MDR 1960, 946).

Bei unechten Urkunden ist darauf abzustellen, ob diese im Falle ihrer Echtheit zum Be- 838 weis geeignet wären.

cc) Garantiefunktion

Die Urkunde muss ihren Aussteller erkennen lassen (sog. *Garantiefunktion*). Der Aus- 839 steller ist die (natürliche oder juristische) Person, die als Garant hinter der Erklärung steht.

Der Aussteller muss in der Urkunde selbst erkennbar sein oder sich aus Gesetz, den 840 Umständen oder einer Vereinbarung entnehmen lassen (OLG Köln NJW 1999, 1042). Anonyme Schreiben sind keine Urkunden, weil niemand als Garant hinter der Erklärung stehen will. Dies gilt sowohl für Fälle der offenen Anonymität, in denen der Aussteller nicht erkennbar ist (z. B. Unterzeichnung mit Max Mustermann, der rote Rächer, ein besorgter Bürger; siehe Satzger Jura 2012, 106, 108), sowie in den Fällen verdeckter Anonymität, in denen zwar ein Aussteller erkennbar ist, dieser aber aufgrund der Verwendung eines Allerweltsnamens weder individualisierbar ist, noch erkannt werden will (z. B. Unterzeichnung mit Christian Schmid o. ä.). Etwas anderes gilt in dem Fall, in dem der Aussteller tatsächlich Träger des Allerweltsnamens ist.

Nach der herrschenden sog. *Geistigkeitstheorie* ist nicht maßgeblich, wer die Urkunde 841 körperlich hergestellt hat, sondern wem die Erklärung in der Urkunde im Rechtsverkehr zuzurechnen ist. Insofern ist z. B. der Einkaufsleiter eines Betriebes Aussteller eines Kaufvertrags, auch wenn er sich einer Schreibkraft als Schreibhilfe bedient. Wer sich von einem Dritten eine Klausur anfertigen lässt, diese dann aber selbst unterschreibt, wird zum Aussteller und damit Garanten der entstandenen urkundlichen Erklärung. Er stellt somit eine echte Urkunde her, sodass eine Urkundenfälschung ausscheidet.

842 Besonders komplex sind die Bestimmung des Ausstellers und somit auch die Subsumtion der Garantiefunktion in den sog. *Stellvertretungsfällen.* Hier können der körperliche Hersteller, der gedankliche Urheber und der Aussteller auseinanderfallen (z. B. der Sekretär erstellt ein Arbeitszeugnis nach Diktat, welches vom Personalvorstand im Namen der GmbH unterzeichnet wird). Um Mehrfachprüfungen zwischen Tatobjekt und Tathandlung zu vermeiden und die Prüfung der Urkunde nicht zu überfrachten, empfiehlt es sich, im Rahmen des Tatobjekts lediglich zu überprüfen, ob aus der Urkunde und nach den Umständen überhaupt ein Aussteller erkennbar ist, der aus dem Blickwinkel eines objektiven Dritten als Garant für die Erklärung anzusehen wäre. Ob dies der tatsächliche Aussteller ist und ob ggf. eine wirksame Stellvertretung vorliegt, ist sodann im Rahmen der Tathandlung zu hinterfragen (siehe unten 857 ff.).

dd) Sonderfälle

(1) Beweiszeichen

843 *Beweiszeichen* verkörpern eine Gedankenerklärung mit Beweisfunktion in Symbolform und haben Urkundsqualität (z. B. TÜV-Plakette, Fahrgestellnummern und reguläre Nummernschilder an Kraftfahrzeugen, siehe hierzu OLG Celle NJW 2011, 2983 m. Bespr. Jahn JuS 2011, 1136 f.). Davon zu unterscheiden sind die bloßen *Kennzeichen*, die der Ordnung, Sicherung und insbesondere der Unterscheidung von anderen Sachen dienen (RGSt 76, 205, 206), z. B. Signaturen an Büchern in Bibliotheken oder Wäschemonogramme. Das bloße Kennzeichen weist weder eine verkörperte Gedankenerklärung auf, noch ist es zum Beweis im Rechtsverkehr bestimmt. Die Grenze zwischen Beweiszeichen und Kennzeichen ist jedoch fließend. Es kann zu erheblichen Abgrenzungsschwierigkeiten kommen. Insoweit entscheidend ist, ob aus Sicht des Rechtsverkehrs eine (menschliche) Gedankenerklärung verkörpert ist, was oftmals durch die Funktion des Zeichens bestimmt wird.

(2) Vervielfältigungen von Urkunden

844 Im Rechtsverkehr ist es mittlerweile alltägliche Praxis, Urkunden auf verschiedenste Weise zu vervielfältigen. Je nach Zweck der Verwendung, gesetzlichen Vorschriften und verwendeten technischen Hilfsmitteln können sich unterschiedliche rechtliche Bewertungen der Vervielfältigungsstücke ergeben. Eine pauschale Einordnung nach Typ oder

verwandtem Hilfsmittel verbietet sich daher von selbst. Vielmehr ist für jeden Einzelfall zu prüfen, ob das jeweilige Vervielfältigungsstück die Merkmale einer Urkunde aufweist.

Die bloße *Abschrift* als reine Reproduktion des Originals stellt grundsätzlich keine Urkunde dar. Sie enthält keine eigene Gedankenerklärung, sondern wiederholt nur den Inhalt der im Original verkörperten Erklärung (BGHSt 24, 140 f.). Mit ihr kann kein Beweis erbracht werden, weil Abschriften die Beweiseignung fehlt denn die Übereinstimmung mit dem Original ist nicht sicher belegt. Auch ist in der Regel der Aussteller, also der Abschreibende, nicht erkennbar. Dies gilt selbst dann, wenn die Abschrift durch Aufmachung und Inhalt den Anschein einer durch Behörden oder Gerichte erstellten Abschrift erweckt (so z. B. OLG Hamm RÜ 2016, 431 für eine vermeintliche einfache Urteilsabschrift). **845**

Die *beglaubigte Abschrift* hingegen ist als Urkunde zu qualifizieren. Zu beachten ist, dass nicht die Abschrift selbst, sondern der Beglaubigungsvermerk in Verbindung mit der Abschrift die Urkunde ergibt. Hier wird durch den Beglaubigungsvermerk eine Gedankenerklärung verkörpert des Inhalts, dass die beglaubigte Abschrift dem Original entspricht. Der Beglaubigende ist als Aussteller erkennbar. Im Regelfall erfolgt die Beglaubigung auch zu Beweiszwecken, weswegen sie als besondere Form gewählt wird. **846**

Durchschriften (z. B. mittels Kohlepapier) und weitere *Ausfertigungen* (z. B. von Urteilen) weisen ebenfalls Urkundsqualität auf. Sie enthalten die Gedankenerklärung des Ausstellers und lassen ihn auch erkennen. Es sollen gerade mehrere als Beweismittel im Rechtsverkehr anerkannte Verkörperungen der Erklärung zur Verfügung stehen. Sie sind damit den Urschriften gleichzusetzen (Wessels/Hettinger/Engländer, BT 1, Rn. 827 f.; Nestler ZJS 2010, 608; Beck JA 2007, 423, 424). **847**

Fotokopien sind nach mittlerweile h. M. (BGHSt 24, 140; 1994, 18; OLG Stuttgart NStZ 2007, 158, 158 f.; Schönke/Schröder-Heine/Schuster, § 267 Rn. 42a; Fischer, § 267 Rn. 19; Nestler ZJS 2010, 608, 609; a. A. NK-Puppe/Schumann, § 267 Rn. 49 f.; dies. NStZ 2001, 482, 483) im Grundsatz wie Abschriften zu behandeln. Denn ob eine Kopie durch handschriftliches Abschreiben, Abtippen oder mittels eines technischen Geräts erstellt wird, kann in der rechtlichen Bewertung keinen Unterschied machen. Dies gilt insbesondere, da auch die handschriftliche Abschrift mittels eines Schreibgeräts erstellt wird, also auch hier ein technisches Hilfsmittel eingesetzt wird. Die Gegenansicht argumentiert, Kopien hätten im allgemeinen Rechts- und Geschäftsverkehr mittlerweile den Platz der Originale eingenommen. Ihnen komme insoweit auch die entsprechende Garantiefunktion zu. Eine Unterscheidung von Urschrift und Kopie sei zudem häufig kaum möglich (z. B. NK-Puppe/Schumann, § 267 Rn. 50). Letztlich ist dies jedoch abzulehnen, da der Aussteller der Kopie nicht erkennbar ist und in ihr, wie **848** bei der Abschrift, keine Gedankenerklärung verkörpert, sondern nur eine andere wiederholt wird.

849 Die Fotokopie kann aber zur Urkunde *„aufrücken"*, wenn sie als solche nicht erkennbar ist und als angeblich vom Aussteller herrührendes Original hergestellt und verwandt werden soll (OLG Stuttgart NJW 2006, 2869 f.; Eisele, BT I, Rn. 812; LK-Zieschang, § 267 Rn. 106; vgl. auch BGH NStZ 2003, 543). Entscheidendes Indiz ist somit, dass die Kopie den Eindruck eines Originals erweckt und diese Wirkung vom Täter auch beabsichtigt ist (z.B. Überkleben der Punktzahl auf dem Examenszeugnis durch eine höhere Punktzahl und Erstellen einer nicht als solche erkennbaren Farbkopie).

850 Die h. M. spricht auch dem *Telefax* die Urkundseigenschaft ab, da dieses nichts anderes als eine (Fern-)Kopie darstelle (BGH NStZ 2010, 703, 704; OLG Zweibrücken NStZ 1998, 2918; Eisele, BT I, Rn. 813; Nestler ZJS 2010, 608, 610; Schönke/Schröder-heine/Schuster, § 267 Rn. 43), außer das Fax solle das Original, etwa beim Abschluss eines Kaufvertrags, ersetzen. Allerdings unterscheidet sich das Telefax immerhin durch den Absendervermerk von einer normalen Kopie. Deshalb lässt sich vertreten, dass hier, im Unterschied zur normalen Fotokopie, der Absender als Garant hinter der Erklärung steht. Auch handele es sich beim Telefax um das technisch hergestellte, für den Empfänger bestimmte Original, also die verkörperte Gedankenerklärung des Ausstellers, keine bloße Abbildung derselben. Im Übrigen ersetze das Telefax im Rechtsverkehr weitgehend das Original (vgl. nur die Möglichkeit, per Telefax Rechtsmittel einzulegen). Dennoch ist der h. M. beizupflichten. Denn auch einem Telefax fehlen in der Regel die Merkmale einer Urkunde. So gibt das Telefax wie die Fotokopie nur den Inhalt der im Original enthaltenen Gedankenerklärung wieder, eine eigenständige Erklärung enthält sie nicht. Zudem vermag der Hinweis auf den Absendervermerk nicht, die Zweifel in Bezug auf die Garantiefunktion zu zerstreuen. Denn wer das Faxgerät tatsächlich bedient hat, ist aus der Kennung nicht ersichtlich. Insbesondere bei Faxgeräten, die einer Vielzahl von Personen zugänglich sind (z.B. die Kunden in sog. Copyshops zur Verfügung stehen oder Büro- bzw. Behördenfaxgeräte) ist der Aussteller damit nicht erkennbar.

851 Nichts anderes gilt auch im Falle sog. *Computerfaxe*, sofern ein Ausdruck erfolgt. Computerfaxe sind Telefaxe, bei denen auf der Sender- oder Empfängerseite kein klassisches Faxgerät am Übermittlungsvorgang beteiligt ist, sondern ein EDV-Gerät (z.B. eine Kündigung wird auf einem PC erstellt und ohne Ausdruck direkt an das Faxgerät des Empfängers versandt; oder das Schreiben wird ausgedruckt und versandt, auf der Empfängerseite werden die Daten von einem PC empfangen und ohne Ausdruck als Datei gespeichert). Auch hier sprechen die Mängel in der Garantiefunktion gegen eine Einordnung als Urkunde. Zudem ist es für den Empfänger oftmals nicht erkennbar, ob er ein klassisches Telefax oder ein Computerfax erhalten hat und ob auf der Versender-seite zuvor ein Ausdruck erfolgte oder nicht. Wollte man aber von diesen Umständen die Urkundsqualität abhängig machen, so hinge die Strafbarkeit des Empfängers, der das Telefax zu Beweiszwecken verändert, letztlich von für ihn nicht beeinflussbaren Zufällen ab (so aber Nestler ZJS 2010, 608, 612). Wird das Computerfax auf keiner der Seiten ausgedruckt, besteht schon keine verkörperte Gedankenerklärung, sodass eine Urkunde in jedem Fall ausscheidet (MüKo-Erb, 267 Rn. 89; Schönke/Schröder-Heine/Schuster, § 267 Rn. 43a). Entsprechendes gilt für die deutlich praxisrelevantere Frage der Urkundsqualität einer E-Mail oder Nachricht die mittels sog. Messenger (z. B. WhatsApp) rein elektronisch versandt werden.

Hinsichtlich gescannter, dann veränderter und anschließend ausgedruckter Dokumente **852** ergibt sich kein Unterschied zur handschriftlichen Fälschung (BGH NStZ 1999, 620).

Sonderfälle

Urkunden	Keine Urkunden
• **Beweiszeichen**, da sie eine Gedankenerklärung mit Beweisfunktion in Symbolform verkörpern z.B. Tüv-Plakette, Fahrgestellnummer, Kfz-Nummernschild	• **Kennzeichen** mangels ver-körperter Gedankenerklärung und Beweisbestimmung im Rechtsverkehr z.B. Büchersignaturen, Wäschemonogramme
• **Durchschriften und weitere Ausfertigungen**, da gerade mehrere als Beweismittel im Rechtsverkehr anerkannte Ver-körperungen der Erklärung zur Verfügung stehen sollen z.B. Durchschriften mittels Kohlepapier, Ausfertigungen von Urteilen	• **Abschriften**, da kein Garant hinter der Erklärung steht und mit ihnen als bloße Reproduktion des Originals kein Beweis im Rechts-verkehr erbracht werden kann • **Fotokopien**, da sie keine eigene Gedankenerklärung verkörpern, sondern nur auf diejenige des Originals verweisen [str.]

(3) Zusammengesetzte Urkunde und Gesamturkunde

Eine *zusammengesetzte Urkunde* liegt vor, wenn die Gedankenerklärung räumlich so fest **853** mit einem Bezugsobjekt zu einer sog. Beweismitteleinheit verbunden ist, dass ein ein-heitlicher Beweis- und Erklärungsinhalt entsteht (Wessels/Hettinger/Engländer, BT 1, Rn. 835). Beispiele sind das amtliche Kennzeichen mit TÜV-Plakette am Kraftfahrzeug (OLG Celle NJW 2011, 2983 m. Bespr. Jahn JuS 2011, 1136 f.), das Preisschild an ei-ner Ware oder das Pfandsiegel am Pfandobjekt. Maßgeblich ist, dass das Bezugsobjekt (z. B. Ware) mit der Gedankenerklärung (z. B. Preisschild) fest (z. B. mit Nylonfäden) verbunden ist (deshalb genügt es nicht, wenn ein Hemd nur mit einer Lasche verschlossen in einer Umverpackung steckt, auf der sich ein Preisetikett befindet, vgl. OLG Köln NJW 1979, 729). Umstritten ist, ob ein Verkehrsschild zusammen mit der Straße, auf die es sich bezieht, eine (zusammengesetzte) Urkunde darstellt. Dies wird zum Teil verneint, weil eine Urkunde räumlich überschaubar sein müsse (OLG Köln NJW 1999, 1042, 1043). Dem ist nicht zuzustimmen. Weder aus dem Wortlaut der Norm, noch aus sonstigen Umständen lässt sich dieses zusätzliche Merkmal des Urkundsbegriffs entnehmen.

854 Nicht zu verwechseln mit der zusammengesetzten Urkunde ist die *Gesamturkunde*. Gesamturkunden sind körperliche Zusammenfassungen mehrerer Einzelurkunden, die zu einem einheitlichen Ganzen verbunden sind und eine vollständige und erschöpfende Auskunft über einen ganzen Kreis von Rechtsgeschäften ergeben. Ihre Errichtung und Führung beruht auf Gesetz, Gebrauch oder Vereinbarung der Beteiligten. Beispiele für Gesamturkunden sind etwa die Personalakte oder das Sparkassenbuch. Zu beachten ist, dass bei Veränderungen der Gesamturkunde sowohl ein Urkundsdelikt an der Gesamturkunde, als auch an den jeweils veränderten Einzelurkunden in Betracht kommt.

b) Tathandlungen

855 Tathandlungen des § 267 I sind das Herstellen einer unechten Urkunde, das Verfälschen einer echten Urkunde oder das Gebrauchen einer unechten oder verfälschten Urkunde. Die einzelnen Tathandlungsalternativen sind in der Fallbearbeitung durch exaktes Zitieren genau zu bezeichnen und mit Blick auf die konkurrenzrechtliche Behandlung auch getrennt zu prüfen.

aa) Herstellen einer unechten Urkunde (§ 267 I Alt. 1)

856 **Unecht** ist die Urkunde, wenn sie nicht von demjenigen herrührt, der aus ihr als Aussteller hervorgeht.

857 Bei der Frage der Unechtheit im Rahmen des § 267 geht es einzig um die Urheberschaft und nicht um die inhaltliche Wahrheit der urkundlichen Erklärung (anders als bei § 271). Maßgeblich ist also eine *Identitätstäuschung* über den Aussteller der Urkunde. Bestraft wird ein vom Täter verursachtes Auseinanderfallen des vermeintlichen und des tatsächlichen Ausstellers der Urkunde. Ein solches liegt vor, wenn nach dem Herstellungsakt die in der Urkunde verkörperte Gedankenerklärung nicht vom aus der Urkunde erkennbaren Aussteller stammt, sondern von einer anderen Person.

858 Ist die Urkunde hingegen nur inhaltlich falsch, spricht man von einer *schriftlichen Lüge* (z. B. wenn der Leiter einer universitären Übung einem Studenten, der keine Klausur

bestanden hat, das erfolgreiche Bestehen bescheinigt). Diese schriftliche Lüge bleibt im Rahmen des § 267 straflos. Die Urkunde kann also „echt" sein, obwohl ihr Inhalt unwahr ist. Umgekehrt kann sie aber auch „unecht" sein, obwohl ihr Inhalt wahr ist (z. B. wenn ein Darlehensgeber, der seine Ausfertigung des Darlehensvertrages verloren hat, einen neuen Vertrag erstellt, unter dem er die Unterschrift des Darlehensnehmers nachahmt).

In aller Regel führt die Verwendung eines falschen Namens zur Herstellung einer un- **859** echten Urkunde. Ausnahmen gelten jedoch dort, wo trotz der Verwendung des falschen Namens eine Identitätstäuschung fehlt (sog. Namenstäuschung). Dies ist denkbar, wenn die Person des Ausstellers zweifelsfrei feststeht (Verwendung eines anerkannten Künstlernamens) oder es auf den Namen in der konkreten Situation nicht ankommt (BGHSt 33, 159, 160; Angabe eines falschen Namens beim Bezug eines Hotelzimmers). Liegen diese Voraussetzungen nicht vor, wird man bei Verwendung des falschen Namens zur Wahrung eines *Inkognito* richtigerweise den objektiven Tatbestand bejahen müssen. Dies gilt (unbestritten) erst recht, wenn mit dem falschen Namen getäuscht wird, um vertraglichen Ansprüchen zu entgehen (Rengier, BT II, § 33 Rn. 15, krit. Wessels/Hettinger/Engländer, BT 1, Rn. 847).

Auch bei Verwendung eines *richtigen* Namens kann die Urkunde unecht sein, wenn **860** hierdurch eine Identitätstäuschung hervorgerufen werden soll (z. B. Thomas Müller mietet sich in einem Hotel ein, um dort Vergünstigungen zu erhalten, die eigentlich dem Fußballprofi mit gleichem Namen zugestanden hätten; der Täter verwendet nicht seinen Rufnamen, sondern einen sonst nicht gebräuchlichen Vornamen, BGHSt 40, 203; Meurer NJW 1995, 1655).

Wenn eine urkundliche Erklärung *für einen anderen* abgegeben und *mit dessen Namen* **861** unterzeichnet wird, kann eine echte Urkunde vorliegen, wenn ein Fall *wirksamer Stellvertretung* vorliegt. Der Vertreter muss hierfür zunächst den *Willen* haben, den Namensträger zu vertreten. Er muss weiter vom Namensträger zur Vertretung *ermächtigt* sein. Schließlich muss der Urkundenhersteller zur Vertretung des Namensträgers *rechtlich befugt* sein (BGHSt 33, 159, 161; Schönke/Schröder-Heine/Schuster, § 267 Rn. 58; Satzger Jura 2012, 106, 108; Wessels/Hettinger/Engländer, BT 1, Rn. 848). Die Vertretungsbefugnis kann sich aus rechtsgeschäftlicher Vollmacht oder aus gesetzlicher Vertretungsmacht ergeben. Daran fehlt es, wenn Gesetz oder Rechtsverkehr eine höchstpersönliche Errichtung der Urkunde vorsehen (z. B. beim Testament, vgl. § 2247 I BGB; Abgabe der eidesstattlichen Versicherung; Anfertigung von Prüfungsleistungen). Liegen die Voraussetzungen vor, wird die Erklärung dem Vertretenen (mit dessen Namen gezeichnet wird) zugerechnet. Dieser ist dann geistiger Aussteller der Urkunde, nicht der körperlich Unterzeichnende.

862 | **Sonderproblem:** Fehlende Vertretungsbefugnis

Fraglich ist hingegen die Behandlung von Stellvertretungsfällen, in denen der Täter seinen eigenen Namen in der Urkunde angibt und so die Stellvertretung offenlegt (offene Stellvertretung), er im Innenverhältnis jedoch nicht zur Stellvertretung ermächtigt wurde (z. B. A stellt Rechnungen auf dem Briefkopf der Reparatur-GmbH für nicht erbrachte Leistungen aus und unterzeichnet mit seinem eigenen Namen und dem Zusatz „i. V."). Unbestritten ist der tatsächliche Aussteller der Urkunde in diesen Fällen immer der nicht befugte Vertreter. Streit besteht über die Person des vermeintlichen Ausstellers.

863   – Die Rspr. (BGHSt 7, 149, 252; 9, 44, 46; 17, 11, 13; 37, 168; NJW 1993, 2759; OLG Stuttgart NJW 1981, 1223; OLG Düsseldorf wistra 1999, 233, 234) will für jeden konkreten Einzelfall den vermeintlichen Aussteller bestimmen. Das entscheidende Kriterium hierfür sei, wer nach Anschauung des Rechtsverkehrs als solcher anzusehen ist. Danach komme es in der Regel zu einer differenzierenden Einordnung. Handele es sich bei dem Vertretenen um eine Firma oder eine Behörde, mithin um eine juristische Person, so trete der tatsächlich Unterzeichnende nach der Verkehrsanschauung in den Hintergrund. Als vermeintlicher Aussteller sei daher der Vertretene anzusehen. Da tatsächlich der nicht ermächtigte Vertreter Aussteller der Urkunde sei, müsse eine solche Urkunde als unecht klassifiziert werden. Anders sehe die Situation bei der unberechtigten Stellvertretung für eine natürliche Person aus. Dort werde der Person des Vertretenen nicht die gleiche Bedeutung zugemessen. Vielmehr seien Vertreter und Vertretener gleichwertig, sodass im Regelfall der Vertreter als vermeintlicher und tatsächlicher Austeller anzusehen sei, weswegen die Urkunde als echt einzustufen sei.

864   – Demgegenüber will eine in der Literatur vertretene Gegenansicht immer den Vertretenen als vermeintlichen Aussteller einordnen, mit der Folge, dass in Fällen offener Stellvertretung ohne Vertretungsmacht immer eine unechte Urkunde vorliegen soll (Gerhold Jura 2009, 498, 501; Satzger Jura 2012, 106, 108 f.). Hierfür spreche, dass diese Einordnung mit der zivilrechtlichen Rechtslage der §§ 164 ff. BGB übereinstimme und so die Einheit der Rechtsordnung wahre. Zudem sehe der Rechtsverkehr im Falle einer Stellvertretung, sei sie nun mit oder ohne Vertretungsmacht erfolgt, immer den Vertretenen als Zurechnungsobjekt zur Erklärung an. Ferner stoße die Ansicht der Rechtsprechung dort an ihre Grenzen, wo elektronisch erstellte Urkunden ohne Unterschrift verwandt werden. Hier sei ein körperlicher Aussteller ebenso nicht ersichtlich, wie die Person des Vertreters. Handele hier ein Vertreter ohne Vertretungsmacht, sei der Rechtsverkehr schutzlos gestellte (Gerhold Jura 2009, 498, 501).

Bewertung:

Der letztgenannten Auffassung ist zuzubilligen, dass durch sie eine übereinstimmende **865** Bewertung im Zivil- und Strafrecht erreicht werden soll. Weitgehend wird sie zudem der Auffassung des Rechtsverkehrs gerecht, dass der Vertretene das Bezugsobjekt einer Erklärung ist, die im Falle der Stellvertretung abgegeben wird. Jedoch ist zu berücksichtigen, dass dies nicht in jedem Einzelfall gegeben sein muss, gerade nicht in dem Fall, wenn der Vertreter ohne Vertretungsmacht handelt (vgl. § 179 I BGB). Daher ist im Ergebnis der Ansicht der Rspr. zu folgen. Es gilt hierbei jedoch, dass eine schematische Einordnung je nach Natur des Vertretenen als juristische oder natürliche Person zu unterbleiben hat. Zwar soll sich hiernach in der Regel der vermeintliche Aussteller bestimmen, allgemeingültig ist diese Einordnung jedoch nicht. Daher gilt es immer, im konkreten Einzelfall die Hypothese der Rspr. anhand der jeweiligen Umstände argumentativ zu überprüfen und sodann eine Einordnung vorzunehmen. Hierbei kann es zu Abweichungen von der Regelvermutung der Rspr. kommen (vgl. LK-Zieschang, § 267 Rn. 177).

Vertretung bei der Urkundenerstellung

Offene Stellvertretung
Erklärung in fremdem Namen

(z.B. Unterschrift in Vertretung)

↓

Besteht <u>kein</u>
Vertretungsverhältnis:
Nur schriftliche Lüge!

Verdeckte Stellvertretung
Erklärung unter fremdem Namen

Voraussetzungen:

1. **Vertretungswille**

2. **Vertretungsmacht**
   → rechtsgeschäftlich oder gesetzlich

3. **Vertretungsbefugnis**
   → fehlt bei höchstpersönlichen Erklärungen
   (z.B. Ehe, Testament)

Ein bloßes *Blankett* (z.B. Blanko-Unterschrift auf leerem Scheck oder Vertragsformu- **866** lar) ist mangels Beweisfunktion und Gedankenerklärung noch keine Urkunde. Wird dieses entgegen dem Willen (oder gar ohne Willen) des Unterzeichnenden abredewidrig ausgefüllt, wird eine unechte Urkunde hergestellt.

867 Der Begriff des *Herstellens* ist weit zu verstehen und umfasst jegliche Handlung, die zur Verkörperung der Gedankenerklärung oder zum Inverkehrbringen derselben führt, sofern hierbei eine unechte Urkunde entsteht. So kann der Täter die Urkunde selbst (handschriftlich oder mittels eines technischen Geräts wie einer Schreibmaschine oder eines Computers mit Drucker) aufsetzen und mit einem falschen Namen unterschreiben oder eine bereits existierende Urkunde durch Änderung des Ausstellers verändern. Ebenso ist es erfasst, wenn der Täter die Gedankenerklärung einer bestehenden Urkunde verändert, den ursprünglichen Aussteller aber bestehen lässt, weil die neue Gedankenerklärung vom Täter und nicht vom ursprünglichen Aussteller stammt (Änderung der Summe auf einem unterschriebenen Scheck von 5 000,– € auf 50 000,– €). Verändert der Täter eine unechte Urkunde, so kann § 267 I Alt. 1 gegeben sein, wenn hierdurch eine neue Gedankenerklärung oder ein anderer vermeintlicher Aussteller eingefügt wird (MüKo-Erb, § 267 Rn. 179). Wird hingegen lediglich die Qualität der Fälschung verbessert, ohne eine Änderung an der Gedankenerklärung oder dem vermeintlichen Aussteller vorzunehmen, so liegt kein Herstellen einer unechten Urkunde vor.

868 Ein Herstellen durch Unterlassen ist regelmäßig nicht möglich (Schönke/Schröder-Heine/Schuster, § 267 Rn. 63; LK-Zieschang, § 267 Rn. 184).

bb) Verfälschen einer echten Urkunde (§ 267 I Alt.2)

869 Eine **echte Urkunde** wird **verfälscht,** wenn die in ihr verkörperte Erklärung dergestalt nachträglich geändert wird, dass der Anschein entsteht, sie sei ursprünglich mit dem jetzt vorliegenden Inhalt abgegeben worden.

870 Zu beachten ist, dass § 267 I Alt. 2 nur die Verfälschung einer echten Urkunde umfasst. Die Verfälschung einer unechten Urkunde fällt somit nicht unter diese Alternative. Somit ist die Ersetzung des fehlerhaften vermeintlichen Ausstellers durch den tatsächlichen Aussteller nach § 267 straflos, weil hier nur eine echte Urkunde hergestellt wird. Ist das Ergebnis der Verfälschung jedoch wiederum eine unechte Urkunde kann die Herstellungsvariante des § 267 I Alt. 1 erfüllt sein (siehe Rn. 856).

871 Durch die Manipulation dürfen die Beweiseignung und die Urkundenqualität nicht dauerhaft verloren gehen, sonst kann allenfalls § 274 I Nr. 1 erfüllt sein.

872 Wird ein KFZ-Kennzeichen mit sog. *Antiblitzmitteln* behandelt, um Aufnahmen von Geschwindigkeitsüberwachungsanlagen zu erschweren, so liegt kein Verfälschen einer Urkunde vor. Denn das Kennzeichen besagt lediglich, welches KFZ unter diesem Kennzeichen zugelassen ist und dass es *im Moment der Zulassung* den gesetzlichen Anforderungen (vgl. § 16 StVZO) genügte. Es wird lediglich der Beweisinhalt der Urkunde hinsichtlich seiner Erkennbarkeit beeinträchtigt (BGHSt 45, 197, 202).

Sonderproblem: Verfälschen der Urkunde durch den Aussteller

Teilweise wird die Möglichkeit bestritten, dass der Verfälschungstatbestand durch den **873** Aussteller selbst begangen werden kann, da auch dieser eine Identitätstäuschung voraussetze (NK-Puppe/Schumann, § 267 Rn. 89; Schönke/Schröder-Heine/Schuster, § 267 Rn. 68). Allerdings kann diese Auffassung nicht erklären, warum es dann überhaupt des Verfälschungstatbestandes bedarf (Wessels/Hettinger/Engländer, BT 1, Rn. 866). Nach zutreffender h. M. kann auch der Aussteller die Urkunde verfälschen, wenn dessen *Abänderungsbefugnis erloschen* ist. Dies ist der Fall, wenn die Urkunde nicht mehr der (alleinigen) Disposition des Ausstellers unterliegt und einem Dritten das Recht auf deren *unverfälschten Fortbestand* zusteht (BGHSt 13, 383, 385 f.; Kargl JA 2003, 604, 607). So erlischt z. B. die Dispositionsbefugnis des Studenten über die Klausur mit deren Abgabe. Jede nachträgliche Änderung stellt ein Verfälschen dar.

Durch das Verfälschen der echten Urkunde wird zugleich auch eine unechte Urkunde **874** hergestellt. Somit ist im Fall des § 267 I Alt. 2 immer auch § 267 I Alt. 1 mitverwirklicht. Dieses Problem ist jedoch nicht auf der Tatbestandsebene, sondern in den Konkurrenzen zu behandeln.

cc) Gebrauchen einer unechten oder verfälschten Urkunde (§ 267 I Alt. 3)

Gebraucht wird eine Urkunde, wenn sie dem zu Täuschenden in der Weise zugäng- **875** lich gemacht wird, dass er die Möglichkeit zur Kenntnisnahme hat.

Die Urkunde muss wenigstens in den Machtbereich des zu Täuschenden gelangt sein. **876** Das bedeutet, dass der Täuschende die Möglichkeit der Kenntnisnahme haben muss. Auf eine tatsächliche Kenntnisnahme kommt es dagegen nicht an (BGHSt 36, 64, 65 f.). Insofern ist das Benutzen eines KFZ mit gefälschten Kennzeichen vollendetes Gebrauchmachen, das Mitführen eines verfälschten Führerscheins oder einer gefälschten Fahrkarte für den Fall einer Kontrolle dagegen nicht.

Eine unechte oder verfälschte Urkunde soll auch dann gebraucht werden, wenn dem **877** zu Täuschenden eine (als solche erkennbare) Fotokopie von ihr gezeigt wird (BGH StV 2001, 624 f.; OLG Düsseldorf JR 2001, 82). Dann muss allerdings die Vorlage der Kopie sämtliche Merkmale des Urkundsbegriffs erfüllen (BayObLG NJW 1990, 3221). Insofern scheidet eine mit losen Papierschnipseln erstellte *Collage* als Kopiervorlage aus (vgl. Wohlers JR 2001, 83).

2. Subjektiver Tatbestand

a) Vorsatz

878 Erforderlich ist mindestens *dolus eventualis* hinsichtlich der Verwirklichung der objektiven Tatbestandsmerkmale einschließlich der Kenntnis der wesentlichen Umstände, aus denen sich die Urkundseigenschaft ergibt.

b) Zur Täuschung im Rechtsverkehr

879 Der Täter muss subjektiv zusätzlich zur Täuschung im Rechtsverkehr handeln.

> **Zur Täuschung im Rechtsverkehr** handelt, wer erreichen will, dass ein anderer die Urkunde für echt (oder unverfälscht) hält und diesen dadurch zu einem rechtserheblichen Verhalten (Tun oder Unterlassen) veranlassen will.

880 Täuschungen nur im zwischenmenschlichen Bereich (z. B. aus Angeberei) reichen nicht aus, es sei denn der Rechtsverkehr wird dadurch berührt.

881 Für das Handeln reicht direkter Vorsatz i. S. von *dolus directus 2. Grades* aus. Einer Täuschungsabsicht im Sinne eines Daraufankommens bedarf es nicht (Geppert JK 1999, § 267/25; a. A. SK-Hoyer, § 267 Rn. 91). Zu beachten ist § 270, der klarstellend die Täuschung im Rechtsverkehr der Beeinflussung eines Datenverarbeitungsvorgangs gleichstellt. Das bedeutet, dass die Beeinflussung eines Datenverarbeitungsvorgangs im Rechtsverkehr durch die Tathandlungen des § 267 I vom Täter sicher vorhergesehen oder beabsichtigt worden sein muss. Ist dies der Fall, ist § 267 I in der jeweiligen Variante erfüllt. Die Vorschrift soll insbesondere die Fälle klarstellen, in denen die unechten oder gefälschten Urkunden direkt in das EDV-Gerät (z. B. mittels Scan) eingegeben werden und so den folgenden Datenverarbeitungsvorgang beeinflussen sollen.

II. Rechtswidrigkeit

III. Schuld

IV. Strafzumessung; besonders schwerer Fall der Urkundenfälschung (§ 267 III)

882 Es handelt sich um eine Strafzumessungsvorschrift, die in Regelbeispielstechnik abgefasst ist. Nach h. M. gelten §§ 15, 16 analog. Die Verwirklichung eines der Regelbeispiele hat nur Indizwirkung („in der Regel") für die Verhängung der erhöhten Strafe. Näher zur Regelbeispielstechnik Zöller, BT I, 40 f.

1. Objektive Verwirklichung eines der Regelbeispiele des § 267 III 2

a) Mitglied einer Betrüger- oder Fälscherbande (§ 267 III 2 Nr. 1)

Als **Bande** gilt der Zusammenschluss von mindestens drei Personen, die sich mit dem Willen verbunden haben, künftig für eine gewisse Dauer mehrere selbständige, im Einzelnen ungewisse Straftaten des im Gesetz genannten Deliktstyps zu begehen. **883**

Ein gefestigter Bandenwille oder ein Tätigwerden in einem übergeordneten Bandeninteresse ist dabei nicht erforderlich (BGHSt 46, 321, 325 ff.). Mitglied einer Bande kann auch ein bloßer Gehilfe sein (BGHSt 47, 214). Zu den Einzelheiten des Bandenbegriffs vgl. Rn. 267. **884**

Der Begriff der Urkundenfälschung ist weit zu fassen und umfasst nicht nur Taten nach § 267, sondern auch nach §§ 268 bis 281. Entsprechend ist auch der Bezug zum Betrug über § 263 hinaus etwa auf §§ 263, 264 oder 265b zu erstrecken (Fischer, § 263 Rn. 212). **885**

b) Vermögensverlust großen Ausmaßes (§ 267 III 2 Nr. 2)

Ein Vermögensverlust großen Ausmaßes liegt vor, wenn die Schadenshöhe außergewöhnlich hoch ist. Nach der Rechtsprechung zum gleichlautenden Begriff in § 263 III Nr. 2 soll die Grenze jedenfalls bei 50 000 Euro erreicht sein (BGHSt 48, 360), was auch der Vorstellung des Gesetzgebers entspricht (BT-Drs. 13/8587 S. 43). **886**

c) Gefährdung der Sicherheit des Rechtsverkehrs (§ 267 III 2 Nr. 3)

§ 267 III 2 Nr. 3 erfordert eine erhebliche Gefährdung der Sicherheit des Rechtsverkehrs durch eine große Anzahl von unechten oder verfälschten Urkunden. Bezugsgegenstand der *großen Anzahl* ist die Anzahl der Falsifikate, nicht die der Getäuschten (offenbar a.A. NK-Puppe/Schumann, § 267 Rn. 119). Eine genaue Zahlenangabe ist schwierig durchzuführen. Zum Teil werden mindestens 20 Falsifikate als erforderlich angesehen (Fischer, § 267 Rn. 54; Eisele, BT I, Rn. 848). Immerhin als Indiz kann gewertet werden, wenn ein unübersehbarer Personenkreis von der Täuschung betroffen ist oder wäre (ähnlich Schönke/Schröder-Heine/Schuster, § 267 Rn. 108). Vgl. zum Parallelproblem bei § 306b I (Gesundheitsschädigung einer großen Anzahl von Menschen) Rn. 1100. **887**

Erheblich ist die Gefährdung der Sicherheit des Rechtsverkehrs, wenn nach Art und Anzahl der vom Täter hergestellten oder verbreiteten Falsifikate wie auch nach den kon- **888** kreten Umständen ihrer Verwendung der Eintritt einer gravierenden Störung des Vertrauens der Allgemeinheit in die Beweiskraft von Urkunden naheliegt (Fischer, § 267 Rn. 54).

d) Missbrauch der Befugnis oder Stellung als Amtsträger oder Europäischer Amtsträger (§ 267 III 2 Nr. 4)

889 Ob jemand Amtsträger ist, richtet sich nach der Legaldefinition des § 11 I Nr. 2. Wer Europäischer Amtsträger ist, bestimmt sich gem. § 11 I Nr. 2a (ausführlich zu den Begriffen siehe unten Rn. 1448 ff.).

890 Ein **Missbrauch der Befugnis** als Amtsträger ist gegeben, wenn dieser – im Außenverhältnis wirksam – seine dienstlichen Befugnisse überschreitet, sich dabei aber innerhalb seiner an sich gegebenen Zuständigkeiten bewegt.

891 Ein **Missbrauch der Stellung** als Amtsträger kommt in Betracht, wenn dieser außerhalb des Zuständigkeitsbereichs die Möglichkeiten ausnutzt, die ihm durch sein Amt gegeben sind.

892 § 28 II ist entsprechend anwendbar.

2. Subjektive Verwirklichung eines Regelbeispiels nach § 267 III 2

893 Erforderlich ist zumindest bedingter Vorsatz bezüglich der Merkmale der Regelbeispiele (§ 16 I ist analog anwendbar).

894 Einen Sonderfall stellt die Gewerbsmäßigkeit gem. § 267 III Nr. 1, 1. Alt. dar, da sie sich ausschließlich auf die subjektive Zielsetzung des Täters bezieht und daher nur in subjektiver Hinsicht geprüft werden kann.

895 **Gewerbsmäßig** handelt, wer sich aus der wiederholten Tatbegehung eine fortlaufende Einnahmequelle von einigem Umfang und einer gewissen Dauer verschaffen will.

896 Die Gewerbsmäßigkeit setzt eigennütziges Handeln voraus, sodass es nicht genügt, dass lediglich eine Einnahmequelle für Dritte geschaffen werden soll (BGH StraFo 2014, 215). Die Gewerbsmäßigkeit stellt nach h. M. ein besonderes persönliches Merkmal i. S. von § 28 II dar. Sie kann auch schon bei der ersten Tat gegeben sein, wenn diese von einer entsprechenden Absicht begleitet ist. Ausreichend ist zudem, dass die Tat nur mittelbar als Einnahmequelle dienen soll (BGH NStZ 2016, 28).

V. Qualifikation (§ 267 IV)

§ 267 IV enthält eine Qualifikation zu § 267 I. Es handelt sich um ein Verbrechen, der **897** Versuch ist daher gem. der §§ 23 I, 12 I strafbar und der Versuch der Beteiligung nach § 30 möglich. Für eine Strafbarkeit nach der Qualifikation des § 267 IV ist die kumulative Erfüllung der Regelbeispiele des § 267 III Nr. 1 Alt. 1 und III Nr. 1 Alt. 2 erforderlich mit der Einschränkung, dass sich die Bandenabrede auf die Begehung von Taten nach den §§ 263 bis 264 oder 267 bis 269 beziehen muss. Insofern ist der Anwendungsbereich des § 267 IV gegenüber dem Regelbeispiel des § 267 III Nr. 1 Alt. 2 eingeschränkt. Zudem handelt es sich im Rahmen des § 267 IV bei der bandenmäßigen Begehung um ein *objektives* und bei der Gewerbsmäßigkeit um ein *subjektives Tatbestandsmerkmal* und nicht um Strafzumessungsregeln.

VI. Konkurrenzen

Liegt im Verfälschen zugleich das Herstellen einer unechten Urkunde, tritt die erste **898** Alternative des § 267 I zurück. Hat der Täter von vornherein einen bestimmten Gebrauch des Falsifikats geplant, treten die beiden ersten Alternativen des § 267 I als materielle Vorbereitungshandlungen hinter das Gebrauchmachen zurück. Das Gleiche gilt, wenn es sich um mehrere Falsifikate handelt, die zum Zwecke des einmaligen Gebrauchs angefertigt wurden (BGH wistra 2006, 65). Ist die Verwendung der unechten oder verfälschten Urkunde nur in allgemeinen Umrissen geplant, stellt das spätere Gebrauchmachen eine selbständige Straftat dar, die zu den beiden ersten Alt. des § 267 I in Tatmehrheit (§ 53) steht. Wird das Falsifikat mehrfach verwendet, stehen die Verwendungshandlungen im Verhältnis der Tatmehrheit (§ 53) zueinander. § 267 I wird von § 267 IV im Wege der Gesetzeskonkurrenz (Spezialität) verdrängt. Mit §§ 153, 263, 269, 271 ist Tateinheit (§ 52) möglich. § 274 tritt als subsidiär hinter § 267 zurück (Schönke/Schröder-Heine/Schuster, § 274 Rn. 22).

VII. Aufbauschema § 267 I

I.   **Tatbestand**

    1. Objektiver Tatbestand

        a) Tatobjekt = Urkunde

        b) Tathandlung

            aa) Herstellen einer unechten Urkunde (§ 267 I Alt. 1)

            bb) Verfälschen einer echten Urkunde (§ 267 I Alt. 2)

            cc) Gebrauchen einer unechten oder verfälschten Urkunde (§ 267 I Alt. 3)

2. Subjektiver Tatbestand

   a) dolus eventualis bzgl. des Tatadressaten

   b) dolus directus 2. Grades bzgl. einer Täuschung im Rechtsverkehr

II. Rechtswidrigkeit

III. Schuld

IV. Strafzumessungsregel/besonders schwerer Fall gem. § 267 III

1. Objektive Verwirklichung des Regelbeispiels

   a) Bandenmitgliedschaft gem. § 267 III Nr. 1 Alt. 2

   b) Herbeiführung eines Vermögensverlustes großen Ausmaßes gem. § 267 III Nr. 2

   c) Erhebliche Gefährdung des Rechtsverkehrs durch eine große Zahl an unechten oder verfälschten Urkunden gem. § 267 III Nr. 3

   d) Missbrauch der Befugnisse oder Stellung als Amtsträger oder Europäischer Amtsträger gem. § 267 III Nr. 4

2. Subjektive Verwirklichung des Regelbeispiels

   a) Wissen und Wollen der hinsichtlich objektiven Verwirklichung eines Regelbeispiels

   b) Gewerbsmäßigkeit gem. § 267 III Nr. 1 Alt. 1

V. Qualifikation gem. § 267 IV

1. Objektiver Tatbestand

   a) Erfüllung des Grunddelikts aus § 267 I

   b) Bandenmäßige Begehung in Bezug auf eine Bande, die sich zur fortgesetzten Begehung von Taten gem. der §§ 263 bis 264 oder 267 bis 269 verbunden hat

2. Subjektiver Tatbestand

   a) Vorsatz (vgl. § 15 StGB), d. h. mindestens dolus eventualis hinsichtlich der objektiven Tatbestandsmerkmale

   b) Gewerbsmäßigkeit

B. Fälschung technischer Aufzeichnungen (§ 268)

> **Gesetzestext:**
>
> (1) Wer zur Täuschung im Rechtsverkehr
>
>   1. eine unechte technische Aufzeichnung herstellt oder eine technische Aufzeichnung verfälscht oder
>
>   2. eine unechte oder verfälschte technische Aufzeichnung gebraucht,
>
>   wird mit Freiheitsstrafe bis zu fünf Jahren oder mit Geldstrafe bestraft.
>
> (2) Technische Aufzeichnung ist eine Darstellung von Daten, Meß- oder Rechenwerten, Zuständen oder Geschehensabläufen, die durch ein technisches Gerät ganz oder zum Teil selbsttätig bewirkt wird, den Gegenstand der Aufzeichnung allgemein oder für Eingeweihte erkennen läßt und zum Beweis einer rechtlich erheblichen Tatsache bestimmt ist, gleichviel ob ihr die Bestimmung schon bei der Herstellung oder erst später gegeben wird.
>
> (3) Der Herstellung einer unechten technischen Aufzeichnung steht es gleich, wenn der Täter durch störende Einwirkung auf den Aufzeichnungsvorgang das Ergebnis der Aufzeichnung beeinflußt.
>
> (4) Der Versuch ist strafbar.
>
> (5) § 267 Abs. 3 und 4 gilt entsprechend.

Die Vorschrift schützt die *Sicherheit und Zuverlässigkeit des Rechtsverkehrs* mit Blick auf **899** die Sicherheit der Informationsgewinnung durch technische Geräte (BGHSt 40, 26, 30). Es soll die Lücke geschlossen werden, die durch das Erfordernis der menschlichen Gedankenerklärung bei § 267 entsteht. Hierdurch wird jedoch kein Exklusivitätsverhältnis der Tatbestände statuiert. § 268 dient somit dem Vertrauen der Allgemeinheit in den unbeeinflussten Aufzeichnungsvorgang technischer Geräte deren Ergebnisse regelmäßig einen erhöhten Beweiswert aufweisen. Der Tatbestand ist an § 267 angelehnt, weist jedoch neben Gemeinsamkeiten auch erhebliche Unterschiede auf.

In § 268 V wird § 267 III für entsprechend anwendbar erklärt, so dass die dortige Straf- **900** zumessungsregel Anwendung findet. Ebenso verweist § 268 V auf § 267 IV, der einen echten Qualifikationstatbestand beinhaltet.

Der *Versuch* ist strafbar (§ 268 IV). **901**

I. Tatbestand

1. Objektiver Tatbestand

Tatbestand des § 268 I

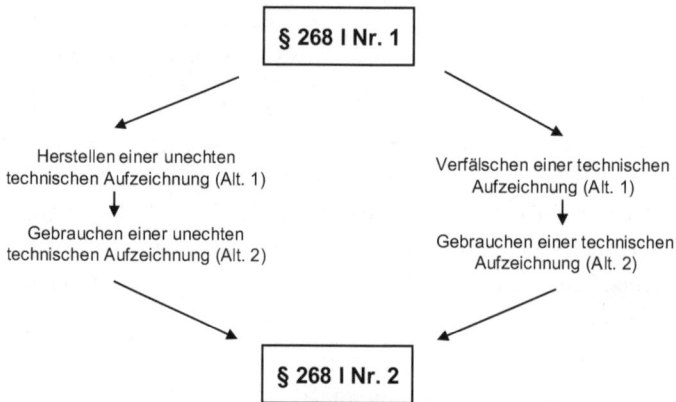

§ 268 I Nr. 1

Herstellen einer unechten technischen Aufzeichnung (Alt. 1)	Verfälschen einer technischen Aufzeichnung (Alt. 1)
↓	↓
Gebrauchen einer unechten technischen Aufzeichnung (Alt. 2)	Gebrauchen einer technischen Aufzeichnung (Alt. 2)

§ 268 I Nr. 2

a) Tatobjekt = Technische Aufzeichnung

902 Tatobjekt des § 268 ist eine technische Aufzeichnung.

> Nach der Legaldefinition des § 268 II ist **technische Aufzeichnung** eine Darstellung von Daten, Mess- oder Rechenwerten, Zuständen oder Geschehensabläufen, die durch ein technisches Gerät ganz oder zum Teil selbsttätig bewirkt wird, den Gegenstand der Aufzeichnung allgemein oder für Eingeweihte erkennen lässt und zum Beweis einer rechtlich erheblichen Tatsache bestimmt ist, gleichviel ob ihr die Bestimmung schon bei der Herstellung oder erst später gegeben wird.
>
> **Darstellung** ist die bedeutungshaltige Information.
>
> **Daten** sind codierte Informationen.
>
> **Messwert** ist die numerische Angabe über einen Sachverhalt.
>
> **Rechenwerte** sind Produkte von Rechenoperationen.
>
> **Zustand oder Geschehensablauf** ist jeder äußere Sachverhalt, der Gegenstand einer automatischen Registrierung sein kann.
>
> **Technisches Gerät** ist jeder Mechanismus, der darauf angelegt ist, technische Aufzeichnungen zu produzieren.

Beispiele: Parkschein, Rückgabebeleg eines Leergutautomatens, Kassenbeleg einer automatischen Registrierkasse.

Entgegen der Urkunde aus § 267 muss die technische Aufzeichnung des § 268 ihren **903** Aussteller nicht erkennen lassen. Dementsprechend ist die Garantiefunktion für eine technische Aufzeichnung nicht erforderlich. Gleichwohl kann eine Person z. B. durch ihre Unterschrift kenntlich machen, dass sie sich den Inhalt der technischen Aufzeichnung zu eigen macht. Ggf. entsteht auf diese Weise eine Urkunde iSd. § 267.

Die Begriffe Darstellung und Aufzeichnung beinhalten, dass eine Verkörperung der **904** technischen Aufzeichnung von einer gewissen Dauer gegeben sein muss. Die technische Aufzeichnung des § 268 muss somit eine der Urkunde gem. § 267 entsprechende *Perpetuierungsfunktion* aufweisen (Rengier, BT II, § 34 Rn. 3; Hecker JuS 2015, 1132, 1133; Schönke/Schröder-Heine/Schuster, § 268 Rn. 9).

Sonderproblem: Beschaffenheit der Darstellung

Umstritten ist, wie die Darstellung beschaffen sein muss. Unstreitig keine Darstellung **905** i. S. der Norm sind daher rein optische Wiedergaben auf dem registrierenden Gerät, wie z. B. das Display einer *Waage*, das nach dem Messvorgang wieder auf die Nullstellung zurückkehrt. Anderes gilt nur, wenn das Messergebnis in sonstiger Weise festgehalten wird, z. B. durch Ausdruck.

- Eine Auffassung geht davon aus, dass es für die Verkörperung der Darstellung **906** ausreichend sei, wenn der Vorgang nicht gesondert (etwa in Form eines Ausdruckes) festgehalten werde. Es genüge, wenn die Verwendbarkeit als Beweismittel über den Entstehungszeitpunkt erhalten bleibe (Schönke/Schröder-Heine/ Schuster, § 268 Rn. 9; SK-Hoyer, § 268 Rn. 10 ff.). Dies gelte etwa für Anzeigegeräte, bei denen das Ergebnis der Aufzeichnung in einem kontinuierlichen Additionsprozess in das Endergebnis eingehe (z. B. Gas- oder Wasseruhr, Strom- und Kilometerzähler).

- Nach h. M. ist Darstellung i. S. des § 268 II nur eine Aufzeichnung, bei der die **907** geräteautonom produzierte Information in einem selbständig verkörperten, vom Gerät abtrennbaren Stück enthalten ist (z. B. BGHSt 29, 204, 205 f.; NK-Puppe/ Schumann, § 268 Rn. 24; MüKo-Erb, § 268 Rn. 10 ff.). Die Einbeziehung von summierenden Zählwerken sei nicht sinnvoll, weil eben nur dem Zählerstand in einem bestimmten Moment Beweiswert zukommt (z. B. dem der Abrechnung). Der Wortlaut und der Wille des Gesetzgebers, genauso wie die systematische Stellung bei § 267 sollen eine besonders feste Form der Darstellung fordern, die nur in Form der selbständig verkörperten Information gegeben sei.

Bewertung:

908 Die enge Auslegung der h. M. ist zutreffend. § 268 ist schon aufgrund seines Wortlauts und seiner Stellung im Gesetz ähnlich dem § 267 auszulegen. Perpetuierung ist eben nicht bloße Addition für einen Moment. Läuft etwa der Kilometerzähler weiter, ist sein Beweiswert eingeschränkt. Außerdem lässt sich ein Messergebnis, das nicht gesondert fixiert wird, nicht wie eine Urkunde mehrfach zur Täuschung verwenden (Kindhäuser/Schramm, BT I, § 56 Rn. 8). Letzten Endes ist auch der Gesetzgeber der h. M. gefolgt, wie sich an dem im Jahr 2005 neu eingefügten § 22b StVG (Missbrauch von Wegstreckenzählern und Geschwindigkeitsbegrenzern) zeigt, der „Tachomanipulationen" eigens unter Strafe stellt.

Begriff der Darstellung

Optische Anzeigegeräte, die unmittelbar nach der Wiedergabe des Messergebnisses wieder in ihre Ursprungsstellung zurückgehen (z.B. Personenwaage, Tachometer), sind unstreitig keine Darstellungen.

⬌

Umstritten ist die Behandlung von **Additionsgeräten** (z.B. Kilometerzähler beim Auto, Stromzähler, Wasseruhr), bei denen sich fortlaufend der Zählerstand im Wege einer kontinuierlichen Addition verändert. Während teilweise die Ansicht vertreten wird, dass es für die Verkörperung der Darstellung ausreiche, wenn der Vorgang nicht gesondert festgehalten werde, sondern als Teil in die fortlaufend veränderte Endsumme eingehe, verlangt die überwiegende Auffassung, dass die jeweilige Information in einem selbständig verkörperten, vom Gerät abtrennbaren Stück enthalten ist.

909 Auf eine optisch-visuell verkörperte Darstellung kommt es, anders als bei der Urkunde, nicht an. Daher sind auch die Fixierung auf einem Speichermedium wie z. B. einer CD-Rom oder auf einem USB-Stick sowie auf dem Magnetstreifen einer EC-Karte ausreichend.

910 Die Darstellung muss ganz oder zum Teil von einem technischen Gerät *selbsttätig bewirkt* werden. Daran fehlt es, wenn sie allein durch den Menschen bestimmt wird (z.B. Eingabe in eine elektrische Schreibmaschine). Erforderlich ist, dass das Gerät *neue Information* (mittels eines in Konstruktion oder Programmierung festgelegten automatischen Ablaufs) hervorbringt, nicht lediglich bereits vorhandene oder eingegebene reproduziert (Kindhäuser/Schramm, BT I, § 56 Rn. 6). Anders ausgedrückt liegt eine technische Aufzeichnung nur vor, wenn das technische Gerät mehr Informationen ausgibt, als der Bediener zuvor eingegeben hat (Duchstein SVR 2013, 361, 362). Insofern scheiden *Fotokopien* oder *Fotoaufnahmen* aus, die sich in einer bloßen Reproduktion der Außenwelt erschöpfen. Diese sind jedoch dann Darstellung i. S. des § 268 II, wenn sie zusätzliche, selbsttätig bewirkte Information beinhalten (z. B. Zeit- und Geschwindigkeitsangabe auf dem Foto der *Verkehrsüberwachung*, vgl. OLG München NJW 2006, 2132). Erfasst sind auch die Darstellungen durch Fahrtenschreiber oder Elektrokardiographen.

b) Tathandlung

Die Tathandlungen des § 268 I entsprechen sprachlich denen des § 267 und sind entsprechend auszulegen. **911**

aa) Herstellen einer unechten technischen Aufzeichnung

Unecht ist eine technische Aufzeichnung, wenn sie überhaupt nicht oder nicht so, **912** wie sie vorliegt, das Ergebnis eines in seiner Selbsttätigkeit von Störungshandlungen unbeeinflussten Aufzeichnungsvorganges ist, obwohl sie diesen Anschein erweckt.

Erfasst wird folglich die *Imitation* einer technischen Aufzeichnung ebenso wie nach **913** § 268 III die störende Einwirkung auf den Aufzeichnungsvorgang. § 268 III ist nach h. M. nur ein Unterfall des § 268 I Nr. 1 Var. 1. Er liegt vor, wenn der Täter störend auf den Aufzeichnungsvorgang selbst Einfluss nimmt indem er z. B. Zeichen ergänzt, löscht oder ersetzt und hierdurch eine Änderung des produzierten Ergebnisses bewirkt (BGH NStZ 2016, 42, 45; hierzu Hecker JuS 2015, 1132 ff.).

Nicht tatbestandsmäßig sind dagegen das bloße Ausnutzen technischer *Eigendefekte* des **914** Aufzeichnungsgerätes sowie das Unterlassen eines Garanten, der das Gerät ohne eine solche, ohne menschliches Zutun entstandene Störung zu beheben, betreibt (Bsp.: Der Fahrtenschreiber zeichnet störungsbedingt eine viel zu geringe Geschwindigkeit auf). Einschlägig sind dagegen Fälle, in denen manipulierte Geräte eingesetzt werden oder ein Garant eine Manipulation nicht verhindert.

Sog. *Input-Manipulationen*, bei denen das Gerät nur mit falschen Daten gespeist wird, **915** ohne auf den ungestörten Aufzeichnungsvorgang als solchen Einfluss zu nehmen, sind nicht tatbestandsmäßig (z. B. beim Abwiegen von Obst im Kaufhaus wird die Ware leicht angehoben, um ein geringeres Gewicht abzumessen). Dies führt zwar zur Herstellung inhaltlich unrichtiger, aber nicht unechter Aufzeichnungen. Denn der technische Aufzeichnungsvorgang erfolgt störungsfrei. Insofern ist dies ein Fall der auch bei § 268 nicht strafbaren *schriftlichen Lüge*.

916 Verwendet der Täter eine sog. *Gegenblitzanlage,* um zu verhindern, dass im Rahmen einer Radarkontrolle ein verwertbares Foto von ihm angefertigt wird, so ist § 268 nicht erfüllt (OLG München NStZ 2006, 576, das allerdings § 303 bejaht; dazu auch Geppert DAR 2000, 106). Zwar stellt das Foto *in diesem Fall* eine technische Aufzeichnung dar, weil neben der Bildwiedergabe zusätzlich der Zeitpunkt der Aufnahme und die vom Gerät ermittelte Geschwindigkeit vermerkt sind. Aber mangels störender Einwirkung auf den Aufzeichnungsvorgang ist es echt, wenn auch unbrauchbar. Das Foto zeichnet die Umgebung genau so auf, wie sie in diesem Moment war. Zweifelhaft ist dagegen die mögliche Argumentation, § 268 scheide aus, weil durch den Gegenblitz überhaupt eine Aufzeichnung verhindert worden sei.

bb) Verfälschen einer echten technischen Aufzeichnung

917 Tatbestandsmäßig gem. § 269 I Nr. 1 Alt. 2 ist auch das Verfälschen einer technischen Aufzeichnung. Diese Tathandlung entspricht § 267 I 2. Alt., so dass die dortigen Ausführungen entsprechend gelten (siehe Rn. 869 ff.). In Abgrenzung zu § 268 I Nr. 1 Alt. 1 i. V. m. III ist von einem Verfälschen auszugehen, wenn der Täter die durch die Aufzeichnung ausgewählten und fixierten Zeichen durch imitierte Zeichen ergänzt, löscht oder ersetzt und damit den Eindruck erweckt, als seien diese das nach ordnungsgemäßem Herstellungsvorgang produzierte Ergebnis des Geräts (BGH NStZ 2016, 42, 45). Beispiel: Vordatieren eines bereits abgelaufenen Parkscheins (vgl. Hecker JuS 2002, 224). Demnach ist § 268 I Nr. 1 i. V. m. III gegeben, wenn der Täter direkt bei Aufzeichnungsvorgang in die Funktion des technischen Geräts eingreift und so dessen Ergebnis beeinflusst. Demgegenüber wird eine technische Aufzeichnung gem. § 268 I Nr. 1 Alt. 2 verfälscht, wenn sie zunächst ordnungsgemäß (also ohne störende Einwirkung gem. § 268 I Nr. 1 Alt. 1 i. V. m. III) erstellt wurde und erst nach der abgeschlossenen Aufzeichnung vom Täter manipuliert wird.

cc) Gebrauchen einer unechten oder verfälschten Aufzeichnung

918 Diese Tathandlung entspricht § 267 I Alt. 3 und ist entsprechend auszulegen (vgl. dazu die Ausführungen unter Rn. 875 f.).

2. Subjektiver Tatbestand

919 Der Täter muss wie bei § 267 vorsätzlich und zur Täuschung im Rechtsverkehr handeln (vgl. dazu die Ausführungen unter Rn. 878 ff.). Der Vorsatz muss die Umstände einschließen, aus denen die Unechtheit der Aufzeichnung folgt. Bei § 268 III muss der Täter Kenntnis von der Manipulation haben.

II. Rechtswidrigkeit

III. Schuld

IV. Strafzumessung

Nach § 268 V gibt es einen besonders schweren Fall der Fälschung technischer Auf- **920** zeichnungen. Die Norm verweist auf § 267 III (vgl. dazu die Ausführungen unter Rn. 882 ff.).

V. Qualifikation

§ 268 V verweist auf den echten Qualifikationstatbestand des § 267 IV, sodass die dor- **921** tigen Ausführungen entsprechend gelten (siehe hierzu Rn. 897 ff.).

VI. Konkurrenzen

Wird eine technische Aufzeichnung von einem Aussteller als Gedankenerklärung über- **922** nommen (z. B. Telefonabrechnung), so kommt bei entsprechenden Tathandlungen Tateinheit zwischen § 267 und § 268 in Betracht (Schönke/Schröder-Heine/Schuster, § 268 Rn. 68). Ansonsten gelten die Ausführungen zu § 267 entsprechend (vgl. Rn. 898).

VII. Aufbauschema § 268 I

I. Tatbestand

1. Objektiver Tatbestand

a) Tatobjekt = technische Aufzeichnung

b) Tathandlung

aa) Herstellen einer unechten technischen Aufzeichnung (§ 268 I Nr. 1 Alt. 1 ggf. i. V. m. § 268 III)

bb) Verfälschen einer echten technischen Aufzeichnung (§ 268 I Nr. 1 Alt. 2)

cc) Gebrauchen einer unechten oder verfälschten Aufzeichnung (§ 268 I Nr. 2)

2. Subjektiver Tatbestand

a) dolus eventualis bzgl. des Tatadressaten

b) dolus directus 2. Grades bzgl. einer Täuschung im Rechtsverkehr

II. Rechtswidrigkeit

III. Schuld

IV. Strafzumessungsregel/besonders schwerer Fall gem. § 268 V i. V. m. § 267 III

1. Objektive Verwirklichung des Regelbeispiels

a) Bandenmitgliedschaft gem. § 268 V i. V. m. § 267 III Nr. 1 Alt. 2

b) Herbeiführung eines Vermögensverlustes großen Ausmaßes gem. § 268 V i. V. m. § 267 III Nr. 2

c) Erhebliche Gefährdung des Rechtsverkehrs durch eine große Zahl an unechten oder verfälschten Urkunden gem. § 268 V i. V. m. § 267 III Nr. 3

d) Missbrauch der Befugnisse oder Stellung als Amtsträger oder Europäischer Amtsträger gem. § 268 V i. V. m. § 267 III Nr. 4

2. Subjektive Verwirklichung des Regelbeispiels

a) Wissen und Wollen hinsichtlich der objektiven Verwirklichung eines Regelbeispiels

b) Gewerbsmäßigkeit gem. § 268 V i. V. m. § 267 III Nr. 1 Alt. 1

V. Qualifikation gem. § 268 V i. V. m. § 267 IV

1. Objektiver Tatbestand

a) Erfüllung des Grunddelikts aus § 268 I

b) Bandenmäßige Begehung in Bezug auf eine Bande, die sich zur fortgesetzten Begehung von Taten gem. der §§ 263 bis 264 oder 267 bis 269 verbunden hat

2. Subjektiver Tatbestand

a) Vorsatz (vgl. § 15 StGB), d. h. mindestens dolus eventualis hinsichtlich der objektiven Tatbestandsmerkmale

b) Gewerbsmäßigkeit

C. Falschbeurkundung im Amt (§ 348)

> **Gesetzestext:**
>
> (1) Ein Amtsträger, der, zur Aufnahme öffentlicher Urkunden befugt, innerhalb seiner Zuständigkeit eine rechtlich erhebliche Tatsache falsch beurkundet oder in öffentliche Register, Bücher oder Dateien falsch einträgt oder eingibt, wird mit Freiheitsstrafe bis zu fünf Jahren oder mit Geldstrafe bestraft.
>
> (2) Der Versuch ist strafbar.

Ebenso wie § 271 schützt § 348 die *inhaltliche Richtigkeit von öffentlichen Urkunden* und **923** damit das *besondere Vertrauen in die Beweiskraft von öffentlichen Urkunden.* Die Normen stehen in einem regulatorischen Zusammenhang. § 348 ist ein echtes Sonderdelikt. Voraussetzung des Tatbestands ist u. a. die Amtsträgereigenschaft des Täters. Daher ist eine mittelbare Täterschaft nach § 25 I 2. Alt. ausgeschlossen, wenn der mittelbare Täter die Amtsträgereigenschaft nicht aufweist. Soweit hierdurch eine Strafbarkeitslücke in den Fällen, in denen der Täter auf den beurkundenden Amtsträger einwirkt, um eine fehlerhafte Beurkundung zu erreichen entsteht, sollen diese Fälle durch § 271 erfasst werden.

Im Rahmen der Fallbearbeitung sollte zunächst § 348 in den Blick genommen werden. **924** Scheitert die Strafbarkeit des Amtsträgers, kommt ggf. § 271 in Betracht.

§ 348 ist ein Vergehen, der Versuch aufgrund ausdrücklicher Anordnung (§§ 23 I, **925** 348 II) strafbar.

I. Tatbestand

1. Objektiver Tatbestand

a) Tatsubjekt = Amtsträger

Der Täter muss ein Amtsträger iSd. § 11 I Nr. 2 sein. Die Amtsträgereigenschaft stellt **926** ein strafbarkeitsbegründendes besonderes persönliches Merkmal i. S. d. § 28 I dar.

b) Befugnis zur Aufnahme öffentlicher Urkunden

Es muss die Befugnis zur Aufnahme öffentlicher Urkunden bei dem Täter bestehen.

927 Die **Befugnis zur Aufnahme öffentlicher Urkunden** liegt beim Täter vor, wenn er aufgrund seiner Amtsstellung die Berechtigung erhält, eine öffentliche Urkunde als Beweismittel für und gegen jedermann zu schaffen.

928 **Öffentliche Urkunden** sind nach der *Legaldefinition* des § 415 I ZPO Urkunden, die von einer öffentlichen Behörde innerhalb der Grenzen ihrer Amtsbefugnisse oder von einer mit öffentlichem Glauben versehenen Person innerhalb des ihr zugewiesenen Geschäftskreises in der vorgeschriebenen Form aufgenommen sind.

c) Tatobjekt

929 Taugliche Tatobjekte des § 348 I sind öffentliche Urkunden, öffentliche Bücher, Dateien oder Register.

930 Der Begriff der Urkunde entspricht dem aus § 267 bekannten Urkundsbegriff. Die dortigen Ausführungen gelten auch hier (siehe Rn. 826 ff.). Jedoch muss es sich bei § 348 I folgerichtig um eine öffentliche Urkunde handeln, während § 267 neben den öffentlichen auch die Privaturkunden erfasst.

931 **Öffentliche Urkunden** sind nach der *Legaldefinition* des § 415 I ZPO Urkunden, die von einer öffentlichen Behörde innerhalb der Grenzen ihrer Amtsbefugnisse oder von einer mit öffentlichem Glauben versehenen Person innerhalb des ihr zugewiesenen Geschäftskreises in der vorgeschriebenen Form aufgenommen sind.

932 Eine mit öffentlichem Glauben versehene Person ist eine solche, der dieser öffentliche Glaube durch Gesetz oder aufgrund einer Rechtsvorschrift verliehen wurde, z. B. der Notar (vgl. § 20 NotO).

933 Die Urkunde muss eine öffentliche Beweiswirkung haben, d. h. für den allgemeinen Rechtsverkehr bestimmt sein und dem Zweck dienen, Beweis für und gegen jedermann zu erbringen (BGH NJW 1990, 655, 656). Die erhöhte Beweiswirkung kann sich entweder aus dem Gesetz selbst (z. B. § 60 PStG für die Sterbeurkunde; § 274 StPO für das Protokoll der strafrechtlichen Hauptverhandlung) oder nach der Verkehrsanschauung ergeben. Dient die Urkunde rein innerdienstlichen Zwecken, ist sie keine öffentliche, sondern eine sog. *schlicht amtliche Urkunde* (z. B. das Prüfprotokoll beim TÜV, anders die Prüfplakette selbst; vgl. BayObLG NStZ 1999, 575, 576; ebenso rein innerdienstliche Wirkung haben innerdienstliche Register und Aktenvermerke).

934 Öffentliche Bücher (z. B. Grundbücher) und Register (z. B. Vereins- und Handelsregister, §§ 55 BGB, 12 HGB) sind Unterfälle der öffentlichen Urkunde.

Öffentliche Datei ist jede Datenurkunde i. S. v. § 269, die den inhaltlichen Anforde- **935** rungen an eine öffentliche Urkunde genügt.

Beispiel: das elektronische Grundbuch

d) Falschbeurkundung

Letztlich fordert § 348 im objektiven Tatbestand, dass der Täter eine rechtlich erhebli- **936** che Tatsache innerhalb seiner Zuständigkeit falsch beurkundet oder in öffentliche Register, Bücher oder Dateien falsch einträgt oder eingibt.

Falsch ist eine Tatsache beurkundet, wenn sie nicht den objektiven Gegebenheiten **937** entspricht.

Nach nahezu unbestrittener h. M. sind die §§ 348, 271 restriktiv auszulegen. Nicht **938** ausreichend ist es, wenn der Inhalt der öffentlichen Urkunde falsch ist. Erforderlich ist vielmehr, dass es sich bei der falsch beurkundeten Tatsache um eine solche handelt, auf die sich der öffentliche Glaube der Urkunde erstreckt („... für Rechte oder Rechtsverhältnisse von Erheblichkeit ... beurkundet"; vgl. BGHSt 42, 131; BGH NStZ 2009, 387, 388; OLG Brandenburg, NStZ 2010, 12; Rengier, BT II, § 37 Rn. 13; Schönke/Schröder-Heine/Schuster, § 271 Rn. 22; MüKo-Freund, § 271 Rn. 17 ff.; krit. Bock ZIS 2011, 330, 333 f.). Demnach ist im Rahmen des Tatobjekts zu hinterfragen, ob es sich bei der Urkunde um eine öffentliche Urkunde im o. g. Sinne handelt, d. h. ob die Urkunde als solche einen gesteigerten Beweiswert innehat. Im Rahmen der Falschbeurkundung ist sodann zu prüfen, ob die konkret falschen Tatsachen, die den Inhalt der Urkunde bilden, an dieser erhöhten Beweiskraft teilhaben, oder ob sich die öffentliche Beurkundung, die den Gegenstand des besonderen Vertrauens bildet, sich auf diese Tatsachen gerade nicht bezieht.

Auf welche Teile der Urkunde sich die erhöhte Beweiskraft erstreckt ist, soweit es sich **939** nicht unmittelbar aus dem Gesetz selbst ergibt, mittelbar aus Sinn und Zweck der für die Errichtung der Urkunde maßgeblichen Vorschriften (einschließlich §§ 415 ff. ZPO) durch Auslegung zu ermitteln (BGHSt 22, 201, 203). Sofern klare Sachverhaltsangaben fehlen, sind somit in der Klausur die maßgeblichen Vorschriften zu identifizieren und danach auszulegen, welche Tatsachen am besonderen Beweiswert partizipieren. Dies hat in der Praxis zu einer kaum zu überblickenden (und nicht immer stringenten) Kasuistik geführt, die sich obendrein bei Änderung der maßgeblichen Vorschriften jederzeit in ihr Gegenteil verkehren kann. Daher soll hier nur auf einige besonders prüfungsrelevante Konstellationen eingegangen werden:

940 Wird der beurkundenden Stelle für bestimmte Tatsachen eine materielle Prüfungskompetenz auferlegt, so ist im Regelfall davon auszugehen, dass die hierbei ermittelten Tatsachen am besonderen Beweiswert teilhaben.

941 Im Bereich der KFZ-Zulassung und technischen Überprüfung ist anerkannt, dass es sich bei der TÜV Prüfplakette um eine öffentliche Urkunde handelt, bei dem separaten Prüfbericht des Prüfers hingegen nicht. Durch die Prüfplakette wird (in Verbindung mit einem Nummernschild und einem Fahrzeug) beurkundet, dass das betreffende Fahrzeug im Zeitpunkt der letzten Hauptuntersuchung von einem Prüfer für vorschriftsmäßig befunden worden ist (BGH JA 2019, 230 mit Anm. Kudlich; OLG Celle NZV 1991, 318, 319; Claus NStZ 2014, 66, 67; a. A. BayObLG NStZ 1999, 575 f.) und in welchem Termin die erneute Hauptuntersuchung erfolgen muss. Dementsprechend macht sich der Prüfer gem. § 348 strafbar, wenn er ein KFZ als mangelhaft erachtet, aber dennoch die Plakette erteilt. § 271 kommt in Betracht, wenn nicht der Prüfer selbst, sondern die Zulassungsstelle aufgrund des Prüfberichts, der fälschlich die Mängelfreiheit bescheinigt, die Plakette erteilt.

942 Wird an einem Fahrzeug die Fahrzeugidentifizierungsnummer verändert, sodass sie der eines anderen (baugleichen) Fahrzeugs entspricht und mittels dieser Nummer Erteilung der Zulassungsbescheinigung Teil I (ehemals Fahrzeugbrief) sowie einer TÜV Plakette erreicht (sog. Fahrzeugdublette), so können §§ 348, 271 gegeben sein. Denn sowohl die Zulassungsbescheinigung Teil I als auch die TÜV Plakette beziehen sich immer auf ein bestimmtes, anhand der Fahrzeugidentifizierungsnummer zu ermittelndes KFZ. Auf diese Fahrzeugidentität bezieht sich der erhöhte Beweiswert dieser Urkunden, weil sie die Grundlage für die weiteren Umstände bilden, die mit erhöhtem Beweiswert versehen sind (BGH NStZ 2009, 387, 388 m. zust. Anm. Erb).

943 Anders verhält es sich mit der Zulassungsbescheinigung Teil II. Diese enthält weder öffentlichen Glauben in Bezug auf die in ihr enthaltenen Angaben zur Person, noch in Bezug auf die Verfügungsberechtigung oder Haltereigenschaft der eingetragenen Person (BGH JA 2015, 310 m. Anm. Kudlich).

944 Gibt ein Asylsuchender bei der Einreise falsche Personalien an und wird ihm daraufhin eine Aufenthaltsgestattung oder später eine Duldungsbescheinigung erteilt (§ 63 AsylVfG; §§ 60a IV, 78 VII 1, 2, VI AufenthG) so sind diese Dokumente als öffentliche Urkunden zu qualifizieren. Der erhöhte Beweiswert bezieht sich jedoch nur auf die Tatsache, dass der Person, die mit dem abgebildeten Lichtbild identisch ist, der Aufenthalt gestattet bzw. deren Aufenthalt geduldet wird. Die Personalien hingegen sind nicht von dem erhöhten Beweiswert umfasst, sodass die §§ 348, 271 durch Erreichen der Ausstellung der Dokumente mit falschen Personalien nicht erfüllt sind (BGH NJW 2010, 248, 249; OLG Brandenburg NStZ 2010, 12, OLG Koblenz NStZ-RR 2010, 2259, 261; KG

NStZ 2009, 448, 449). Dies ergibt sich bereits aus der Möglichkeit, dass die Behörde angeben kann, dass die Angaben zur Person auf den Auskünften der Person selbst beruhen.

Weitere Beispiele: Bei einem Führerschein bezieht sich der öffentliche Glaube auf die **945** erteilten Fahrerlaubnisklassen und die Identität der Person, nicht aber den Doktortitel. Der notariell beurkundete Kaufvertrag beweist zu öffentlichem Glauben die Identität und Anwesenheit der Parteien und die Abgabe der beurkundeten Erklärungen, nicht aber deren Richtigkeit. Das strafrechtliche Hauptverhandlungsprotokoll (§ 274 StPO) beurkundet die wesentlichen vorgeschriebenen Förmlichkeiten des Verfahrens, nicht aber die Identität der erschienenen Personen (gleiches gilt für Namensangaben in Strafurteilen). Die erhöhte Beweiskraft von öffentlichen Zeugnissen (Abitur-, Schul-, Examenszeugnisse, u. s. w.) erstreckt sich auf die Prüfungsteilnahme des Zeugnisinhabers und die Notenerteilung, nicht aber, dass die Prüfungsleistungen ordnungsgemäß erbracht wurden.

Der Täter muss hierzu innerhalb seiner aus der Amtsträgereigenschaft folgenden Zu- **946** ständigkeit handeln. Er muss in einer dem Missbrauch der Stellung als Amtsträger gem. § 267 III 2 Nr. 4 (siehe Rn. 891) vergleichbaren Weise die Beurkundung vornehmen.

2. Subjektiver Tatbestand

Erforderlich ist mindestens *dolus eventualis* hinsichtlich der Verwirklichung der objek- **947** tiven Tatbestandsmerkmale.

II. Rechtswidrigkeit

III. Schuld

IV. Konkurrenzen

Tateinheit (§ 52) ist möglich mit § 267, wenn der Amtsträger neben der inhaltlichen **948** Falschbeurkundung auch eine Unterschrift fälscht.

V. Aufbauschema § 348 I

I. Tatbestand

1. Objektiver Tatbestand

   a) Tatsubjekt = Amtsträger

   b) Befugnis zur Aufnahme öffentlicher Urkunden

   c) Tatobjekt

   d) Falschbeurkundung

2. Subjektiver Tatbestand

   Vorsatz, mindestens dolus eventualis bzgl. aller objektiven Tatbestandsmerkmale

II. Rechtswidrigkeit

III. Schuld

D. Mittelbare Falschbeurkundung (§ 271)

> **Gesetzestext:**
>
> (1) Wer bewirkt, daß Erklärungen, Verhandlungen oder Tatsachen, welche für Rechte oder Rechtsverhältnisse von Erheblichkeit sind, in öffentlichen Urkunden, Büchern, Dateien oder Registern als abgegeben oder geschehen beurkundet oder gespeichert werden, während sie überhaupt nicht oder in anderer Weise oder von einer Person in einer ihr nicht zustehenden Eigenschaft oder von einer anderen Person abgegeben oder geschehen sind, wird mit Freiheitsstrafe bis zu drei Jahren oder mit Geldstrafe bestraft.
>
> (2) Ebenso wird bestraft, wer eine falsche Beurkundung oder Datenspeicherung der in Absatz 1 bezeichneten Art zur Täuschung im Rechtsverkehr gebraucht.
>
> (3) Handelt der Täter gegen Entgelt oder in der Absicht, sich oder einen Dritten zu bereichern oder eine andere Person zu schädigen, so ist die Strafe Freiheitsstrafe von drei Monaten bis zu fünf Jahren.
>
> (4) Der Versuch ist strafbar.

§ 271 schützt, anders als § 267, die *inhaltliche Richtigkeit von öffentlichen Urkunden* und **949** damit das *besondere Vertrauen in die Beweiskraft von öffentlichen Urkunden*. Die Norm ist immer im Zusammenhang mit § 348 zu lesen. Aufgrund des Charakters des § 348 als Sonderdelikt, welches die Amtsträgereigenschaft des Täters voraussetzt, ist eine mittelbare Täterschaft nach § 25 I 2. Alt. ausgeschlossen, wenn der mittelbare Täter die Amtsträgereigenschaft nicht besitzt. Daher entsteht eine Strafbarkeitslücke in den Fällen, in denen der Täter auf den beurkundenden Amtsträger einwirkt, um eine fehlerhafte Beurkundung zu erreichen. Diese Fälle sollen durch § 271 erfasst werden. Er stellt somit eine verselbständigte Regelung der *mittelbaren* Täterschaft in Bezug auf das Delikt des § 348 dar.

Im Vergleich mit dem Anstiftungsdelikt der §§ 348, 26 ist die Strafdrohung des § 271 **950** deutlich geringer. Aus diesem Umstand, ist zu schließen, dass es sich bei § 271 um ein Auffangdelikt mit Ergänzungsfunktion handelt. Dies führt zu der ungewöhnlichen Konstellation, dass § 271 immer nur dann anwendbar ist, wenn kein Fall der Anstiftung oder versuchten Anstiftung zu § 348 vorliegt. Entgegen der allgemeinen Teilnahmedogmatik gehen hier also die Anstiftung und die versuchte Anstiftung der mittelbaren Täterschaft ausnahmsweise vor. Eine § 271 entsprechende Konstellation findet sich bei den Aussagedelikten (§ 160).

Der *Versuch* ist nach § 271 IV (i. V. m. §§ 23 I, 12 II) strafbar. **951**

I. Tatbestand

1. Objektiver Tatbestand

a) Tatobjekt

952 Taugliche Tatobjekte des § 271 I sind öffentliche Urkunden, öffentliche Bücher, Dateien oder Register. Die Begriffe entsprechen denen des § 348, sodass auf die dortigen Ausführungen verwiesen wird (siehe Rn. 929).

b) Taterfolg = Unwahrheit der öffentlichen Urkunde

953 In der öffentlichen Urkunde muss eine rechtlich erhebliche Tatsache falsch beurkundet sein. Auch dieses Tatbestandsmerkmal entspricht in Bezug auf den Inhalt der Urkunde dem § 348, die dortigen Ausführungen gelten hier entsprechend (siehe Rn. 936).

> **Falsch** ist eine Tatsache beurkundet, wenn sie nicht den objektiven Gegebenheiten entspricht.

c) Tathandlungen

954 Tathandlungen der mittelbaren Falschbeurkundung sind das Bewirken der falschen Beurkundung, die Speicherung (§ 271 I) bzw. das davon Gebrauch machen (§ 271 II).

aa) Herstellungsvariante (§ 271 I)

955 Bewirken ist das Verursachen der unrichtigen Beurkundung oder Datenspeicherung durch den zuständigen Amtsträger i. S. des § 11 I Nr. 2. Eine direkte Beziehung oder ein direkter Kontakt zwischen Amtsträger und Täter ist danach nicht erforderlich. Bereits das Zuleiten einer für die Beurkundung wesentlichen aber inhaltlich falschen Erklärung ist ausreichend.

> **Sonderproblem:** Reichweite des Begriffs „Bewirken"

956 Streitig ist, wie weit das Bewirken zu ziehen ist. Hintergrund des Streits ist die Frage, ob die Gutgläubigkeit der Urkundsperson ungeschriebenes Tatbestandsmerkmal ist. Dies wird insbesondere in den Fällen relevant, in denen der Täter davon ausgeht, dass der Amtsträger die inhaltliche Unwahrheit der Beurkundung nicht erkennen wird, der Amtsträger dies aber gleichwohl erkennt und dennoch falsch beurkundet.

– Eine Auffassung will das Bewirken sehr weit auslegen. Auch wenn die Urkunds-   **957**
person fahrlässig handle oder gar bösgläubig sei, liege ein Bewirken der Beurkundung vor. Bewirken sei daher jede Verursachung oder Speicherung (SK-Hoyer,
§ 271 Rn. 22; SSW-Wittig, § 271 Rn. 22 ff.; Rengier, BT II, § 37 Rn. 9; Kindhäu-
ser/Schramm, BT I, § 58 Rn. 18).

– Anderer Auffassung nach sei „bewirken" nicht lediglich die Verursachung der   **958**
Falschbeurkundung. Aufgrund der Funktion des § 271, die Fälle der mittelbaren
Täterschaft des § 348 erfassen zu können, sei erforderlich, dass der Bewirkende
Tatherrschaft über den Beurkundungsvorgang besitzt. Deshalb sei die Gutgläu-
bigkeit als ungeschriebenes Tatbestandsmerkmal des § 271 anzusehen (NK-
Puppe/Schumann, § 271 Rn. 31; LK-Zieschang, § 271 Rn. 74; Fischer, § 271
Rn. 15; Schönke/Schröder-Heine/Schuster, § 271 Rn. 2).

Bewertung:

Zunächst ist festzustellen, dass in den hier genannten Fällen eine Bestrafung wegen ei-   **959**
ner Anstiftungstat gem. der §§ 348, 26 abzulehnen ist. Dem Hintermann fehlt der hierzu notwendige Vorsatz in Bezug auf die vorsätzliche Haupttat. Der Anstiftungsvorsatz
kann auch nicht als Minus im Vorsatz zur mittelbaren Täterschaft gesehen werden, weil
§ 271 im Gegensatz zur allgemeinen Dogmatik aufgrund seines Ergänzungscharakters
und der geringen Strafdrohung nicht gegenüber der Anstiftung zu § 348 als schwereres
Delikt zu qualifizieren ist. Im Übrigen vermag die erstgenannte Ansicht zu überzeugen.
Der Wortlaut des § 271 I schließt die Fälle des Bewirkens durch einen nur vermeintlich Gutgläubigen nicht aus. Auch ist es für den Rechtsverkehr unerheblich, ob die falsche Beurkundung aufgrund der Gutgläubigkeit oder aber trotz der Bösgläubigkeit des
Amtsträgers erfolgt ist. Den Täter hier straffrei zu stellen, weil die von ihm oftmals nicht
beeinflussbare Bösgläubigkeit des Amtsträgers gegeben ist, führt zu einem ineffektiven
Schutz des Rechtsguts und zu einer von Zufälligkeiten abhängigen Strafbarkeit.

bb) Gebrauchsmodalität (§ 271 II)

Bezüglich des Gebrauchens der falschen Beurkundung oder Datenspeicherung kann   **960**
auf den gleichlautenden Begriff bei § 267 I 3. Alt. verwiesen werden (vgl. dazu die Ausführungen unter Rn. 875 f.). Diese muss nicht durch eine Tat nach § 271 I entstanden
sein (Fischer, § 271 Rn. 17).

2. Subjektiver Tatbestand

Erforderlich ist mindestens *dolus eventualis* hinsichtlich der Verwirklichung der objek-   **961**
tiven Tatbestandsmerkmale.

962 Folgt man oben genannter Ansicht, nach der der objektive Tatbestand auch bei Bösgläubigkeit des Amtsträgers erfüllt ist, so stellt ein Irrtum über dessen Gut- oder Bösgläubigkeit lediglich eine unwesentliche Kausalabweichung dar und § 271 ist erfüllt (Lackner/Kühl-Heger, § 271 Rn. 7).

963 Folgt man der Gegenansicht, so ist zu differenzieren:

- Bei irriger Annahme der *Bösgläubigkeit* ist der subjektive Tatbestand des § 271 zu verneinen (NK-Puppe/Schumann, § 271 Rn. 42). *Der Täter steuert zwar objektiv ein gutgläubiges Werkzeug, ihm fehlt jedoch der entsprechende Vorsatz. Er hat nur Anstifterwillen bezüglich* § 348. Mangels Haupttat käme nur versuchte Anstiftung zu § 348 in Betracht, die jedoch straflos ist.

- Bei irriger Annahme der *Gutgläubigkeit* der Urkundsperson kommt nur Versuch des § 271 in Betracht (NK-Puppe/Schumann, § 271 Rn. 40). § 271 ist nicht vollendet, weil der Amtsträger in vollem Umfang selbstverantwortlich handelt. Eine Anstiftung zu § 348 scheidet aus. Zwar hat der Täter Willen zur mittelbaren Täterschaft, der den Anstiftervorsatz einschließen würde. Aber § 271 will wegen der geringeren Strafdrohung den mittelbaren Täter gegenüber dem Anstifter zu § 348 privilegieren.

964 Bei § 271 II ist zusätzlich ein Handeln zur Täuschung im Rechtsverkehr erforderlich. Hier gelten die Erörterungen zum gleich lautenden Merkmal bei § 267 entsprechend (vgl. dazu die Ausführungen unter Rn. 879 f.). Der Täuschung im Rechtsverkehr stellt § 270 die fälschliche Beeinflussung einer Datenverarbeitungsanlage im Rechtsverkehr gleich.

II. Rechtswidrigkeit

III. Schuld

IV. Qualifikation; Schwere mittelbare Falschbeurkundung (§ 271 III)

965 § 271 III stellt einen Qualifikationstatbestand zu den Taten nach § 271 I und II dar. Erforderlich ist, dass der Täter gegen Entgelt oder in der Absicht handelt, sich oder einen Dritten zu bereichern oder eine andere Person zu schädigen.

a) Handeln gegen Entgelt (§ 271 III Alt. 1)

Entgelt ist jede in einem Vermögensvorteil bestehende Gegenleistung (§ 11 I Nr. 9). Es **966** muss ein synallagmatisches Verhältnis zwischen Tat und Entgelt bestehen. Aufgrund der Natur als objektives Tatbestandsmerkmal des § 271 III ist Vorsatz, zumindest in Form von dolus eventualis, im subjektiven Tatbestand erforderlich.

b) Handeln in Bereicherungs- oder Schädigungsabsicht (§ 271 III Alt. 2)

aa) Bereicherungsabsicht

Erforderlich ist *dolus directus 1. Grades* hinsichtlich einer Vermögensmehrung oder des **967** Ersparens von Aufwendungen z. B. hinsichtlich der Einsparung der Kosten einer neuen Fahrerlaubnisprüfung (BGHSt 34, 199, 202). Diese braucht nicht eingetreten zu sein. Im Gegensatz zum Betrug ist aufgrund des klaren Wortlauts des Gesetzes Rechtswidrigkeit des Vermögensvorteils nicht erforderlich (a. A. NK-Puppe/Schumann, § 271 Rn. 61 m. w. N.).

bb) Schädigungsabsicht

Erforderlich ist *dolus directus 1. Grades* hinsichtlich der Herbeiführung einer Rechtsgut- **968** seinbuße eines anderen. Der erstrebte Schaden muss kein Vermögensschaden sein, es reicht jeder Nachteil, z. B. die Absicht, das Ansehen einer Person zu schädigen (Fischer, § 274 Rn. 9 f.).

V. Konkurrenzen

Tateinheit (§ 52) ist möglich mit §§ 246, 263, 263a, 269. Mit § 267 kommt Tateinheit **969** (§ 52) in Betracht, wenn der Täter bereits die Falschbeurkundung mittels gefälschter Unterlagen erreicht. § 95 II Nr. 2 AufenthG konsumiert § 271 (BGH NJW 2010, 248, 249).

VI. Aufbauschema § 271 I, II

I. Tatbestand

    1. Objektiver Tatbestand

        a) Tatobjekt

        b) Taterfolg = Unwahrheit der öffentlichen Urkunde

        c) Tathandlungen

aa) Herstellungsvariante (§ 271 I)

bb) Gebrauchsmodalität (§ 271 II)

2. Subjektiver Tatbestand

a) Vorsatz, mindestens dolus eventualis bzgl. aller objektiven Tatbestandsmerkmale

b) bei § 271 II zusätzlich dolus directus 2. Grades bzgl. einer Täuschung im Rechtsverkehr

II. Rechtswidrigkeit

III. Schuld

IV. Qualifikation gem. § 271 III

1. Objektiver Tatbestand

a) Handeln gegen Entgelt (§ 271 III Alt. 1)

2. Subjektiver Tatbestand

a) Vorsatz (vgl. § 15 StGB), d. h. mindestens dolus eventualis hinsichtlich der objektiven Tatbestandsmerkmale

b) Handeln in Bereicherungs- oder Schädigungsabsicht (§ 271 III Alt. 2)

E. Urkundenunterdrückung (§ 274)

Gesetzestext:

(1) Mit Freiheitsstrafe bis zu fünf Jahren oder mit Geldstrafe wird bestraft, wer

1. eine Urkunde oder eine technische Aufzeichnung, welche ihm entweder überhaupt nicht oder nicht ausschließlich gehört, in der Absicht, einem anderen Nachteil zuzufügen, vernichtet, beschädigt oder unterdrückt,

2. beweiserhebliche Daten (§ 202a Abs. 2), über die er nicht oder nicht ausschließlich verfügen darf, in der Absicht, einem anderen Nachteil zuzufügen, löscht, unterdrückt, unbrauchbar macht oder verändert oder

3. einen Grenzstein oder ein anderes zur Bezeichnung einer Grenze oder eines Wasserstandes bestimmtes Merkmal in der Absicht, einem anderen Nachteil zuzufügen, wegnimmt, vernichtet, unkenntlich macht, verrückt oder fälschlich setzt.

(2) Der Versuch ist strafbar.

---

§ 274 I dient dem *Bestandsschutz der jeweils in Bezug genommenen Beweismittel*. Nicht **970** geschützt ist das Eigentum.

Die Vorschrift enthält drei eigenständige Tatbestände. § 274 I Nr. 1 dient dem Schutz **971** von Urkunden und technischen Aufzeichnungen. § 274 I Nr. 2 dehnt den Anwendungsbereich auf Daten i. S. des § 202a II aus. § 274 I Nr. 3 enthält dagegen einen eigenen Unterdrückungstatbestand mit den Tatobjekten Grenzstein, Grenz- oder Wasserstandszeichen. Da sich die Tat nach § 274 I gegen die Beweisführungsbefugnis eines anderen, nicht gegen den Beweisverkehr im Allgemeinen richtet, ist hier eine rechtfertigende Einwilligung möglich (vgl. unter Rn. 987).

Nach § 274 II (i. V. m. §§ 23 I, 12 II) ist der *Versuch* strafbar. **972**

I. Tatbestand

1. Objektiver Tatbestand

a) Urkundenunterdrückung gem. § 274 I Nr. 1

aa) Tatobjekt: Echte Urkunde oder technische Aufzeichnung, die dem Täter nicht ausschließlich gehört (§ 274 I Nr. 1)

973 § 271 I Nr. 1 verlangt als Tatobjekt eine echte Urkunde oder eine echte technische Aufzeichnung, die dem Täter nicht ausschließlich gehört. Hinsichtlich der Merkmale echte Urkunde und technische Aufzeichnung sei auf die Erörterungen zu §§ 267, 268 (Rn. 869 ff.; 917 ff.) verwiesen. Falsifikate scheiden aus, da sie keinen Bestandsschutz verdienen.

> Die Urkunde oder technische Aufzeichnung **gehört dem Täter nicht ausschließlich,** wenn eine andere Person zumindest auch eine Beweisführungsbefugnis an der Urkunde oder der technischen Aufzeichnung innehat.

974 Das Merkmal des „Gehörens" in § 274 I Nr. 1 bezieht sich somit nicht auf die dinglichen Eigentumsverhältnisse an der Urkunde oder der technischen Aufzeichnung, sondern auf die Beweisführungsbefugnis. Danach „gehört" die Urkunde bzw. die technische Aufzeichnung demjenigen, der ein Beweisführungsrecht an ihr zusteht. Dies kann der Eigentümer sein, zwingend ist dies jedoch nicht. Auch kann mehreren Personen ein Beweisführungsrecht zustehen, bei denen es sich allesamt nicht um den Eigentümer handelt.

975 Bei der Bestimmung der Beweisführungsbefugnis sind alle Umstände zu berücksichtigen, durch die die Rechtsordnung einer Person ein Beweisführungsrecht zubilligt (z. B. bei Herausgabe- oder Einsichtnahmepflichten). Grundsätzlich wird das jedenfalls dann vorliegen, wenn ein Dritter das Recht am unverfälschten Fortbestand der Urkunde erlangt hat. Hingegen bleiben öffentlich-rechtliche Vorlagepflichten (etwa von öffentlich-rechtlichen Ausweispapieren) außer Betracht. Sie dienen allein Überwachungsaufgaben (z. B. Visavermerke in Reisepässen, vgl. BayObLG NJW 1997, 1592 mit Anm. Reichert StV 1998, 51). Gerade bei öffentlich-rechtlichen Ausweispapieren zeigt sich somit das Auseinanderfallen von Eigentum und dem Merkmal „gehören". Denn diese verbleiben im Eigentum des Staates, das Beweisführungsrecht steht aber allein dem Inhaber zu.

bb) Tathandlung: Vernichten, Beschädigen oder Unterdrücken

Die Urkunde oder technische Aufzeichnung muss vernichtet, beschädigt oder unter- **976** drückt werden. Auch hier bezieht sich das Tatbestandsmerkmal nicht auf die dingliche Substanz des Tatobjekts, sondern auf den Beweiswert. Dieser kann zwar auch bei Substanzeinbußen beeinträchtigt sein. Notwendig ist dies aber nicht.

Vernichten bedeutet die völlige Beseitigung der beweiserheblichen Substanz.

Typische Beispielsfälle sind das Zerstören der Urkunde. Denkbar ist aber auch, dass eine zusammengesetzte Urkunde getrennt wird (z. B. Abschrauben eines Kfz-Kennzeichens). Vernichten bedeutet daher nicht zwingend, dass § 303 zugleich verwirklicht ist.

Beschädigen ist jede Beeinträchtigung des Beweiswertes.

Unterdrücken liegt vor, wenn die Urkunde oder technische Aufzeichnung der Benutzung des Berechtigten zu Beweiszwecken dauernd oder zeitweilig entzogen oder vorenthalten wird.

b) Datenunterdrückung gem. § 274 I Nr. 2

aa) Tatobjekt: Beweiserhebliche Daten (§ 202a II), über die der Täter nicht oder nicht allein verfügen darf

Daten sind alle durch Zeichen und kontinuierliche Funktionen dargestellte Infor- **977** mationen, die sich als Gegenstand oder Mittel der Datenverarbeitung für eine Datenverarbeitungsanlage codieren lassen oder die das Ergebnis eines Datenverarbeitungsvorgangs sind.

Tatbestandlich erfasst sind durch § 274 I Nr. 2 jedoch nicht alle Daten, sondern aufgrund der ausdrücklichen Verweisung nur solche i. S. d. § 202a II. Daher sind nur solche Daten erfasst, die elektronisch, magnetisch oder sonst nicht unmittelbar wahrnehmbar gespeichert sind oder übermittelt werden.

Beispiele: Daten, die auf einem USB-Stick, einer Speicherkarte, einer DVD oder einer Festplatte gespeichert sind. Nicht hingegen der ausgedruckte Programmcode auf Papier.

Das Kriterium der Beweiserheblichkeit entspricht dem der Beweisfunktion einer Ur- **978** kunde. Hingegen müssen die Daten, anders als eine Urkunde, weder die Perpetuierungsfunktion, noch die Garantiefunktion erfüllen (Eisele, BT I, Rn. 905).

979 Der Täter darf über die Daten **nicht, oder nicht alleine verfügen**, wenn er nicht die alleinige Beweisführungsbefugnis an den Daten innehat.

Das Kriterium des „Verfügens" in § 274 I Nr. 2 entspricht dem des „Gehörens" in § 274 I Nr. 1. Die Ausführungen gelten entsprechend (siehe Rn. 973 f.).

bb) Tathandlung: Löschen, Unterdrücken, unbrauchbar Machen oder Verändern

980 **Löschen** bedeutet das endgültige Unkenntlichmachen gespeicherter Daten.

Unterdrücken liegt vor, wenn die Daten dem Zugriff des Verfügungsberechtigten entzogen werden.

Unbrauchbar gemacht sind die Daten, wenn sie nicht mehr bestimmungs- und zweckgemäß verwendet werden können.

Verändern ist das inhaltliche Umgestalten der Daten.

c) Grenzveränderungen gem. § 274 I Nr. 3

aa) Tatobjekt: Grenzstein oder ein anderes zur Bestimmung einer Grenze oder eines Wasserstandes bestimmtes Merkmal

981 **Grenzmerkmale** sind äußere, sichtbare Zeichen für die Abmarkung auf der Erdoberfläche, die geeignet und dazu bestimmt sind, die Reichweite von dinglichen Rechten, insbesondere des Eigentums, geltend zu machen. Der Begriff der Grenzmerkmale ist ein Oberbegriff, unter den die Grenzsteine als Spezialfall zu subsumieren sind. Neben Grenzsteinen kommen auch sonstige Grenzmarkierungen oder natürliche Grenzobjekte in Betracht.

Wasserstandsmerkmale sind für die Bestimmung der örtlichen Reichweite von Wassernutzungsrechten geeignete und bestimmte Zeichen.

bb) Tathandlung: Wegnehmen, Vernichten, unkenntlich Machen, Verrücken oder fälschlich Setzen

982 **Wegnehmen** meint das Entfernen von der vorgesehenen Stelle.

Vernichten bedeutet die völlige Beseitigung der beweiserheblichen Substanz.

Ein Grenz- oder Wasserstandsmerkmal ist **unkenntlich gemacht**, wenn es durch die Einwirkung des Täters ohne Ortsveränderung seinen Beweiszweck nicht mehr erfüllen kann.

Es ist **verrückt**, wenn es an einem anderen, als den dem Beweiszeck entsprechenden Ort gesetzt wird.

Ein Grenz- oder Wasserstandsmerkmal wurde **fälschlich gesetzt**, wenn es an einer nicht zu markierenden Stelle so gesetzt wird, dass es eine unechte Markierung vortäuscht.

Ohne Bedeutung für die Tathandlung ist, ob die Grenze noch anderweitig ermittelt werden kann.

2. Subjektiver Tatbestand

a) Vorsatz

Erforderlich ist mindestens *dolus eventualis* hinsichtlich der Verwirklichung der objek- **983** tiven Tatbestandsmerkmale. Insbesondere muss der Täter die Beweisführungsbefugnis eines Anderen als möglich erkannt haben und deren Beeinträchtigung zumindest billigend in Kauf nehmen.

b) Nachteilszufügungsabsicht

Hinzukommen muss die *Absicht*, einem anderen Nachteil zuzufügen, der jedoch kein **984** Vermögensnachteil sein muss. Es genügt jede Beeinträchtigung eines fremden Rechtsguts (Schönke/Schröder-Heine/Schuster, § 274 Rn. 16; a.A. MüKo-Freund, § 274 Rn. 53: nur Beeinträchtigung des Beweisführungsrechts). Nach h. M. reicht auch hier, wie bei § 267, *dolus directus* 2. Grades, also sicheres Wissen aus (BGHSt 29, 192, 196; a. A. SK-Hoyer, § 274 Rn. 17).

Der Täter muss somit mit dem Ziel handeln, einem anderen durch die Beeinträchtigung **985** des Beweisführungsrechts einen Nachteil zuzufügen oder dessen Eintritt muss von ihm als sicher vorhergesehen werden. Aus diesem Grund ist die Sichtweise des 4. Strafsenats des BGH abzulehnen (BGH NStZ 2010, 332, 333). Danach soll es ausreichend sein, dass der Täter die potenzielle, jederzeit realisierbare Beweisbedeutung einer Urkunde erkennt und eine sich darauf beziehende Beeinträchtigung des Beweisführungsrechts als notwendige Folge hinnimmt. Dies ist mit dem Wortlaut des § 274 I schwerlich zu vereinbaren. Zudem wäre nach dem Verständnis des 4. Strafsenats das Absichtserfordernis de facto zu einem allgemeinen Vorsatzerfordernis umgedeutet.

Kein Nachteil i. S. d. § 274 stellt die Vereitelung des staatlichen *Straf- und Bußgeldan-* **986** *spruchs* (z. B. Vernichten von Datenschreiberschaublättern, um Bußgeldansprüche wegen Überschreitung der Lenkzeiten zu entgehen) dar (BGH NStZ-RR 2011, 276, 277;

Schönke/Schröder-Heine/Schuster, § 274 Rn. 16; BayObLG NZV 1999, 213, 214). Diese Form der Selbstbegünstigung soll aufgrund des besonderen Schutzzwecks des § 258 ebenso wenig geahndet werden wie bei § 263 (a. A. NK-Puppe, § 274 Rn. 14; krit. auch BGH NStZ-RR 2012, 343).

II. Rechtswidrigkeit

987   Da sich die Tat nach § 274 I gegen die individuelle Beweisführungsbefugnis richtet, schützt die Norm ein (disponibles) Individualrechtsgut. Damit ist eine rechtfertigende Einwilligung möglich (Schönke/Schröder-Heine/Schuster, § 274 Rn. 11; Fischer, § 274 Rn. 10). Die Gegenauffassung nimmt an, § 274 I Nr. 1 gewähre den Bestandsschutz im allgemeinen Interesse. Entsprechend ist danach keine Einwilligung möglich. Die Einwilligung soll dann allerdings zum alleinigen „gehören" der Urkunde und damit Tatbestandsausschluss führen (LK-Zieschang, § 274 Rn. 53; krit. Duttge Jura 2006, 15, 19).

III. Schuld

IV. Konkurrenzen

988   § 274 I Nr. 1 wird von § 267 konsumiert, wenn die Urkundenunterdrückung nur das Mittel der Verfälschung einer echten bzw. Herstellen einer unechten Urkunde ist. § 274 I Nr. 1 ist lex specialis zu § 303, der häufig zugleich gegeben ist (näher Dingler JA 2004, 810). Durch §§ 242, 246, 249 wird § 274 regelmäßig verdrängt.

V. Aufbauschema § 274 I

I.   **Tatbestand**

1. Objektiver Tatbestand

a) Urkundenunterdrückung gem. § 274 I Nr. 1

aa) Tatobjekt: Echte Urkunde oder technische Aufzeichnung, die dem Täter nicht ausschließlich gehört (§ 274 I Nr. 1)

bb) Tathandlung: Vernichten, Beschädigen oder Unterdrücken (§ 274 I Nr. 1)

b) Datenunterdrückung gem. § 274 I Nr. 2

aa) Tatobjekt: Beweiserhebliche Daten (§ 202a II), über die der Täter nicht oder nicht alleine verfügen darf bb) Tathandlung: Löschen, Unterdrücken, unbrauchbar Machen oder Verändern

  c) Grenzveränderungen gem. § 274 I Nr. 3

      aa) Tatobjekt: Grenzstein oder ein anderes zur Bestimmung einer Grenze oder ei-nes Wasserstandes bestimmtes Merkmal

      bb) Tathandlung: Wegnehmen, Vernichten, unkenntlich Machen, Verrücken oder fälschlich Setzen

2. Subjektiver Tatbestand

  a) Vorsatz, mindestens dolus eventualis bzgl. aller objektiven Tatbestandsmerkmale

  b) Nachteilszufügungsabsicht

II. Rechtswidrigkeit

III. Schuld

Teil 9 – Brandstiftung

Weiterführende Literatur: *Bachmann/Goeck*, Anmerkung zu BGH, Beschluss v. 26.10.2011 – 2 StR 287/11, ZJS 2012, 283 ff.; *Börner*, Anmerkung zu BGH, Beschluss v. 15.2.2011 – 4 StR 659/10, ZJS 2011, 288 ff.; *Dehne-Niemann*, Fremdnütziger Warmabriss, versicherungsrechtliche Repräsentantenhaftung und Ermöglichungsabsicht (§ 306b II Nr. 2, Var. 1 StGB) – BGH, Beschluss vom 15.3.2007, Jura 2008, 530 ff.; *Geppert*, Die Brandstiftungsdelikte (§§ 306 bis 306 f. StGB) nach dem Sechsten Strafrechtsreformgesetz, Jura 1998, 597 ff.; *Heghmanns*, Anmerkung zu BGH, Beschluss v. 20.10.2011 – 4 StR 344/11, ZJS 2012, 553 ff.; *Hörnle*, Die wichtigsten Änderungen des Besonderen Teils des StGB durch das 6. Gesetz zur Reform des Strafrechts, Jura 1998, 169 ff.; *Rengier*, Die Brandstiftungsdelikte nach dem Sechsten Gesetz zur Reform des Strafrechts, JuS 1998, 397 ff.; *Knauth*, Neuralgische Punkte des neuen Brandstrafrechts, Jura 2005, 230 ff.; *Koranyi*, Der Schutz der Wohnung im Strafrecht, JA 2014, 241 ff.; *Kraatz*, Zur Systematik der Brandstiftungsdelikte, Jura 2012, 627 ff.; *ders.*, Brandstiftung bei gemischt-genutzten Gebäuden, JuS 2012, 691 ff.; *Kreß/Weißer*, Der nachlässige Brandstifter, JA 2006, 115 ff.; *Krüger/Maurer*, 20 Jahre Sechstes Strafrechtsreformgesetz (Teil I: Körperverletzungs- und Brandstiftungsdelikte), JA 2018, 321 ff.; *Kudlich*, Wenn ich groß bin, will ich kein Feuerwehrmann werden – Grenzen der Zurechnung des Todes eines Feuerwehrmannes nach Brandstiftung, JA 2008, 740 ff.; *Oglakcioglu*, Die imaginäre Übung: Brandstiftungsdelikte, JA 2017, 745 ff.; *Theile*, Anmerkung zu BGH, Urteil v. 11.6.2013 – 5 StR 124/13, ZJS 2014, 122 ff.; *Wirsch*, Tatbeteiligte als Tatopfer, JuS 2006, 400 ff.

Vorbemerkungen

989 Die in den §§ 306 – 306 f. niedergelegten und allgemein als Brandstiftungsdelikte bezeichneten Regelungen wurden maßgeblich durch das 6. StrRG von 1998 in die geltende Form überführt. Die Systematik der Delikte ist äußerst komplex und unübersichtlich. Daher empfiehlt es sich für die Fallbearbeitung, zunächst die relevanten Tatbestände anhand der Systematik zu identifizieren, und erst in einem zweiten Schritt mit der Deliktsprüfung zu beginnen.

990 Entgegen der Überschrift des 28. Abschnitts handelt es sich bei § 306 nicht um eine gemeingefährliche Straftat, sondern um eine *spezielle Form der Sachbeschädigung*. Neben § 306 stehen die schweren Brandstiftungen des § 306a I und II als jeweils eigenständige Tatbestände. § 306a I ist als abstraktes Gefährdungsdelikt ausgestaltet, wohingegen § 306a II konkretes Gefährdungsdelikt ist. Zu § 306 und zu § 306a stellt die besonders schwere Brandstiftung des § 306b I eine Erfolgsqualifikation dar. Dagegen enthält § 306b II Qualifikationen nur des § 306a. Die Brandstiftung mit Todesfolge gem. § 306c ist ebenfalls Erfolgsqualifikation, die jedoch als Grundtatbestand neben den §§ 306a und 306b auch den § 306 genügen lässt; bezüglich der schweren Folge erfordert sie wenigstens Leichtfertigkeit. In § 306d findet sich die Strafbarkeit fahrlässigen Handelns. Schließlich ist in § 306 f. das Herbeiführen einer Brandgefahr eigenständig unter Strafe gestellt.

991 § 306e enthält Regelungen zur tätigen Reue. Die Anforderungen weisen Parallelen zu § 24 auf.

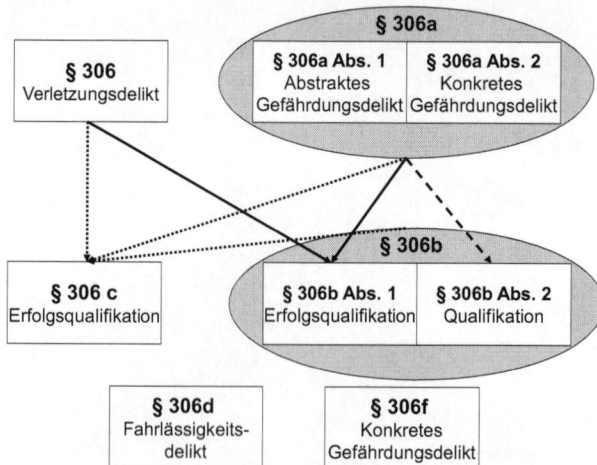

Systematik der Brandstiftungsdelikte, §§ 306 ff.

A. Brandstiftung (§ 306)

Gesetzestext:

(1) Wer fremde

1. Gebäude oder Hütten,

2. Betriebsstätten oder technische Einrichtungen, namentlich Maschinen,

3. Warenlager oder -vorräte,

4. Kraftfahrzeuge, Schienen-, Luft- oder Wasserfahrzeuge,

5. Wälder, Heiden oder Moore oder

6. land-, ernährungs- oder forstwirtschaftliche Anlagen oder Erzeugnisse

in Brand setzt oder durch eine Brandlegung ganz oder teilweise zerstört, wird mit Freiheitsstrafe von einem Jahr bis zu zehn Jahren bestraft.

(2) In minder schweren Fällen ist die Strafe Freiheitsstrafe von sechs Monaten bis zu fünf Jahren.

Das Erfolgsdelikt des § 306 dient dem *Schutz fremden Eigentums,* so dass es sich hier- **992** bei – im Gegensatz zu den §§ 306a ff. – um ein spezielles Sachbeschädigungsdelikt handelt. § 306 bildet daher *nicht* den Grundtatbestand der Brandstiftungsdelikte, auch wenn die Nomenklatur des Gesetzes dies vermuten lässt.

Die hohe Strafdrohung des § 306 (Freiheitsstrafe von einem Jahr bis zu zehn Jahren), **993** auch im Vergleich mit der des § 305, ist jedoch durch den reinen Eigentumsschutz nicht zu rechtfertigen. Sowohl der Gesetzgeber (vgl. BT-Drs. 13/8587, S. 87) als auch die Rechtsprechung und ein großer Teil der Literatur nehmen daher zumindest bei § 306 I Nr. 1 an, dass diesem auch „ein Element der Gemeingefährlichkeit" anhafte (BGH NStZ 2001, 196, 197), weil der Täter ein besonders gefährliches und in der Wirkung kaum steuerbares Verhalten an den Tag legt. Daher schütze § 306 auch vor der mit der Tathandlung verbundenen besonderen Gemeingefahr (MüKo-Radtke, § 306 Rn. 8 ff.; Kraatz Jura 2012, 627, 627 f., Kreß JR 2001, 315, 316 wohl auch Oglakcioglu JA 2017, 745, 746).

Wegen des Verbrechenscharakters ist der *Versuch* der Brandstiftung gem. §§ 306 I, 12 I **994** strafbar.

I. Tatbestand

1. Objektiver Tatbestand

995 Zur Verwirklichung des objektiven Tatbestandes muss der Täter ein für ihn fremdes, in § 306 I Nr. 1 bis 6 genanntes Tatobjekt in Brand setzen oder durch eine Brandlegung ganz oder teilweise zerstören.

a) Tatobjekt = fremdes Tatobjekt gem. § 306 I Nr. 1 bis 6

996 **Fremd** ist eine Sache, wenn sie weder im Alleineigentum des Täters steht noch herrenlos ist.

997 Der Gesetzgeber hat mit der Neufassung durch das 6. StrRG einen Katalog geschaffen, der in der Literatur wegen seiner Konturlosigkeit vielfach zu Recht kritisiert wird (vom Wortlaut der Nr. 4 sind z. B. auch Paddelboote und Gleitschirme erfasst, von der Nr. 6 z. B. ein Apfel oder ein Stapel Feuerholz). Überwiegend wird angesichts der hohen Strafdrohung eine einschränkende Auslegung der Tatobjekte gefordert, so dass nur Gegenstände erfasst sein sollen, die eine größere Menge oder einen nicht unerheblichen Wert darstellen (vgl. Lackner/Kühl, § 306 Rn. 2; Schönke/Schröder-Heine/Bosch, § 306 Rn. 3; Rengier, BT II, § 40 Rn. 6, der eine Grenze von 1 000,– € nennt). Auch eine über die Eigentumsverletzung hinausgehende, mit der Brandstiftung verbundene generelle Gemeingefahr wird als einschränkendes Merkmal herangezogen (vgl. MüKo-Radtke, § 306 Rn. 19 ff.; Schönke/Schröder-Heine/Bosch, § 306 Rn. 3).

998 Eine mengen- oder wertorientierte Einschränkung des Tatbestandes findet im Gesetz jedoch keine Stütze (vgl. aber § 306 f. II). Zudem ließe sich eine genaue Wert- oder Mengengrenze kaum dogmatisch fundiert bestimmen. Dieser für die Praxis funktionalen Lösung stehen daher die dem Gesetzgeber anzulastenden Versäumnisse bei der Formulierung des Tatbestands entgegen. Denn danach wäre das Inbrandsetzen eines fremden Ruderboots auf einem See, weit entfernt vom Ufer und den dort befindlichen Personen, mit der empfindlichen Strafdrohung des § 306 versehen, wenn es einen Wert von ca. 1 000,– € überschreitet. Wird hingegen ein deutlich günstigeres Boot am Ufer des Sees, an dem sich viele Badegäste aufhalten, in Brand gesetzt, soll § 306 I nicht eingreifen. Es kann nicht Zweck der hohen Strafdrohung des § 306 sein, besonders wertvolle Eigentumsgegenstände zu sichern. Die Schadenshöhe mag ein Strafzumessungsgesichtspunkt sein, die Schuld begründen, kann sie abseits einer Erheblichkeitsschwelle hingegen nicht. Im Ergebnis ist daher auf die mit der Tat verbundene *generelle Gemeingefahr* als einschränkendes Merkmal abzustellen. Die teleologische Reduktion ist danach nicht im Bereich der Tatobjekte, sondern bei der Tathandlung vorzunehmen.

aa) Gebäude oder Hütten

Ein **Gebäude** ist ein durch Wände und Dach begrenztes und mit dem Erdboden fest verbundenes Bauwerk, das dem Aufenthalt von Menschen dienen kann. **999**

Es ist ein gewisses Maß an Größe, Festigkeit und Dauerhaftigkeit notwendig, so dass **1000** bspw. große (auch winterfeste) Zelte oder Zelthallen keine Gebäude darstellen. Hingegen muss ein Gebäude nicht fertiggestellt oder gegen unbefugtes Betreten gesichert sein, so dass auch ein Rohbau erfasst ist (BGHSt 6, 107; a. A: NK-Kargl, § 306 Rn. 2).

Hütten sind Bauwerke, die – in kleineren Maßstäben als das Gebäude – ein selb- **1001** ständiges Ganzes bilden, eine nicht geringfügige Bodenfläche bedecken und ihren Innenraum gegen äußere Einwirkungen dauerhaft und fest schützten.

Beispiele: Wochenendhäuschen, Marktbuden, auf Blöcken stehende Bauwagen; *keine* Hütten sind: Wohnwagen auf Rädern, Buswartehäuschen.

bb) Betriebsstätten oder technische Einrichtungen, namentlich Maschinen

Betriebsstätten sind räumlich abgeschlossene und auf längere Dauer angelegte **1002** Funktionseinheiten, die der Tätigkeit eines Unternehmens dienen.

Technische Einrichtungen sind (auch ortsveränderliche) Sachen, die der Produktion in einem Betrieb dienen und für diesen nicht bloß von untergeordneter Bedeutung sind.

Maschinen werden beispielhaft als technische Einrichtung genannt. Einzelne Computer oder Telefone sind in der Regel von untergeordneter Bedeutung, so dass sie keine technischen Einrichtungen sind. Hingegen sind die Server eines Betriebs für diesen essenziell und daher erfasst.

cc) Warenlager oder -vorräte

Warenlager ist jede mobile oder stationäre Lagerstätte, die zur Lagerung nicht ganz **1003** unerheblicher Warenmengen geeignet und bestimmt ist.

Ein **Warenvorrat** ist eine größere Menge von körperlichen Gegenständen, die nicht zum Eigenverbrauch, sondern typischerweise zum gewerblichen Umsatz bestimmt ist.

Es ist nicht erforderlich, dass der Warenvorrat sich zum Tatzeitpunkt in einem Waren- **1004** lager befindet (BGH BeckRS 2018, 8002). Ob die Waren bereits zum Zwecke einer bestimmten Verwendung oder für einen bestimmten Verwender aus einem allgemeinen Warenvorrat ausgesondert wurden oder nicht, ist irrelevant (BGH BeckRS 2018, 37399). Auch die Dauer der Lagerung ist für die Einordnung als Warenvorrat nicht von Belang.

1005 Die erfassten Tatobjekte sind mannigfaltig. Als Warenlager kommen z. B. Lagergebäude, Container, LKW, Anhänger oder Freistätten in Betracht. Warenvorräte können z. B. Brennholzstapel, in Tanks abgefüllte Flüssigkeiten oder Gase oder Getränkekästen in Kühlanhängern sein.

dd) Kraftfahrzeuge, Schienen-, Luft- oder Wasserfahrzeuge

1006 Unter **Kraftfahrzeugen** (vgl. § 248 b IV) sind mit Maschinenkraft bewegbare Landfahrzeuge zu verstehen.

Schienenfahrzeuge sind Transportmittel, welche sich auf einem Schienenstrang durch Motorkraft oder mechanisch bewegen.

Luftfahrzeuge sind für die Benutzung des Luftraumes bestimmte Geräte und Flugkörper, soweit sie den Luftraum nutzen.

Unter **Wasserfahrzeugen** ist die Gesamtheit aller für die See- und Binnenfahrt genutzten Fahrzeuge zu verstehen, unabhängig von ihrer Art und Größe.

1007 Der Wortlaut der Nr. 4 ist geradezu uferlos weit. Einschränkend kann man aus dem Sachzusammenhang schließen, dass dem jeweiligen Fahrzeug zumindest die Eignung zum Personen- oder Sachtransport anhaften muss (Schönke/Schröder-Heine/Bosch, § 306 Rn. 7). Damit fallen Modellfahrzeuge aus der Nr. 4 heraus. Hingegen besteht diese Einschränkung bei Luft- und Wasserfahrzeugen nicht, so dass auch Paddelboote, Gleitschirme oder Heißluftballons erfasst sind.

ee) Wälder, Heiden oder Moore

1008 Der **Wald** besteht aus dem auf einer Bodenfläche wachsenden Holz und dem Waldboden mit den diesen bedeckenden sonstigen Walderzeugnissen wie Gras, Moos, Laub und Strauchwerk.

Unter **Heide** versteht man eine offene Landschaft, die überwiegend aus niedriger Vegetation besteht.

Moore, insbesondere Torfmoore, sind dauerhaft feuchte Gebiete, die ebenfalls mit niedriger Vegetation bewachsen sind.

ff) land-, ernährungs- oder forstwirtschaftliche Anlagen oder Erzeugnisse

Eine **Anlage** ist eine auf Dauer angelegte Funktionseinheit von nicht ganz unerheblichen Ausmaßen, die der Erzeugung und Verarbeitung von Produkten der bezeichneten Wirtschaftszweige dient.　　　**1009**

Erzeugnisse sind Sachen, die ihren unmittelbaren Produktionsprozess durchlaufen haben, nicht aber die verarbeiteten Endprodukte.

Da nach einer Weiterverarbeitung nicht mehr von einem „Erzeugnis der Land-, Ernäh- **1010** rungs- und Forstwirtschaft" gesprochen werden kann, sind zwar die Grundstoffe (z. B. Getreide), nicht jedoch das fertige Produkt (z. B. Müsli) erfasst.

b) Inbrandsetzen

Das Tatobjekt ist **in Brand gesetzt**, wenn zumindest ein wesentlicher Bestandteil **1011** des Objekts derart vom Feuer erfasst ist, dass er unabhängig vom verwendeten Zündstoff selbsttätig weiterbrennen kann.

§ 306 ist *Erfolgsdelikt*; es genügt folglich nicht die Brandstiftungshandlung, sondern es **1012** muss zumindest ein wesentlicher Teil in Brand gesetzt sein. Dabei ist kein Brennen mit „offener Flamme" erforderlich, auch ein Schwelbrand erfüllt die Voraussetzungen des Inbrandsetzens.

Die „Wesentlichkeit" eines Bestandteils bestimmt sich nach dem Sprachgebrauch und **1013** der Verkehrsanschauung (vgl. BGHSt 16, 109, 111 sowie Börner ZJS 2011, 288, 290 f.). Bei *Gebäuden* müssen Gebäudeteile erfasst sein, die für den bestimmungsgemäßen Gebrauch von wesentlicher Bedeutung sind.

Beispiele: Wohnungstür, Fußböden, Fensterrahmen, Zimmerwände, Treppen; *keine* **1014** wesentlichen Bestandteile eines Gebäudes sind: Tapeten, fest an die Wand gedübeltes Holzregal, Lattentür eines Kellerraums, Inventar.

Nach der Rechtsprechung soll es genügen, wenn sich der Brand auf Teile des Gebäu- **1015** des ausbreiten kann, die für dessen bestimmungsgemäßen Gebrauch von wesentlicher Bedeutung sind (BGHSt 48, 14, 18 f.; NStZ 2014, 404, 404 f.). Dies kann jedoch nicht überzeugen. Die bloße *Möglichkeit des Übergreifens* auf wesentliche Teile enthält nicht den gleichen Erfolgsunwert wie das tatsächliche Inbrandsetzen eines solchen Teils. Vielmehr ist dann nur Versuch gegeben.

Sonderproblem: Brandstiftung an einem bereits brennenden Tatobjekt

1016 Fraglich ist, ob ein bereits in Brand gesetztes Tatobjekt durch zusätzliche Handlungen erneut oder weitergehend in Brand gesetzt werden kann. Hierbei ist zu unterscheiden zwischen der *Schaffung* eines *neuen Brandherdes* (an anderer Stelle) und der bloßen *Intensivierung* eines Brandes (z.B. durch Hinzugießen von Brandbeschleunigern). Während erstgenannte Konstellation unstreitig ein Inbrandsetzen darstellt, ist dies bei der Intensivierung eines Brandes umstritten.

1017 – Eine Auffassung geht davon aus, dass auch das Intensivieren vom Schutzzweck der Norm gedeckt sei und jedenfalls der Annahme einer Täterschaft nicht entgegenstehe, wenn das Brandgeschehen durch die Tat eine größere Intensität gewinne (NK-Kargl, § 306 Rn. 20; Lackner/Kühl, § 306 Rn. 3).

1018 – Nach anderer Auffassung ergebe schon die wörtliche Auslegung, dass das „Inbrandsetzen" einen eigenständigen Initiativvorgang voraussetze, so dass eine bloße Verstärkung an gleicher Stelle lediglich als (sukzessive) Beihilfe bestraft werden könnte (Geppert Jura 1998, 597, 601; Schönke-Schröder-Heine/Bosch § 306 Rn. 14; Rengier, BT II, § 40 Rn. 8 f.; Wessels/Hettinger/Engländer, BT 1, Rn. 981; Wrage JuS 2003, 985).

Bewertung:

1019 Die letztgenannte Ansicht erscheint vorzugswürdig. Eine weitergehende Ausdehnung des Begriffs des Inbrandsetzens überzöge die Wortlautschranke und verstieße daher gegen das Analogieverbot aus Art. 103 II GG. Denn das Wort Inbrandsetzen erfordert einen Initiativvorgang in Bezug auf den Brand, so dass die bloße Intensivierung eines bereits vorhandenen Brandherdes nicht ausreichen kann. Zudem wäre eine sinnvolle Abgrenzung zwischen dem Versuch des § 306 I Alt. 1 und der Vollendung kaum möglich. Dies würde jedoch zu Ungunsten des Täters und contra legem die Rücktrittsregelungen des § 24 übergehen.

1020 Ein Inbrandsetzen durch *Unterlassen* – falls die allgemeinen Voraussetzungen des § 13 vorliegen – erfordert wegen des notwendigen Initiativvorgangs, dass der Garant die Entstehung eines neuen Brandes nicht verhindert. Das bloß untätige Brennenlassen eines bereits in Brand gesetzten Tatobjekts reicht nicht aus.

c) durch Brandlegung ganz oder teilweise zerstören

1021 Die **Brandlegung** bezeichnet eine Handlung, durch die eine Sache in Brand gesetzt werden soll.

Der Taterfolg liegt in dieser Tathandlungsvariante nicht – im Gegensatz zur Tathand- **1022** lung des Inbrandsetzens – in der Hervorrufung eines Brandes, sondern in der zumindest teilweisen Zerstörung des Tatobjekts. Es sollen hierdurch die Fälle erfasst werden, bei denen der zerstörerische Effekt des Brandmittels auf andere Weise als das Brennen eintritt (z. B. durch Explosion des Zündstoffs). Auch sind Fälle erfasst, bei denen es aufgrund der Verwendung *feuerresistenter Stoffe* nicht zu einem Brand kommt, jedoch aufgrund der Hitze-, Ruß- oder Gasentwicklung die Tatobjekte beschädigt werden.

Der geschützte Gegenstand muss *durch* die Brandlegung ganz oder teilweise zerstört **1023** (vgl. §§ 305, 305a) worden sein.

> Das Objekt ist **ganz zerstört**, wenn seine Sachsubstanz vernichtet ist oder es seine bestimmungsgemäße Brauchbarkeit vollständig verloren hat.
>
> Es ist **teilweise zerstört**, wenn für den bestimmungsgemäßen Gebrauch wesentliche Teile des Tatobjekts unbrauchbar geworden sind oder eine von mehreren wesentlichen Zweckbestimmungen des Objekts aufgehoben ist.

Aufgrund der hohen Strafdrohung des § 306 muss ein teilweises Zerstören „von einigem **1024** Gewicht" vorliegen (vgl. die Strafdrohung bei §§ 305, 305a; BGHSt 48, 14, 20; NStZ 2012, 215). Daher ist es nicht ausreichend, dass nur untergeordnete Teile des Tatobjekts unbrauchbar geworden sind. Vielmehr muss sich die teilweise Zerstörung dermaßen auf das Gesamtobjekt auswirken, dass zumindest eine wesentliche Zweckbestimmung des Objekts nicht mehr erfüllt werden kann oder ein für die ganze Sache zwecknötiger Teil unbrauchbar gemacht wird (BGHSt 57, 50; BGH NStZ 2014, 404 m. Anm. Nestler).

Der BGH geht davon aus, dass ein teilweises Zerstören nicht erst bei einer zeitlich un- **1025** befristeten Beeinträchtigung der Substanz oder der Brauchbarkeit zu den bestimmten Zwecken eintritt. Vielmehr soll das Merkmal schon erfüllt sein, wenn das Tatobjekt für eine nicht unbeträchtliche Zeit wenigstens für einzelne Zwecke nicht nutzbar ist (BGHSt 48, 14; 57, 50, siehe aber BGH NStZ 2014, 404). Dies ist z. B. bei einer Wohnung zu bejahen, wenn diese durch starkes Verrußen des gesamten Wohnbereichs für eine nicht bloß unbeträchtliche Zeit nicht mehr benutzbar ist (BGHSt 57, 50 mit krit. Anm. Heghmanns ZJS 2011, 553 ff.; BGH NStZ 2001, 252). Die Dauer der nicht unbeträchtlichen Zeit hat der BGH bisher nur unzureichend eingegrenzt. Als zu kurz wurde ein Tag angesehen, drei Wochen sollen jedenfalls ausreichend sein.

Die Brandlegung muss kausal und objektiv zurechenbar die (teilweise) Zerstörung **1026** herbeigeführt haben („*durch* die Brandlegung"). Dies kann zweifelhaft sein bei einer Zerstörung durch Löschmittel, wird aber zu bejahen sein, wenn z. B. die Auslösung der Sprinkleranlage auf eine der Brandlegung innewohnende spezifische Gefahr zurückgeführt werden kann (zu bejahen bei Anzünden von Inventar; zu verneinen bei Auslösung der Sprinkleranlage mittels eines Feuerzeugs).

2. Subjektiver Tatbestand

1027 Subjektiv genügt allgemeiner Vorsatz (vgl. § 15) des Täters, d. h. *mindestens dolus eventualis* hinsichtlich der Verwirklichung der objektiven Tatbestandsmerkmale.

II. Rechtswidrigkeit

1028 Ob der Eigentümer des Tatobjekts in die Tat gem. § 306 rechtfertigend einwilligen kann, ist mit Blick auf das Schutzgut des § 306 zu betrachten. Soweit man durch § 306 nur das Eigentum als geschützt ansehen will, ist das Rechtsgut für den Eigentümer disponibel, so dass eine rechtfertigende Einwilligung bei Vorliegen der sonstigen Voraussetzungen möglich ist.

1029 Sieht man mit der wohl h. M. (vgl. Rn. 993) zusätzlich den Schutz der Allgemeinheit vor der Gefährlichkeit der Tathandlung als Schutzgut an, so müsste streng genommen eine rechtfertigende Einwilligung ausscheiden, weil der Eigentümer des Tatobjekts nicht wirksam über dem Schutz der Allgemeinheit verfügen kann. Doch auch diese Ansicht gelangt zur Möglichkeit einer Einwilligung durch den Berechtigten. Dies wird damit begründet, dass § 306 nur beim kumulativen Vorliegen der Eigentumsverletzung und der Gemeingefahr bejaht werden könne (Radtke ZStW 110 [1998] 848, 861; Kreß JR 2001, 315, 317).

III. Schuld

IV. Tätige Reue (§ 306e I, III)

> **Gesetzestext (§ 306e):**
>
> (1) Das Gericht kann in den Fällen der §§ 306, 306a und 306b die Strafe nach seinem Ermessen mildern (§ 49 Abs. 2) oder von Strafe nach diesen Vorschriften absehen, wenn der Täter freiwillig den Brand löscht, bevor ein erheblicher Schaden entsteht.
>
> (2) Nach § 306d wird nicht bestraft, wer freiwillig den Brand löscht, bevor ein erheblicher Schaden entsteht.
>
> (3) Wird der Brand ohne Zutun des Täters gelöscht, bevor ein erheblicher Schaden entstanden ist, so genügt sein freiwilliges und ernsthaftes Bemühen, dieses Ziel zu erreichen.

Wegen der erheblichen Strafdrohung und der mitunter recht früh eintretenden Vollen- **1030** dung ist bei Vollendung des § 306 in § 306e die Möglichkeit von tätiger Reue vorgese- hen. Nach Absatz 1 kann das Gericht nach eigenem Ermessen entweder die Strafe gem. § 49 II mildern oder ganz von Strafe absehen. Es handelt sich um einen persönlichen Strafmilderungsgrund.

Um in den Genuss der Strafmilderung bzw. des Absehens von Strafe zu kommen, muss **1031** der Täter oder der Teilnehmer freiwillig den Brand löschen, bevor ein erheblicher Scha- den entsteht. Somit muss ein Brand tatsächlich bestehen, weswegen der Täter (zumin- dest auch) die Inbrandsetzungsalternative des § 306 I 1. Alt. erfüllt haben muss.

Der Beteiligte muss den Brand löschen, also die Brandwirkung vollständig beseitigen. **1032** Es reicht aus, wenn der Reuige sich der Hilfe Dritter (z.B. der Feuerwehr) bedient. Je- doch trägt er die Verantwortung dafür, dass effektiv gelöscht wird.

Ausreichend ist das Löschen des Brandes. Die tatbestandlichen Gefährdungen der **1033** §§ 306a II, 306b I, II muss der Täter nicht beseitigen. Jedoch ist anerkannt, dass § 306e in den Fällen, in denen der Täter zwar den Brand nicht löschen kann, jedoch die von ihm ausgehende Gefahr auf andere Weise abwendet, analog anzuwenden ist (Bach- mann/Goeck NStZ-RR 2011, 297, 301).

Das Löschen muss erfolgreich abgeschlossen sein, bevor ein erheblicher Schaden ent- **1034** steht. Der Schaden muss die durch die §§ 306, 306a, 306 b geschützten Rechtsgüter betreffen. Ob er erheblich ist, ist an den konkreten Umständen des Einzelfalls zu bestim- men. Feste Wertgrenzen existieren nicht, der BGH hat jedoch bei Wohngebäuden eine Untergrenze anerkannt. Danach kommt ein erheblicher Schaden an einem Wohngebäu- de regelmäßig erst dann in Betracht, wenn der Aufwand zur Beseitigung des Schadens mindestens 2 500,– € beträgt (BGH NJW 2003, 302 m. Anm. Radtke NStZ 2003, 432).

Wird der Brand ohne Zutun des Täters gelöscht, bevor ein erheblicher Schaden ent- **1035** standen ist, so kann gem. § 306e III die Strafe auch gemildert oder von ihr abgesehen werden, wenn der Täter sich freiwillig und ernsthaft um die Löschung vor Eintritt des erheblichen Schadens bemüht hat. Ein ernsthaftes Bemühen setzt effektive und weit- reichende Rettungshandlungen voraus, so dass die bloße Meldung des Schadens an die Behörden nicht ausreichend ist (BGH NStZ-RR 2000, 42).

Für die Freiwilligkeit gelten die zum Rücktritt gem. § 24 entwickelten Grundsätze (vgl. **1036** Wessels/Beulke/Satzger, AT, Rn. 1066 ff.). Absatz 3 enthält eine § 24 I 2 entsprechende Regelung.

V. Konkurrenzen

1037 Zu §§ 303, 305 ist § 306 lex specialis; Tateinheit zu § 303 kann vorliegen, wenn Inventar des Gebäudes vernichtet wird (a. A. SK-Wolters, § 306 Rn. 26: Konsumtion des § 303). Gegenüber § 306a tritt § 306 zurück, wenn ein fremdes Gebäude angezündet wird, das Wohnzwecken dient (BGH NStZ 2001, 196). Tateinheit zwischen § 306 I und § 306a II besteht, wenn die Tat zugleich eigene und fremde Tatobjekte betrifft (BGH NStZ 1999, 32 f.). Gegenüber einem zuvor begangenem Diebstahl nach § 242 ist § 306 keine mitbestrafte Nachtat (BGH BeckRS 2018, 13154). Gleiches muss auch für den Raub (§ 249) und die (räuberische) Erpressung (§§ 253, 255) sowie den Unbefugten Gebrauch eines Fahrzeugs (§ 248b) gelten.

VI. Aufbauschema § 306 I

I.   **Tatbestand**

   1. Objektiver Tatbestand

      a) Tatobjekt = fremdes Tatobjekt gem. § 306 I Nr. 1 bis 6

         aa) Gebäude oder Hütten

         bb) Betriebsstätten oder technische Einrichtungen

         cc) Warenlager oder -vorräte

         dd) Kraftfahrzeuge, Schienen-, Luft- oder Wasserfahrzeuge

         ee) Wälder, Heiden oder Moore oder

         ff) land-, ernährungs oder forstwirtschaftliche Anlagen oder Erzeugnisse

      b) Inbrandsetzen oder

      c) durch Brandlegung ganz oder teilweise zerstören

   2. Subjektiver Tatbestand

      dolus eventualis bzgl. der objektiven Tatbestandsmerkmale

II. **Rechtswidrigkeit**

III. **Schuld**

IV. **tätige Reue gem. § 306e I oder II**

   1. Brand löschen (Absatz 1) oder ernsthaftes Bemühen (Absatz 3)

   2. kein erheblicher Schaden

   3. Freiwilligkeit

B. Schwere Brandstiftung (§ 306a I)

> **Gesetzestext:**
>
> (1) Mit Freiheitsstrafe nicht unter einem Jahr wird bestraft, wer
>
>   1. ein Gebäude, ein Schiff, eine Hütte oder eine andere Räumlichkeit, die der Wohnung von Menschen dient,
>
>   2. eine Kirche oder ein anderes der Religionsausübung dienendes Gebäude oder
>
>   3. eine Räumlichkeit, die zeitweise dem Aufenthalt von Menschen dient, zu einer Zeit, in der Menschen sich dort aufzuhalten pflegen,
>
> in Brand setzt oder durch eine Brandlegung ganz oder teilweise zerstört.
>
> (2) Ebenso wird bestraft, wer eine in § 306 Abs. 1 Nr. 1 bis 6 bezeichnete Sache in Brand setzt oder durch eine Brandlegung ganz oder teilweise zerstört und dadurch einen anderen Menschen in die Gefahr einer Gesundheitsschädigung bringt.
>
> (3) In minder schweren Fällen der Absätze 1 und 2 ist die Strafe Freiheitsstrafe von sechs Monaten bis zu fünf Jahren.

1038 Neben § 306 steht die schwere Brandstiftung des § 306a. Die Regelung enthält zwei voneinander und von § 306 unabhängige Tatbestände. § 306a I ist als *abstraktes Gefährdungsdelikt* ausgestaltet. § 306a II wegen der erforderlichen Gefahr einer Gesundheitsschädigung eines anderen Menschen als *konkretes Gefährdungsdelikt*. Schutzgüter sind jeweils Leib und Leben anderer Menschen, die vor den besonderen Gefahren der gemeingefährlichen Begehungsweise geschützt werden sollen. Für beide Tatbestände finden sich in § 306d Anordnungen zur Strafbarkeit fahrlässigen Handelns. Danach sind die fahrlässige Begehung des § 306a I und die in Form einer Vorsatz-Fahrlässigkeitskombination begangene Tat nach § 306a II gem. § 306d I mit Freiheitsstrafe bis zu fünf Jahren oder Geldstrafe bedroht. § 306d II bedroht die rein fahrlässige Begehung des § 306a II milder mit bis zu drei Jahren Freiheitsstrafe oder Geldstrafe. Da hier anders als bei § 306 das Merkmal „fremd" fehlt, gelten beide Absätze unabhängig davon, in wessen Eigentum das Tatobjekt steht.

1039 Der Versuch der schweren Brandstiftung ist nach beiden Absätzen wegen der Ausformung als Verbrechen gem. §§ 23 I, 12 I strafbar.

1040 In § 306a III findet sich die Möglichkeit der Annahme eines unbenannten minder schweren Falles. Die Regelung der tätigen Reue gem. § 306e gilt auch im Falle des § 306a.

I. Tatbestand

1. Objektiver Tatbestand

1041 § 306a I pönalisiert das Inbrandsetzen oder das durch Brandlegung gänzliche oder teilweise Zerstören eines der in § 306a I Nr. 1 – 3 näher beschriebenen Tatobjekte.

a) Tatobjekt

aa) Gebäude, Schiff, Hütte oder eine andere Räumlichkeit, die der Wohnung von Menschen dient

1042 Tatobjekte nach § 306a I sind Räumlichkeiten, die der Wohnung von Menschen dienen. Gebäude, Schiffe und Hütten werden nur als Beispiele genannt (zum Begriff des Gebäudes und der Hütte vgl. oben bei § 306 (Rn. 999 ff.). Im Gegensatz zum „Wasserfahrzeug" in § 306 I Nr. 4 kommt es beim Schiff nicht darauf an, dass es der Fortbewegung, sondern dass es der Wohnung von Menschen dienen kann.

1043 Unter einer **Räumlichkeit** ist ein nach allen Seiten und nach oben abgeschlossener Raum zu verstehen.

1044 Aus den weiteren Beispielen (Gebäude, Schiff, Hütte) lässt sich die Notwendigkeit einer gewissen Größe und Komplexität der Räumlichkeit ermitteln (Kindhäuser/Schramm, BT I, § 62 Rn. 4; Schönke/Schröder-Heine/Bosch, § 306a Rn. 4). Die Grenzen sind fließend, so dass zwar ein Wohnmobil erfasst sein soll, ein PKW hingegen nicht. Ähnlich wird man zwischen kleinsten Ruderbooten und größeren Wasserfahrzeugen unterschieden müssen.

1045 Die Räumlichkeit **dient zu Wohnzwecken**, wenn sie von einem Menschen rein tatsächlich als Mittelpunkt des Lebens genutzt wird.

1046 Abzustellen ist immer auf das *faktische* Dienen als Wohnung (mehr als „Aufenthalt", vgl. § 306a I Nr. 3). Daher sind sowohl die Eigentumsverhältnisse, als auch die rechtliche Befugnis zur Nutzung zu Wohnzwecken irrelevant. Auch ein unbefugtes Wohnen ist somit erfasst (z. B. in besetzten Häusern). Ebenso ist eine besondere Zweckbestimmung des Eigentümers oder die Eignung der Räumlichkeit zu Wohnzwecken nicht erforderlich.

Es genügt, wenn die Räumlichkeit nur vorübergehend oder auch bei monatelanger **1047** Abwesenheit zeitweise (z. B. an Wochenenden oder in den Ferien) bewohnt wird. Die Räumlichkeit muss nur generell Wohnzwecken dienen. Nicht notwendig ist, dass sich Menschen im Tatzeitpunkt in der Räumlichkeit aufhalten.

Darüber, wie lange ein Gebäude der Wohnung dient, entscheidet der Wille des tatsäch- **1048** lichen Alleinbewohners bzw. aller Bewohner. Geben alle Bewohner den Willen der Nutzung zu Wohnzwecken erkennbar auf, liegt eine *Entwidmung* vor, aufgrund der die Tatobjektsqualität aus § 306a I Nr. 1 entfällt. Eine solche Entwidmung bedarf keines formalen Aktes und kann z. B. erfolgen durch ein Inbrandsetzen durch den Bewohner, dessen Einverständnis zum Inbrandsetzen (BGH NStZ-RR 2004, 235) oder durch den – sogar vom Täter selbst herbeigeführten – Tod des letzten Bewohners (BGHSt 23, 114, 114 f.). Eine Entwidmung kann auch dann bejaht werden, wenn der Nutzer das Gebäude für den Fall des Fehlschlagens der Brandstiftung weiter bewohnen will (BGH NStZ-RR 2005, 76, 76).

bb) eine Kirche oder ein anderes der Religionsausübung dienendes Gebäude

Der Religionsausübung dient ein Gebäude, wenn es zu diesem Zweck tatsächlich **1049** benutzt wird, auch wenn es nicht schon hierfür errichtet wurde.

Erfasst sind alle Räumlichkeiten, die der jeweiligen Religionsausübung gewidmet sind **1050** (Gebetsräume, Sakristei, Kapellen, etc.), unabhängig von der jeweiligen Religion. Nebenräume oder Räumlichkeiten, die mit dem Religionszweck in Zusammenhang stehen, diesem jedoch nicht direkt gewidmet sind (Unterrichtsräume, Aufenthaltsräume, Versammlungsräume für rein organisatorische Zwecke), sind nicht erfasst.

cc) eine Räumlichkeit, die zeitweise dem Aufenthalt von Menschen dient, zu einer Zeit, in der Menschen sich dort aufzuhalten pflegen

Zur Räumlichkeit vgl. die entsprechenden Ausführungen unter Rn. 1043. § 306a I Nr. 3 **1051** erfordert, dass die Tat zu einer Zeit begangen wird, in der sich dort Menschen aufzuhalten pflegen. Eine tatsächliche Anwesenheit von Menschen bei Eintritt des gefährlichen Zustandes ist nicht erforderlich. Ebenso begründet die tatsächliche Anwesenheit einer Person in der Räumlichkeit nicht das Vorliegen von § 306a I Nr. 3, wenn die Tat zu einer Zeit verübt wird, in der sich normalerweise keine Personen dort befinden.

Beispiele: Büroräume, Werkstätten, Museen, Theater, öffentliche Toiletten, Kaufhäuser jeweils während der Öffnungszeiten und der Vor- und Nacharbeit des Personals.

Wie auch bei § 306a I Nr. 1 ist im Rahmen der Nr. 3 eine besondere Zweckbestimmung **1052** des Eigentümers oder die Eignung der Räumlichkeit zu Aufenthaltszwecken nicht erforderlich. Ausreichend ist, dass sich generell Personen in einem Zeitpunkt, der dem Eintritt des Taterfolgs vergleichbar ist, in der Räumlichkeit aufhalten.

1053 Maßgeblich ist nicht, dass der Täter den zum Brandausbruch führenden Ursachenverlauf während dieser vom Tatbestand beschriebenen Zeit in Gang setzt. Vielmehr muss der *Taterfolg* zu einer Zeit eintreten, in der sich dort Menschen aufzuhalten pflegen (BGHSt 36, 221, 222 f.).

b) Inbrandsetzen

1054 Die Tathandlungen des Inbrandsetzens und des Zerstörens durch eine Brandlegung entsprechen denen des § 306, so dass grundlegend auf die dortigen Ausführungen verwiesen werden kann (vgl. Rn. 1011 ff.).

1055 Zu beachten ist jedoch, dass die Tatobjekte des § 306a I sich in der Form von denen des § 306 I unterscheiden, dass § 306a I jeweils eine tatsächliche Zweckbestimmung (Nr. 1 und Nr. 2) oder eine in zeitlicher Hinsicht übliche Nutzung (Nr. 3) voraussetzen. Daher sind die möglichen Tathandlungen im Hinblick auf § 306a I immer im Zusammenspiel mit der Tatobjektsqualität zu bewerten.

1056 Insbesondere in den Fällen sog. *gemischt genutzter Gebäude* kann die Tathandlung bzw. der Eintritt des Taterfolgs fraglich sein, wenn ein Gebäude sowohl einen Gebäudeteil nach § 306a I Nr. 1–3, als auch einen nicht hierunter fallenden Gebäudeteil (häufigster Fall: gewerblich genutzte Räume außerhalb der Geschäftszeiten mit angeschlossener Wohneinheit) aufweist und lediglich letzterer in Brand gesetzt bzw. durch Brandlegung (teilweise) zerstört wird. Die Problematik ist in *zwei Schritten* zu betrachten. Zunächst ist zu bestimmen, ob ein einheitliches Gebäude bzw. eine einheitliche Räumlichkeit vorliegt oder ob von getrennten Objekten zu sprechen ist.

1057 Die Einheitlichkeit bemisst sich nach den jeweiligen Umständen des Einzelfalls, insbesondere der baulichen Beschaffenheit. Kriterien die für ein einheitliches Tatobjekt sprechen sind bspw. ein gemeinsamer Hausflur, ein gemeinsamer Eingang, offene Verbindungen zwischen den Einheiten, etc. (vgl. auch Bachmann NStZ 2009, 667, 670 f.: Zugänglichkeit über einen gemeinsamen Hauseingang). Gegen ein einheitliches Objekt spricht z. B. eine jeweils in sich abgeschlossene Bauweise oder die Abtrennung durch nicht überwindbare Brandschutzmauern. Die bloße räumliche Nähe (Doppelhaushälfte, geschlossene Bebauung in Innenstädten) kann für sich nicht die Einheitlichkeit des Tatobjekts begründen (BGH StV 2001, 576; NStZ-RR 2010, 279; NStZ 2011, 214; Kraatz JuS 2012, 691 ff. mit weiteren Beispielen).

Sonderproblem: Inbrandsetzen gemischt genutzter Gebäude

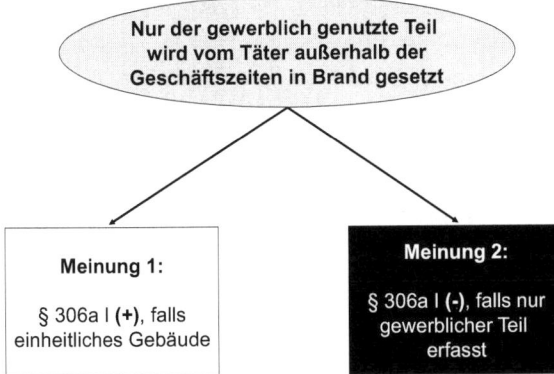

Ist im ersten Schritt das Vorliegen eines einheitlichen aber gemischt genutzten Gebäu- **1058** des festgestellt worden, bei dem der Teil die Erfordernisse des § 306a I Nr. 1 – 3 erfüllt, der nicht in Brand gesetzt wurde, so ist umstritten, ob ein Inbrandsetzen zu bejahen ist.

Inbrandsetzen gemischt-genutzter Gebäude

Nur der gewerblich genutzte Teil wird vom Täter außerhalb der Geschäftszeiten in Brand gesetzt

Meinung 1:

§ 306a I **(+)**, falls einheitliches Gebäude

Meinung 2:

§ 306a I **(-)**, falls nur gewerblicher Teil erfasst

- Die Rechtsprechung (BGHSt 34, 115, 118 f.; 35, 283, 285 f.; 48, 19; NStZ 2007, **1059** 270 m. Anm. Jahn Jus 2007, 484; NStZ 2011, 214; NStZ-RR 2010, 279;) und Teile der Literatur (z. B. Eisele, BT I, Rn. 1046; Rengier, BT II, § 40 Rn. 26; Wrage JuS 2003, 985, 988) nehmen an, dass es genüge, wenn die verschiede-nen Gebäudeteile ein einheitliches, zusammenhängendes Gebäude bildeten und nicht ausgeschlossen werden könne, dass das Feuer auf den Bereich des § 306a I Nr. 1–3 übergreife. Zum Teil wird die Übergriffswahrscheinlichkeit für entbehr-lich gehalten (Bachmann NStZ 2009, 667, 671).

- Nach teilweise vertretener Auffassung in der Literatur (Kraatz Jura 2014, 627, **1060** 628 f.; Koranyi JA 2014, 241; 247; SK-Wolters, § 306a Rn. 15; Schönke/Schröder-Heine/Bosch, § 306a Rn. 11) müsse jedoch der von § 306 a I Nr. 1–3 geschützte Gebäudeteil vom Feuer erfasst worden sein, da dieser gerade das Tatobjekt darstel-le, an dem der Erfolg eintreten müsse. Andernfalls liege lediglich ein Versuch vor.

Bewertung:

Für die erstgenannte Auffassung spricht, dass es selbst für einen Sachkundigen oftmals **1061** nicht vorhersehbar ist, wie sich ein Feuer in einem Gebäude ausbreiten wird. Auch spricht der Wortlaut des § 306a I hierfür, weil dieser lediglich ein Gebäude oder eine

Räumlichkeit nennt. Dies führt zu dem Umstand, dass es genügt, dass „das Gebäude" brennt (so BGHSt 35, 283, 286); denn dies stellt das Tatobjekt dar, das nach dem Gesetzeswortlaut in Brand gesetzt oder durch eine Brandlegung zerstört worden sein muss. Der Gegenansicht ist zwar zuzugeben, dass § 306a I der besonderen Gefährlichkeit des Brandes wegen eine empfindliche Strafdrohung vorsieht. Hieraus kann aber nicht gefolgert werden, dass sich bei einem einheitlichen aber gemischt genutzten Gebäude der Brand selbst auch auf den Teil erstrecken muss, der die Anforderungen des § 306a I erfüllt. Denn die besonders gefährliche Brandwirkung für Leib und Leben ergibt sich auch aus der Rauch- und Hitzeentwicklung und nicht nur aus der direkten Einwirkung der Flammen selbst. Liegt ein einheitliches Gebäude vor, so können Rauch und Hitze sich zumeist auch in den Bereichen des Gebäudes ausbreiten, die (noch) nicht selbständig brennen. Der Umstand, dass dies auch bei benachbarten, aber nicht einheitlichen Gebäuden der Fall sein kann wird vor dem Hintergrund der empfindlichen Strafdrohung des § 306a I als gesetzgeberische Entscheidung zur Begrenzung der Tatbestandsreichweite zu akzeptieren sein.

c)　durch Brandlegung ganz oder teilweise zerstören

Auch die Tathandlung des Zerstörens durch eine Brandlegung entspricht der des § 306, so dass grundlegend auf die dortigen Ausführungen verwiesen werden kann (vgl. Rn. 1021 ff.).

Sonderproblem: (teilweise) Zerstörung durch Brandlegung gemischt genutzter Gebäude

1062 Auch für die zweite Tathandlungsalternative des § 306a I ist umstritten, ob der Tatbestand erfüllt ist, wenn die Zerstörung durch die Brandlegung sich auf den Teil des Gebäudes beschränkt, der nicht die Anforderungen des § 306a I Nr. 1 – 3 erfüllt.

1063 – Entgegen ihrer Position in Bezug auf das in Brand setzen (vgl. Rn. 1059) und der früheren Auffassung des BGH (vgl. BGH NStZ 2019, 27; Beschluss v. 19.7.2017 – 2 StR 266/07; ausführlich Börner ZJS 2011, 288 ff.) geht die Rechtsprechung bei der (teilweisen) Zerstörung durch Brandlegung davon aus, dass eine solche nur vorliegt, wenn die Zerstörung zumindest auch den Teil des Gebäudes betrifft, der der Wohnung von Menschen dient (vgl. BGH BeckRS 2018, 23175). § 306a I Nr. 1 hat danach einen auf das Wohnen bezogenen Schutzzweck, der erst erfüllt sein soll, wenn die Zerstörung sich auf den Teil des Gebäudes bezieht, der dem Wohnen dient (BGH NStZ 2011, 2148, 2149). Dem stimmt ein Teil der Literatur zu (Koranyi JA 2014, 241, 247; Börner ZJS 2011, 288, 292; Kraatz JuS 2012, 691, 694; Eisele, BT I, Rn. 1044).

- Die Gegenauffassung sieht den Tatbestand des § 306a I bereits als erfüllt an, **1064** wenn die (teilweise) Zerstörung lediglich den nicht unter § 306a I Nr. 1 – 3 fallenden Gebäudeteil betrifft (Bachmann/Goeck ZIS 2010, 445; 446; Rengier, BT II, § 40 Rn. 27a).

Zerstörung durch Brandlegung gemischt-genutzter Gebäude

Nur der gewerblich genutzte Teil wird vom Täter außerhalb der Geschäftzeiten in Brand gesetzt

Meinung 1:	Meinung 2:
§ 306a I (+), wenn zumindest auch der Wohnteil des Gebäudes betroffen ist	§ 306a I (+), auch wenn nicht der unter § 306a I Nr. 1 – 3 fallende Teil betroffen ist

Bewertung:

Auch in dieser Variante ist der durch die Rechtsprechung vertretenen Auffassung zu- **1065** zustimmen. Dies ergibt sich aber aus einer abweichenden Begründung. Die Einfügung der Tathandlungsalternative des Inbrandsetzens bezweckte auch die Fälle zu erfassen, in denen ein Branderfolg nicht gegeben ist, aber die gefährliche Wirkung des Brandmittels sich in den geschützten Tatobjekten entfaltet hat (vgl. Rn. 1022). Relevant ist also die besondere Gefährlichkeit des Tatmittels. Somit ist für § 306a I 2. Alt. zu fragen, ob sich die besondere Gefährlichkeit des Brandmittels in ausreichender Weise auch auf die Teile des Tatobjekts ausgewirkt hat, die die Erfordernisse des § 306a I Nr. 1–3 erfüllen. Mangels (teilweiser) Zerstörung dieser Teile ist dies nicht der Fall. Die Gegenauffassung übersieht, dass sich die durch § 306a I unter Strafe gestellte abstrakte Gefährlichkeit nicht durch die Wahl des Tatobjekts allein ergibt. Vielmehr ist die Verbindung mit der besonderen Gefährlichkeit der Tathandlung und des Taterfolgs erforderlich.

Indirekte Auswirkungen der Zerstörung auf den Wohnanteil eines gemischt-genutzten **1066** Gebäudes sind hingegen nicht ausreichend. Wird durch die Brandlegung z. B. die Wasser- und Stromversorgung des Gebäudes gekappt und daher die Wohnung zumindest für eine erhebliche Zeitspanne für Wohnzwecke nicht nutzbar, liegt keine teilweise Zerstörung durch Brandlegung vor (BGH NJW 2019, 90; Kudlich JA 2018, 952; Rengier, BT II, § 40 Rn. 27b).

d) Teleologische Reduktion des Tatbestands

Sonderproblem: teleologische Reduktion des Tatbestands

1067 Fraglich ist, ob der Tatbestand des § 306a I um die Fälle zu reduzieren ist, in denen der Täter eine Gefährdung von Personen durch Sicherungsmaßnahmen ausschließt, etwa indem er zuvor die Räumlichkeit lückenlos absucht und während des Brandverlaufs andere Personen effektiv von dem Tatobjekt abhält. Vor der Darlegung des Streits ist jedoch zu prüfen, ob der Täter tatsächlich die Anforderungen an die Sicherungsmaßnahmen erfüllt hat. Dazu ist eine vorherige Absicherung nicht ausreichend. Vielmehr muss der Täter bis zur Beendigung der Tat, also bis zum völligen Verlöschen des Brandes oder bis zur Beendigung der Zerstörungseinwirkung der Brandlegung die Gefährdung Dritter sicher ausschließen. Gerade in Bezug auf Retter wird dies selten erfüllt sein, weil der Täter zumindest die Feuerwehr nicht effektiv davon abhalten können wird, sich in den Gefahrenbereich zu begeben.

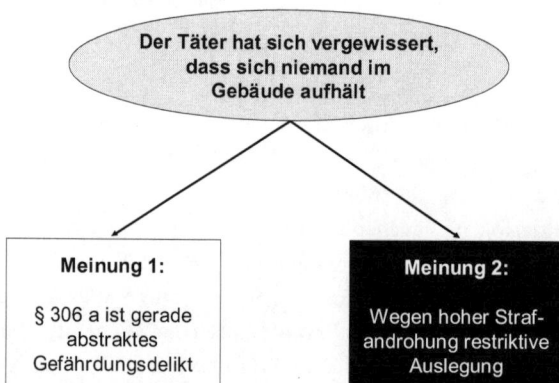

Teleologische Reduktion des Tatbestandes?

Der Täter hat sich vergewissert, dass sich niemand im Gebäude aufhält

Meinung 1:

§ 306 a ist gerade abstraktes Gefährdungsdelikt

Meinung 2:

Wegen hoher Strafandrohung restriktive Auslegung

1068 – Eine Ansicht lehnt die teleologische Reduktion des § 306a I in den genannten Fällen ab (z. B. Kindhäuser/Schramm, BT I, § 62 Rn. 16; Fischer, § 306a Rn. 2a; Rengier, BT II, § 40 Rn. 32). Danach handelt es sich bei § 306a I um ein abstraktes Gefährdungsdelikt. Nehme man die dargestellte Reduktion vor, so deute man den § 306a I in ein konkretes Gefährdungsdelikt um. Die hohe Strafdrohung lasse sich durch die generelle Gemeingefährlichkeit der Tathandlung rechtfertigen (Rengier JuS 1998, 397, 399).

1069 – Nach anderer Auffassung (z. B. Schönke/Schröder-Heine/Bosch, § 306a Rn. 2; Wessels/Hettinger/Engländer, BT 1, Rn. 995) sei aufgrund der Ausformung des

Tatbestandes als Verbrechen und des Schuldprinzips eine restriktive Auslegung geboten, wenn eine Gefahr durch den Täter sicher ausgeschlossen wurde. Auch die Rechtsprechung bejaht dies unter der Maßgabe, dass der Täter sich *durch absolut zuverlässige lückenlose Maßnahmen vergewissert* haben muss, dass die Gefährdung sicher nicht eintreten kann. Dies sei aber nur bei *kleinen, insbesondere einräumigen Hütten oder Häuschen* möglich, bei denen auf einen Blick übersehbar ist, dass sich Menschen dort nicht aufhalten können (BGHSt 26, 121, 124 f.). Der Gesetzgeber hat aufgrund dieser Auffassung des BGH von einer ausdrücklichen Tatbestandseinschränkung abgesehen (vgl. BT-Drs. 13/8587, S. 47).

Bewertung:

Der letztgenannten Auffassung ist entgegenzuhalten, dass die Ausformung des § 306 **1070** als Verbrechen eine mit dem Schuldprinzip nicht zu vereinbarende Härte des § 306a I widerlegt. Denn eine deutliche Abstufung im Schuldgrad ist zwischen § 306 und § 306a I nicht zu erblicken. Zwar ist der Einwand, dass der Gesetzgeber in Kenntnis der einschränkenden Auslegung des BGH von der Einfügung einer ausdrücklichen Tatbestandsrestriktion abgesehen hat gewichtig, dennoch ist im Ergebnis der erstgenannten Auffassung zu folgen. Zum einen widerspricht die einschränkende Auslegung der Konstruktion des § 306a I als abstraktes Gefährdungsdelikt. Auch kann sich der Gesetzgeber nicht mit Hinweis auf eine (veränderbare) Rechtsprechungslage seiner Verantwortung zur klaren Normgesetzgebung entziehen. Letztlich aber würde die teleologische Reduktion die gesamte Dogmatik des § 306a I konterkarieren. Denn wenn der Grund für die empfindlich hohe Strafdrohung des § 306a I insbesondere darin liegen soll, dass sich der Täter eines gemeingefährlichen und für ihn nicht kontrollierbaren Tatmittels bedient, dann kann nicht mit dem Hinweis auf die lückenlose Absicherung – also auf die Kontrollierbarkeit – der Tatbestand ausgeschlossen werden.

2. Subjektiver Tatbestand

Subjektiv genügt allgemeiner Vorsatz (vgl. § 15) des Täters, d. h. *mindestens dolus even-* **1071** *tualis* hinsichtlich der Verwirklichung der objektiven Tatbestandsmerkmale.

Der Täter muss um die jeweilige Zweckbestimmung wissen (z. B. bei Nr. 1, dass die **1072** Räumlichkeit der Wohnung dient). Wenn man der Rechtsprechung folgen will, muss sich bei einem gemischt-genutzten Gebäude der Vorsatz des Täters darauf bezogen haben, dass das Gebäude auch andere, unter Nr. 1–3 fallende Gebäudeteile enthält.

II. Rechtswidrigkeit

III. Schuld

IV. Tätige Reue (§ 306e I, III)

1073 Wegen der erheblichen Strafdrohung ist bei Vollendung des § 306a I in § 306e die Möglichkeit von tätiger Reue vorgesehen, wobei nach Absatz 1 Strafmilderung oder Absehen von Strafe in Betracht kommen, es gelten die unter Rn. 1030 ff. entwickelten Grundsätze. Absatz 3 enthält eine § 24 I 2 entsprechende Regelung.

V. Aufbauschema § 306a I

I. **Tatbestand**

  1. Objektiver Tatbestand

    a) Tatobjekt = Tatobjekt gem. § 306a I Nr. 1 bis 3

      aa) Gebäude, Schiff, Hütte oder eine andere Räumlichkeit, die der Wohnung von Menschen dient

      bb) Kirche oder ein anderes der Religionsausübung dienendes Gebäude oder

      cc) eine Räumlichkeit, die zeitweise dem Aufenthalt von Menschen dient während einer Zeit, in der sich Menschen dort aufzuhalten pflegen

    b) Inbrandsetzen oder

    c) durch Brandlegung ganz oder teilweise zerstören

    d) teleologische Reduktion

  2. Subjektiver Tatbestand

  dolus eventualis bzgl. der objektiven Tatbestandsmerkmale

II. **Rechtswidrigkeit**

III. **Schuld**

IV. **tätige Reue gem. § 306e I oder III**

  1. Brand löschen (Absatz 1) oder ernsthaftes Bemühen (Absatz 3)

  2. kein erheblicher Schaden

  3. Freiwilligkeit

C. Gesundheitsgefährdende Brandstiftung (§ 306a II)

§ 306a II bildet einen gegenüber § 306 und § 306a I eigenständigen Tatbestand. Er **1074** ist *konkretes Gefährdungsdelikt*, da neben der Brandstiftung von Sachen nach § 306 I auch eine hierdurch hervorgerufene konkrete Gesundheitsgefährdung eines anderen Menschen Tatbestandsmerkmal ist. § 306a II bildet einen Grundtatbestand zu § 306b. Schutzgut des § 306a II ist die *Gesundheit*, nicht hingegen das Eigentum. Der Versuch ist wegen des Verbrechenscharakters gem. § 12 I strafbar.

I. Tatbestand

1. Objektiver Tatbestand

a) Tatobjekt = Tatobjekte gem. § 306 I Nr. 1 bis 6

Taugliche Tatobjekte des § 306a II sind die in § 306 I Nr. 1 – 6 beschriebenen Ob- **1075** jekte (zu den einzelnen Tatobjekten vgl. die entsprechenden Ausführungen unter Rn. 999 ff.). Aufgrund des Wortlauts der Verweisung in § 306a II (der Verweis lautet: „eine in § 306 I *Nr. 1 bis 6* bezeichnete Sache" und nicht: „wer eine Tat nach § 306 I begeht und dadurch ...") sowie mit Blick auf das Schutzgut der Gesundheit, die unabhängig von der Eigentumslage an dem Tatobjekt zu schützen ist, müssen die Tatobjekte im Rahmen des § 306a II nicht fremd sein. Somit sind auch tätereigene und herrenlose Sachen erfasst.

b) Tathandlung = Inbrandsetzen oder durch eine Brandlegung ganz oder teilweise Zerstören

Die Tathandlungen entsprechen denen des § 306, so dass auf dortige Ausführungen **1076** verwiesen werden kann (vgl. Rn. 1011 ff.). Zu beachten ist jedoch, dass im Rahmen des § 306a II keine besondere Widmung oder Nutzung der Tatobjekte erforderlich ist. Daher kann die Tathandlung, anders als bei § 306a I, unabhängig vom jeweiligen Tatobjekt bewertet werden. So schließt § 306a II i. V. m. § 306 I Nr. 1 Alt. 1 unter dem Oberbegriff Gebäude auch Wohngebäude als taugliche Tatobjekte ein. Weil die besondere Widmung als Wohngebäude im Rahmen des § 306a II irrelevant ist, kommt es im Rahmen von gemischt genutzten Gebäuden nicht darauf an, ob ein zu Wohnzwecken genutzter Gebäudeteil betroffen ist. Die unter den Rn. 1058 ff. und Rn. 1062 ff. dargestellten Streitstände werden daher in der Prüfung des § 306a II nicht relevant.

c) konkrete Gesundheitsgefährdung eines anderen Menschen

1077 Durch das Inbrandsetzen oder die (teilweise) Zerstörung durch Brandlegung muss es zu einer konkreten (einfachen) Gesundheitsgefährdung eines anderen Menschen gekommen sein; eine *tatsächlich eingetretene* Gesundheitsschädigung ist *nicht* erforderlich!

1078 **Gesundheitsschädigung** ist das Hervorrufen oder Steigern eines vom Normalzustand der körperlichen Funktionen des Opfers nachteilig abweichenden, krankhaften Zustandes körperlicher oder seelischer Art.

Die **konkrete Gefahr** setzt die Schaffung einer Situation voraus, in der es letztlich vom Zufall abhängt, ob das Opfer eine Gesundheitsschädigung erleidet oder nicht.

1079 Ausreichend ist, wenn die Gesundheit unbeteiligter Dritter konkret gefährdet wurde (z. B. Bewohner des in Brand gesetzten Hauses). Die Gefährdung muss bei einem *„anderen Menschen"* eingetreten sein, so dass es nicht genügt, wenn bloß der Täter der Gefährdung ausgesetzt war (BayObLG NJW 1999, 3570).

1080 Fraglich ist, ob es ausreicht, dass Mittäter oder Beteiligte gefährdet werden. Insoweit, wird vorgebracht (Wirsch JuS 2006, 400, 401; Rengier, BT II, § 40 Rn. 37), Mittäter seien nicht begriffsnotwendig ausgeschlossen, da es sich bei dem Täter und dessen Mittätern jeweils um verschiedene Personen handele. Richtigerweise sind Mittäter als taugliche Gefährdungsopfer bei § 306a II auszuschließen. Nach dieser Vorschrift muss ein anderer, also eine vom Täter zu unterscheidende Person, Gefährdungsopfer sein. Ein Mittäter ist aber Täter und somit kein anderer. Der Umstand, dass es sich bei mehreren Mittätern um mehrere Personen handelt, vermag nicht zu ändern, dass es sich für jeden Mittäter um die eigene Tat handelt, so dass sie kein „Anderer" i. S. d. § 306a II sind (ebenso MüKo-Radtke, § 306a Rn. 54).

1081 Anders als Mittäter können Teilnehmer (Anstifter oder Gehilfe) taugliche Gefährdungsopfer des § 306a II sein. Teilnehmer begehen keine eigene Tat, sondern bestimmen oder leisten Hilfe in Bezug auf die Tat eines anderen (vgl. §§ 26, 27 sowie Wessels/Beulke/Satzger, AT, Rn. 865 ff.). Damit sind sie aus Sicht des Täters andere Personen i. S. d. § 306a II (vgl. auch den parallelen Streitstand bei den Straßenverkehrsdelikten unter Rn. 1202).

1082 Wenn die Qualität von Mittätern und/oder Beteiligten als taugliche Tatopfer i. S. d. § 306a II bejaht wird, ist zu prüfen, ob nach den allgemeinen Grundsätzen der eigenverantwortlichen Selbstgefährdung oder der einverständlichen Fremdgefährdung die Strafbarkeit auf der Ebene der objektiven Zurechnung bzw. der Rechtswidrigkeit auszuschließen ist.

d) Gefahrverwirklichungszusammenhang

Neben dem üblichen Kausalitätserfordernis muss auch ein spezifischer *Gefahrverwirkli-* **1083**
chungszusammenhang zwischen Brandstiftung und konkreter Gefährdung gegeben sein
(„[…] und *dadurch* einen anderen Menschen […]"). Neben den typischen durch einen Brand entstehenden Gefahren (wie Brandwunden oder Rauchvergiftung) kommt
auch ein Gefahreintritt durch herabstürzende Gegenstände oder durch einen gefährlichen lebensrettenden Sprung aus dem Fenster in Betracht. Der Gefahrerfolg kann auch
schon auf der Brandstiftungs*handlung* beruhen, etwa im Falle der Explosion des Zünd-
stoffes, der offene Flammen auslöst.

Sonderproblem: Zurechnung von Retterschäden

Sehr umstritten ist die Frage, ob dem Täter eine Gefährdung von Rettungshelfern zuge- **1084**
rechnet werden kann, die sich zur Rettung von Menschen bewusst in die Gefahrenzone
begeben oder ob wegen einer eigenverantwortlichen Selbstgefährdung eine Zurechnung auszuscheiden hat. Die im Folgenden aufgezeigte Problematik greift ebenso bei
§§ 306b I, II, Nr. 1 sowie besonders bei § 306c (wo dies in der Literatur meist erst behandelt wird). Jedoch kann das Grundproblem auch schon bei bloßer Gefährdung von
Rettern entstehen und somit an dieser Stelle bereits akut werden.

- Nach einer Auffassung (Geppert Jura 1998, 597, 602) soll jede Gesundheitsge- **1085**
  fährdung, die der Retter in Kauf nimmt, auch dem Täter zurechenbar sein. Es sei
  geradezu zynisch anzunehmen, der Retter begebe sich in freier Willensentschei-
  dung in die Gefahrenzone. Vielmehr fühle sich der Retter, wenn nicht rechtlich
  (so bei Feuerwehrleuten), so doch moralisch verpflichtet, anderen zu helfen (insbesondere bei gefährdeten Angehörigen). Zudem sei zu berücksichtigen, dass
  jede erfolgreiche Rettungshandlung letztlich dem Täter zugutekommen kann,
  zumindest bei der Bemessung des Strafmaßes.

- Hiergegen wird überwiegend vertreten, angesichts der hohen Mindeststrafe (ein **1086**
  Jahr; bei § 306c liegt diese sogar bei 10 Jahren Freiheitsstrafe!) eine restriktive
  Zurechnung der Gefährdungserfolge vorzunehmen. Zudem sei eine angemessene Abgrenzung der Verantwortungsbereiche zwischen Täter und Retter vorzunehmen. Dabei seien die Grundsätze der freiverantwortlichen Selbstgefährdung
  anzuwenden. Nach der Rechtsprechung soll daher eine Zurechnung dann möglich sein, wenn der Täter durch seine „Handlung die nahe liegende Möglichkeit
  einer bewussten Selbstgefährdung (…) schafft". Eine solche Möglichkeit sei
  etwa dann gegeben, wenn der Retter aufgrund rechtlicher Pflichten (z. B. als ret-
  tungspflichtiger Feuerwehrmann oder wegen der Garantenpflicht als Elternteil,
  Rettungspflicht aus § 323c) zur Vornahme der Rettungshandlung gezwungen

sei. Dies schließt zum Teil auch überobligatorische Wagnisse mit ein, wenn diese der akuten psychischen Stresssituation oder der objektiv eingeschränkten Möglichkeit zur Gefahrenanalyse im Brandfall geschuldet sind (OLG Stuttgart NJW 2008, 740, 741). Erst wenn das *Motiv für die Rettungsmaßnahme nicht einsichtig* sei, wenn es sich also „um einen von vorneherein sinnlosen oder mit offensichtlich unverhältnismäßigen Wagnissen verbundenen Rettungsversuch" (BGHSt 39, 322, 326) handele, könne keine Zurechnung mehr erfolgen. Dies soll der Fall sein, wenn die Risikofaktoren bei einer objektiven ex-ante Betrachtung so gewichtig sind, dass auch unter angemessener Berücksichtigung der psychischen (und rechtlichen) Drucksituation deutlich ist, dass die Durchführung von Rettungsaktionen zu einem gänzlich unvertretbaren Risiko für Leib und Leben der Retter führt (OLG Stuttgart NJW 2008, 1791 m. Anm. Kudlich JA 2008, 740 ff.).

1087   – In der Literatur wird weitgehend im Einklang mit der Rechtsprechung gefordert, dass die Grundsätze der freiverantwortlichen Selbstgefährdung zu berücksichtigen seien (z. B. Wessels/Beulke/Satzger, AT, Rn. 269 ff.; Schönke/Schröder-Heine/Bosch, § 306c Rn. 6 f.; Fischer, § 306c Rn. 4 f.; Rengier, BT II, § 40 Rn. 43 ff.; Kudlich JA 2008, 740, 742). Danach scheide (wie auch bei der Rechtsprechung) ein eigenverantwortliches Handeln des Retters jedenfalls dann aus, wenn er in der Rechtspflicht zur Rettung steht (Garantenpflicht, besondere Gefahrtragungspflicht, § 323c, etc.). Anders sei es zu bewerten, wenn der Retter ohne eine solche Verpflichtung tätig wird. Hier sei zwar nicht automatisch die Zurechnung zu verneinen. Es müsse jedoch ein in der Brandstiftung angelegtes Risiko zur Vornahme der Rettungshandlung im konkreten Gefahrerfolg verwirklicht sein. Dies sei der Fall, wenn durch die Brandstiftung die naheliegende und nachvollziehbare Gefahr des rettenden Eingreifens Dritter geschaffen werde (Wessels/Beulke/Satzger, AT, Rn. 289 ff.; Puppe, AT, § 6 Rn. 10). Zum Teil wird auf den Rechtsgedanken des § 35 Bezug genommen, so dass nicht von einer freiverantwortlichen Selbstgefährdung und somit von einer Zurechnung des Gefahrerfolgs zum Täter auszugehen sei, wenn der Retter sich in einer dem § 35 vergleichbaren Zwangslage (etwa Rettung nahestehender Personen, für die keine Garantenpflicht besteht) befinde (Rengier, BT II, § 40 Rn. 44b; Schönke/Schröder-Heine/Bosch, § 306c Rn. 7). Im Übrigen sei auch dann die Zurechnung auszuschließen, wenn ein nicht mehr nachvollziehbares, überobligatorisches Risiko durch den Retter eingegangen worden sei.

Bewertung:

1088 Nach allen vertretenen Auffassungen geht es darum, einen angemessenen Ausgleich zu finden zwischen der Verantwortlichkeit des Täters, der letztlich die Gefährdung des Retters verursacht hat und der Hilfeleistung des Retters, der sich mehr oder weniger nachvollziehbar in die Gefahrenzone begab. Nicht überzeugen kann die Ansicht, nach der alle Retterschäden dem Täter zuzurechnen seien, da man damit den Verantwortungsbereich des Täters zu stark überzöge. Die zuletzt genannten zwei Ansichten liefern hingegen überzeugende Kriterien, anhand derer die Verantwortlichkeiten von Täter und Retter interessen- und risikogerecht abgegrenzt werden können. Im Ergebnis dürften diese Ansichten, auch unter Berücksichtigung der unterschiedlichen Ansätze und Argumentationslinien, zu übereinstimmenden Ergebnissen gelangen. Es ist somit jeweils eine Einzelfallabwägung vorzunehmen, um zu ermitteln, ob der Retter sich freiverantwortlich selbst gefährdete, oder ob eine Fremdgefährdung durch den Täter vorlag.

2. Subjektiver Tatbestand

Subjektiv genügt allgemeiner Vorsatz (vgl. § 15) des Täters, d. h. *mindestens dolus eventualis* hinsichtlich der Verwirklichung der objektiven Tatbestandsmerkmale. Der Vorsatz muss auch die Umstände umfassen, aus denen sich die konkrete Gefahrenlage für das Tatopfer ergibt. Die konkrete Gesundheitsgefährdung muss der Täter zumindest billigend in Kauf genommen haben. **1089**

II. Rechtswidrigkeit

Eine Einwilligung ist möglich, wenn das Opfer in die Gefährdung seiner Gesundheit eingewilligt hat. Dagegen ist dem Eigentümer der in Brand gesetzten oder zerstörten Sache eine rechtfertigende Einwilligung verwehrt, da Schutzgut des § 306a II nicht das Eigentum, sondern die Gesundheit ist (Hörnle Jura 1998, 169, 181; dagegen Duttge Jura 2006, 15, 17). **1090**

III. Schuld

IV. Tätige Reue (§ 306e I, III)

Wegen der erheblichen Strafdrohung ist bei Vollendung des § 306a II in § 306e die Möglichkeit von tätiger Reue vorgesehen, wobei nach Absatz 1 Strafmilderung oder Absehen von Strafe in Betracht kommen, es gelten die unter Rn. 1030 ff. entwickelten Grundsätze. Absatz 3 enthält eine § 24 I entsprechende Regelung. **1091**

V. Konkurrenzen

1092 Es ist Tateinheit möglich zwischen § 306a II und § 306a I und den Körperverletzungs-
und Sachbeschädigungsdelikten (also auch § 306[!], da § 306a II keine Fremdheit der
Sache erfordert) sowie mit § 265.

VI. Aufbauschema § 306a II

I. Tatbestand

    1. Objektiver Tatbestand

        a) Tatobjekt = fremdes Tatobjekt gem. § 306 I Nr. 1 bis 6

        b) Tathandlung = Inbrandsetzen oder durch eine Brandlegung ganz oder teil-
weise Zerstören

        c) Konkrete Gesundheitsgefährdung eines anderen Menschen

        d) Gefahrverwirklichungszusammenhang

    2. Subjektiver Tatbestand

    dolus eventualis bzgl. der objektiven Tatbestandsmerkmale

II. Rechtswidrigkeit

III. Schuld

IV. tätige Reue gem. § 306e I oder III

    1. Brand löschen (Absatz 1) oder ernsthaftes Bemühen (Absatz 3)

    2. kein erheblicher Schaden

    3. Freiwilligkeit

D. Besonders schwere Brandstiftung (§ 306b I)

Gesetzestext:

(1) Wer durch eine Brandstiftung nach § 306 oder § 306a eine schwere Gesundheitsschädigung eines anderen Menschen oder eine Gesundheitsschädigung einer großen Zahl von Menschen verursacht, wird mit Freiheitsstrafe nicht unter zwei Jahren bestraft.

(2) Auf Freiheitsstrafe nicht unter fünf Jahren ist zu erkennen, wenn der Täter in den Fällen des § 306a

1. einen anderen Menschen durch die Tat in die Gefahr des Todes bringt,

2. in der Absicht handelt, eine andere Straftat zu ermöglichen oder zu verdecken oder

3. das Löschen des Brandes verhindert oder erschwert.

§ 306b I enthält eine *Erfolgsqualifikation* zu § 306 und § 306a I und II („durch eine **1093** Brandstiftung [...] verursacht"). Der Täter muss also neben der Verwirklichung des Grundtatbestandes des § 306 oder § 306a I oder II auch mindestens fahrlässig (§ 18) die schwere Folge herbeiführen.

Gemäß § 11 II gelten auch solche Vorsatz-Fahrlässigkeits-Kombinationen als *Vorsatz-* **1094** *delikte*. Insofern sind bei der besonders schweren Brandstiftung auch Versuchskonstellationen denkbar. Dabei kann es sich entweder um einen erfolgsqualifizierten Versuch (Grunddelikt versucht/schwere Folge eingetreten) oder um den Versuch der Erfolgsqualifikation (Grunddelikt verwirklicht oder versucht/schwere Folge angestrebt, aber nicht eingetreten) handeln.

I. Tatbestand

1. Vorsätzliche Verwirklichung eines Grunddelikts

§ 306b I setzt zunächst die tatbestandliche, rechtswidrige und schuldhafte Verwirkli- **1095** chung des § 306 I, § 306a I oder § 306a II voraus. Dabei kommt jeweils nur die vorsätzliche Verwirklichung der Delikte als Grundtatbestand des § 306b I in Betracht. Denn die Fahrlässigkeitsdelikte sind keine Brandstiftungen nach den §§ 306, 306a I, II, sondern nach § 306d I oder II jeweils in Verbindung mit dem Grundtatbestand. Daher muss der Täter im Falle des § 306a II die Gesundheitsgefahr für ein Opfer vorsätzlich herbeigeführt haben. Für den Gefahrerfolg des § 306b I reicht dann Fahrlässigkeit aus (siehe unten Rn. 1102).

2. Eintritt der schweren Folge

1096 Erforderlich ist weiterhin der Eintritt der schweren Folge. Diese kann entweder in einer *schweren* Gesundheitsschädigung *eines* Menschen oder in einer (*einfachen*) Gesundheitsschädigung einer *großen Zahl* von Menschen bestehen.

a) schwere Gesundheitsschädigung eines Menschen

1097 Nach der 1. Alternative muss es zu einer schweren Gesundheitsschädigung *eines* Menschen gekommen sein.

> Eine **schwere Gesundheitsschädigung** erfordert keine schwere Körperverletzung i. S. des § 226 I, sondern liegt bereits bei einschneidenden oder nachhaltigen Beeinträchtigungen der Gesundheit vor, etwa bei ernsthaften Störungen der körperlichen Funktionen, langwierigen ernsthaften Krankheiten oder erheblicher Beeinträchtigung der Arbeitskraft für lange Zeit.

b) (einfache) Gesundheitsschädigung einer großen Zahl von Menschen

1098 Bei der 2. Alternative muss eine (einfache) Gesundheitsschädigung bei einer großen Zahl von Menschen eingetreten sein.

> **Gesundheitsschädigung** ist das Hervorrufen oder Steigern eines vom Normalzustand der körperlichen Funktionen des Opfers nachteilig abweichenden, krankhaften Zustandes körperlicher oder seelischer Art.

1099 Umstritten ist, wann eine „*große Zahl von Menschen*" angenommen werden kann. Der BGH (BGHSt 44, 175, 178) bejaht jedenfalls bei einer Zahl von 14 betroffenen Menschen eine große Zahl. In der Literatur werden verschiedene Auffassungen vertreten. Es wird teilweise eine Anzahl von 10 (SK-Wolters, § 306 b Rn. 4), von 20 (Radtke ZStW 110 [1998], 848, 876) oder von 50 Personen (Cantzler JA 1999, 474, 476) als notwendig erachtet. Entscheidend kann nur eine tatbestandsspezifische Auslegung sein, die berücksichtigt, dass der Gesundheitsschädigung einer großen Zahl von Menschen die schwere Gesundheitsschädigung eines Menschen gleichgesetzt ist und dass der Strafrahmen gegenüber §§ 306, 306a eine nur um ein Jahr erhöhte Mindestfreiheitsstrafe vorsieht. Bei einer Zahl von 20 Personen ist jedenfalls von einer „großen Zahl von Menschen" auszugehen (so auch Fischer, § 306b Rn. 5).

3. Kausalität zwischen Grunddelikt und schwerer Folge

Zwischen der Verwirklichung des Grunddelikts und dem Eintritt der schweren Verlet- **1100** zungsfolge muss ein Kausalzusammenhang i. S. der Äquivalenztheorie bestehen.

4. Objektive Fahrlässigkeitsvoraussetzungen

Infolge des Charakters des § 306b I als Vorsatz-Fahrlässigkeits-Kombination sind die **1101** aus der Fahrlässigkeitsdogmatik bekannten Elemente der objektiven Sorgfaltspflicht- verletzung und der objektiven Vorhersehbarkeit des Erfolgs und des wesentlichen Kau- salverlaufs zu prüfen.

a) Objektive Sorgfaltspflichtverletzung

Der Täter einer schweren Brandstiftung nach § 306b I muss die objektiv anzuwenden- **1102** den Sorgfaltspflichten missachtet haben, die von einem besonnenen und gewissenhaf- ten Menschen in der konkreten Lage und der sozialen Rolle des Handelnden zu erwar- ten gewesen wären. Im Regelfall liegt diese objektive Sorgfaltspflichtverletzung schon in der vorsätzlichen *Verwirklichung des Grunddelikts*, also in der Begehung des § 306 oder § 306a I oder II.

b) Objektive Vorhersehbarkeit

Für den Täter müssen aber auch der Eintritt der schweren Folge (schwere Gesundheits- **1103** schädigung oder Gesundheitsschädigung einer großen Zahl von Menschen) und der wesentliche Kausalverlauf *objektiv vorhersehbar* gewesen sein. Diese dürfen mithin nicht so sehr außerhalb der Lebenserfahrung liegen, dass mit ihm vernünftigerweise nicht gerechnet werden musste.

5. Objektive Zurechnung

Zwischen dem Verhalten des Täters bei der Verwirklichung des Grunddelikts und dem **1104** Eintritt des Todes als schwerer Folge muss ein *objektiver Zurechnungszusammenhang* be- stehen. Es sind also die allgemeinen Kriterien der objektiven Zurechnung, insbesonde- re der Schutzzweck- und Pflichtwidrigkeitszusammenhang zu beachten.

6. Unmittelbarkeitszusammenhang

Auch bei dem hier vorliegenden erfolgsqualifizierten Delikt gem. § 306b I ist eine be- **1105** sonders enge Verbindung zwischen der Verwirklichung des Grunddelikts und dem Eintritt der schweren Folge erforderlich, die über die Kriterien von Kausalität und objektiver Zurechnung hinausgeht. Diese Verbindung wird als *Unmittelbarkeitszusammenhang* oder *spezifischer Gefahrzusammenhang* bezeichnet. Es ist mithin zu prüfen, ob sich gerade die dem Grundtatbestand anhaftende spezifische Gefahr in der schweren Folge niedergeschlagen hat.

1106 Ein spezifischer Zusammenhang ist zu bejahen bei Verbrennungen oder Rauchvergiftung, bei Verletzungen durch herabstürzende Bauteile oder bei Verletzungen, die durch den brennenden oder explodierenden Zündstoff verursacht werden.

II. Rechtswidrigkeit

III. Schuld

1107 Es sind zunächst die allgemeinen Schuldausschließungs- und Entschuldigungsgründe zu prüfen. Daneben sind – sofern dies nicht bereits im Rahmen einer subjektiven Tatbestandsprüfung erfolgt ist – noch die subjektive Sorgfaltspflichtverletzung und die subjektive Vorhersehbarkeit des Todeserfolgs und des wesentlichen Kausalverlaufs festzustellen:

1. Subjektive Sorgfaltspflichtverletzung

1108 Der Täter muss nach seinen persönlichen Fähigkeiten und dem Maß seines individuellen Könnens in der Lage gewesen sein, die objektive Sorgfaltspflicht einzuhalten und den drohenden Schaden in Gestalt der schweren Folge zu erkennen.

2. Subjektive Vorhersehbarkeit

1109 Schließlich müssen der Eintritt der schweren Folge und der tatbestandsspezifische Zusammenhang auch nach den individuellen Fähigkeiten des Täters vorhersehbar gewesen sein.

IV. Tätige Reue (§ 306 e I, III)

1110 Wegen der erheblichen Strafdrohung ist bei Vollendung des § 306 I in § 306e die Möglichkeit von tätiger Reue vorgesehen, wobei nach Absatz 1 Strafmilderung oder Absehen von Strafe in Betracht kommen, es gelten die unter Rn. 1030 ff. entwickelten Grundsätze. Absatz 3 enthält eine § 24 I S. 2 entsprechende Regelung.

V. Aufbauschema § 306b I

I. Tatbestand

1. Vorsätzliche Verwirklichung eines Grunddelikts

2. Eintritt der schweren Folge

    a) schwere Gesundheitsschädigung eines Menschen oder

    b) (einfache) Gesundheitsschädigung einer großen Anzahl von Menschen

3. Kausalität zwischen Grunddelikt und schwerer Folge

4. Objektive Fahrlässigkeitsvoraussetzungen

    a) Objektive Sorgfaltspflichtverletzung

    b) Objektive Vorhersehbarkeit

5. Objektive Zurechnung

6. Unmittelbarkeitszusammenhang

II. Rechtswidrigkeit

III. Schuld

1. Subjektive Sorgfaltspflichtverletzung

2. Subjektive Vorhersehbarkeit

IV. tätige Reue gem. § 306e I oder II

1. Brand löschen (Absatz 1) oder ernsthaftes Bemühen (Absatz 3)

2. kein erheblicher Schaden

3. Freiwilligkeit

E. Besonders schwere Brandstiftung (§ 306b II)

1111 § 306b II enthält *Qualifikationen* nur zu § 306a I und II. Im Gegensatz zu § 306b I ist § 306 kein Grunddelikt zu § 306b II (Klausurfalle!). Der *Versuch* ist gem. §§ 23 I, 12 I strafbar.

I. Tatbestand

1. Objektiver Tatbestand

a) Verwirklichung eines Grunddelikts

1112 Zunächst erfordert § 306b II die tatbestandsmäßige, rechtswidrige und schuldhafte Verwirklichung eines der Grunddelikte aus § 306a I oder § 306a II. Dabei kommt jeweils nur die vorsätzliche Verwirklichung der Delikte als Grundtatbestand des § 306b II in Betracht. Denn die Fahrlässigkeitsdelikte sind keine Brandstiftungen nach § 306a I oder II, sondern nach § 306d I oder II jeweils in Verbindung mit dem Grundtatbestand. Daher muss der Täter im Falle des § 306a II die Gesundheitsgefahr für ein Opfer vorsätzlich herbeigeführt haben.

b) Objektive qualifizierende Merkmale gem. § 306b II Nr. 1, 3

1113 Der Täter muss darüber hinaus mindestens eines der in § 306b II Nr. 1–3 aufgeführten Qualifikationsmerkmale erfüllt haben. Bei den Merkmalen gem. Nr. 1 und Nr. 3 handelt es sich um objektive Qualifikationsmerkmale, auf die sich auch der Vorsatz des Täters erstrecken muss. Die besonderen Absichten nach Nr. 2 sind rein subjektive Qualifikationsmerkmale, die im Anschluss an den Vorsatz im subjektiven Tatbestand zu prüfen sind.

aa) Verursachung einer konkreten Todesgefahr gem. § 306b II Nr. 1

1114 Die Qualifikation nach § 306b II Nr. 1 ist ein konkretes Gefährdungsdelikt. Der Täter muss also durch die Tatbegehung nach den § 306a I oder § 306a II eine Situation schaffen, bei der es nur noch vom Zufall abhängt, ob es zum Tode eines anderen Menschen kommt.

1115 Dabei muss auch hier ein Gefahrzusammenhang derart bestehen, dass sich im *Gefährdungs*erfolg gerade das der Brandstiftung innewohnende Risiko niedergeschlagen hat.

bb) Löschen des Brandes verhindern oder erschweren gem. § 306b II Nr. 3

Die Qualifikationshandlung des § 306b II Nr. 3 setzt voraus, dass es zu einem Brand **1116** gekommen ist, dessen Löschung verhindert oder erschwert werden kann. Dementsprechend muss im Rahmen des Grunddelikts (auch) die Tathandlungsalternative des In-brandsetzens bejaht worden sein.

Ein **Verhindern des Löschens** ist gegeben, wenn wegen der Handlung des Täters **1117** eine Brandbekämpfung tatsächlich ausgeschlossen ist.

Für ein **Erschweren des Löschens** ist notwendig, dass die Löscharbeiten zeitlich verzögert oder weniger effektiv durchgeführt werden konnten.

Aufgrund der hohen Strafdrohung sowie um eine Gleichstellung im Unrechtsgehalt **1118** zwischen den Varianten des § 306b II zu erreichen, ist eine restriktive Auslegung des § 306b II Nr. 3 in der Form geboten, dass die durch den Täter hervorgerufene Verhinderung oder Erschwerung des Löschens einen gewissen Erheblichkeitsgrad erlangt haben muss (BGH NStZ-RR 2013, 277, 278 m. Anm. Theile ZJS 2014, 122).

Die Person, die die Brandstiftung nach § 306a I oder II begeht, muss auch die Löschung **1119** erschweren oder verhindern. Etwas anderes kann nur gemäß den allgemeinen täter-schaftlichen Zurechnungsregeln gelten, wenn beispielsweise zwei Mittäter arbeitsteilig die Brandstiftung gem. § 306a I oder II ausführen sowie die Brandlöschung verhindern.

2. Subjektiver Tatbestand

a) Allgemeiner Vorsatz bei § 306 b II Nr. 1 und 3

Es ist mindestens *dolus eventualis* bezüglich der objektiven Tatbestandsmerkmale des **1120** § 306a I oder II erforderlich. Bei § 306b II *Nr. 1* ist zudem Voraussetzung, dass der Tä-ter bezüglich der Herbeiführung der Todesgefahr zumindest bedingten Vorsatz besaß (BGH NStZ-RR 2000, 88 m. Anm. Radtke). Der BGH hat zutreffend klargestellt, dass der Gefährdungsvorsatz des § 306b II Nr. 1 nicht zwingend auch bedingten Tötungs-vorsatz enthalten muss (BGH NStZ-RR 2008, 309, 310). Vielmehr kann der Täter den Eintritt der Todesgefahr billigend in Kauf nehmen, bezüglich dessen Realisierung aber auf einen glücklichen Ausgang vertrauen.

Da es sich bei § 306b II *Nr. 3* nicht um eine Absichtsqualifikation (wie bei § 306b II **1121** Nr. 2, vgl. Rn. 1123) handelt, muss der Täter während der Brandstiftungshandlung noch nicht den Vorsatz gehabt haben, nachfolgend die Löschung verhindern oder erschweren zu wollen. Der Vorsatz muss aber spätestens im Zeitpunkt der Verhinde-rungs- bzw. Erschwerenshandlung vorliegen.

b) Absicht gem. § 306 b II Nr. 2

1122 Der Täter muss zur Verwirklichung dieser Qualifikation bei der Brandstiftung nach § 306a I oder II die Absicht gehabt haben, eine andere Straftat zu ermöglichen oder zu verdecken. Es handelt sich hierbei um rein subjektive Qualifikationsmerkmale, die im Rahmen der Fallbearbeitung nach dem Vorsatz zu prüfen sind.

aa) Ermöglichungsabsicht

1123 Bei dieser Variante muss der Täter in der Absicht, also mit zielgerichtetem Wollen i. S. von dolus directus 1. Grades, hinsichtlich der Ermöglichung einer anderen Straftat gehandelt haben.

1124 Die *Absicht* muss sich dabei nur *auf die andere Straftat beziehen*; hinsichtlich der Tat nach § 306a I oder II sowie hinsichtlich des Erfolges der anvisierten Tat genügt dolus eventualis. Nicht erforderlich ist die Vollendung oder der Versuch der anderen Tat. § 306b II Nr. 2 ist vielmehr bereits mit der von der Absicht getragenen Brandstiftung vollendet. Die Ermöglichungs- bzw. Verdeckungsabsicht ist besonderes persönliches Merkmal gem. § 28 II.

1125 Die Absicht muss sich auf die Ermöglichung einer *anderen* Straftat beziehen. Die andere *Straftat* muss nicht eine des Täters sein, sondern kann auch die *eines anderen* sein (BGH NJW 2000, 3581). Fraglich ist hingegen, ob es ausreichend ist, wenn der Täter durch die Brandstiftung zugleich die andere Tat begehen will, so z. B. wenn der Täter das in der anzuzündenden Wohnung befindliche Opfer durch den entstehenden Brand töten will. Zutreffend hat der BGH hierzu festgestellt, dass eine andere Straftat nur dann vorliegt, wenn der Täter die zu ermöglichende Straftat durch eine von dem Brandstiftungsakt verschiedene Handlung verwirklichen will (BGHSt 51, 236). Wird also durch die Brandstiftungshandlung zugleich auch eine weitere Straftat verwirklicht, wie z. B. die Tötung eines im Tatobjekt befindlichen Opfers, so ist mangels beabsichtigter zweiaktiger Handlung § 306b II Nr. 2 nicht erfüllt (a. A. Schönke/Schröder-Heine/Bosch, § 306b Rn. 11).

> **Sonderproblem:** Zusammenhang von Brandstiftungserfolg und zu ermöglichender Straftat

1126 Umstritten ist, ob die andere Straftat gerade durch die *situationsbedingte Ausnutzung der* Brand*situation* und der ihr eigentümlichen Gemeingefährlichkeit ermöglicht werden soll oder ob es genügt, dass der Täter den Brandstiftungserfolg als Voraussetzung für die Begehung einer späteren Straftat ansieht. Dies wird vor allem im Falle des *Versicherungsbetrugs* (§ 263 III S. 2 Nr. 5; vgl. dazu Knauth Jura 2005, 230, 231) diskutiert, bei dem der Täter sein Haus in Brand setzt, um sich sodann die Versicherungssumme auszahlen zu lassen (BGHSt 45, 216).

– Nach der Rechtsprechung (BGHSt 45, 218; 51, 236, 238) und einem Teil der Literatur (Dehne-Niemann Jura 2008, 530, 531; Linke/Steinhilber JA 2010, 124 f.; MüKo-Radtke, § 306b Rn. 12 ff.) sei Strafgrund von Nr. 2, dass Unrecht mit weiterem Unrecht verknüpft wird. Nach dem Wortlaut genüge es, wenn der Täter bei der Brandstiftung die Absicht habe, zu einem späteren Zeitpunkt irgendeine Straftat (also auch einen Betrug zum Nachteil der Versicherung) zu begehen. Dies ergebe sich auch aus dem Wortlaut, der entgegen der Fassung vor dem 6. StrRG (1998) ein „Ausnutzen" der Brandstiftung zu einem bestimmten Verbrechen nun nicht mehr voraussetzt. Das Merkmal der Ermöglichungsabsicht werde auch in den §§ 211, 315 III Nr. 1b so ausgelegt, dass eine einheitliche Rechtsanwendung gesichert sei. **1127**

– Dagegen argumentiert der überwiegende Teil der Literatur (vgl. nur Fischer, § 306b Rn. 9b.; Eisele, BT I, Rn. 1070; Rengier, BT II, § 40 Rn. 47 ff.; Schönke/Schröder-Heine/Bosch, § 306b Rn. 10; Weißer/Kreß JA 2003, 862; aber auch LG Kiel StV 2003, 675, 676), angesichts der (zwar gesenkten, jedoch immer noch) hohen Mindeststrafdrohung von 5 Jahren und der „um ... zu"-Formulierung (Geppert Jura 1998, 597, 604) sei eine restriktive Auslegung des Tatbestandes zu fordern. Hiernach sollen nur Fälle erfasst sein, bei denen der Täter gerade die spezifische Brandsituation zur Begehung der weiteren Straftat ausnutzen will. Als Beispiele werden genannt: die Ausnutzung der durch den Brand entstehenden Panik oder Verwirrung (z. B. zur Begehung eines Diebstahls) oder durch Verweigerung von Hilfe (z. B. des rettenden Sprungtuchs) bei Nichtzahlung des geforderten Geldbetrages. **1128**

Bewertung:

Gegen die Ansicht der Rechtsprechung spricht der Umstand, dass der Gesetzgeber mit Einfügung des § 306b II Nr. 2 zugleich den früheren Verbrechenstatbestand des § 265 a. F. in den jetzigen Vergehenstatbestand des § 265 überführt hat (vgl. BT-Drs. 13/8587, S. 49, 70, 88; 13/9064, S. 18 ff.). Auch ist nach dieser Ansicht kaum zu erklären, warum der Täter, der ein Wohnmobil (§ 306a I Nr. 1 3. Alt.) durch Brandlegung zerstört mit der drakonischen Strafe des § 306b II (5 – 15 Jahre Freiheitsstrafe) bestraft werden soll, wenn er hierbei beabsichtigt einen Versicherungsbetrug zu ermöglichen. Hingegen der Täter, der dasselbe Wohnmobil in derselben Absicht eine Klippe herunterfahren lässt einen deutlich geringeren Strafrahmen zu gegenwärtigen hat (§ 265 I: Mindeststrafe Geldstrafe i. H. v. 5 Tagessätze, vgl. § 40 I 2). Zumal die Begründung für die in den §§ 306 ff. vorgesehen hohen Strafdrohungen in der jeweiligen Gemeingefähr- **1129** lichkeit des Tatmittels bzw. der Tathandlung zu sehen ist, also bereits im Grunddelikt „eingepreist" wurde. Dies legt auch der Vergleich mit den anderen beiden Ziffern des Absatzes 2, die an die Verdichtung der Gefahren der Brandstiftungshandlung anknüpfen, nahe. Auch setzt das neue Regelbeispiel des § 263 III 2 Nr. 5 voraus, dass die Sache „zum Zweck" des Vortäuschens eines Versicherungsfalles in Brand gesetzt wird. Folgte man der weiten Auslegung des BGH, so bliebe der speziellen Betrugsvorschrift ein sehr geringer Anwendungsbereich. Es ist daher der Auffassung zu folgen, wonach eine Ermöglichung durch die Instrumentalisierung der brandspezifischen Folgen vorausgesetzt ist. Die gegenüber den §§ 211, 315 III Nr. 1b differenziert Auslegung des Merkmals der Ermöglichungsabsicht lässt sich dogmatisch mit dem Hinweis auf den bei § 306b II deutlich höheren Sanktionensprung gegenüber dem Grunddelikt begründen.

1130 Ein *enger räumlich-zeitlicher Zusammenhang*, den die Rechtsprechung zur früheren Rechtslage voraussetzte, ist dagegen *nicht notwendig*, so dass nach der vorliegend vertretenen Auffassung auch Fälle erfasst sind, bei denen typische Brandfolgen beim Opfer (z. B. Furcht, Schrecken) erst für eine später durchgeführte Tat (z. B. eine *Schutzgelderpressung*) ausgenutzt werden sollen.

bb) Verdeckungsabsicht

1131 Verdeckungsabsicht ist gegeben, wenn der Täter die Tat gerade deshalb begeht, um eine andere Straftat zu verdecken, etwa wenn er belastende Beweismittel einer früheren Straftat durch die Brandstiftung vernichten oder den einzigen Zeugen ausschalten will. Auch hier ist Strafgrund, dass der Täter die typische Gefahr, die sich aus der Brandstiftungshandlung ergibt, für deliktische Zwecke instrumentalisiert.

1132 Für die Bemessung, wann eine andere Tat vorliegt, gelten die zur Ermöglichungsabsicht entwickelten Grundsätze (vgl. Rn. 1126).

II. Rechtswidrigkeit

III. Schuld

IV. Tätige Reue (§ 306e I, III)

1133 Wegen der erheblichen Strafdrohung ist bei Vollendung des § 306 I in § 306e die Möglichkeit von tätiger Reue vorgesehen, wobei nach Absatz 1 Strafmilderung oder Absehen von Strafe in Betracht kommen, es gelten die unter Rn. 1030 ff. entwickelten Grundsätze. Absatz 3 enthält eine § 24 I S. 2 entsprechende Regelung.

V. Konkurrenzen

§ 306b II verdrängt das jeweilige vollendete Grunddelikt. Zwischen § 306b I und II **1134** sowie zwischen § 306b I und den §§ 223 ff. ist Tateinheit möglich. Jedoch wird § 224 I Nr. 5 durch § 306b II Nr. 1 verdrängt. Hinsichtlich der Löschgerätschaften kann im einzelnen Fall auch Tateinheit zu Sachbeschädigung, Diebstahl oder Unterschlagung angenommen werden. Ist der gem. § 306b II Nr. 2 angestrebte Versuch noch nicht ins Versuchsstadium gelangt, besteht Tateinheit zu § 265 I. Liegt zumindest ein Versuch des § 263 I vor, so tritt die Strafschärfung des § 263 II 2 Nr.5 hinter § 306b II Nr. 2 zurück.

VI. Aufbauschema § 306b II

I. Tatbestand

  1. Objektiver Tatbestand

    a) Verwirklichung eines Grunddelikts

    b) Objektive qualifizierende Merkmale des § 306b II Nr. 1, 3

      aa) Verursachung einer konkreten Todesgefahr gem. § 306 b II Nr. 1

      bb) Löschen des Brandes verhindern oder erschweren gem. § 306 b II Nr. 3

  2. Subjektiver Tatbestand

    a) dolus eventualis bzgl. der objektiven Tatbestandsmerkmale

    b) Subjektive qualifizierende Merkmale des § 306b II Nr. 2

      aa) Ermöglichungsabsicht

      bb) Verdeckungsabsicht

II. Rechtswidrigkeit

III. Schuld

IV. tätige Reue gem. § 306e I oder II

  1. Brand löschen (Absatz 1) oder ernsthaftes Bemühen (Absatz 3)

  2. kein erheblicher Schaden

  3. Freiwilligkeit

F. Brandstiftung mit Todesfolge (§ 306c)

> **Gesetzestext:**
>
> Verursacht der Täter durch eine Brandstiftung nach den §§ 306 bis 306b wenigstens leichtfertig den Tod eines anderen Menschen, so ist die Strafe lebenslange Freiheitsstrafe oder Freiheitsstrafe nicht unter zehn Jahren.

1135 Bei § 306c handelt es sich wie bei § 306b I um ein *erfolgsqualifiziertes Delikt*. Die schwere Folge stellt der Tod eines anderen Menschen dar. Die Brandstiftung mit Todesfolge setzt sich aus *zwei Deliktsstufen* zusammen, die kumulativ erfüllt sein müssen. Der Täter muss als *Grunddelikt* den § 306, § 306a I oder II oder § 306b erfüllt haben und dadurch (abweichend von § 18) wenigstens leichtfertig den *Todeserfolg* herbeigeführt haben.

1136 Die Einbeziehung des § 306 als taugliches Grunddelikt hat zur Folge, dass eine „Sachbeschädigung mit Todesfolge" einer *Mindest*freiheitsstrafe von 10 Jahren unterliegt, während vor dem 6. StRG bei gleichem Vergehen lediglich eine Strafbarkeit gem. §§ 303 I, 222, 52 mit einer *Höchst*strafe von 5 Jahren vorgesehen war.

1137 Auch bei der Brandstiftung mit Todesfolge sind Versuchskonstellationen denkbar. Dabei kann es sich entweder um einen erfolgsqualifizierten Versuch (Grunddelikt versucht/schwere Folge eingetreten) oder um den Versuch der Erfolgsqualifikation (Grunddelikt verwirklicht oder versucht/schwere Folge angestrebt, aber nicht eingetreten) handeln.

I. Tatbestand

1. Vorsätzliche Verwirklichung des Grunddelikts

1138 § 306c setzt zunächst die tatbestandliche, rechtswidrige und schuldhafte Verwirklichung des § 306 I, § 306a I oder II oder § 306b I oder II voraus. Dabei kommt jeweils nur die vorsätzliche Verwirklichung der Delikte als Grundtatbestand des § 306c in Betracht. Denn die Fahrlässigkeitsdelikte sind keine Brandstiftungen nach den §§ 306, 306a I, II, 306b I, II sondern nach § 306d I oder II jeweils in Verbindung mit dem Grundtatbestand. Daher muss der Täter im Falle des § 306a II die Gesundheitsgefahr für ein Opfer vorsätzlich herbeigeführt haben.

2. Eintritt der schweren Folge

1139 Die schwere Folge, also der Tod eines anderen Menschen, muss objektiv gegeben sein.

3. Kausalität zwischen Grunddelikt und schwerer Folge

Zwischen der Verwirklichung des Grunddelikts und dem Eintritt des Todes als schwe- **1140** rer Folge muss ein Kausalzusammenhang gemäß der conditio sine qua non-Formel festgestellt werden.

4. Objektive Fahrlässigkeitsvoraussetzungen

Bei § 306c als Vorsatz-Fahrlässigkeits-Kombination sind die objektive Sorgfaltspflicht- **1141** verletzung und die objektive Vorhersehbarkeit des Erfolgs und des wesentlichen Kausalverlaufs zu prüfen.

Gem. § 306c ist *wenigstens* Leichtfertigkeit (was der groben Fahrlässigkeit im Zivilrecht **1142** entspricht) bezüglich der Todesfolge vorausgesetzt. Daraus folgt, dass auch ein *vorsätzliches* Handeln des Täters im Hinblick auf die Todesfolge tatbestandlich erfasst ist. Bei nicht vorsätzlichem Handeln gilt Folgendes:

a) Objektive Sorgfaltspflichtverletzung

Der Täter einer Brandstiftung mit Todesfolge muss die objektiv anzuwendenden Sorg- **1143** faltspflichten *grob* (da Leichtfertigkeit vorausgesetzt wird!) missachtet haben, die von einem besonnenen und gewissenhaften Menschen in der konkreten Lage und der sozialen Rolle des Handelnden einzuhalten gewesen wären. Dies ist der Fall, wenn der Täter den tödlichen Verlauf aus besonderem Leichtsinn oder aus besonderer Gleichgültigkeit außer Acht lässt (BGH NStZ-RR 2010, 178).

b) Objektive Vorhersehbarkeit

Für den Täter müssen aber auch der Eintritt des Todes und der wesentliche Kausalver- **1144** lauf *objektiv vorhersehbar* gewesen sein.

5. Objektive Zurechnung

Zwischen dem Verhalten des Täters bei der Verwirklichung des Grunddelikts und dem **1145** Eintritt des Todes als schwerer Folge muss ein *objektiver Zurechnungszusammenhang* bestehen.

6. Unmittelbarkeitszusammenhang

Wegen der hohen Strafandrohung und um dem verfassungsrechtlich verankerten **1146** Schuldprinzip Rechnung zu tragen, ist eine *restriktive Auslegung* geboten. Es muss ein *Unmittelbarkeitszusammenhang* oder *spezifischer Gefahrzusammenhang* gegeben sein, weshalb zu prüfen ist, ob sich gerade die dem Grundtatbestand anhaftende spezifische Gefahr in der schweren Folge niedergeschlagen hat.

1147 Es genügt für die Annahme eines Unmittelbarkeitszusammenhangs, wenn die Todesfolge auf der Brandstiftungs*handlung* beruht. Somit sind auch Fälle erfasst, in denen der Tod durch Explosion des Zündmittels eintritt, ohne dass es auch zu einer teilweisen Zerstörung gekommen ist (und somit nur versuchte Brandstiftung vorliegt). Auch erfasst sind Verletzungen durch in Panik begangene Selbstrettungsversuche, etwa das kopflose Hinabspringen aus großer Höhe.

1148 Da bei der Neufassung des § 306c auf die Einschränkung verzichtet worden ist, dass das Opfer sich zur Tatzeit in einer der in Brand gesetzten Räumlichkeiten befunden haben muss, wird hier auch die Problematik der *Zurechnung von Retterschäden* relevant (vgl. dazu die Ausführungen unter Rn. 1085 ff.).

II. Rechtswidrigkeit

III. Schuld

1149 Zunächst kommen allgemeine Schuldausschließungs- und Entschuldigungsgründe in Betracht. Falls subjektiv Leichtfertigkeit vorliegt, sind – sofern dies nicht bereits im Rahmen einer subjektiven Tatbestandsprüfung erfolgt ist – noch die subjektive Sorgfaltspflichtverletzung und die subjektive Vorhersehbarkeit des Todeserfolgs und des wesentlichen Kausalverlaufs festzustellen:

1. Subjektive Sorgfaltspflichtverletzung

1150 Der Täter muss nach seinen persönlichen Fähigkeiten und dem Maß seines individuellen Könnens in der Lage gewesen sein, die objektive Sorgfaltspflicht einzuhalten und den drohenden Schaden zu erkennen.

2. Subjektive Vorhersehbarkeit

1151 Schließlich müssen der Todeserfolg und der tatbestandsspezifische Zusammenhang auch nach den individuellen Fähigkeiten des Täters vorhersehbar gewesen sein.

IV. Konkurrenzen

1152 Die Grundtatbestände der §§ 306, 306a I und II und des § 306b I treten hinter einem vollendeten § 306c zurück. Dagegen liegt mit § 306b II Nr. 2 und Nr. 3 Tateinheit vor.

Der Versuch des § 306c steht mit § 306a in Tateinheit (BGH NStZ-RR 2004, 367). Ist der Tod vorsätzlich herbeigeführt worden, so liegt Tateinheit mit §§ 211, 212 vor.

V. Aufbauschema § 306c

I. Tatbestand

1. Vorsätzliche Verwirklichung eines Grunddelikts

2. Eintritt der schweren Folge

3. Kausalität zwischen Grunddelikt und schwerer Folge

4. Objektive Fahrlässigkeitsvoraussetzungen

   a) Objektive Sorgfaltspflichtverletzung

   b) Objektive Vorhersehbarkeit

5. Objektive Zurechnung

6. Unmittelbarkeitszusammenhang

II. Rechtswidrigkeit

III. Schuld

1. Subjektive Sorgfaltspflichtverletzung

2. Subjektive Vorhersehbarkeit

G. Fahrlässige Brandstiftung (§ 306d)

Gesetzestext:

(1) Wer in den Fällen des § 306 Abs. 1 oder des § 306a Abs. 1 fahrlässig handelt oder in den Fällen des § 306a Abs. 2 die Gefahr fahrlässig verursacht, wird mit Freiheitsstrafe bis zu fünf Jahren oder mit Geldstrafe bestraft.

(2) Wer in den Fällen des § 306a Abs. 2 fahrlässig handelt und die Gefahr fahrlässig verursacht, wird mit Freiheitsstrafe bis zu drei Jahren oder mit Geldstrafe bestraft.

1153 In § 306d ist die fahrlässige Brandstiftung normiert. *§ 306d I* stellt erstens die fahrlässige Begehung der §§ 306 I, 306a I unter Strafe; zweitens werden die Fälle des § 306a II erfasst, die zwar vorsätzlich begangen wurden, bei denen jedoch der Gefahreintritt bloß fahrlässig verursacht wurde (Vorsatz-Fahrlässigkeits-Kombination).

1154 § 306d II gilt dagegen, wenn im Fall des § 306a II sowohl fahrlässig gehandelt als auch die Gefahr fahrlässig verursacht worden ist (Fahrlässigkeits-Fahrlässigkeits-Kombination).

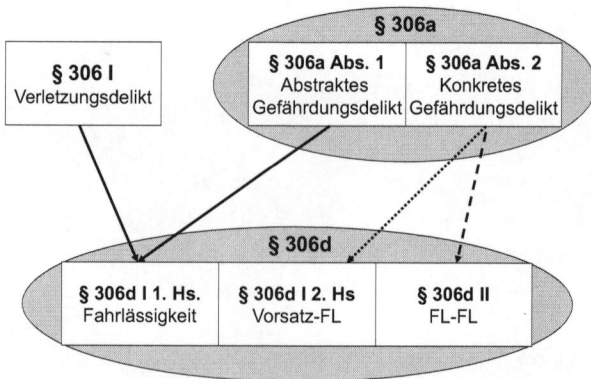

1155 Die fahrlässige Brandstiftung kann sowohl in Gestalt eines Begehungsdelikts, als auch bei bestehender Garantenstellung als fahrlässiges unechtes Unterlassungsdelikt (§§ 306d, 13) in Betracht kommen. In letzterem Fall ist zusätzlich zu der nachfolgend dargestellten Prüfungsfolge, die sich auf das fahrlässige Begehungsdelikt bezieht, im Rahmen des Tatbestands noch die Nichtvornahme der zur Erfolgsabwendung objektiv erforderlichen und rechtlich gebotenen Handlung bei physisch-realer Handlungsmöglichkeit sowie das Bestehen einer Garantenstellung des Täters festzustellen.

Demgegenüber kommen aufgrund der Struktur als Fahrlässigkeitsdelikt weder ein **1156** Versuch (kein Tatentschluss) noch eine Teilnahme (keine vorsätzliche Haupttat; gilt jedoch nicht für § 306d Abs. 1 1. Hs. 2. Alt.; siehe unten) oder die Annahme von Mittäterschaft (kein bewusstes und gewolltes arbeitsteiliges Zusammenwirken) in Betracht.

In der Fallbearbeitung ist auf eine eindeutige Zitierweise zu achten. Es empfiehlt sich **1157** daher, neben § 306d in der einschlägigen Variante zusätzlich das zugrunde liegende Vorsatzdelikt in Verbindung zu zitieren (z. B. § 306d I 1. Alt. i. V. m. § 306 I Nr. 3 1. Alt.). Im Übrigen ist der allgemeine Aufbau des Fahrlässigkeitsdelikts bzw. der Vorsatz-Fahrlässigkeitskombination zu wählen (vgl. hierzu Wesels/Beulke/Satzger, AT, Rn. 1101 ff.; Rn. 1148 ff.).

§ 306e II enthält einen obligatorischen (wird nicht bestraft) *persönlichen Strafaufhe-* **1158** *bungsgrund* für den Fall, dass der Täter den Brand freiwillig löscht (vgl. Rn. 1030 ff.). § 306e III gilt auch hier.

Bei § 306d handelt es sich um einen weithin missglückten Tatbestand. Besonders augenscheinlich wird dies im Verhältnis des § 306 I zu § 306d I HS 2 i. V. m. § 306a II. **1159** Die Mindeststrafe der vorsätzlichen Brandstiftung gem. § 306 I beträgt ein Jahr (Verbrechen); tritt zu derselben Brandstiftung eine fahrlässige konkrete Gesundheitsgefährdung hinzu, so beträgt die Strafe lediglich bis zu 5 Jahre (Vergehen). Um diesen und weitere Wertungswidersprüche zu vermeiden, ist nach der sog. Konkurrenzlösung Tateinheit zwischen § 306 I und § 306d I 2. Hs i. V. m. § 306a II anzunehmen (BGH NStZ-RR 2000, 209; MüKo-Radtke, § 306d Rn. 12). Tateinheit des § 306d mit § 306 I ist auch möglich, wenn verschiedene Objekte betroffen sind. Zu § 222 kann zu Klarstellungszwecken bei unterschiedlich betroffenen Rechtsgütern Tateinheit bestehen.

Teil 10 – Straßenverkehrsdelikte

Weiterführende Literatur: *Bosch*, Grundprobleme des Unerlaubten Entfernens vom Unfallort (§ 142) – Auslegung im Spannungsfeld zwischen Schutzzweck, Wortlaut und rechtsstaatlicher Begrenzung, Jura 2011, 593 ff.; *Brüning*, Das unerlaubte Entfernen vom Unfallort gem. § 142 StGB, ZJS 2008, 148 ff.; *Dehne-Niemann*, Das Ende der Gleichsetzung „unvorsätzlich = entschuldigt" (§ 142 II Nr. 2 StGB)? – BVerfG, Beschluss vom 19.3.2007, Jura 2008, 135 ff.; *Eisele*, Der Tatbestand der Gefährdung des Straßenverkehrs (§ 315c StGB), JA 2007, 168 ff.; *El-Ghazi*, Die rechtmäßige Alternative zur Trunkenheitsfahrt, ZJS 2014, 23 ff.; *Hecker*, Strafrecht BT: Gefährlicher Eingriff in den Straßenverkehr, JuS 2010, 364 ff.; *ders.*, Strafrecht BT: Unerlaubtes Entfernen vom Unfallort, JuS 2011, 1038 ff.; *ders.*, Strafrecht: Zurechnungszusammenhang zwischen Fehlverhalten und Erfolgseintritt, JuS 2013, 466 f.; *ders.*, Strafrecht: Irrtum bei der Verkehrsunfallflucht, JuS 2013, 851 f.; *Heß/Burmann*, Die aktuellen Entwicklungen im Straßenverkehrsrecht, NJW 2015, 3074 ff.; *Jäger*, Wer betrunken fährt, sollte dies wenigstens langsam tun, JA 2013, 393 ff.; *Jahn*, Strafrecht BT: Wertgrenze des bedeutenden Sachschadens, JuS 2011, 660 ff.; *Kudlich*, Unvorsätzliches Entfernen vom Unfallort, JA 2007, 549 ff.; *ders.*, Männer im Baumarkt – keine Fahrerflucht beim Beschädigen fremder Fahrzeuge auf einem Parkplatz beim Einladen, JA 2009, 230 ff.; *ders.*, Wer ist in Gefahr?, JA 2013, 235 f.; *Mitsch*, Unvorsätzliches Entfernen vom Unfallort, JuS 2010, 303 ff.; *Waszcynski*, § 142: Struktur und Argumentation in der Falllösung, JA 2015, 507 ff.

Vorbemerkungen

1160 Die Schutzgüter der Straßenverkehrsdelikte gem. §§ 315b ff. sind umstritten (vgl. unten Rn. 1218 ff.). Im Ergebnis dienen sie sowohl dem Allgemeininteresse des Schutzes der *Sicherheit des öffentlichen Straßenverkehrs* als auch der Individualrechtsgüter *Leben, körperliche Unversehrtheit* und *Eigentum*. § 315b und § 315c verlangen den Eintritt einer konkreten Gefahr für Leib, Leben oder einen bedeutenden Sachwert und sind daher *konkrete Gefährdungsdelikte*. Das *abstrakte Gefährdungsdelikt des § 316* kommt subsidiär in Betracht, wenn nicht schon eine Strafbarkeit aus § 315c besteht. *§ 142* wird regelmäßig bei der Prüfung der Straßenverkehrsdelikte als zusätzlich zu prüfendes Delikt relevant, verfolgt jedoch eine völlig andere Schutzrichtung als die §§ 315b ff. Er bezweckt ausschließlich die *Sicherung zivilrechtlicher Ansprüche*, die sich aus dem Unfall für die Beteiligten ergeben können.

Systematik der Straßenverkehrsdelikte, §§ 315b ff.

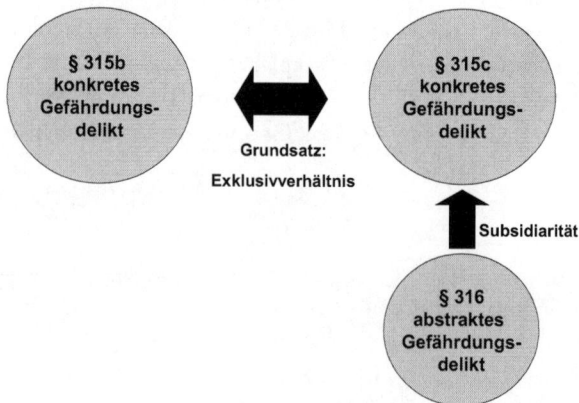

§ 315b konkretes Gefährdungsdelikt

§ 315c konkretes Gefährdungsdelikt

Grundsatz: Exklusivverhältnis

Subsidiarität

§ 316 abstraktes Gefährdungsdelikt

1161 Die Tatbestände des § 315b und § 315c schließen sich bis auf wenige Sonderfälle gegenseitig aus. § 315b stellt grundsätzlich nur verkehrsfremde Eingriffe *von außen in* den Straßenverkehr unter Strafe, während § 315c bei einer Gefährdung des Straßenverkehrs *von innen heraus* durch den am fließenden oder ruhenden Verkehr Teilnehmenden die spezielle und abschließende Regelung darstellt. § 316 behandelt ebenfalls *verkehrsinterne* Gefährdungen. § 142 wird erst nach einem Unfall und somit nach Vollendung der §§ 315b, 315c oder 316 relevant.

A. Gefährliche Eingriffe in den Straßenverkehr (§ 315b)

> **Gesetzestext:**
>
> (1) Wer die Sicherheit des Straßenverkehrs dadurch beeinträchtigt, daß er
>
> 1. Anlagen oder Fahrzeuge zerstört, beschädigt oder beseitigt,
>
> 2. Hindernisse bereitet oder
>
> 3. einen ähnlichen, ebenso gefährlichen Eingriff vornimmt,
>
> und dadurch Leib oder Leben eines anderen Menschen oder fremde Sachen von bedeutendem Wert gefährdet, wird mit Freiheitsstrafe bis zu fünf Jahren oder mit Geldstrafe bestraft.
>
> (2) Der Versuch ist strafbar.
>
> (3) Handelt der Täter unter den Voraussetzungen des § 315 Abs. 3, so ist die Strafe Freiheitsstrafe von einem Jahr bis zu zehn Jahren, in minder schweren Fällen Freiheitsstrafe von sechs Monaten bis zu fünf Jahren.
>
> (4) Wer in den Fällen des Absatzes 1 die Gefahr fahrlässig verursacht, wird mit Freiheitsstrafe bis zu drei Jahren oder mit Geldstrafe bestraft.
>
> (5) Wer in den Fällen des Absatzes 1 fahrlässig handelt und die Gefahr fahrlässig verursacht, wird mit Freiheitsstrafe bis zu zwei Jahren oder mit Geldstrafe bestraft.

1162 Der Tatbestand des § 315b ist als *konkretes Gefährdungsdelikt* ausgestaltet. Die konkrete Gefährdung des Leibs oder Lebens oder von Sachen von bedeutendem Wert muss hier kausal durch die Beeinträchtigung der Sicherheit des Straßenverkehrs herbeigeführt werden (dadurch). § 315b I stellt ein reines Vorsatzdelikt dar, weshalb Vorsatz sowohl bezüglich des Handlungsteils als auch bezüglich des Erfolgsteils vorausgesetzt ist. Bei § 315b IV handelt es sich um eine Vorsatz-Fahrlässigkeits-Kombination, bei der bezüglich des Erfolgsteils Fahrlässigkeit genügt. § 315b V schließlich normiert ein reines Fahrlässigkeitsdelikt.

1163 § 315b III qualifiziert § 315b I für den Fall, dass der Täter unter den Voraussetzungen des § 315 III handelt.

1164 Der Versuch des Vergehens gem. § 315b I ist gem. § 315b II strafbar. § 315b III ist (wegen § 12 III auch im minder schweren Fall) ein Verbrechen und der Versuch daher gem. §§ 23 I, 12 I strafbar. Die Vorsatz-Fahrlässigkeits-Kombination des § 315b I, IV ist gem. § 11 II eine Vorsatztat, der Versuch daher nach § 315b II strafbar.

I. Tatbestand

1. Objektiver Tatbestand

1165 Zur Verwirklichung des objektiven Tatbestandes muss der Täter durch einen verkehrsfremden Eingriff die Sicherheit des Straßenverkehrs beeinträchtigen und dadurch wiederum Leib oder Leben eines anderen Menschen oder fremde Sachen von bedeutendem Wert gefährden. Erforderlich ist also, dass die Tathandlung eine abstrakte Gefahr
für die Sicherheit des Straßenverkehrs bewirkt, die sich zu einer konkreten Gefahr für
die genannten Schutzobjekte verdichtet (BGHSt 48, 119 ff.). Nach der Rspr. ist somit
eine dreistufige Prüfung erforderlich. Zunächst ist festzustellen, ob der Täter eine der
in § 315b I Nr. 1 – 3 näher beschriebenen verkehrsexternen Verhaltensweisen an den
Tag gelegt hat. Hieraus muss kausal eine abstrakte Gefahr für den Straßenverkehr resultieren. Diese muss sich dann im konkreten Fall zu einer konkreten Gefahr für Leib
oder Leben eines anderen bzw. für eine Sache von bedeutendem Wert verdichtet haben.

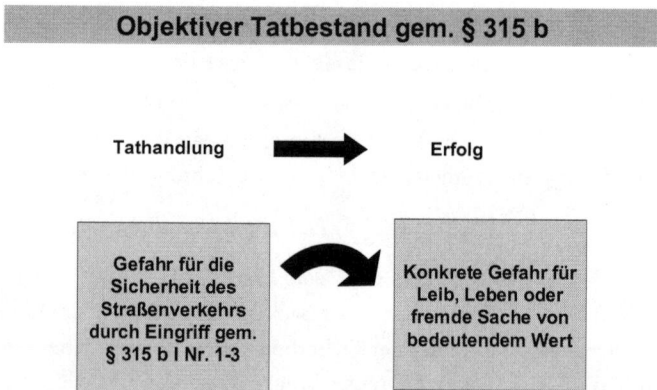

Objektiver Tatbestand gem. § 315 b

Tathandlung ➡ Erfolg

Gefahr für die Sicherheit des Straßenverkehrs durch Eingriff gem. § 315 b I Nr. 1-3 ➡ Konkrete Gefahr für Leib, Leben oder fremde Sache von bedeutendem Wert

a) Tathandlung

1166 Zunächst muss der Täter einen in § 315b I Nr. 1 – 3 bezeichneten Eingriff vorgenommen haben. § 315b I erfasst nur *verkehrsfremde Eingriffe von außen in den Straßenverkehr*.
Fehlverhalten von Verkehrsteilnehmern im fließenden Verkehr sollen nur im Rahmen
des § 315c I Nr. 2 („sieben Todsünden") strafbar sein. Im Übrigen will der Gesetzgeber
interne Verkehrsverstöße lediglich als Ordnungswidrigkeiten behandeln. Daher entfaltet § 315c für verkehrsinterne Vorgänge eine Sperrwirkung gegenüber § 315b I. Relevant wird dies vor allem bei § 315b I Nr. 2 und 3.

Verkehrsfremd ist der Eingriff immer dann, wenn er sich als Einwirkung von außen **1167** darstellt, die nicht in Beziehung zu Verkehrsvorgängen des fließenden oder ruhenden Verkehrs steht. (vgl. Schönke/Schröder-Hecker, § 315b Rn. 6).

aa) Anlagen oder Fahrzeuge zerstören, beschädigen oder beseitigen (§ 315b I Nr. 1)

Nach § 315b I Nr. 1 kommt als tatbestandsmäßiger Eingriff das Zerstören, Beschädigen **1168** oder Beseitigen von Anlagen oder Fahrzeugen in Betracht.

Unter einer **Anlage** sind alle dem Verkehr und seiner Sicherung dienenden Einrich- **1169** tungen zu verstehen.

Beispiele: Verkehrszeichen, Ampeln, Leitplanken, Schranken, Parkscheinautomaten so- wie die Straße nebst ihrem dem Verkehr dienenden Zubehör (etwa Gullydeckel).

Fahrzeuge sind sämtliche im Verkehr vorkommenden Fortbewegungsmittel zur Be- **1170** förderung von Personen oder Gütern ohne Rücksicht auf die Antriebsart.

Beispiele: Kfz, Fahrräder, Pedelec, Straßenbahnen, Fuhrwerke, Krankenfahrstühle, E-Roller, usw.

Zerstört ist eine Sache, wenn sie so wesentlich beschädigt wurde, dass sie für ihren **1171** bestimmungsgemäßen Zweck völlig unbrauchbar oder ihre Sachsubstanz völlig aufgehoben ist.

Beschädigt ist eine Sache, wenn die Substanz nicht nur unerheblich verletzt oder auf sie körperlich derart eingewirkt wird, dass dadurch ihre bestimmungsgemäße Brauchbarkeit nicht nur geringfügig beeinträchtigt wird.

Beseitigt ist eine Sache, wenn sie derart räumlich entfernt wird, dass dadurch der bestimmungsgemäße Gebrauch vereitelt wird.

Erfasst sind u. a. das Kappen der Bremsleitungen eines Kfz, Absägen einer Ampelanlage **1172** oder das Abbrennen eines Fahrzeugs auf der Fahrbahn. § 315b I Nr. 1 erfordert jedoch kein vekehrsfeindliches Verhalten, sodass auch eine fehlerhafte Reparatur oder Instandsetzung der Bremsanlage eines Kfz durch eine Werkstatt oder die falsche Programmierung einer Ampelanlage erfasst sein können.

bb) Hindernisse bereiten (§ 315b I Nr. 2)

1173 Zur Verwirklichung von § 315b I Nr. 2 muss der Täter ein Hindernis bereiten.

> Unter **Hindernisse bereiten** ist das Verursachen eines Zustandes des Straßenkörpers zu verstehen, der geeignet ist, den regelmäßigen Straßenverkehr zu hemmen oder zu verzögern.

Beispiele: Spannen von Drähten, Errichten von Straßensperren, Legen von Steinen o. Ä. auf die Fahrbahn.

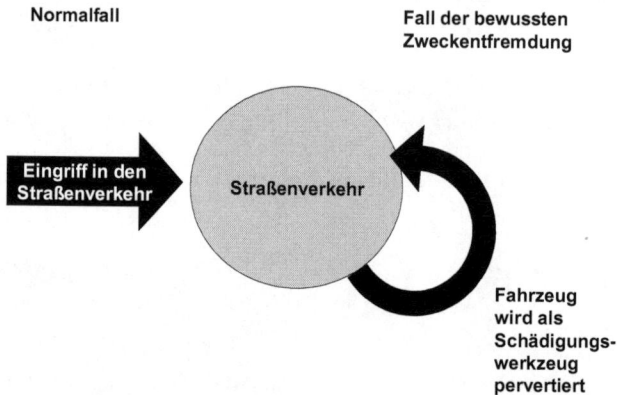

Anwendungsfälle des § 315 b

1174 Einzige Ausnahme von dem Grundsatz, dass § 315b I auf verkehrsinterne Eingriffe von Verkehrsteilnehmern keine Anwendung findet (vgl. Rn. 1166), ist der Fall der sog. bewussten Zweckentfremdung. Ein solcher Fall liegt vor, wenn der Täter einen Verkehrsvorgang zu einem *verkehrsfeindlichen Eingriff in den Straßenverkehr pervertiert*. Das kommt insbesondere dann in Betracht, wenn der Täter das Fahrzeug nicht zum Zweck der Teilnahme am Straßenverkehr (also zur Fortbewegung) benutzt, sondern *bewusst zweckentfremdet*, um in *verkehrsfeindlicher Absicht* ein *grobes Verkehrshindernis von einigem Gewicht* zu bereiten (BGH NStZ-RR 2012, 123, 124; Schönke/Schröder-Hecker, § 315b Rn. 8) oder (gem. Nr. 3) sonst einen gefährlichen Eingriff vorzunehmen. Subjektiv muss der Täter bedingten Schädigungsvorsatz aufweisen (BGH NStZ 2014, 86, 87; NStZ-RR 2015, 321; Hecker JuS 2010, 364, 365 f.; siehe auch unten Rn. 1213 ff.). In diesen Fällen liegt ein faktischer Außeneingriff vor, so dass § 315b I anzuwenden ist.

Beispiele: Abschneiden des Weges; scharfes Abbremsen, um einen Auffahrunfall zu pro-   **1175**
vozieren (BGH NStZ 2012, 700, 701); *nicht von Nr. 2 erfasst* ist etwa das wiederholte
Aufleuchtenlassen des Bremslichts, um zum nötigen Sicherheitsabstand aufzufordern.

Sonderproblem: Beifahrer als Dritter

Umstritten ist, ob ein *Beifahrer* immer als in das Verkehrsgeschehen von außen eingrei-   **1176**
fender Dritter anzusehen ist oder ob danach zu differenzieren ist, ob er den Verkehrsvorgang pervertieren will oder nicht.

-   Nach einer Auffassung in der Literatur (Grupp/Kinzig NStZ 2007, 132, 135 f.;   **1177**
    Geppert Jura 1996, 639, 644 f.; SK-Horn/Wolters, § 315b Rn. 16a; Schönke/
    Schröder-Hecker, § 315b Rn. 11) und teilweiser Rechtsprechung (OLG Karls-
    ruhe NJW 1978, 1391) sei der Eingriff des Beifahrers nie ein Verkehrsvorgang,
    sondern immer ein Eingriff von außen. Der Privilegierungsgedanke des § 315c
    greife nur für den im Verkehrsgeschehen allein verantwortlichen Fahrer.

-   Nach überwiegend vertretener Meinung in Literatur (vgl. Rengier, BT II, § 45   **1178**
    Rn. 33 f.) und Rechtsprechung (BGH NZV 1990, 35; OLG Hamm NJW 2000,
    2686) muss dagegen nach den Zwecken differenziert werden, die der Beifahrer
    mit dem Eingreifen verfolgt. Will er auf einen Verkehrsvorgang Einfluss nehmen
    (z. B. ein Abbiegen erzwingen, Geschwindigkeit verringern), so liegt lediglich
    eine fehlerhafte Verkehrsteilnahme vor. Ist Ziel jedoch das Zweckentfremden
    des Fahrzeugs in verkehrsfeindlicher Absicht (z. B. *Türöffnen, um einen E-Scoo-
    terfahrer zu Fall zu bringen; Provozieren eines Unfalls, um einen Versicherungsfall
    hervorzurufen, vgl. Nestler Jura 2015, 590, 592 f.*), so ist § 315b zu bejahen.

Bewertung:

Überzeugen kann die erstgenannte Ansicht. Zwar ist der h. M. insoweit zuzustimmen,   **1179**
als dass es sich bei dem Beifahrer um einen Verkehrsteilnehmer handelt, er mithin eine
verkehrsinterne Person darstellt. Er bleibt hierbei jedoch rein passiv. Ihm kommt keine
Funktion beim Steuervorgang zu. Mithin ist er an dem Verkehrsvorgang selbst nicht beteiligt. Deshalb kann es keinen Unterschied machen, ob die Sicherheit des Straßenverkehrs durch ein Ereignis von außerhalb des Fahrzeugs (z. B. von der Brücke auf die Straße geworfene Steine) oder aus dem Wageninneren (durch den Beifahrer) beeinflusst
wird. Auch besteht kein Grund, den Beifahrer mit der herrschenden Ansicht gegenüber
dem Steinewerfer derart zu privilegieren, dass die zusätzlichen Erfordernisse der bewussten Zweckentfremdung erfüllt sein müssen, um § 315b I zu bejahen. Der Beifahrer
ist daher als ein von außen in den Verkehrsvorgang eingreifender Täter zu bewerten.

Sonderproblem: Scheinbar verkehrsgerechtes Verhalten

1180 Umstritten ist, ob auch ein an sich *verkehrsgerechtes Verhalten* § 315b I Nr. 2 erfüllt, wenn dadurch *absichtlich* ein *Verkehrsunfall* herbeigeführt werden soll. So z. B. wenn der Täter – nachdem er zuvor mehrere „gelb" anzeigende Ampeln „überfährt" – bei einer weiteren Ampel absichtlich bremst, um einen Unfall zu provozieren.

1181 – Teile der Literatur (Kudlich StV 2000, 23; Eisele, BT I, Rn. 1156) verneinen eine Strafbarkeit gem. § 315b, da der Täter allenfalls auf das Fehlverhalten Dritter setze, er jedoch nicht den verhaltensgebunden formulierten Tatbestand erfülle.

1182 – Nach Ansicht der Rechtsprechung (BGH NStZ 1992, 182; BGH NJW 1999, 3132) und Teilen der Literatur (Schönke/Schröder-Hecker, § 315b Rn. 8; Fischer, § 315b Rn. 10 f.) ist entscheidend, dass der Täter nur unter dem Schein verkehrsgerechten Verhaltens sein Fahrzeug absichtlich als Mittel der Unfallverursachung bewusst verkehrsfeindlich einsetzt und somit § 315b I Nr. 2 verletzt.

Bewertung:

1183 Die letztgenannte Ansicht überzeugt. Der Täter handelt hier nur scheinbar verkehrsgerecht, da er zumindest gegen die generelle Pflicht verstößt, andere zu schädigen (§ 1 II StVO). Denn auch das bewusste Ausnutzen des Fehlverhaltens anderer zu deren Schädigung ist ein durch § 1 II StVO untersagtes Verhalten im Straßenverkehr. So erfüllt der abrupt Abbremsende eben doch die tatbestandlichen Voraussetzungen des § 315b I Nr. 2.

1184 Bei § 315b I Nr. 2 ist auch Unterlassen – falls die allgemeinen Voraussetzungen des § 13 vorliegen – denkbar wegen Nichtbeseitigung eines Hindernisses. Dies ist möglich bei der Nichtbeseitigung von Hindernissen eines Garanten, der kein Verkehrsteilnehmer ist.

Beispiele: das Belassen von Vieh, das von der Weide auf die Fahrbahn ausgebrochen ist; Unterlassen des zuständigen Polizisten, die Unfallstelle kenntlich zu machen.

1185 Ist der Unterlassende dagegen ein Verkehrsteilnehmer, so muss dieser nach den Grundsätzen über die bewusste Zweckentfremdung die Absicht gehabt haben, das nichtbeseitigte Hindernis als Schadenswerkzeug gegenüber anderen Verkehrsteilnehmern einzusetzen.

Beispiele: Nichtbeseitigung einer größeren Ölspur, die aus dem Fahrzeug austritt; Nichtbeseitigung von heruntergefallenem Frachtgut; Nichtbeseitigung eines Unfalltoten.

cc) einen ähnlichen, ebenso gefährlichen Eingriff vornehmen (§ 315b I Nr. 3)

Zur Verwirklichung des § 315b I Nr. 3 muss der Täter einen ähnlichen, ebenso gefähr- **1186** lichen Eingriff vornehmen. Diese Generalklausel soll Fälle erfassen, die nicht schon unter § 315b I Nr. 1 oder 2 subsumiert werden können, jedoch aufgrund ihres Gefährdungspotentials den dort genannten Eingriffen gleichkommen.

Beispiele: Umdrehen eines Einbahnstraßenschildes; Werfen eines Tuches über den Kopf eines Radfahrers; Abgeben von Schüssen oder Werfen von Steinen auf fahrende Kraftwagen (dies fällt nicht schon unter § 315b I Nr. 2, da dort nur Eingriffe auf den Straßenkörper erfasst sind).

Auch bei § 315b I Nr. 3 können ausnahmsweise nach den unter § 315b I Nr. 2 dargeleg- **1187** ten Grundsätzen der *bewussten Zweckentfremdung* Vorgänge im ruhenden oder fließenden Verkehr erfasst sein.

Beispiele: Missbrauchen des Fahrzeuges als Waffe durch Zufahren auf andere Verkehrsteilnehmer; absichtliches Rammen anderer Fahrzeuge.

b) Abstrakte Beeinträchtigung der Sicherheit des Straßenverkehrs

Die in den § 315b I Nr. 1 – 3 beschriebenen verkehrsfremden Eingriffe müssen eine ab- **1188** strakte Gefahr für die Sicherheit des Straßenverkehrs geschaffen haben. Zu betonen ist, dass diese abstrakte Gefahr nicht mit dem anschließend zu prüfenden konkreten Gefahrerfolg verwechselt werden darf. Andererseits genügt es nach der Rechtsprechung (BGHSt 48, 119), wenn die Tathandlung *unmittelbar* zu einem bedeutenden Schaden geführt hat und dieser Erfolg sich als Steigerung der durch die Tathandlung bewirkten abstrakten Gefahr für die Sicherheit des Straßenverkehrs darstellt; eine zeitliche Zäsur zwischen der durch die Tathandlung bewirkten abstrakten Gefahr für die Sicherheit des Straßenverkehrs und dem konkreten Erfolg für eines der geschützten Rechtsgüter ist daher nicht erforderlich.

Da durch die §§ 315 ff. nur der öffentliche Verkehrsraum geschützt werden soll, ist zu- **1189** nächst zu prüfen, ob sich der regelwidrige Vorgang im öffentlichen Verkehr zugetragen hat. Darüber hinaus ist der Anwendungsbereich des § 315b auf den Straßenverkehr beschränkt, so dass die folgenden Ausführungen sich hierauf beziehen.

Öffentlich sind neben den dem allgemeinen Straßenverkehr gewidmeten Straßen, **1190** Wegen und Plätzen auch solche Verkehrsflächen, die jedermann oder nach allgemeinen Merkmalen bestimmten größeren Gruppen von Verkehrsteilnehmern dauernd oder vorübergehend zur Benutzung offen stehen.

Beispiele: Fahrradwege; Fußgängerzone; Tankstellen/Waschanlagen; öffentliche Parkplätze; auch Privatparkplätze, solange sie nicht nur einem bestimmten Benutzer offen stehen.

1191 Die Bezeichnung „öffentlich" ist somit nicht in dem Sinne zu verstehen, dass es sich bei der Verkehrsfläche nach dem Verwaltungsrecht um eine dem öffentlichen Straßenverkehr gewidmete Einrichtung handeln muss. Ausreichend ist vielmehr die tatsächliche Öffnung der Verkehrsfläche zur Nutzung durch den Straßenverkehr für jedermann oder eine bestimmte größere Gruppe.

1192 Voraussetzung für die Annahme der abstrakten Beeinträchtigung der Sicherheit des Straßenverkehrs ist, dass das Tatopfer sich zum Zeitpunkt des unmittelbaren Ansetzens des Täters zu den in den § 315b I Nr. 1 – 3 beschriebenen Verhaltensweisen im öffentlichen Straßenverkehrsraum aufgehalten hat (BGH StV 2012, 218).

c) Taterfolg: Konkrete Gefahr für Leib oder Leben oder eine fremde Sache von bedeutendem Wert

1193 Die abstrakte Gefahr für die Sicherheit des Straßenverkehrs darf nicht folgenlos geblieben sein; vielmehr muss aus dieser eine *konkrete Gefahr* für Leib oder Leben oder eine fremde Sache von bedeutendem Wert entstanden sein.

1194 Die **konkrete Gefahr** setzt die Schaffung einer Situation voraus, in der es letztlich vom Zufall abhängt, ob das Schutzgut Schaden nimmt.

1195 Eine gem. § 315b I tatbestandsmäßige konkrete Gefahr liegt regelmäßig im Falle eines sog. Beinahe-Unfalls vor. Hierunter versteht man eine hochriskante, praktisch nicht mehr beherrschbare Verkehrssituation (BGH StV 2012, 217, 218). Das Vorliegen einer solchen Situation kann nicht mit dem schlichten Hinweis auf die generelle Möglichkeit eines Unfalls angenommen werden, die sich aus der gefahrgeneigten Tathandlung ergibt. Vielmehr muss unter Beachtung der jeweiligen Gegebenheiten des Einzelfalls geprüft werden, ob eine dem Beinahe-Unfall entsprechende Situation vorgelegen hat. Hierzu ist im Urteil (und somit auch in der Klausur) regelmäßig die Berücksichtigung der Geschwindigkeiten, die Intensität eines ggf. erfolgten Aufpralls, die Entfernung der Fahrzeuge unmittelbar vor ggf. eingeleiteten Ausweichbewegungen, die vorhandenen Ausweichmöglichkeiten sowie die Breite der Fahrbahn zu beachten (BGH JuS 2010, 364 ff.; NStZ-RR 2012, 185; NStZ-RR 2015, 352; Hecker JuS 2013, 84 ff.).

1196 Nicht ausreichend ist somit der Umstand, dass der Täter vor einem Kfz Steine auf die Fahrbahn geworfen hat. Die konkrete Gefahr kann sich aber daraus ergeben, dass der Stein aufgrund seiner Größe und seines Gewichts das Fahrzeug erheblich beschädigen konnte, das Kfz mit sehr hoher Geschwindigkeit fuhr und sich aufgrund der Verkehrssituation kaum eine Ausweichmöglichkeit bot, die der Fahrer in extrem kurzer Zeit hätte wahrnehmen können (vgl. BGH NStZ 2010, 572 f.).

Ebenso liegt bei einem Fahrzeug, bei dem die Bremsleitung durchtrennt wurde, der **1197** Gefahreintritt nicht schon bei Fahrtantritt vor (abstrakte Gefahr), sondern erst, wenn es tatsächlich zu einem „Beinahe-Unfall" gekommen ist (BGH NJW 1996, 329).

Die konkrete Gefahr muss für Leib oder Leben eines anderen Menschen oder eine Sa- **1198** che von bedeutendem Wert eintreten.

Da als Gefährdungsopfer nur „ein anderer Mensch" in Frage kommt, ist der Täter als **1199** Gefährdungsopfer ausgeschlossen. Andere, unbeteiligte Fahrzeuginsassen sind nach einhelliger Auffassung taugliche Gefährdungsopfer.

Sonderproblem: Konkrete Gefährdung von Tatteilnehmern

Umstritten ist, ob die *konkrete Gefährdung von Tatteilnehmern* als konkrete Gefahr i.S. **1200** des Tatbestandes ausreicht (z.B. Gefährdung des anstiftenden Beifahrers).

- Nach Auffassung der Rechtsprechung (BGH NJW 1991, 1120; BGH NStZ **1201** 2013, 167 zur gleichlautenden Problematik bei § 315c, auch Kudlich JA 2013, 235, 236) sowie eines Teils des Schrifttums (Lackner/Kühl-Heger, § 315b Rn. 5; Ranft Jura 1987, 608) sind Teilnehmer der Tat keine tauglichen Opfer einer Gefährdung. Der Tatteilnehmer steht danach auf der Seite der Täter und kann daher nicht zugleich Schutzobjekt eines die Allgemeinheit schützenden Tatbestandes sein.

- Nach anderer Auffassung in der Literatur (Eisele JA 2007, 168, 171 [zur paralle- **1202** len Problematik bei § 315c]; Geppert Jura 1996, 639, 646; Schönke/Schröder-Hecker, § 315b Rn. 14 a. E.) besteht aufgrund des Wortlauts kein Anlass zu einer restriktiven Auslegung. Vielmehr seien auch Teilnehmer der Tat als „andere" schutzwürdig.

```
            Gefährdung für Tatteilnehmer ausreichend?
```

ja	nein

Meinung 1	Meinung 2
Teilnehmer steht auf Seite der Täter und ist nicht schutzwürdig	Teilnehmer ist anderer und daher schutzwürdig

Bewertung:

1203 Der Wortlaut schließt nicht zwingend aus, dass Tatteilnehmer keine „anderen" i. S. des Gesetzes sein können. Nach den Grundsätzen des Allgemeinen Teils des StGB ist hingegen anerkannt, dass der Teilnehmer einer Tat lediglich zu einer fremden Tat anstiften bzw. diese fördern will (Wessels/Beulke/Satzger, AT, Rn. 793 ff.). Wenn aber die Tat des § 315b I keine eigene des Teilnehmers ist, so ist er i. S. des § 315b I als „anderer" zu klassifizieren, weshalb der letztgenannten Ansicht zu folgen ist.

1204 Von einer *Sache von bedeutendem Wert* ist nach der Rechtsprechung des BGH bei mindestens 750 Euro auszugehen. (BGH NStZ 2011, 215; Jahn JuS 2011, 660 f.). In der Literatur werden zum Teil höhere Beträge gefordert. Insbesondere mit Blick auf die in § 142 IV anerkannte Grenze von 1 300,– Euro wird ein entsprechender Wert auch bei § 315b I für notwendig erachtet (Schönke/Schröder-Heine/Bosch, Vor §§ 306 ff. Rn. 15). Dies ist aber mit Blick auf die in dem Wert nach § 142 IV enthaltenen Abschlepp- und Bergekosten zu verneinen, denn diese Positionen sind beim Gefährdungsschaden in § 315b I nicht miterfasst.

1205 Jedoch ist zu beachten, dass nicht nur die Sache selbst von bedeutendem Wert sein muss. Auch der der Sache *drohende Schaden* muss *bedeutend* sein. Hieraus ergibt sich eine zweistufige Prüfung: Zunächst muss der Wert der Sache bemessen werden. Liegt dieser bei 750,– Euro oder darüber, ist im zweiten Schritt zu prüfen, ob auch der durch die konkrete Gefahr drohende Schaden an der Sache eine Höhe von 750,– Euro erreichen würde, wenn er sich vollständig realisierte (BGH NStZ 2010, 216, 217; Kudlich JA 2008, 821, 823). Der tatsächlich eingetretene Schaden kann dann auch unter der Grenze von 750,– Euro liegen. Maßgeblich ist lediglich, ob ein Schaden in dieser Höhe drohte (siehe auch Kudlich JA 2018, 74 ff.).

Sonderproblem: Gefahr für das für den Täter fremde Fahrzeug

Umstritten ist, ob auch eine *konkrete Gefahr* für das *vom Täter geführte Fahrzeug*, das **1206** diesem nicht gehört, für ihn also eine *fremde* Sache darstellt, taugliches Gefährdungsobjekt sein kann.

- Nach herrschender Auffassung in der Literatur (Fischer, § 315b Rn. 16a; Lack- **1207** ner/Kühl-Heger, § 315b Rn. 5) und nach Ansicht der Rechtsprechung (BGH NStZ 1992, 233; BGH NStZ-RR 1999, 120) genügt eine Gefährdung des vom Täter gelenkten, wenn auch für ihn fremden Fahrzeugs nicht für eine Sachgefährdung. Die zu § 315c entwickelten Grundsätze müssten angesichts des gleichen Schutzgutes – der Sicherheit des Straßenverkehrs – auch bei § 315b Anwendung finden. Dort wird vorgebracht, dass das Fahrzeug gerade als Mittel zur Tatbestandsverwirklichung, also als „Tatwaffe" dient und daher nicht gleichzeitig vom Schutzbereich des § 315c umfasst sein könne.

- Nach einer im Vordringen befindlichen Auffassung in der Literatur (Geppert **1208** Jura 1996, 639, 646 f.; MüKo-Pegel, § 315b Rn. 55; Schönke/Schröder-Hecker, § 315b Rn. 14) ist die Auslegung des § 315c nicht ohne weiteres auf § 315b übertragbar. Vielmehr finde sich im Wortlaut des Gesetzes keine Stütze für diese Auslegung und diese sei aufgrund des Erfordernisses des wirtschaftlich bedeutenden Schadens auch nicht kriminalpolitisch notwendig.

Bewertung:

Der h. M. ist zuzustimmen. Zwar ist ein pauschaler Verweis auf die geltenden Grund- **1209** sätze des § 315c mit der zweitgenannten Ansicht zu Recht abzulehnen, da bei § 315b das Fahrzeug nicht notwendig das Mittel der Tatbegehung ist. Allerdings erscheint ein Fall, bei dem der Täter ein für ihn fremdes Fahrzeug lenkt und dadurch eine Gefahr für das Fahrzeug entsteht, eben nur denkbar, wenn der Täter das Fahrzeug als Tatmittel missbraucht – also in den Fällen der bewussten Zweckentfremdung. Dann besteht aber tatsächlich eine mit § 315c vergleichbare Situation, so dass es nicht einsichtig wäre das Tatmittel gleichzeitig dem Schutzbereich des Tatbestandes zu unterstellen. Das muss dann auch gelten, wenn das Tatmittel nicht im (Allein-)Eigentum des Täters steht.

Die konkrete *Gefahr* muss eine *verkehrsspezifische* sein, also sich gerade aus den mit **1210** dem Straßenverkehr typischerweise verbundenen Gefahren ergeben. D. h., dass die Gefahr in der Wirkungsweise der für Verkehrsvorgänge typischen Fortbewegungskräfte begründet ist (BGH NStZ-RR 2015, 352). Um dies zu prüfen bietet sich die Kontrollüberlegung an, ob die konkrete Gefahr auch dann entstanden wäre, wenn sich das Tatopfer im Stillstand außerhalb des öffentlichen Verkehrsraums befunden hätte. Kann man diese Kontrollfrage bejahen, so beruht die Gefahr nicht auf der Wirkweise der Fortbewegungskräfte und ist somit nicht verkehrsspezifisch. § 315b I wäre mangels konkreter – verkehrsspezifischer – Gefahr zu verneinen.

2. Subjektiver Tatbestand

1211 Der Täter muss bezüglich aller objektiven Tatbestandsmerkmale mindestens mit *dolus eventualis* handeln. Zu beachten ist somit auch hier, dass sowohl die Tathandlung und die darauf beruhende Gefahr für die Sicherheit des Straßenverkehrs als auch die konkrete Gefahr für Leib, Leben oder einen bedeutenden Sachwert vom Vorsatz des Täters umfasst sein müssen.

1212 Bei Fällen der *bewussten Zweckentfremdung*, d. h. in denen der Täter den Verkehrsvorgang zu einem Eingriff in den Straßenverkehr pervertiert (vgl. oben Rn. 1176), müssen im subjektiven Tatbestand besondere Voraussetzungen geprüft werden. Nach früherer Rechtsprechung wurde in diesen Fällen neben den allgemeinen Voraussetzungen an den Vorsatz gefordert, dass der Täter in der *Absicht* handelt, den *Verkehrsvorgang zu pervertieren* und dadurch in die Sicherheit des Straßenverkehrs einzugreifen. Der Täter muss also in *verkehrsfeindlicher Absicht* handeln.

Voraussetzungen der bewussten Zweckentfremdung

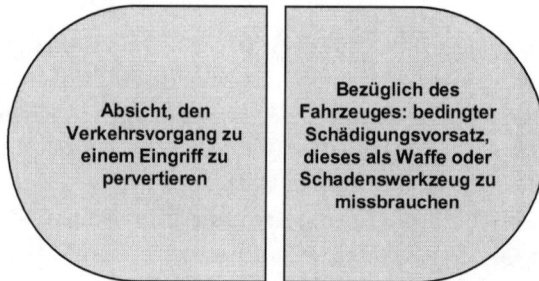

Absicht, den Verkehrsvorgang zu einem Eingriff zu pervertieren

Bezüglich des Fahrzeuges: bedingter Schädigungsvorsatz, dieses als Waffe oder Schadenswerkzeug zu missbrauchen

1213 Neben dieser Absicht wird nun nach neuerer Rechtsprechung (BGHSt 48, 233; BGH NStZ-RR 2015, 321; Hecker JuS 2010, 364) *zusätzlich* – und damit sogleich einschränkend – gefordert, dass der Täter das *Fahrzeug* mit zumindest bedingtem *Schädigungsvorsatz* zum Beispiel als Waffe oder als Schadenswerkzeug missbrauche. Das bedeutet, dass der Täter zusätzlich zum allgemeinen Vorsatz des § 315b I in Fällen der bewussten Zweckentfremdung die Schädigung der Rechtsgüter des Tatopfers billigend in Kauf nehmen muss.

Fährt beispielsweise ein Flüchtiger gezielt auf einen Polizisten zu, so ist § 315b I nicht **1214** erfüllt, wenn dies nur der Flucht dienen soll, der Täter jedoch nicht den Vorsatz hatte, tatsächlich den Polizisten zu schädigen, er also davon ausgeht, dass dieser noch rechtzeitig zur Seite springen wird.

II. Rechtswidrigkeit

Die Rechtswidrigkeit kann auf der Grundlage der allgemein anerkannten (geschriebe- **1215** nen und ungeschriebenen) Rechtfertigungsgründe entfallen.

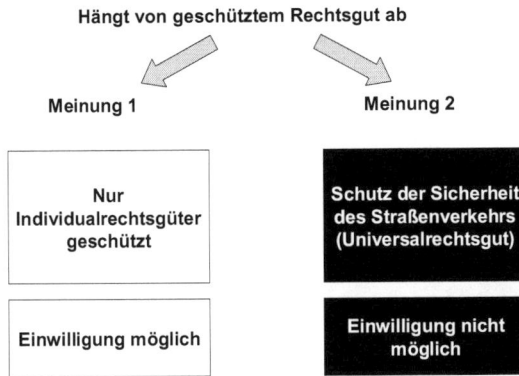

Sonderproblem: Einwilligung des Gefährdeten

Fraglich ist, ob der durch die Tat *Gefährdete rechtfertigend einwilligen* kann. Dies hängt **1216** entscheidend davon ab, welche Rechtsgüter man von den §§ 315b ff. als geschützt ansieht.

– Eine Auffassung (SK-Horn/Wolters, § 315b Rn. 21) sieht durch die §§ 315b ff. **1217** nur Individualrechtsgüter (Leben, Gesundheit und fremdes Eigentum) als geschützt an. Danach ist eine Einwilligung des von der Tat Gefährdeten unproblematisch möglich.

– Die wohl herrschende Ansicht in Rechtsprechung (BGHSt 23, 261, 263 f.; OLG **1218** Stuttgart NJW 1976, 1904) und Literatur (Lackner/Kühl-Heger, § 315c Rn. 32) nimmt an, eine Einwilligung des Gefährdeten sei unerheblich, da die §§ 315b ff. (primär) mit der Sicherheit des Straßenverkehrs ein Universalrechtsgut schützen und daher die betroffene Person nicht über das Rechtsgut der Verkehrssicherheit disponieren könne. Mangels Dispositionsbefugnis laufe die Einwilligung daher „ins Leere".

1219 – Eine weitere Auffassung im Schrifttum (Rengier, BT II, § 44 Rn. 19a; Geppert Jura 2001, 559, 565; Eisele JA 2007, 168, 172; Schönke/Schröder-Hecker, § 315b Rn. 1) sieht sowohl das Universalrechtsgut der Sicherheit des Straßenverkehrs als auch die Individualrechtsgüter vom Schutz der §§ 315b ff. umfasst. Jedoch entfalle durch eine Einwilligung in das Individualrechtsgut zumindest das Unrecht des Gefährdungsteils.

Bewertung:

1220 Wie bei der parallelen Problematik der Einwilligung in eine Brandstiftung (vgl. hierzu die Ausführungen unter Rn. 1028 f.) entfällt mit der Einwilligung das Unrecht des Gefährdungsteils. Das bezüglich des Universalrechtsgutes verbleibende Unrecht allein vermag jedoch nicht die („gesamte") Rechtswidrigkeit zu begründen. Somit entfällt bei einer Einwilligung des Rechtsgutsinhabers in die Gefährdung die Rechtswidrigkeit. Das verbleibende Unrecht kann durch § 316 abgegolten werden.

III. Schuld

IV. Qualifikation gem. § 315b III i. V. m. § 315 III

Gesetzestext (§ 315 III):

(3) Auf Freiheitsstrafe nicht unter einem Jahr ist zu erkennen, wenn der Täter

1. in der Absicht handelt,

   a) einen Unglücksfall herbeizuführen oder

   b) eine andere Straftat zu ermöglichen oder zu verdecken, oder

2. durch die Tat eine schwere Gesundheitsschädigung eines anderen Menschen oder eine Gesundheitsschädigung einer großen Zahl von Menschen verursacht.

1221 In § 315b III findet sich eine Qualifikation für die Fälle, in denen der Täter unter den Voraussetzungen des § 315 III handelt. § 315b III verweist damit nur auf die Tatbestandsvoraussetzungen des § 315 III, normiert aber einen eigenen Strafrahmen sowie einen minder schweren Fall. Zu den Begriffen des Unglücksfalls vgl. die entsprechenden Ausführungen unter Rn. 1394 ff.; zur Ermöglichungs- und Verdeckungsabsicht vgl. Rn. 1124. Hierbei ist zu beachten, dass es einer Strafbarkeit gem. §§ 315b III, 315 III

Nr. 1 b) nicht entgegensteht, wenn der Versuchsbeginn der zu ermöglichenden Tat mit der Eingriffshandlung in den Straßenverkehr tateinheitlich zusammenfällt (Betrugsversuch durch Übergabe eines manipulierten Fahrzeugs an einen Sachverständigen; OLG München JA 2007, 151). Zur schweren Gesundheitsschädigung eines anderen Menschen sowie zur Gesundheitsschädigung einer großen Zahl von Menschen vgl. Rn. 1098 ff.

Im subjektiven Tatbestand ist bei § 315 III Nr. 1 *Absicht i. S. von dolus directus 1. Grades* **1222** erforderlich. Bei Nr. 2 handelt es sich um eine Erfolgsqualifikation, weshalb bezüglich der besonderen Folge der schweren Gesundheitsschädigung eines Menschen bzw. der großen Zahl von Menschen Fahrlässigkeit gem. § 18 genügt.

V. Vorsatz-Fahrlässigkeits-Kombination gem. § 315b I, IV

In § 315b I, IV hat der Gesetzgeber den Fall geregelt, in dem der Täter zwar *vorsätz-* **1223** *lich* hinsichtlich der *Tathandlung und der Gefährdung der Sicherheit des Straßenverkehrs* gehandelt hat. Bezüglich der daraus entstehenden *konkreten Gefahr* für Leib, Leben oder einen bedeutenden Sachwert jedoch nur *fahrlässiges* Handeln vorliegt. Bei dieser *Vorsatz-Fahrlässigkeits-Kombination*, die gem. § 11 II als Vorsatzdelikt gilt, ist der allgemeine Aufbau der Vorsatz-Fahrlässigkeits-Kombination zu wählen (vgl. hierzu Wessels/Beulke/Satzger, AT, Rn. 1148 ff.). Insbesondere ist zu beachten, dass bezüglich des bloß fahrlässig herbeigeführten Erfolgs i. S. einer konkreten Gefahr im objektiven Tatbestand die objektive Sorgfaltspflichtverletzung bei objektiver Vorhersehbarkeit zu prüfen ist. Auf der Ebene der Schuld ist zusätzlich die subjektive Sorgfaltspflichtverletzung bei subjektiver Vorhersehbarkeit anzusprechen. Ergibt sich aus der Sachverhaltsdarstellung, dass der Täter bezüglich der Gefahr nicht vorsätzlich handelte, so ist unmittelbar mit dieser Prüfung – und nicht mit einer Prüfung nach § 315b I – zu beginnen.

VI. Fahrlässigkeitstat gem. § 315b I, V

§ 315b I, V regelt die fahrlässige Gefährdung der Sicherheit des Straßenverkehrs, wo- **1224** nach sowohl die *Tathandlung* als auch die dadurch herbeigeführte *Gefahr fahrlässig* verursacht worden sein muss. Der Aufbau folgt daher dem allgemeinen Fahrlässigkeitsschema (vgl. Wessels/Beulke/Satzger, AT, Rn. 1112 ff.).

VII. Konkurrenzen

Idealkonkurrenz ist aus Klarstellungsgründen möglich zu den §§ 211 ff., §§ 223 ff., **1225** § 113. Die bei § 315b I Nr. 1 tatbestandlich verwirklichte Sachbeschädigung gem. den §§ 303, 305 tritt hinter ersterem zurück. Bei gleichzeitiger Gefährdung mehrerer Menschen oder Sachen durch einen Eingriff liegt nur eine einheitliche Tat vor. Schafft der Täter dagegen mehrere Gefahrsituationen zeitlich nacheinander, so liegt Tatmehrheit vor, auch wenn bei Tatbeginn bereits ein einheitlicher Tatentschluss vorlag. Resultieren aus einem Eingriff mehrere nacheinander eintretende Gefahren, so liegt angesichts der bloß quantitativen Steigerung nur eine Tat nach § 315b vor (instruktiv Geppert Jura 1996, 639, 647 f.).

VIII. Aufbauschema § 315b I

I. **Tatbestand**

1. Objektiver Tatbestand

    a) Tathandlung

        aa) Anlagen oder Fahrzeuge zerstören, beschädigen oder beseitigen (§ 315b I Nr. 1)

        bb) Hindernisse bereiten (§ 315b I Nr. 2)

        cc) einen ähnlichen, ebenso gefährlichen Eingriff vornehmen (§ 315b I Nr. 3)

    b) Abstrakte Beeinträchtigung der Sicherheit des Straßenverkehrs

    c) Taterfolg: Konkrete Gefahr für Leib oder Leben oder eine fremde Sache von bedeutendem Wert

2. Subjektiver Tatbestand

    mindestens dolus eventualis bzgl. der objektiven Tatbestandsmerkmale; bei bewusster Zweckentfremdung: Gefährdungsvorsatz

II. **Rechtswidrigkeit**

III. **Schuld**

IV. **Qualifikation gem. § 315b III i. V. m. § 315 III**

1. Objektiver Tatbestand der Qualifikation

    a) schwere Gesundheitsschädigung eines Menschen oder

    b) (einfache) Gesundheitsschädigung einer großen Anzahl von Menschen

2. Subjektiver Tatbestand

a) mindestens dolus eventualis bzgl. der objektiven Tatbestandsmerkmale oder

b) dolus directus 1. Grades bzgl. der Herbeiführung eines Unglücksfalls oder

c) dolus directus 1. Grades bzgl. der Ermöglichung oder Verdeckung einer anderen Straftat

B. Trunkenheit im Verkehr (§ 316)

> **Gesetzestext:**
>
> (1) Wer im Verkehr (§§ 315 bis 315e) ein Fahrzeug führt, obwohl er infolge des Genusses alkoholischer Getränke oder anderer berauschender Mittel nicht in der Lage ist, das Fahrzeug sicher zu führen, wird mit Freiheitsstrafe bis zu einem Jahr oder mit Geldstrafe bestraft, wenn die Tat nicht in § 315a oder § 315c mit Strafe bedroht ist.
>
> (2) Nach Absatz 1 wird auch bestraft, wer die Tat fahrlässig begeht.

1226 Das Delikt der Trunkenheit im Straßenverkehr ist ein *abstraktes Gefährdungsdelikt*, da der Eintritt eines konkreten Erfolgs (im Gegensatz zu den §§ 315b, 315c) nicht gefordert ist. Die Strafwürdigkeit wurzelt also allein in der abstrakten Gefahr, die jeder Trunkenheitsfahrt innewohnt. Da kein Erfolg geschuldet ist, handelt es sich bei § 316 um ein schlichtes *Tätigkeitsdelikt*. Wie § 315c ist auch § 316 ein eigenhändiges Delikt. Eine Zurechnung der Täterschaft gem. § 25 I Alt. 2 oder II ist nicht möglich.

1227 Anders als § 315b pönalisieren die §§ 315c, 316 Gefährdungen des Straßenverkehrs von innen (verkehrsinterne Eingriffe in die Sicherheit des Straßenverkehrs). Dabei ist § 316 gegenüber § 315c I Nr. 1 a) ein *Auffangdelikt* für die Fälle, in denen es nicht zu einer konkreten Gefahr für Leib und Leben eines anderen Menschen oder einer Sache von bedeutendem Wert gekommen ist. Insbesondere bildet § 316 nicht den Grundtatbestand zu § 315c I Nr. 1 a). Dies ergibt sich schon aus dem Umstand, dass es sich bei § 316 um ein *Dauerdelikt* handelt, bei § 315c hingegen nicht. Daher ist in der Fallbearbeitung § 315c I Nr. 1 lit. a) vorrangig zu prüfen. Nur wenn dieser mangels konkreter Gefahr zu verneinen ist, kann auf § 316 zurückgegriffen werden.

1228 Der Versuch des Vergehens des § 316 ist gem. §§ 23 I, 12 II nicht mit Strafe bedroht.

1229 Zudem findet sich in § 316 II die Anordnung der Fahrlässigkeitsstrafbarkeit. Zu beachten ist, dass der Strafrahmen für die vorsätzliche und die fahrlässige Verwirklichung des § 316 identisch ist.

I. Tatbestand

1. Objektiver Tatbestand

a) Führen eines Fahrzeuges

Der Täter muss im Tatzeitpunkt Führer eines Fahrzeuges gewesen sein. Als Fahrzeuge **1230** kommen hier nicht nur maschinengetriebene Kraftfahrzeuge (PKW, LKW und Motorräder), sondern alle Fortbewegungsmittel in Betracht (Fahrräder, E-Bikes, Elektroscooter, Pferdekarren, etc.). Dies umfasst auch Krankenfahrstühle nach § 24 II StVO. Demgegenüber sind die in § 24 I StVO genannten Fortbewegungsmittel nicht als Fahrzeuge i. S. des § 316 einzuordnen (Kinderwagen, Rollschuhe, Rodelschlitten, Schiebe- und Greifreifenrollstühle, Tretroller).

Durch den Verweis auf die §§ 315, 315a sind auch Schienen- Luft- und Wasserfahrzeu- **1231** ge tatbestandlich von § 316 erfasst (Flugzeug, Hubschrauber, Zug, Schiffe und Boote, etc.; ggf. sogar Surfbretter, vgl. Buchholz JA 2017, 594 ff.).

Führer eines Fahrzeugs ist derjenige, der das Fahrzeug allein- oder mitverantwort- **1232** lich in Bewegung setzt oder es unter Handhabung seiner technischen Vorrichtungen während der Fahrbewegung durch den öffentlichen Verkehr lenkt.

Das Führen eines Fahrzeugs beginnt erst, wenn das Fahrzeug sich tatsächlich in Bewe- **1233** gung setzt; das Anlassen des Motors genügt nicht. Dies ergibt sich aus dem Wortlaut („Führen") und dem Schutzzweck des § 316. Solange das Fahrzeug nicht in Bewegung gesetzt wird, kann sich keine erhöhte abstrakte Gefahr ergeben, die auf der Fahruntauglichkeit des Täters beruht. Demnach ist derjenige, der sich sturztrunken in ein parkendes Auto setzt, um sich aufzuwärmen, selbst dann nicht als Führer eines Fahrzeugs zu qualifizieren, wenn er hierzu den Motor startet und die Heizung nutzt.

Andererseits ist es nicht erforderlich, dass die Bewegung des Fahrzeugs durch die eige- **1234** ne Motorkraft des Fahrzeugs vermittelt wird. Somit ist Fahrzeugführer auch der Lenker des mit einem Abschleppseil fortbewegten Fahrzeugs. Gleiches gilt für denjenigen, der ein Fahrzeug lenkt, nachdem er an einem Abhang die Bremsen gelöst hat, ohne den Motor zu starten (Schönke/Schröder-Hecker, § 316 Rn. 19).

Der Fahrzeugführer muss das Fahrzeug zumindest mitverantwortlich in Bewegung set- **1235** zen oder es unter Handhabung seiner technischen Vorrichtungen während der Fahrbewegungen durch den öffentlichen Verkehr lenken. Täter kann somit nur sein, wer selber das Fahrzeug lenkt oder dessen Einrichtungen bedient. Der Beifahrer ist in der Regel daher nicht als Führer eines Fahrzeugs zu qualifizieren. Dies gilt auch dann, wenn er zwar verbal (z. B. durch vehementes Nörgeln) auf den Fahrer einwirkt, selbst jedoch nicht die Lenk- und Bewegungseinrichtungen bedient. Damit ist auch der Fahrlehrer kein Fahrzeugführer, solange er nicht wesentliche Vorrichtungen selbst bedient, also in die Lenkung oder die Pedalerie eingreift.

b) Tatsituation = im Verkehr

1236 Der Täter muss das Fahrzeug *im Verkehr* führen. Durch den ausdrücklichen Verweis in § 316 I auf die §§ 315 bis 315d sind alle dort erfassten Verkehrsbereiche in den Schutzbereich des § 316 einbezogen. Das heißt, § 316 findet sowohl im Bahn-, Schiffs- und Luftverkehr als auch im Straßenverkehr Anwendung.

1237 Erfasst ist nur der öffentliche Straßenverkehr. In Bezug auf diesen gilt das zu § 315b Gesagte entsprechend (vgl. Rn. 1190 ff.). Wer auf seinem abgesperrten Privatgrundstück betrunken fährt, verwirklicht § 316 somit nicht. Dies gilt auch für größere Privatgelände wie z. B. Firmengelände, wenn sie erkennbar nur bestimmten Personen zur Nutzung offenstehen.

c) Fahruntüchtigkeit des Fahrzeugführers

1238 **Fahruntüchtig** ist, wer sein Fahrzeug eine längere Strecke – auch bei plötzlichem Auftreten schwieriger Verkehrslagen – nicht mehr sicher zu steuern vermag.

1239 Die Fahruntüchtigkeit muss infolge des Genusses alkoholischer Getränke oder anderer berauschender Mittel bestehen. Bei dem Genuss alkoholischer Getränke kann der Täter entweder *absolut* oder *relativ* fahruntüchtig sein. Hierbei handelt es sich weder um präzisierende Tatbestandsmerkmale in Bezug auf die Fahruntüchtigkeit, noch um deren qualitativ unterschiedliche Formen. Sie beschreiben vielmehr unterschiedliche Beweisregeln zur Bejahung der Fahruntüchtigkeit (BGH NJW 2015, 1835; Fischer, § 316 Rn. 12).

Absolute und relative Fahruntüchtigkeit

1,1 Promille

0,3 Promille

Weitere Beweisanzeichen („Ausfallerscheinungen")

Absolute Fahruntüchtigkeit ist bei *Kraftfahrern* ab einer Blutalkoholkonzentration (BAK) **1240**
von *1,1 Promille* zu bejahen. Dieser Wert setzt sich zusammen aus einem Grundwert
von 1,0 Promille, bei dem nach wissenschaftlicher Erkenntnis jeder Kraftfahrer (und
Führer einer Pferdekutsche, OLG Oldenburg JuS 2014, 756) außerstande ist, ein Fahrzeug sicher zu führen und einem Sicherheitszuschlag von 0,1 Promille, der aus Unge-
nauigkeiten bei der BAK-Messung entstehen kann. Bei *Radfahrern* liegt der Wert nach
der Rechtsprechung des BGH (BGHSt 34, 133) bei *1,7 Promille*, während mehrere
Oberlandesgerichte zu 1,6 Promille (OLG Karlsruhe NStZ-RR 1997, 356; OLG Celle
NJW 1992, 2169) tendieren. Bei diesen BAK wird die Fahruntüchtigkeit des Fahrzeugführers unwiderleglich vermutet, und zwar unabhängig von der körperlichen Konstitution, des Gewöhnungsgrades oder sonstiger Faktoren in der Täterperson (Rengier,
BT II, § 43 Rn. 7). Die BAK von 1,1 Promille ist somit zwar kein notwendiges, aber ein
hinreichendes Indiz für das Vorliegen der Fahruntüchtigkeit, sie beweist diese absolut.

Die *relative Fahruntüchtigkeit* kann ab einer BAK von *0,3 Promille* vorliegen. Diese BAK **1241**
ist, anders als bei der absoluten Fahruntüchtigkeit, nur ein notwendiges, aber kein hinreichendes Indiz für die Fahruntüchtigkeit. Zusätzlich müssen hier *Beweisanzeichen*
hinzukommen, die in einer *Gesamtwürdigung* den Schluss auf eine alkoholbedingte
Fahruntüchtigkeit zulassen. Damit unterscheidet sich die relative von der absoluten
Fahruntüchtigkeit nicht in der Schwere der Fahruntüchtigkeit, sondern in dem hierfür
zu führenden Nachweis. Erforderlich ist jedoch, dass es sich bei Ausfallerscheinungen
um *rauschbedingte* handelt, also solche, die typischerweise bei Rauschzuständen aufzu-
treten pflegen. „Normale" Fahrfehler lassen den Schluss auf eine relative Fahruntüchtigkeit nicht ohne weiteres zu.

Beispiele: Schlangenlinien fahren; mangelhafte Reaktion; Abkommen von der Fahrbahn; *dagegen* sind Geschwindigkeitsüberschreitungen oder Missachten der Vorfahrt
auch im nüchternen Zustand sehr häufig.

Hierbei gilt, dass je näher die BAK bei der relativen Fahruntüchtigkeit an dem Grenz- **1242**
wert der absoluten Fahruntüchtigkeit liegt, desto geringer müssen die zusätzlichen Beweisanzeichen ausfallen, um von der Fahruntüchtigkeit des Fahrzeugführers ausgehen
zu können. Andersherum steigen die Beweisanforderungen, je näher die BAK an dem
Grenzwert der relativen Fahruntüchtigkeit liegt.

Die jeweilige BAK muss *im Zeitpunkt der Tat*, also während der Dauer der Trunken- **1243**
heitsfahrt vorliegen. In der Praxis wird die BAK durch die Untersuchung einer Blutprobe (vgl. § 81a StPO) ermittelt. Es kann sich jedoch eine erhebliche zeitliche Differenz
zwischen dem Zeitraum der Trunkenheitsfahrt und dem Zeitpunkt der Entnahme der
Blutprobe ergeben. Zwar steht dann die BAK im Entnahmezeitpunkt fest, nicht jedoch
der Wert im Tatzeitpunkt. Die in der Blutprobe festgestellte BAK muss also auf den

Wert im Tatzeitraum zurückgerechnet werden. Diese Rückrechnung kann im Rahmen des § 316 (und auch des § 315c I Nr. 1 a]) an zwei Stellen relevant werden. Zunächst im Tatbestand bei dem Nachweis der Fahruntüchtigkeit. Zusätzlich kann die BAK auch in der Schuld von Relevanz sein, etwa wegen einer möglichen Schuldunfähigkeit (§ 20) oder verminderten Schuldfähigkeit (§ 21). Die Berechnung hat jeweils unter der Berücksichtigung des Zweifelssatzes zu erfolgen.

1244 Für die Rückrechnung kann zu berücksichtigen sein, dass der Körper eine gewisse Zeit benötigt, um überhaupt Alkohol aufzunehmen. Bis zu diesem Zeitpunkt mag der Betroffene zwar eine erhebliche Menge Alkohol konsumiert haben, dieser ist jedoch noch nicht in den Blutkreislauf aufgenommen worden, so dass die BAK weiterhin bei 0 Promille liegt. Diese Phase wird als *Anflutungsphase* oder *Resorbtionszeit* bezeichnet und kann mit einer Dauer von bis zu zwei Stunden berücksichtigt werden. Andererseits kann etwa durch einen Sturztrunk diese Phase völlig ausfallen.

1245 Der *Abbauwert*, dass heißt die Menge an Alkohol, die der Körper innerhalb einer gewissen Zeit abbaut, schwankt von Mensch zu Mensch. Er kann u. a. von Alter, Geschlecht, Konstitution sowie Art und Zeitpunkt eventuell vorhergehender Mahlzeiten abhängig sein. In der juristischen Praxis und der Fallbearbeitung ist von den wissenschaftlich anerkannten Werten auszugehen. Diese betragen 0,1 bis 0,2 Promille Abbau der BAK pro Stunde.

1246 Im Rahmen des Tatbestands erfolgt die Rückrechnung, um das Vorliegen der absoluten oder relativen Fahruntüchtigkeit im Zeitpunkt der Trunkenheitsfahrt zu prüfen. Je geringer der Wert, desto günstiger wirkt sich dies für den Täter aus. Dies weil entweder die absolute Fahruntüchtigkeit nicht erreicht wird, oder die Beweisanforderungen bei der relativen Fahruntüchtigkeit steigen (vgl. Rn. 1243). Somit ist auf der Tatbestandsebene nach dem Grundsatz *in dubio pro reo* der niedrigst mögliche BAK-Wert auszurechnen. Hierzu wird die Anzahl der Stunden genommen, die zwischen dem Beginn der Trunkenheitsfahrt und der Blutentnahme liegen. Davon werden 2 Stunden Resorbtionszeit abgezogen. Die verbleibende Zahl wird mit dem niedrigst möglichen Abbauwert, also 0,1 Promille pro Stunde, multipliziert und zu der BAK der Blutprobe addiert. Die Summe entspricht der BAK zu Beginn der Trunkenheitsfahrt.

1247 *Beispiel 1:* Dem Täter wird um 3 Uhr nachts eine Blutprobe entnommen. Diese weist eine BAK von 1,0 Promille auf. Der Täter begann die Fahrt um 22 Uhr. Zwischen 22 Uhr abends und 3 Uhr nachts liegen 5 Stunden. Abzüglich 2 Stunden Resorbtionszeit ergeben sich 3 Stunden. Diese werden mit 0,1 multipliziert. Das ergibt einen Wert von 0,3 Promille. Zuzüglich des Wertes der Blutprobe von 1,0 Promille ergibt sich eine BAK im Tatzeitpunkt von 1,3 Promille. Der Täter war somit absolut fahruntüchtig.

Beispiel 2: Dem Täter wird um 7 Uhr morgens eine Blutprobe entnommen. Diese weist **1248** eine BAK von 0,1 Promille auf. Der Täter begann die Fahrt um 3 Uhr. Zwischen 3 Uhr nachts und 7 Uhr morgens liegen 4 Stunden. Abzüglich 2 Stunden Resorbtionszeit ergeben sich 2 Stunden. Diese werden mit 0,1 multipliziert. Das ergibt einen Wert von 0,2 Promille. Zuzüglich des Wertes der Blutprobe von 0,1 Promille ergibt sich eine BAK im Tatzeitpunkt von 0,3 Promille. Der Grenzwert der relativen Fahruntüchtigkeit ist somit erreicht. Ob der Täter Fahruntüchtig war, muss sich aus einer Gesamtabwägung bestimmen, insbesondere danach, ob weitere Beweisanzeichen vorliegen.

Zu beachten ist, dass während der Resorbtionszeit die BAK mit 0,0 Promille anzuneh- **1249** men ist, so dass der Täter als fahrtüchtig gilt, wenn er innerhalb dieser Zeit die Trunkenheitsfahrt durchgeführt hat.

Grenzwerte wie bei der BAK sind nach dem derzeitigen Stand der Wissenschaft noch **1250** nicht für *andere berauschende Mittel*, also vor allem Drogen oder Medikamente, festzumachen. Dort ist nach den Regeln der relativen Fahruntüchtigkeit auf eine Gesamtwürdigung abzustellen (BGHSt 44, 219; BGH NStZ-RR 2015, 228 f.). Auch hier gilt, je höher die Konzentration des Wirkstoffs im Blut des Fahrzeugführers, desto geringer sind die Anforderungen an die sonstigen Beweiszeichen, um eine Fahruntüchtigkeit des Betroffenen anzunehmen.

2. Subjektiver Tatbestand

Der Täter muss zur Verwirklichung der Tat nach § 316 I bezüglich aller objektiven **1251** Tatbestandsmerkmale mindestens mit *dolus eventualis* handeln. Insbesondere muss er wissen und wollen, dass er sich im Zustand der Fahruntüchtigkeit befindet. Dabei ist zu berücksichtigen, dass eine besonders hohe BAK im Tatzeitraum keine Rückschlüsse darauf zulässt, ob der Täter vorsätzlich gehandelt hat. Ein Erfahrungssatz in der Form, dass derjenige, der erhebliche Mengen Alkohol konsumiert hat, seine Fahruntüchtigkeit kennt, existiert nicht (OLG Hamm StRR 2012, 273). Im Gegenteil führt der Genuss großer Mengen Alkohols in der Regel zum Verlust der Fähigkeit zur kritischen Selbsteinschätzung und zu einem übersteigerten subjektiven Leistungsempfinden. Daher ist eine Gesamtwürdigung der Umstände des Einzelfalls vorzunehmen (Täterpersönlichkeit, Trinkverlauf, Zusammenhang/zeitliche Dimension zwischen Trinkverlauf und Fahrtantritt, Vor- und Nachtatverhalten). Hierbei ist vor allem auf solche Umstände zu achten, die dem Fahrzeugführer seine Fahruntüchtigkeit vor Augen führen können (z.B. Ausfallerscheinungen wie Gleichgewichtsstörungen). Die Grenzwerte der relativen oder absoluten Fahruntüchtigkeit muss der Täter dabei nicht kennen, da es sich nicht um Tatbestandsmerkmale, sondern um Beweisregeln handelt (BGH NJW 2015, 1834 f.).

1252 Fand im Rahmen einer Trunkenheitsfahrt ein rauschmittelbedingter Unfall statt, so muss dies dem Fahrzeugführer seine Fahruntauglichkeit vor Augen führen. Setzt er dennoch seine Fahrt fort, so liegt zumindest ab diesem Zeitpunkt Vorsatz vor.

1253 Sollte der erforderliche Nachweis des Vorsatzes nicht gelingen, kommt eine Fahrlässigkeitstat gem. § 316 II in Betracht. Es ist dann in einer separaten Prüfung das Vorliegen der objektiven und subjektiven Fahrlässigkeitsanforderungen zu prüfen.

II. Rechtswidrigkeit

III. Schuld

1254 Auch im Rahmen der Schuld kann bei § 316 die BAK im Tatzeitraum relevant werden. Insbesondere kann hier eine Schuldunfähigkeit gem. § 20 oder eine verminderte Schuldfähigkeit gem. § 21 in Betracht kommen. Schuldunfähigkeit kommt ab einer BAK von 3,0 Promille, verminderte Schuldfähigkeit ab einer BAK von 2,0 Promille in Betracht (vgl. zu den Anforderungen Wessels/Beulke/Satzger, AT, Rn. 648 f., 652). Anders als im Rahmen des Tatbestands ist im Rahmen der Schuld somit eine möglichst hohe BAK für den Fahrzeugführer von Vorteil. Daher ist in Anwendung des Grundsatzes in *dubio pro reo* die höchstmögliche BAK für den Tatzeitraum zu ermitteln. Hierzu wird die Anzahl der Stunden genommen, die zwischen dem Beginn der Trunkenheitsfahrt und der Blutentnahme liegen. Zugunsten des Täters wird von einer fehlenden Resorbtionszeit ausgegangen. Sodann wird die Gesamtzahl mit dem höchstmöglichen Abbauwert, also 0,2 Promille pro Stunde, multipliziert und zu der BAK der Blutprobe addiert. Die Summe entspricht der BAK zu Beginn der Trunkenheitsfahrt.

1255 *Beispiel 1:* Dem Täter wird um 3 Uhr nachts eine Blutprobe entnommen. Diese weist eine BAK von 1,0 Promille auf. Der Täter begann die Fahrt um 22 Uhr. Zwischen 22 Uhr abends und 3 Uhr nachts liegen 5 Stunden. Diese werden ohne Abzug einer Resorbtionszeit mit 0,2 multipliziert. Das ergibt einen Wert von 1,0 Promille. Zuzüglich des Wertes der Blutprobe von 1,0 Promille ergibt sich eine BAK im Tatzeitpunkt von 2,0 Promille. Eine verminderte Schuldfähigkeit gem. § 21 kommt mithin in Betracht.

1256 *Beispiel 2:* Dem Täter wird um 7 Uhr morgens eine Blutprobe entnommen. Diese weist eine BAK von 0,1 Promille auf. Der Täter begann die Fahrt um 3 Uhr. Zwischen 3 Uhr nachts und 7 Uhr morgens liegen 4 Stunden. Diese werden ohne Abzug einer Resorbtionszeit mit 0,2 multipliziert. Das ergibt einen Wert von 0,8 Promille. Zuzüglich des Wertes der Blutprobe von 0,1 Promille ergibt sich eine BAK im Tatzeitpunkt von 0,9 Promille. Auch bei Berechnung der höchstmöglichen BAK kommt für den Täter somit weder § 20 noch § 21 in Betracht.

Ist die rauschbedingte Fahruntüchtigkeit so ausgeprägt, dass die Schuldfähigkeit zu- **1257** mindest in dubio pro reo verneint werden muss, so ist die Anwendung der Rechtsfigur der „actio libera in causa" in Betracht zu ziehen. Nach bestrittener, aber zutreffender Meinung, ist diese Konstruktion jedoch vollständig abzulehnen. Will man der Ansicht folgen, die die Konstruktion der actio libera in causa bejaht, muss man sich allerdings mit der Rechtsprechung (BGHSt 42, 235) auseinandersetzen, nach welcher die Anwendung der actio libera in causa bei eigenhändigen Delikten wie den § 315c und § 316 ausgeschlossen ist. Dann verbleibt nur die Prüfung des Vollrauschtatbestandes gem. § 323a (vgl. die diesbezüglichen Ausführungen unter Rn. 1355 ff.).

IV. Konkurrenzen

§ 316 ist ein Dauerdelikt, d. h. die Tat ist mit Fahrtbeginn vollendet, aber erst mit Fahr- **1258** tende beendet. Wird die Fahrt von einem Unfall oder sonst eine längere Zeit unterbrochen, beginnt nach dieser Zäsur eine neue Fahrt. Die bis zu einem Unfall unternommene fahrlässige Trunkenheitsfahrt schlägt nach dem Einschnitt mit der Weiterfahrt in eine vorsätzliche um, da dem Täter dann seine Fahruntauglichkeit bewusst ist (Eisele Jura 2007, 168, 172 f.). § 316 tritt hinter § 315c I Nr. 1 lit. a) aufgrund formeller Subsidiarität (vgl. § 316 I a. E.) zurück. Hat sich bei einem Verstoß gem. § 315c I Nr. 2 die rauschbedingte Fahruntüchtigkeit nicht ausgewirkt, steht dieser zu § 316 aus Klarstellungsgründen in Tateinheit. Mit § 315b und § 113 besteht Tateinheit.

V. Aufbauschema § 316 I

I. **Tatbestand**

   1. Objektiver Tatbestand

      a) Führen eines Fahrzeugs

      b) Tatsituation: im Verkehr

      c) Fahruntüchtigkeit des Fahrzeugführers

   2. Subjektiver Tatbestand

     mindestens dolus eventualis bzgl. der objektiven Tatbestandsmerkmale

II. **Rechtswidrigkeit**

III. **Schuld**

C. Gefährdung des Straßenverkehrs (§ 315c)

Gesetzestext:

(1) Wer im Straßenverkehr

  1. ein Fahrzeug führt, obwohl er

    a) infolge des Genusses alkoholischer Getränke oder anderer berauschender Mittel oder

    b) infolge geistiger oder körperlicher Mängel

    nicht in der Lage ist, das Fahrzeug sicher zu führen, oder

  2. grob verkehrswidrig und rücksichtslos

    a) die Vorfahrt nicht beachtet,

    b) falsch überholt oder sonst bei Überholvorgängen falsch fährt,

    c) an Fußgängerüberwegen falsch fährt,

    d) an unübersichtlichen Stellen, an Straßenkreuzungen, Straßeneinmündungen oder Bahnübergängen zu schnell fährt,

    e) an unübersichtlichen Stellen nicht die rechte Seite der Fahrbahn einhält,

    f) auf Autobahnen oder Kraftfahrstraßen wendet, rückwärts oder entgegen der Fahrtrichtung fährt oder dies versucht oder

    g) haltende oder liegengebliebene Fahrzeuge nicht auf ausreichende Entfernung kenntlich macht, obwohl das zur Sicherung des Verkehrs erforderlich ist,

und dadurch Leib oder Leben eines anderen Menschen oder fremde Sachen von bedeutendem Wert gefährdet, wird mit Freiheitsstrafe bis zu fünf Jahren oder mit Geldstrafe bestraft.

(2) In den Fällen des Absatzes 1 Nr. 1 ist der Versuch strafbar.

(3) Wer in den Fällen des Absatzes 1

  1. die Gefahr fahrlässig verursacht oder

  2. fahrlässig handelt und die Gefahr fahrlässig verursacht, wird mit Freiheitsstrafe bis zu zwei Jahren oder mit Geldstrafe bestraft.

1259 § 315c stellt abschließend gegenüber § 315b Taten unter Strafe, die sich im fließenden Verkehr ereignet haben (verkehrsinterne Eingriffe).

Bei der Gefährdung des Straßenverkehrs gem. § 315c handelt es sich wie bei § 315b um **1260** ein *konkretes Gefährdungsdelikt.*

Die Tat nach § 315c ist mit Ausnahme des § 315c I Nr. 2 lit. g) ein *eigenhändiges Delikt,* **1261** das nur vom Fahrzeugführer begangen werden kann. Eine Zurechnung gem. § 25 I 2. Alt. für einen mittelbaren Täter oder gem. § 25 II für einen Mittäter ist daher ausgeschlossen.

§ 315c I Nr. 1 lit. a) ist gegenüber § 316 I keine Qualifikation. Vielmehr handelt es sich **1262** bei § 316 I um einen Auffangtatbestand. Zudem ist § 315c I Nr. 1 lit. a) – anders als § 316 – kein Dauerdelikt. Die Tat ist mit Eintritt der konkreten Gefahr vollendet und mit deren Beendigung beendet, auch wenn die mitverwirklichte Trunkenheitsfahrt noch andauert.

Der *Versuch* ist nur für die Fälle des § 315c I Nr. 1 (i. V. m. §§ 23 I, 12 II) unter Strafe **1263** gestellt.

I. Tatbestand

1. Objektiver Tatbestand

Zur Verwirklichung des objektiven Tatbestandes muss der Täter im Straßenverkehr **1264** eine der in Nr. 1 lit. a) bis Nr. 2 lit. g) bezeichneten Verhaltensweisen begangen und dadurch eine konkrete Gefahr für Leib oder Leben eines anderen Menschen oder eine fremde Sache von bedeutendem Wert herbeiführt haben.

a) Tatsubjekt = Führer eines Fahrzeuges

Bei allen Tatvarianten muss der Täter Führer eines Fahrzeuges sein. Es besteht volle **1265** Kongruenz zum gleichlautenden Merkmal des § 316. Die dort getätigten Ausführungen gelten entsprechend (vgl. Rn. 1232 ff.)

b) Tathandlung = Verwirklichung einer der in Nr. 1 lit. a) bis Nr. 2 lit. g) bezeichneten Verhaltensweisen

Die Tathandlungen der Nr. 1 und 2 unterscheiden sich dadurch, dass Nr. 1 Fälle betrifft, **1266** bei denen die Gefahr für den Verkehr aus der Fahruntüchtigkeit des Fahrzeugführers resultiert, während Nr. 2 besonders gefährliche Verkehrsverstöße unter Strafe stellt.

aa) Fahruntüchtigkeit des Fahrzeugführers (§ 315c I Nr. 1)

1267 **Fahruntüchtig** ist, wer sein Fahrzeug eine längere Strecke – auch bei plötzlichem Auftreten schwieriger Verkehrslagen – nicht mehr sicher zu steuern vermag.

1268 Die Fahruntüchtigkeit kann infolge des Genusses alkoholischer Getränke oder anderer berauschender Mittel gem. § 315c I Nr. 1 lit. a) bestehen. Diese Tatmodalität entspricht vollumfänglich der des § 316 I, auf die dortigen Ausführungen wird verwiesen (Rn. 1240 ff.).

1269 Die Alternative der geistigen oder körperlichen Mängel gem. § 315c I Nr. 1 lit. b) erfasst alle permanenten und nur vorübergehenden geistigen und seelischen Mängel des Fahrzeugführers, die eine Fahruntüchtigkeit des Fahrzeugführers begründen. Sie kommt insbesondere bei Nerven- oder Geisteskrankheiten, völliger Übermüdung oder erheblichen Sehstörungen des Fahrzeugführers in Betracht. Die Fahruntauglichkeit kann jedoch durch effektive Sicherungsmaßnahmen oder technische Hilfsmittel (z. B. Sehhilfen, technische Umrüstung des Fahrzeugs) beseitigt werden. Sofern die Mängel rauschmittelbedingt auftreten, ist § 315c I Nr. 1 lit. a) lex specialis.

bb) Besonders gefährliche Verkehrsverstöße (§ 315c I Nr. 2)

1270 In § 315c I Nr. 2 hat der Gesetzgeber einen *abschließenden* Katalog aufgestellt, dessen Verwirklichung nicht als bloße straßenverkehrsrechtliche Ordnungswidrigkeit geahndet werden soll. Diese sog. *„sieben Todsünden des Straßenverkehrs"* müssen (objektiv) grob verkehrswidrig sowie (subjektiv) rücksichtslos begangen werden.

1271 **Grob verkehrswidrig** ist ein Verhalten, das sich als besonders schwerer Verstoß gegen eine Verkehrsvorschrift und die Sicherheit des Straßenverkehrs darstellt.

1272 *Beispiele:* Einleiten des Überholvorgangs auf der Autobahn durch drastisches Verkürzen des Sicherheitsabstandes (dann ist § 315c I Nr. 2 lit. b] gegeben; LG Karlsruhe NJW 2005, 915); Überholen bei schlechter Sicht oder vor Kuppen.

1273 Die Vorfahrt beachtet der Wartepflichtige gem. § 315c I Nr. 2 lit. a) nicht, wenn er die gesetzlich eingeräumte Vorfahrtslage missachtet. Es gilt ein gegenüber der StVO erweiterter Vorfahrtsbegriff, sodass nicht nur Verstöße gegen § 8 StVO erfasst sind, sondern alle Situationen, in denen sich die Fahrlinien zweier Fahrzeuge kreuzen oder gefährlich nahekommen (MüKo-Pegel, § 315c Rn. 47; LK-König, § 315c Rn. 71). Erfasst sind somit neben Verstößen gegen § 8 StVO u. a. auch solche gegen die §§ 6, 9 III, IV, 10 und 18 III StVO.

§ 315c I Nr. 2 lit. b) ist erfüllt, wenn bei einem Überholvorgang falsch gefahren wird. **1274** Die Formulierung erfasst sowohl den Überholenden als auch den Überholten (z. B. durch Erhöhung der Geschwindigkeit). Neben den in § 5 StVO genannten Vorgängen werden durch Nr. 2 lit. b) auch solche Überholvorgänge erfasst, bei denen sich der Überholende nicht auf derselben Fahrbahn wie der Überholte bewegt (BVerfG NJW 1995, 315, 316). Ausreichend ist, dass Flächen zum Überholen benutzt werden, die nach den örtlichen Gegebenheiten zusammen mit der Fahrbahn einen einheitlichen Straßenraum bilden (BGH ZJS 2017, 122). Somit *können auch Fälle des besonders gefährlichen Rechtsüberholens über Fußgängerwege, Stand- oder Grünstreifen erfasst sein* (LK-König, § 315c Rn. 78b). Der Überholvorgang beginnt mit der drastischen Verkürzung des Sicherheitsabstandes (Eisele JA 2007, 168, 170) oder dem Ausscheren zum Zwecke des Überholens und endet mit dem Wiedereinscheren oder der Herstellung einer solchen Entfernung, dass ein Einscheren gefahrlos möglich wäre. Bereits mit Beginn des Überholvorgangs kann § 315b I Nr. 2 lit. b) vollendet sein. Die Vollendung setzt somit die erfolgreiche Beendigung des Überholvorgangs nicht voraus. Notwendig ist jedoch, dass der Fahrfehler in einem unmittelbaren Zusammenhang mit dem Überholvorgang steht (OLG Hamm DAR 2015, 399).

Ein Fußgängerüberweg gem. § 315b I Nr. 2 lit. c) ist nur ein solcher gem. § 26 StVO. **1275** Dies sind nur solche, die durch einen Zebrastreifen markiert sind (BGH StRR 2015, 309, 310; OLG Celle VRS 124, 324, 326; Schönke/Schröder-Hecker, § 315c Rn, 19; a. A. LG Ravensburg, Urteil v. 28. Juni 2013 – 6 Ns 36 Js 412/13). Somit unterfallen Fußgängerfurten auch dann nicht dem § 315c I Nr. 2 lit. c), wenn sie durch Fußgängerbedarfsampeln gesichert sind.

Unübersichtliche Stellen gem. § 315c I Nr. 2 lit. d) und e) sind alle Stellen, an denen der **1276** Fahrzeugführer den Verkehrsablauf wegen ungenügenden Überblicks über die Fahrbahn oder die Örtlichkeiten nicht vollständig überblicken und daher Hindernisse und Gefahren nicht rechtzeitig bemerken und sicher auf sie reagieren kann. Bahnübergänge sind die in § 19 StVO beschriebenen Kreuzungen zwischen Schiene und Straße. Nach h. M. kann die Unübersichtlichkeit auch auf vorübergehenden Umständen wie den Licht- und Wetterverhältnissen (z. B. Dunkelheit, Nebel) beruhen oder durch andere Verkehrsteilnehmer verursacht werden (Blendung durch den Gegenverkehr; Schönke/Schröder-Sternberg-Lieben/Hecker, § 315c Rn. 20; Rengier, BT II, § 44 Rn. 7).

Die Anforderungen an die Kenntlichmachung liegengebliebener oder haltender Fahr- **1277** zeuge bei § 315c I Nr. 2 lit. g) werden durch die StVO (§§ 15, 17 I StVO) geregelt (Warnblinklicht, ggf. Warndreieck und Warnwesten bei liegengebliebenen Fahrzeugen). Eventuell sind weitere unbenannte Sicherungsmaßnahmen gem. § 1 II StVO zu ergreifen.

c) Taterfolg = Konkrete Gefahr für Leib oder Leben oder eine fremde Sache von bedeutendem Wert

1278 Die Tathandlung gem. § 315c I Nr. 1 lit a) bis Nr. 2 lit. g) muss den Taterfolg i. S. einer konkreten Gefahr für Leib oder Leben oder eine fremde Sache von bedeutendem Wert herbeigeführt haben. Diesbezüglich kann auf die entsprechenden Ausführungen zu § 315b unter Rn. 1195 ff. verwiesen werden. Insbesondere die Problematiken, ob eine Gefährdung Tatbeteiligter oder des für den Täter fremden Fahrzeugs genügt, können auch hier relevant werden.

Sonderproblem: Zurechnungszusammenhang bei alkoholbedingter Gefährdung

1279 Umstritten ist der Maßstab des Pflichtwidrigkeitszusammenhangs im Rahmen der objektiven Zurechnung des konkreten Gefahrerfolgs in Fällen des § 315c I Nr. 1 lit. a).

1280 – Die Rspr. (BGH NStZ 2013, 231 f. = JuS 2013, 466; BayObLG NStZ 1997, 388, 389) will diese nur dann verneinen, wenn es auch zu dem (Beinahe-)Unfall gekommen wäre, wenn der Täter mit einer seinem Alkoholisierungs- bzw. Berauschungsgrad angepassten Geschwindigkeit gefahren wäre. § 3 I 1 StVO fordere von dem Fahrer, dass er seine Geschwindigkeit seinen Fähigkeiten anpasst. Diese Regelung gelte auch für den alkoholisierten Fahrer.

1281 – Demgegenüber fordert die h. L., dass der Zurechnungszusammenhang bereits dann unterbrochen sein muss, wenn der (Beinahe-)Unfall auch von einem nicht berauschten Fahrer bei gleicher Geschwindigkeit nicht hätte vermieden werden können (Hecker JuS 2013, 466, 467; Rengier, BT II, § 44 Rn. 24; Eisele, BT I, Rn. 1136). Die Trunkenheitsfahrt als solche sei verboten. Daher müsse auf den regelgemäßen Zustand, also den nüchternen Fahrer verwiesen werden.

1282 – Eine weitere Auffassung im Schrifttum (El-Ghazi ZJS 2014, 23 – 29) teilt die Kritik an der Rspr. nicht. Sie stellt aber auf die Schutzzwecke der betroffenen Regelungen der StVO ab. Danach kann der Fahrer nur insoweit verantwortlich sein, als er durch sein Verhalten das erlaubte Risiko nicht erhöht. Es ist somit darauf abzustellen, ob der konkrete Erfolg innerhalb des durch den Regelverstoß begründeten Schutzzwecks liegt.

Bewertung:

1283 Entgegen der Rspr. kann mit Blick auf ein rechtmäßiges Alternativverhalten, welches den Zurechnungszusammenhang unterbrechen würde, nicht auf die Einhaltung der dem Alkoholisierungsgrad entsprechenden Geschwindigkeit abgestellt werden. Zwar fordert § 3 I 1 StVO vom Fahrer nur mit der Geschwindigkeit zu fahren, in der er sein

Fahrzeug ständig beherrscht. Im Falle der Fahruntüchtigkeit wird dem Fahrer aber bereits vorgeworfen, dass er zu einem sicheren Beherrschen des Fahrzeugs insgesamt nicht in der Lage ist. Die einzig denkbare Geschwindigkeit, bei der er sein Fahrzeug sicher beherrschen kann, liegt somit bei 0 km/h. Dementsprechend untersagen die §§ 24a StVG, 316 StGB auch das Führen des Fahrzeugs im angetrunkenen Zustand. Wer auf die dem Alkoholisierungsgrad angepasste Geschwindigkeit abstellt, unterläuft diese Regelungen (Hecker JuS 2013, 466, 467). Auch kann nicht argumentiert werden, der Täter verstoße hier gegen mehrere Sorgfaltsregelungen (zunächst gegen §§ 24a StVG, 316 StGB durch Aufnahme der Fahrt und sodann gegen § 3 I 1 StVO durch die zu hohe Geschwindigkeit) und es sei zumindest für den Fahrlässigkeitsvorwurf gleichgültig, auf welche fehlerhafte Verhaltensweise abgestellt werde (so El-Ghazi ZJS 2013, 23, 25). Denn die durch § 3 I 1 StVO geforderte angepasste Geschwindigkeit kann nicht in einer fiktiv zu bestimmenden Geschwindigkeit bestehen, bei der der alkoholisierte Fahrer einem nüchternen entsprechend hätte handeln können (so das Beispiel bei Eisele, BT I, Rn. 1136), sondern nur in dem Stillstand des Fahrzeugs. Andernfalls läge gerade keine Fahruntauglichkeit vor. Somit ist im Ergebnis der h. L. zuzustimmen und es ist auf die Vermeidbarkeit des (Beinahe-)Unfalls für einen nüchternen Fahrer bei derselben Geschwindigkeit abzustellen.

2. Subjektiver Tatbestand

Der Täter muss bezüglich aller objektiven Tatbestandsmerkmale mindestens mit *dolus* **1284** *eventualis* handeln. Zu beachten ist somit auch hier, dass sowohl Tathandlung als auch die konkrete Gefahr für Leib, Leben oder einen bedeutenden Sachwert vom Vorsatz des Täters umfasst sein müssen. Eine Vorsatz-Vorsatz-Kombination wird jedoch selten in Betracht kommen, da der Verkehrstäter den Eintritt einer konkreten Gefahr meist nicht bewusst hinnimmt.

Bei der alkoholbedingten Fahruntüchtigkeit wird zudem der Nachweis des Vorsatzes **1285** bezüglich der Tathandlung oftmals problematisch sein, da die genossene Trinkmenge häufig falsch eingeschätzt wird und der Fahrzeugführer von seiner Eignung zum Fahrzeugführen dennoch überzeugt ist. Es gelten die bei § 316 getätigten Ausführungen entsprechend (vgl. Rn. 1253 ff.). Dann kommt aber Fahrlässigkeit gem. § 315c III Nr. 2 in Betracht.

Daneben ist bei § 315c I Nr. 2 auch das Merkmal der Rücksichtslosigkeit zu prüfen **1286** (vertretbar ist ebenso eine Prüfung erst auf der Ebene der Schuld). Hierbei handelt es sich um ein besonderes persönliches Merkmal i. S. von § 28 I.

1287 Rücksichtslos handelt, wer sich aus eigensüchtigen Gründen über seine Pflichten im Straßenverkehr hinwegsetzt oder aus Gleichgültigkeit von vornherein Bedenken gegen sein Verhalten nicht aufkommen lässt.

1288 Der erste Teil dieser Definition gilt für vorsätzliches Handeln; der zweite Teil macht klar, dass Rücksichtslosigkeit auch bei fahrlässigem Handeln gegeben sein kann.

II. Rechtswidrigkeit

1289 Hier ist ebenso auf die entsprechenden Ausführungen zu § 315b unter Rn. 1217 ff. zu verweisen; insbesondere die rechtfertigende Einwilligung von Fahrzeuginsassen ist ein beliebtes Klausurthema.

III. Schuld

1290 Im Falle des § 315c I Nr. 1 lit. a) gelten die Ausführungen zu § 316 entsprechend (vgl. Rn. 1256 ff.) Insbesondere ist die Berechnung der BAK im Tatzeitraum sowie die Möglichkeit der Anwendung der Rechtsfigur der actio libera in causa zu berücksichtigen.

IV. Vorsatz-Fahrlässigkeits-Kombination gem. § 315c I, III Nr. 1

1291 In § 315c I, III Nr. 1 hat der Gesetzgeber den Fall geregelt, in dem der Täter zwar *vorsätzlich* hinsichtlich der *Tathandlung*, bezüglich der daraus entstehenden konkreten *Gefahr* für Leib, Leben oder einen bedeutenden Sachwert jedoch nur *fahrlässig* gehandelt hat. Es handelt sich um eine *Vorsatz-Fahrlässigkeits-Kombination*, die gem. § 11 II als Vorsatzdelikt gilt. Es ist zu beachten, dass bezüglich des bloß fahrlässig herbeigeführten Erfolgs i. S. einer konkreten Gefahr im objektiven Tatbestand die objektive Sorgfaltspflichtverletzung bei objektiver Vorhersehbarkeit zu prüfen ist. Auf der Ebene der Schuld ist zusätzlich die subjektive Sorgfaltspflichtverletzung bei subjektiver Vorhersehbarkeit anzusprechen. Ergibt sich aus der Sachverhaltsdarstellung, dass der Täter bezüglich der Gefahr nicht vorsätzlich handelte, so ist unmittelbar mit dieser Prüfung – und nicht mit einer Prüfung nach § 315c I – zu beginnen.

V. Fahrlässigkeitstat gem. § 315c I, III Nr. 2

1292 § 315c I, III Nr. 2 regelt die fahrlässige Gefährdung des Straßenverkehrs, wonach sowohl die *Tathandlung* als auch die dadurch herbeigeführte *Gefahr fahrlässig* verursacht worden sein muss. Der Aufbau folgt daher dem allgemeinen Fahrlässigkeitsschema.

VI. Konkurrenzen

Aus Klarstellungsgründen besteht zu Verletzungsdelikten und Gefährdungsdelikten, **1293** etwa den §§ 223 ff., 211 ff., 113, 240 Tateinheit. § 315c I Nr. 1 lit. a) ist gegenüber § 315c I Nr. 1 lit. b) das speziellere Delikt. Bei gleichzeitiger Strafbarkeit gem. § 315b wegen einer bewussten Zweckentfremdung ist Tateinheit zu § 315c gegeben (a. A. Schönke/Schröder-Hecker, § 315b Rn. 18). Treffen mehrere Begehungsformen des § 315c zusammen, kommt es aber nur zu einer konkreten Gefahr, so liegt nur eine Tat nach § 315c vor. Bei gleichzeitiger Gefährdung mehrerer Menschen oder Sachen durch einen Eingriff liegt ebenfalls nur eine einheitliche Tat vor. Schafft der Täter bei einer Trunkenheitsfahrt mehrere Gefahrsituationen zeitlich nacheinander, so liegt Tateinheit vor. Die Rechtsprechung (BGH NJW 1989, 1227) spricht hier zwar nicht von einem Dauerdelikt, jedoch sei die Trunkenheitsfahrt letztlich dauerdeliktsähnlicher Natur, sodass nur eine quantitative Unrechtssteigerung vorliege. Mit einem nachfolgenden unerlaubten Entfernen vom Unfallort gem. § 142 liegt regelmäßig Tatmehrheit vor, da dieses auf einem neuen Tatentschluss beruht.

VII. Aufbauschema § 315c I

I. **Tatbestand**

   1. Objektiver Tatbestand

      a) Tatsubjekt: Führer eines Fahrzeugs

      b) Tathandlung

         aa) Nr. 1: Fahruntüchtigkeit des Fahrzeugführers aufgrund von Rauschmitteln (lit. a) oder geistigen oder körperlichen Mängeln (lit. b)

         bb) Nr. 2: grob verkehrswidrige Verwirklichung einer der in § 315c I Nr. 2 lit. a) – g) genannten besonders gefährlichen Verhaltensweisen

      c) Taterfolg: Konkrete Gefahr für Leib oder Leben oder eine fremde Sache von bedeutendem Wert

   2. Subjektiver Tatbestand

      a) mindestens dolus eventualis bzgl. der objektiven Tatbestandsmerkmale

      b) bei § 315c I Nr. 2: Rücksichtslosigkeit

II. **Rechtswidrigkeit**

III. **Schuld**

D. Unerlaubtes Entfernen vom Unfallort (§ 142)

Gesetzestext:

(1) Ein Unfallbeteiligter, der sich nach einem Unfall im Straßenverkehr vom Unfallort entfernt, bevor er

  1. zugunsten der anderen Unfallbeteiligten und der Geschädigten die Feststellung seiner Person, seines Fahrzeugs und der Art seiner Beteiligung durch seine Anwesenheit und durch die Angabe, daß er an dem Unfall beteiligt ist, ermöglicht hat oder

  2. eine nach den Umständen angemessene Zeit gewartet hat, ohne daß jemand bereit war, die Feststellungen zu treffen,

  wird mit Freiheitsstrafe bis zu drei Jahren oder mit Geldstrafe bestraft.

(2) Nach Absatz 1 wird auch ein Unfallbeteiligter bestraft, der sich

  1. nach Ablauf der Wartefrist (Absatz 1 Nr. 2) oder

  2. berechtigt oder entschuldigt

  vom Unfallort entfernt hat und die Feststellungen nicht unverzüglich nachträglich ermöglicht.

(3) Der Verpflichtung, die Feststellungen nachträglich zu ermöglichen, genügt der Unfallbeteiligte, wenn er den Berechtigten (Absatz 1 Nr. 1) oder einer nahe gelegenen Polizeidienststelle mitteilt, daß er an dem Unfall beteiligt gewesen ist, und wenn er seine Anschrift, seinen Aufenthalt sowie das Kennzeichen und den Standort seines Fahrzeugs angibt und dieses zu unverzüglichen Feststellungen für eine ihm zumutbare Zeit zur Verfügung hält. Dies gilt nicht, wenn er durch sein Verhalten die Feststellungen absichtlich vereitelt.

(4) Das Gericht mildert in den Fällen der Absätze 1 und 2 die Strafe (§ 49 Abs. 1) oder kann von Strafe nach diesen Vorschriften absehen, wenn der Unfallbeteiligte innerhalb von vierundzwanzig Stunden nach einem Unfall außerhalb des fließenden Verkehrs, der ausschließlich nicht bedeutenden Sachschaden zur Folge hat, freiwillig die Feststellungen nachträglich ermöglicht (Absatz 3).

(5) Unfallbeteiligter ist jeder, dessen Verhalten nach den Umständen zur Verursachung des Unfalls beigetragen haben kann.

1294 § 142 bezweckt ausschließlich den Schutz des *privaten Feststellungsinteresses* der Unfallbeteiligten und Geschädigten, um zivilrechtliche *Schadenersatzansprüche zu sichern oder abzuwehren.* Es handelt sich daher um ein *abstraktes Vermögensgefährdungsdelikt.* Dagegen ist das öffentliche Interesse an einer Strafverfolgung nicht geschützt.

Bei § 142 II handelt es sich um ein echtes Unterlassungsdelikt, das die Nichtvornahme **1295** nachträglicher Feststellungsermöglichung unter Strafe stellt. § 142 I ist nach jedenfalls h. M. zumindest ein „verkapptes" unechtes Unterlassungsdelikt, auf das die für Unterlassungsdelikte maßgebenden Grundsätze entsprechend anwendbar sind. Obgleich das aktive Sichentfernen verboten ist, statuiert der Tatbestand des § 142 I im Kern das Gebot, Unfallfeststellungen zu ermöglichen. Daher ist ähnlich wie bei § 323c die Zumutbarkeit als regulatives Prinzip anzuerkennen.

Der Versuch des Vergehens ist nicht unter Strafe gestellt (vgl. §§ 23 I, 12 II). **1296**

I. Tatbestand

1. Objektiver Tatbestand

Um den objektiven Tatbestand des unerlaubten Entfernens vom Unfallort zu verwirk- **1297** lichen, muss der Täter als Unfallbeteiligter im Straßenverkehr entweder seine Wartepflicht nach § 142 I oder seine Nachholpflicht nach § 142 II nicht erfüllen. Bei beiden Absätzen ist also zunächst erforderlich, dass ein Unfall im Straßenverkehr vorliegt, bei dem der Täter Unfallbeteiligter ist.

a) Beteiligter an einem Unfall im Straßenverkehr

aa) Unfall im Straßenverkehr

Ein **Unfall im Straßenverkehr** ist jedes plötzliche Ereignis im öffentlichen Straßen- **1298** verkehr, das mit dessen typischen Gefahren in ursächlichem Zusammenhang steht und einen nicht ganz unerheblichen Personen- oder Sachschaden zur Folge hat.

Das plötzlich eintretende Ereignis muss sich im *öffentlichen Straßenverkehr* (vgl. dazu die **1299** entsprechenden Ausführungen zu § 315b unter Rn. 1190 ff.) zugetragen haben.

Dieses Ereignis muss zudem in einem ursächlichen Zusammenhang mit den Gefahren **1300** des Straßenverkehrs stehen. Es muss sich also gerade ein dem (ruhenden und fließenden) *Straßenverkehr typischerweise anhaftendes Risiko* verwirklicht haben. Mit Blick auf den Schutzzweck des § 142 ist dieser Zusammenhang immer dann gegeben, wenn sich das mit dem Straßenverkehr verbundene Risiko, welches aus dessen Dynamik, Anonymität sowie der Häufigkeit und Intensität von Schadensereignissen ergibt, verwirklicht hat (Bosch Jura 2011, 593, 954 f.). Daher ist ein Unfall im öffentlichen Straßenverkehr auch gegeben, wenn nicht das gesamte Geschehen dort stattfindet (wenn ein Fahrzeug etwa von der Fahrbahn auf ein Privatgrundstück abkommt) und nicht nur bei Unfällen zwischen Fahrzeugen.

Beispiele: Unfälle mit Straßenbahnen; Inlineskater mit Fußgängern; zusammenstoßende Fußgänger (a. A. vgl. LK-Geppert, § 142 Rn. 25).

1301 Ob der geforderte ursächliche Zusammenhang in den sog. Einkaufswagenfällen bzw. Beladefällen vorliegt, ist umstritten. Regelmäßig wird hier ein Fahrzeug auf einem öffentlichen Parkplatz eines Einkaufszentrums vom Täter beladen, wobei der Einkaufswagen in einem unaufmerksamen Augenblick davonrollt und auf ein anderes Fahrzeug prallt. Zum Teil wird das Beladen eines Kfz nicht mehr als Teil des Straßenverkehrs angesehen, weil sich hier nicht das Risiko des Straßenverkehrs, sondern das allgemeine Lebensrisiko realisiere (Hecker JuS 2011, 1038, 1039; AG Tiergarten NZV 2009, 94, 95; LG Düsseldorf NStZ-RR 2011, 335; krit. aber mit ähnlicher Tendenz Kudlich JA 2009, 230, 232). Die h. M. in Rspr und Literatur sieht hingegen den Beladevorgang als Teil des ruhenden Verkehrs an, in dessen Zuge sich die mit dem Abstellen verbundene typische Gefahr von Schadensereignissen auf Parkplätzen in den genannten Fallkonstellationen verwirkliche (OLG Köln NStZ-RR 2011, 354 f.; OLG Düsseldorf NStZ 2012, 326 f.; Bosch Jura 2011, 593, 595; Fischer, § 142 Rn. 9).

1302 Vom Begriff des plötzlichen Ereignisses (als Teil der Unfalldefinition) ist grundsätzlich auch ein *vorsätzliches Herbeiführen* des Schadens umfasst, wenn das Ereignis für einen Betroffenen jedenfalls plötzlich war (BGHSt 24, 382). Jedoch kann ein verkehrsspezifischer Zusammenhang – also die Verwirklichung eines allgemeinen Verkehrsrisikos – *nicht* mehr bejaht werden, wenn das Fahrzeug nicht als Fortbewegungsmittel, sondern als Tatwerkzeug zur Verwirklichung deliktischer Planungen verwendet wird.

1303 *Beispiele (keine Unfälle):* Benutzen des Fahrzeugs zur gezielten Tötung eines Menschen; Mülltonnen aus einem fahrenden Auto heraus ergreifen, um beim Loslassen parkende PKW zu beschädigen (BGHSt 47, 158); Werfen von Flaschen auf einen langsam fahrenden PKW durch Insassen des nachfolgenden Fahrzeugs (OLG Hamm NJW 1982, 2456).

1304 Schließlich ist vorausgesetzt, dass ein *nicht ganz unerheblicher Personen- oder Sachschaden* entstanden ist. Unerhebliche Schäden liegen bei geringfügigen Hautabschürfungen oder Bagatell-Sachschäden, was bis zu einer Schadenshöhe von bis zu 25 Euro anzunehmen ist, vor. Hierbei ist zu beachten, dass aufgrund des Zwecks des § 142, zivilrechtliche Schadensersatzansprüche zu schützen oder abzuwehren, nur solche Schäden relevant werden können, die zivilrechtlich auch erstattungsfähig sind (OLG Hamm NZV 2011, 357).

bb) Unfallbeteiligter gem. § 142 V

Tauglicher Täter ist nur der *Unfallbeteiligte*, weshalb § 142 ein *Sonderdelikt* darstellt. Gemäß der Legaldefinition in § 142 V ist Unfallbeteiligter jeder, dessen Verhalten nach den Umständen zur Verursachung des Unfalls beigetragen haben *kann*. Damit ist auch jeder Unfallbeteiligter, bei dem nach dem äußeren Anschein der nicht ganz unbegründete Verdacht besteht, dass er in irgendeiner Form – auch *ohne* eigenes *Verschulden* – zu der Verursachung des Unfalls beigetragen hat. Entscheidend ist die Lage, wie sie sich zum Zeitpunkt des Unfalls darstellt, auch wenn sich später herausstellt, dass tatsächlich keine Mitverursachung des Unfalls gegeben war. **1305**

Das bloße Mitfahren ist kein ausreichender Hinweis auf eine Beteiligung, solange nicht z. B. ein starkes Ablenken des Fahrers oder ein Griff ins Lenkrad den Unfall (mit-)verursachte. Auch ein am Verkehr nicht Beteiligter, der aber von außen auf diesen eingewirkt hat, kann Unfallbeteiligter sein (etwa durch Blenden von Kraftfahrern mit einem Spiegel). **1306**

Der Unfallbeteiligte muss zur Zeit des Unfalls am Unfallort anwesend sein, da ansonsten ein Entfernen (hierzu sogleich) nicht möglich wäre. **1307**

Sonderproblem: Bloß mittelbare Unfallverursachung

Umstritten ist, ob auch eine lediglich *mittelbare Unfallverursachung* zur Begründung der Eigenschaft als Unfallbeteiligter ausreicht oder ob nur ein *Verhalten in der konkreten Unfallsituation* diese zu begründen vermag. **1308**

- Die Rechtsprechung (OLG Frankfurt NStZ-RR 1998, 86) und die herrschende Ansicht in der Literatur (Fischer, § 142 Rn. 16; Eisele, BT I, Rn. 1189; Rengier, BT II, § 46 Rn. 12) bejahen auch die Möglichkeit einer mittelbaren Verursachung, wenn durch das vorausgegangene Verhalten (z. B. durch Überlassen des Fahrzeugs durch den Fahrzeughalter an einen erkennbar Fahruntauglichen [wegen eines Rausches oder mangelnder Fahrerlaubnis] oder durch Überlassen eines fahruntüchtigen Fahrzeugs) gerade ein möglicherweise unfallrelevantes zusätzliches Moment geschaffen wurde. Allerdings ist nach dieser Ansicht erforderlich, dass der mittelbare Verursacher zur Zeit des Unfallgeschehens anwesend war; auch ein späteres Hinzukommen genüge nicht (OLG Köln NJW 1989, 1683; Bosch Jura 2011, 593, 596; Brüning ZJS 2008, 148, 149). **1309**

- Nach anderer Auffassung in der Literatur (Schönke/Schröder-Sternberg-Lieben, § 142 Rn. 21; SK-Stein, § 142 Rn. 19) kann nur ein Verhalten in der aktuellen Unfallsituation in Betracht kommen, da anderenfalls wegen der Weite des strafrechtlichen Ursachenbegriffs die Strafbarkeit unangemessen ausgedehnt würde. **1310**

Bewertung:

1311 Zwar macht die zweitgenannte Auffassung zu Recht geltend, dass damit die Strafbarkeit auf mittelbare Verursacher ausgedehnt wird. Die Legaldefinition des Unfallbeteiligten unterscheidet jedoch gerade nicht nach Verursachung am Ort des Geschehens und einer bloß mittelbaren Verursachung. Erfasst ist jeder, dessen Verhalten zur Verursachung beigetragen haben *kann* – damit auch die bloß mittelbare. Mit dem Erfordernis der Anwesenheit zur Zeit des Unfalls wird der Begriff des Unfallbeteiligten auch genügend eingeschränkt. Zudem erscheint es nicht völlig unzumutbar, dem Mitverursachenden die gleichen Pflichten aufzuerlegen wie dem unmittelbar am Unfallgeschehen Beteiligten.

b) Tathandlung nach § 142 I

1312 Zunächst ist immer mit der Prüfung des § 142 I Nr. 1 zu beginnen. Danach ist auf § 142 I Nr. 2 einzugehen. Erst im Anschluss daran kommt eine Prüfung von § 142 II in Betracht. Denn stellt sich bei der Prüfung des § 142 I Nr. 1 heraus, dass der Unfallbeteiligte seinen Pflichten nachgekommen ist, so bleibt er endgültig straflos (auch gem. § 142 II, da auch dort eine Verpflichtung zur Feststellungsermöglichung vorausgesetzt wird; vgl. § 142 II a. E.). Hat er dagegen seine Pflichten nach § 142 I Nr. 1 oder 2 nicht erfüllt ohne gerechtfertigt oder entschuldigt gewesen zu sein, so ist er gem. § 142 I strafbar. Dann darf auf § 142 II nicht mehr eingegangen werden. § 142 II ist daher nur zu prüfen, wenn der Unfallbeteiligte seine Wartepflicht erfüllt hat oder eine Strafbarkeit gem. § 142 I nur entfällt, weil ihm Rechtfertigungs- oder Entschuldigungsgründe zugutekamen.

aa) Tat bei Anwesenheit feststellungsbereiter Personen gem. § 142 I Nr. 1

Gem. § 142 I Nr. 1 macht sich strafbar, wer sich vom Unfallort entfernt, bevor er gegen- **1313** über feststellungsbereiten Personen zugunsten der anderen Unfallbeteiligten und der Geschädigten alle notwendigen Feststellungen ermöglicht hat. Dies dient allein – wie bereits oben ausgeführt – der Sicherung von zivilrechtlichen Ansprüchen der anderen Unfallbeteiligten und der Geschädigten. Dem Unfallbeteiligten werden gem. § 142 I Nr. 1 zwei Arten von Pflichten auferlegt. Erstens trifft ihn eine *passive Feststellungsduldungspflicht*, die in § 142 I Nr. 1 Hs. 1 festlegt, welche Angaben er durch seine bloße Anwesenheit erfüllen muss. Zweitens obliegt ihm eine *aktive Vorstellungspflicht*, anzugeben, dass er am Unfall beteiligt war (§ 142 I Nr. 1 Hs. 2). Seine Pflichten erfüllt also derjenige Unfallbeteiligte, der sich nicht entfernt und seine Unfallbeteiligung offenlegt. Diese Pflicht entfällt, wenn seine Unfallbeteiligung bereits bekannt ist.

Den Wartepflichtigen treffen keine Pflichten zur aktiven Aufklärung des Unfallher- **1314** gangs. Auch ist er (entgegen § 34 I Nr. 5 b] StVO) nicht verpflichtet, Angaben zu seinen Personalien zu machen. Er muss jedoch aufgrund seiner passiven Feststellungsduldungspflicht warten, bis die Polizei eintrifft, die die weiteren Angaben erheben kann.

Der Unfallbeteiligte muss diese beiden Pflichten gegenüber *feststellungsbereiten Perso-* **1315** *nen* erfüllen. Feststellungsbereit sind die Geschädigten, die Unfallbeteiligten oder Dritte, sofern sie kraft Amtes dazu berufen sind (Polizei) oder wenn sie erkennbar den Willen haben, die Feststellungen zur Kenntnis des Geschädigten zu bringen. Sind solche Personen nicht anwesend, kommt nur eine Strafbarkeit gem. § 142 I Nr. 2 in Betracht.

Das *Feststellungsinteresse* (und damit die *Tatbestandsmäßigkeit*) kann *entfallen*, wenn **1316** der Schadensersatzanspruch des Geschädigten sofort befriedigt wird (z. B. durch ein Schuldanerkenntnis) oder wenn alle Unfallbeteiligten und Geschädigten auf Feststellungen verzichten. Ein solcher Verzicht ist als Fall einer rechtfertigenden Einwilligung zu verstehen; die hierzu entwickelten Grundsätze sind heranzuziehen.

> **Sonderproblem**: Verzicht auf Feststellungen

Umstritten ist, ob ein *Verzicht auf Feststellungen* auch dann wirksam ist, wenn dieser **1317** *durch Täuschung* des Anwesenheitspflichtigen *erschlichen* wurde. Dies wird insbesondere in dem Fall diskutiert, dass auf weitere Feststellungen verzichtet wird, da der Anwesenheitspflichtige dem Berechtigten – falsche – Personalien angibt.

- Nach einer Ansicht (MüKo-Zopfs, § 142 Rn. 58; SK-Stein, § 142 Rn. 31; NK- **1318** Kretschmer, § 142 Rn. 96) soll auch ein durch Täuschung erschlichener Verzicht den Tatbestand ausschließen können. Dies wird damit begründet, dass dem zur Ermöglichung der Feststellung verpflichteten Täter andernfalls eine generelle

Pflicht zu wahrheitsgemäßen Angaben auferlegt würde. Nach dem Gesetz solle die Verantwortung für die Richtigkeit und Vollständigkeit der Feststellungen gerade den Feststellenden treffen.

1319   – Nach Ansicht der Rechtsprechung (OLG Stuttgart NJW 1982, 2266; BayObLG NJW 1984, 1365) sowie großen Teilen des Schrifttums (vgl. Schönke/Schröder-Sternberg-Lieben, § 142 Rn. 30c; Lackner/Kühl-Kühl, § 142 Rn. 17; Bosch Jura 2011, 593, 597; Fischer, § 142 Rn. 31a; Eisele, BT I, Rn. 1200) schließt die Täuschung wegen des Willensmangels einen wirksamen Verzicht aus. Der Tatbestand des § 142 I Nr. 1 sei somit erfüllt.

Bewertung:

1320   Die letztgenannte Ansicht ist vorzugswürdig. Zwar ist richtig, dass den Wartepflichtigen nur eine passive Feststellungsduldungspflicht trifft. Ein auf einer aktiven Täuschung beruhender Verzicht kann jedoch im Interesse der Sicherung zivilrechtlicher Ansprüche der Berechtigten – entsprechend dem Schutzzweck der Vorschrift – nicht wirksam sein, da sonst auch eine passive Feststellungsduldungspflicht leicht durch falsche Angaben ausgehöhlt werden könnte.

1321   Der Unfallbeteiligte muss sich ohne die Erfüllung seiner soeben genannten Pflichten vom Unfallort entfernt haben.

1322   Unter einem **Entfernen vom Unfallort** wird ein körperliches Verlassen des unmittelbaren Unfallortes verstanden, also von dem Ort, an dem der Unfallbeteiligte seine Pflichten erfüllen kann oder an dem feststellungsbereite Personen einen Wartepflichtigen vermuten und ggf. durch Befragen ermitteln würden.

1323   Wie genau die Grenzen des Unfallorts zu ziehen sind, ist anhand der Gegebenheiten des Einzelfalls zu ermitteln. Eine pauschale Entfernungsangabe des Umkreises um den Ort des Schadensereignisses ist nicht zulässig. Insbesondere sind hier die Sichtweite, die Übersichtlichkeit und die sonstigen Verkehrsverhältnisse zu berücksichtigen.

1324   Entgegen anders lautender Ansicht (OLG Düsseldorf NStZ-RR 2008, 88 mit Bezug auf BVerfG NJW 2007, 1666, 1668) kann neben dem Schadensort nicht auch der Ort, an dem ein Unfallbeteiligter erstmals von dem Unfallereignis Kenntnis gewonnen hat, als Unfallort klassifiziert werden. Entfernt sich der Unfallbeteiligte zunächst vom Unfallort, weil er den Unfall nicht bemerkt hat, so begeht er auch dann keine Tat gem. § 142 I Nr. 1, wenn er von dem Geschädigten verfolgt und in erheblicher Entfernung vom Unfallort auf das Unfallereignis aufmerksam gemacht wird (BGH NStZ 2011, 209, 210; OLG Hamburg NJW 2009, 2074; Küper NStZ 2008, 597, 603 – 605; Bosch Jura 2011, 593, 598 f.).

Ein Entfernen vom Unfallort ist nur bei einem *willensgetragenen Verhalten* gegeben. Da- **1325** mit scheidet eine Strafbarkeit aus, wenn der Unfallbeteiligte *entfernt wird* (z. B. aufgrund eines Transports ins Krankenhaus oder bei einem mit vis absoluta durchgeführten Entfernen). Ebenfalls liegt kein Entfernen vor, wenn der Unfallbeteiligte, um von einer nahegelegenen Telefonzelle aus die Polizei zu verständigen, kurzfristig den Unfallort verlässt und anschließend wieder zu diesem zurückkehrt.

Sonderproblem: Versteckten des Unfallbeteiligten am Unfallort

Umstritten ist, ob in dem Fall, in dem der Feststellungsverpflichtete zwar am Unfallort **1326** verweilt, sich aber nicht als Unfallbeteiligter zu erkennen gibt (z. B. weil er sich als unbeteiligter Passant ausgibt) und erst nach den feststellungsbereiten Personen als Letzter den Ort verlässt, ein Sichentfernen bejaht werden kann.

– Eine Auffassung in Rechtsprechung (BayObLG NJW 1984, 1365; OLG Frank- **1327** furt NJW 1990, 1189) und Literatur (Brüning ZJS 2008, 148, 151; Bauer NStZ 1985, 301, 302; Schneider RÜ 2019, 240) geht davon aus, dass § 142 I Nr. 1 verneint werden müsse, da zum Zeitpunkt des Sichentfernens keine feststellungsbereiten Personen mehr vorhanden seien und damit Feststellungen gar nicht mehr vorgenommen werden können.

– Demgegenüber argumentiert die h. M. in Rechtsprechung (BGH RÜ 2018, 641; **1328** OLG Hamm NJW 1979, 438) und Schrifttum (Schönke/Schröder-Sternberg-Lieben, § 142 Rn. 43; Lackner/Kühl-Kühl, § 142 Rn. 18 a. E.; Wessels/Hettinger/Engländer, BT 1, Rn. 1054), der Unrechtskern des § 142 I Nr. 1 liege in der Nichterfüllung der Warte- und Vorstellungspflicht. Anderenfalls würde außer Acht gelassen, dass der Täter seine Angabe, an dem Unfall beteiligt zu sein, zu dem Zeitpunkt, als Feststellungsinteressenten am Unfallort waren, hätte ermöglichen können. Nach der ratio legis sei daher § 142 I Nr. 1 auch zu bejahen, wenn der Täter den Unfallort als Letzter verlasse.

Bewertung:

Die letztgenannte Ansicht verdient Zustimmung. Denn der Unfallbeteiligte kommt – **1329** während Feststellungsberechtigte am Unfallort anwesend sind und er somit die Möglichkeit hierzu gehabt hätte – seiner aktiven Vorstellungspflicht nicht nach. Ihn dann nicht wegen dieser Vorschrift bestrafen zu wollen, weil zum Zeitpunkt des Entfernens keine feststellungsbereiten Personen mehr anwesend sind, wäre angesichts der Verletzung seiner ihm obliegenden und erfüllbaren Pflichten widersinnig. Somit macht sich auch derjenige strafbar gem. § 142 I Nr. 1, der bis zum Weggehen der Feststellungsinteressenten am Unfallort verweilt und währenddessen seinen Pflichten nicht nachkommt.

bb) Tat bei Nichtanwesenheit feststellungsbereiter Personen gem. § 142 I Nr. 2

1330 Nach § 142 I Nr. 2 macht sich strafbar, wer sich vom Unfallort entfernt, ohne dass er eine angemessene Zeit gewartet hat, wobei keine feststellungsberechtigten Personen anwesend waren. Der Unfallbeteiligte muss also – positiv ausgedrückt – eine angemessene Zeit gewartet haben, um das mögliche Eintreffen von Feststellungsinteressenten abzuwarten, um sich *nicht* nach § 142 I Nr. 2 strafbar zu machen. Es wird also eine *Wartepflicht* für den Fall normiert, dass sich *keine feststellungsbereiten Personen am Unfallort* aufhalten.

1331 Die Dauer der Wartepflicht richtet sich nach den konkreten Umständen des Einzelfalls und den Maßstäben der Erforderlichkeit und Zumutbarkeit, insbesondere nach den Feststellungsinteressen der Beteiligten, der Schwere des Unfalls, der Tageszeit und den Witterungsverhältnissen. Bei geringen Schäden wird eine Wartezeit von etwa 15 – 30 Minuten als ausreichend angesehen. Bei höherem Sachschaden oder bei Personenschäden ist eine Wartezeit von mindestens einer Stunde anzusetzen. Das Hinterlassen einer Visitenkarte o. Ä. an der Windschutzscheibe genügt nicht.

c) Tathandlung nach § 142 II

aa) Nachholpflicht nach erfüllter Wartepflicht gem. § 142 II Nr. 1

1332 Bei § 142 II handelt es sich um ein *echtes Unterlassungsdelikt*, bei dem die Nichtvornahme einer nachträglichen Feststellungsermöglichung unter Strafe gestellt ist. Gem. § 142 II Nr. 1 macht sich strafbar, wer sich nach Ablauf der Wartefrist (gem. § 142 I Nr. 2) vom Unfallort entfernt und die Feststellungen nicht unverzüglich nachträglich ermöglicht. Es wird also eine *Nachholpflicht* des Unfallbeteiligten statuiert.

1333 Die Feststellungen müssen *unverzüglich nachträglich ermöglicht* werden. Hierzu legt § 142 III die gesetzlichen Pflichten fest, deren Einhaltung zur Straflosigkeit führt. Diese gehen jedoch über das in § 142 I Nr. 1 Verlangte hinaus, da der Unfallbeteiligte verpflichtet wird, aktiv über seine Beteiligung gegenüber den Berechtigten oder gegenüber einer nahe gelegenen Polizeidienststelle Angaben zu machen. Allerdings genügt auch jede andere gleich geeignete Feststellungsermöglichung. Die Verpflichtung muss *unverzüglich*, d. h. ohne schuldhaftes Zögern, nach Ablauf der Wartefrist bzw. nach Wegfall der legitimierenden Situation (bei § 142 II Nr. 2) erfüllt werden. Da Sinn und Zweck der Vorschrift die Sicherung von zivilrechtlichen Ansprüchen ist, kann es im Einzelfall zum Wegfall des Wahlrechtes des Unfallbeteiligten (gem. § 142 III 1) kommen. Kann etwa der Unfallbeteiligte den Berechtigten nicht erreichen, ist eine Feststellungsermöglichung bei der Polizei erforderlich (h. M.; a. A., die das Unverzüglichkeitsgebot auf den einmal eingeschlagenen Weg begrenzen will vgl. SK-Stein, § 142 Rn. 57).

bb) Berechtigtes oder entschuldigtes Entfernen gem. § 142 II Nr. 2

Gem. § 142 II Nr. 2 macht sich strafbar, wer sich berechtigt oder entschuldigt vom Un- **1334** fallort entfernt und die Feststellungen nicht unverzüglich nachträglich ermöglicht.

Ein *berechtigtes Entfernen* vom Unfallort kommt in Betracht, wenn sich der Unfallbetei- **1335** ligte auf Rechtfertigungsgründe – insbesondere auf § 34, z. B. weil er Verletzte ins Krankenhaus fährt oder eigene Verletzungen behandeln lassen muss (BGH NStZ 2015, 265), oder auf eine (mutmaßliche) Einwilligung – stützen kann. Gleiches kann aufgrund des eigentümlichen Charakters als „verkapptes Unterlassungsdelikt" auch gelten, wenn der Täter in einer rechtfertigenden Pflichtenkollision steht, etwa weil die Wartepflicht aus § 142 mit dem Halteverbot auf Autobahnen aus § 18 VIII StVO kollidiert (LG Gießen, Beschluss vom 29.11.2013 – 7 Qs 192/13). Auch bei anderen Verpflichtungen, etwa wichtigen Terminen oder Prüfungen, kann eine Rechtfertigung gem. § 34 gegeben sein. Dafür ist jedoch erforderlich, dass es sich um unaufschiebbare Angelegenheiten handelt und der Beteiligte Name und Anschrift hinterlässt.

Ein *entschuldigtes Entfernen* kommt in Betracht, wenn der Täter ohne Schuld gehandelt **1336** hat, also wenn Entschuldigungs- oder Schuldausschließungsgründe gegeben waren oder sich der Täter in einem unvermeidbaren Verbotsirrtum gem. § 17 S. 1 befand (a. A. Paeffgen NStZ 1990, 365).

Der früheren Rechtsprechung, die ein *unvorsätzliches Entfernen* begrifflich vom berech- **1337** tigten und entschuldigten Entfernen umfasst und somit eine Strafbarkeit gem. § 142 II als gegeben ansah, ist mit dem Beschluss des BVerfG vom 19.3.2007 (NJW 2007, 1666 ff.) der Boden entzogen worden. Diese Streitfrage wurde immer dann relevant, wenn der Täter nichts von dem Unfall bemerkt hat, aber später hiervon Kenntnis erlangt. Mit der Entscheidung des BVerfG wurde klargestellt, dass die bisherige Rechtsprechung des BGH gegen Art. 103 II GG verstößt, da der mögliche Wortsinn der Begriffe „berechtigt oder entschuldigt" nicht auch das unvorsätzliche Sichentfernen erfassen kann. Wie das BVerfG (NJW 2007, 1666, 1667) festgestellt hat, ist auch die argumentative Stütze des BGH hinfällig, da sogar die Umgangssprache unterscheide, ob eine Handlung nicht absichtlich, also unvorsätzlich, oder berechtigt oder entschuldigt vorgenommen werde (BverfG NJW 2007, 1666, ff.; siehe auch Brüning ZIS 2007, 317 ff.; Dehne-Niemann Jura 2008, 135 ff.; Küper NStZ 2008, 597 ff.). Wegen des Analogieverbotes im Strafrecht ist es nicht hinnehmbar, dass im Wege der Auslegung durch die Gerichte faktisch neue Straftatbestände geschaffen werden. Es mag zwar wünschenswert erscheinen, zu Zwecken der Beweissicherung auch Fälle bestrafen zu können, bei denen der Täter bereits kurz nach dem Unfall von diesem erfährt. Diesem rechtspolitischen Bedürfnis steht jedoch der eindeutige Wortlaut entgegen.

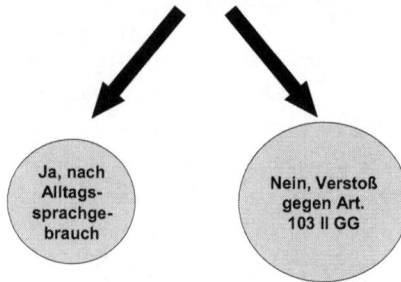

Ist unvorsätzliches Entfernen vom § 142 II Nr. 2 erfasst?

Ja, nach Alltagssprachgebrauch

Nein, Verstoß gegen Art. 103 II GG

1338 Etwas anderes kann nur im Falle eines *Erlaubnistatbestandsirrtums* gelten, wenn man der Ansicht folgt, dass dieser den Vorsatz ausschließt (vgl. Schönke/Schröder-Sternberg-Lieben/Schuster, § 16 Rn. 16 ff.). Denn hier kann der Unfallbeteiligte, der sich das Bestehen einer Rechtfertigungslage nur vorstellt, nicht bessergestellt werden als derjenige, bei dem ein Rechtfertigungsgrund tatsächlich vorliegt. Daher ist dieser Unfallbeteiligte, der sich ja bewusst vom Unfallort entfernt hat, verpflichtet, nachträglich Feststellungen gem. § 142 II zu ermöglichen (a. A. /Schröder-Sternberg-Lieben, § 142 Rn. 55a.).

Sonderproblem: Entferntwerden vom Unfallort

1339 Umstritten ist, ob § 142 II Nr. 2 eingreift, wenn der *Unfallbeteiligte* vom Unfallort *entfernt worden* ist, sei es durch Polizeibeamte oder durch den Rettungsdienst.

1340 – Nach einer Ansicht in Literatur (Kindhäuser/Schramm, BT I, § 70 Rn. 44; Lackner/Kühl-Kühl, § 142 Rn. 25) und Rechtsprechung (OLG Köln VRS 57 (1979), 406; OLG Hamm NJW 1979, 438) kann § 142 II Nr. 2 nicht zur Anwendung gelangen, wenn der Unfallbeteiligte von der Unfallstelle entfernt wird, also kein willentliches Verhalten gegeben ist.

1341 – Nach anderer Auffassung in Literatur (Maurach/Schroeder/Maiwald, BT I, § 49 Rn. 55) und Rechtsprechung (BayObLG NJW 1982, 1059; BayObLG NJW 1984, 1365) trifft den Unfallbeteiligten, wenn er sich in nicht strafbarer Weise von der Unfallstelle entfernt hat, die Pflicht, die Feststellungen unverzüglich nachträglich zu ermöglichen.

1342 – Nach einer differenzierenden Auffassung (LK-Geppert, § 142 Rn. 125) soll § 142 II Nr. 2 nur bejaht werden können, wenn der Unfallbeteiligte es in der

Hand hatte, dass er nicht entfernt wird. Konnte er dies nicht (z. B. aufgrund Abtransports in bewusstlosem Zustand), so soll § 142 II Nr. 2 zu verneinen sein.

Bewertung:

Erstere Auffassung kann überzeugen: es gebietet auch hier die Wortlautgrenze, dass ein **1343** Sichentfernen des Unfallbeteiligten nicht einem erzwungenen Entferntwerden durch Dritte gleichgestellt werden kann, sodass es bei nicht willensgetragenen Verhaltensweisen bei einer Straflosigkeit bleiben muss. Die differenzierende Ansicht verkennt das Kriterium des willentlichen Verhaltens als Abgrenzungskriterium, das am besten geeignet erscheint, ein Sichentfernen von einem Entferntwerden (was auch vorliegt, wenn man dieses durch eigene Maßnahmen abwenden könnte) und damit strafbares von straflosem Verhalten abzugrenzen.

Sonderproblem: Entfernen im Vollrausch

Schließlich wird eine Strafbarkeit gem. § 142 II Nr. 2 auch für den Fall erwogen, dass **1344** der Unfallbeteiligte im *Vollrausch* § 142 I Nr. 1 oder Nr. 2 verwirklicht hat und in wieder nüchternem Zustand keine Feststellungen nachträglich ermöglicht hat.

- Nach einer Auffassung in der Literatur (Berz Jura 1979, 127; Dornseifer JZ 1980, **1345** 303; Miseré Jura 1991, 298) soll § 142 II Nr. 2 gegeben sein, da sich der Täter entschuldigt i. S. von „ohne Schuld" entfernt hatte. Das zuvor verwirklichte Gefährdungsdelikt (§ 323a i. V. m. § 142 I) soll als mitbestrafte Vortat zurücktreten.

- Nach anderer Auffassung in Rechtsprechung (BayObLG NJW 1989, 1685) und **1346** wohl herrschender Auffassung in der Literatur (Küper NJW 1990, 209; Lackner/Kühl-Kühl, § 142 Rn. 24; Fischer, § 142 Rn. 48; Rengier, BT II, § 46 Rn. 58) muss § 142 II Nr. 2 teleologisch reduziert werden, sodass eine Strafbarkeit hiernach nur in Betracht komme, wenn sich der Täter ansonsten insgesamt straflos vom Unfallort entfernt hat. Nicht „entschuldigt" sei das Entfernen also auch, wenn es gem. § 323a strafbar und in diesem Sinne schuldhaft sei.

Bewertung:

Es bleibt der letztgenannten Ansicht zu folgen. Wie mittlerweile offenkundig geworden **1347** ist, werden zahlreiche Versuche unternommen, um den § 142 II Nr. 1 als Auffangtatbestand in Fällen zu etablieren, bei denen eine Strafwürdigkeit vermutet wird, aber eine Strafbarkeit gem. § 142 sonst ausscheiden würde. Hier kommt eine Strafbarkeit des Vollrauschtäters jedoch nicht gem. § 142 II Nr. 2 in Betracht, da er sich wegen seiner eigentlichen Tat bereits nach § 323a i. V. m. § 142 I strafbar gemacht hat. Bei Befolgen der Gegenmeinung drohten zudem sachwidrige Strafbarkeitslücken für den Fall, dass der Alkoholisierungsgrad des Täters nicht mehr feststellbar wäre: Bei Anwendung des Zweifelssatzes in dubio pro reo müsste bei der Strafbarkeit gem. § 142 I von Schuldunfähigkeit, bei der gem. § 142 II sowie gem. § 323a dagegen von Schuldfähigkeit ausgegangen werden. Der nur mutmaßliche Vollrauschtäter bliebe somit straffrei.

2. Subjektiver Tatbestand

1348 Subjektiv muss allgemeiner Vorsatz (vgl. § 15) des Täters gegeben sein, d. h. *mindestens dolus eventualis* hinsichtlich der Verwirklichung der objektiven Tatbestandsmerkmale. Insbesondere muss der Täter noch am Unfallort zumindest billigend in Kauf genommen haben, dass es zu einem Unfall gekommen ist und er hieran als Unfallbeteiligter in Betracht kommt. Zudem muss der Fahrer zumindest als möglich erkannt haben, dass bei dem Unfall auch mehr als nur belanglose Fremdschäden verursacht wurden (KG NZV 2012, 497 f.). Geht der Täter irrig davon aus, dass ein Unfall im ruhenden Verkehr nicht als Unfall im Straßenverkehr gem. § 142 anzusehen ist (z. B. bei fehlerhaftem Beladen, bei dem ein anderes Fahrzeug beschädigt wird), so liegt kein Tatbestandsirrtum gem. § 16 I 1 sondern ein als Verbotsirrtum nach § 17 zu behandelnder Subsumtionsirrtum vor (Hecker JuS 2013, 851, 852; a. A. LG Aachen NZV 2013, 305).

II. Rechtswidrigkeit

1349 Hier kommen die allgemeinen geschriebenen und ungeschriebenen Rechtfertigungsgründe in Betracht. Insbesondere ist im Rahmen des § 142 I auch an die Möglichkeit der rechtfertigenden Pflichtenkollision zu denken. Handelt der Täter hinsichtlich § 142 I gerechtfertigt, so ist im Anschluss freilich auf § 142 II Nr. 2 einzugehen. Es kann auch unmittelbar mit dieser Prüfung begonnen werden, jedoch muss man das berechtigte Entfernen dann inzident prüfen.

III. Schuld

1350 Hier gilt wie bei den Rechtfertigungsgründen, dass bei einem entschuldigten oder schuldlosen Handeln (noch) auf § 142 II Nr. 2 eingegangen werden muss.

IV. Tätige Reue

1351 Um einen Anreiz zu geben, dass die erforderlichen Feststellungen noch nachgeholt werden, ist in § 142 IV die Möglichkeit von tätiger Reue vorgesehen, wobei für die § 142 I und II Strafmilderung oder Absehen von Strafe in Betracht kommen. Hierfür muss der Unfallbeteiligte bis zu 24 Stunden nach einem Unfall außerhalb des fließenden Verkehrs (z. B. bei Unfällen auf Parkplätzen), der nicht bedeutenden Sachschaden (bis zu ca. 1300 Euro) zur Folge hat, freiwillig die Feststellungen nachträglich ermöglichen.

V. Konkurrenzen

Zu den durch einen Unfall verwirklichten Taten gem. den §§ 222, 229, 315c, 316 steht **1352** das unerlaubte Entfernen vom Unfallort in der Regel im Verhältnis der Tatmehrheit gem. § 53, da die Weiterfahrt aufgrund der Zäsurwirkung des Unfalls zumeist auf einem Entschluss zu einer neuen Tat beruht. Die beiden an sich getrennten Handlungskomplexe (vor und nach der Unfalltat) können nach h. M. (vgl. Geppert Jura 2001, 559, 566) auch nicht durch ein einheitliches Dauerdelikt zur Tateinheit verklammert werden. Will man dagegen die gesamte Fahrt als einheitliche Tat ansehen, so kann eine Dauerstraftat (z. B. gem. § 248b oder § 316), die sich über die Zeit vor und nach dem Unfall erstreckt, die Taten der beiden Komplexe zu einer Tateinheit verklammern, wenn die verklammernde Tat wenigstens so schwer wiegt wie eine der zu verklammernden Taten (Schönke/Schröder-Sternberg-Lieben, § 142 Rn. 92).

VI. Aufbauschema § 142 I und II

I. **Tatbestand**

1. Objektiver Tatbestand

   a) Beteiligter an einem Unfall im Straßenverkehr

   aa) Unfall im öffentlichen Straßenverkehr

   bb) Unfallbeteiligter gem. § 142 V

   b) Tathandlung gem. § 142 I

   aa) Tat bei Anwesenheit feststellungsbereiter Personen gem. § 142 I Nr. 1: Entfernen vom Unfallort ohne Erfüllung der Pflichtenstellungen

   bb) Tat bei Abwesenheit feststellungsbereiter Personen gem. § 142 I Nr. 2: Entfernen vom Unfallort ohne Einhaltung der Wartepflicht

   c) Tathandlung nach § 142 II

   aa) unverzügliche Nachholpflicht nach erfüllter Wartepflicht gem. § 142 II Nr. 1

   bb) unverzügliche Nachholpflicht bei berechtigtem oder entschuldigtem Entfernen gem. § 142 II Nr. 2

2. Subjektiver Tatbestand

II. **Rechtswidrigkeit**

III. **Schuld**

IV. **tätige Reue gem. § 142 IV**

Teil 11 – Sonstige gemeingefährliche Delikte

Weiterführende Literatur: *Fahl*, Der strafbare Vollrausch (§ 323a StGB), JuS 2005, 1076 ff.; *Geilen*, Probleme des § 323c, Jura 1983, 78 ff.; *Geppert*, Die Volltrunkenheit (§ 323a StGB), Jura 2009, 40 ff.; *Geppert*, Die unterlassene Hilfeleistung (§ 323c StGB), Jura 2005, 39 ff.; *Heghmanns*, Entscheidungsanmerkung zu BGH, Urt. V. 19.5.2010 – 5 StR 464/09, ZJS 2012, 788 ff.; *Kulhanek*, Beihilfe zum Vollrausch – Zechkumpane aufgepasst, oder ist eine Einschränkung möglich?, JA 2011, 832 ff.; *Lenk*, Die Strafbarkeit des „Gaffers" gem. § 323c II StGB, JuS 2018, 229 ff.; *Safferling*, Hörig, aber mutlos, JA 2007, 183 ff.

A. Vollrausch (§ 323a)

Gesetzestext:

(1) Wer sich vorsätzlich oder fahrlässig durch alkoholische Getränke oder andere berauschende Mittel in einen Rausch versetzt, wird mit Freiheitsstrafe bis zu fünf Jahren oder mit Geldstrafe bestraft, wenn er in diesem Zustand eine rechtswidrige Tat begeht und ihretwegen nicht bestraft werden kann, weil er infolge des Rausches schuldunfähig war oder weil dies nicht auszuschließen ist.

(2) Die Strafe darf nicht schwerer sein als die Strafe, die für die im Rausch begangene Tat angedroht ist.

(3) Die Tat wird nur auf Antrag, mit Ermächtigung oder auf Strafverlangen verfolgt, wenn die Rauschtat nur auf Antrag, mit Ermächtigung oder auf Strafverlangen verfolgt werden könnte.

1353 Der Tatbestand des Vollrausches gem. § 323a bezweckt den *Schutz der Allgemeinheit vor Taten, die in einem Rauschzustand begangen werden.*

Sonderproblem: Deliktsnatur des § 323a

Stark umstritten ist die *Deliktsnatur* des Vollrauschtatbestands.

1354   – Die *überwiegend in der Rechtsprechung* und in Teilen der Literatur vertretene Auffassung (BGHSt 16, 124; OLG Hamm BeckRS 2014, 00221; Lackner/Kühl, § 323a Rn. 1; Wessels/Hettinger/Engländer, BT 1, Rn. 1074; Kulhanek JA 2011, 823 ff.) geht davon aus, dass § 323a die *abstrakte Gefährlichkeit eines Vollrausches* unter Strafe stellt, die sich aus dem Rauschzustand für die Allgemeinheit ergibt. Der Grund hierfür sei die Enthemmung und die herabgesetzte Einsichts- und Steuerungsfähigkeit sowie die fehlende oder verminderte Impulskontrolle bei Berauschten. Aus diesen Umständen soll die von Berauschten ausgehende, gegenüber Nüchternen erhöhte, abstrakte Gefahr der Begehung von Straftaten folgen. Diese Gefahr sei umso größer, als Berauschte infolge der Enthemmung oftmals unerwartet in ihnen wesensfremder Weise agierten. *Gegenstand des Schuldvorwurfs sei daher allein die Herbeiführung des Vollrauschzustandes.* Damit sei das sich Berauschen als solches strafrechtlich pönalisiert. Der Eintritt einer Rauschtat ist dann dogmatisch als *objektive Bedingung der Strafbarkeit* einzuordnen, auf die sich der Vorsatz oder die Fahrlässigkeit des Täters nicht bezogen haben muss. Das gesetzliche Merkmal der Rauschtat soll danach nur als *strafbarkeitsbeschränkendes Merkmal*, nicht als strafbegründendes Merkmal einzuordnen sein.

- Die Gegenansicht (Geppert Jura 2009, 40, 40 ff.; Geisler NStZ 2009, 41 ff.; **1355**
  ders. GA 2000, 166; Schönke/Schröder-Hecker, § 323a Rn. 1; Roxin, AT I, § 23
  Rn. 7 ff.; Kraatz ZStW 2013, 830 ff.; Ranft JA 1983, 193) fordert eine engere Beziehung zwischen dem Versetzen in den Rauschzustand und der Rauschtat. Dies
  sei mit Blick auf das Schuldprinzip erforderlich, da das Versetzen in einen Rauschzustand für sich genommen eine sozialadäquate und nicht strafwürdige alltägliche Verhaltensweise sei. Daher präge die im Rausch verübte Tat das Unrecht des
  Vollrausches entscheidend mit (vgl. § 323a II; Schönke/Schröder-Sternberg-
  Lieben/Hecker, § 323a Rn. 1), weshalb ihr *strafbarkeitsbegründende* Wirkung zukomme. § 323a sei daher als besonderer Fall eines *konkreten Gefährdungsdeliktes*
  einzuordnen. Innerhalb dieser Ansicht ist weiter umstritten, wie der geforderte
  konkrete Gefahrzusammenhang zwischen dem Versetzen in dem Rauschzustand
  und der Rauschtat zu konturieren ist. Zum Teil wird gefordert, dass der Täter im
  Zeitpunkt des Berauschens vorausgesehen hat, dass er im Rauschzustand eine
  Straftat begehen werde (MüKo-Geisler, § 323a Rn. 55.). Dies wird von anderen
  Vertretern derart präzisiert bzw. verengt, dass der Täter zwar nicht die konkrete
  Rauschtat vorhergesehen haben muss, jedoch um seine spezifische Rauschgefährlichkeit gewusst oder eine solche Kenntnis fahrlässig missachtet hat. Dies
  meint, dass der Täter vorhergesehen oder fahrlässig verkannt hat, dass er eine Tat
  „von der Art der Rauschtat" verüben wird. Dies soll alle Taten miteinschließen,
  die sich gegen dasselbe Rechtsgut wenden und ein vergleichbares Handlungsun-
  recht verwirklichen (Schönke/Schröder-Hecker, § 323a Rn. 1) oder die (wie bei
  der echten Wahlfeststellung) psychologisch und rechtsethisch vergleichbar sind
  (Geppert Jura 2009, 40, 41).

- Teilweise wird wegen Verstoßes gegen das Schuldprinzip auch die Verfassungs- **1356**
  widrigkeit des § 323a angenommen (Wolter NStZ 1982, 54).

Bewertung:

Der dargestellte Streitstand ist äußerst komplex, für das Verständnis der Norm des **1357**
§ 323a jedoch grundlegend. Weiter verkompliziert wird die Thematik dadurch, dass die
Rechtsprechung äußerst uneinheitlich agiert. Der BGH hatte ursprünglich die Gegenansicht vertreten, bevor er mit der Entscheidung BGHSt 16, 124 auf die heutige Linie
einschwenkte. Hingegen vertreten einige Obergerichte zum Teil beide Ansichten (vgl.
nur OLG Hamm NStZ 2009, 40 f. und OLG Hamm BeckRS 2014, 00221). Tatsächlich
wollte der Gesetzgeber mit § 323a bereits das sich Berauschen als solches unter Strafe
stellen. Gleichwohl hat er den Tatbestand hierfür unzutreffend konstruiert. Denn wenn
die Rauschtat nur *strafbarkeitsbeschränkende Funktion hat, lässt sich nicht erklären, warum
von ihr das Strafmaß nach § 323a abhängt* (vgl. § 323a II) und wieso die Strafverfolgungs-

voraussetzungen der Rauschtat auch für § 323a Geltung erhalten sollen (vgl. § 323a III). Richtigerweise ist § 323a trotz dieser systematischen Ungereimtheiten als abstraktes Gefährdungsdelikt zu verstehen. Wer sich in einen Rausch versetzt, schafft eine abstrakte Gefahrenquelle. Ein solches Verhalten unter Strafe zu stellen liegt im Ermessen des Gesetzgebers. Hat dieser eine entsprechende Strafbarkeitsentscheidung getroffen, so ist dies de lege ferenda möglicherweise kritikwürdig, de lege lata jedoch zu akzeptieren. Zudem ist zu berücksichtigen, dass nur das Versetzen in einen Rausch in der Form, dass eine Schuldunfähigkeit zumindest nicht ausgeschlossen werden kann, unter Strafe gestellt ist. Die sozial anerkannten Verhaltensweisen sind somit schon tatbestandlich nicht erfasst, sozial als problematisch angesehenes Verhalten (z. B. Komasaufen, Flatratetrinken, exzessiver Drogenkonsum) hingegen schon. Kurz gesagt, nicht das Berauschen in Maßen, sondern das massive Berauschen wird durch § 323a strafrechtlich erfasst.

1358 § 323a ist ein *eigenhändiges* Delikt. Mittäterschaft und mittelbare Täterschaft sind bezüglich des Vollrausches nicht möglich, an der Rauschtat können jedoch mehrere Täter mitwirken. Der Versuch des Vergehens des § 323a ist mangels ausdrücklicher Anordnung (23 I) nicht mit Strafe bedroht.

1359 § 323a stellt einen *Auffangtatbestand* dar, der nur zu prüfen ist, wenn eine rechtswidrige Tat wegen einer rauschbedingten Schuldunfähigkeit (oder wenn diese Schuldunfähigkeit in dubio pro reo nicht ausgeschlossen werden kann) nicht bestraft werden kann. Es ist also immer mit der Prüfung der Rauschtat, also der Tat, die der Täter im Zustand eines Vollrausches begangen hat, zu beginnen. Liegt ein – zumindest nicht auszuschließender – Rausch vor, so ist bei der Prüfung der Schuld der jeweiligen Deliktsprüfung diese wegen § 20 zu verneinen. Daran muss sich die Prüfung einer vorsätzlichen actio libera in causa anschließen (hierzu Satzger Jura 2006, 513; Wessels/Beulke/Satzger, AT, Rn. 654 ff.; Eisele, BT I, Rn. 1232 ff.). Ist diese nicht gegeben, etwa weil kein Vorsatz bezüglich der im Rausch begangenen Tat gegeben ist oder weil man richtigerweise die Konstruktion der actio libera in causa insgesamt ablehnt, folgt die Prüfung einer (nach h. M. allerdings bei Erfolgsdelikten überflüssigen) fahrlässigen actio libera in causa (Rengier, BT II, § 41 Rn. 3). Erst dann kommt überhaupt die Prüfung des Vollrausches gem. § 323a in Betracht.

I. Tatbestand

1. Objektiver Tatbestand

1360 Zur Verwirklichung des objektiven Tatbestandes muss der Täter sich durch alkoholische Getränke oder andere berauschende Mittel (z. B. Medikamente, Betäubungsmittel/Drogen, auch das Schnüffeln von vorwiegend in Klebstoffen enthaltenen Lösungsmitteln, etc.) in einen Rausch versetzen.

Ein **Rausch** ist ein Zustand der Enthemmung, der nach seinem ganzen Erscheinungsbild als durch den Genuss von Rauschmitteln hervorgerufen anzusehen ist. **1361**

Ein Rausch liegt unstreitig vor, wenn der Täter **1362**

1. sicher den Zustand des § 20 erreicht hat oder

2. der Zustand des § 20 nicht ausgeschlossen werden kann, sicher aber die Voraussetzungen der verminderten Schuldfähigkeit gem. § 21 vorliegen.

Sonderproblem: Verminderte Schuldfähigkeit als Voraussetzung des Rausches

Fraglich ist, ob ein Rausch i. S. d. § 323a auch dann vorliegt, wenn der Täter sich nicht **1363** sicher in einem Zustand gem. § 21 befunden hat, also ob der Rausch erfordert, dass der Täter sich zumindest in einem Zustand befunden haben muss, in dem er gem. § 21 vermindert schuldfähig war. Von der Beantwortung dieser Fragestellung ist abhängig, ob § 323a auch in den Fällen Anwendung findet, in denen weder der Zustand völliger Schuld*fähigkeit* noch der Zustand verminderter Schuldfähigkeit gem. § 21 noch ein solcher völliger Schuld*unfähigkeit* gem. § 20 des Täters während der Verwirklichung des § 323a ausgeschlossen werden kann.

Nicht auszuschließende Schuldfähigkeit

Meinung 1   **Meinung 2**

Schuldunfähigkeit nicht auszuschließen

+   **+**

Nachweislich Zustand des § 21 erreicht	Nachweislich Rauschzustand erreicht

- Nach herrschender Ansicht in Rechtsprechung (BGHSt 16, 187; BGHSt 32, 48) **1364** und Schrifttum (Forster/Rengier NJW 1986, 2869; Wolter JuS 1983, 775; Wessels/Hettinger/Engländer, BT 1, Rn. 1077; Lackner/Kühl, § 323a Rn. 4) muss, wenn nicht der Bereich des § 20 sicher erreicht ist, erwiesen sein, dass sich der Täter bei der Tat mindestens in einem Zustand befand, in dem er vermindert schuldfähig gem. § 21 war. Dies sei notwendig, weil andere, dem Erfordernis der Bestimmtheit genügende, Kriterien zur Bestimmung eines Rausches nicht vorliegen (vgl. Rengier, BT II, § 41 Rn. 22). Auch sei zu beachten, dass der Strafgrund des § 323a in der besonderen Gefährlichkeit des Rauschzustandes liegt. Hat der Täter aber möglicherweise voll schuldfähig gehandelt, so läge diese Rauschgefahr gerade nicht vor, weswegen eine Strafbarkeit aus § 323a entfallen müsse (Eisele, BT I, Rn. 1237).

1365   – Die Gegenauffassung im Schrifttum (Geppert Jura 2009, 40, 43; Fahl JuS 2005, 1076; Fischer, § 323a Rn. 11c; SK-Wolters, § 323a Rn. 18) lässt es dagegen für die Bejahung eines Rauschzustandes und somit zur Anwendbarkeit des § 323a genügen, wenn sich der Täter in einem durch Rauschmittel hervorgerufenen Zustand der Enthemmung befunden hat, auch wenn der Zustand des § 21 nicht sicher festgestellt werden kann. Dies wird damit begründet, dass sich dem Gesetzestext das Erfordernis der „mindestens" erheblich verminderten Schuldfähigkeit nicht entnehmen lasse. Zudem sei es gerade Zweck des § 323a als Auffangtatbestand, die Fälle mit erheblichen Sachverhaltsunsicherheiten strafrechtlich zu erfassen (vgl. Geppert Jura 2009, 40, 43).

Bewertung:

1366   Zwar ist zutreffend, dass vom Wortlaut der Vorschrift eine im Rahmen der Schuldfähigkeit zu ziehende Grenze zur Bejahung eines Rausches nicht vorgegeben wird. Auch ist zutreffend, dass der Rausch in einer dem Bestimmtheitsgebot aus Art. 103 II GG genügenden Weise definiert sein muss. Hier bietet sich mit Blick auf die objektive Bedingung der Strafbarkeit des § 323a die verminderte Schuldfähigkeit des § 21 bei nicht auszuschließender Schuldunfähigkeit nach § 20 geradezu an. Die Streitfrage ist aber letztlich mit Blick auf den in Rn. 1360 genannten Hintergrund des § 323a zu entscheiden. Der Gesetzgeber wollte den massiven Rauschzustand wegen seiner erhöhten Gefährlichkeit unter Strafe stellen, nicht hingegen jeglichen Rauschzustand. Dies erfordert, dass der Rausch i. S. d. § 323a nicht jeglichen Rauschzustand beinhaltet, sondern nur diejenigen, die einen gewissen (massiven) Schweregrad erreichen. Einen solchen feststehenden Mindestschweregrad kennt das StGB gerade in Form der verminderten Schuldfähigkeit des § 21. Nur wenn der Täter sich sicher in einem in dieser Weise beeinträchtigenden Zustand befunden hat, kann von einem für § 323a ausreichenden Schweregrad des Rausches ausgegangen werden, der im objektiven Tatbestand zu prüfen ist. Darüber hinaus muss bei der objektiven Bedingung der Strafbarkeit (Rauschtat) zusätzlich der Bereich des § 20 nicht sicher ausschließbar sein, um die Anforderungen des § 323a zu erfüllen.

Dieses Ergebnis hat zur Folge, dass in dem Fall, in dem sich sowohl die volle Schuldfähigkeit des Täters als auch die Schuldunfähigkeit gem. § 20 nicht sicher ausschließen lassen und der Täter nicht sicher die Schwelle des § 21 übertreten hat, der Grundsatz in dubio pro reo doppelt anzuwenden ist. Im Rahmen der Rauschtat ist auf der Ebene der Schuld zugunsten des Täters anzunehmen, dass er gem. § 20 schuldunfähig gewesen ist. § 323a muss ebenfalls ausscheiden, weil in dubio pro reo von einem Rauschzustand auszugehen ist, der die Schwelle des § 21 noch nicht überschritten hat. Eine echte Wahlfeststellung zwischen § 323a und der Rauschtat kommt nicht in Betracht, weil es an der psychologischen und rechtsethischen Vergleichbarkeit der Taten fehlt (Wessels/Hettinger/Engländer, BT 1, Rn. 1077). Im Ergebnis bleibt der Täter somit straflos, obwohl sicher feststeht, dass er zumindest eine der Taten vollumfänglich verwirklicht hat. **1367**

Die berauschenden Mittel müssen kausal für den Rauschzustand geworden sein. Daher genügt es auch, wenn noch andere Ursachen den Rausch hervorgerufen haben, also mitursächlich geworden sind. **1368**

Beispiele: Alkoholunverträglichkeiten, physisch oder psychisch schlechte Verfassung, Affektzustände.

Einen durch *alkoholische Getränke* die Schuldfähigkeit gem. *§ 20* ausschließenden Rausch sieht die Rechtsprechung ab einer BAK von *3,0 Promille* als indiziert an. Für die *verminderte Schuldfähigkeit* des § 21 gilt ein Indizwert von *2,0 Promille*. Bei Tötungsdelikten wird aufgrund der besonderen Hemmschwelle ein Zuschlag von 10 % auf diesen Wert angenommen. Dabei darf nicht aus dem Vorliegen der genannten BAK direkt auf die (verminderte) Schuld(un)fähigkeit geschlossen werden. Es ist vielmehr eine Würdigung aller Umstände des Einzelfalls vorzunehmen, um auf diese Weise das Vorliegen des Defektzustandes zu bewerten (z.B. Lallen, Stolpern oder Schwanken des Täters oder sonstige rauschbedingte Defizite, Alkoholgewöhnung des Täters). Sind in der Fallbearbeitung neben der BAK keine solche Umstände im Sachverhalt angelegt, kann regelmäßig mit Hinweis auf die BAK eine Schuldunfähigkeit gem. § 20 bzw. die verminderte Schuldfähigkeit des § 21 bejaht werden. **1369**

2. Subjektiver Tatbestand

Der Täter muss sich vorsätzlich oder fahrlässig in den Rausch versetzt haben. Für vorsätzliches Handeln ist *dolus eventualis* hinsichtlich des Hineinversetzens in einen Rauschzustand durch Rauschmittelkonsum erforderlich. Soweit der Rausch auf anderen Mitursachen und nicht nur auf dem Rauschmittel beruht, muss der Täter beim Alkoholgenuss mit solchen Umständen gerechnet und diese wenigstens billigend in Kauf genommen haben (BGH NStZ-RR 2000, 80). **1370**

1371 Liegt dagegen nur fahrlässiges Sichberauschen vor, ist im Tatbestand die objektive Sorgfaltspflichtverletzung bei objektiver Vorhersehbarkeit zu prüfen. Der subjektive Tatbestand entfällt. Auf der Ebene der Schuld ist zusätzlich die subjektive Sorgfaltspflichtverletzung bei subjektiver Vorhersehbarkeit anzusprechen. Fahrlässiges Handeln kann insbesondere angenommen werden, wenn der Täter in vorwerfbarer Weise das Hinzutreten von anderen Ursachen, die den Rauschzustand mitverursacht haben, nicht bedacht hat.

1372 Nach der hier mit der h. M. vertretenen Auffassung (vgl. Rn. 1356 ff.), dass es sich bei § 323a um ein abstraktes Gefährdungsdelikt handelt, muss der Täter keinen Vorsatz hinsichtlich seiner Rauschgefährlichkeit gehabt haben. Es kommt also nicht darauf an, dass der Täter billigend in Kauf genommen oder fahrlässig nicht erkannt hat, dass er im berauschten Zustand eine Straftat begehen könnte. Wer mit der starken Gegenauffassung ein konkretes Gefährdungsdelikt annimmt, muss diese subjektiven Voraussetzungen zusätzlich prüfen.

3. Objektive Bedingung der Strafbarkeit

1373 Die objektive Bedingung der Strafbarkeit besteht in der Begehung einer *rechtswidrigen Tat* i. S. von § 11 I Nr. 5 und dem Entfallen einer Bestrafung des Rauschtäters, weil dieser aufgrund des Rausches schuldunfähig war oder dieses nicht auszuschließen ist.

1374 Erfasst werden auch die versuchte Tat gem. § 22, die Beteiligung an einer Tat gem. den §§ 26, 27 oder die versuchte Beteiligung gem. § 30 (Eisele, BT I, Rn. 1239). Die Rauschtat kann auch Unterlassungsdelikt sein, wenn der Berauschte noch handlungsfähig war (NK-Paeffgen, § 323a Rn. 70). Auch § 323c kommt daher in Betracht (Wessels/Hettinger/Engländer, BT 1, Rn. 1081). Dieser entfällt jedoch bei Unfähigkeit zur Hilfeleistung schon tatbestandlich. Ist Handlungsunfähigkeit gegeben, ist an eine Strafbarkeit nach den Grundsätzen der omissio in causa zu denken (vgl. hierzu Satzger Jura 2006, 513).

1375 Die im Rausch begangene Tat muss nach allgemeinen Grundsätzen objektiv und subjektiv tatbestandsmäßig sowie rechtswidrig begangen worden sein. Dies ist zum einen nicht gegeben, wenn schon gar keine Handlung im strafrechtlichen Sinne – also kein vom natürlichen Willen des Täters beherrschbares Verhalten – bejaht werden kann. Das ist bei Krampfanfällen oder plötzlichem Erbrechen und anderem unwillkürlich rauschbedingtem Verhalten der Fall.

1376 Auch der subjektive Tatbestand der Rauschtat muss nach allgemeinen Grundsätzen erfüllt sein. So muss der Täter ggf. erforderliche besondere Absichten aufweisen (z. B.

Zueignungsabsicht beim Diebstahl). Ebenso muss die Rechtswidrigkeit bejaht werden können.

Die *Subsidiaritätsklausel* in § 323a I a. E. („und ihretwegen nicht bestraft werden kann, **1377** weil er infolge des Rausches schuldunfähig war …") bringt zum Ausdruck, dass § 323a als Auffangtatbestand die Funktion zukommt, *allein* die fehlende *Schuldfähigkeit* zu „ersetzen" (Rengier, BT II, § 41 Rn. 16). Demnach sind auch alle anderen Gründe, weshalb eine Strafbarkeit ausscheiden könnte – außer der Schuldunfähigkeit – zu prüfen, auch wenn sie erst auf einer Stufe unterhalb der Rechtswidrigkeit eingreifen. Deshalb ist auch bei Vorliegen eines Entschuldigungsgrundes gem. § 35 oder bei wirksamem Rücktritt von der Rauschtat gem. § 24 die objektive Bedingung der Strafbarkeit nicht gegeben.

Differenzierend ist das Vorliegen von rauschbedingten Irrtümern zu betrachteten: Ein **1378** Tatbestandsirrtum gem. § 16 I schließt den subjektiven Tatbestand aus, so dass eine Strafbarkeit nur in Betracht kommt, wenn die Rauschtat auch fahrlässig verwirklicht werden kann. Dies gilt auch, wenn der Täter gerade wegen seines Rausches dem Irrtum unterliegt.

Anders ist der Fall zu entscheiden, in dem der Täter aufgrund seines Rauschzustan- **1379** des einem vermeidbaren Verbotsirrtum gem. § 17 S. 1 unterliegt. Denn der Zweck des § 323a besteht gerade darin, die Begehung von Straftaten zu vermeiden, die der Täter maßgeblich begeht, weil er sich in einem Rauschzustand befunden hat, in dem er u. a. die Fähigkeit zur Unrechtseinsicht verliert (vgl. § 20 a. E.). Gerade diesen Fall bildet der rauschbedingte Irrtum gem. § 17 S. 1 ab, so dass die objektive Bedingung der Strafbarkeit gegeben ist.

Die Folgen eines rauschbedingten Erlaubnistatbestandsirrtums bemessen sich danach, **1380** welcher Ansicht zur Behandlung eines solchen Irrtums gefolgt wird (vgl. Wessels/Beulke/Satzger, AT, Rn. 742 f.). Hier ist in Prüfungsarbeiten besondere Vorsicht geboten, da eine Darstellung und Entscheidung des bekannten Streitstands an eher unerwarteter Stelle und in einem verwinkelten Aufbau in die Prüfung einzuflechten sind. Wer mit der strengen Schuldtheorie den Erlaubnistatbestandsirrtum einem Verbotsirrtum gem. § 17 S. 1 gleichstellt, der muss ihn im Rahmen der Rauschtat bei § 323a nach dem in Rn. 1380 Gesagten als unbeachtlich betrachten. Folgt man hingegen einer der anderen Auffassungen, die § 16 I 1 direkt, analog oder nur dessen Rechtsfolgen anwenden, so ist der Erlaubnistatbestandsirrtum im Rahmen der Rauschtat für § 323a beachtlich und schließt diese aus, so dass eine Strafbarkeit gem. § 323a nicht gegeben wäre.

Bezüglich der Rauschtat kann man sich also folgende *Kontrollfrage* stellen: **1381**

Kontrollfrage zur Rauschtat

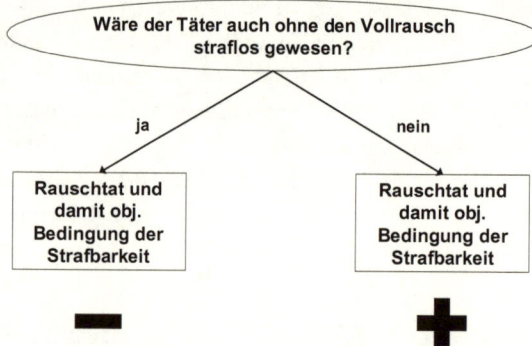

Wäre der Täter auch ohne den Vollrausch
straflos gewesen?

ja   nein

Rauschtat und damit obj. Bedingung der Strafbarkeit	Rauschtat und damit obj. Bedingung der Strafbarkeit
—	**+**

1382 Kann man diese Frage mit ja beantworten, so liegt auch keine Rauschtat vor, die als taugliche objektive Bedingung der Strafbarkeit eingreifen kann.

II. Rechtswidrigkeit

III. Schuld

1383 Hier ist bei einem fahrlässigen Sichversetzen in den Rauschzustand auf die subjektive Sorgfaltspflichtverletzung bei subjektiver Vorhersehbarkeit einzugehen.

IV. Prozessvoraussetzungen

1384 Gem. § 323a III wird die Tat nur auf Antrag, mit Ermächtigung oder auf Strafverlangen verfolgt, wenn die Rauschtat nur hiernach verfolgt werden könnte.

V. Beteiligung

1385 Es ist zwischen der Rauschtat und der Tat gem. § 323a zu differenzieren. Unstreitig ist eine Beteiligung an der *Rauschtat* möglich. Insbesondere ist mittelbare Täterschaft gem. § 25 I Alt. 2 denkbar, wenn der Täter den Berauschten als Werkzeug benutzen will. Ein Schuldfähiger kann wegen § 29 Mittäter der Rauschtat sein (h. M.; vgl. Fischer, § 323a Rn. 20). Auch eine fahrlässige Mitwirkung an der Rauschtat kommt in Betracht (näher hierzu Schönke/Schröder-Hecker, § 323a Rn. 24).

Da Tathandlung des § 323a das Sichversetzen in einen Rauschzustand ist, stellt die Tat ein eigenhändiges Delikt dar. Es sind somit mittelbare Täterschaft und Mittäterschaft zum Vollrausch ausgeschlossen.

Umstritten ist, ob eine Teilnahme, also gem. § 28 I Anstiftung oder Beihilfe, am Voll- **1386** rausch nach § 323a möglich ist. Dies soll insbesondere mit Blick auf die Beihilfe gem. § 27 fragwürdig sein, weil auf diese Weise sozialadäquate Verhaltensweisen wie das Ausschenken von Alkohol als Gastwirt oder der gemeinsame Alkoholgenuss in die Strafbarkeit gedrängt werden (ausführlich Kulhanek JA 2011, 832 ff.). Nach einer Auffassung (Ranft JA 1983, 239; Lackner/Kühl, § 323a Rn. 17) soll daher eine Teilnahme allgemein auszuschließen sein. Nach zutreffender herrschender Ansicht in der Literatur (SK-Wolters, § 323a Rn. 10; Schönke/Schröder-Hecker, § 323a Rn. 24; Rengier, BT II, § 41 Rn. 26; Kulhanek JA 2011, 832, 836) und nach Ansicht der Rechtsprechung (BGHSt 10, 247) gelten dagegen auch bei § 323a die allgemeinen Grundsätze der Teilnahmestrafbarkeit. Eine von der Gegenauffassung befürchtete unübersehbare Haftung liegt schon deswegen nicht vor, weil sozialadäquate Verhaltensweisen in der Regel nicht zu einem derartigen Rauschzustand führen, der die Grenze des § 21 sicher überschreitet und somit für den § 323a tatbestandlich relevant wird. Insbesondere für Gastwirte ergibt sich bereits gem. § 20 Nr. 2 GastG das einschränkende Verbot, an erkennbar Betrunkene keine alkoholischen Getränke in Ausübung ihres Gewerbes auszuschenken. Wer diese Grenze überschreitet, verlässt den Bereich der Sozialadäquanz und ist strafrechtlich als Gehilfe nach den allgemeinen Regeln zu belangen (Kulhanek JA 2011, 832, 835).

VI. Konkurrenzen

Hat der Täter im Rausch mehrere Taten verübt, so liegt dennoch nur eine Tat gem. **1387** § 323a vor. Hat der Täter ein Eigentumsdelikt als Rauschtat begangen und eignet er sich die Sache im nüchternen Zustand erneut zu, so verwirklicht er § 246. Dieser steht entgegen der Auffassung der h. M. im Verhältnis der Realkonkurrenz zu § 323a (NK-Paeffgen, § 323a Rn. 83; a. A. Wessels/Hettinger/Engländer, BT 1, Rn. 10: mitbestrafte Vortat).

VII. Aufbauschema § 323a I

I. **Tatbestand**

1. Objektiver Tatbestand

    Sichversetzen in einen Rausch durch alkoholische Getränke oder andere berauschende Mittel

    Ggf. objektive Fahrlässigkeitskomponenten (§ 323a I 2. Alt.)

2. Subjektiver Tatbestand

   Vorsatz (vgl. § 15 StGB), d. h. mindestens dolus eventualis hinsichtlich der objektiven Tatbestandsmerkmale

3. Objektive Bedingung der Strafbarkeit

   Rauschtat im Zustand der nicht ausschließbaren Schuldunfähigkeit aufgrund des Rausches

II. Rechtswidrigkeit

III. Schuld

Ggf. subjektive Fahrlässigkeitskomponenten (§ 323a I 2. Alt.)

IV. Strafverfolgungsvoraussetzungen

Strafverfolgungsvoraussetzungen der Rauschtat (§ 323a III)

B. Unterlassene Hilfeleistung/Behinderung von hilfeleistenden Personen (§ 323c)

> **Gesetzestext:**
>
> (1) Wer bei Unglücksfällen oder gemeiner Gefahr oder Not nicht Hilfe leistet, obwohl dies erforderlich und ihm den Umständen nach zuzumuten, insbesondere ohne erhebliche eigene Gefahr und ohne Verletzung anderer wichtiger Pflichten möglich ist, wird mit Freiheitsstrafe bis zu einem Jahr oder mit Geldstrafe bestraft.
>
> (2) Ebenso wird bestraft, wer in diesen Situationen eine Person behindert, die einem Dritten Hilfe leistet oder leisten will.

Der Tatbestand der unterlassenen Hilfeleistung gem. § 323c I bezweckt den Schutz der **1388** *Individualrechtsgüter*, insbesondere des Lebens, der Gesundheit und des Eigentums, *des plötzlich in Not Geratenen* (BGH NJW 2014, 64). Dies gilt auch für den im Jahr 2017 neu eingeführten Tatbestand der Behinderung von hilfeleistenden Personen gem. § 323c II (Rengier, BT II, § 42a Rn. 1; Lenk JuS 2018, 229, 230).

Strafgrund ist das Interesse der Allgemeinheit an der Wahrung eines Mindestmaßes **1389** mitmenschlicher Solidarität. § 323c I normiert daher eine allgemeine, grundsätzlich jeden treffende Hilfeleistungspflicht in der Form eines *echten Unterlassungsdeliktes*, weshalb es auf eine Garantenstellung gem. § 13 nicht ankommt. Unter Strafe gestellt wird nicht die Nichtabwendung eines Erfolges, sondern die *Nichtvornahme der Hilfeleistung*.

Der *Versuch* des Vergehens gem. § 323c I ist mangels ausdrücklicher Anordnung der **1390** Strafbarkeit (§ 23 I) nicht mit Strafe bedroht.

I. Tatbestand

1. Objektiver Tatbestand

Zur Verwirklichung des objektiven Tatbestandes ist vorausgesetzt, dass der Täter bei **1391** einem Unglücksfall oder gemeiner Gefahr oder Not keine Hilfe leistet, obwohl dies erforderlich und ihm auch zumutbar wäre.

a) Tatsituation

Zunächst ist das Vorliegen eines Unglücksfalls oder einer gemeinen Not oder Gefahr **1392** zu prüfen.

1393 Ein **Unglücksfall** ist ein plötzlich eintretendes Ereignis, das die Gefahr eines erheblichen Schadens für andere Menschen oder fremde Sachen von bedeutendem Wert mit sich bringt.

1394 Es müssen erhebliche Schäden für andere Menschen drohen. Dies umfasst insbesondere *Gefahren für Leib und Leben*. Liegt eine Gefahr für eine *Sache* vor, so muss es sich um eine Gefahr für Sachen von *bedeutendem* Wert handeln, da anderenfalls auch bei geringen Sachschäden jedermann verpflichtet wäre, gegen einen drohenden Schaden einzugreifen, was die Handlungsfreiheit zu sehr einschränken würde (h. M.; vgl. SK-Stein, § 323c Rn. 7; a. A. Schönke/Schröder-Hecker, § 323c Rn. 5: nur bei gemeiner Gefahr).

1395 Ob ein Unglücksfall vorliegt, ist nach h. M. aus einer *ex post-Beurteilung* zu beantworten, also nach den tatsächlichen objektiven Gegebenheiten, bei denen auch erst im Nachhinein erkennbare Tatsachen mit einzubeziehen sind (Rengier, BT II, § 42 Rn. 4; Wessels/Hettinger/Engländer, BT 1, Rn. 1091; Eisele, BT I, Rn. 1249; differenzierend: Schönke/Schröder-Hecker, § 323c Rn. 2). Glaubt der Täter aus ex ante Sicht fälschlicherweise, es liege ein Unglücksfall vor, der sich aus ex post Sicht nicht bestätigt, so ist der objektive Tatbestand nicht erfüllt. Mangels Versuchsstrafbarkeit bleibt der Täter straflos (vgl. auch MüKo-Freund, § 323c Rn. 54 f.).

1396 Es muss die Gefahr eines erheblichen Schadens drohen. Ist ein solcher Schaden bereits eingetreten, kann weiterhin ein Unglücksfall vorliegen, wenn weitere erhebliche Schäden drohen (z. B. bei einem Unfall ist das Unfallopfer bereits schwer verletzt worden, ohne Hilfeleistung droht es zu versterben). Nur wenn keine (weiteren) Schäden mehr einzutreten drohen ist der Unglücksfall beendet.

Beispiele: Bereits eingetretener Tod des Verunglückten, völlige Vernichtung der gefährdeten fremden Sache.

1397 Das Ereignis muss *plötzlich* eintreten. Maßgeblich ist die Sicht des Hilfsbedürftigen. So kommen als Unglücksfälle neben Verkehrsunfällen auch Straftaten anderer in Betracht, da es sich zumindest für den Angegriffenen um ein plötzliches Ereignis handelt. Demnach ist bei einer Erkrankung auch erst dann von einem Unglücksfall auszugehen, wenn sich die Krankheit unerwartet verschlimmert. Solange die Gefahr eines Schadenseintritts besteht, ist auch eine durch Notwehr gerechtfertigte Verletzung als Unglücksfall zu werten (BGH NStZ 1985, 501).

Selbsttötungsversuch als Unglücksfall

Meinung 1 **Meinung 2**

Unglücksfall (+) → grdsl. Pflicht zur Hilfeleistung, es sei denn unzumutbar	**Unglücksfall (-)** → grdsl. keine Pflicht zur Hilfeleistung, es sei denn erkennbar kein freiverantwortlicher Entschluss

Sonderproblem: freiverantwortlicher Selbsttötungsversuch als Unglücksfall

Umstritten ist, ob bei einem freiverantwortlichen Suizidversuch ein Unglücksfall anzu- **1398** nehmen ist, so dass die Pflichten des § 323c ausgelöst würden.

- Die Rechtsprechung (BGHSt 6, 147; 13, 162; 32, 367) und ein Teil des Schrift- **1399** tums (vgl. Rengier, BT II, § 42 Rn. 17; Dölling NJW 1986, 1011; Kutzer MDR 1985, 710) nehmen an, ein Unglücksfall und damit die Pflicht zur Hilfeleistung treten ein, sobald sich ein Lebensmüder in erkannter Selbsttötungsabsicht in unmittelbare Lebensgefahr begebe. Jedoch sei dann die Zumutbarkeit sorgfältig zu prüfen. Begründet wird dies mit dem Umstand, dass einem Suizidversuch in vielen Fällen keine tatsächliche Tötungsabsicht, sondern ein Appellcharakter als Hilferuf des Betroffenen zugrunde liegt. Auch könne der Hilfspflichtige in der gegebenen Situation kaum erkennen, ob der Suizident freiverantwortlich handelt, oder nicht.

- Nach der Gegenauffassung (Schönke/Schröder-Hecker, § 323c Rn. 8; SK-Stein, **1400** § 323c Rn. 18; Wessels/Hettinger/Engländer, BT 1, Rn. 131; LK-Popp, § 323c Rn. 61 ff.; Geppert Jura 2005, 39) sei ein Unglücksfall dagegen bei einem Suizidversuch nicht gegeben, wenn dieser auf einem freien und voll verantwortlichen Entschluss des Suizidenten beruhe. Dies gelte nur dann nicht, wenn der Suizident seinen Selbsttötungsentschluss ersichtlich geändert habe.

Bewertung:

Die letztgenannte Auffassung verdient den Vorzug. Denn die Auffassung der Rechtspre- **1401** chung führt zu dem Wertungswiderspruch, dass die Teilnahme an einer eigenverantwortlichen Selbsttötung (zumindest außerhalb des vom neuen § 217 gezogenen Rahmens) straffrei ist, während eine Strafbarkeit gem. § 323c I bejaht würde. Der Hilfspflichtige könnte somit straffrei den Suizidenten zum Suizid anstiften und Beihilfe leisten, sobald dieser jedoch in Lebensgefahr geriete, müsste der Hilfspflichtige rettend eingreifen. Dem könnte der Teilnehmer am Suizid nur entgehen, wenn er den Suizidenten verlässt oder sich auf andere Weise der Möglichkeit zum rettenden Eingreifen beraubt, bevor der Suizident in Lebensgefahr gerät (vgl. zu der im Ergebnis hier abzulehnenden Rechtsfigur der omissio libera in causa Dehne-Niemann GA 2009, 150). Ein solches Ergebnis wird weder dem Schutz des Rechtsguts des Lebens gerecht (weil der Suizident von seinem Entschluss abrücken könnte und Hilfe dann nicht mehr zu erwarten wäre), noch der Person des Suizidenten, weil dieser zum „einsamen Tod verdammt" wäre, was insbesondere nach einer langen Leidensgeschichte kaum tragbar sein dürfte. Auch kann begrifflich nicht von einem Unglücksfall (plötzlich) zu sprechen sein, wo der Suizident in vollem Bewusstsein und freiverantwortlich das Unglück herbeigeführt hat. Zwar haben viele Suizidversuche lediglich Appellcharakter, so dass ein Eingreifen geboten erscheint. Dies wird aber dadurch aufgefangen, dass dann (auch ex post) eine Lage gegeben wäre, bei der der Suizidversuch eben nicht auf einem freien und voll verantwortlichen Entschluss beruhte, so dass dann von einem Unglücksfall auszugehen wäre.

1402 **Gemeine Gefahr** ist ein Zustand, bei dem die konkrete Möglichkeit eines erheblichen Schadens für unbestimmt viele Menschen oder erhebliche Sachwerte besteht.

Beispiele: Überschwemmungen, Waldbrände, Chemieunfälle.

1403 **Gemeine Not** ist eine die Allgemeinheit betreffende Notlage.

Beispiele: Ausfall der Wasser- oder Stromversorgung, Abgeschnittensein einer Ortschaft infolge Überschwemmung oder Schneefalls.

b) Nichtleisten der erforderlichen und zumutbaren Hilfe

aa) Erforderliche Hilfeleistung

1404 Um den objektiven Tatbestand zu verwirklichen, muss der Täter die ihm mögliche, erforderliche und ihm zumutbare Hilfe unterlassen haben.

1405 § 323c ist ein Jedermannsdelikt. Somit kommt in der Fallprüfung jede Person als Täter in Betracht, die – in welcher Form auch immer – Hilfe leisten könnte. Die Formulierung „bei einem Unglücksfall [...]" grenzt den Kreis der tauglichen Täter dabei nicht auf die in räumlicher Nähe befindlichen Personen ein. Auch räumlich entfernte Personen (Rettungskräfte, Herbeieilende, etc.) kommen grundsätzlich als Täter in Betracht. Die Formulierung „bei einem Unglücksfall [...]" ist somit im Sinne von „im Falle eines Unglücksfalls" zu verstehen.

Erforderlich ist die Hilfe, die aus der ex ante-Sicht eines verständigen Beobachters **1406** zur Schadensabwendung geeignet, möglich und effektiv ist.

Die Hilfe ist geeignet, wenn sie den drohenden Schaden abwenden oder abschwächen **1407** kann.

Wie bei allen Unterlassungsdelikten muss die Hilfeleistung dem Täter überhaupt *mög-* **1408** *lich* sein. Ist dies nicht der Fall (z. B. weil dem Täter die notwendigen Fachkenntnisse oder die physische Möglichkeit fehlen oder weil die erforderlichen Geräte nicht zur Verfügung stehen), so kann dem Täter zwar dieses Unterlassen nicht vorgeworfen werden. Jedoch ist zu beachten, dass die tabestandlich relevante Hilfe nicht in der eigenhändigen Rettungshandlung bestehen muss. Der Täter kann ggf. verpflichtet sein, auf eine andere, ihm mögliche Weise Hilfe zu leisten, insbesondere durch das Herbeirufen Dritter (z. B. des Rettungsdienstes oder eines Arztes oder der Polizei).

Die mögliche Hilfe muss in der Regel *sofort* geleistet werden. Fraglich ist jedoch, ob **1409** zwingend auf das Verstreichenlassen der ersten Rettungshandlung abzustellen ist. Nach der *Rechtsprechung* (BGHSt 14, 213, 216; 21, 50, 55) und Teilen der Literatur (Schönke/Schröder-Hecker, § 323c Rn. 21; Fischer, § 323c Rn. 10; Rengier, BT II, § 42 Rn. 19) ist die Tat bereits dann vollendet, wenn der Hilfspflichtige die von ihm erkannte erste Hilfsmöglichkeit verstreichen lässt und den Beschluss, nicht helfen zu wollen, nach außen kundgibt oder umsetzt. Richtigerweise ist dies nicht zwingend, da auch eine spätere Hilfeleistung in der gleichen Weise wie ein sofortiges Eingreifen geeignet sein kann, den drohenden Schaden abzuwenden. Ansonsten würden für eine Vollendung auch typische Versuchshandlungen ausreichen, so dass § 323c faktisch zu einem Unternehmensdelikt (vgl. § 11 I Nr. 6) umgeformt würde. Dies würde die gesetzgeberische Entscheidung, den Versuch nicht unter Strafe zu stellen missachten. Ergo ist die Tat erst vollendet, wenn die zu leistende Hilfe nicht mehr so rechtzeitig vorgenommen wird, dass dies zu einer weniger wirksamen Gefahrenabwehr i. S. einer Verringerung der Rettungschancen führt (SK-Stein, § 323c Rn. 15; Geppert Jura 2005, 39, 46).

Die mögliche Hilfe muss zudem auf die *wirksamste Weise, also effektiv* geleistet werden, **1410** d. h. der Täter muss von mehreren ihm möglichen Rettungshandlungen diejenige vornehmen, die den drohenden Schaden am effektivsten abwenden oder abschwächen kann. Es genügt also nicht, wenn der Täter irgendetwas unternimmt. Dabei ist (im Gegensatz zur Bestimmung des „Unglücksfalls") auf die *ex ante-*Sicht eines verständigen Beobachters, d. h. auf die Beurteilung eines verständigen Dritten in der konkreten Lage zum Zeitpunkt der Notsituation, abzustellen. Demnach bleibt es auch bei der *Erforderlichkeit*, wenn sich aus der Rückschau (also ex post) ergibt, dass die aus ex ante-Perspektive erforderliche Hilfe den Schaden nicht hätte verhindern können und daher vergeblich gewesen wäre.

1411 *Nicht erforderlich* ist eine Hilfeleistung, wenn die ex ante-Prognose ergibt, dass der Schadenseintritt nicht mehr verhindert werden kann, wenn das Opfer sich (noch) ausreichend selbst helfen kann oder wenn ausreichende Hilfe bereits von Dritten geleistet wird (und auch der Täter keine bessere Hilfe leisten könnte). Verweigert der Hilfsbedürftige die Annahme der Hilfe, so ist bei einem freiverantwortlichen Entschluss ebenfalls mangels Erforderlichkeit bereits der Tatbestand des § 323c ausgeschlossen. Ist der Verunglückte bereits tot, so entfällt nach der hier vertretenen Auffassung bereits das Merkmal des „Unglücksfalls". Jedoch kann eine Hilfeleistung vor dem Todeseintritt auch dann erforderlich sein, wenn zwar aus ex ante-Sicht der Tod des Verunglückten nicht mehr zu verhindern ist, durch die Hilfeleistung jedoch seine Schmerzen gelindert werden können.

bb) Zumutbare Hilfeleistung

1412 Die Hilfeleistung muss dem Täter nach § 323c auch den Umständen nach, insbesondere ohne erhebliche eigene Gefahr und ohne Verletzung anderer wichtiger Pflichten, zumutbar gewesen sein. Dieses als Tatbestandsmerkmal (h. M.; a. A. Schuldmerkmal: vgl. Maurach/Schroeder/Maiwald, BT 2, § 55 Rn. 22) ausgestaltete Erfordernis schränkt die jedermann verpflichtende Hilfeleistung auf ein mit den Freiheitsrechten zu vereinbarendes Niveau ein.

1413 Die im Tatbestand genannten Fälle, in denen die Zumutbarkeit entfallen kann, sind nicht abschließend („insbesondere"). Im konkreten Fall ist daher eine *Güter- und Interessenabwägung* vorzunehmen, ob eine Hilfe noch zuzumuten ist. Die Zumutbarkeit wächst mit dem Grad der Gefährdung des Hilfsbedürftigen. Gleiches gilt, je intensiver die Gefahr durch den Täter verursacht oder beherrscht wird. In der Klausur ist eine Abwägung vorzunehmen, die auf den konkreten Fall und insbesondere auf die konkret Betroffenen (also den Helfer und den Hilfsbedürftigen) eingeht (Geppert Jura 2005, 39, 45).

1414 Fraglich ist, ob dem Täter auch dann eine Hilfeleistung zumutbar ist, wenn er sich dadurch der *Gefahr der Strafverfolgung* aussetzt. Richtigerweise macht die Gefahr eigener Strafverfolgung die Hilfe nicht unzumutbar, wenn *Straftaten* betroffen sind, die *mit der Verstrickung in das Unfallgeschehen zusammenhängen* (z. B. Straftaten gem. §§ 229, 315c). Dies lässt sich aus dem Gedanken des § 35 I 2 – wonach dem Täter die Hinnahme einer Gefahr zuzumuten ist, wenn er die Gefahr selbst verursacht hat – herleiten. In diesem Fall macht sich der nach § 323c Verpflichtete aber meist schon wegen eines unechten Unterlassungsdeliktes aufgrund einer Garantenstellung aus Ingerenz (pflichtwidrigem, vorangegangenem Tun) strafbar (Geppert Jura 2005, 39, 45). Bei einer Strafverfolgungsgefahr wegen *Taten, die mit dem Unglücksfall nicht im Zusammenhang stehen*, bleibt es bei der genannten Güter- und Interessenabwägung im Einzelfall. Zumeist wird wenigstens ein (anonymer) Anruf zum Herbeiholen von Hilfe zumutbar sein. Das gleiche muss entgegen der Rechtsprechung (BGHSt 11, 135) bei einer Hilfeleistung gelten, die die *Gefahr der Strafverfolgung für Angehörige* mit sich brächte. Dies kommt zum einen durch § 35 zum Ausdruck; zum anderen durch § 258 VI, wonach im Umkehrschluss – da in § 323c eine solche Klausel einer Angehörigenbegünstigung fehlt – die Zumutbarkeit nicht generell wegen der Strafverfolgungsgefahr für Angehörige entfallen kann, sondern eine Abwägung der widerstreitenden Interessen vorgenommen werden muss.

2. Subjektiver Tatbestand

Der Täter muss bezüglich aller objektiven Tatbestandsmerkmale mindestens mit *dolus* **1415** *eventualis* handeln. Insbesondere muss er die Umstände, aus denen sich das Vorliegen eines Unglücksfalls, einer gemeinen Gefahr oder einer gemeinen Not ergibt sowie die seine Hilfspflicht und die Erforderlichkeit begründenden Tatsachen kennen. Irrt er sich über Tatsachen, die etwa die Erforderlichkeit oder Zumutbarkeit begründen (z. B. weil er meint, es sei keine weitere Hilfe notwendig), so unterliegt er einem Tatbestandsirrtum gem. § 16 I 1, weshalb der Vorsatz entfällt (vgl. AG Saalfeld NStZ 2005, 142, 143).

II. Rechtswidrigkeit

III. Schuld

Bei der Schuldprüfung ist an einen Verbotsirrtum gem. § 17 zu denken, wenn der Täter **1416** zwar die seine Hilfspflicht tatsächlich begründenden Umstände in ihrer Bedeutung erfasst hat, aber dennoch meint, zu einer Hilfeleistung nicht verpflichtet gewesen zu sein.

IV. Tätige Reue

Wegen des sehr frühen Vollendungszeitpunktes wird in der Literatur wohl überwiegend **1417** (vgl. Schönke/Schröder-Hecker, § 323c Rn. 26; Rengier, BT II, § 42 Rn. 20; Eisele, BT I, Rn. 1267; LK-Popp, § 323c Rn. 138; AnwK-Conen, § 323c Rn. 48) eine analoge Anwendung der Regeln zur tätigen Reue gem. den §§ 83a, 306e und 320 erwogen (ein Rücktritt ist ausgeschlossen, da dieser nur auf einen Versuch Anwendung finden kann). Dies ist jedenfalls dann zu begrüßen, wenn man dem Täter eine sofortige Hilfspflicht auferlegen will (vgl. Rn. 1410). Nimmt man mit der hier vertretenen Meinung an, dass auch eine spätere aber dennoch rechtzeitige (weil nicht gefahrerhöhende) Hilfeleistung zur Straffreiheit ausreicht, so verringert sich das Bedürfnis nach einer analogen Anwendung der tätigen Reue, weil die Vollendung des § 323c deutlich später gegeben ist. Dennoch spricht auch hier der bessere Opferschutz dafür, die analoge Anwendung der Regelungen zur tätigen Reue zu bejahen, auch wenn die Rechtsprechung eine solche im Ergebnis verneint (BGHSt 14, 213).

1418 Um in den Genuss des persönlichen Strafaufhebungsgrundes der tätigen Reue gem. §§ 83a, 306e, 320 zu gelangen, muss der Täter nachträglich auf die durch den Unglücksfall oder die gemeine Gefahr bzw. gemeine Not bestehende Bedrohungslage in der Form einwirken, dass sie auf den Gefährdungsgrad zurückgeführt wird, den sie auch bei rechtzeitiger Hilfeleistung aufgewiesen hätte. Anders ausgedrückt: Das Opfer muss so gestellt werden, wie es bei auch bei rechtzeitiger Hilfeleistung gestanden hätte. Wird die Gefahr ohne Zutun des Täters beseitigt, wird er auch dann nicht bestraft, wenn er sich freiwillig und ernsthaft um die erforderliche und zumutbare Gefahrbeseitigung bemüht hat.

V. Konkurrenzen

1419 Gegenüber vorsätzlichen Begehungs- oder unechten Unterlassungsdelikten tritt § 323c I als subsidiär zurück, wenn der Hilfsunwillige wegen Beteiligung an der Straftat, die für das Opfer den Unglücksfall darstellt, strafbar ist. Tatmehrheit besteht jedoch dann, wenn ein über die den Unglücksfall herbeiführende Begehungstat hinausgehender Unrechtserfolg einzutreten droht (BGHSt 14, 282). Bleibt unklar, ob der Beschuldigte Beteiligter an der den Unglücksfall herbeiführenden Begehungstat war, so bleibt in dubio pro reo ein Rückgriff auf § 323c I möglich. Mit § 323c II kann Tateinheit vorliegen.

VI. Aufbauschema § 323c I

I. **Tatbestand**

  1. Objektiver Tatbestand

    a) Tatsituation: Unglücksfall, gemeine Gefahr oder gemeine Not

    b) Nichtleisten der erforderlichen und zumutbaren Hilfe

      aa) Erforderliche Hilfeleistung

      bb) Zumutbare Hilfeleistung

  2. Subjektiver Tatbestand

    Vorsatz (vgl. § 15 StGB), d.h. mindestens dolus eventualis hinsichtlich der objektiven Tatbestandsmerkmale

II. **Rechtswidrigkeit**

III. **Schuld**

IV. **tätige Reue analog §§ 83a, 306e, 320**

C. Behinderung von hilfeleistenden Personen (§ 323c II)

Der im Jahr 2017 neu eingeführte Tatbestand der Behinderung von hilfeleistenden Personen gem. § 323c II schützt die *Individualrechtsgüter der in Not Geratenen* (Rengier, BT II, § 42a Rn. 1; Lenk JuS 2018, 229, 230). Der Tatbestand soll vor allem das Phänomen sog. Gaffer bekämpfen, die in angeblich zunehmendem Maße Rettungskräfte bei Unglücksfällen behindern. **1420**

Hingegen ist die Deliktsnatur des § 323c II noch nicht abschließend geklärt. Zum Teil wird ein konkretes Gefährdungsdelikt vermutet (Zöller KriPoZ 2017, 143, 147) zum Teil ein Erfolgsdelikt (Heger/Jahn KriPoZ 2017, 113, 115), welches einen Behinderungserfolg voraussetze. Überzeugend erscheint es hingegen, ein schlichtes Tätigkeitsdelikt anzunehmen (Lenk JuS 2018, 229, 230). **1421**

Der *Versuch* des Vergehens gem. § 323c II ist mangels ausdrücklicher Anordnung der Strafbarkeit (§ 23 I) nicht mit Strafe bedroht. **1422**

I. Tatbestand

1. Objektiver Tatbestand

a) Tatsituation = Unglücksfall, gemeine Gefahr oder Not

Der Wortlaut des § 323c II spricht von „diesen Situationen". Dieses Tatbestandsmerkmal nimmt Bezug auf § 323c I. Vorliegen muss somit ein Unglücksfall, gemeine Gefahr oder Not i. S. d. § 323c I (vgl. hierzu Rn. 1393). **1423**

b) Person, die einem Dritten Hilfe leistet oder leisten will

Es muss zunächst eine vom Täter und dem Hilfsbedürftigen zu trennende Person gegeben sein. Eine besondere Qualifikation oder Stellung des Hilfeleistenden ist nicht erforderlich. Die noch im Gesetzgebungsprozess beabsichtigte Einengung des erfassten Personenkreises auf institutionelle Rettungskräfte wurde nicht ins Gesetz aufgenommen. Somit kann jede rettungswillige Person Tatobjekt des § 323c II sein. **1424**

Diese Person muss Hilfe leisten oder Hilfe leisten wollen. Das Hilfeleisten ist als ein objektiv anhand des Verhaltens der Person zu bestimmender Umstand einzuordnen. Aufgrund der gleichen Strafdrohungen von § 323c I und § 323c II ist zu fordern, dass die Hilfeleistung der durch § 323c I entsprechen. Das heißt, der Hilfeleistende muss die erforderliche und zumutbare Hilfe leisten. Wollte man dies anders sehen, so ergä- **1425** be sich ein Widerspruch zu § 323c I. Denn das Unterlassen einer nicht erforderlichen und zumutbaren Hilfeleistung bliebe straflos, das Behindern einer solchen wäre jedoch strafbar (vgl. Wessels/Hettinger/Engländer, BT 1, Rn. 1101).

1426 Demgegenüber handelt es sich bei dem Hilfeleistenwollen eigentlich um ein subjektives Merkmal in der Person des Hilfeleistungswilligen. Um dieses Merkmal für den Täter erkennbar auszugestalten muss objektiv ein Verhalten der Person Vorliegen, welches erkennbar und unmittelbar in ein Hilfeleisten münden soll.

c) Behindern

1427 Als Tathandlung muss der Täter die hilfeleistende oder hilfswillige Person bei den Rettungshandlungen oder -bemühungen behindern.

1428 **Behindern** meint eine spürbare, nicht unerhebliche Störung der Rettungstätigkeit, durch welches eine Hilfeleistung zumindest erschwert wird.

Beispiele: Zerstörung oder Beschädigung von Rettungsgerät, Festhalten von Rettungspersonen, im Weg stehen.

1429 Der Tatbestand ist bereits objektiv (a. A. Rengier, BT II, § 42a Rn. 3; Schiemann NJW 2017, 1848). Dahingehend teleologisch zu reduzieren, dass Rettungswillige als taugliche Täter ausscheiden. Behindert also ein Retter durch seine Bemühungen die Rettungshandlung eines qualifizierteren Helfers, so ist dies nicht als Behindern anzusehen. Andernfalls könnten rettungswillige Laien von der Vornahme von Rettungsbemühungen abgeschreckt werden. Dies ist mit Blick auf das Schutzgut nicht hinnehmbar.

1430 Bei der Schaffung des § 323c II hatte der Gesetzgeber insbesondere sog. Gaffer im Blick, die Rettungskräfte bei der Vornahme von Rettungshandlungen den Weg verstellen, um sich eine bessere Sicht auf den Unglücksfall zu verschaffen. Hieraus wird zum Teil geschlossen, dass der Täter eine räumliche Nähe zur Rettungsperson und dem Unglücksfall aufweisen muss (AnwK-Conen, § 323c Rn. 41). Dies ist nach dem Wortlaut nicht zwingend. Es wird sich in der Praxis jedoch kaum eine Fallgestaltung ergeben, in der sich ein Behindern ohne räumliche Nähe erkennen oder nachweisen lässt.

2. Subjektiver Tatbestand

1431 Der subjektive Tatbestand des § 323c II erfordert, dass der Täter vorsätzlich, d. h. mindestens mit dolus eventualis hinsichtlich der objektiven Tatbestandsmerkmale gehandelt hat.

II. Rechtswidrigkeit

III. Schuld

IV. Tätige Reue

Aus Gründen des besseren Opferschutzes ist auch im Rahmen des § 323c II, wie schon **1432** bei § 323c I eine analoge Anwendung der Regelungen über die tätige Reue zu fordern. Es gelten die gleichen Grundsätze wie bei § 323c I, so dass auf die dortigen Ausführungen verwiesen werden kann (siehe Rn. 1418).

V. Konkurrenzen

Mit § 323c I kann Tateinheit bestehen. **1433**

VI. Aufbauschema § 323c II

I.   Tatbestand

1. Objektiver Tatbestand

a) Tatsituation: Unglücksfall, gemeine Gefahr oder gemeine Not

b) Person, die Hilfe leistet oder leisten will

c) Behindern

2. Subjektiver Tatbestand

Vorsatz (vgl. § 15 StGB), d.h. mindestens dolus eventualis hinsichtlich der objektiven Tatbestandsmerkmale

II.   Rechtswidrigkeit

III.   Schuld

IV.   tätige Reue analog §§ 83a, 306e, 320

Teil 12 – Bestechungsdelikte

Weiterführende Literatur: *Bock*, Einführung in die „Korruptionsdelikte" bei Amtsträgern, JA 2008, 199 ff.; *ders./Bormann*, Vorteilsannahme (§ 331 StGB) und Vorteilsgewährung (§ 333 StGB) durch Kultursponsoring?, ZJS 2009, 625 ff.; *Deiters*, Ermöglichung der Dienstausübung als strafbare Korruption?, ZJS 2008, 465 ff.; *ders.*, Besprechung OLG Karlsruhe, Beschluss v. 27.4.2010 – 2 (7) Ss 173/09-AK, ZJS 2012, 255 ff.; *Hecker*, Strafrecht BT: Bestechung bei Beauftragung von Schulfotografen, JuS 2012, 655 ff.; *ders.*, Strafrecht AT und BT: Beteiligung von Ärzten an sog. Pharma-Marketing, JuS 2012, 852 ff.; *Ihwas/Lorenz*, Besprechung BGH, Beschluss v. 29.3.2012 – GSST 2/11, ZJS 2012, 72 ff.; *Jahn*, Strafrecht – Besonderer Teil, Vorteilsgewährung durch Versendung von WM-Tickets, JuS 2009, 176 ff.; *Kindhäuser*, Voraussetzungen strafbarer Korruption in Staat, Wirtschaft und Gesellschaft, ZIS 2011, 461 ff.; *Kuhlen*, die Bestechungsdelikte der §§ 331 – 334 StGB, JuS 2011, 673 ff.; *Valerius*, Zur Sozialadäquanz im Strafrecht, JA 2014, 561 ff.; *Walther*, Das Korruptionsstrafrecht des StGB, Jura 2010, 511 ff.; *Wengenroth/Meyer*, Amtsträger – Beauftragter – oder einfach nur Arzt?, JA 2012, 646 ff.; *Wolters*, Die Änderungen des StGB durch das Gesetz zur Bekämpfung der Korruption, JuS 1998, 1100 ff.; *Zöller*, Besprechung BGH, Urteil v. 26.5.2011 – 3 StR 492/10, ZJS 2011, 550 ff.

Vorbemerkungen

1434 Die Bestechungsdelikte der §§ 331 – 337 sind Teil des Korruptionsstrafrechts, wobei dieser Begriff vom Gesetz selbst nicht verwendet wird (vgl. zum Begriff der Korruption Kindhäuser ZIS 2011, 461 ff.; Walther Jura 2010, 511, 511 f.). Ihre Bedeutung in der Praxis spiegelt sich in der juristischen Ausbildung kaum wider. Zudem besitzen sie eine europäische und internationale Dimension, die sich erheblich auf die Gestaltung und das Verständnis der §§ 331 ff. auswirkt. Wesentlich wurden die Bestechungsdelikte (wie das gesamte Korruptionsstrafrecht) durch das Gesetz zur Bekämpfung der Korruption vom 20.11.2015 (BGBl. I 2015, S. 2025 ff.) ergänzt. Die Novelle diente der Umsetzung der Rechtsinstrumente des Europarates zur Korruptionsbekämpfung und des EU-Rahmenbeschlusses 2003/568/JI des Rates vom 22.7.2003 zur Bekämpfung der Bestechung im privaten Sektor. Zudem wurden Korruptionsstraftatbestände aus Nebengesetzen in das Kernstrafrecht überführt (BT-Drs. 18/4350, S. 1). Im Zuge dessen wurde der wesentliche Regelungsgehalt des EUBestG und des IntBestG in das StGB einbezogen und zum Teil erweitert.

1435 Das Rechtsgut der Bestechungsdelikte ist umstritten. Nach h. M. ist das Schutzgut der Bestechungsdelikte das *Vertrauen der Allgemeinheit in die Lauterkeit des öffentlichen Dienstes, die Integrität und Unbestechlichkeit von Trägern staatlicher Funktionen* und damit die Unverfälschtheit staatlichen Handelns. Es soll bereits der „böse Schein" verhindert werden. Dem ist zuzustimmen. Nicht geschützt werden hingegen die finanziellen Interessen der Anstellungskörperschaft oder das Vermögen der öffentlichen Hand.

1436 Entgegen der Überschrift des 30. Abschnitts handelt es sich nur bei den §§ 331, 332 um echte Amtsdelikte in Form von Sonderdelikten. Geregelt wird die sog. *passive Bestechung* des Vorteilsnehmers. Täter kann nur ein Amtsträger oder eine gleichgestellte Person gem. § 11 I Nr. 2 – 4 sein. Die §§ 333, 334 hingegen sind Allgemeindelikte. Zum Teil werden sie als zur Täterschaft erhobene Teilnahmehandlungen angesehen (vgl. Rengier, BT II, § 60 Rn. 4). Richtigerweise wird man sie als eigenständige Tatbestände ansehen müssen, da zumindest der Versuch des § 334 II eine Mitwirkung des Amtsträgers nicht erfordert. Pönalisiert wird – spiegelbildlich zu den §§ 331, 332 – die *aktive Bestechung* des Vorteilsgebers. Als Täter kommt hier jedermann (somit auch ein Amtsträger) in Betracht.

Systematik der Bestechungsdelikte

Strafbarkeit des

Vorteilsempfängers **Vorteilsgebers**

gem. § 331 bei pflichtgemäßer Handlung	gem. § 332 bei pflichtwidriger Handlung	gem. § 333 bei pflichtgemäßer Handlung	gem. § 334 bei pflichtwidriger Handlung

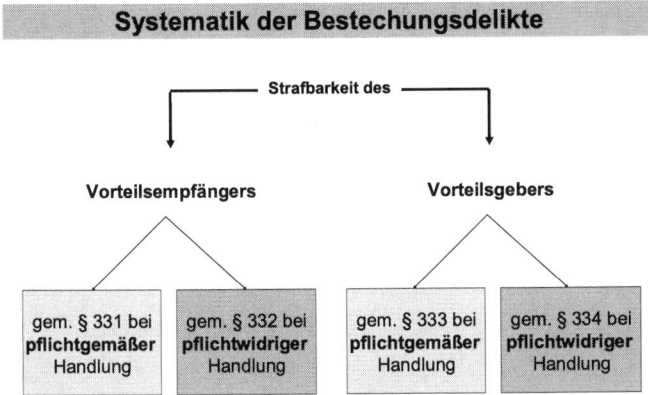

Innerhalb der Bestechungsdelikte sind § 331 I (für den Vorteilsnehmer) und § 333 I **1437** (für den Vorteilsgeber) die jeweiligen *Grunddelikte*. Sie erfassen den gesamten Bereich der pflichtgemäßen Dienstausübung und verlangen nur eine gelockerte Unrechtsvereinbarung. *Qualifiziert* werden sie durch die §§ 332 I, 334 I bei pflichtwidrigen Diensthandlungen. Der jeweilige Absatz 2 der §§ 331–334 stellt eine spezielle Regelung für Richter und Schiedsrichter dar. § 335 enthält für die §§ 332, 334 eine Strafzumessungsvorschrift mit Regelbeispielen. Schließlich stellt § 336 das Unterlassen einer Dienst- oder richterlichen Handlung der Begehung durch aktives Tun gleich.

Eine wesentliche Ausdehnung der Tatbestände der Bestechungsdelikte erfolgte durch **1438** die Einführung des § 335a und dessen Änderung im Jahr 2019. Die Vorschrift wurde zuletzt in Umsetzung der Richtlinie 2017/1371 des Europäischen Parlaments und des Rates vom 5.7.2017 in die heutige Form gebracht. Sie enthält eine Reihe von Tatbestandserweiterungen für die §§ 331 ff. Es werden nunmehr Richter, Bedienstete und Soldaten anderer Staaten sowie internationaler Organisationen weitgehend von den Tatbeständen der §§ 331 – 334 miterfasst. Hierbei bezieht sich in verwirrender Systematik § 335a I auf Konstellationen der §§ 331 II, 333 II, 332, 334; § 335a II auf Konstellationen der §§ 331 I und III, 333 I und III. Letztlich bezieht sich § 335a III auf Konstellationen des § 333 I, III.

Bei *Fällen mit Auslandsbezug*, die weitgehend direkt über § 335a und indirekt über § 11 **1439** I Nr. 2a tatbestandlich erfasst sind, ist immer die Anwendbarkeit deutschen Strafrechts gem. der §§ 3 – 9 (insbesondere § 5 Nr. 15) zu prüfen. Diese ist richtigerweise als *objektive Bedingung der Strafbarkeit* im Rahmen des Tatbestandes nach dem subjektiven Tatbestand zu erörtern (AnwK-Zöller, Vor § 3 Rn. 2; Hecker, Europäisches Strafrecht, § 2 Rn. 3; Walter JuS 2006, 870, 871; a. A. NK-Böse, Vor § 3 Rn. 51: Tatbestandsmerkmal).

1440 Die §§ 331 ff. regeln abschließend die Strafbarkeit wegen Bestechung für Vorteilsnehmer und Vorteilsgeber. Damit ist eine Teilnehmerstrafbarkeit abschließend und speziell geregelt, so dass diesbezüglich eine Strafbarkeit der Teilnahme des Vorteilsgebers an den §§ 331, 332 und umgekehrt (der Teilnahme des Vorteilsnehmers an den §§ 333, 334) nach allgemeinen Regeln ausscheidet. Bezüglich anderer Straftaten außerhalb des Regelungsbereichs der Bestechungsdelikte bleibt eine Teilnehmerstrafbarkeit jedoch möglich.

A. Vorteilsannahme (§ 331)

> **Gesetzestext:**
>
> (1) Ein Amtsträger, ein Europäischer Amtsträger oder ein für den öffentlichen Dienst besonders Verpflichteter, der für die Dienstausübung einen Vorteil für sich oder einen Dritten fordert, sich versprechen läßt oder annimmt, wird mit Freiheitsstrafe bis zu drei Jahren oder mit Geldstrafe bestraft.
>
> (2) Ein Richter, Mitglied eines Gerichts der Europäischen Union oder Schiedsrichter, der einen Vorteil für sich oder einen Dritten als Gegenleistung dafür fordert, sich versprechen läßt oder annimmt, daß er eine richterliche Handlung vorgenommen hat oder künftig vornehme, wird mit Freiheitsstrafe bis zu fünf Jahren oder mit Geldstrafe bestraft. Der Versuch ist strafbar.
>
> (3) Die Tat ist nicht nach Absatz 1 strafbar, wenn der Täter einen nicht von ihm geforderten Vorteil sich versprechen läßt oder annimmt und die zuständige Behörde im Rahmen ihrer Befugnisse entweder die Annahme vorher genehmigt hat oder der Täter unverzüglich bei ihr Anzeige erstattet und sie die Annahme genehmigt.

§ 331 ist ein echtes Amtsdelikt als Sonderdelikt, so dass für Teilnehmer § 28 I Anwendung findet. In *§ 331 I* wird die käufliche, jedoch *pflichtgemäße* Dienstausübung eines Amtsträgers unter Strafe gestellt. Ein Zusammenhang mit einer bestimmten Diensthandlung ist nicht erforderlich. *§ 331 II* hingegen fordert eine bestimmte richterliche oder schiedsrichterliche pflichtgemäße Diensthandlung als Gegenleistung für einen Vorteil. **1441**

Der Versuch ist nur gem. § 331 II strafbar. **1442**

I. Tatbestand

1. Objektiver Tatbestand

Zur Verwirklichung des objektiven Tatbestandes muss ein Amtsträger, ein Europäischer Amtsträger oder ein für den öffentlichen Dienst besonders Verpflichteter für sich oder einen anderen für die Dienstausübung einen Vorteil fordern, sich versprechen lassen oder annehmen. **1443**

a) Tätereigenschaft gem. § 331 I

1444 Täter muss ein Amtsträger gem. § 11 I Nr. 2, ein Europäischer Amtsträger gem. § 11 I Nr. 2a oder ein für den öffentlichen Dienst besonders Verpflichteter gem. § 11 I Nr. 4 sein. Die Tätereigenschaft muss zum Zeitpunkt der Tat vorgelegen haben.

1445 Gem. § 11 I Nr. 2 lit. a) sind Beamte solche im staatsrechtlichen Sinn sowie Richter also (wiederum gem. § 11 I Nr. 3), Berufsrichter und ehrenamtliche Richter. Dem sonstigen öffentlich-rechtlichen Amtsverhältnis gem. § 11 Nr. I 2 lit. b) unterfallen Notare und Minister, wenn sie im Bereich der Exekutive tätig sind.

1446 Als Behörde gem. § 11 I Nr. 2 lit. c) ist jedes ständige Organ der Staatsgewalt zu verstehen, welches in das Gebilde der öffentlichen Verwaltung eingeordnet ist und deren Aufgaben wahrnimmt. Eine sonstige Stelle ist jedes andere behördenähnliche Gebilde, das rechtlich befugt ist, bei der Ausführung von Gesetzen und bei der Erfüllung öffentlicher Aufgaben mitzuwirken. Schwierig ist in diesem Zusammenhang die Frage, wann in privatwirtschaftlicher Form organisierte Unternehmen als sonstige Stellen gem. § 11 I Nr. 2 c) anzusehen sind. Denn die Verwaltung bedient sich oftmals dieser Organisationsformen bei der Wahrnehmung ihrer Aufgaben (z. B. Müllentsorgung durch eine GmbH, die im Eigentum der Gemeinde steht). Insofern ist durch die Rechtsprechung entschieden worden, dass privatrechtlich organisierte Unternehmen der öffentlichen Hand als sonstige Stellen i. S. des § 11 I Nr. 2 c) anzusehen sind, wenn der Staat die wesentlichen Geschäftsgänge des Unternehmens derart steuern kann, dass es als „verlängerter Arm des Staates" wahrgenommen wird (OLG Düsseldorf NStZ 2008, 459 – also ist auch im Strafrecht keine „Flucht ins Privatrecht" möglich). Weitere Kriterien sind die Eigentumsverhältnisse am Unternehmen, Beschränkung des Geschäftsfelds auf Aufgaben der öffentlichen Verwaltung, fehlende Gewinnerzielungsabsicht oder der Ausgleich finanzieller Defizite durch die öffentliche Hand. Konkurriert das Unternehmen hingegen gleichwertig mit rein privaten Akteuren am Markt, kann dies gegen eine Einordnung als sonstige Stelle sprechen. Liegt eine sonstige Stelle gem. § 11 I Nr. 2 c) vor, so kommt als Täter des § 331 I nur in Betracht, wer innerhalb dieser Stelle oder in deren Auftrag Aufgaben der öffentlichen Verwaltung wahrnimmt (z. B. leitende Mitarbeiter, nicht: reine Versorgungstätigkeit wie Reinigungspersonal oder Wartungstechniker).

1447 Parlamentsabgeordnete fallen nicht unter § 11 I Nr. 2. Für sie ist § 108e einschlägig. Gleiches gilt für Mitglieder eines kommunalen Parlaments (Stadtrat, siehe AnwK-Mavany, § 108e Rn. 3). Oftmals haben Mandatsträger zusätzlich eine Amtsträgerstellung inne, die im Zusammenhang mit dem Mandat steht (z. B. Bundeskanzler und Bundestagsabgeordneter, Stadtrat und Bürgermeister bzw. Beigeordneter). Insofern ist zu bewerten, ob der Amtsträger ausschließlich im Rahmen seiner verwaltungsbezogenen

Tätigkeit gehandelt hat. Ist dies der Fall, ist er als Amtsträger zu behandeln und die §§ 331 ff. sind anwendbar (BGH NStZ 2015, 451). Betrifft die korruptive Handlung hingegen die Wahrnehmung des Mandats (z. B. Geldzahlung für ein bestimmtes Abstimmungsverhalten), so kommt § 108e zur Anwendung. Sind beide Aufgabenbereiche betroffen, so können die Tatbestände nebeneinander zur Anwendung gelangen.

Die lange umstrittene Frage, ob Kassenärzte als Amtsträger i. S. des § 11 I Nr. 2 c) einzuordnen sind, ist seit dem Beschluss des Großen Senats vom 29.3.2012 – GSSt 2/11 (abgedruckt in NJW 2012, 2530; hierzu Ihwas/Lorenz ZJS 2012, 712 ff.) abschließend zu verneinen. **1448**

§ 11 I Nr. 2a umfasst neben den Mitgliedern der Kommission (Organ der EU) alle in den Institutionen, Gerichten und Behörden der Europäischen Union beschäftigte Personen, die mit der Wahrnehmung der Aufgaben der Europäischen Union oder von Aufgaben einer auf Grundlage des Rechts der Europäischen Union geschaffenen Einrichtung beauftragt sind. Unter den Gerichten der Europäischen Union sind der Gerichtshof der Europäischen Union, das Gericht der Europäischen Union sowie das Gericht für den öffentlichen Dienst der Europäischen Union (BT-Drs. 18/4350, S. 18) zu verstehen. § 11 I Nr. 2a c) ist insofern als Auffangtatbestand zu sehen, der all diejenigen Europäischen Amtsträger erfasst, die nicht durch die anderen Buchstaben der Nr. 2a abgedeckt werden (BT-Drs. 18/4350, S. 19). Nicht eingeschlossen sind die Mitglieder der anderen Organe der Union (Europäisches Parlament, Europäischer Rat, Rat der Europäischen Union), weil sie in keinem Auftragsverhältnis zur Union stehen. Die Staatsangehörigkeit und ein eventuelles Anstellungs- bzw.- Beamtenverhältnis im nationalen Recht eines gem. § 11 I Nr. 2a Europäischen Beamten sind irrelevant. Somit kann auch die Korruption in Bezug auf Staatsbürger und Beamte anderer Mitgliedstaaten sowie originärer Beamter der Europäischen Union nach den §§ 331 ff. strafbar sein. **1449**

Die für den öffentlichen Dienst besonders Verpflichteten gem. § 11 I Nr. 4 nehmen bestimmte Aufgaben in der öffentlichen Verwaltung wahr und wurden hierfür nach dem Verpflichtungsgesetz förmlich verpflichtet (Eisele, BT I, Rn. 1318). **1450**

Zusätzlich zu den genannten Personen wird gem. § 335a II der Tatbestand des § 331 in der Form erweitert, dass auch Mitglieder und Bedienstete des Internationalen Strafgerichtshofs in Den Haag in den Kreis tauglicher Täter einbezogen werden. Dies geschieht in der Form, dass gem. § 335a II Nr. 2 die Bediensteten des Internationalen Strafgerichtshofs den sonstigen Amtsträgern nach § 11 I Nr. 2 b) tatbestandlich gleichgestellt werden. Die Mitglieder des Internationalen Strafgerichtshofs, gemeint sind die dort tätigen Richter, sind nach § 335 II Nr. 1 mit den Richtern nach § 11 I Nr. 2 a) 2. Alt. gleichzusetzen. Dies ist insbesondere mit Blick auf § 331 II bedeutsam, da dieser somit auch Vorteilsannahmen von Mitgliedern des Internationalen Strafgerichtshofs **1451** umfassen kann. Es ist jedoch zu beachten, dass die Tatbestandserweiterung des § 335a II nicht automatisch zur Anwendbarkeit deutschen Strafrechts im Falle von Korruptionshandlungen beim Internationalen Strafgerichtshof führt. Vielmehr ist auch hier immer die Anwendbarkeit deutschen Strafrechts in Form einer objektiven Bedingung der Strafbarkeit gem. der §§ 3 ff. zu prüfen.

b) Tathandlung gem. § 331 I

1452 Die Tathandlung gem. § 331 I kann in einem Fordern, Sich-Versprechen-Lassen oder Annehmen eines Vorteils für sich oder einen Dritten bestehen.

aa) Vorteil

1453 Ein **Vorteil** ist jede Leistung materieller oder immaterieller Art, auf die der Amtsträger oder der Dritte keinen Anspruch hat und die ihre wirtschaftliche, rechtliche oder auch nur persönliche Lage objektiv messbar verbessert.

1454 Ausreichend ist es, wenn der Vorteil dem Begünstigten lediglich mittelbar zugutekommt. Auch die Abwendung drohender Nachteile ist erfasst. Der Vorteil kann materiell (wirtschaftlicher) Natur sein oder immateriell, also keinen wirtschaftlichen Wert besitzen, den Amtsträger aber auf andere Weise besserstellen. Bei immateriellen Vorteilen ist die Besserstellung des Amtsträgers aber in objektiv messbarer Form genau zu beschreiben.

1455 Als *materielle Vorteile* kommen neben Geld- und Sachzuwendungen auch Reisen, Bewirtungen, Einladungen, Stundungen von Forderungen oder Rabatte in Betracht; ebenso die kostengünstige oder kostenlose Gebrauchsüberlassung von Fahrzeugen oder der Abschluss lukrativer Arbeitsverträge wie bspw. Beraterverträge.

1456 *Immaterielle Vorteile* sind z. B. Ehrungen und Ehrenämter. Auch in der Vornahme oder Duldung sexueller Handlungen sollen sie gegeben sein. Dies erscheint jedoch mit Blick auf das ProstG fraglich, da hierdurch die Entgeltabrede in Bezug auf sexuelle Handlungen für rechtswirksam erklärt wird. Das Gesetz billigt der Vornahme sexueller Handlungen somit indirekt, wie jeder anderen Dienstleistung auch, einen Marktwert zu. Insofern erscheint es vertretbar, in der unentgeltlichen Vornahme sexueller Handlungen durch den Zuwendenden zugleich die Ersparnis von Aufwendungen für den Zuwendungsempfänger zu sehen, die dieser bei dem Einkauf der Dienstleistung am Markt hätte aufbringen müssen. Insofern ließe sich vertretbar argumentieren, dass auch sexuelle Handlungen als materielle Vorteile anzusehen sind. Letztlich wird eine solche Betrachtungsweise in den meisten Fällen zu der Einordnung als materiellen Vorteil führen, weil bei dem Vorliegen der erforderlichen objektiven Messbarkeit der Besserstellung in der

Regel diese Besserstellung auch kommerzialisierbar sein wird (vgl. Walther Jura 2010, 511, 514).

Nicht als objektiv messbar verbessert (und damit nicht ausreichend für die Bejahung eines Vorteils) sind die Steigerung wissenschaftlicher Reputation oder die Verbesserung von Karrierechancen anzusehen. **1457**

Durch die Einbeziehung von Dritten als Vorteilsempfänger kommt es auch nicht (mehr) darauf an, ob der Täter daraus einen eigenen Vorteil zieht. Zum einen ist somit eine Umgehung des Tatbestands ausgeschlossen, indem der Amtsträger den Vorteil zugunsten einer Dritten, ihm nahestehenden Person fordert, die ihn dann an den Amtsträger weiterreicht oder an der er mittelbar partizipiert (z. B. die Zuwendung geht an den Ehepartner des Amtsträgers). Zum anderen sind auch die Konstellationen grundsätzlich miterfasst, in denen der Amtsträger aus altruistischer Motivation handelt (Geldleistungen zugunsten gemeinnütziger Organisationen, der Staatskasse oder Parteien). Die Erweiterung auf Dritte als Vorteilsempfänger führt jedoch dazu, dass sozial übliche Verhaltensweisen, zum Teil auch ausdrücklich erwünschte Vorteilseinwerbungen kriminalisiert werden. **1458**

Besonders offensichtlich tritt dies im Falle einer Verfahrenseinstellung gem. § 153a StPO bei Zahlung einer Geldauflage zugunsten eines gemeinnützigen Vereins oder der Staatskasse zu Tage. Auch hier lässt sich der Amtsträger (Staatsanwalt oder Richter) im Gegenzug für eine Diensthandlung (Einstellung des Verfahrens) einen Vorteil für einen Dritten versprechen. Das diese prozessual zulässige Verhaltensweise nicht durch die Straftatbestände der §§ 331 ff. erfasst sein kann, ist erkennbar. Aus dem Wortlaut ergibt sich dies jedoch nicht. Für Fälle sozialüblicher oder sozial anerkannter Verhaltensweisen ist daher fraglich, unter welchen zusätzlichen Voraussetzungen ein strafbarer Drittvorteil anzunehmen ist. **1459**

Dies gilt z. B. im Bereich der *Drittmittelforschung*. Vom BGH wird ein strafrechtlich relevanter Drittvorteil i. S. des § 331 StGB ausgeschlossen, solange vom Amtsträger strikte Transparenz gewahrt wird in dem Sinne, dass das hochschulrechtlich vorgeschriebene Anzeige- und Genehmigungsverfahren eingehalten wird (BGHSt 47, 295; 48, 44; hierzu Kuhlen JR 2003, 231; Rönnau JuS 2003, 232). Mit Blick auf die in § 25 I HRG niedergelegte Berechtigung, und nach einigen landesrechtlichen Regelungen erwünschte z. T. auch verpflichtende Einwerbung von Drittmitteln, erscheint die Lösung des BGH zutreffend. Zwar kann auch bei der Gewährung einer Drittmittelspende die Lauterkeit staatlichen Handelns, insbesondere die Sachlichkeit der Forschungsergebnisse, in Frage stehen. Der Gesetzgeber hat jedoch durch die Transparenzregeln klargestellt, dass er die Gefährdung des Allgemeininteresses durch die Offenbarung der Herkunft der Finanzmittel in der Forschung als ertragbar ansieht. Insofern kann bei formal ordnungs- **1460** gemäßer Einwerbung und Dokumentation der Drittmittel ein strafrechtlich relevantes Verhalten nicht bestehen (Deiters ZJS 2008, 465, 469).

1461 Dieser Gedanke liegt letztlich auch der Lösung der Konstellation einer Verfahrenseinstellung gem. § 153a StPO zugrunde. Wenn der Gesetzgeber durch spezielle Regelungen die Gewährung von Vorteilen für Dritte in Bezug auf die Vornahme von Diensthandlungen als zulässig ansieht, so gibt er zu erkennen, dass er in einem solchen Verhalten kein strafrechtlich relevantes Unrecht i. S. der §§ 331 ff. als verwirklicht ansieht. Dies kann freilich nur für die Vornahme rechtmäßiger Diensthandlungen gelten, weil rechtswidrige Diensthandlungen durch die spezifischen Regelungen generell nicht als zulässig angeordnet werden. Zudem muss der Amtsträger in dem konkreten Einzelfall die gesetzlichen Vorgaben eingehalten, insbesondere sich auch innerhalb des ihm zugebilligten Ermessenspielraums bewegt haben (ähnlich Zöller ZJS 2011, 550, 553 f.).

1462 Zur Strafbarkeit der Einwerbung von *Parteispenden* durch einen Amtsträger vgl. BGH NJW 2004, 3569 (Fall Kremendahl); hierzu Saliger/Sinner NJW 2005, 1073; Zöller GA 2008, 151.

1463 Bei *sozialadäquaten Vorteilszuwendungen* und unbedeutenden Höflichkeiten des täglichen Lebens liegt nach allgemeinen Zurechnungsgrundsätzen keine Schaffung eines missbilligten Risikos für das geschützte Rechtsgut vor, da hier der Verdacht der Käuflichkeit nicht entsteht (Rengier, BT II, § 60 Rn. 14; a. A. Ausschluss des Tatbestandes mangels Vollzugs einer regelwidrigen Unrechtsvereinbarung: vgl. Schönke/Schröder-Heine/Eisele, § 331 Rn. 40). Dies gilt jedoch nur in engen Grenzen und ist restriktiv zu handhaben. So erfüllen geringwertige Werbegeschenke (Kugelschreiber, Taschenrechner) und Höflichkeiten (Anbieten von Kaffee bei Betriebsprüfungen) nicht den Tatbestand. Allerdings muss bei Zuwendungen ab einem Wert von ca. 50 Euro ein sozialadäquater Vorteil ausscheiden (OLG Hamburg StV 2001, 277).

1464 Der Amtsträger darf keinen rechtlichen Anspruch auf den Vorteil haben. Kann der Amtsträger gegenüber dem Zuwendenden also einen Rechtsgrund geltend machen, aufgrund dessen ihm der Vorteil zusteht, so scheidet ein Vorteil i. S. der §§ 331 ff. aus. Als Rechtsgrund kommen insbesondere vertragliche Abreden zwischen dem Amtsträger und dem Zuwendenden in Betracht. Dies würde jedoch bei uneingeschränkter Anwendung dazu führen, dass jedweder Vorteil aus dem Tatbestand der §§ 331 ff. von den Beteiligten ausgenommen werden könnte, indem sie zuvor einen Vertrag schließen, vermöge dessen der Amtsträger einen Anspruch auf den Vorteil erlangt (z. B. Schenkungsvertrag über ein Kfz). Hier ist zunächst zu berücksichtigen, dass ein Vertrag, der eine gem. der §§ 331 ff. tatbestandliche Verhaltensweise zum Gegenstand hat, bereits nach den allgemeinen zivilrechtlichen Regelungen (z. B. §§ 134, 138 BGB) nichtig ist, so dass dem Amtsträger kein Anspruch entsteht. Wird (z. B. zu Verschleierung) ein grundsätzlich rechtmäßiger Vertrag geschlossen (bspw. ein Beratervertrag), aus dem sich der Anspruch des Amtsträgers ergibt, so kann dieser ggf. den Vorteil gem. der §§ 331 ff. ausschließen. Jedoch ist dann zu prüfen, ob nicht bereits in dem Vertragsschluss selbst ein tatbestandlich relevanter Vorteil liegt.

bb) Fordern, Sich versprechen lassen oder Annehmen

Der Amtsträger muss den Vorteil fordern, sich versprechen lassen oder annehmen.

Fordern ist das einseitige Verlangen einer Leistung, sei es auch nur in versteckter Form. 1465

Erfasst ist auch das versteckte oder konkludente Fordern. Zur Bestimmung, ob ein Fordern vorliegt, ist das Verhalten des Amtsträgers aus Sicht eines verständigen Dritten in der Rolle des Aufgeforderten auszulegen. Maßgeblich ist, ob der Aufgeforderte erkennen konnte, dass der Amtsträger den Vorteil für die Dienstausübung von ihm verlangt hat. Der Aufgeforderte muss hierfür Kenntnis von dem fordernden Verhalten erlangt haben. Den fordernden Inhalt muss er aber weder verstehen, noch akzeptieren, was der Amtsträger begehrt. Ausreichend ist bereits die bloße Möglichkeit hiervon. Missversteht der Adressat die Äußerung des Amtsträgers, liegt gleichwohl ein Fordern vor. 1466

Sich-Versprechen-Lassen meint die Annahme eines auch nur bedingten Angebots der späteren Leistung. 1467

Die Annahme des Angebots durch den Amtsträger kann ausdrücklich, aber auch konkludent erfolgen. Auch hier ist zur Bestimmung des Erklärungsgehalts der Beteiligten grundsätzlich die Perspektive eines verständigen Dritten in der Rolle der Beteiligten einzunehmen. Das Sich-Versprechen-Lassen setzt nach h. M. zusätzlich eine *tatsächliche Willensübereinstimmung* zwischen Amtsträger und Zuwendenden voraus (Kuhlen JuS 2011, 673, 675; Schönke/Schröder-Heine/Eisele, § 331 Rn. 26). Beim Sich-Versprechen-Lassen existiert demnach eine durch Angebot und Annahme zustande gekommene Unrechtsvereinbarung. Das heißt, dass anders als beim Fordern, den Beteiligten der objektive Erklärungsgehalt ihres Verhaltens und deren Übereinstimmung bewusst sein müssen. Liegt ein versteckter Dissens vor (z. B. weil der Zuwendende den Zusammenhang mit der Diensthandlung nicht beabsichtigt), so ist das Sich-Versprechen-Lassen zu verneinen. In der Erklärung des Amtsträgers kann in diesem Fall jedoch ein Fordern liegen. 1468

Annehmen ist die tatsächliche Entgegennahme des Vorteils mit dem Willen, darüber für sich oder einen Dritten zu verfügen. 1469

1470 Der Amtsträger muss grundsätzlich die Verfügungsgewalt über den Vorteil erlangen. Zudem wird gefordert, dass die Annahme in Vollzug der Unrechtsvereinbarung geschieht. Dies setzt voraus, dass tatsächlich eine Unrechtsvereinbarung besteht, also dass eine Willensübereinstimmung zwischen Amtsträger und Zuwendenden über die Gewährung des Vorteils und dessen Zweck gegeben ist.

> **Sonderproblem:** Notwendigkeit eines Annahmewillens

1471 Fraglich ist, ob neben der Willensübereinstimmung in objektiver Hinsicht zusätzlich ein Annahmewille des Amtsträgers in subjektiver Hinsicht zur Bejahung der Annahme notwendig ist. Dies wird immer dann relevant, wenn der Amtsträger die Verfügungsgewalt über den Vorteil erlangt, hierbei aber letztlich nicht zur Erfüllung der Unrechtsvereinbarung bereit ist. So etwa, wenn er den Vorteil lediglich zu Beweiszwecken annimmt, um den Zuwendenden einer Tat gem. der §§ 333 f. überführen zu können, oder aber, wenn der Amtsträger nicht beabsichtigt, die Diensthandlung tatsächlich vorzunehmen, aber dennoch den Vorteil unter Vorspiegelung des Gegenteils annimmt.

1472 – Will man die Willensübereinstimmung rein objektiv bestimmen, so ist vom Standpunkt eines verständigen Dritten in der Rolle der Beteiligten zu bewerten, welchen Erklärungswert die Annahme des Vorteils hat. Diese soll danach zu bejahen sein, auch wenn der Täter sich insgeheim vorbehält, die Unrechtsvereinbarung nicht zu erfüllen (vgl. NK-Kuhlen, § 331 Rn. 31; ders. JuS 2011, 673, 675). Eine Straflosigkeit des Amtsträgers bei der Annahme zu Beweiszwecken komme nur aufgrund einer Rechtfertigung gem. § 34 in Betracht (NK-Kuhlen, § 331 Rn. 32; ders. JuS 2011, 673, 675).

1473 – Demgegenüber will die h. M. nur dann eine Annahme als gegeben ansehen, wenn der Amtsträger den Vorteil tatsächlich als Gegenleistung für die Dienstausübung erlangen will. Fehle es an dem Willen des Amtsträgers, den Vorteil letztlich selbst zu behalten oder einem Dritten zukommen zu lassen, so liege der subjektiv zu bestimmende und notwendige Annahmewille nicht vor, weswegen eine Annahme zu verneinen sei (BGHSt 15, 88, 97; Schönke/Schröder-Heine/Eisele, § 331 Rn. 27). Dies führt zu differenzierten Ergebnissen. Im Falle der Annahme zu Beweiszwecken will der Amtsträger den Vorteil letztlich nicht selbst behalten, weswegen eine Annahme zu verneinen sein soll. Spiegelt er hingegen nur vor, die Unrechtsvereinbarung erfüllen zu wollen, will aber dennoch den Vorteil für sich oder einen Dritten endgültig erlangen, so liege ein Annahmewille vor, so dass die Annahme zu bejahen sei.

Bewertung:

Der erstgenannten Auffassung ist insoweit zuzustimmen, dass es sich bei dem Anneh- **1474** men um ein objektives Tatbestandsmerkmal handelt, so dass die Berücksichtigung subjektiver Absichten des Amtsträgers systemfremd erscheint. Auch kann das Argument der h. M. nicht überzeugen, die Annahme zu Beweiszwecken habe nicht den Erklärungswert, dass der Amtsträger die Unrechtsvereinbarung erfüllen wolle (vgl. Schönke/Schröder-Heine/Eisele, § 331 Rn. 27). Dies gilt nur, wenn man bereits die subjektive Wertung des Amtsträgers voraussetzt. In objektiver Hinsicht ist es für einen Dritten nicht erkennbar, ob der Amtsträger den Vorteil für sich behalten oder lediglich zu Beweiszwecken erlangen will. Demgegenüber kann die h. M. für sich ins Feld führen, dass das Rechtsgut in Form der Unbestechlichkeit staatlicher Funktionsträger etwa im Falle der Annahme zu Beweiszwecken besonders effektiv geschützt wird. Denn der Zuwendende kann sich selbst dann nicht sicher sein, dass der Amtsträger das von ihm gewünschte Verhalten an den Tag legt, wenn er den Vorteil bereits an den Amtsträger übergeben hat. Der Zuwendende muss also immer auch mit einer Falle seitens des Zuwendungsempfängers rechnen und könnte schon hierdurch vor der Tat zurückschrecken. Freilich gilt dies auch für den Fall, in dem der Amtsträger sich insgeheim vorbehält, die Unrechtsvereinbarung nicht zu erfüllen. Dennoch kommt die h. M. in dieser Variante zur Strafbarkeit des Amtsträgers. Aus rein objektiver Sicht hat sich der Amtsträger in beiden Fällen als käuflich dargestellt, wodurch das Schutzgut bereits tangiert ist. Denn bereits der bloße Schein der Käuflichkeit staatlicher Entscheidungen soll verhindert werden. Zudem führt der Amtsträger in beiden Fällen das vom Zuwendenden gewünschte Verhalten nicht aus. Die Differenzierung der h. M. begründet sich letztlich mit der rein subjektiven Absicht des Amtsträgers, den Vorteil nicht behalten zu wollen. Daher ist dies auch im subjektiven Tatbestand bzw. im Rahmen der Rechtswidrigkeit zu berücksichtigen, nicht hingegen schon im objektiven Tatbestand.

Behält sich der Amtsträger vor, den Vorteil nur unter bestimmten Bedingungen zu **1475** behalten, so besteht Einigkeit, dass dieser Vorbehalt unbeachtlich ist. Der Amtsträger hat den Vorteil zunächst angenommen und somit den Tatbestand erfüllt. Eine spätere Rückgabe kann sich allenfalls strafmildernd auswirken. Etwas anderes gilt auch dann nicht, wenn der Amtsträger ausdrücklich darauf hinweist, dass er den Vorteil nur unter der Bedingung einer nachträglichen Genehmigung gem. § 331 III annimmt.

Sonderproblem: Annehmen von Drittvorteilen

Es ist umstritten, ob die Tathandlungsalternative des Annehmens auch im Falle eines **1476** Drittvorteils Anwendung finden kann. Unstrittig ist dies der Fall, wenn der Amtsträger zunächst selbst die Verfügungsgewalt über den Vorteil erlangt und ihn im Anschluss an den Dritten weiterreicht. Wird die Verfügungsgewalt über den Vorteil vom Zuwendenden aber direkt an den Dritten übertragen, ohne dass der Amtsträger Zugriff auf den Vorteil erhält (z. B. der Zuwendende zahlt direkt an den Sportverein des Amtsträgers), so fragt sich, ob hierin ein Annehmen durch den Amtsträger gesehen werden kann.

1477   – Die in der Literatur vorwiegend vertretene Auffassung lehnt eine solche Betrachtungsweise ab (MüKo-Korte, § 331 Rn. 57; NK-Kuhlen, § 331 Rn. 7; Deiters ZJS 2012, 255, 257). Das Annehmen erfordert danach begrifflich, dass der Amtsträger in irgendeiner Form die Verfügungsgewalt an dem Vorteil erlangt hat. Ist dies nicht der Fall, hat der Dritte den Vorteil angenommen. § 331 I erfasse jedoch nur den Drittvorteil, nicht hingegen die Drittannahme, so dass bei unmittelbarer Übertragung des Vorteils an den Dritten generell das Annehmen eines Vorteils durch den Amtsträger nicht gegeben sei (Deiters ZJS 2012, 255, 258).

1478   – Demgegenüber will die Rspr. sowie ein Teil der Literatur in den fraglichen Konstellationen das Annehmen des Vorteils durch den Amtsträger bejahen, wenn dieser Kenntnis von der Übertragung an den Dritten erlangt und hierzu sein Einverständnis erklärt hat (OLG Karlsruhe, NStZ 2011, 164; wohl auch BGHSt 49, 275, 282 und 298).

Bewertung:

1479 Der Streitstand ist mit Blick auf den eindeutigen Wortlaut des § 331 I aufzulösen. Dieser spricht davon, dass der Amtsträger den Vorteil annehmen muss. Erlangt er selbst jedoch niemals die Verfügungsgewalt über den Vorteil, so kann nicht von einer Annahme gesprochen werden. Die Kenntnis und Billigung des Amtsträgers über die Vorteilsgewährung an den Dritten ändert hieran nichts. Denn auch hierdurch erlangt er selbst keine Verfügungsmacht. Letztlich ist eine Konstruktion der Drittannahme auch nicht notwendig. Soweit der Täter Kenntnis von der Drittgewährung erhält, wird er sich in aller Regel diese zuvor vom Zuwendenden zusichern lassen. Dann ist aber die Alternative des Sich-Versprechen-Lassens eines Drittvorteils gegeben. Ist dies nicht der Fall, so wird kaum eine Beeinflussung des Amtsträgers anzunehmen sein, weswegen das Schutzgut nicht tangiert ist.

c)   Gelockerte Unrechtsvereinbarung

1480 Der Vorteil muss *für die Dienstausübung* gewährt werden. Bestimmender Teil des Unrechtskerns aller Korruptionsdelikte ist die *Verbindung von Vorteil und Dienstausübung.* Diese müssen in der Form von dem Amtsträger und dem Zuwendenden miteinander verknüpft werden, als dass der Vorteil als Gegenleistung für die Dienstausübung gefordert, versprochen oder angenommen wird (sog. *Unrechtsvereinbarung;* Wessels/Hettinger/Engländer, BT 1, Rn. 1109). Mit der Reform des Korruptionsstrafrechts im Jahr 1997 (vgl. KorrBekG, BGBl. I 1997, S. 2038 ff.) verfolgte der Gesetzgeber in Bezug auf § 331 I das Ziel, nunmehr auch strafwürdige Verhaltensweisen zu erfassen, die keinen direkten Bezug zwischen einer bestimmten Diensthandlung und einem bestimmten Vorteil aufweisen. Zudem sollten korrespondierende Beweisprobleme beseitigt werden. In der Folge ist § 331 I in der geltenden Fassung so ausgestaltet, dass ein synallagmatisches Verhältnis zwischen dem Vorteil und einer konkretisierten Dienst*handlung* nicht mehr notwendig ist. Vielmehr reicht bereits die Gewährung eines Vorteils allgemein für die Dienst*ausübung* aus. Diese weite Fassung der Verbindung von Vorteil und Dienstausübung wird als *gelockerte Unrechtsvereinbarung* bezeichnet.

Unter **Dienstausübung** ist jede Handlung zu verstehen, die zu den dienstlichen Obliegenheiten gehört und in amtlicher Eigenschaft vorgenommen wird.   **1481**

Nicht erforderlich ist, dass die Dienstausübung pflichtwidrig erfolgte. Auch pflichtwidrige Diensthandlungen sind grundsätzlich Dienstausübung i. S. des § 331 I und keine Privathandlungen, sie werden jedoch nach dem spezielleren § 332 behandelt. Ebenso ergibt sich aus der Verwendung dienstlicher Kenntnisse oder Kontakte automatisch der Charakter als Dienstausübung (z. B. Lehrer, der privaten Nachhilfeunterricht erteilt und hierzu seine Unterrichtsmaterialien verwendet). Etwas anderes wird aber dann anzunehmen sein, wenn der Amtsträger im Rahmen der privaten Tätigkeit einen Bezug zur Dienstausübung herstellt (der Lehrer gibt den Schülern seiner Klasse Nachhilfeunterricht unter der Maßgabe, sie gezielt auf von ihm gestellte Klausuren vorzubereiten).   **1482**

Die Dienstausübung erfasst neben *zukünftigen* auch *vergangene Tätigkeiten*. Umstritten ist, ob § 331 auch eingreift, wenn der Täter lediglich vortäuscht, eine in der Vergangenheit liegende Diensthandlung vorgenommen zu haben. Nach Ansicht der Rechtsprechung (BGHSt 29, 300) könne unter einer „vorgenommenen" Diensthandlung nur eine solche verstanden werden, die auch tatsächlich gegeben war. Richtigerweise wird man jedoch auch die bloß vorgetäuschte, in der Vergangenheit liegende Diensthandlung von § 331 (und auch § 332) erfasst sehen müssen, da die Lauterkeit des öffentlichen Dienstes nicht durch die Vornahme oder das Unterbleiben einer Diensthandlung, sondern allein durch die Unrechtsvereinbarung erschüttert wird (vgl. Kuhlen JuS 2011, 673, 675; Lackner/Kühl-Heger, § 331 Rn. 11).   **1483**

Der Vorteil muss *für* die Dienstausübung gefordert, versprochen oder gewährt werden. Er muss somit nach dem Willen des Amtsträgers und des Zuwendenden als Gegenleistung für die Dienstausübung anzusehen sein. Dies setzt in den Varianten des Sich-Versprechen-Lassen und des Annehmens eine Willensübereinstimmung der Beteiligten voraus. Beim einseitigen Fordern, welches nicht erfordert, dass der andere Teil das Verlangen des Amtsträgers verstanden hat (vgl. Rn. 1467), ist die Unrechtsvereinba-   **1484** rung in dem Zur-Kenntnisbringen der Willenserklärung zu sehen, mit dem Willen, eine zweiseitige Unrechtsvereinbarung zu schließen (Rengier, BT II, § 60 Rn. 24). In Anlehnung an das Zivilrecht könnte man auch formulieren: Beim Fordern reicht der Zugang eines Angebots zur Eingehung einer gelockerten Unrechtsvereinbarung zur Erfüllung des objektiven Tatbestands des § 331 I aus. In den anderen Tathandlungsvarianten ist zusätzlich die Annahme des Angebots erforderlich.

1485 Mit § 331 I sollen Fälle erfasst werden, bei denen der Nachweis nicht gelingt, für welche Diensthandlung der Vorteil tatsächlich gedacht war. Klassische Fälle sind aber auch das sog. Anfüttern oder die sog. Klimapflege. Dabei soll die Geneigtheit oder das grundsätzliche Wohlwollen des Amtsträgers erkauft werden, in der Hoffnung, in der Zukunft von einer solchermaßen positiven Einstellung des Amtsträgers profitieren zu können (z. B. ein großer Bauträger übergibt jährlich teure Weihnachtsgeschenke an die Mitarbeiter eines Bauordnungsamts in der Hoffnung, bei zukünftigen Bauanträgen eine wohlwollende Prüfung zu erlangen).

1486 Aufgrund des Umstandes, dass die Verknüpfung von Vorteil und Dienstausübung zum zentralen Unrechtskern der §§ 331 ff. gehört, scheidet die Unrechtsvereinbarung (und damit bereits der objektive Tatbestand) immer dann aus, wenn sie nicht geeignet ist, dass Schutzgut, also das Vertrauen der Allgemeinheit in die Lauterkeit des öffentlichen Dienstes, die Integrität und Unbestechlichkeit von Trägern staatlicher Funktionen, zu beeinträchtigen (Zöller ZJS 2011, 550, 555). Insbesondere in Fällen vertraglicher Leistungs- und Gegenleistungsansprüche kann eine solche fehlende Schutzgutrelevanz vorliegen, wenn die Entscheidung zum Abschluss des Vertrages und der spätere Leistungsaustausch durch sachliche Kriterien gerechtfertigt waren, sich in ihren Werten entsprechen und im Falle eines Ermessens dieses pflichtgemäß ausgeübt wurde. Dabei gilt es jedoch zu beachten, dass Ermessensfehler nicht automatisch zu einer Bejahung der Unrechtsvereinbarung führen, sondern in erster Linie für die Bestimmung des einschlägigen Tatbestands Relevanz besitzen (Zöller ZJS 2011, 550, 555 f.).

1487 Die Vorschrift des § 336 stellt für die Tatbestände der §§ 331–335a das Unterlassen einer Diensthandlung oder einer richterlichen Handlung der Vornahme gleich.

d) Ggf. Qualifikation gem. § 331 II

1488 § 331 II enthält einen gegenüber § 331 I eigenständigen qualifizierenden Tatbestand. Täter kann hier nur ein Richter gem. § 11 I Nr. 3, ein Mitglied eines Gerichts der Europäischen Union nach § 11 I Nr. 2a a) 4. Alt. oder ein Schiedsrichter sein. Ebenfalls erfasst sind die Mitglieder eines ausländischen oder internationalen Gerichts über die Tatbestandserweiterung des § 335a I Nr. 1.

Die Tathandlungsvarianten (Fordern, Sich-Versprechen-Lassen, Annehmen) entspre- **1489** chen denen des § 331 I; ebenso die Bestimmung des Vorteils. Jedoch ist im Falle eines Schiedsrichters zu beachten, dass dessen offene Vergütung gem. § 337 nicht als Vorteil zu betrachten ist. Der Vorteil muss jedoch als Gegenleistung für eine *bestimmte* rich- terliche Handlung gedacht sein ([keine gelockerte] Unrechtsvereinbarung). Es erge- ben sich somit gegenüber § 331 I zwei tatbestandliche Restriktionen, die zugleich auch den erhöhten Tatunwert umschreiben: Erforderlich ist eine bestimmte richterliche Tätigkeit sowie ein Gegenseitigkeitsverhältnis zwischen dem Vorteil und dieser kon- kreten richterlichen Handlung. Handelt der Täter nicht richterlich (etwa im Rahmen der Justizverwaltung, z. B. der Gerichtspräsident handelt in Personalangelegenheiten) oder lässt sich der Zusammenhang mit einer konkreten richterlichen Handlung nicht beweisen, greift § 331 I ein.

2. Subjektiver Tatbestand

Der subjektive Tatbestand des § 331 I und II erfordert, dass der Täter vorsätzlich, d. h. **1490** mindestens mit dolus eventualis hinsichtlich der objektiven Tatbestandsmerkmale ge- handelt hat (vgl. § 15).

Meint der Amtsträger, bei der Zuwendung handele es sich um eine reine Gefälligkeit, so **1491** liegt ein Tatbestandsirrtum gem. § 16 I 1 vor, der den Vorsatz entfallen lässt. Gleiches gilt, wenn der Täter über den Wert der Sache irrt und er unzutreffend den Wert in- nerhalb der Grenzen der Sozialadäquanz annimmt (Schönke/Schröder-Heine/Eisele, § 331 Rn. 54).

II. Rechtswidrigkeit

Es gelten die allgemeinen Grundsätze. In Bezug auf Taten nach § 331 I (nicht nach **1492** § 331 II) kann eine vorherige Genehmigung nach § 331 III 1. Alt. gegeben sein. Diese ist nach zutreffender h. M. als Rechtfertigungsgrund ausgestaltet. Erforderlich ist, dass der Vorteil dem Amtsträger versprochen oder gewährt wurde. Hat er hingegen den Vor- teil gefordert, so ist der Anwendungsbereich des § 331 III nicht eröffnet.

Formelle Voraussetzungen der vorherigen Genehmigung sind die örtliche und sach- **1493** liche Zuständigkeit der genehmigenden Behörde. Dies ist bei Beamten gem. § 42 Be- amtStG, § 71 BBG der gegenwärtige oder letzte Dienstherr. Im Übrigen der Arbeitge- ber bzw. die innerhalb des Arbeitgebers zuständige Stelle (§ 10 BAT, § 3 II TVöD).

In materieller Hinsicht muss sich die Behörde im Rahmen ihrer Befugnisse halten. Dies **1494** bedeutet, dass der Vorteil nach den für das Beschäftigungsverhältnis bzw. Beamtenver- hältnis einschlägigen öffentlich-rechtlichen Regelungen materiell genehmigungsfähig sein muss. Notwendig sind somit das Vorliegen der materiellen Genehmigungsvoraus-setzungen sowie die pflichtgemäße Ausübung des gesetzlich vorgesehenen Ermessens. Als Leitlinie können hier sog. Compliance-Regelungen dienen (siehe LK-Sowada, § 331 Rn. 111).

> **Sonderproblem:** Fehlerhafte Genehmigung gem. § 331 III

1495 Strittig ist, welche Folgen die Erteilung einer materiell nicht genehmigungsfähigen Ge-nehmigung für die Strafbarkeit des Amtsträgers nach § 331 I nach sich zieht. Jeden-falls bei Genehmigungen, deren Fehlerhaftigkeit in der Sphäre des Amtsträgers liegen (z.B. aufgrund falscher Angaben zum Wert oder zum Anlass der Vorteilsgewährung) kann sich keine rechtfertigende Wirkung entfalten. Ist die Fehlerhaftigkeit jedoch in der Sphäre der zuständigen Genehmigungsbehörde begründet (z.B. durch fehlerhaf-te Ausübung des Ermessens oder Verstoß gegen gesetzliche Regelungen), so sind die Rechtsfolgen umstritten. Letztlich liegt dem Streitstand die Frage des Verhältnisses des § 331 III zum allgemeinen Verwaltungsrecht zugrunde.

1496 – Zum Teil (Schönke/Schröder-Heine/Eisele, § 331 Rn. 64; ähnlich v. Heintschel-Heinegg, BeckOK, § 331 Rn. 47) wird auf den Charakter der Genehmigung als Verwaltungsakt und die im Grundsatz bestehende Verwaltungsrechtsakzessori-etät des § 331 III verwiesen. Hieraus ergebe sich, dass eine nichtige Genehmi-gung i. S. des § 44 VwVfG nach § 43 III VwVfG unwirksam und daher auch im Rahmen des § 331 III unbeachtlich sei. Demgegenüber sei eine rechtswidrige, aber nicht nichtige Genehmigung nach § 43 II iVm. § 48 VwVfG grundsätzlich wirksam. Dies führe zur Beseitigung der Rechtswidrigkeit im Rahmen des § 331 III. Irre der Amtsträger über die Nichtigkeit der Genehmigung, so sei dies als Irrtum über die rechtlichen Gesichtspunkte des § 331 III zu werten und daher ein Verbotsirrtum gem. § 17. Im Falle der Unvermeidbarkeit (des Verkennens der Nichtigkeit, nicht der Rechtswidrigkeit der Genehmigung), sei § 17 S. 1 an-zuwenden, so dass die Schuld entfalle.

1497 – Ein anderes Verständnis legt die h. M. dem § 331 III zugrunde (LK-Sowada, § 331 Rn. 112 f.; MüKo-Korte, § 331 Rn. 166 f.). Nach dem Wortlaut erfordere § 331 III, dass die Genehmigungsbehörde „im Rahmen ihrer Befugnisse" handele. Dies umfasse lediglich rechtmäßiges Verhalten, weil die Behörde durch die Gesetzes-bindung der Verwaltung zu rechtmäßigem Verhalten verpflichtet sei. Im Falle ei-ner rechtswidrigen Genehmigung liege somit kein Handeln „im Rahmen der Be-fugnisse" vor. § 331 III sei daher als lex specialis zu § 43 VwVfG anzusehen. In der Folge könne eine rechtfertigende Genehmigung gem. § 331 III 1. Alt. nur dann gegeben sein, wenn die Genehmigung auch materiell rechtmäßig erteilt wurde.

Bewertung:

Der erstgenannten Auffassung ist zugute zu halten, dass sie zumindest auf den ersten **1498** Blick eine mit dem Verwaltungsrecht abgestimmte Lösung des Problems konstruiert. Jedoch widerspricht sie dem Wortlaut des § 331 III. Der Begriff der Befugnis kann nicht rechtswidriges Handeln einer Behörde umfassen. Zwar mag sie grundsätzlich rechtswirksam eine rechtswidrige Genehmigung erteilen können. Befugt ist sie hierzu durch die §§ 43, 44 VwVfG jedoch nicht. Dieses Ergebnis widerspricht auch nicht dem Grundsatz, dass strafrechtlich nicht verboten sein kann, was verwaltungsrechtlich erlaubt ist. Denn die Erteilung rechtswidriger Genehmigungen ist der Behörde zwar möglich, aber eben nicht erlaubt. Dies anders zu sehen ebnet den Unterschied zwischen rechtlichem Können und rechtlichem Dürfen ein. Hierfür spricht auch der Umstand, dass eine Genehmigung im Falle des § 332 nicht vorgesehen ist. Denn § 332 erfordert eine Dienstpflichtverletzung des Amtsträgers, weshalb eine Genehmigung stets rechtswidrig wäre und daher ausscheidet. Zwingend nichtig nach § 44 VwVfG wäre sie jedoch nicht. § 331 III ist daher nicht streng verwaltungsrechtsakzessorisch und im Sinne der h. M. zu verstehen. Rechtfertigende Wirkung entfalten somit nur materiell rechtmäßige Genehmigungen nach § 331 III.

Die Genehmigung kann inhaltlich sowohl in genereller Form als auch einzelfallbezogen **1499** erteilt werden. Generelle Genehmigungen sind z. B. die Dienstanweisung, dass Essenseinladungen auch bis zu einer Wertgrenze von 100,– € angenommen werden dürfen. Eine einzelfallbezogene Genehmigung liegt hingegen vor, wenn der Amtsträger der Behörde in einem bestimmten Einzelfall einen Vorteil darlegt und für diesen speziellen Fall die Genehmigung erteilt wird.

Grundsätzlich muss die Genehmigung vor dem Sich-Versprechen-Lassen bzw. der An- **1500** nahme des Vorteils erteilt werden. Wird sie hingegen nachträglich erteilt, kommt lediglich § 331 III 2. Alt. in Betracht. Ausnahmsweise wird eine Rechtfertigung gem. § 331 III 1. Alt. jedoch dann für möglich gehalten, wenn der Amtsträger das Versprechen bzw. die Annahme des Vorteils vorbehaltlich der späteren Genehmigung akzeptiert und den Vorteil im Falle der Ablehnung der Genehmigung später tatsächlich ausschlägt bzw. zurückgibt (Rengier, BT II, § 60 Rn. 40). Ist ein solcher Vorbehalt unmöglich oder sozial inadäquat, so soll § 331 III 1. Alt. auch dann in Betracht kommen, wenn die materiellen Genehmigungsvoraussetzungen vorliegen und der Täter dies subjektiv auch annimmt und die Absicht habe, unverzüglich eine Genehmigung einzuholen. Richtigerweise wird man diese Konstellation jedoch über die Rechtsfigur der mutmaßlichen Einwilligung lösen können (LK-Sowada, § 331 Rn. 122; MüKo-Korte, § 331 Rn. 174 f.; NK-Kuhlen, § 331 Rn. 132 f.). Abweichende Ergebnisse sind nicht zu erwarten.

1501 In subjektiver Hinsicht erfordert § 331 III 1. Alt., dass der Täter in Kenntnis und aufgrund der Genehmigung den Vorteil annimmt bzw. sich versprechen lässt. Ein Irrtum über das Vorliegen der Genehmigung ist als Erlaubnistatbestandsirrtum zu behandeln (Schönke/Schröder-Heine/Eisele, § 331 Rn. 66). Kennt der Täter alle tatsächlichen Umstände (insbesondere den Wert des Vorteils), geht er aber fälschlich von der Genehmigungsfähigkeit aus, unterliegt er einem nach § 17 zu behandelnden Erlaubnisirrtum. Hingegen ist bei einem Irrtum über die tatsächlichen Umstände ein Tatbestandsirrtum gem. § 16 I oder ein Erlaubnistatbestandsirrtum anzunehmen.

III. Schuld

1502 Hält der Amtsträger den Vorteil fälschlicherweise für sozialadäquat, ist auf der Ebene der Schuld an einen Verbotsirrtum gem. § 17 zu denken. Hierbei ist zu differenzieren. Irrt der Täter über den tatsächlichen Wert des Vorteils und geht von einem Wert innerhalb der Sozialadäquanz aus (z. B. der Amtsträger hält die wertvolle Uhr für eine billige und wertlose Kopie), so irrt der Täter über den tatsächlichen Umstand des Wertes. Dies ist als Tatbestandsirrtum gem. § 16 I 1 zu behandeln (vgl. Rn. 1464). Erkennt der Amtsträger den Wert zutreffend, geht er aber irrig von einer höheren Grenze der Sozialadäquanz aus (z. B. der Amtsträger erkennt, dass die Uhr einen Wert von 150,– € hat, er hält dies jedoch noch für ein sozialadäquates Geschenk), so irrt der Täter über die Weite des rechtlichen Begriffs der Sozialadäquanz und nicht über tatsächliche Umstände. Dieser Irrtum ist als Verbotsirrtum gem. § 17 einzuordnen.

IV. Strafaufhebungsgrund des § 331 III 2. Alt.

1503 Bei der *nachträglichen Genehmigung* gem. § 331 III 2. Alt. handelt es sich um einen *Strafaufhebungsgrund*. Um in den Genuss der Strafaufhebung zu gelangen, muss der Täter nachträglich unverzüglich Anzeige über die Art, den Wert und den Anlass des Vorteils erstatten und ihm eine Genehmigung erteilt werden. Zu beachten ist jedoch, dass sich wesentliche Abweichungen bei Irrtümern des Amtsträgers ergeben. So ist der Irrtum über das Vorliegen einer Genehmigung gem. § 331 III 2. Alt. nach h. M. grundsätzlich irrelevant (vgl. Wessels/Beulke/Satzger, AT, Rn. 730 ff.), weil es sich bei § 331 III 2. Alt. anders als bei § 331 III 1. Alt. nicht um einen Rechtfertigungsgrund handelt. Gleiches gilt für den Irrtum über das tatsächliche Vorliegen der materiellen Genehmigungsvoraussetzungen, sofern hierdurch nicht bereits nach § 16 der Vorsatz auszuschließen ist. Dies ist regelmäßig dann der Fall, wenn der Amtsträger erkennt, dass die Zuwendung nicht mehr sozialadäquat ist und er irrig annimmt, sie liege noch im Rahmen des Genehmigungsfähigen (z. B. der Amtsträger denkt, die Flasche Wein die er geschenkt bekommt habe einen Wert von 70,– €, wobei er weiß, dass Geschenke mit diesem Wert nicht sozialadäquat, aber genehmigungsfähig sind. Tatsächlich hat die Flasche einen

Wert von 100,– €). In beiden Fällen ist die Erteilung einer rechtmäßigen Genehmigung nicht möglich, so dass der Strafaufhebungsgrund des § 331 III 2. Alt. nicht gegeben ist. Die Irrtümer können lediglich im Rahmen der Strafzumessung berücksichtigt werden.

V. Teilnahme

Jeder Amtsträger, der sich einen Vorteil versprechen lässt oder annimmt, begeht hierdurch zumindest auch eine Teilnahmehandlung an den Taten des Zuwendenden (§§ 333, 334). Diese weitgehend notwendige Teilnahme des Amtsträgers ist jedoch nicht strafbar, weil das Verhalten des Amtsträgers durch die §§ 331, 332 bereits abschließend erfasst wird. **1504**

Zudem ist die Amtsträgereigenschaft ein strafbegründendes, besonderes persönliches Merkmal i. S. des § 28 I. Dritte ohne Amtsträgerstellung können somit nur als Teilnehmer (§§ 26, 27) an der Tat strafbar sein. Ihre Strafe ist ggf. gem. § 49 I zu mildern. **1505**

Ist ein Dritter nicht am eigentlichen, durch die (gelockerte) Unrechtsvereinbarung umschriebenen Austauschverhältnis (Vorteil gegen Dienstausübung bzw. Diensthandlung) beteiligt (z. B. als Kontaktvermittler), so bestimmt sich seine Strafbarkeit danach, welchem Lager er zuzuordnen ist. Ist er vorrangig im Interesse des Zuwendungsempfängers tätig, so ist er nur nach den §§ 331, 332, 26, 27, 28 I zu behandeln. Liegt vorrangig ein Verhalten zugunsten des Vorteilsgebers vor, so kommen ausschließlich die §§ 333, 334, 26, 27 zur Anwendung. Wird der Dritte in gleichem Maße für den Zuwendenden und den Zuwendungsempfänger tätig, so bestimmt sich seine Strafbarkeit danach, in welchem Lager er die schwerere Beteiligungsform verwirklicht hat. Sind diese in beiden Lagern identisch, sind die Strafnormen anzuwenden, die den strengeren Strafrahmen eröffnen (Schönke/Schröder-Heine/Eisele, § 331 Rn. 73; Rengier, BT II, § 60 Rn. 43). Im Regelfall folgt hieraus eine Strafbarkeit gem. der §§ 333, 334, 26, 27. Dies folgt aus dem Umstand, dass der Dritte nicht davon profitieren darf, dass er beiden Seiten dient und somit in doppelter Hinsicht strafwürdiges Verhalten an den Tag legt, er aufgrund der Gesetzeskonstruktion jedoch nur wegen einer der Taten bestraft werden kann. **1506**

VI. Konkurrenzen

Zu den §§ 263, 266 und 253 kann Tateinheit vorliegen. § 331 I tritt hinter § 331 II im Wege der Gesetzeskonkurrenz (Spezialität) zurück. Zudem tritt § 331 I hinter § 332 I und § 331 II hinter § 332 II (ebenfalls Spezialität) zurück. **1507**

VII. Aufbauschema § 331 I

I. **Tatbestand**

   1. Objektiver Tatbestand

      a) Tätereigenschaft gem. § 331 I

      b) Tathandlung gem. § 331 I

         aa) Vorteil

         bb) Fordern, Sich-Versprechen-Lassen oder Annehmen

      c) gelockerte Unrechtsvereinbarung

      d) Ggf. Qualifikation gem. § 331 II

   2. Subjektiver Tatbestand

      Vorsatz (vgl. § 15 StGB), d. h. mindestens dolus eventualis hinsichtlich der objektiven Tatbestandsmerkmale

II. **Rechtswidrigkeit**

Vorherige Genehmigung gem. § 331 III 1. Alt. in den Fällen des § 331 I 2. und 3. Alt.

III. **Schuld**

IV. **Strafaufhebungsgrund**

Nachträgliche Genehmigung gem. § 331 III 2. Alt. in den Fällen des § 331 I 2. und 3. Alt.

B. Bestechlichkeit (§ 332)

> **Gesetzestext:**
>
> (1) Ein Amtsträger, ein Europäischer Amtsträger oder ein für den öffentlichen Dienst besonders Verpflichteter, der einen Vorteil für sich oder einen Dritten als Gegenleistung dafür fordert, sich versprechen läßt oder annimmt, daß er eine Diensthandlung vorgenommen hat oder künftig vornehme und dadurch seine Dienstpflichten verletzt hat oder verletzen würde, wird mit Freiheitsstrafe von sechs Monaten bis zu fünf Jahren bestraft. In minder schweren Fällen ist die Strafe Freiheitsstrafe bis zu drei Jahren oder Geldstrafe. Der Versuch ist strafbar.
>
> (2) Ein Richter, Mitglied eines Gerichts der Europäischen Union oder Schiedsrichter, der einen Vorteil für sich oder einen Dritten als Gegenleistung dafür fordert, sich versprechen läßt oder annimmt, daß er eine richterliche Handlung vorgenommen hat oder künftig vornehme und dadurch seine richterlichen Pflichten verletzt hat oder verletzten würde, wird mit Freiheitsstrafe von einem Jahr bis zu zehn Jahren bestraft. In minder schweren Fällen ist die Strafe Freiheitsstrafe von sechs Monaten bis zu fünf Jahren.
>
> (3) Falls der Täter den Vorteil als Gegenleistung für eine künftige Handlung fordert, sich versprechen läßt oder annimmt, so sind die Absätze 1 und 2 schon dann anzuwenden, wenn er sich dem anderen gegenüber bereit gezeigt hat,
>
> 1. bei der Handlung seine Pflichten zu verletzten oder,
>
> 2. soweit die Handlung in seinem Ermessen steht, sich bei Ausübung des Ermessens durch den Vorteil beeinflussen zu lassen.

1508 § 332 stellt eine Qualifikation zu § 331 für den Fall dar, dass die *Dienstpflichten verletzt* wurden. Er enthält zwei eigenständige Tatbestände, so dass § 332 I den § 331 I qualifiziert. § 332 II ist wiederum eine Qualifikation zu § 331 II.

1509 In § 332 I 2 sowie in § 332 II 2 ist eine Regelung für unbenannte minder schwere Fälle vorgesehen.

1510 Der *Versuch* des Vergehens gem. § 332 I ist in § 332 I 3 mit Strafe bedroht. Der Versuch des Verbrechens gem. § 332 II ist gem. §§ 23 I, 12 I strafbar.

I. Tatbestand

1. Objektiver Tatbestand

a) Tätereigenschaft gem. § 332 I

1511 Im objektiven Tatbestand erfordert § 332 I als tauglichen Täter einen Amtsträger, einen Europäischen Amtsträger oder einen für den öffentlichen Dienst besonders Verpflichteten. Der Täterkreis entspricht somit dem des § 331 I, so dass auf die dortigen Ausführungen verwiesen werden kann (siehe Rn. 1445 ff.). Zu beachten ist, dass auch im Rahmen des § 332 der Tatbestand gem. § 335a erweitert wird. Dies geschieht deutlich umfassender als im Rahmen des § 331. Nach § 335a I Nr. 2 a) – c) stehen einem sonstigen Amtsträger nach § 11 I Nr. 2 b) alle Bediensteten eines ausländischen Staates oder einer internationalen Organisation sowie entsprechend beauftragte Personen und Soldaten ausländischer Staaten gleich. Ebenfalls erfasst sind Soldaten, die Aufgaben einer internationalen Organisation wahrnehmen. § 335a I Nr. 1 stellt einem Richter gem. § 11 I Nr. 2 a) 2. Alt. jedes Mitglied eines ausländischen und eines internationalen Gerichts gleich. Diese Regelungen dienen der Umsetzung einer Reihe von internationalen und supranationalen Rechtsakten, wobei sie über deren Regelungsgehalt zum Teil hinausgehen, zum Teil hinter ihnen zurückbleiben (vgl. BT-Drs. 18/4350, S. 23 ff.). De facto wird durch die Erweiterung nahezu jede dienstpflichtverletzende Handlung mit korruptivem Hintergrund weltweit tatbestandlich erfasst. Es ist jedoch darauf zu achten, dass in Fällen mit Auslandsbezug die Anwendbarkeit des deutschen Strafrechts gem. der §§ 3 ff. (insbesondere § 5 Nr. 15) als objektive Bedingung der Strafbarkeit (AnwK-Zöller, Vor § 3 Rn. 2) positiv festzustellen ist.

b) Tathandlung gem. § 332 I

1512 Der Begriff des Vorteils (Rn. 1454 ff.) sowie die Tathandlungen des § 332 I entsprechen denen des § 331 I (Fordern, Sich-Versprechen-Lassen, Annehmen). Auch insoweit kann auf die Ausführungen zu § 331 I verwiesen werden (siehe Rn. 1466 ff.).

c) Unrechtsvereinbarung

1513 Der Täter des § 332 I muss aber zusätzlich für eine vergangene oder in der Zukunft liegende *Diensthandlung*, die seine *Pflichten verletzt* oder verletzen würde, als Gegenleistung einen Vorteil fordern, sich versprechen lassen oder annehmen.

aa) Konkrete Diensthandlung als Gegenleistung für den Vorteil

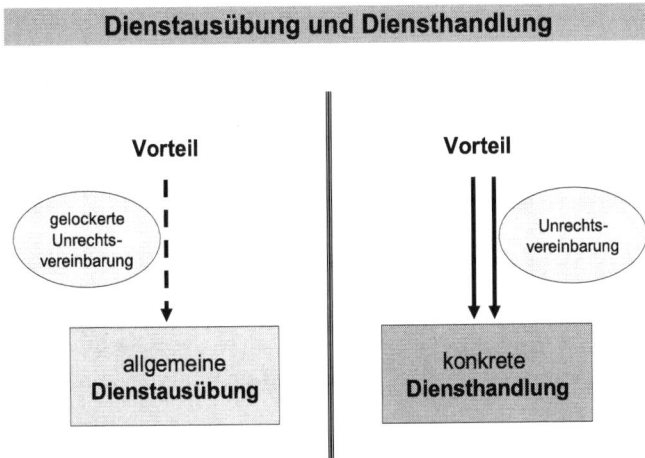

Dienstausübung und Diensthandlung

Vorteil   Vorteil

gelockerte Unrechts-vereinbarung   Unrechts-vereinbarung

allgemeine **Dienstausübung**   konkrete **Diensthandlung**

Es muss hier also eine *Unrechtsvereinbarung* gegeben sein, die sich auf eine hinreichend **1514** bestimmte Dienst*handlung* bezieht und die nicht nur (wie bei § 331 I) allgemein auf die Dienstausübung Einfluss nehmen soll. Es ist daher ein *Beziehungsverhältnis* zwischen dem Vorteil und der konkreten Diensthandlung erforderlich. Die Diensthandlung muss nicht in allen Einzelheiten bestimmt sein. Ausreichend ist es, wenn die Diensthandlung innerhalb eines bestimmten Aufgabenkreises erfolgen soll und ihrem sachlichen Gehalt nach grob umrissen ist (Schönke/Schröder-Heine/Eisele, § 332 Rn. 5; Fischer, § 332 Rn. 5). Zur Abgrenzung zu den Privathandlungen gilt das zu § 331 Gesagte entsprechend (vgl. Rn. 1481). Das Unterlassen der Diensthandlung steht ihrer Vornahme gem. § 336 gleich.

Durch den Wortlaut des § 332 sind ausdrücklich vergangene und zukünftige Dienst- **1515** handlungen erfasst. Somit sind sowohl Fälle, in denen der Amtsträger vor der Vornahme der Diensthandlung den Vorteil fordert bzw. sich versprechen lässt oder annimmt erfasst, als auch diejenigen, in denen der Amtsträger nachträglich den Vorteil als Belohnung fordert, sich versprechen lässt oder annimmt. Dies gilt auch dann, wenn der Zuwendende bis zu dem Zeitpunkt des Forderns keine Kenntnis von der Tathandlung des Amtsträgers hatte.

Geheime Vorbehalte des Amtsträgers, die pflichtwidrige Diensthandlung nicht vorzu- **1516** nehmen oder die falsche Behauptung, die Diensthandlung bereits vorgenommen zu haben, sind unbeachtlich. In Bezug auf zukünftige pflichtwidrige Diensthandlungen wird dies durch § 332 III Nr. 1 ausdrücklich angeordnet. Gleiches gilt aber auch für angeblich zurückliegende pflichtwidrige Diensthandlungen. Denn das Vertrauen in die Sachlichkeit staatlicher Entscheidungen wird bereits dann verletzt, wenn der Amtsträger den Anschein der Käuflichkeit erweckt, nicht erst, wenn er sich als tatsächlich käuflich erweist.

bb) Pflichtwidrigkeit der Diensthandlung

1517 Zusätzlich muss die vorgenommene oder vorzunehmende Diensthandlung (und nicht nur die Vorteilsannahme) des Amtsträgers *pflichtwidrig* sein, d. h. sie muss gegen ein auf Gesetz, Dienstvorschrift oder Einzelanordnung beruhendes Verbot oder Gebot verstoßen (Lackner/Kühl-Heger, § 332 Rn. 3). Schreiben die vom Amtsträger anzuwendenden Vorschriften eine bestimmte Rechtsfolge vor (gebundene Entscheidung), so liegt die Pflichtwidrigkeit vor, wenn der Amtsträger bei der Diensthandlung von dieser zwingenden Rechtsvorgabe abweicht. Bei gebundenen Entscheidungen ist die Diensthandlung des Amtsträgers somit immer materiell rechtswidrig.

1518 Billigen die anzuwendenden Vorschriften dem Amtsträger ein Ermessen zu, so folgt aus § 332 III Nr. 2, dass bereits dann von einer Pflichtwidrigkeit i. S. des § 332 auszugehen ist, wenn der Amtsträger sich bei Ausübung des Ermessens durch den Vorteil beeinflussen lässt, der Vorteil also als ein Gesichtspunkt in die Ermessensentscheidung einbezogen wird. Weil aber die Berücksichtigung des Vorteils nicht zwingend auch eine im Ergebnis fehlerhafte Entscheidung nach sich ziehen muss, können bei Ermessensentscheidungen auch rechtmäßige Diensthandlungen den Tatbestand des § 332 I erfüllen (Beispiel: A möchte eine Gewerbeuntersagung gegenüber B erreichen und bietet dem zuständigen Gewerbeamtsmitarbeiter G hierfür 1 000,– €. Im Rahmen der Ermessensentscheidung gem. § 35 GewO kommt G zu dem Schluss, dass B nicht die erforderliche Zuverlässigkeit besitzt. Bei seiner Entscheidung hat G zwar auch die 1 000,– € berücksichtigt, vornehmlich hat er sich aber von sachlichen Gründen leiten lassen, welche tatsächlich die Unzuverlässigkeit des B begründen). In einem solchen Fall ist die Diensthandlung zwar rechtmäßig, sie ist aber dennoch pflichtwidrig, weil der Amtsträger sachfremde Erwägungen in die Entscheidung einbezogen hat, was eine Dienstpflichtverletzung darstellt.

1519 Gem. § 332 III ist es ausreichend, wenn der Täter sich dem anderen gegenüber bereit zeigt, seine Pflichten zu verletzen oder sich bei Ermessensentscheidungen von dem Vorteil beeinflussen zu lassen. Es genügt also, wenn der Täter den Anschein erweckt, die pflichtwidrige Handlung vornehmen zu wollen.

d) Ggf. Qualifikation gem. § 332 II

Parallel zu § 331 II enthält § 332 II einen gegenüber § 332 I eigenständigen qualifizie- **1520** renden Tatbestand. Täter kann hier nur ein Richter gem. § 11 I Nr. 3, ein Mitglied eines Gerichts der Europäischen Union nach § 11 I Nr. 2a a) 4. Alt. oder ein Schiedsrichter sein. Ebenfalls erfasst sind die Mitglieder internationaler oder ausländischer Gerichte über die Tatbestandserweiterung des § 335a I Nr. 1.

Die Tathandlungsvarianten (Fordern, Sich-Versprechen-Lassen, Annehmen) entspre- **1521** chen denen des § 332 I. Ebenso die Bestimmung des Vorteils. Jedoch ist im Falle eines Schiedsrichters zu beachten, dass dessen offene Vergütung gem. § 337 nicht als Vorteil zu betrachten ist. Der Vorteil muss als Gegenleistung für eine *bestimmte und pflichtwidrige* richterliche Handlung gedacht sein (Unrechtsvereinbarung). Insofern ergibt sich gegenüber § 332 I eine tatbestandliche Restriktion, die zugleich auch den erhöhten Tatunwert umschreibt: Erforderlich ist eine bestimmte und pflichtwidrige *richterliche* Tätigkeit. Handelt der Täter nicht richterlich (etwa im Rahmen der Justizverwaltung, z. B. der Gerichtspräsident handelt in Personalangelegenheiten) greift § 332 I ein. Lässt sich der Zusammenhang mit einer konkreten richterlichen Handlung nicht beweisen, kann § 331 I erfüllt sein.

2. Subjektiver Tatbestand

Der subjektive Tatbestand des § 332 I und II erfordert, dass der Täter vorsätzlich, d. h. **1522** mindestens mit dolus eventualis hinsichtlich der objektiven Tatbestandsmerkmale gehandelt hat (vgl. § 15).

II. Rechtswidrigkeit

III. Schuld

IV. Strafzumessung

> **Gesetzestext (§ 335):**
>
> (1) In besonders schweren Fällen wird
>
> > 1. eine Tat nach
> >
> > > a) § 332 Abs. 1 Satz 1, auch in Verbindung mit Abs. 3, und
> > >
> > > b) § 334 Abs. 1 Satz 1 und Abs. 2, jeweils auch in Verbindung mit Abs. 3,
> >
> > mit Freiheitsstrafe von einem Jahr bis zu zehn Jahren und
> >
> > 2. eine Tat nach § 332 Abs. 2, auch in Verbindung mit Abs. 3, mit Freiheitsstrafe nicht unter zwei Jahren
> >
> > bestraft.
>
> (2) Ein besonders schwerer Fall im Sinne des Absatzes 1 liegt in der Regel vor, wenn
>
> > 1. die Tat sich auf einen Vorteil großen Ausmaßes bezieht,
> >
> > 2. der Täter fortgesetzt Vorteile annimmt, die er als Gegenleistung dafür gefordert hat, daß er eine Diensthandlung künftig vornehme, oder
> >
> > 3. der Täter gewerbsmäßig oder als Mitglied einer Bande handelt, die sich zur fortgesetzten Begehung solcher Taten verbunden hat.

1523 In § 335 findet sich eine Strafzumessungsregel für besonders schwere Fälle gem. §§ 332, 334. Die Regelbeispiele müssen objektiv sowie subjektiv verwirklicht werden.

1. Objektive Verwirklichung der Regelbeispiele

a) Bezug auf einen Vorteil großen Ausmaßes gem. § 335 II Nr. 1

1524 Ein Vorteil großen Ausmaßes gem. § 335 II Nr. 1 liegt immer dann vor, wenn sich die Tat auf einen Vorteil bezieht, der seinem Umfang nach im Wert deutlich über die durchschnittlichen Fälle hinausgeht (Fischer, § 335 Rn. 5). Es besteht Einigkeit, dass dies für § 335 spezifisch anhand einer pauschalen Wertgrenze festzulegen ist. Strittig ist jedoch, welcher Betrag diese Grenze kennzeichnet. In der Literatur wird zum Teil ab einem Wert von 10 000,– € ein besonders schwerer Fall angedacht (Fischer, § 335 Rn. 6); zum Teil wird 25 000,– € genannt (NK-Kuhlen, § 335 Rn. 4; Schönke/Schröder-Heine/Eisele, § 335 Rn. 3; LK-Sowada, § 335 Rn. 6: Mindestgrenze); andere wiederum sehen die Grenze bei 50 000,– € (Rengier, BT I, § 60 Rn. 45; wohl auch Wessels/Hettinger/Engländer, BT 1, Rn. 1137). In der Klausur ist somit jedenfalls ab einem Wert von 50 000,– € von einem Vorteil großen Ausmaßes auszugehen. Beträge unter 10 000,– €

erfüllen das Regelbeispiel nicht. Zwischen diesen Grenzen bleibt es der Argumentation des Bearbeiters überlassen, ob das Kriterium als erfüllt angesehen wird. Hierbei spricht jedoch die wesentliche Strafschärfung für die Festsetzung der Wertgrenze bei 50 000,– €.

Die Tat muss sich auf den Vorteil besonders großen Ausmaßes beziehen. Dies heißt, **1525** dass der Vorteil in dieser Wertsumme gefordert, versprochen oder angenommen werden muss. Eine tatsächliche Gewährung des Vorteils in dieser Höhe ist somit erfasst, jedoch nicht erforderlich (AnwK-Sommer, § 335 Rn. 3).

b) Fortgesetzte Annahme gem. § 335 II Nr. 2

Strafschärfend wird zudem berücksichtigt, dass ein Amtsträger fortgesetzt Vorteile **1526** annimmt, die er als Gegenleistung dafür gefordert hat, dass er eine Diensthandlung künftig vornehme. Erforderlich ist somit, dass der Amtsträger zunächst Vorteile für die Vornahme zukünftiger Diensthandlungen vom Zuwendenden gefordert und er diese in einem zweiten Schritt auch tatsächlich angenommen hat. Die Regelung betrifft somit Wiederholungstäter. Von einer fortgesetzten Annahme wird eine mindestens dreimalige Tatbegehung zu fordern sein (Fischer, § 335 Rn. 9; NK-Kuhlen, § 335 Rn. 5).

c) Bandenmitgliedschaft gem. § 335 II Nr. 3, 2. Alt.

> Als **Bande** gilt der Zusammenschluss von mindestens drei Personen, die sich mit **1527** dem Willen verbunden haben, künftig für eine gewisse Dauer mehrere selbständige, im Einzelnen ungewisse Straftaten des im Gesetz genannten Deliktstyps zu begehen.

Die Bandenabrede erhöht nach Ansicht des Gesetzgebers das abstrakte Gefährdungspotenzial, da sie eine stabilisierende, gruppendynamische Kraft entfalten soll und durch sie ein ständiger Anreiz zu weiteren Taten und eine erhöhte Ausführungsgefahr geschaffen werden. Gleichwohl sich die generell gefahrerhöhende Wirkung der gruppendynamischen Effekte nicht eindeutig belegen lässt (vgl. Zöller/Lorenz ZJS 2013, 429, 433 m. w. N.), misst § 335 II Nr. 3, 2. Alt. diesem Umstand straferhöhende Bedeutung zu. Die nur gelegentliche Verabredung zur Begehung konkreter Taten reicht zur Erfüllung des Bandenbegriffs nicht aus. Ein gefestigter Bandenwille oder ein Tätigwerden in einem übergeordneten Bandeninteresse ist jedoch nicht erforderlich (BGHSt 46, 321, 325 ff.; a. A. Wessels/Hillenkamp/Schuhr, BT 2, Rn. 271). Mitglied einer Bande kann auch ein bloßer Gehilfe sein (BGHSt 47, 214), und dies auch dann, wenn dieser die regelmäßige Erbringung nicht ganz unerheblicher Beihilfehandlungen im Vorfeld der Taten oder nach deren Vollendung zusagt, solange ein Bezug zu konkreten Taten hergestellt wird. Schließen sich mehrere Täter zu einer Bande zusammen, um fortgesetzt Korruptionsdelikte zu begehen, hat dies nicht zur Folge, dass jede von einem der Bandenmitglieder aufgrund der Bandenabrede begangene Tat den anderen Bandenmitgliedern ohne weiteres als gemeinschaftlich begangene Straftat i. S. von § 25 II zugerechnet werden kann. Vielmehr ist für jede einzelne Tat nach den allgemeinen Kriterien festzustellen, ob sich die anderen Bandenmitglieder hieran als Mittäter, Anstifter oder Gehilfe beteiligt oder ob sie überhaupt keinen strafbaren Tatbeitrag geleistet haben (BGH StV 2008, 575; 2011, 410, 411; 2012, 669).

2. Subjektive Verwirklichung der Regelbeispiele

1528 In subjektiver Hinsicht ist das Wissen und Wollen hinsichtlich der Verwirklichung eines (oder mehrerer) der in § 335 II Nr. 1 – 3 umschriebenen Regelbeispiele erforderlich. Zwar stellt § 335 keinen Tatbestand, sondern eine Strafzumessungsvorschrift dar. Die Regelungen der §§ 15 und 16 gelten jedoch analog.

1529 Einen Sonderfall stellt die Gewerbsmäßigkeit gem. § 335 II Nr. 3, 1. Alt. dar, da sie sich ausschließlich auf die subjektive Zielsetzung des Täters bezieht und daher nur in subjektiver Hinsicht geprüft werden kann.

> **Gewerbsmäßig** handelt, wer sich aus der wiederholten Tatbegehung eine fortlaufende Einnahmequelle von einigem Umfang und einer gewissen Dauer verschaffen will.

Die Gewerbsmäßigkeit setzt eigennütziges Handeln voraus, so dass es nicht genügt, dass lediglich eine Einnahmequelle für Dritte geschaffen werden soll (BGH StraFo 2014, 215). Die Gewerbsmäßigkeit stellt nach h. M. ein besonderes persönliches Merkmal i. S. von § 28 II dar. Sie kann auch schon bei der ersten Tat gegeben sein, wenn diese von einer entsprechenden Absicht begleitet ist. Ausreichend ist zudem, dass die Tat nur mittelbar als Einnahmequelle dienen soll (BGH wistra 1999, 465; Fischer, § 335 Rn. 10).

V. Teilnahme

1530 Die Mittäterschaft setzt voraus, dass die Diensthandlung für jeden der Mittäter pflichtwidrig ist (Schönke/Schröder-Heine/Eisele, § 332 Rn. 25; MüKo-Korte, § 332 Rn. 46). Im Übrigen gilt das zur Beteiligung an § 331 Gesagte entsprechend (siehe Rn. 1505 ff.).

VI. Konkurrenzen

1531 Zu den §§ 263 und 266 kann Tateinheit vorliegen. Ebenso zu § 30 II, wenn die zukünftige pflichtwidrige Diensthandlung einen Verbrechenstatbestand erfüllt (z. B. § 339). Wird die Diensthandlung tatsächlich ausgeführt und erfüllt dies einen Straftatbestand, so steht sie in Tatmehrheit.

§ 332 I verdrängt § 331 I im Wege der Gesetzeskonkurrenz (Spezialität). Zudem tritt § 332 I hinter § 332 II und § 331 II hinter § 332 II (ebenfalls Spezialität) zurück.

VII. Aufbauschema § 332 I

I. **Tatbestand**

1. Objektiver Tatbestand

    a) Tätereigenschaft gem. § 332 I

    b) Tathandlung gem. § 332 I

       aa) Vorteil

       bb) Fordern, Sich-Versprechen-Lassen oder Annehmen

    c) Unrechtsvereinbarung

       aa) Konkrete Diensthandlung als Gegenleistung für den Vorteil

       bb) Pflichtwidrigkeit der Diensthandlung

    d) Ggf. Qualifikation gem. § 332 II

2. Subjektiver Tatbestand

    Vorsatz (vgl. § 15 StGB), d. h. mindestens dolus eventualis hinsichtlich der objektiven Tatbestandsmerkmale

II. **Rechtswidrigkeit**

III. **Schuld**

IV. **Strafzumessungsregel/besonders schwerer Fall gem. § 335 II**

1. Objektive Verwirklichung des Regelbeispiels

    a) Bezug auf einen Vorteil großen Ausmaßes gem. § 335 II Nr. 1

    b) Fortgesetzte Annahme gem. § 335 II Nr. 2

    c) Bandenmitgliedschaft gem. § 335 II Nr. 3, 2. Alt.

2. Subjektive Verwirklichung des Regelbeispiels

    a) Wissen und Wollen hinsichtlich der objektiven Verwirklichung eines Regelbeispiels

    b) Gewerbsmäßigkeit gem. § 335 II Nr. 3, 1. Alt.

C. Vorteilsgewährung (§ 333)

> **Gesetzestext:**
>
> (1) Wer einem Amtsträger, einem Europäischen Amtsträger, einem für den öffentlichen Dienst besonders Verpflichteten oder einem Soldaten der Bundeswehr für die Dienstausübung einen Vorteil für diesen oder einen Dritten anbietet, verspricht oder gewährt, wird mit Freiheitsstrafe bis zu drei Jahren oder mit Geldstrafe bestraft.
>
> (2) Wer einem Richter, Mitglied eines Gerichts der Europäischen Union oder Schiedsrichter einen Vorteil für diesen oder einen Dritten als Gegenleistung dafür anbietet, verspricht oder gewährt, daß er eine richterliche Handlung vorgenommen hat oder künftig vornehme, wird mit Freiheitsstrafe bis zu fünf Jahren oder mit Geldstrafe bestraft.
>
> (3) Die Tat ist nicht nach Absatz 1 strafbar, wenn die zuständige Behörde im Rahmen ihrer Befugnisse entweder die Annahme des Vorteils durch den Empfänger vorher genehmigt hat oder auf unverzügliche Anzeige des Empfängers genehmigt.

1532 Die Vorteilsgewährung gem. § 333 I ist das für den Vorteilsgeber spiegelbildlich zu § 331 I aufgebaute Grunddelikt. Im Gegensatz zu § 331 handelt es sich jedoch nicht um ein Sonderdelikt, sodass jedermann Täter sein kann.

1533 Der *Versuch* der Vergehen gem. § 333 I, II ist nicht mit Strafe bedroht.

I. Tatbestand

1. Objektiver Tatbestand

1534 Die Korruptionsdelikte auf der Geberseite sind als Jedermannsdelikte konstruiert. Somit kann die Tat gem. § 333 I im Grundsatz von jeder natürlichen Person, also auch von einem Amtsträger, verwirklicht werden.

a) Tatobjekt

1535 Da § 333 und § 334 die Regelungen der §§ 331, 332 spiegelbildlich für den Vorteilsgeber regeln, muss hier der Empfänger des Vorteils Amtsträger sein. Der taugliche Empfängerkreis des § 333 I entspricht dabei dem Täterkreis des § 331 I (siehe Rn. 1445 ff.).

Zusätzlich sind gem. § 333 I Soldaten der Bundeswehr taugliche Empfänger. Im Übrigen sei auf die Ausführungen zu § 331 verwiesen.

b) Tathandlung = Anbieten, Versprechen oder Gewähren eines Vorteils

Die Tathandlungen des § 333 I entsprechen ebenfalls umgekehrt denen des § 331 I. Das **1536** Anbieten entspricht hierbei dem Fordern und zielt wie dieses auf den Abschluss der Unrechtsvereinbarung ab. Das Versprechen findet sein Pendant im Sich-Versprechen-Lassen und das Gewähren korrespondiert folglich mit dem Annehmen. Hieraus ergeben sich die folgenden Definitionen:

Anbieten ist das einseitige Versprechen einer Leistung, sei es auch nur in versteckter Form.

Versprechen meint die Annahme einer auch nur bedingten Aufforderung zur späteren Leistung.

Gewähren ist die tatsächliche Verschaffung der Verfügungsgewalt über den Vorteil.

Zum Vorteilsbegriff vgl. bereits die Ausführungen zu § 331 I (Rn. 1454 ff.).

c) gelockerte Unrechtsvereinbarung

Auch bei § 333 I muss der Vorteil für die Dienstausübung gewährt werden. Es besteht **1537** Deckungsgleichheit mit § 331 (siehe Rn. 1481 ff.).

d) Qualifikation gem. § 333 II

Die Qualifikation gem. § 333 II bildet das Gegenstück zu § 331 II für den Vorteilsge- **1538** ber, der einen Richter, ein Mitglied eines Europäischen Gerichts oder Schiedsrichter zu einer richterlichen Handlung als Gegenleistung bewegen will. Auch im Rahmen des § 333 II besteht volle Kongruenz zum tauglichen Empfängerkreis des § 331 II (vgl. Rn. 1454 f.), so dass gem. § 335a II Nr. 1 auch Mitglieder eines ausländischen oder internationalen Gerichts als Empfänger in Betracht kommen.

2. Subjektiver Tatbestand

Der subjektive Tatbestand des § 333 I und II erfordert, dass der Täter vorsätzlich, d.h. **1539** mindestens mit dolus eventualis hinsichtlich der objektiven Tatbestandsmerkmale gehandelt hat (vgl. § 15).

II. Rechtswidrigkeit

1540 Auch im Rahmen des § 333 I kommt eine vorherige Genehmigung der zuständigen Behörde gem. § 333 III 1. Alt. als Rechtfertigungsgrund in Betracht. Dabei wird nicht dem Zuwendenden, also dem Täter des § 333 I, die Genehmigung erteilt. Es wird vielmehr die rechtfertigende Wirkung der Genehmigung gegenüber dem Amtsträger nach § 331 III 1. Alt. (siehe Rn. 1493 ff.) auch auf die Tat nach § 333 I erstreckt (LK-Sowada, § 333 Rn. 20). Sprachliche Abweichungen des § 333 III gegenüber dem § 331 III sind somit irrelevant. Es ist somit zu prüfen, ob dem empfangenden Amtsträger eine rechtmäßige Genehmigung i. S. des § 331 II 1. Alt. erteilt wurde und ob der Zuwendende in diesem Wissen handelte.

III. Schuld

IV. Strafaufhebungsgrund des § 333 III 2. Alt.

1541 Die nachträgliche Genehmigung gem. § 333 III 2. Alt. ist, wie auch § 331 III 2. Alt. als Strafaufhebungsgrund kodifiziert. Es gilt das in Rn. XXX Gesagte entsprechend.

V. Teilnahme

1542 Jeder Zuwendende, der einen Vorteil anbietet, verspricht oder gewährt, begeht hierdurch auch eine Teilnahmehandlung an den Taten des Zuwendungsempfängers (§§ 331, 332). Diese weitgehend notwendige Teilnahme des Zuwendenden ist jedoch nicht strafbar, weil das Verhalten des Zuwendenden durch die §§ 333, 334 bereits abschließend erfasst wird. Die zu § 331 getätigten Aussagen gelten entsprechend (siehe Rn. 1505 ff.)

VI. Konkurrenzen

1543 Zu den §§ 263, 266 und 253 kann Tateinheit vorliegen. § 333 I tritt hinter § 331 II im Wege der Gesetzeskonkurrenz (Spezialität) zurück. Zudem tritt § 333 I hinter § 334 I und § 333 II hinter § 334 II (ebenfalls Spezialität) zurück.

VII. Aufbauschema § 333 I

I. **Tatbestand**

    1. Objektiver Tatbestand

        a) Tatobjekt

        b) Tathandlung gem. § 333 I

            aa) Vorteil

            bb) Anbieten, Versprechen oder Gewähren

        c) gelockerte Unrechtsvereinbarung

        d) Ggf. Qualifikation gem. § 333 II

    2. Subjektiver Tatbestand

        Vorsatz (vgl. § 15 StGB), d. h. mindestens dolus eventualis hinsichtlich der objektiven Tatbestandsmerkmale

II. **Rechtswidrigkeit**

    Vorherige Genehmigung gem. § 333 III 1. Alt. in den Fällen des § 333 I.

III. **Schuld**

IV. **Strafaufhebungsgrund**

    Nachträgliche Genehmigung gem. § 333 III 2. Alt. in den Fällen des § 333 I

D. Bestechung (§ 334)

Gesetzestext:

(1) Wer einem Amtsträger, einem Europäischen Amtsträger, einem für den öffentlichen Dienst besonders Verpflichteten oder einem Soldaten der Bundeswehr einen Vorteil für diesen oder einen Dritten als Gegenleistung dafür anbietet, verspricht oder gewährt, daß er eine Diensthandlung vorgenommen hat oder künftig vornehme und dadurch seine Dienstpflichten verletzt hat oder verletzten würde, wird mit Freiheitsstrafe von drei Monaten bis zu fünf Jahren bestraft. In minder schweren Fällen ist die Strafe Freiheitsstrafe bis zu zwei Jahren oder Geldstrafe.

(2) Wer einem Richter, Mitglied eines Europäischen Gerichts oder Schiedsrichter einen Vorteil für diesen oder einen Dritten als Gegenleistung dafür anbietet, verspricht oder gewährt, daß er eine richterliche Handlung

1. vorgenommen und dadurch seine richterlichen Pflichten verletzt hat oder

2. künftig vornehme und dadurch seine richterlichen Pflichten verletzen würde,

wird in den Fällen der Nummer 1 mit Freiheitsstrafe von drei Monaten bis zu fünf Jahren, in den Fällen der Nummer 2 mit Freiheitsstrafe von sechs Monaten bis zu fünf Jahren bestraft. Der Versuch ist strafbar.

(3) Falls der Täter den Vorteil als Gegenleistung für eine künftige Handlung anbietet, verspricht oder gewährt, so sind die Absätze 1 und 2 schon dann anzuwenden, wenn er den anderen zu bestimmen versucht, daß dieser

1. bei der Handlung seine Pflichten verletzt oder,

2. soweit die Handlung in seinem Ermessen steht, sich bei Ausübung des Ermessens durch den Vorteil beeinflussen läßt.

1544 Die Bestechung gem. § 334 I ist das für den Vorteilsgeber spiegelbildlich zu § 332 I aufgebaute Delikt. Durch ihn wird somit die korruptive und pflichtwidrige Diensthandlung auf der Geberseite pönalisiert. § 334 II qualifiziert § 334 I.

1545 In § 334 I 2 ist eine Regelung für minder schwere Fälle vorgesehen.

1546 Der *Versuch* des Vergehens gem. § 334 II ist gem. § 334 II 2 mit Strafe bedroht.

I. Tatbestand

1. Objektiver Tatbestand

a) Objektiver Tatbestand des § 334 I

Die tauglichen Tatobjekte des § 334 I entsprechen dem Täterkreis des § 332 I. Auf die **1547** dortigen Ausführungen wird verwiesen (siehe Rn. 1512). Dies umfasst auch die Tatbestandserweiterung gem. § 335a I, welche Mitglieder ausländischer und internationaler Gerichte sowie Bedienstete und Beauftragte ausländischer Staaten oder internationaler Organisationen sowie ausländische Soldaten und solche, die im Auftrag internationaler Organisationen Aufgaben wahrnehmen, umfasst. Somit sind auch auf der Geberseite jegliche pflichtwidrigen und korruptiven Verhaltensweisen grundsätzlich miterfasst.

Die Handlungsmodalitäten in § 334 I entsprechen denen des § 333 I, so dass auf die **1548** dortigen Ausführungen verwiesen werden kann (Rn. 1537). Im Übrigen ist der Tatbestand entsprechend den Ausführungen gem. § 332 zu prüfen (siehe Rn. 1514 ff.).

b) Ggf. Qualifikation gem. § 334 II

In § 334 II ist eine weitgehend spiegelbildlich zu § 332 II ausgestaltete Qualifikation **1549** des § 334 I kodifiziert. Zwar differenziert § 334 II tatbestandlich zwischen der bereits begangenen (§ 334 II Nr. 1) und der zukünftigen (§ 334 II Nr. 2) richterlichen Dienstpflichtverletzung. Dies wirkt sich jedoch nur auf der Rechtsfolgenseite aus, so dass sich keine Abweichungen im Rahmen der Schuldfrage ergeben. Es gelten die zu § 332 II getätigten Ausführungen entsprechend (siehe Rn. 1521 f.).

2. Subjektiver Tatbestand

Der subjektive Tatbestand des § 334 I und II erfordert, dass der Täter vorsätzlich, d. h. **1550** mindestens mit dolus eventualis hinsichtlich der objektiven Tatbestandsmerkmale gehandelt hat (vgl. § 15).

II. Rechtswidrigkeit

III. Schuld

IV. Strafzumessung

1551 In § 335 findet sich eine Strafzumessungsregel für besonders schwere Fälle des § 334. Diese entsprechen den im Rahmen des § 332 erläuterten Strafzumessungsregeln. Hierzu sei auf die Ausführungen bei § 332 verwiesen (Rn. 1524 ff.).

V. Teilnahme

1552 Aufgrund der Ausgestaltung als Jedermannsdelikt ist nach allgemeinen Regeln Mittäterschaft möglich. Im Übrigen gilt das zur Beteiligung an § 333 Gesagte entsprechend (siehe Rn. 1543 ff.).

VI. Konkurrenzen

1553 Zu den §§ 263 und 266 kann Tateinheit vorliegen. Ebenso zu § 30 II, wenn die zukünftige pflichtwidrige Diensthandlung einen Verbrechenstatbestand erfüllt (z. B. § 339). Wird die Diensthandlung tatsächlich ausgeführt und erfüllt dies einen Straftatbestand, so steht eine mögliche Teilnahme in Tatmehrheit.

§ 334 I verdrängt § 333 I im Wege der Gesetzeskonkurrenz (Spezialität). Zudem tritt § 334 I hinter § 334 II und § 333 II hinter § 334 II (ebenfalls Spezialität) zurück.

VII. Aufbauschema § 334 I

I. **Tatbestand**

    1. Objektiver Tatbestand

        a) Tatobjekt

        b) Tathandlung gem. § 334 I

            aa) Vorteil

            bb) Anbieten, Versprechen oder Gewähren

        c) Unrechtsvereinbarung

            aa) Konkrete Diensthandlung als Gegenleistung für den Vorteil

            bb) Pflichtwidrigkeit der Diensthandlung

        d) Ggf. Qualifikation gem. § 334 II

    2. Subjektiver Tatbestand

Vorsatz (vgl. § 15 StGB), d. h. mindestens dolus eventualis hinsichtlich der objektiven Tatbestandsmerkmale

II. Rechtswidrigkeit

III. Schuld

IV. Strafzumessungsregel/besonders schwerer Fall gem. § 335 II

1. Objektive Verwirklichung des Regelbeispiels

   a) Bezug auf einen Vorteil großen Ausmaßes gem. § 335 II Nr. 1

   b) Fortgesetzte Annahme gem. § 335 II Nr. 2

   c) Bandenmitgliedschaft gem. § 335 II Nr. 3, 2. Alt.

2. Subjektive Verwirklichung des Regelbeispiels

   a) Wissen und Wollen hinsichtlich der objektiven Verwirklichung eines Regelbeispiels

   b) Gewerbsmäßigkeit gem. § 335 II Nr. 3, 1. Alt.

Sachverzeichnis

Die Angaben beziehen sich auf die Randnummern.

Autoren

Prof. Dr. Mark A. Zöller

ist Inhaber des Lehrstuhls für Strafrecht und Strafprozessrecht mit Schwerpunkt Digitalisierung an der Ludwig-Maximilians-Universität München.

Dr. Markus Mavany

ist Richter im Bezirk des Landgerichts Trier und Habilitand an der Universität Trier.

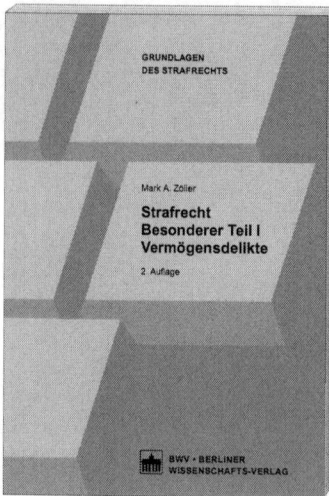

Mark A. Zöller
Strafrecht
Besonderer Teil I
Vermögensdelikte

Die Vermögensdelikte des Strafgesetzbuchs stellen nicht nur in der juristischen Praxis die überwiegende Zahl der begangenen Straftaten dar, sondern sind auch im Rahmen der Ausbildung von besonderer Bedeutung.

Das vorliegende Lern- und Studienbuch aus der Reihe „Grundlagen des Strafrechts" richtet sich neben Studenten der Rechtswissenschaft an den deutschen Universitäten insbesondere auch an Rechtsreferendare und Studierende an den Polizeifachhochschulen sowie an den Fachhochschulen für Verwaltung, die sich mit den Fragen des materiellen Strafrechts zu beschäftigen haben. Mit dieser Zielrichtung enthält es sowohl für den Anfänger als auch für den Examenskandidaten in komprimierter Form den zu bewältigenden Lernstoff, wie er für die Erzielung der geforderten Prüfungsleistungen beherrscht werden sollte.

Die Struktur der Darstellung folgt dabei der Reihenfolge, in der die einzelnen Prüfungspunkte sowohl in einem strafrechtlichen Gutachten abzuhandeln als auch in der Praxis zumindest zu durchdenken sind. Zahlreiche Grafiken, Hervorhebungen und Argumentationsvorschläge veranschaulichen dem Leser die entsprechenden Zusammenhänge.

Durch die Aufnahme der geltenden Gesetzestexte ermöglicht der Band im Rahmen der Prüfungsvorbereitung zudem den Verzicht auf eine zusätzliche Textsammlung und gibt auf diese Weise auch dem rechtspolitisch interessierten Leser einen erleichterten Zugang zu grundlegenden Fragen des deutschen Strafrechts.

2. überarb. Aufl. 2015, 234 S.,
67 s/w Abb., kart.,
24,– €, 978-3-8305-3547-8
(Grundlagen des Strafrechts)

DER AUTOR

Prof. Dr. Mark A. Zöller, geb. 1973, seit 2008 Lehrstuhl für Deutsches, Europäisches und Internationales Strafrecht und Strafprozessrecht sowie Wirtschaftsstrafrecht an der Universität Trier.

PRESSESTIMMEN ZUR 1. AUFLAGE

„Zöller [leistet] einen wertvollen Beitrag zu einer auf Verständnis und selbstständige Problemlösung ausgerichteten Juristenausbildung."
Michael Tsambikakis, Goldtammer's Archiv
für Strafrecht 2/2008

„Ein übersichtliches, leicht zu erarbeitendes Werk, das die examensrelevanten Problemstellungen ausreichend umfassend behandelt."
JUSUF – Das große Magazin für junge Juristen,
Mai/Juni 2007

„Ein guter Begleiter durch das gesamte Studium dar und selbst Lehrende können von diesen didaktisch hervorragend aufgearbeiteten Büchern profitieren."
Matthias Eichinger, Juristische
Arbeitsblätter 6/2010

Berliner Wissenschafts-Verlag | Behaimstr. 25 | 10585 Berlin
Tel. 030 84 17 70-0 | Fax 030 84 17 70-21
www.bwv-verlag.de | bwv@bwv-verlag.de

Berliner
Wissenschafts-Verlag